管理学精选教材译丛

人力资源管理

MANAGING
HUMAN RESOURCES 8E

〔美〕路易斯·R.戈麦斯—梅西亚（Luis R.Gómez-Mejía）
〔美〕戴维·B.鲍尔金（David B.Balkin）　著
〔美〕罗伯特·L.卡迪（Robert L.Cardy）

刘　宁　蒋建武　张正堂　译

北京大学出版社
PEKING UNIVERSITY PRESS

著作权合同登记号　图字：01-2015-4754

图书在版编目(CIP)数据

人力资源管理：第8版/（美）路易斯·R. 戈麦斯-梅西亚（Luis R. Gómez-Mejía），（美）戴维·B. 鲍尔金（David B. Balkin），（美）罗伯特·L. 卡迪（Robert L. Cardy）著；刘宁，蒋建武，张正堂译.—北京：北京大学出版社，2018.9

（管理学精选教材译丛）

ISBN 978-7-301-29731-5

Ⅰ. ①人… Ⅱ. ①路… ②戴… ③罗… ④刘… ⑤蒋… ⑥张… Ⅲ. ①人力资源管理—教材 Ⅳ. ①F243

中国版本图书馆 CIP 数据核字(2018)第 177799 号

Authorized translation from the English language edition, entitled MANAGING HUMAN RESOURCES, 8th, Edition by GOMEZ-MEJIA, LUIS R.; BALKIN, DAVID B.; CARDY, ROBERT I., published by Pearson Education, Inc., Copyright © 2016, Pearson Education, Inc.

All rights reserved. No part of this book may be reproduced or transmitted in any form or by any means, electronic or mechanical, including photocopying, recording or by any information storage retrieval system, without permission from Pearson Education, Inc.

Chinese simplified language edition published by PEKING UNIVERSITY PRESS LTD. and PEARSON EDUCATION, Copyright © 2018.

本书原版书名为《人力资源管理》（第8版），作者路易斯·R. 戈麦斯-梅西亚、戴维·B. 鲍尔金、罗伯特·L. 卡迪，由培生教育出版集团 2016 年出版。

版权所有，盗印必究。未经培生教育出版集团授权，不得以任何形式、任何途径，生产、传播和复制本书的任何部分。

本书简体中文版由北京大学出版社和培生教育出版集团于 2018 年出版发行。

本书封面贴有 Pearson Education（培生教育出版集团）激光防伪标签。无标签者不得销售。

书　　　　名	人力资源管理（第8版） RENLI ZIYUAN GUANLI
著作责任者	〔美〕路易斯·R. 戈麦斯-梅西亚（Luis R. Gómez-Mejía），〔美〕戴维·B. 鲍尔金（David B. Balkin），〔美〕罗伯特·L. 卡迪（Robert L. Cardy）　著 刘　宁　蒋建武　张正堂　译
责任编辑	黄炜婷
标准书号	ISBN 978-7-301-29731-5
出版发行	北京大学出版社
地　　　　址	北京市海淀区成府路 205 号　100871
网　　　　址	http://www.pup.cn
电子信箱	em@pup.cn　QQ：552063295
新浪微博	@北京大学出版社　@北京大学出版社经管图书
电　　　　话	邮购部 62752015　发行部 62750672　编辑部 62752926
印刷者	涿州市星河印刷有限公司
经销者	新华书店 787 毫米×1092 毫米　16 开本　42.25 印张　976 千字 2018 年 9 月第 1 版　2018 年 9 月第 1 次印刷
定　　　　价	99.00 元

未经许可，不得以任何方式复制或抄袭本书之部分或全部内容。
版权所有，侵权必究
举报电话：010-62752024　电子信箱：fd@pup.pku.edu.cn
图书如有印装质量问题，请与出版部联系，电话：010-62756370

出版者序

作为一家致力于出版和传承经典、与国际接轨的大学出版社，北京大学出版社历来重视国际经典教材，尤其是经管类经典教材的引进和出版。自2003年起，我们与圣智、培生、麦格劳-希尔、约翰·威利等国际著名教育出版机构合作，精选并引进了一大批经济管理类的国际优秀教材。其中，很多图书已经改版多次，得到了广大读者的认可和好评，成为国内市面上的经典。例如，我们引进的世界上最流行的经济学教科书——曼昆的《经济学原理》，已经成为国内最受欢迎、使用面最广的经济学经典教材。

呈现在您面前的这套引进版精选教材，是主要面向国内经济管理类各专业本科生、研究生的教材系列。经过多年的沉淀和累积、吐故和纳新，这套教材在各方面正逐步趋于完善：在学科范围上，扩展为"经济学精选教材""金融学精选教材""国际商务精选教材""管理学精选教材""会计学精选教材""营销学精选教材"六个子系列，每个子系列下又分为翻译版、英文影印/改编版和双语注释版。其中，翻译版以"译丛"的形式出版。在课程类型上，基本涵盖了经管类各专业的主修课程，并延伸到不少国内缺乏教材的前沿和分支领域；即便针对同一门课程，也有多本教材入选，或难易程度不同，或理论和实践各有侧重，从而为师生提供了更多的选择。同时，我们在出版形式上也进行了一些探索和创新。例如，为了满足国内双语教学的需要，我们改变了部分影印版图书之前的单纯影印形式，而是在此基础上，由资深授课教师根据该课程的重点，添加重要术语和重要结论的中文注释，使之成为双语注释版。此次，我们更新了丛书的封面和开本，将其以全新的面貌呈现给广大读者。希望这些内容和形式上的改进，能够为教师授课和学生学习提供便利。

在本丛书的出版过程中，我们得到了国际教育出版机构同行们在版权方面的协助和教辅材料方面的支持。国内诸多著名高校的专家学者、一线教师，更是在繁重的教学和科研任务之余，为我们承担了图书的推荐、评审和翻译工作；正是每一位推荐者和评审者的国际化视野和专业眼光，帮助我们书海拾慧，汇集了各学科的前沿和经典；正是每一位译者的全心投入和细致校译，保证了经典内容的准确传达和最佳呈现。此外，来自广大读者的反馈既是对我们莫大的肯定和鼓舞，也总能让我们找到提升的空间。本丛书凝聚了上述各方的心血和智慧，在此，谨对他们的热忱帮助和卓越贡献深表谢意！

"千淘万漉虽辛苦，吹尽狂沙始到金。"在图书市场竞争日趋激烈的今天，北京大学出版社始终秉承"教材优先，学术为本"的宗旨，把精品教材的建设作为一项长期的事业。尽管其中会有探索，有坚持，有舍弃，但我们深信，经典必将长远传承，并历久弥新。我们的事业也需要您的热情参与！在此，诚邀各位专家学者和一线教师为我们推荐优秀的经济管理图书（em@pup.cn），并期待来自广大读者的批评和建议。您的需要始终是我们为之努力的目标方向，您的支持是激励我们不断前行的动力源泉！让我们共同引进经典，传播智慧，为提升中国经济管理教育的国际化水平做出贡献！

北京大学出版社

经济与管理图书事业部

译者序

路易斯·R.戈麦斯-梅西亚等合著的《人力资源管理》自出版以来,受到理论界与实践界人士的普遍欢迎。近年来,全球范围内经济动荡加剧,企业的发展机会与挑战并存。如何有效、创新地运用各类人力资源管理实践应对这种变化,成为重要的企业管理课题。一个显著的趋势是,每位管理者甚至员工自身都要学会有效地处理人力资源相关问题,参与包括招募与选拔求职者、评价同事和团队成员的绩效、执行伦理政策等各种人力资源管理决策。在此背景下,《人力资源管理》(第8版)问世。2015年年底,我们接受北京大学出版社的邀请,着手本书的翻译工作。

《人力资源管理》(第8版)旨在帮助所有未来的管理者和员工培养人力资源管理技能。相比前版,内容上,第8版不仅大量更换了开篇和课后案例、示例、课后讨论题,还增加了很多人力资源管理领域的最新议题,比如不断增加的工作场所多元性带来的挑战和机遇、虚拟劳动力的增加、劳动力的全球供给和短缺问题、裁员对留存员工的影响、远程工作者的薪酬、薪酬与社会责任,以及社交媒体在招聘、培训、离职员工管理和员工健康计划中的应用等。这些议题在大部分章节的新增主题、"管理者笔记""问题与讨论"和案例中均有体现。第8版更新了公司为应对动荡环境而进行的战略动态调整,以及人力资源管理在此过程中发挥的重要作用,还补充了人力资源管理面临的最新法律环境。例如,不断变化的法律环境要求公司为员工提供医疗保险,新近颁布的一些针对在工作场所进行的宗教活动、试图平衡雇员与雇主权利的法规等。此外,"管理者笔记""你来解决!案例"专栏,分别从科技/社交媒体、客户导向的人力资源管理、伦理/社会责任、新趋势和全球化等视角,帮助读者更好地将理论应用于实践。

《人力资源管理》(第8版)的一大亮点是设置了教师和学生的互动平台"我的管理实验室"(www.mymanagementlab.com)。依托培生出版公司的网络服务支持平台,"我的管理实验室"设置了课前"知识点学习"、在线测试和课后"视频案例"等栏目,帮助学员在课前预习每章内容，同时帮助教师掌握学员的学习情况以展开针对性的授课。**遗憾的是，由于培生出版公司的网络服务平台不对中国境内开放，目前教师和学生无法使用这个平台。**为了保证第8版教材内容的完整性，我们仍然翻译了"我的管理实验室"相关内容，以供参考和借鉴。

本书是北美最畅销的人力资源管理教材之一，以较高的学术水平，得到了各界专家学者的广泛赞誉，还被包括哈佛大学等名校在内的上千所学校采用。本书三位作者均是令人尊敬的高产学者，特别是戈麦斯－梅西亚教授，理念超前、成果颇多、著作等身。近十年来，我们一直关注戈麦斯－梅西亚教授的创新思想和研究成果，能有机会把他（们）的思想介绍给中国人力资源管理领域学术界和实践界的人士，我们深感荣幸之时，也觉得责任重大！翻译过程漫长而艰难，因为文化背景不同，诸多涉及美国法律和文化背景的词汇都要反复地查阅资料，一一确认。在撰文时，我们力求在准确地呈现三位作者思想的同时，尽可能地照顾中文读者的阅读习惯。在此特别感谢美国罗格斯大学的刘湘敏副教授，她帮助我们解开了翻译过程中遇到的关于美国法律和文化的诸多疑问。感谢翻译过程中帮助整理资料的林婷婷、马琳、宛珍、刘玮宇、杨程程、朱孝楠、张凤鸣、宋军梅和李曼丽等同学。

本书的出版，离不开北京大学出版社赵学秀的支持，感谢赵编辑对本书出版过程中提供的一切帮助。感谢北京大学出版社责任编辑黄炜婷为本书审读所付出的努力，黄编辑对重要词汇的翻译、整体风格的处理都提出了建设性的见解和建议。

全书第1—8章由刘宁翻译，第9—10章由张正堂翻译，第11—17章由蒋建武翻译，由刘宁统校完成全稿。

我们力求完美，但囿于水平，译稿中定有不妥之处，敬请各位读者批评指正！

任何建议或指正可联系出版社或译者，我们力图在未来可能的翻译中再次修正，以求日臻完善！

译者
2018年6月

前　言

《人力资源管理》(第8版)旨在为所有未来的管理者培养人力资源管理技能。自第1版问世以来,越来越多的管理者认同了通用管理观点,而近年来环境和组织的变化推动了这种趋势——组织正在变得扁平化。对于大多数公司来说,当达到特定的规模时,都会进行全球化运营。而现在,我们经常能看到即便50人以下的公司也可能进行跨国界的活动。这些公司承担了更大的社会责任,开展了更多的可持续发展导向的管理实践,面临巨大的经营压力。除了应对国内员工的多元性,公司管理者还必须做好准备:与成长背景完全不同的人高效地一起工作。互联网之类的技术促进不同层级人员之间的沟通,管理者被冀望成为通才,需要掌握包括人力资源管理在内的一系列广泛技能。与此同时,社交媒体对人力资源管理实践正在产生重要的影响,特别是招募和甄选活动。同时,通过高度集权、强大的人力资源部门来监督、决策和控制整个公司人力资源管理实践的企业少之又少。在美国,中小企业正在成为劳动力大军就业的主体。其他国家的这种趋势也非常明显。因此,本书讨论了人力资源管理面临的一些特殊挑战,如伦理/社会责任、科技/社交媒体、全球化、人力资源服务使用者的客户满意度,以及如何应对一些新近出现的趋势等。

近期,全球范围内经济动荡,更加清楚地表明管理者都有必要学会有效地处理人力资源问题。例如,拟定裁员计划,确认公司即便利润下滑也必须留住的核心员工群体;管理日益增大的工作压力、焦虑和消极情绪,奖励在工作中有重大突破的员工;劝导员工在工作职责范围内谨慎地承担风险,对员工开展交叉培训以承担不同的任务;提高员工对多元文化的认知,确保他们能够应对国内和国外多样化的客户群体,用符合伦理的方式对待员工等。

企业要求大多数雇员针对各种福利计划做出选择,这种选择对员工而言充满困难,而新的美国联邦医疗保险计划使得这种选择更加烦琐,至少在未来的几年是这样的。越来越多的组织要求员工参与各种人力资源决策,如招募与选拔求职者、评价同事和团队成员的绩效、执行伦理政策等。我们相信,本书所采用的"非职能的"人力资源管理方法可以帮助每个员工处理人力资源相关问题,即便他们并不是管理人员。与前版相比,本版所有的资料和数据得到了详尽的更新,我们还新设置了几个主题栏目,特别是那些与科技/社交媒体和伦理/社会责任相关的领域。

更新与修订

《人力资源管理》(第8版)总体的更新与修订如下:
- 正文中增加了700多篇参考文献;
- 更新了大部分的开篇案例,或者大幅度地调整和更新相关资料;
- 更换了约75％的课后案例,或者进行了大幅度的调整和资料更新;
- 80％以上的图表数据进行了更换、大幅度调整和更新;
- 增加了一些新的人力资源议题,如社会责任和伦理、科技和社交媒体等。这些议题在大部分章节的新增主题、"管理者笔记""问题与讨论"和案例中均有体现;
- 更新了公司为应对环境的动荡而进行的战略动态调整,以及在此过程中人力资源管理所发挥的重要作用;
- 补充了人力资源管理面临的最新法律环境,例如不断变化的法律环境要求公司为员工提供医疗保险,新近颁布的一些针对在工作场所进行的宗教活动、试图平衡雇员与雇主权利的法规等。

各章节具体的修订内容
请扫码参阅

管理者笔记

"管理者笔记"指出管理者在日常工作中遭遇的各种问题,内容涉及从绩效评估环节中的反馈到裁员的准备工作。第8版约一半的"管理者笔记"是新内容,保留内容也更新了相关的数据和资料。"管理者笔记"包括以下五种类型的专题:
- 科技/社交媒体 讨论由于科技和社交媒体的快速发展给人力资源管理领域带来的特殊机会和挑战;
- 客户导向的人力资源 说明管理者和员工如何从将员工视为内部客户中受益;
- 伦理/社会责任 关注人力资源管理实践在管理者与员工应对社会责任和伦理方面问题时发挥的作用;
- 新趋势 展现不久的将来应当给予更多关注的人力资源管理实践新发展;
- 全球化 集中介绍不同国家的人力资源管理实践,为美国和其他地区的公司应对多元化的工作环境提供参考。

"你来解决!"案例

为了保证每章的理论知识能够应用于现实生活,每章后均提供"你来解决!"的案例对应每个主题。每个案例之后,我们设计了包括关键思考题、小组练习和实践练习。很多案例后面还为那些想独立完成或只能独立完成作业的学生(如选修在线课程的学生)设计了个人练习。这些案例是从以下五个视角展开的:

- 科技/社交媒体　主要针对特定章节中涉及的主题,讨论科技/社交媒体在特定情境下对人力资源管理实践的影响;
- 客户导向的人力资源　从客户导向的视角,讨论人力资源管理如何使组织增值;
- 伦理/社会责任　阐述在管理员工的过程中如何应对困难的、现实的选择,采取"正确"的行动,以及组织如何通过恰当的人力资源实践来更好地承担社会责任;
- 新趋势　讨论未来需要我们给予更多关注的人力资源相关议题;
- 全球化　吸引学生关注美国以外的、国际范围内的人力资源议题。

我的管理实验室

由培生出版公司提供网络教学平台的"我的管理实验室"得到充分的应用。学生完成"知识点学习"中的专题,在课前就可以在线学习并获得测评结果,为教师针对学生理解困难的问题展开课堂讨论提供了更多的时间;课后"视频案例"与章节内容是对应的,视频后附有部分选择题,可以强化学生对章节内容的理解;课后"我的管理实验室"提供了一些简答题,可以布置为作业,由教师打分。**遗憾的是,由于培生出版公司的网络服务平台暂不对中国境内开放,目前教师和学生无法使用这个平台。**

教师资源

任课教师在教师资源中心 www.pearsonhighered.com/irc 注册后可以下载与教材配套的教学资源,包括以下内容:

- 教师资源手册
- 习题库
- TestGen 电子试题库
- 配套 PPT

教师资源使用方法参照书后的教辅资源申请表。

目录 Contents

第1篇 概述

第1章 迎接战略人力资源的挑战 3
1.1 人力资源管理面临的挑战 4
1.2 战略人力资源政策的规划和执行 25
1.3 选择人力资源战略,提升公司绩效 33
1.4 人力资源部门和各部门经理:重要的合作关系 41

第2篇 人力资源管理情境

第2章 工作流程与工作分析 57
2.1 工作:组织视角 58
2.2 工作:团队视角 63
2.3 工作:个人视角 67
2.4 工作设计和工作分析 70
2.5 弹性员工队伍 82
2.6 人力资源信息系统 90

第3章 平等就业机会与法律环境 101
3.1 理解法律环境的重要性 103
3.2 来自法律遵循的挑战 104
3.3 平等就业机会法律 106
3.4 平等就业机会的强制力和遵循 120
3.5 其他重要法律 125
3.6 避免平等就业机会的缺陷 126
第3章附录 本章所讨论的人力资源法律 140

第4章 管理多元性 142
4.1 什么是多元性 143
4.2 管理员工多元性的挑战 149
4.3 组织中的多元性 152
4.4 多元性管理的改善 164
4.5 一些警示 168

第3篇 人员配置

第5章 员工的招募和甄选 181
5.1 人力资源的供给和需求 183
5.2 雇用流程 188
5.3 雇用过程中的挑战 189
5.4 应对有效人员配置的挑战 191
5.5 甄选 197
5.6 人员配置中的法律议题 209

第6章 员工的离职、缩编与新职介绍 220
6.1 什么是员工离职 221
6.2 员工离职的类型 226
6.3 提前退休的管理 230
6.4 裁员管理 231
6.5 新职介绍 237

第4篇 员工开发

第7章 绩效评估与管理 249
7.1 什么是绩效评估 252
7.2 有效绩效衡量的挑战 263

7.3　绩效管理　268

第7章附录　关键事件技术：一种行为导向评估工具的开发方法　284

第8章　员工培训　286
8.1　培训的关键问题　287
8.2　培训和发展　288
8.3　培训中的挑战　290
8.4　管理培训流程　292
8.5　培训专题：导向培训和社会化　307

第9章　职业生涯发展　317
9.1　什么是职业生涯发展　318
9.2　职业生涯发展的挑战　320
9.3　应对有效职业生涯发展的挑战　323
9.4　自我发展　334

第5篇　薪　酬

第10章　薪酬管理　347
10.1　什么是薪酬　348
10.2　薪酬体系的设计　349
10.3　职位薪酬还是个体薪酬　356
10.4　薪酬工具　363
10.5　法律环境和薪酬体系的管理　377

第11章　绩效薪酬　392
11.1　绩效薪酬体系面临的挑战　393
11.2　迎接绩效薪酬体系的挑战　399
11.3　绩效薪酬计划类型　403
11.4　为公司高管和营销人员设计绩效薪酬计划　414
11.5　为小企业设计绩效薪酬计划　421

第12章　员工福利规划和管理　432
12.1　福利概述　434
12.2　福利战略　438
12.3　法定福利　440
12.4　自愿福利　446
12.5　福利管理　463

第6篇　治　理

第13章　发展员工关系　475
13.1　管理者和员工关系专家的角色　476
13.2　促进员工沟通　477
13.3　鼓励有效的沟通　480
13.4　员工认可项目　495

第14章　员工权利和纪律管理　507
14.1　员工权利　508
14.2　管理者权利　513
14.3　员工权利面临的挑战：法令的平衡　515
14.4　对员工的纪律约束　523
14.5　纪律管理　527
14.6　管理问题员工　529
14.7　运用人力资源管理，避免纪律惩罚　534

第15章　工会组织　546
15.1　员工为什么加入工会　547

15.2　劳资关系与法律环境　549
15.3　美国的劳资关系　552
15.4　其他国家的劳资关系　556
15.5　劳资关系战略　559
15.6　劳资关系的管理过程　562
15.7　工会对人力资源管理的影响　576

第16章　员工安全与健康管理　588

16.1　工作场所安全和相关法律　590
16.2　《职业安全和健康法案》　593
16.3　管理当今的安全、健康和行为问题　598
16.4　安全和健康方案　607

第17章　国际人力资源管理面临的挑战　620

17.1　国际化的各个阶段　622
17.2　确定东道国人员与外派人员的组合　627
17.3　外派任务的挑战　629
17.4　通过人力资源管理政策和实践有效管理外派任务　633
17.5　在全球情境下开发人力资源管理政策　642
17.6　人力资源管理与出口型企业　647

附录　综合管理类和人力资源管理类期刊　661

第 1 章　迎接战略人力资源的挑战

第 1 章　迎接战略人力资源的挑战

| 我的管理实验室® | ★ 当你看到这个图标时,请访问 www.mymanagementlab.com 以获取配套练习题,并及时反馈练习结果。 |

> ▶▶▶ **挑战**
>
> 阅读本章之后,你能更有效地应对以下挑战:
> 1. **解释**影响企业人力资源的主要挑战。
> 2. **描述**企业如何拟订人力资源方案处理工作场所的变化和趋势。
> 3. **区分**人力资源部门和企业(直线)经理在有效使用人力资源上所扮演的不同角色。
> 4. **制定**和实施人力资源战略以帮助企业获得持续的竞争优势。
> 5. **确定**与公司战略和经营单位战略匹配的人力资源战略。
> 6. **指出**与高绩效企业相联系的"人力资源最佳实践"。

　　无论是在经济衰退期还是在繁荣时期,商业竞争就是人才的竞争。那些能够吸引、留住和激励优秀员工的公司,更容易实现和维持竞争优势。

- 电信业巨头阿尔卡特-朗讯(Alcatel-Lucent)在全球拥有约 72 000 名员工,并计划在 2014—2016 年削减约 10 000 个工作岗位以抑制连年亏损。虽然这个举措在短期内有利于公司的盈利,但许多员工(甚至那些没有被解雇的员工)很容易被竞争对手(如爱立信、华为和诺基亚)挖走。未来,这些人才的流失可能会加速阿尔卡特-朗讯收益的下滑。[1]

- 不久之前,谷歌公司被认为是理想的工作单位,而且多次被《财富》杂志评为年度最佳雇主。谷歌公司曾遇到每 5 个职位有超过 1 000 名申请者的情况,很少有员工在被录用后辞职。然而这种情况似乎正在改变,尽管拥有较高的知名度和威望,谷歌公司越来越难以吸引和留住顶尖人才。目前，谷歌公司正努力阻止许多成长型互联网公司猎取其员工。2011—2015年，脸书、星佳和推特的员工人数增长了约90%，这些员工中很多来自谷歌公司。为了吸引新员工和防止老员工跳槽，谷歌公司的所有员工（大约23 000名）获得了10%的加薪，花费约4亿美元。

- 近年来，与苹果、三星、RIM（黑莓手机制造商）、诺基亚、戴尔和索尼爱立信一样，摩托罗拉在竞争中失去了数以千计的工程师、研究人员和设计师。最近一批被摩托罗拉公司解雇的软件专家组成一支团队去雅虎应聘，结果很快就被录用了。[2] 具有讽刺意味的是，由于黑莓的市场占有率不断收缩，公司又无法聚集能够提供多样化产品的工程人才，RIM也正处于灾难的边缘。诺基亚发现自身处于同样的境地，由于在手机市场上缺乏创新力，它在苹果每年发布一系列新产品时总成为受害者。

管理者视角

本书讨论在公司里工作的人们及其与公司之间的关系。很多不同的术语可以用来描述这些人，如**员工**（employees）、**合伙人**（associates）、**人员**（personnel）和**人力资源**（human resources）等。这些都是互相通用的，并没有哪个是更好的。本书采用"人力资源"（HR）这个术语并贯穿全书。人力资源意味着员工是公司有价值的、不可替代的资源，过去十多年来，这个术语被广泛接受。有效的人力资源管理（HRM）已成为管理者的主要工作之一。

人力资源战略（human resource strategy）是指公司有计划地运用人力资源以获得或保持超越市场竞争对手的优势。[3] 它是公司采纳的重要计划或总体方法，确保公司有效地运用人力资源完成其使命。**人力资源战术**（human resource tactic）是指有助于公司实现战略目标的特定人力资源政策或方案。战略高于战术，比战术更重要。

在本章，我们重点关注特定人力资源活动和方案所适用的一般架构。在公司人力资源部门的帮助下，管理者执行所选择的人力资源战略。[4] 在接下来的几章，我们从总体转到具体，详细考察人力资源战略的具体内容（如工作设计、人员配置、绩效评估、职业生涯规划及薪酬等）。[5]

知识点学习

如果教师布置该项作业，请登录 www.mymanagementlab.com 查阅你应该特别关注的知识点，并预习第1章。

1.1 人力资源管理面临的挑战

管理者是那些管理他人并负责及时、正确地开展行动，从而成功提升其单位（units）业绩的人。在本书中，我们广泛地使用单位这个概念，它可以指一支工作团队（work team）、部门（department）、经营单位（business unit）、分公司（division）或公司（corporation）。

所有员工(包括管理者)可以分为**直线员工**(line employee)和**职能员工**(staff employee)两种。直线员工是直接参与公司产品生产或提供服务的人员。直线管理者(line manager)则是负责管理直线员工的人员。职能员工是支持直线部门的人员。例如,在人力资源部门工作的人员是职能员工,因为他们的任务是为直线员工提供支持性服务。我们还可以根据员工所承担责任的不同进行分类,资深员工(senior employee)在公司服务的年限比资浅员工(junior employees)长,所承担的责任也比后者大。豁免员工(exempt employees,有时也称带薪员工)是每个星期工作超过 40 个小时也不会有加班工资的人员,而非豁免员工(nonexempt employees)则可以获得加班工资。本书旨在帮助有志于成为管理者的学生有效地应对人员管理的挑战。

图表 1.1 总结了管理者在人力资源领域面临的主要挑战,分为环境、组织和个人三类。能够有效地应对这些挑战的公司会获得更为突出的绩效。

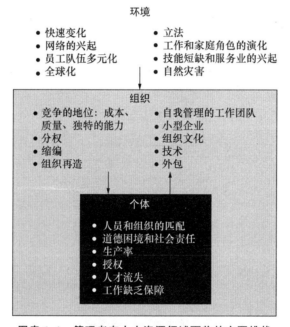

图表 1.1　管理者在人力资源领域面临的主要挑战

1.1.1　环境挑战

环境挑战(environmental challenges)是企业的外部因素,会影响组织绩效,管理层却无法对它们施加影响。因此,管理者必须时刻观察外界环境可能带来的机会和威胁,并保持对挑战做出快速反应的灵活性。企业监测外部环境的一个普遍而有效的方法是阅读商业刊物,如《商业周刊》(*Business Week*)、《财富》(*Fortune*)和《华尔街日报》(*Wall Street Journal*)。

当今,重要的环境挑战有八大方面:快速变化、网络革命、员工队伍的多元化、全球化、立法、工作和家庭角色的演进、技能短缺和服务业的兴起以及自然灾害和恐怖主义。

快速变化

许多组织面临瞬息万变的环境,在这里,唯一不变的就是变化。[6]因此,IBM 前任 CEO 山姆·帕米萨诺(Sam Palmisano)告诉他的经理们,他不相信超过一个星期的预测。[7]如果期望继续生存和繁荣发展,他们就得迅速、有效地对环境变化做出反应。而人力资源总是处于有效反应体系的核心。[8]下面几个例子说明人力资源政策如何帮助或阻碍公司应对外界变化。

- **新的公司生活区**。随着公司的生产力在巨大的压力下变得更强、产品生命周期越来越短(通常以月计),美国人的工作时间更长、工作更努力、工作节奏更快。[9]因此,对于很多员工来说,家庭和工作之间的界线逐渐模糊。罗得岛大学(University of Rhode Island)的社会学家海伦·梅德拉(Helen Mederer)指出,为了应对这样的情境,"很多公司将家庭最好的那些因素融入工作环境中"。[10]

> **伦理问题**
> 公司需要担负多大的责任来保障员工不受环境瞬息万变的影响?这种"吸震器"的方式对于管理层会带来什么风险?

2005 年,翰威特咨询公司(Hewitt Associates)针对 975 名员工开展的一项调查发现,越来越多的公司为员工提供"公司如家"(home at work)福利,包括干洗/洗衣服务、公司商店、便当、美发厅和宠物照顾中心等。[11]

《纽约时代》(New York Times)的一篇文章这样写道[12]:

> 在工作场所设立"小睡房间""按摩椅"这些东西听上去似乎有些不合适,但当年纪大的员工腰酸背痛或年轻的父母亲有时通宵未眠时,这种做法可以极大地提高生产率。同样,音乐演出最初看上去也是没有必要的消遣,但使用这种娱乐方式的公司说,这种演出很容易,不用花什么钱,却能提高员工的士气,激励员工努力工作,并且减轻工作压力。

- **处理压力**。环境的快速变化及超负荷的工作量使员工承受着巨大的工作压力。美国劳工统计局(Bureau of Labor Statistics)的报告指出,在那些声称自己每个星期至少有一天得把工作带回家做的 1 980 万美国人中的 50% 没有获得任何的补偿。换句话说,数百万员工为了赶上工作进度必须在家里加班。[13]

除非公司找出控制压力的办法,否则公司和员工都可能为此付出沉重的代价。[14]在某些极端的案例中,压力甚至会导致工作场所暴力。2014 年,美国疾病控制中心(Center for Disease Control)把工作场所暴力称为全国性的流行病。最新的数据显示,全美工作场所发生了 18 104 起袭击伤害案和 609 起杀人案。[15]如果处理不好工作压力,虽然看不到什么明显的后果,但事实上是具有高度破坏性的,会给公司带来很大的损失。据估计,与压力相关的疾病会导致缺勤率提高、做事缓慢、有才能员工的流失等,这些每年会给公司造成大约 2 000 亿美元的损失。[16]近期的一项调查显示,67% 的员工认为他们的工作压力很大。[17]美国国家心理健康研究所(National Institute of Mental Health,NIMH)估计,每年因缺勤和抑郁症而损失大约 22 270 万个工作日,而这些会给雇主(大多是小企业)造成约 515 亿美元的损失。[18]近年来,包括微软、西斯科食品服务(Sysco Food Services)、苹果、IBM、通用汽车、谷歌、克莱斯勒、强生等公司都引进了压力控制方案。

我们在本书各章均强调，公司如何通过人力资源活动迅速而有效地回应外界变化，第13章和第16章的部分内容特别关注员工压力的议题。

网络革命

近年来，互联网的快速发展可能是影响组织及其人力资源实践最重要的环境趋势。在20世纪90年代中期，网络经济(web economy)这个词还没有出现。[19] 但现在，几乎所有的企业将网络当作正常业务活动的一个部分。互联网对组织人力资源管理有着广泛而深入的影响，下面列举几个例子。

- **对写作沟通能力的需求**。很多公司发现，互联网技术使得对那些可以有效地处理电子邮件的员工的需求大幅增加。[20] 要让善变的网络客户维持对公司的忠诚，避免他们按几个计算机按键就投入竞争对手的怀抱，写作沟通技巧对公司来说就显得非常重要。

电子邮件的撰写也可能牵涉一些法律问题。例如，员工对客户投诉的回复邮件使公司具有法律上的连带责任，而且这是可以作为证物的书面记录。员工间的一些玩笑往往可以作为性骚扰的证据。与常规邮件不同，电子交流是不保护隐私的。因此，公司和员工的电子邮件可能处在政府的监控下，任何掌握进入该系统的基本技能的人员都能看到这些资料。

虽然英语是互联网的主要使用语言，但近一半的网络沟通使用非英语语言、从全球的角度来看，仅仅7%的网络使用者是以英语为母语的。[21] 目前，已发生大量的因语言错误而损失数百万美元的案例。比如，智利商人 Juan Pablo Davila 在电脑上应该输入 sell(卖)时不小心输成了 buy(买)。为了弥补错误，他开始了疯狂的买和卖，最终造成的损失占智利国民生产总值的0.5%。他的名字已经成为一个网络词汇"davilar"，意思是"华丽丽地搞砸"。[22]

- **应对信息泛滥的现象**。尽管经理们花在接收、查询、寄发电子邮件的时间平均为4小时/天，他们每天仍然要抽出130分钟用于正式或非正式的面对面会议。一家大型通信咨询公司的 CEO，Neil Flett 曾说："每天花在电子邮件上的时间实在是太多了，这种方式不但没有减少沟通时间，反而增加了很多。"[23]

据估计，在员工接收的电子邮件中，将近1/3 与他们的工作无关。以员工目前每天平均接收30封电子邮件计算，这意味着每名员工每天会消耗1小时的生产力。[24]

- **打破劳动力市场的壁垒**。互联网正在创造一个开放的劳动力市场，全球的企业和员工信息可以通过这个平台而一览无遗，而且可以迅速、低成本地取得这些信息，这是前所未有的事。[25] 例如，求职网站 Monster.com 在2014年总共贴出8 500万份简历。[26] 而在成千上万专业搜索引擎(如 Indeed.com、Simplyhired.com、Workzoo.com 和 Jobsearch.org)上，求职者可以浏览很多知名和不知名的企业招聘信息。[27] 尽管越来越多的组织依赖互联网进行员工的招聘和筛选，但这种高效率的方式无法让组织了解应聘者的一些潜在特质，如领导力才能、职业道德、商业敏锐性和灵活性。求职者通常抱怨道，这些复杂的计算机程序往往只能捕捉到范围很窄的员工信息，因为它们仅依赖于数据分析或具体的关键词筛查，可能无法准确地预测员工能否为组织做出贡献。

管理者笔记：新趋势

使用"冰冷的方式"获得一份工作

如今，人们寻找工作的方式已经发生了非常大的变化。雇主通常要求应聘者通过网络来递交求职申请，运用专门的计算机程序筛选并招募经理人员。除非你的信息能够精确地符合计算机程序所设定的规则，否则你可能永远不会得到未来老板的注意。例如，如果你拥有4年加351天的工作经验，不符合程序所要求的5年的筛选原则，那么你将无缘于这份工作。再如，如果你无法证明在过去的两个月中运用了某项特定的技能，这也可能成为系统自动滤掉你的原因（即使你真的使用过这项技能，但是忘记提到了）。

在竞争激烈的求职者市场中，雇主变得越来越挑剔。在求职者中最普遍的抱怨就是，筛查程序完全缺乏灵活性，导致因一些小细节而自动过滤很多人的信息。电脑不给你机会解释就做出了决定。如果一位求职者不做出一些评价反馈，通常就没有拒绝信件或反馈。对于公司来说，这个过程可能很有效率；但是对于求职者来说，这可能是非常令人沮丧的。

资料来源：www.employtest.com.（2014）；www.articlesbase.com.（2014）. Computer based recruitment software；*Arizona Republic*（2010，Oct. 31）. Networking pays off to get old job back；Black，T.（2011）. Every Tool you need for hiring，www.inc.com. A-8.

- **在线学习的使用**。企业的培训形式一直以来是以室内传统的"纸笔"培训为主导。但是在近几年，这种传统做法出现了重大改变，教室学习逐渐被在线学习取代。[28] 例如，尽管诊所允许他们在工作时间参加讲授同样内容的高级研讨会，但Mayo诊所99%的员工通过在线培训方式学习了医疗隐私保护方面的新规定。[29] 人力资源的最新进展之一就是越来越多的知名企业开始为公众提供在线培训业务，关注于在线课程认证（niche certifications）而非学位课程。

管理者笔记：科技/社交媒体

日益发展的在线专业认证

与大部分工业化国家相比，尽管美国在数学、科学和写作上得分比较低，但是在涉及培训实用方法方面，美国可能就是首屈一指了。快速发展的在线课程学习证书提供了非常好的证明。这些在线课程学习证书是由大型网络公开课程（MOOCs）的提供者颁发，旨在满足一小部分人群特定的培训需求，收取的学费却远远低于四年本科学位学费。Udacity是提供在线课程的网站中的一家。这家网站已经拥有160万学员，主要提供计算机科学、供应链管理和游戏化开发（使用视频游戏方式解决问题）等范围的在线公开课程。许多知名组织也是创造和传播在线认证项目的积极参与者，使得MOOC网站成为合法的教育机构，而不仅仅是文凭"加工厂"，这其中包括斯坦福大学、麻省理工学院、谷歌公司、AT&T公司、UPS、宝洁公司、沃尔玛公司和雅虎公司等。

资料来源：www.trainingconference.com.（2014）.Training 2014 Conference & Expo；Belkin，D，and Porter，C.（2013，September 27）.Job market embraces massive online courses. *Wall Street Journal*，A-3；Porter，E.（2013，October 10）.U.S.must acknowledge the skills gap of its workforce and bridge it. *New York Times*，Global Edition，A-2；Van Horn，C.E.（2013）.What workers really want and need. *HRMagazine*，58（10），44-B；Leonard，B.（2013）.On the latest talent war's front lines. *HRMagazine*，58（10），42—44.

- **促使人力资源部门关注管理**。互联网使得公司更迅速、更有效率地处理人力资源细节问题。Employease 公司总裁兼 CEO（首席执行官）Philip Fauver 认为，互联网是"助推器"。[30] Employease 公司为 700 多家小中型公司管理人力资源信息，针对每位雇员仅收取 5—6 美元的较低费用。该公司其中一个客户就是位于密歇根州法明顿希尔斯市的 Amerisure 保险公司。Amerisure 保险公司人力资源副总裁 Derick Adams 表示，互联网使其公司由 14 人组成的人力资源部门得以将更多的注意力投入重要的管理挑战上。举例来说，"把数据输入的工作交给服务提供商 Employease 公司后，人力资源部门可以着手开发可变的薪酬计划"。[31]

员工队伍的多元化

全美各地企业的管理者每天面对员工日益多元化的挑战。2014 年，大约 35％的美国劳动力来自少数族裔，其中非裔为 12％、亚裔为 4.7％、拉丁裔为 16％、其他少数族裔为 2％。[32] 在许多大型城市（如迈阿密、洛杉矶和纽约），少数族裔至少占该城市劳动力的 50％。女性员工的大量涌入也是美国劳动力结构的重大变化之一，拥有六岁以下孩子的职业妇女是美国劳动力市场中迅速成长的一个群体。此外，76％以上职场男性的配偶拥有固定工作，而 1980 年这一比例仅为 54％。[33]

这些趋势在未来很可能会加速发展。2050 年之前，美国人口预期会增加 50％，其中近半数人口由少数族裔组成。非白人移民（大多数是西班牙裔）将占增加人口的 60％。尽管有些人担心移民无法与社会融合，但是与相同社会经济阶层的本地孩子相比，来自移民家庭的孩子表现更为出色。[34]

此外，由于异族通婚率急剧上升，大规模的混血族群诞生，这是历史上从未有过的。[35] 洛杉矶的一名黑人杂志编辑 Candy Mills 指出："有一天，我们将不再需要种族，因为它终将被淘汰。"Candy 嫁给了一位法裔匈牙利人并生育了一个孩子。[36] 当然，最好的例子是美国前任总统 Barack Obama，他就是一名混血儿。美国人口普查局承认这一事实，将"混血"归入未来人口普查目录中。

对于管理者而言，这些趋势既是重大的挑战，又是一个契机。[37] 企业若能利用员工的多元化制定和执行人力资源战略，将更有机会在市场上生存与繁荣发展。第 4 章专门讨论管理多元化员工的议题，本书其他几章也涉及这个问题。

管理者笔记：客户导向的人力资源

Harley-Davidson 公司巧妙利用多样化的客户群体

Harley-Davidson 是美国一家摩托车公司，公司锁定某一特定细分市场——中年白人男性，针对他们开展市场营销活动，一直以来运营得非常成功。最近几年，公司意识到为了保持长期竞争优势，必须扩大客户的多样性。公司在经销商中利用更加多元化的员工队伍，以吸引那些潜在的"非传统"买家。在过去的几年中，销售额已经下降了 1/3，更好的多样性管理可能是扭转这一趋势的一种方法。Harley-Davidson 公司 CEO Keith Wadell 最近宣布，在不久的将来，公司战略规划的一个重点就是将客户定位于年轻人、妇女、非裔美国人和西班牙裔。他指出，这些针对多样化的管理措施已经在国内销售额上见到成效。这些非核心客户的购买量几乎是传统买家的两倍。这些举措也帮助公司扩大了在北美以外地区的销售，包括最近几年在亚洲 25.6％和拉丁美洲 39％的销售增长量。

资料来源：www.harly-davison.com.（2014）. Workforce and dealer diversity at Harley-Davidson；Diversity Inc.（2014）. Do white males really need diversity outreach？bestpractices.diversityinc.com；Irwin, N.（2013）. How Harly-Davidson explains the U.S. economy. www.washingtonpost.com.

全 球 化

进入 21 世纪的第二个十年，美国公司面临的最重大挑战之一是如何与国内外的外国公司竞争。互联网正在加剧全球化，许多大公司积极加入海外制造、跨国合资，或者在具体的项目上与国外的公司进行合作。当前，标准普尔 500 指数（S&P 500）成分公司 46％的利润来自美国之外，而对于许多美国大型公司，这个比例更高。

全球经济对于人力资源管理造成许多影响，以下列举几个例子加以说明：

- **全球化的公司文化**。有些公司试图建立一个全球化的公司定位，以此化解国内员工和国际员工之间的文化差异。将这些差异降到最低限度，不但能促进合作，还能对盈利产生重大影响。例如，高露洁棕榄（Colgate Palmolive）欧洲分公司的人力资源主管表示："我们试着建立共同的公司文化，希望他们全都成为高露洁人。"[38]

- **全球性招募活动**。有些公司在全球招募人才，特别是高科技产业，这个领域的专业知识和专长不受国界的限制。[39]例如，Unisys（一家电子商务服务公司，公司的 37 000 名员工分布在 100 个国家中协助客户应用信息技术）每年招募 5 000—7 000 名员工，其中 50％是信息技术（IT）领域的专业人才。引用公司一位经理的话："如果我们想找人在欧洲运行一个方案，我们不必仅仅在某个国家里寻找，可以跨国界尽力找到最好的人才。"[40]

然而，全球化招募并不总是一副灵丹妙药。因为无论在哪里，对好的员工都有很高的需求，而且也不是到处都有充分的信息帮助企业做出合适的选择。[41] Store Perform 公司在印度班加罗尔（Bangalore）分公司的技术总监 Kevin Barnes 指出："印度的高级工程师是世界一流的，但大部分已经被雇用了。在印度，会 Java 编程的人已经有了工作。"Barnes 还指出，劳动力市场只能吸引那些不合格的或者无资质的候选人,企业很难从一群平庸之辈中挑出好的人选。[42]

- **产业变革**。从事制造业的美国劳动力比例已经从三十多年前的25%降到不足10%。其他几个欧洲国家也是如此,如英国、德国和法国。"出现这样的情况是因为在富裕的国家,公司为了提高劳动生产率,已经从生产劳动密集型产品(如纺织品)转向生产高科技、高附加值的产品(如药品),而工人也换成了拥有高新技术的人员。在公司内部,低技能要求的工作已经转移到海外。"[43]工会的影响力也大打折扣。[44]例如,20世纪50年代,几乎40%的美国工人是工会成员;在80年代初里根担任总统时,这个比例已经约为22%;而不到20年的时间里,在奥巴马担任美国总统时(2009年),这个比例已经降至约7%(私营部门员工)。

- **全球化联盟**。与外国公司成立国际性联盟需要受过高度培训的、对工作极为投入的员工。例如,荷兰的照明和电子设备公司飞利浦与电信公司AT&T成立合资企业并进行多项重大收购(包括法国最大的照明公司GE Sylvania的分公司Magnavox),从而成为全世界最大的照明设备制造商。[45]

- **虚拟劳动力**。由于美国对移民配额的限制,美国公司虽然雇用外国的技术员工,但无法让他们来美国工作。[46]互联网的出现使公司只要额外支付很少的费用就能充分利用外国人才。例如,微软公司和串流媒体公司利用印度班加罗尔的Aditi公司协助处理顾客的电子邮件。[47]此外,许多虚拟外派人员的工作在国外但住在家里。[48]

- **全球化公司**。全球化的快速发展,创造出一个强大的新现实。例如,大多数人认为可口可乐公司象征着美国,然而其首席执行官Muhtar Kent是这样描述可口可乐公司的:"我们是一家全球化公司,总部设在亚特兰大。我们设在拉马拉(Ramallah)的工厂拥有2 000名员工,我们在阿富汗设有工厂,我们的工厂遍布全球。"可口可乐公司将近80%的收入来自美国以外的206个国家。[49]

- **工资竞争**。不久前,许多美国的蓝领工人可以保持中产阶级的生活标准,这是让其他国家的人非常羡慕的。由于美国具有较高的生产率和卓越的技术创新以及美国制造商拥有很高的市场占有率与较弱的国外竞争,这种情况在有些行业还会持续下去。但不幸的是,许多行业已经今非昔比,特别是在汽车行业。最近的报道指出:"尽管企业能找到方法来驾驭这个新世界的技术变革和全球化,但普通的美国工人是无能为力的。资本和技术是流动性的,而劳动力不是,美国的劳动力就在美国。"[50]

第17章关注企业在拓展海外市场时面临的人力资源议题。此外,我们在书中举了很多国际上的例子说明外国企业如何管理人力资源。

立法

过去近四十年,人力资源功能的发展主要是协助公司避免触犯法律。[51]大多数公司非常担心某些人事决定可能会违反美国国会、立法机关或地方政府制定的法律。[52]应对老龄员工、少数族裔、残障人士等群体提起的歧视诉讼费用每年都在上升。例如,应对西班牙和亚洲女性提起的性别歧视诉讼费在过去近二十年中增长超过65%。[53]

近年来逐渐引起重视的一个法律问题是,离开公司的员工被指控不当使用"公司专属信息"。世界上最大的邮资计价器和其他邮政设备生产厂商 Pitney Bowes 公司,近期对 8 名离职员工提起了诉讼,因为这些员工成立了一家小规模的 Nexxpost 公司参与竞争。Pitney Bowes 公司发言人如此说道:

> 公司在知识产权、营销和培训销售队伍方面投入了大量的时间与金钱。我们必须保护我们的投资,包括我们的客户群、客户偏好及定价。这些都有着非常重要的竞争价值。当以前的员工想与我们竞争时,我们会严肃地对待这种侵权行为,并采取一切可能的措施保护我们的权益。[54]

在法律架构的规范下从事经营不仅要随时掌握外界法律环境的变化,还要建立内部体系(如监督培训和申诉程序),以确保遵守法律规定并将抱怨降至最低水平。许多公司正在制定性骚扰的正式处理政策,以便在员工打算提出诉讼之前,可以通过内部管理渠道处理这类申诉案件。[55]在这样一个诉讼案件不断上升的国家,花时间和金钱进行这方面的努力是值得的。

立法依公共部门和私营部门而有所不同(公共部门是政府机构的另一种称呼,而私营部门是指所有其他类型的组织)。例如,平权行动要求(参见第 3 章)通常限于公共部门及与其有合同关系的组织。不过,大部分法规同时适用于公共部门和私营部门。事实上,很难找到不受政府法规影响的人力资源实践。正因如此,本书的每章都涉及相关的法律问题,第 3 章讨论雇主所面对的各种主要的法律问题。

工作和家庭角色的演变

夫妇两人都工作的双薪家庭(dual-career family)比例每年在快速增长。越来越多的公司推出"家庭亲善"计划,以此获得在劳动力市场上的竞争优势。[56]企业运用人力资源战术雇用并留住最优秀的人才(不论男女)。通过人员管理局(Office of Personnel Management),联邦政府为那些希望实施家庭亲善政策的企业提供技术支持。

第 12 章详细讨论家庭亲善政策,第 4 章则讨论女性在工作场所遭遇的特殊议题。

技能短缺和服务业的兴起

正如之前所提到的,美国制造业员工在该产业部门中占比急剧下降。许多就业岗位的增长发生在服务业,成长最快的职业类别预期为专业人才(27%)和技术人才(22%),这些职位需要至少两年的大学培训。[57]服务业就业机会的大幅增加取决于很多因素:消费者品味和偏好的变化、法律与规则的改变、科学与科技的日新月异让许多制造业工作消失,以及企业组织和管理方式的改变。

> **伦理问题**
> 雇主对缺乏基本的识字和数字计算能力的雇员负有什么样的伦理责任?法律是否应该规定企业为这些员工提供培训?

不幸的是,许多员工并不具备这些工作所需的技能。即使现在,许多公司还是抱怨技术人才供应的萎缩,它们必须为员工提供基本的培训以弥补公共教育体系的不足。[58]例如,在申请大西洋贝尔电话公司(原来的 NYNEX 公司)初级职位的 23 000 人中,84% 的人资格考试不及格。Chemical 银行(现已并入美国大通银行)声称为了招到一名熟练的出纳员不得不面试了40名申请人。[59]施乐公司前董事长兼首席执行官David Hearns感叹道,"美国的劳动力中已经没有合格的人选了"。[60]

为了弥补这方面的不足,除联邦政府每年花费240亿美元在培训项目上外,企业每年还至少花费550亿美元在各种各样的培训计划上。[61]在员工甄选方面,越来越多的组织依靠工作模拟测试员工所需具备的"软技能",如在模棱两可的情形下做出合理的判断,与多元化员工群体融洽相处的能力,以及如何有效处理客户暴怒或不满意的情况。

在本书撰写之时,失业率正日益上升,使得技能短缺成为美国企业面临的更大挑战。纽约已经成为全美第一个给自愿参加入职能力测试的高中生颁发"工作准入"证明的州。《纽约时报》的一篇报道指出,"多年来,雇主抱怨太多学生在离开高中时未具备基础技能,即便纽约被认为在毕业系列考试方面是全美最严格的州"。[62]入职能力测试涵盖了沟通能力、追随能力、谈判和决策能力等十大领域的"软技能"。第8章重点介绍培训;第5章、第7章和第9章讨论为获取工作上的成功所需的技能与知识方面的问题。

自然灾害和恐怖主义

近年来发生了一系列的自然灾害,包括2011年的日本大地震,2005年年初发生在亚洲的海啸导致了25万人的死亡,2010年海地的地震和震后、2010—2012年霍乱的蔓延造成超过20万人的死亡,2010年英国石油公司在墨西哥湾发生的石油泄漏造成的环境灾难,以及一连串破坏性非常强的飓风——特别是2005年8月发生在新奥尔良的飓风卡特里娜几乎摧毁了整座城市。这些灾害使人力资源专业人员越来越清醒地认识到制订灾难应对计划的重要性。由Mercer人力资源咨询公司开展的一项调查显示,大约300万员工或多或少地受到飓风卡特里娜的影响。[63]雇主需要处理突然出现的人力资源问题,这是他们以前从来没有想过的,包括决定是否要给那些联系不上或不来上班的员工继续发工资,给那些无家可归在临时住所居住的员工支付更多的生活补贴,给在旅馆工作的员工提供通信设备,雇用临时员工以填补人手短缺,尽量阻止那些优秀人才跳槽到灾区以外的竞争对手那里去工作等。[64]沃尔玛公司有34 000名员工被飓风卡特里娜害得无家可归,公司向员工保证他们可以在其他任何一家沃尔玛超市工作,并发起一个"联合灾害救助基金"以帮助那些房子被淹没或毁坏的员工。[65]不过,出乎意料的是,即使在飓风卡特里娜过后,仍然有大约一半的公司没有制定应对大灾难的人力资源政策。[66]在新的潜在威胁(如禽流感、大规模地震、化学污染及更多的飓风)来临时,这种状况可能会有所改变。[67]许多公司特别是跨国公司,还可能涉及的另一个问题是恐怖主义,我们稍后再讨论。最近沸沸扬扬的恐怖事件,如2013年的波士顿马拉松爆炸事件、过去五年里美国本土发生无数大规模枪击事件、2013年肯尼亚内罗毕大型购物商城的袭击及沿索马里海岸的船只连续被海盗袭击等始终在提醒:组织必须随时准备应对潜在的恐怖威胁。

1.1.2 组织挑战

组织挑战(organizational challenges)是指企业内部出现的问题或事务。有效的管理者会在这些问题恶化为重大问题之前找出它们并加以处理,其中一个关键点就是提前行动(proactivity)。企业必须在问题失控前采取行动,这项任务只能由熟悉重要人力资源议题和组织挑战的管理者执行。

1.1.3 竞争地位:成本、质量和独特的能力

人力成本在许多公司都是最重要的支出项目,从资本密集型企业(如商用航空公司)中人力成本约占 36%到劳动密集型企业(如美国邮政服务公司)中人力成本约占 80%。在竞争日益激烈的环境里,公司如何有效地运用人力资源将对其竞争或生存能力产生巨大的影响。

人力资源政策可以通过控制成本、改善质量和创造独特的能力来影响公司的竞争地位。

- **控制成本**。诚如第 10 章和第 11 章将讨论的,采用创新型奖励战略控制劳动力成本的薪酬体系可以有效地促进公司成长。控制劳动力成本的其他方法包括做出更好的员工甄选决策(参阅第 5 章)、培训员工使其更具有效率和生产率(参阅第 8 章)、建立和谐的劳动关系(参阅第 15 章)、有效地管理工作场所中的健康和安全问题(参阅第 16 章),以及减少设计、生产与交付高质量的产品或服务的时间和资源(参阅第 2 章)。
- **改善质量**。许多公司已施行**全面质量管理**(total quality management,TQM)计划,旨在改善与最终产品或服务相关的所有流程的质量。越来越多的证据显示,能有效地执行质量计划的企业,往往可以创造出更高的绩效。[68]
- **创造独特的能力**。获取竞争优势的第三个方法就是充分利用具备独特能力的人才,使公司获得在某个特定领域无人可及的竞争力(例如,3M 公司在黏合剂市场的竞争力、Carlson 公司在旅游业的领导地位以及施乐公司在复印机市场的主导地位)。第 5 章讨论人员招募和甄选、第 8 章讨论培训、第 9 章讨论员工在企业内的长期培养,这些是与这个议题特别相关的章节。

分权

人力资源、营销和生产等主要部门往往集中在一个地方,作为公司的指挥中心。公司通常需要多个管理层级以执行高层发布的命令,员工也要沿着管理层级不断向上发展,这样的层级结构被称作内部劳动力市场(internal labor market)。[69]不过,传统自上而下的组织模式正在被分权模式取代。**分权**(decentralization)是将职责和决策权从权力中心转移至更接近实际需求的人们与地点。互联网可以通过使员工之间的沟通更为畅通、减少对传统金字塔组织结构的依赖等措施,帮助公司更快地分权。[70]

本书许多章节探讨人力资源战略在维持和创造组织弹性上的必要性,包括讨论工作流程(参阅第 2 章)、薪酬(参阅第 10 章和第 11 章)、培训(参阅第 8 章)、招聘(参阅第 5 章)及全球化(参阅第 17 章)。

缩编

企业定期减少人力以改善盈利状况,这种做法通常被称作缩编(downsizing),它已成为标准的商业行为,即使在 IBM、柯达、施乐这些向来以"不裁员"政策闻名的企业也不例外。[71]与

其他工业化国家相比,美国企业更愿意以裁员作为降低成本的手段。不过,随着全球化的发展,其他国家的企业也越来越多地使用裁员手段。中国、韩国和印度的公司在经历了几年前的经济危机之后也进行了大规模的裁员。[72] 近年来,德国企业,从电子巨头西门子、芯片制造商英飞凌科技到商业银行,都纷纷宣布裁员上千名。像法国之类的国家,权威部门一再阻止企业通过裁员来节省成本,但这些善意的做法往往造成反效果,导致大批企业破产。电器制造商 MoulineX 就是这样的命运。该企业曾经是法国产业的象征,但在 2002 年关门大吉,导致近 9 000 名员工失业。[73]

2013 年,法国的社会党政府通过一项更为严格的法律,国家有权根据公司的资产和经济状况否决公司重组计划。在本书截稿前,法国政府利用这一新法律阻止了阿尔卡特朗讯解雇 900 名法国员工。在经历了前所未有的增长之后,冰岛近几年遭遇了经济上的灾难,近 1/4 的员工在短时间内被解雇。[74] 最近,爱尔兰和希腊也面临相似的问题,意大利、葡萄牙和西班牙很快也会面临这样的问题。2014 年,西班牙的失业率达到前所未有的 27%,迫使大量人才流失到欧洲和拉丁美洲的其他国家(在本书截稿前,一些低薪部门大量地雇用临时工,使得失业率正在逐渐下降)。

本书第 6 章关注企业缩编和如何有效管理这个过程,其他相关的章节也会提到这个重要的议题。例如,第 12 章的福利、第 3 章的法律环境、第 15 章的劳资关系以及第 13 章的员工关系和沟通。

组织再造

过去二十多年,企业组织结构发生了巨大的转型。那些有很多管理层级的金字塔形组织正在变得扁平化,减少了首席执行官与最低级别员工之间的管理层级,以增强企业的竞争力。并购盛行了好几十年。人力资源体系和企业文化无法融合,往往是并购案失败的原因。[75] 近年来,越来越多的企业采取合资企业、联盟、合作等新的跨组织形式进行合作,在保持独立的前提下针对特定产品进行合作以分摊成本和风险。

组织再造需要有效的人力资源管理才能成功。[76] 例如,公司必须对人员需求、工作流程、沟通渠道、培训需求等进行详细的考察,才能进行组织扁平化。同样,并购及其他形式的跨组织关系也是如此,企业需要把完全不同的组织结构、管理实践、技术专长等进行有效的融合。[77] 第 2 章具体探讨这些议题,第 5 章(人员配置)、第 8 章(培训)、第 9 章(职业发展)和第 17 章(国际化管理)也探讨相关的议题。第 10 章和第 11 章(薪酬相关内容)重点讨论随着组织日益扁平化,高层人员和低层员工的薪酬不平等问题。这个问题引发了越来越多的争论。[78]

自我管理型团队

在传统体系之下,员工个人只对一名上司汇报,而这名上司负责监督 3—7 名下属。但现在,这种方式已经被自我管理型团队体系取代。在新体系之下,员工及其团队成员共同负责某个领域或某项任务。据估计,40% 的美国员工是在某种团队环境下工作的。[79]

根据两位自我管理型工作团队领域专家的观点,"当今竞争的环境要求迅速提升生产率、质量和反应时间,通过团队就能实现这种提升,而老板不能……正如恐龙曾经统治地球但后来消失了一样,老板存在的日子也屈指可数了"。[80]

几乎没有科学性的研究可以证明自我管理型团队的有效性;不过,许多案例研究充分显示,采用团队方式的企业能获得相当可观的收益。例如,通用汽车的费兹洛电池工厂就是以团队方式工作,相比传统组织形态的工厂节省了30%—40%的成本。美国联邦快递公司将10名员工分成5—10人的小组,结果减少了13%售后服务方面的问题。[81]

有关自我管理型团队的人力资源议题在第2章(工作流程)、第10章(薪酬)和第11章(绩效奖励)中深入讨论。

小企业的成长

美国小企业管理局(Small Business Administration,SBA)认为,小企业的准确定义应视其所属产业而定。以制造业为例,员工人数不超过1 500(取决于制造业类型)的企业被视为小企业。在批发业,员工人数不超过100的才归属小企业。[82]

在美国1 400万家企业中,小企业占比正在不断提高。[83]一项以纳税申报单为依据的研究发现,99.8%的美国企业人数少于100,大约90%的企业人数少于20。[84]另一项研究则发现,大约85%的企业是家庭所有的。[85]一项研究发现,拉丁裔人和移民通过创业成为企业家的概率显著高于美国原住民,越来越多的非裔美国人正在成长为企业家。[86]

不幸的是,小企业失败的风险很高。据估计,40%的企业在第一年就宣告失败,60%在进入第三年之前失败,能存活十年的只有10%。[87]小企业要生存并繁荣发展,就必须有效地管理其人力资源。例如,在只有10名员工的企业里,只要有一个人的绩效平庸,就很可能使企业由盈利转为亏损。本书每章都会专门讨论小企业所面临的特殊人力资源问题。

组织文化

组织文化(organizational culture)是指公司成员共享的基本假设和信念。信念是无意识地发挥作用,是组织以一种"理所当然"的方式对自身和环境的看法。[88]组织文化的关键要素为[89]:

- **可观察的行为准则**(observed behavioral regularities)。当人们互动时可观察到的行为模式,如使用语言和行为举止。
- **标准**(norm)。工作团队发展出来的标准,如按薪酬制定的工作量标准。
- **主导价值观**(dominant values)。公司信奉的主导价值观,如产品质量或低价政策。
- **公司宗旨**(philosophy)。引导公司政策以员工和顾客为导向的宗旨。
- **游戏规则**(rules of the game)。在公司内部和谐相处的游戏规则,即新进人员为了被其他成员接受而必须学会的"诀窍"。
- **感觉或氛围**(feeling or climate)。公司的场景布局传达出来的感觉或气氛,以及成员之间、成员与客户及外部人员互动的方式。

如果能根据环境变化调整组织文化,公司就会比那些文化僵化、对外界环境的震荡毫无反应的组织更能创造突出的绩效。金宝汤公司(Campbell's soup)在2000年面临的问题常被归咎于公司的标准和价值观未能根据消费者口味的变化迅速做出调整。"这种文化绝对是以规避风险、控制为导向的。对公司来说,重要的事情只有两件,即财务控制和产品的创新开发。金宝汤必须奖励冒险,扫除组织前进中的障碍,并号召员工鼓起勇气将大胆的设想迅速且正当地从提议转为执行。"[90]

改变根深蒂固的组织文化并不是一件容易的事。例如,卡莉·菲奥莉娜(Carly Fiorina),没有任何技术背景的外部人,在 1999 年被任命为惠普公司的 CEO,以便对公司进行彻底革新。[91]然而仅仅 6 年之后她就被解雇了,因为她的营销重点不同、过分自信及独裁的工作作风,很多想法表明她是被过分夸大的个体。所有这些使惠普的员工、经理及董事非常不满。

科技

尽管科技在很多领域的发展极为迅速,但某个特别领域的科技发展已经给人力资源带来革命性的变化,那就是信息技术。[92]通信技术,包括计算机、网络程序、电信和传真机在内的各种工具相当普遍,且不管是什么规模的公司(就算是一人公司)都可以买得起。这些科技伴随着互联网的兴起,对企业的人力资源管理造成许多影响。

- **远程办公的兴起**。技术使得信息的储存、获取和分析变得更为容易,在家上班(至少部分工作在家里进行)的企业员工人数每年以 15% 的速度增长。由于未来远程办公安排预期还会持续成长,有关绩效监督和职业规划等重要问题也随之出现。近几年的一项调查显示,几乎半数不在现场工作的员工(off-site employees)认为,那些在现场工作的员工比他们获得了更高的认可。调查还显示,比起在现场工作的员工来说,那些远程办公的员工指出,"如果能在其他地方找到类似的工作,薪水又差不多,我们都非常愿意离开现在的公司"。[93]对于大多数远程办公的员工来说,远程办公并没有使工作变得简单,反而容易使个人生活和工作的界限不明,加大了工作压力。

- **妥善使用数据的道德问题**。信息技术的日新月异,特别是互联网的普及,使得围绕数据的控制、准确性、隐私权及职业道德等话题日益引起越来越多的争议。[94]现在,只要通过个人电脑就能进入大量的数据库,获取有关信用记录、工作经历、驾驶记录、健康报告、犯罪记录和家庭成员等信息。例如,某网站宣称只要花 7 美元,它们就能"提供有 200 万笔记录的个人档案"。[95]一位批评家指出:"尽管提供的信息中存在大量错误,但计算机提供的资料通常被认为是准确的,很多重大决策就是基于这些信息。受信息影响的人也没有机会做出任何辩解。"[96]在通过现代技术极易获取个人数据的情形下,人力资源专业人士所面临的道德问题日益凸显。

管理者笔记:伦理/社会责任

如何处理个人信息

人力资源专业人士所面临的主要道德挑战之一是:如何理解和使用在网络上能够轻易发现的关于现任雇员与潜在雇员的信息。现在,保护雇员的资料变得越来越困难,以下几篇报告说明了这一点:

- Privacy rights,一家追踪资料外泄的机构,记录了 613 508 411 份在 2005 年和 2014 年

期间遭泄露的资料,涉及 3 954 个数据库。

- Jessica Bennett,新闻周刊的一名记者,近期做了一个简单的实验。她将自己的名字和电子邮件地址交给一名网络顾问,让该网络顾问以此为依据在网络上搜索其个人资料。没有侵入任何计算机系统,30 分钟内,该网络顾问就搜到了她的社会保险号码(SSN);2 小时内,就确定了她的地址、体型、教育背景、家乡和健康状况。

- "大多数人还幻想着,在网络上没有人知道自己是谁"。Nichola Carr,*The Shallows*:*What the Internet Is Doing to Our Brains*(《浅滩:互联网如何影响我们的大脑》)的作者这样说。但是实际上,正如 Carr 所提到的,你的每次按键都被记录到数据库中。

- "从技术上来说,在用户访问我们的网址时,雅虎不可能了解可能被安装在用户电脑上的所有软件或文件。"Anne Toth 感叹。他是雅虎的全球政策部门副总裁和用户隐私部负责人。

- 尽管信用评分能够预测工作绩效的依据极为有限,但人力资源管理协会(SHRM)最近的一份研究显示,60%的雇主利用信用记录(仅需几秒即可从互联网上获得)对求职者进行审查。雇主认为,信用评分低代表雇员的工作习惯不好,不负责任,更有可能弄虚作假等。再次声明,这些可能仅仅是没有任何依据的推测。

资料来源:www. privacyrights. org. (2014); Online privacy; www. aclu. org. (2014); Murray, S. (2010, Oct. 15). Credit checks on job seekers by employers attract scrutiny. *Wall Street Journal*, A-5; Fowler, G. A., and Morrison, S. (2010, Nov. 4). Facebook expands mobile effort. *Wall Street Journal*, B-12; Vascellaro, J. E. (2010, Nov. 9). Websites rein in tracking tools. *Wall Street Journal*, B-1; Bennett, J. (2010, Nov. 1). Privacy is deed. *Newsweek*, 40; Stecklow, S., and Sonne, P. (2010, Nov. 24). Shunned profiling method on the verge of comeback. *Wall Street Journal*, A-14; Angwin, J., and Thurm, S. (2010, Oct. 8). Privacy defense mounted. *Wall Street Journal*, B-6; Fowler, G. A., and Steel, E. (2010). Facebook says user data sold to broker. *Wall Street Journal*, B-3.

- **电子监控**。2014 年,约 40%的公司使用人工智能软件监控雇员何时使用互联网、如何使用互联网以及为何使用互联网。根据总部位于达拉斯市的 Clares Voice 信息安全公司的说法,"我们会查看每一封正在寄发的邮件"。[97]电子邮件信息现在被当作各种法律案件(如年龄歧视、性骚扰、限价及类似事件)的证据。[98]"我们通常使用的 70%的证据是以电子形式存在的。"Garry Mathiason 这样说道。他是旧金山市一家颇具声望的 Litter Mendelson 法律公司的高级合伙人。[99]

- **体检**。遗传测试、高科技影像及 DNA 分析等技术很快就能帮助企业进行雇用决策了。[100]公司如何利用这些信息(筛选应聘者、确定医疗保险保费、确定哪名员工应该被裁等)涉及道德问题。IBM 公司在这方面走在最前列,它近期宣布不会再用基因数据辅助雇用决策。这是一个法律体系的健全远远滞后于技术进步的领域,有些公司甚至对面临健康风险的雇员进行惩罚。随着新的卫生保健法规开始实施,越来越多的公司正在设法将医疗保险的价格"个体化"。

管理者笔记:伦理/社会责任

监视你的一举一动:为不健康的生活方式付费

这些年来,随着医疗保健费用不断上升,越来越多的公司对表现出不健康生活方式的员工处以罚金(大多在每月支付的医疗保险保费中扣除)。2015 年,约 20% 的大公司(包括诸如家得宝、百事、西夫韦、劳氏和通用磨坊这些家喻户晓的公司)有这种类型的计划,这个比例在不久的将来估计会增至两倍或三倍。例如,沃尔玛对吸烟者收取 2 000 美元/年的费用。不过,对"坏"行为(如吸烟、吸毒与酗酒)进行处罚可能还比较公平,但要求体重超标、高胆固醇或高血压的员工交纳罚金就产生争议了。这些身体上的特征可能并不是自愿的,可能与诸如遗传倾向、压力和贫穷等非人为因素相关。新实施的《平价医疗法案》(Affordable Care Act)允许公司可以向生活方式不健康的员工最高多收 30% 的保费,当然,只有那些提供健康计划的公司才会向员工收取更高的费用。问题在于,联邦法律在界定健康计划的内涵方面仍不够明确,许多公司有可能随意地解读这项要求。

资料来源:Society for Human Resource Management. (2014). More employers to penalize workers for unhealthy behaviors. www.shrm.org; www.medscape.com. (2014). Should people with unhealthy lifestyles pay higher health insurance? Abelson, R. (2013). The smokers surcharge. www.nytimes.com.

- **平等主义观念的增强。** 当今,社会信息的提供是瞬间性的且非常广泛,因此组织结构变得更加平等。也就是说,权力和权威在员工中间更为平均地分配。群体网络可以使成百上千的员工同时分享信息,可以给办公室的普通员工提供情报——这些以前仅提供给他们的老板。[101] 普通员工可以在线与高级管理人员讨论问题。在这类互动中,重要的不是员工在公司的等级,而是他们的意见。[102]

本书的每章都会讨论日新月异的科学技术(特别是信息技术)给人力资源带来的挑战和影响力。

内部安全性

在世界贸易中心和五角大楼发生的"9·11"恐怖袭击、波士顿马拉松大屠杀,以及随后的几起阴谋和大规模枪击案,引起了全美上下对安全问题的担忧。现在,许多咨询公司将注意力集中在如何发现潜在的安全问题上。从货运协会到体育赛事组织者,大量的公司和行业团体把安检视为首要任务。[103] 除了进行背景调查,人力资源部门利用扫描员工的眼睛和指纹以确认身份、雇佣武装警卫巡逻单位、识别可能实施暴力威胁的员工,甚至是发现潜在间谍等方法,越来越多地参与安全细节的保障活动中。[104]

无人质疑安全检查的重要性,从人力资源的角度来看,如何确保求职者和员工的权利不会遭到侵害?一旦发现可疑问题时,是否有适当的处理程序?这些是值得注意的问题。例如,如果某人 15 年前有醉酒驾车的违规记录,那么他现在是否无法胜任空服员?怎样判断这些过去的记录是不是值得注意的信号?这完全取决于评估者的偏好(例如,毕业于中东的大学、经常更换工作、经常离婚等)。许多健康网站允许医疗专业人员和公司追踪资料,包括艾滋病和癌症检查的结果。[105]公司应该把这些信息纳入员工甄选流程吗?

一家基于计算机的安全服务公司开展的研究表明,超过40%的简历在教育背景或工作经历方面存在虚假。但是,公司发现员工简历做假时会如何应对呢?这取决于公司的政策、员工的价值观和组织文化。[106]很多公司声称愿意忽略某种程度的不实。第14章"尊重员工权利与管理纪律"探讨这方面的问题。

数据安全

近十年,大量的未经许可获取隐私资料的案例被曝光,这在有些情形下会引发普遍的身份造假。根据近期《纽约时报》的一份报告,一家财力雄厚且拥有高水平技术人员的计算机地下组织在多个国家开展地下业务,政府几乎无法控制其活动。[107]"现在,坏人比好人的技术进步快得多。"一家科学技术研究机构,斯坦福国际研究院(SRI International)计算机科学实验室主任Patrick Lincoln说道。[108]据隐私权受理中心(Privacy Rights Clearinghouse),一家位于圣地亚哥市的顾客辩护团体(Consumer Advocacy Group)的记载,发生了80多项大型的数据侵入案件,共涉及超过5000万员工的个人信息。[109]在一起案件中,CardSystems(信用卡中央处理机)将4000万名股东的账户信息泄露给了骗子。[110]2005—2012年,众所周知的、遭到严重数据侵入的公司包括律商联讯集团、美国数据分析公司、美国银行、美国空军,甚至包括美国联邦调查局(FBI)。[111]维基解密最近在网络上流出的美国军方和国务院的机密材料成百上千,代表着最为极端的情形,即一名最底层的员工都能够利用计算机技术给组织带来重大伤害和难堪。数据安全并不只有计算机专家才关注,还涉及制定人力资源政策以决定谁有权知道这些敏感信息和进入监控系统,避免经理和员工滥用这些资料。

外包

近年来,许多大型企业纷纷将原本内部操作的工作转给外界的供应商和承包商,这种做法叫作**外包**(Outsourcing)。其动机很简单,因为外包可以节约成本。《华尔街日报》报道,《财富》500强企业中有40%以上的企业已将一些部门或服务(从人力资源管理到计算机系统等)外包。[112]2005年,人力资源协会(有超过10 000名会员负责人力资源工作)进行的一项调查显示,健康与福利(79%)、年金计划(90%)、工资发放(62%)、培训(50%)及招募与甄选(32%)等人力资源活动已经完全或部分外包给其他企业。[113]

外包这种做法会给企业人力资源带来几个方面的挑战。虽然外包有助于公司减少成本支出,可是当员工原本的工作被最低出价者拿走后,就会面临失业的命运。例如,美国包裹公司(United Parcel Service,UPS)转包了65个客服中心中的5 000个工作岗位。[114]除此之外,企业如果不仔细监督、评估承包商的表现,就很可能导致客户的不满。例如,破产清算的Skillset软件公司的一群前员工对其外部的人力资源服务提供商TriNet集团公司提起了诉讼,因为该公司没有处理他们的索赔,部分原因是人力资源提供商常常不能提供足够的渠道和人员处理员工的利益与抱怨。[115]承包商往往接了过多的案子,超出了自己的负荷[116],这样一来,小企业就无法获得最好的服务和支持。只有当承包商将所承接的人力资源活动(如培训、人员招聘、工资发放和数据安全维护等）放在首要位置时，组织才能相信承包商会有效地保护相关数据（如社会保障号、婚姻状况、收入水平、绩效问题和银行账户等）不被内部人或外部人知道。近几年，外包给国外公司（这种情况越来越普遍）进一步增大了数据安全维护的难度。最后，外包所导致的主要问题是，国际公司要求世界各地的承包商执行自己的人力资源道德标准。例如，耐克公司在中国、越南、印度尼西亚和泰国等地的分包商为该公司制造了98%的运动鞋。但媒体报道，为了保证低成本生产，这些公司会雇佣童工、降低工作条件中的不安全性及提供超低的工资。沃尔玛也被指责为孟加拉的分包商提供的工作条件很差，一次工厂火灾甚至造成数百名妇女死亡。

本书各章讨论外包及其给人力资源管理带来的挑战。第2章讨论在缩编背景下的分包问题，第15章的劳动关系章节则探讨外包对工会的影响。

产品完整性

过去三年，受到媒体关注的一个重要话题是：公司如何才能更加有效地监控国外生产的产品或组件的完整性？例如，在美国和欧洲的婴儿奶粉中发现了微量三氯氰胺，而这种物质对婴儿来说是致命的。[117] 还有其他类似的报道指出，美国的主要药品生产商和军方使用了从中国进口的一些有害原料。[118] 这些问题的检查和预防可能需要企业人力资源政策的配合，包括仔细挑选、培训以及为负责的管理人员和员工提供适当的激励机制，以掌握和监督全球供应商的供货。

1.1.4 个人挑战

在个体层面的人力资源议题是处理与员工切身相关的决策。这些**个人挑战**（individual challenge）常常反映了大型组织的状况。例如，技术会影响个人的生产率；如何运用信息做出人力资源相关决策，这涉及道德问题（例如，根据求职者的信用状况或医疗记录决定雇用哪个人）。公司对待个体员工的方式也可能影响先前讨论的组织挑战。例如，如果许多重要员工离职并投入竞争对手的怀抱，那么公司的竞争地位就会受到影响。换句话说，组织和个人挑战之间的关系是双向的，而环境和组织挑战之间的关系则是单向的（见图表1.1），很少有组织挑战能够对环境造成影响。当今最重要的个人挑战涉及人员和组织的匹配、道德和社会责任、生产率、授权、人才流失及工作保障。

人员和组织的匹配

有调查显示，当公司利用特定的人力资源战略吸引、留任那些与企业文化和整体经营目标最匹配的人才时，这种人力资源战略便能为公司带来最优的绩效。例如，一项研究指出，在快速发展的企业里，管理者若具备强大的市场和销售背景、愿意冒险，且可以容忍不确定性状况，则往往能有更为突出的表现。但是，如果在发展成熟、产品已有相当基础，重心在于保持而非扩大市场占有率的企业里，这类管理特质反而会影响绩效。[119]

第5章具体讨论如何让员工和组织进行最好的匹配，从而提升绩效。

道德和社会责任

在本书的前几版中，我们讨论了发生在安然、世界通信信、泰科电子等大公司的众所周知的丑闻。在这些公司中，高层的腐败几乎成了一种生活方式。我们可以在各种商业期刊上看到各种组织中令人震惊的不道德行为受到抨击。例如，美国国际集团（AIC），美国最大的保险公司之一，虚假夸大其资本公积金达 5 亿美元[120]；时代华纳（Time Warner），被控做假账[121]；美国银行，因不道德行为被罚款 10 亿美元[122]；花旗集团（CitiGroup），部分管理者因涉嫌洗钱而被审判[123]；波音公司（Boeing），高层管理者因涉嫌上百万美元的美国空军丑闻而被判刑[124]；ChoicePoint，最大的信用报告机构之一，声称隐瞒 145 000 人个人信息被盗取的消息达一个月之久，为高管提供足够的时间抛售公司股票[125]；斯特拉顿退伍军人事务医疗中心（Stratton Veterans Affairs Medical Center），该中心的有些员工冒充医生，未经授权对癌症患者进行临床诊断并导致其死亡[126]；纽约州立大学奥尔巴尼分校校长 Karen R. Hitchcock 被迫辞职，原因是被指控其雇用的承包商承诺设立基金以资助她成为学校的荣誉教授[127]；著名的洛杉矶盖蒂博物馆，被指控盗窃文物和滥用行政津贴[128]；制药商被控隐瞒某些药物的副作用[129]；伊利诺伊州前州长 Rod R. Blagojevich，厚颜无耻地出售奥巴马当选总统后空出的美国参议院议员的职位[130]；荷兰皇家壳牌（Royal Dutch Shell），被指控的罪名是通过支付数百万美元的贿赂来获得合同[131]。

我们有理由相信，这些报道出来的不道德行为案例仅仅是冰山一角。[132]

这些报道使得越来越多的人开始担心自己的雇主也会从事不道德的活动[133]，以至于很多公司和专业化组织为其成员制定了道德规范，详细列出个人行为应遵循的原则和标准。不幸的是，这些规范通常无法达到员工的预期。一项对《哈佛商业评论》（*Harvard Business Review*）读者进行的调查显示，近半被调查者相信他们的管理者不会始终做出符合道德规范的决策。[134]在 21 世纪第一个十年的年末，尽管由不可靠的金融工具引发了经济危机，造成了经济的大幅衰退，但高管们仍然获得了巨额奖金。这似乎强化了街头大众对管理者的不良印象。美国前任总统奥巴马称这种情况"有悖伦理"。

之所以这么多人会这样想，可能是因为管理决策通常是不明确的。除了在一些很明显的例了（如故意歪曲）中，会对道德与不道德进行公开讨论。即便是最详细的道德规范通常也会给管理者留出足够的操作空间。事实上，很多承认自己有非法行为的管理者认为，他们只是为了使公司业绩转好而争取时间。[135]在其他业务领域可能更是如此，许多人力资源管理的具体决策是依靠主观判断的。通常，这些判断就形成了"第 22 条军规"，因为没有一个选择是可取的。[136]

有些公司开始使用网络向员工和管理者灌输道德价值观。例如，Lockheed Martin 公司 16 000 名员工被要求接受一种循序渐进的在线道德规范培训方式。[137]花旗集团在网上开设了在线道德培训项目，这对其所有 30 万名员工来说是强制性的。[138]其他公司则采用了更为传统的培训方式以贯彻"零容忍政策"。[139]有一件事似乎是确定的：自我调节的失败导致立法的约束。例如，2011 年的联邦法律激励员工直接向监管机构报告证券欺诈及其他不当行为，绕过了公司的人力资源部门和管理人员。

具有社会责任感的公司会努力实践对各界的承诺,不仅对投资人,还包括对公司员工、客户、其他企业及社会。例如,麦当劳多年前成立了麦当劳之家(Ronald McDonald House),为在外地就医的员工病重家属提供住所;美国百货公司运营商(Sears)和通用电气公司(General Electric)则支持艺术家与表演者;许多地方商人则支持当地儿童的运动队;全球最大的烟草公司——菲利普·莫里斯(Philip Morris)为了改变其"丑小鸭"形象,拓展了新业务,治疗抽烟造成的相关疾病,并支持肺病防治方面的研究项目。[140]

本书第 13 章专门探讨员工的权利与责任;每章配备相关的道德问题供讨论,但这些问题没有绝对正确的答案;大部分章节设置"管理者笔记"专题,讨论与该章内容相关的道德问题。

生产力

大部分专家承认技术促成的生产力提高改变了 20 世纪 90 年代中期的经济运行领域,带来了持续的经济增长、低失业率以及低通货膨胀率。**生产力**(productivity)是指员工个人为组织所生产的商品或服务创造的增值量。每个员工的产出量越大,组织的生产力越高。例如,美国的工人生产一双鞋只要 24 分钟,而中国的工人却需要 3 小时。[141]在技术驱动的知识经济时代,组织的成功越来越多地依赖无形的人力资本。这种资本可能是设计者的创造力(如微软公司)、软件设计师的熟练程度(如太阳微系统公司)、营销人员的知识(如宝洁公司),甚至包括内部文化的力量(如西南航空公司)。[142]从人力资源的角度看,员工生产力受到能力、激励及工作生活质量的影响。

员工**能力**(ability)是指完成一项工作所需具备的素质。公司可以通过聘用和工作安排的过程选择最适合的员工,同时提高员工能力。[143]第 5 章具体说明这个过程。公司也可以通过培训和职业生涯开发计划的设计来加强员工的技能,协助他们为承担其他职责做好准备。第 8 章和第 9 章将讨论这几个问题。

动机(motivation)是指个人的一种渴望,渴望争取到最好的工作,或者尽最大努力完成所布置的任务。动机激励、引导和维持着人们的行为。影响员工的动机有几个重要的因素,我们会在本书各章节中加以讨论,包括工作设计(第 2 章)、人员和工作要求的匹配(第 5 章)、奖励(第 11 章和第 13 章)以及诉讼程序(第 14 章)。

越来越多的企业认识到,如果员工相信公司能提供高的**工作生活质量**(quality of work life),他们就更愿意选择这家公司并长期留任。高质量的工作生活关系到员工的工作满意度,而工作满意度则是员工缺勤率和离职率的一个很强的预测指标。[144]公司在改善工作生活质量上所做的投资会使顾客得到更好的服务。[145]第 2 章探讨工作设计及其对员工态度与行为所造成的影响。

授权

许多企业在减少员工对上司的依赖,并强调员工个人对自己工作的控制。这个过程被称为**授权**(empowerment),它将原本来自外界的指挥力量(通常来自直接上司)转为内在的力量(个人想要有所表现的渴望)。本质上,授权过程必须向员工提供决策的技能和权威,让他们做出向来由管理者完成的决策。授权的目的是希望员工对工作充满热情和承诺,并基于对工作的信念和乐趣(内在控制)出色地完成工作。这与员工为了避免受到惩罚(如被解雇)或为了拿到薪水(外部控制)而选择服从的做法是完全不同的。

授权会激发员工的创新和冒险精神。在瞬息万变的环境里,这些都是企业获得竞争优势的关键要素。固特异旗下的凯利-斯普林菲尔德轮胎公司的退休总裁 Lee Fielder 表示:"给员工授权是最困难的,因为这意味着放弃控制权;不过,如果管理者凡事都得指导员工做什么、怎么做,到头来公司就只能留住平庸的员工,因为有才能的员工不会愿意接受这样的控制。"[146]为了鼓励冒险,通用电气公司前任 CEO 杰克·韦尔奇(Jack Welch)告诫他的经理和员工要"怀疑规则,打破规则"。[147]

第2章(工作流程)具体探讨与行为的内部控制和外部控制相关的人力资源议题。

人才流失

由于组织的成功越来越依赖某些特殊员工的知识,因此组织越来越容易受到人才流失的影响。所谓**人才流失**(brain drain),是指核心人才被竞争对手挖走而导致的知识产权的流失。重要的产业(如半导体和电子业)深受核心员工的高离职率所害,这些重要员工纷纷离开公司自行创业。人才流失可能对公司的创新造成负面影响,并延误新产品的上市。[148]

从国家的角度来说,人才流失是发展中国家面临的重要问题,因为受到最好教育的人才想出国。美国的大学和研发实验室有很多来自中国、印度及其他国家的教师与研究生。在那些最贫穷的国家(如海地),超过3/4的大学毕业生移居国外;甚至有些诸如西班牙这样的发达国家,近年来也遭受大量的人才流失。由于失业率的急剧上升,以及在经济衰退末期产生的大量就业机会局限于低薪、低技能行业,2011—2015年,近 750 000 西班牙人(其中很多人拥有高学位)移民到了其他国家。根据美国国家工程院(National Academy of Engineering)的数据,在2005年超过50%拥有高学位的工程师出生在国外。在过去的15年中,超过1/3的诺贝尔奖获得者来自国外。[149]微软公司超过20%的员工来自印度。这种对外国人才的依赖使美国处于一种被动状况,特别是在中国和印度这几个大国未来快速发展的背景下更是如此。[150]事实上,这类现象已经创造出了一个新词——逆人才流失(reverse brain drain)。它是指那些决定回归祖国的非美国本土出生的美国人,尤其多见于诸如中国、印度、巴西这些经济高速发展的国家。

本书中几个章节讨论人才流失及其有效应对措施,特别是第3章(平等就业机会和法律环境)、第4章(管理多元性)、第6章(员工离职与再就业)和第11章(绩效薪酬)。

工作缺乏保障

正如本章开篇所提到的,大部分员工不能指望一直拥有一份稳定的工作和持续的晋升机会。很多公司认为,在当前激烈的竞争环境中,不论公司的状况有多好,裁员都是相当重要的竞争手段。然而,对于员工来说,工作缺乏保障是压力的主要来源,而且可能导致较低的绩效和生产力。Reed Moskowitz 是纽约大学压力管理中心的创始人。他指出,员工的精神健康达到了最糟糕的状况,因为"没有人感到安全"。[151]

上个十年末期的企业危机给养老金计划带来了巨大损失,意味着许多老年员工承受不起退休后收入的骤减,只能选择继续与年轻员工竞争工作。[152]《商业周刊》的一篇文章称这些老年人为"伪退休者"。[153]除了公共部门,传统的保障退休人员收入的退休计划在很大程度上已经成为过去,大量70多岁以上的老员工成为现今劳动力市场的一部分。Retirementjobs.com,一个针对50岁以上员工的求职网站,目前每月处理60万人次的访客,比不久前双倍的数量还多。[154]

与此相矛盾的是,员工自愿离职对许多雇主来说仍然是一个问题(例如,每年50%甚至更高的离职率在餐厅和酒店服务业中并不罕见),从而造成较高的招聘和培训成本以及较低的客户满意度。[155]近年来,对非法移民(那些在如肉类包装、农业、快餐业等众多高离职率行业工作的人)的治理使得很难找到合适的人替代离职者。[156]

第6章讨论裁员带来的挑战,以及如何让留任员工感到安全和受重视;第16章讨论员工的压力及如何减轻压力;第15章探讨工会与管理层的关系。

1.2 战略人力资源政策的规划和执行

为了成功,企业必须将人力资源战略和方案(战术)与环境机会、竞争战略及公司的特质和独特能力保持一致。

1.2.1 战略人力资源规划的优势

战略人力资源规划(strategic human resource planning)是指制定人力资源战略,确定方案或战术并加以执行的过程。如果战略人力资源规划能够顺利实施,就可以为公司带来许多直接和间接的收益。

鼓励预先性而非反应性的行为

预先性(proactive)意味着向前看并为企业找到发展愿景,以及如何运用人力资源达成目标。相对而言,反应性(Reactive)则意味着碰到问题时才有所反应。反应性公司可能会偏离长期的发展方向,预先性企业对未来做了更好的准备。例如,许多濒临破产的企业需要牢牢抓住关键人才、对明星员工提供特别的奖励才能帮助企业渡过难关。尽管企业在经济困难时还要在员工薪酬方面额外支出,但留住关键员工还是至关重要的。[157]

公司目标的清晰沟通

战略人力资源规划有助于公司树立一系列明确的战略目标,充分发挥特殊人才和技能的作用。例如,3M公司的战略非常明确,就是通过创新参与市场竞争。公司的目标是产品营业收入中至少有25%来自最近五年推出的产品。为了实现这样的目标,3M公司的人力资源战略可以被概括为"聘请每个领域最顶尖的科学家,给他们足够的奖金,然后让他们充分发挥。过去几十年来,这种任其发挥的策略使公司得以推出成千上万的新产品,从砂纸、磁带到可粘贴便条纸等"。[158]成立后的一百多年间,3M公司表明了指导公司人力资源实践的哲学——每天,"3M 人"都在创造奇迹。

刺激批判性的思考并持续检验假设

管理者往往会依赖个人的观点和经验解决问题、做出经营决策。他们做出决策的假设前提如果能与企业经营的大环境匹配,往往就能带来成功。可是,当这些假设前提不再成立时,就可能造成严重的后果。在 20 世纪 80 年代,由于 IBM 公司高层担心个人电脑的增长会影响利润丰厚的大型主机业务,不太重视个人电脑的销售。这个决定给了竞争对手可乘之机,它们大举进入个人电脑市场,最终对 IBM 公司造成极大的打击。[159]

战略人力资源规划过程必须是连续的和有弹性的,才能激发批判性的思考和新的创意;而如果只是僵化的程序、只列出具体的完成日期,则不可能产生这样的效果。这也是为什么许多公司让人力资源专业人士和 CEO 组成执行委员会,讨论战略方面随时出现的问题,并对公司整体的人力资源战略和方案进行定期修正。

识别当前状况和未来目标的差距

战略人力资源规划有助于公司识别"我们现在的状况"和"我们未来的目标"之间的差距。尽管 3M 公司引以为傲的实验室拥有 10 亿美元预算和 7 000 名员工,但近年来的发展并不理想,部分原因是有些研发工作没有重心、预算支出不够明智。为了加速发展,3M 公司针对各主管确定了一系列的绩效目标,而这些人以前没有受到任何约束;除此之外,3M 公司推出了经过特殊培训的"黑带"(Black belts)主管,以根除从研发到销售等部门缺乏效率的现象。[160]

鼓励直线经理的参与

为了使人力资源战略变得有成效,各层级的直线经理必须受到激励才行;否则,这些战略就可能失败。举例来说,某大型化妆品制造工厂决定推出奖励计划,工作小组如果能生产出高质量的产品就能获得一大笔奖金。作为战略计划的一部分,奖金是为了促进员工之间的合作。不过这项由高层经理与人力资源部门协商开发的计划却造成相反的效果,经理和基层管理监督人员开始寻找为失误承担责任的员工,导致这项计划最终宣告失败。

识别人力资源的局限和机会

当将总体的竞争战略规划与人力资源规划相结合制定时,公司就能够识别执行竞争战略所需人员可能的潜在问题和机会。

摩托罗拉竞争战略的基础是识别、鼓励和财务支持新产品的开发计划。为了实施这项战略,摩托罗拉成立了内部开发小组,通常是由 5—6 人组成,分别来自研发、市场、销售、制造、工程和财务等部门。公司对这些成员的职务只是进行了概括性的描述,以便发挥员工的创造力,并支持新的理念。

创造凝聚力

大量的研究显示,从长期来看,那些对"我们是谁"有着强烈认知的企业,往往会比其他企业表现得更好。战略人力资源规则如果能强化、调整或重新引导当前的企业文化,就能够培养以顾客为中心、创新、快速成长和合作等优秀的价值观。

1.2.2 战略人力资源规划的挑战

在开发有效的人力资源战略时,企业会面临一些重要的挑战。

保持竞争优势

企业拥有的竞争优势往往会比较短暂,因为其他企业很容易效仿。技术和市场方面的优势是如此,人力资源的优势也是如此。例如,许多高科技企业会效仿那些成功的高科技公司,"借用"它们对重要科学家和工程师的奖励计划。

人力资源方面的挑战在于:开发能够给公司带来持续竞争优势的战略。例如,公司可通过精心开发的职业梯(Career ladder)(参阅第9章)来让当前员工最大化地发挥潜力,同时奖励给员工大量有条件的公司股份(例如,规定如果员工在某个日期之前离职,就得放弃这些股份)。一个对此极为重视的公司是Zappos(这是西班牙文zapatos——鞋子的缩写),因为它的主要业务是线上卖鞋。所有Zappos的员工,无论他们的职位如何,都要接受为期四周的顾客忠诚度培训课程,其中包括至少两周的全薪培训,在呼叫中心与顾客电话交流。经过一周的培训后,如果新员工想离开,没有附加任何条件,就可以带着3 000美元立刻离职。这是为了确保人们来Zappos是出于热爱工作而不是金钱。超过97%的新员工选择继续留在公司。近期,Zappos公司被亚马逊以12亿美元收购,而Zappos公司员工得到了4 000万的现金和股票。

强化总体竞争战略

制定人力资源战略以支持总体竞争战略对很多公司来说是一个挑战。原因为:第一,高层主管不见得总能明确表达公司的总体竞争战略。第二,关于采用哪些人力资源战略以支持总体竞争战略,这可能有许多不确定或意见分歧之处,即什么样的人力资源战略会对公司战略做出贡献通常不能明显看出来。第三,大型公司可能有不同的业务单位,每个单位各有各的竞争战略。在理想的情况下,各个单位应自行制定最符合本身竞争战略的人力资源战略。例如,生产高科技设备的分公司可以高于平均水平的薪酬吸引、留任最优秀的工程人员,而生产消费产品的分公司则可以平均薪酬水平支付给工程人员。但如果这两家分公司的工程师之间有联系的话,这样的差异就可能出现问题。所以,差别化的人力资源战略可能使人感觉不公平和不满。

避免对日常问题的过度关注

有些管理者把大多数精力投放在迫在眉睫的问题上,却没有时间考虑企业的长远发展。而成功的人力资源战略要求具备认清长远发展方向的眼光,所以战略人力资源规划的一大挑战就是如何点醒人们,让他们退后一步,从全局出发考虑问题。

对于许多小企业而言，员工往往忙碌于眼前的业务，几乎不会停下来考虑一下企业明天的前景。而且，小企业的战略人力资源规划往往取决于企业所有者或创始人的一时兴起，但他们并不会花时间制订这些计划。

制定适应独特公司特质的人力资源战略

没有任何两家公司是完全一样的。无论是从发展历史、公司文化、领导风格还是技术的角度来看，各家公司都有不同之处。任何雄心勃勃的人力资源战略或计划如果没有与组织特质匹配，就很可能会失败。[161] 人力资源战略面临的主要挑战是：避免在与公司目前状况产生冲突的前提下为公司描绘未来的愿景。

应对环境变化

正如同没有两家完全相似的公司，公司所处的环境也各有不同。有些公司所处的环境（如计算机产业）瞬息万变，有些公司则处于相对稳定的环境（如食品加工器市场）；有些公司（如医疗提供者）的产品或服务具有绝对的需求，有些公司（如时装设计）则不得不面对不稳定的需求。即使在较窄的产业里，公司可能会在一个以顾客服务（如 IBM 公司的传统竞争优势）为核心的市场中竞争，也可能会在一个成本驱动的市场（如生产能与 IBM 电脑兼容的电脑组装公司）中竞争。在这种背景下制定人力资源战略的主要挑战，就是配合公司独特的环境拟订战略，使公司获得持续的竞争优势。

确保管理者的承诺

由人力资源部门拟订的人力资源战略如果没有各层级管理者（包括高层经理）的全力支持，最后成功的机会还是很渺茫的。为了确保管理者对这些战略的投入，人力资源专业人员在制定政策时必须与他们密切合作。

将战略规划转化为行动

任何一个战略规划在实践中能否有影响力都是一大考验。如果规划对实践没有影响，员工和管理者就会认为这只是一场空谈而不需要行动。

如果公司高层经常发生人员变动，每个新上任的高层管理者使用自己新制定的战略规划，那么必然会引起内部人员的不信任。战略人力资源规划最大的挑战，可能并不在于战略的制定，而在于如何开发出一套合适的方案，使这些战略发挥成效。

将预先制定的战略与应急战略结合起来

人们一直对于战略应该是预先制定的还是应急的存有争议。前者是主动、理性、有计划地进行设计，旨在达成预先设定的目标；后者则是"模糊"的模式，通过公司内部权力、政治、即兴构思、谈判和组织内部人等几大因素的相互作用而形成的战略。[162] 大多数人认为，公司应同时拥有这两种战略，两种都很重要，如何将两者的精华结合起来才是一大挑战。

预先制定的战略能激发一种使命感并引导公司资源的分配；这类战略还有助于识别环境

的机会和威胁,使高层管理者得以妥善做出应对。而预先制定的战略对公司不利的一面是:可能导致自上而下的战略形态,压抑创造性和广泛的参与感。

应急战略也有优缺点。其优点体现为:(1)应急战略能让全体员工参与进来,有助于获得基层员工的支持;(2)应急战略是从公司的经验中逐渐发展出来的,所以相对于预先制定的战略,它不容易被推翻;(3)应急战略比起预先制定的战略更切合实际,因为它是处理公司面临的具体问题或议题。其缺点则表现为:应急战略可能缺乏较强的领导力,无法为公司描绘创造性的愿景。[163]

管理者必须将公司正式规划的好处(提供强大的指导和确定任务的轻重缓急)与全体员工通过无计划的活动而提出的松散想法有效地结合起来,才能有效地整合两类战略。

适应变化

战略人力资源规划必须具有足够的弹性以适应变革。[164]战略规划如果过于僵化,公司坚持某个特定的行动方式,当变化来临时就无法迅速回应;公司还可能因为不甘心先前的投资落空而继续把资源投入有问题的方案中。[165]如何在拟订战略、设计方案时保持顺应变化的弹性,将是公司面临的一大挑战。

1.2.3 战略人力资源的选择

战略人力资源选择(strategic human resource choices)是公司设计人力资源体系中的可用选择。图表1.2说明了战略人力资源选择的范例。这里需要注意三点:第一,战略人力资源选择并非局限于其中所列举的几项。第二,这些不同的人力资源方案或实践既可以单独使用,也可以结合起来实现战略选择。例如,如果公司选择按绩效支付薪酬,那么可以采用许多不同的方案执行这项决定,包括现金奖励、一次性年度奖金、根据主管评估结果加薪和月度最佳员工奖等。第三,图中列出的战略人力资源选择代表一个连续状态相反的两端。有些公司比较接近右侧的情态,有些公司比较接近左侧的情态,有些公司则接近中间的情态,但真正落在两端的公司则是少之又少。

工作流程

工作流程是指为了实现生产或服务目标而组织工作任务的方式。企业在构建工作流程(参阅第2章)时面临以下较为重要的选择:

- 效率(以最低成本完成工作)或创新(鼓励创造性、探索以及新的工作方式,即使这些会增加生产成本)。
- 控制(建立预先确定的流程)或弹性(允许例外和个人判断的余地)。
- 明确的工作说明(详细地列举每项工作的职责和要求)或广泛的工作分类(员工执行多项任务,且如果有需要,员工就有能力完成不同的工作)。
- 详细的工作规划(事前详细列举工作流程、目标和时间安排)或松散的工作规划(根据需求的变化,临时修正活动和时间表)。

工作流程（第2章）		
效率	←——→	创新
控制	←——→	弹性
明确的工作说明	←——→	广泛的工作分类
详细的工作规划	←——→	松散的工作规划

人员配置（第5章）		
内部招募	←——→	外部招募
用人部门做出雇用决策	←——→	人力资源部门做出雇用决策
强调求职者和公司文化的"匹配"	←——→	强调求职者的"技术资格和技能"
新员工的非正式雇用	←——→	新员工的正式雇用

员工离职（第6章）		
鼓励自愿性退休	←——→	裁员
停止雇用活动	←——→	有需要时招募人员
对离职员工持续提供支持	←——→	被裁员工自行另觅高就
优先重新雇用政策	←——→	没有优惠待遇

绩效评估（第7章）		
量身打造的评估方式	←——→	统一的评估程序
着眼于发展的评估方式	←——→	以控制为导向的评估方式
多重目的评估	←——→	焦点集中的评估
由多方（上司、同事和下属）进行评估	←——→	仅由上司进行评估

培训与职业生涯发展（第8章与第9章）		
个体培训	←——→	团队培训
在职培训	←——→	外部培训
特定的工作培训	←——→	弹性导向的通用培训
购高薪聘用有经验员工，"购买"到技能	←——→	低薪雇用欠缺经验的员工通过培训"培养"技能

薪酬与福利（第10章、第11章与第12章）		
固定薪酬	←——→	可变薪酬
以岗定薪	←——→	以个体为基础的薪酬
以资历为基础的薪酬	←——→	以业绩为基础的薪酬
集中薪酬决策	←——→	分散薪酬决策

员工关系（第13章）与劳动关系（第15章）		
自上而下的沟通	←——→	自下而上的沟通和反馈
压制工会	←——→	接受工会
敌对手段	←——→	开明的管理

员工权利（第14章）		
强调纪律以减少错误	←——→	强调预防性的措施以减少错误
强调雇主保护	←——→	强调员工保护
非正式的道德标准	←——→	明确的道德准则及执行程序

国际人力资源管理（第17章）		
创造全球性的公司文化	←——→	适应当地文化
依靠外派人员	←——→	依靠当地员工
返回原居住地协议	←——→	没有正式的返回原居住地协议
全球统一的公司政策	←——→	根据不同国度制定公司政策

图表1.2 战略人力资源的选择

人员配置

人员配置旨在设计人力资源活动以确保适当的人才在适当的时机能留在适当的位置上(参阅第5章)。招募、甄选员工并使其适应公司,都是人员配置的过程。在进行这些活动时,以下几种战略人力资源可供选择:

- 内部晋升(内部招募),或者外部雇用(外部招募)。
- 授权用人部门做出招募人选的决定,或者集中由人力资源部门做出决策。
- 强调求职者和公司之间必须有很好的匹配;或者不考虑人际关系,只选择专业知识最丰富的人才。
- 通过非正式渠道雇用新人,或者选择更正式和系统的雇用方式。

员工离职

员工离职是指员工出于自愿或非自愿因素离开公司(参阅第6章)。公司在处理员工离职的情况时,有以下几种战略人力资源选择:

- 通过某些激励措施鼓励自愿离职(例如,提早退休分配方案)进行人员缩编,或者通过裁员的手段。
- 停止雇用活动以避免裁掉现有员工,或者在有需要的时候再招募员工,必要时也会裁掉现有员工。
- 为离职员工提供持续的支援(可能是协助他们寻找新工作),或者被裁员工自行另觅高就。
- 向被解雇员工承诺如果情况好转就会重新雇用他们,另外一种做法是对已离职员工不提供任何形式的优先雇用。

绩效评估

管理者实施绩效评估以了解员工执行任务的表现(参阅第7章)。与员工绩效评估相关的战略人力资源选择包括:

- 根据不同员工群体的需求,量身打造评估体系(例如,为不同的工作族群设计不同的评估表);或者组织内所有员工使用一套标准的绩效评估体系。
- 把评估材料作为帮助员工改进绩效的工具,或者把评估视为一种控制方式,淘汰绩效差的员工。
- 设计多重目标评估体系(例如,用于培训、晋升和甄选决策),或者根据单一目标设计评估体系(例如,仅用于薪酬决策)。
- 设计能鼓励各个员工群体(例如,上司、同事和下属)积极参与的评估体系,另外一种评估体系的设计只考虑员工上司的意见。

培训与职业生涯发展

培训和职业生涯开发活动可以帮助组织实现技能上的要求,并帮助员工发挥最大的潜能(参阅第8章和第9章)。与这些活动相关的战略人力资源选择包括:

- 针对个别员工提供培训,或者针对来自公司不同部门的员工所组成的团队提供培训。
- 在职培训工作所需技能,或者依靠外界提供培训。
- 强调与工作相关的特定培训,或者提供一般性的通用培训。
- 以高薪从外部雇用已具备公司所需技能的人才(购买技能);另一种做法则是对内部低薪员工进行投资,培养公司所需的技能(培养技能)。

薪酬与福利

薪酬是员工付出劳动力所换来的报酬。美国组织采取的薪酬方式具有很大的差异(参阅第10章、第11章和第12章)。有关薪酬的战略人力资源选择包括:

- 提供固定薪水和福利方案(每年的变动很小,风险也最低),或者根据变化支付可变薪酬。
- 根据员工的岗位支付薪酬,或者根据他们对公司的贡献支付薪酬。
- 根据员工在公司工作的时间支付薪酬,或根据他们的绩效支付薪酬。
- 由单一部门(如人力资源部门)集中做出薪酬决策,另外一种做法是授权给上司或工作团队做出薪酬决策。

员工关系与劳动关系

员工和劳动关系(参阅第13章和第15章)是指员工(个别员工或由工会代表)和管理层之间的互动。公司在这些领域面临的战略人力资源选择包括:

- 依靠"自上而下"的沟通渠道,由管理者对下属进行沟通;另外一种是"自下而上"的沟通渠道,鼓励员工向管理者提供意见反馈。
- 积极避免或压制工会组织的活动;另外一种则是接受工会,将其视为员工利益的代表。
- 以敌对的态度对待员工;另外一种则是对员工需求做出积极反应(开明的管理),消除他们组织工会的动机。

员工权利

员工权利涉及组织与个别员工之间的关系(参阅第14章)。公司在这个领域需做出的战略人力资源选择包括:

- 强调通过纪律来控制员工行为,或者从一开始就主动鼓励合适的行为。
- 制定强调保护雇主权益的政策,或者强调保护员工权益的政策。
- 依靠非正式的道德标准,或者建立明确的标准和实施程序。

国际人力资源管理

对于在国外经营的公司而言,如何在全球范围内管理人力资源(参阅第 17 章),面临的一系列战略人力资源选择主要包括:

- 创建共同的公司文化,减少各国间的文化差异;另外一种则是让外国分公司适应当地文化。
- 派遣国内员工管理外国分公司,另外一种选择则是聘请当地人才进行管理。
- 与派遣海外的员工签订返回原居地的协议(详细列明外派人员返回后的升迁与薪酬等),另外一种做法则是对外派人员不做任何承诺。
- 建立所有分公司必须遵循的公司政策;另外一种是采取分权政策,授予各分公司自行制定政策的权利。

1.3 选择人力资源战略,提升公司绩效

人力资源战略本身并无"好""坏"之分。其实,人力资源战略对于公司绩效的影响,取决于这些战略与其他因素的匹配情况。如果匹配得好,公司绩效就得以提升;如果匹配得不好,就会产生不协调,从而导致公司绩效下降——这种对人力资源战略简单而有力的预期已经为大量的研究所证实。[166]这里所说的"匹配",是指人力资源战略与公司其他重要层面的一致性。

图表 1.3 说明公司在选择对绩效有正向影响的人力资源战略时,应该考虑的关键性因素:公司战略、环境、公司特征和公司能力。正如图中所示,当以下几条具备时,人力资源战略能够提升公司绩效:

- 人力资源战略和公司整体战略更加匹配;
- 人力资源战略和公司所处环境更加协调;
- 人力资源战略更符合公司独特的组织特性;
- 人力资源战略使公司能够更好地利用其独特能力;
- 各项人力资源战略彼此更能保持一致,而且相辅相成。

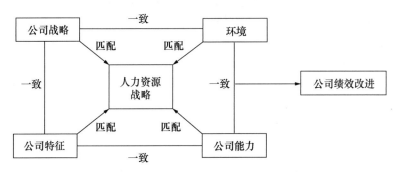

图表 1.3 有效人力战略的形成与实施

1.3.1 与公司战略匹配

一家公司可能有许多非常相似或完全不同的业务单位。**公司战略**（corporate strategy）是指公司决定从事哪些业务，以及这些业务之间的资源如何流动。公司层面主要的战略性经营决策包括收购、资产剥离、多元化经营和不断增长。**竞争战略**也称业务单元战略（business unit strategy），是指那些有相对自主权的公司（可能是某大型企业集团的一部分）对于战略的制定和执行。例如，AT&T曾是拥有好几百家大型独立公司的集团，旗下公司包括香水制造商和速食店Hostess Twinkies，各家公司拥有各自的竞争战略。[167] 同样，多元化巨头杜邦公司把包括诸如药物、农业和化工集合在同一屋檐下。[168] 对于那些生产单一产品或者高度相关产品或服务的公司来说，其公司战略和竞争战略则是完全一致的。公司若具备不同的公司战略和经营单位战略，必须考察这些战略是否与人力资源战略匹配，这是非常重要的。

公司战略

存在两种类型的公司战略和与之匹配的人力资源战略。第一种是演化式竞争战略（evolutionary business strategy），采取这种战略公司会积极收购新公司，即使收购对象的业务完全不相关也在所不惜。[169]

对于这类公司，变革管理攸关企业生死存亡。公司鼓励大家发挥创业精神，由于每个业务单位拥有相对独立的自主权，公司并不会采取严格的控制。适合这类公司的人力资源战略往往鼓励灵活性、回应迅速、发挥创业精神、风险分担及分权。由于这种企业并非专注于某一单一业务或产业，可视情况需要从外部市场招募员工，如需要降低成本时则可以裁减他们，对于被裁员工不给予重新聘用的承诺。在"唯一不变的就是变化"的现实背景下，这种人力资源战略能够"匹配"这样的现实，所以是适合的。

另外一种则是采取稳定状态战略（steady-state strategy）的企业。这类企业选择成长方式相当谨慎，会避免收购非自身产业或即便是同一产业但差异性极大的公司。在这类企业中，高层管理者对公司拥有直接的控制权，在公司内部，新产品和技术的开发以及各单位之间的协调都非常重要。[170] 我们以Rubbermaid公司为例说明这一点。这是一家以生产垃圾筒和簸箕等日用品而闻名的公司，这些产品虽然平淡无奇，但Rubbermaid公司的创新纪录却非常辉煌。公司每天都有一款新产品诞生。[171] 最适合这种公司的人力资源战略通常强调效率、详细的工作规划、内部培养员工（利于员工日后的晋升和长期职业生涯的发展）、中央集权及家长式的管理风格。

波特的竞争战略

波特（Porter）[172]、迈尔斯和斯诺[173]（Miles and Snow）各自开发了非常知名的竞争战略模型，用以分析哪种人力资源战略最适合公司的竞争战略。

波特提出三种类型的竞争战略，帮助企业应对竞争环境并超越同行业的其他企业。每种类型的战略都有相应的人力资源战略与之相匹配。[174]

成本领先战略(overall cost leadership strategy)旨在通过低成本获取竞争优势。成本领先要求公司必须积极兴建高效率的工厂设施(这需要持续的资本投资)、严密监督工人、积极寻求成本削减,以及严格控制销售成本和管理费用。成功实施低成本领先战略的公司包括引擎和锄草机制造商(Briggs & Stratton)、艾默生电气公司(Emerson Electric)、德州仪器(Texas Instruments)、电锯制造商(Black & Decker)和杜邦公司(DuPont)。[175]

采取低成本战略的公司通常很重视结构化的工作和职责、设计便于制造的产品,以及成本预测的精确度。适合低成本导向的人力资源战略强调效率、低成本生产;强调遵守合理、高度结构化的程序,以便将不确定性降到最低;不鼓励创造和创新,因为这可能带来高昂的实验费用和失误的产生。

采取差异化战略(differentiation business strategy)的公司,则通过独特的产品或服务获取竞争优势。这类公司的共同特征是:具备强大的营销能力、重视产品设计和基础研究、生产高质量的产品、拥有足以吸引高技术人才的舒适环境。差异化战略可以有许多形式,包括设计或品牌形象(例如,Fieldcrest的顶级毛巾和亚麻织品、汽车产业的奔驰品牌)公司、技术(例如,Hyster公司的轻型卡车、Fisher公司的音响零件和Coleman的露营设备)、特色(例如,Jenn-Air公司的电子产品)、顾客服务(IBM公司的计算机)及经销商网络(例如,Caterpillar Tractor公司在建筑器械方面的优势)。

差异化战略之所以能给公司带来竞争优势,是因为这种战略有助于促进品牌的忠诚度。采取这种战略的公司享有较高的利润,进而有能力投资于研究和实验,支持管理者和员工的新创意,获得新的创意和产品设计,满足不同顾客的需求。

适合差异化战略的人力资源战略强调创新、灵活性、从其他公司吸引人才以充实员工队伍、为具有不同意见的人员提供机会、鼓励而不是抑制创造性才能。

集中化战略(focus strategy)则是综合低成本和差异化的特性,目标是在狭隘的单一目标市场上提供优于其他公司的服务。采取这种战略的公司会积极满足特定目标群体的需求,降低成本为目标群体服务,或者综合这两种方式以便与其他公司有所区别。[176]成功运用集中化战略的企业包括Illinois工具公司(主要生产专业紧固件)、Gymboree公司(为五岁以下儿童提供创意活动和用品的全国性连锁店)、Fort Howard纸品公司(特殊工业用纸制造商)和Porter漆业公司(专业家居油漆制造商)。

与集中化战略相匹配的人力资源战略综合了低成本和差异化的特性。以Illinois工具公司为例,董事长强调与顾客密切合作,不但要了解顾客的需求,而且要让顾客了解公司的产品如何协助他们降低营运成本。公司的人力资源战略积极提升效率,从而压低成本以实现公司战略。Illinois工具公司的业务分属于200个非常小的经营单位,各经营单位管理者的薪酬是根据单位的业绩和利润情况来计算的。公司不存在工会,这也有助于降低成本。为了让公司产品更加符合顾客的需求,管理层非常重视研发。Illinois工具公司每年的研发支出几乎达4 000万美元,使员工的创造性得以充分发挥,公司拥有4 000多项专利权。[177]

迈尔斯和斯诺的竞争战略

麦尔斯与斯诺提出了另外一种非常知名的竞争战略分类法。[178]他们把成功的运营分为防御者战略（defender strategy）和前瞻者战略（prospector strategy）。

采取防御者战略的公司较保守，倾向于在相对稳定的产品或服务领域中保持稳定的地位，不愿积极地拓展陌生领域。采取防御者战略的公司通常具备非常正式的组织结构，重视成本控制，并在稳定的环境中运营。这类公司大多建立了复杂的内部晋升、调动和奖励员工的体系，相对独立并且不受外界劳动力市场不确定性的影响。公司会以工作保障和晋升前景赢得员工的长期承诺。

根据图表1.2的六种战略性人力资源选择，我们总结了一系列与防御者战略最匹配的人力资源战略（见图表1.4），战略包括强调管理控制和可靠性的工作流程，旨在培养员工长期承诺的人员配置与离职政策，强调管理控制和等级的绩效评估，结构化的培训体系和重视工作保障的薪酬政策。

图表1.4 迈尔斯和斯诺的两大竞争战略以及与之匹配的人力资源战略

战略人力资源领域	防御者战略	前瞻者战略
工作流程	• 有效率的生产 • 重视控制 • 明确的工作说明 • 详细的工作规划	• 创新 • 弹性 • 广泛的工作分类 • 松散的工作规划
人员配置	• 内部招聘 • 人力资源部门做出甄选决策 • 重视技术方面的资格和技能 • 正式的雇用和社会化过程	• 外部招聘 • 同事帮助做出甄选决策 • 重视求职者和公司文化的匹配 • 非正式的新员工雇用和社会化过程
员工离职	• 鼓励自愿离职 • 停止招聘 • 持续关心离职员工 • 优先重新雇佣政策	• 解雇 • 有需要就会招聘 • 离职员工得自力更生 • 对被裁员工没有优先待遇
绩效评估	• 统一的评估程序 • 作为控制手段 • 单一目的评估 • 完全依靠上司评估	• 量身打造的评估方式 • 作为开发工具 • 多重目的评估 • 多重的评估意见来源
培训	• 个体培训 • 在职培训 • 与工作相关的培训 • 培养技能	• 团队或跨部门的培训 • 外部培训 • 强调弹性的通用培训 • 购买技能
薪酬	• 固定薪酬 • 以岗定薪 • 以资历为基础的薪酬 • 集中薪酬决策	• 变动薪酬 • 以个人为基础的薪酬 • 以绩效为基础的薪酬 • 分散薪酬决策

资料来源：Gómez-Mejía, L. R. (2009). Compensation strategies and Miles and Snow's business strategy taxonomy. Unpublished report. Management Department，Arizona State University.

与防御者在稳定的市场提供有效率的服务从而获得成功不同，前瞻者重视的是成长和创新、新产品开发、成为新产品或新市场领域的领先者(即使有些努力会失败也在所不惜)。[179] 前瞻者战略通常与有弹性和分权的组织结构、复杂的产品(如电脑和制药)及瞬息万变的环境联系在一起。

图表 1.4 总结了适合前瞻者导向的人力资源战略,包括能够促进创造性和适应能力的工作流程,基于外部劳动力市场的人员配置和离职政策,基于多重目的(包括员工发展)参与式的员工评估方式,以广泛的技能为目标的培训策略,以及鼓励冒险和绩效的分散化薪酬决策体系。

1.3.2 与环境匹配

人力资源战略除强化公司整体战略之外,还应该协助公司更好地利用环境机会,或者妥善处理影响组织的独特的环境影响因素。我们从四个主要维度考察相关环境:(1) 不确定性(可以获得多少正确的信息,从而帮助做出合适的经营决策);(2) 易变性(环境变化的速度);(3) 变动幅度(变动的剧烈程度);(4) 复杂性(多少环境要素会影响公司,不论是个别影响还是整体影响)。大多数计算机和高科技产业在这四个维度上是非常高的。

不确定性(degree of uncertainty)　康柏(Compaq)公司认为顾客始终愿意为其高性能的电脑继续支付较高的价格,不过这种想法很快就被证实是错误的。20 世纪 90 年代,戴尔(Dell)公司、Packard Bell 公司和 AST 公司等低成本竞争对手迅速进入电脑市场而挤掉了康柏电脑的很多市场份额。最近,超薄款 Mac 电脑占领了大部分的个人电脑市场,黑莓手机的很多市场份额被苹果手机占据,诺基亚也眼睁睁地看着手机市场被苹果占领。

易变性(volatility)　20 世纪 80 年代末期,市场对 IBM 大型计算机主机的需求大幅下降,IBM 因措手不及而付出了惨重的代价。

变动幅度(magnitude of change)　每一代计算机微处理器晶片(如英特尔的 386、486、奔腾)在推出后,先前销售的设备几乎立刻过时。由于数码相机在市场上迅速普及,拍立得(Polaroid)公司的主要产品(拍立得相机)几乎一夜之间就被市场淘汰,因而不得不宣布破产。

复杂性(complexity)　无论是国内还是国外,近年来,计算机产业市场竞争者的数量和类型近年来大幅增加。由于市场不断地推陈出新,使得先前的设备和软件很快就遭到淘汰,现在的产品寿命很少会超过 3 年。

如图表 1.5 所示,对于这四个维度都很高的公司,较适合的人力资源战略是:强调弹性、适应力、快速反应、技能的可转移性、有需要时向外部招聘人才的能力、与员工一起通过可变薪酬来分摊风险。

图表 1.5　不同环境特征下的公司人力资源战略选择

环境特征维度	低	高
不确定性	• 详细的工作规划 • 与工作相关的培训 • 固定薪酬 • 完全依靠上司评估	• 松散的工作规划 • 通用的培训 • 变动薪酬 • 多重的评估意见来源

(续表)

环境特征维度	低	高
易变性	• 重视控制 • 有效率的生产 • 与工作相关的培训 • 固定薪酬	• 弹性 • 创新 • 通用的培训 • 可变薪酬
变动幅度	• 明确的工作说明 • 正式的新员工雇用和社会化过程 • 培养技能 • 统一的评估程序	• 广泛的工作分类 • 非正式的新员工雇用和社会化过程 • 购买技能 • 量身打造的评估方式
复杂性	• 强调控制 • 内部招聘 • 集中薪酬决策 • 完全依靠上司评估	• 弹性 • 内部招聘 • 分散薪酬决策 • 多重的评估意见来源

资料来源：Gomez-Mejia, L. R., and Balkin, D. B. (2012). *Management*. Englewood Cliffs, NJ: Prentice-Hall; Gomez-Mejia, L. R., Berrone, P., and Franco-Santos, M. (2010). *Compensation and organizational Performance*. New York, NY: M. E. Sharpe.

相对来说，如果公司面临环境的不确定性、易变性、变动幅度和复杂性都很低，那么适合的人力资源战略则是以有秩序、合理、固定的方式应对相对稳定和可预期的环境。"昔日的"AT&T公司（在剥离之前）、分权化之前的航空业和卡车业、公用事业及政府机构在四大环境维度上的程度都很低。图表1.5显示，适合这类组织的人力资源战略通常是机械化的，即详细的工作规划、与工作相关的培训、固定薪酬、明确的工作说明以及集中薪酬决策等。

1.3.3 与组织特征匹配

要充分发挥效能，人力资源战略就必须根据组织特征量身打造。组织特征可以分为以下五类：

将投入转化为产出的生产过程

生产过程较固定（例如，大规模的钢铁厂、木材厂和汽车厂）的公司，通常适合强调控制的人力资源战略，如明确的工作说明和工作相关的培训；生产过程不固定的公司则正好相反（如广告公司、定制化印刷厂和生物科技公司）。这些公司适合有弹性的人力资源战略，有助于提升组织的适应能力、迅速回应变化和创造性决策。这些弹性战略包括广泛的工作分类、松散的工作规划和通用培训。

公司的市场定位

那些销售增长率高并致力于产品创新从而满足不同市场需求的公司，通常适合能够支持成长和创新活动的人力资源战略。这类战略包括外部招聘（购买技能）、分散的薪酬决策和量身打造的评估方式。增长率低、针对单一市场推出少数创新产品的公司则正好相反。适合这类公司的人力资源战略通常重视效率、控制以及公司所需的知识,主要包括内部招聘(培养技能)、在职培训和高度依靠上司的评估方式。

公司的总体管理宗旨

公司高层管理者如果厌恶风险、采取独裁的领导风格、建立强大的内部等级制度并且以内部而非外部为中心,那么适合这类公司的人力资源战略可能包括以资历为基础支付薪酬、正式的新员工雇用和社会化过程、甄选决策由人力资源部门决定、采取自上而下的沟通渠道。如果公司的管理哲学强调勇于冒险、高度参与、平等并以外部和积极的环境为导向,那么适合的人力战略包括可变薪酬、授权直线经理做出雇用决策、双向沟通渠道及多重意见来源的绩效评估方式。

公司的组织结构

如果公司拥有高度正式化的组织结构,分成不同的职能领域(如营销、财务、生产等),同时决策权集中在高层,那么适合这类公司的人力资源战略包括加强控制、集中薪酬决策、明确的工作说明和以岗定薪。对于组织结构不够系统的公司,则适合不同的人力资源战略,包括非正式的新员工雇用和社会化过程、分散的薪酬决策、广泛的工作分类及以个人为基础付薪。

公司的组织文化

提倡创业精神的公司适合的人力资源战略包括松散的工作规划,非正式的新员工雇用和社会化过程及可变薪酬等。一般来说,不鼓励创业的公司比较重视控制、详细的工作规划、正式的新员工雇用和社会化过程及固定薪酬。

道德承诺(moral commitment)是指公司努力与员工建立长期的情感联系。非常重视道德承诺的公司适合的人力资源战略包括:以预防而非事后补救的惩戒性方式处理员工的失误、保护员工的权益,并以明确的道德准则监督和指导员工的行为方式。道德承诺较缺失的公司,则通常依靠权力处理员工和公司之间的关系,适合的人力资源战略包括:重视纪律、以惩处方式减少员工的失误、按意愿就业法(在第 3 章和第 14 章讨论)及非正式的道德标准。

1.3.4 与组织能力匹配

组织能力是指公司拥有独特的能力(distinctive competencies),即那些给公司带来竞争优势的特征(如技术能力、管理体系和声望)。例如,奔驰汽车以其设计和工程品质广受各界认同,普遍被认为是较优秀的品牌。沃尔玛之所以这么成功,部分原因是它相比竞争对手更能追踪从供应商到顾客的商品供应流程。

人力资源战略对公司业绩的贡献越大,就越能够帮助公司利用其特定优势或长处并扬长避短,协助公司更好地利用独特的人力资源技能和资产。

以下例子说明人力资源战略的一部分——薪酬战略如何与组织能力匹配[180]:

- 以卓越的顾客服务而闻名的公司，一般对销售人员采取部分佣金的薪酬策略，从而减少销售人员的过度推销行为。
- 规模较小的公司则可以发挥薪酬体系的优势，采取较低的工资水平但加大给予员工配股的力度。这项战略使公司能够充分利用稀缺的现金以促进未来的成长。
- 组织可以在薪酬战略中利用本身多余的能力。例如，大多数的私立大学向其教员及其直系亲属提供免学费就读。如果以2007年私立大学一年学费超过18 000美元的平均标准来看，这项福利使教员得以省下大笔的现金，有助于私立大学吸引、留任优秀人才，而且对成本结构的负面影响也很小。

1.3.5 选择一致的、合适的人力资源战术执行战略

即便是精心拟订的战略人力资源规划，如果具体的人力资源方案选择得不好或没有得到很好的执行，也会以失败告终。[181] 除了上述所说的四大要素（组织战略、环境、组织特征和组织能力）匹配，公司的各项人力资源战略之间必须彼此匹配。也就是说，当各项人力资源战略彼此相辅相成而非彼此目标相互抵触时会更加有效。例如，许多组织现在成立了团队以改善绩效，可是它们往往还是根据传统的绩效评估体系，针对个别员工进行绩效评估。这样的评估体系必须重新调整，以便与所强调的团队绩效保持一致。

一项人力资源方案能不能达成目标，并不总是在事前就看得出来，所以有必要定期对人力资源方案进行评估。图表1.6列出一系列在评估人力资源方案是否合适时应该提出的问题。在选择新方案及执行这些方案时，组织应该认真回答这些问题。

图表1.6 评估人力资源方案的合适应提出的问题

理论上看起来很好的人力资源方案，却有可能因为与公司所处现实有太多抵触，执行起来以失败告终。为了避免这种意外状况，在执行新的人力资源方案之前，公司务必要回答以下这些问题：
1. 这些人力资源方案对于执行人力资源战略是否有效？
   - 这些人力资源方案是不是执行公司人力资源战略最合适的方案？
   - 公司可曾对过去、目前或计划中的人力资源方案进行分析，研究它们对于公司执行人力资源战略有什么贡献或阻碍？
   - 这些人力资源方案是否可以轻易调整或修改，以便配合新的战略考虑，同时不会违背公司和员工的"心理"或法律契约？
2. 人力资源方案是否符合资源限制？
   - 公司有没有能力执行这些人力资源方案？换句话说，这些人力资源方案是否务实？
   - 这些方案推出的速度是否容易让人接受？推出的时机与变革的程度是否会导致员工的慌乱和强烈排斥？
3. 如何与员工就这些人力资源方案进行沟通？
   - 这些人力资源方案是否容易让执行者（如直线经理和员工）理解？
   - 高层管理者是否了解这些方案会对公司战略目标造成的影响？
4. 谁来推动这些人力资源方案？
   - 人力资源部门是否扮演内部顾问的角色，以协助执行这些人力资源方案的员工和经理？
   - 高层管理者是否明显地以行动支持这些方案？

1.3.6 人力资源最佳实践

一些学者认为,特定人力资源实践会给公司带来持续的高业绩。[182] 图表 1.7 引用最为广泛的"人力资源最佳实践"。学术界一直围绕"到底是高绩效带来了特定的人力资源实践还是相反方向(引入特定的人力资源实践会带来更好的业绩)"这个议题争论不休。[183] 例如,是业绩好的公司能提供较高的工资收入和更高的工作安全性,还是那些支付高薪并有着更稳定员工队伍的公司会取得高业绩?证明是什么方向的因果关系非常难,但公司可以考虑实施那些在高业绩公司广泛应用的人力资源实践。

图表 1.7　人力资源最佳实践节选

- 提供高的就业保障,表明公司致力于提高员工福利
- 开发优质的甄选计划,确保招到最好的员工
- 提供有高度竞争力的薪酬,有助于降低员工离职率,吸引高质量的员工
- 通过提供货币性和非货币性薪酬来认可员工
- 实行员工持股计划,帮助员工成为公司共有人
- 与员工有效沟通,及时告知组织所面临的重要问题和主要意图
- 鼓励员工参与,人力资源实践重视"购入"和管理的主动性
- 鼓励团队工作,这样员工会更愿意相互合作
- 增加培训项目以提升员工的技能
- 提供工作中学习的机会,这样员工可以拓展技能
- 采取内部候选人优先的晋升政策,这样可以利用未来职业发展机会激励员工

资料来源:www.best-in-classroom.com. (2014). Human resources best practices; www.hrdailyadvisor.blr.com. (2014). Top 10 best practices in HR management; Pfeffer, J. (1995). Producing sustainable competitive advantage through the effective management of people. *Academy of Management Executive*, 10, 55—72; Wright, P. M., Gardner, T. M., Moynihan, L. M., and Allen, M. R. (2005). The relationship between HR practices and firm performance: Examining causal order. *Personnel Psychology*, 68, 409—446; Chuang, C. H., and Liao, H. (2010). Strategic human resource management in service context. *Personnel Psychology*, 63(1), 153—196; Gomez-Mejia, L. R., and Balkin, D. B. (2011). *Management: People, performance and change*, Prentice-Hall.

1.4　人力资源部门和各部门经理:重要的合作关系

本书是从管理者的视角探讨人力资源和人力资源战略。所有的经理——不论他们属于哪个职能领域、在公司层级中的地位高低、所属公司的规模大小——必须有效地处理人力资源议题,因为这些议题是他们成为一名优秀管理者的核心。此外,在过去十多年,人力资源部门的规模具有明显缩减的趋势,许多传统的人力资源工作(如人才的搜寻、选拔和培训)被委派给直线经理。这种趋势可以部分解释为一种减少管理费用(overhead)的尝试,但更重要的是相信直线经理应该有权针对其部门做出主要的人力资源决策。

公司人力资源部门扮演的角色在于协助各部门经理而非取代他们处理人力资源的相关议题。例如,人力资源部门开发一种表格帮助经理评估下属的绩效,但实际进行评估的是相

关部门经理。换句话说,人力资源部门的主要职责在于设计人力资源方案,协助公司达成经营目标,而这些方案的执行则依靠各部门的经理。这意味着,每位经理从某种程度上来说是一位人力资源经理。

公司可以采取一些方法促进经理们与人力资源部门之间的有效合作。[184] 具体来说,公司应该:

- 分析人力层面对生产力的影响,而不仅依靠技术方面的办法解决问题。这要求经理们必须接受某种人力资源技能的培训,这样他们才能把人力资源视为决定组织绩效的关键要素。
- 将人力资源专业人员视为内部顾问,他们能提供宝贵的建议和支援,改善公司的经营管理。
- 在公司内部灌输同舟共济的共识,而不是以个别单位或部门的输赢看待问题。
- 将管理经验纳入人力资源专业人员的培训,使他们更能了解和体会经理所面临的问题。
- 当确定、执行和检查所有人力资源规则与战略时,让高层管理者和各部门经理积极参与,与人力资源部门密切合作。
- 要求高级人力资源经理和不同职能部门的经理(如营销、财务)在平等的基础上,共同描绘公司的战略方向。

公司应该定期开展**人力资源审计**(HR audit),评价公司运用人力资源的有效性。人力资源审计通常由人力资源部门进行,处理的问题相当广泛。例如:

- 人才流失率是否过高或过低?
- 那些辞职者是目前工作受挫的优秀员工还是表现平庸的员工?
- 公司对招募、培训和按绩效付薪计划的投资,有没有获得很高的回报?
- 公司是否遵守政府的规定?
- 公司在管理员工多元化方面的成效如何?
- 人力资源部门是否可以提供直线经理所需的服务?
- 人力资源管理政策和程序是否有助于公司达成长期目标?

人力资源审计可以系统地处理以上这些及其他重要的议题,使公司得以保持有效的方案,并更正或淘汰无效的方案。

人力资源管理的专业化

近年来,随着很多人力资源部门的规模在逐渐缩减,使用外部人力资源顾问的企业大量增加。这大概反映了政府法规在不断发展且越来越复杂,也反映了越来越多的人意识到人力资源问题对企业目标的实现是非常重要的。正如我们之前提到的那样,这可能反映了企业直线经理需要在人力资源顾问(通常在人员甄选、激励制度、培训等方面参与项目设计的外部顾问)的协助下进行人力资源决策。

许多大学院校提供人力资源的副学士、学士、硕士和博士学位。迄今为止,超过125个国家和地区拥有超过26万会员的人力资源管理协会（Society for Human Resource Management，SHRM），更成立了认证机构，为人力资源专业人士提供获得"人力资源专业人员"（Professional Human Resources，PHR）或"人力资源资深专业人员"（Senior Professional Human Resources，SPHR）正式认证的机会。SHRM认证要求相当程度的工作经验并精通人力资源领域的知识，才能顺利通过一项综合测试（如需要更详细的资料和申请资料，请访问www.shrm.org）。其他诸如WorldatWork（原先的American Compensation Association）、人力资源规划协会（Human Resource Planning Society）和美国培训与开发协会（American Society for Training and Development）等机构的会员，也都专注于人力资源管理的特定领域。[185]

近年来，人力资源专业人员薪酬水平的增长速度要高于其他工作，反映了人力资源专业化程度的加深；同时，企业充分了解到管理得当的人力资源部门能够协助组织获得持续的竞争优势。2014年，经验丰富的人力资源主管平均年收入约为10.1万美元；人力资源副总裁平均年收入约22.5万美元，年奖金约为14万美元。然而，这些只是平均值。那些处于薪酬水平90%分位的人士的年基本工资就能达到34万美元。在一些特大型公司，人力领域最高层的年收入超过90万美元。在一些专业领域（如管理培训师、公司薪酬主管、福利主管和公司安保部门经理），平均年收入超过13.5万美元。[186]

本章小结

人力资源管理面临的挑战

当今管理者面临的主要挑战可以分为三大类：环境的挑战、组织的挑战、个人的挑战。

环境的挑战在于快速变革、网络的兴起、员工队伍多元化、经济全球化、立法、工作和家庭角色的演化、技术短缺和服务业的兴起，以及因自然灾害和恐怖主义而引发的灾难性事件。

组织的挑战在于竞争定位的选择、分权化、缩编、组织再造、自我管理型工作团队、小企业、组织文化、技术的日新月异和外包的兴起。

个人的挑战则涉及人与组织的匹配、道德困境和社会责任、提升个人的生产率、决定是否授权给员工、采取措施避免人才流失，以及处理与工作缺乏保障相关的议题。

战略人力资源政策的规划和执行

战略性人力资源规划如果执行得当，可以为公司带来许多直接和间接的好处。这些好处包括鼓励主动的行为而非被动回应，明确地沟通公司目标，鼓励批判性的思考并不断进行检验假设，找出公司目前状况和未来愿景之间的差距；鼓励直线经理参与战略规划的过程，识别人力资源的限制和机会，并在公司内部建立凝聚力。

在开发有效的人力资源战略时，组织面临几个挑战：所制定的战略必须能为公司创造、保持竞争优势，并强化总体的公司战略；避免过度专注于日常问题；所制定的战略必须与公司独特的组织特征匹配，适应公司营运所处的环境；确保管理承诺；将战略规划付诸实施；结合预先设定的战略和应急的战略并适应变化。

战略人力资源选择是公司在设计人力资源体系时可采用的选择。在许多人力资源领域，公司必须采取战略性的选择，包括工作流程、人员配置、员工离职、绩效评估、培训和职业生涯开发、薪酬、员工权利、员工与劳动关系及国际管理。

选择人力资源战略，提升公司绩效

人力资源战略必须与整体的组织战略、公司营运的环境、独特的组织特征及组织能力相匹配才会有效；各项人力资源战略之间也必须彼此匹配、相辅相成。

人力资源部门和各部门经理：重要的合作关系

有效使用人力资源的主要责任在各部门经理。因此说，所有的经理可说是人事经理。人力资源专业人员扮演内部顾问或专家的角色，协助经理们把各自的工作做得更好。

过去三十多年来，人力资源专业人员的数量不断增长（人力资源部门的规模不断缩编，是因为公司将更多的人力资源活动外包给外部咨询顾问）。这反映了政府法规不断健全、复杂性不断增大，越来越多的企业开始意识到人力资源议题对达成公司目标的重要性。

关键术语

能力（ability）
人才流失（brain drain）
竞争战略（business unit strategy）
公司战略（corporate strategy）
分权（decentralization）
缩编（downsizing）
授权（empowerment）
环境挑战（environmental challenges）
人力资源审计（HR audit）
人力资源（human resources，HR）
人力资源战略（human resource strategy）
人力资源战术（human resource tactic）
个人挑战（individual challenges）
直线员工（line employee）
管理者（manager）
动机（motivation）
组织挑战（organizational challenges）
组织文化（organizational culture）
外包（outsourcing）
生产力（productivity）
工作生活质量（quality of work life）
职能员工（staff employee）
战略人力资源选择（strategic human resource choices）
战略人力资源规则（strategic human resource planning）
全面质量管理（total quality management，TQM）

> ⭐ **视频案例**
>
> **Patagonia：人力资源管理。** 如果教师布置了这项作业，请访问 www.mymanagementlab.com 观看视频案例并回答问题。

问题与讨论

1-1 回顾管理者笔记"使用'冰冷的方式'获得一份工作"，你认为网络招聘方式主要有哪些优缺点？请解释。

1-2 大约二十多年前，许多人力资源文章批评绩效考核方面的问题。一个常见的批评是，管理者没有投入足够的时间进行评估，导致考核过程存在大量的主观偏见；另一个常见的批评是，大多数管理者对所有员工给予较高的评价，而没有适当地区分和记录下属的绩效评估。以前的一些调查显示，3/4 或更多的员工"讨厌绩效考核，发现考核根本没用，反而强化了工作中的紧张感"。[187] 今天，绩效考核在美国企业是通行的做法，并且为关键的人力资源决策提供依据，如绩效工资的分配和激励、升职的筛选、提供反馈、裁员选择、确保同工同酬等（第 7 章会深入讨论这些议题）。许多组织花费很多资金对绩效考核系统进行设计和再设计，还有很多专业的人力资源顾问、工业心理学家和其他学者把努力和（或）研究的重点放在绩效评价系统的改进（如降低评估中人为的偏见）上。令人惊讶的是，最近一项由纽约 Sibson 咨询公司和专业协会 WorldatWork 共同开展的、针对 750 名人力资源从业人士的大规模调查发现，对绩效考核制度的不满在过去几年中越来越严重。只有 3% 的人力资源高管给自己公司的绩效考核体系评分为"A"，大多数人的评分为"C"或更低。同样，这些新一代的人力资源高管说，公司不少经理没有勇气做出真实的评估决策，并向员工提供建设性的反馈意见，他们因此而感到很沮丧。[188] 你如何解释这种状况？你是否认为这种情况是缺乏进步的体现？这种状况是否反映了设计这些体系的人力资源专业人士一直在提出错误的假设？根据你在本章所学的知识，谈谈这对那些依赖准确的员工绩效评价结果而进行的人力资源实践（如升职和绩效工资决策）有什么意义。[189]

⭐ **1-3** 回顾管理者笔记"Harley-Davidson 公司巧妙利用多样化的客户群体"，如果你是这类公司的人力资源管理者，你会实施什么人力资源项目以帮助公司扩大客户基础？请解释。

1-4 本章讨论的所有影响人力资源实践问题的因素中，你认为哪三项是最重要的？说明你的理由。

1-5 你认为本章提到的环境挑战、组织挑战和个人挑战中，哪些是 21 世纪人力资源管理最重要的？哪些是最不重要的？请结合个人经历阐述这个问题。

1-6 回顾管理者笔记"监视你的一举一动：为不健康的生活方式付费"，你是否认为在企业中，通过为"不健康的生活方式"付费来惩戒员工是公平的？根据 Dr. Kevin Volpp，宾夕法尼亚大学健康激励和行为经济学中心主任的观点，惩戒性的付费和严格的健康指标可能会伤害那些最需要帮助的人。你同意这个观点吗？请解释。

⭐ 1-7 3M公司的竞争战略是建立在创新基础之上的。3M公司要求年销售额的至少25%必须来自五年内推出的新产品。为了实施这项战略,公司采取了一系列的人力资源方案,如建立特别基金、鼓励员工开发新产品或继续构思。3M公司的"放松时间"方案给予员工一些时间,让他们做自己感兴趣的事情。另外,3M公司的绩效评估过程鼓励员工承担风险。3M公司的一位高级经理说："如果你做一个项目失败后公司威胁要解雇你,那么你以后就再不会进行尝试了。"你认为,3M公司还可以采取其他哪些人力资源政策鼓励产品创新？

⭐ 1-8 许多人认为,与营销、财务、生产和工程等部门相比,高层管理者对人力资源部门比较不关心。为什么人们会有这样的看法？你如何加以改变？

我的管理实验室

请根据教师要求,登录www.mymanagementlab.com完成写作题,系统将自动给出分数;也可以完成下列问题,分数由教师给出。

1-9 列出最有可能在未来几十年构成人力资源管理主要挑战的一系列问题。基于本章所学材料,解释为什么你选择这些问题。

1-10 我们经常听到的一个抱怨是:在许多组织中,人力资源部门仍然是一个最弱小且缺少影响力的部门,大家对人力资源员工有一种刻板印象,认为他们主要是处理文件、做一些事务性工作、对公司业绩的影响非常小。为什么会出现这种观点呢？人力资源管理者如何改变这种现实的或感知到的状况？请阐述理由。

1-11 一些学者认为先进的公司应采取一系列"最佳"人力资源实践(见图表1.7);不过,另一些学者认为并没有适用于所有公司的一套最佳实践,必须根据组织战略、组织特征、环境和组织能力确定所采取的人力资源实践(见图表1.3)。这些观点矛盾吗？你更倾向于哪种观点？请阐述理由。

你来解决！新趋势　案例1.1

确保无人超出警戒线的电子监控

越来越多的组织依靠复杂但并不昂贵的技术追踪员工的行为。以下是这样一些例子:

警察手中"神奇的眼镜"

许多警局现在使用微型摄像机和麦克风收集警察与百姓之间的所有互动。麦克风通常被安置在外行人通常无法发现的眼镜或警帽中。一台中央服务器自动上传所有视频,使视频成为数字证据存储的一部分。这方便追踪任何警察的不当行为,还避免了任何虚假的投诉。

摩托罗拉安装在手臂上的终端

摩托罗拉正在销售一款臂带,允许公司跟踪员工完成工作所需的时间。臂带看上去像介于 Game Boy 游戏机和 Garmin GPS 设备之间的事物。例如,Tesco,一家英国连锁商店,使用臂带观察员工在仓库装卸和摆放货物的速度,并把员工评为不同的等级分数。它甚至可以持续记录员工什么时间上洗手间,以及上洗手间的频率。那些不符合特定生产指标(获得"C"或更低的等级)的员工可能被解雇。

英特尔的目标跟踪系统和关键结果

英特尔公司开发了一种设备,可以持续监控员工的生产率。Zynga(一家快速增长的提供视频游戏的互联网创业公司)使用这套系统,不间断地收集从餐厅员工到高层管理团队的总体业绩数据。据称,Zynga 公司的首席执行官 Mark Pincus 关注所有的报告,使用多种电子数据表和多个业绩指标周密地追踪公司约 3 000 名员工的工作进展。

Ann Taylor 商店集团的计算机程序

零售商们拥有一个新的工具以调动销售人员的积极性——计算机程序。这些程序可以决定哪些员工应该在什么时间做什么工作、做多长时间。Ann Taylor 商店集团安装了这样的系统。当售货员 Nyla Houser 把她的代码号输入商店的收银机时,它会显示 Nyla 的"业绩数据":平均每小时的销售额、销量及每笔交易金额。该系统方便公司在最繁忙的工作时间段安排效率最高的销售员。

构建基于员工资料的数学模型,IBM 公司旨在提高生产率和自动化管理

Samer Takriti,一位出生于叙利亚的数学家,组建了一名团队,针对 50 000 名 IBM 技术顾问构建数学模型。这是为了将员工所有的技能存档,并用数学方法计算如何更好地使用员工的技能。Takriti 及其同事尝试将 IBM 公司的员工变为各种数字并追踪他们所做的事情。

为了让这个系统更好地运行,Takriti 需要每位员工的大量资料。这听上去可能有点奥威尔式(Orwellian)①,他发动 40 位博士(包括数据挖掘人员、统计人员和人类学研究人员)梳理员工的数据,筛选简历和项目记录,整理出每名员工所拥有的技能和经验的档案资料。在线日程表显示员工如何使用时间以及与谁见过面,通过追踪手机和掌上电脑的使用情况,Takriti 的研究人员可以掌握员工的动态。通话记录和电子邮件可以反映每位技术顾问的社交网络:他们发电子邮件时会抄送给哪些人?会密送给哪些人?

为招聘创建一个数字化存储系统

Amanda Treeline 是一家专注于招聘销售领域精英的猎头公司的经理,她每周都会收到几百份简历。公司开发出一种数字化存储系统以筛选候选人。她声称这个系统允许他们搜索数据库,根据招聘经理感兴趣的几个特定标准确定少量的候选人。通常情况下,他们能够从超过 1 000 名潜在雇员中挑选出 20 名合格候选人,然后给直线经理发送每名候选人的详细资料,包括销售数据、简历、LinkedIn 上的档案、照片和视频简历。

---

① Orwellian 源自英国小说家 George Orwell(乔治·奥威尔),他的作品大多描述受严格统治而失去人性的社会。

关键思考题

1-12 你认为把人类行为转化为一组数字是可行的吗?这样做的潜在的优点和缺点是什么?请解释。

1-13 你认为案例中讨论的"数字化管理"趋势形成的主要原因是什么?你认为这是发生在许多组织中的现象还是一个孤立的现象?这一趋势在未来是会继续发展还是会成为过眼云烟?请解释。

1-14 你认为是否可能通过对组织人力资源进行定量评估,从而使得人力资源管理与公司战略发展更加契合?请解释。

小组练习

1-15 将全班分为若干五人小组,针对公司如何应用一个数字化人力资源系统,每组提供一系列的建议。小组讨论这个系统能否帮助组织的人力资源实践与组织战略、环境、组织特征和组织能力更好地匹配。最后,小组讨论这样一个数字化系统与图表1.7总结的那些"人力资源最佳实践"有何冲突。每组应公开汇报讨论结果,教师可以根据班级人数和课堂时间,主持公开课堂讨论。

实践练习:小组

1-16 全班分为若干五人小组,每个小组选择一个组织(可以是一名或多名小组成员的工作场所;可以是一家假想的公司,在特定行业众所周知,如餐厅;也可以是亲戚所在的公司,等等)。每个小组针对组织如何实施一个系统以"量化员工做了什么"提交一份建议清单。接下来,小组讨论如何使用这些量化信息提高效率,还可以讨论在收集和使用这些数据时可能出现的潜在问题。最后,教师让每组进行公开汇报,并主持公开课堂讨论。

实践练习:个人

1-17 每位学生要采访一名管理者或员工(可以是一位家庭成员、朋友或熟人),让他/她谈谈案例所提到的问题在他/她的公司中是否存在、表现形式如何,以及公司如何采取措施提高员工的工作效率。讨论这些措施的优缺点。如果某位学生拥有丰富的工作经验,他/她可以根据个人观察提出自己的观点。教师根据大家汇报的结果进行公开课堂讨论。

资料来源:Stross, R. (2013). Wearing a badge and a video camera. www.nytimes.com; Sudath, C. (2013). Tesco monitors employees with Motorola armbands. www.businessweek.com; Rushi, E. M. (2013). Zynga's tough culture risks a brain drain. http://dealbook.nytimes.com; Ryan, L. (2013). Because employees can't be trusted. www.businessweek.com; Zakaria, F. (2010, Nov. 1). Restoring the American dream. *Time*, 30—35; www.inc.com. (2011). Every tool you need for hiring; Shambora, J. (2010, Sept. 27). The algorithm of love. *Fortune*, 28; O'Connell, V. (2008, September 10). Retailers reprogram workers in efficiency push. *Wall Street Journal*, A-12; Baker, S. (2008, September 8). Management by the numbers. *BusinessWeek*, 32—38.

你来解决！伦理/社会责任　案例1.2

将可持续发展嵌入人力资源战略

许多公司现在开始把可持续性活动(sustainability efforts)嵌入人力资源项目,期待把这些变成每名员工日常生活的一部分。采用这种方法的公司相信,这些活动可以帮助员工参与社会和环境保护。例子如下：

- 阿尔卡特-朗讯公司(Alcatel-Lucent)致力于在2020年前减少50%的碳排放量。公司要求全体员工参与并展开行动,不管这种行动有多么微小,大家一起来完成这个雄心勃勃的目标。每个部门(例如,设备运营、物流和信息技术)都被要求确定具体的减排目标,确保员工参与这个过程中。
- 日立公司(Hitachi)宣布了一项计划,呼吁员工积极参与企业的社会责任活动。公司组成了包括部分员工代表和人力资源经理在内的跨部门委员会,要求委员会协助开发社会责任电子学习课程,推动全球多元化,并引入工作/生活平衡计划。委员会直接向首席执行官汇报。公司还设立了员工团队,处理大量的社会责任实践和政策方面的问题,从劳动安全、商业道德、预防歧视到保护环境等。
- 英特飞公司(Interface,模块地毯制造商,服务于商业、机构和居家市场)引入了一个名为"员工建议和团队工作质量"(Quality Using Employee Suggestions and Teamwork,QUEST)的系统,解决污染和不必要的浪费及降低碳排放。公司提供教育性的课程,吸引员工关注这些问题,并积极参与这个过程。该公司还对那些提出降低碳排放相关建议的员工给予奖励。
- 辉瑞制药公司(Pfizer,世界上最大的生物制药公司)引入了"全球企业责任网络"(Global Corporate Responsibility Network),汇集辉瑞公司来自不同地区的员工,针对一系列涉及广泛社会责任问题的项目(如灾难响应、员工志愿服务、社区健康和商业道德实践等)提出合理化建议。
- 与很多其他公司一样,百事可乐公司鼓励员工在公司房屋建筑及附属场地开展有机耕种活动。例如,百事可乐公司拿出在纽约购买的土地和相关设施,并为那些希望参与这项工作的员工提供援助。Haberman(一家位于明尼阿波利斯的公关公司)给员工租了一块可以进行有机耕种活动的土地,生产出足以满足30户员工家庭所需的食物。华盛顿的HomeStreet银行已经把景观地带变成了菜园,鼓励员工在非工作时间进行种植。TS Designs公司(一家小型的T恤设计公司)每年花费3 000—5 000美元来帮助员工维护有机花园,包括搭建蜜蜂房和栅栏(以便隔开附近的鹿和土拨鼠)。

关键思考题

1-18　你喜欢在那些提供案例所述各式各样计划的公司中工作吗？这些计划会成为吸引你加入这家公司或持续为这家公司工作的主要原因吗？请解释。

1-19　一些持怀疑态度的人士认为,大多数的可持续性项目(如上文所讨论的)是公司为了以较低成本塑造积极的公司形象而进行的表面工作。你是赞成还是反对这种说法？这些项目是提高还是降低了公司利润？请解释。

1-20　人力资源专业人员在帮助公司在可持续发展活动中成为领导者方面，应该扮演什么角色（如果有的话）？在承担越来越多社会责任的时候，公司通常会遇到哪些特定的人力资源挑战行为？请解释。

小组练习

1-21　全班分为若干五人小组，小组成员讨论当公司试图实施可持续发展计划时会面临哪些人力资源方面的挑战。具体地说，结合所给案例，当实施这些类型的项目时，公司应考虑的人力资源主要议题有哪些？例如，部分员工在参与有机耕种时可能会感到隐约的压力，因为这并不是他们喜欢做的事情。

实践练习：小组

1-22　全班分为若干五人小组，要求每个小组按角色扮演一群员工，负责提出一份人力资源建议清单（例如，为节能提供奖金），帮助一家假定的消费品公司承担更多的环境保护责任。每组有 10 分钟准备这份清单，并向全班同学汇报。根据班级规模和课堂时间长短，确定每组的发言时间。教师（或另一名学生）扮演人力资源经理的角色，针对小组提出建议的合理性进行提问，教师主持公开课堂讨论。

实践练习：个人

1-23　通过查阅部分大公司的网站（参考《财富》杂志的年度"最佳雇主"名单），你能否从中找出一系列（包括人力资源政策）特定的社会责任项目。在这些政策的实施过程中，讨论人力资源所扮演的角色；同时，讨论不同公司实施这些项目的理论依据。

资料来源：Society for Human Resource Management (SHRM). (2013). Advancing sustainability: HR's role: A research report on sustainability by SHRM, BSR and Aurosoorya. www.shrm.org; SHRM. (2014). Company gardens reap intangible benefits. www.shrm.org; SHRM. (2014). Green jobs—Are they here yet? www.shrm.org; SHRM. (2014). Green initiatives during financially challenging times. www.shrm.org.

你来解决！讨论　案例1.3

Sands 公司的经理和人力资源专业人员：朋友还是敌人

　　Sands 公司是位于美国中西部的一家中等规模的公司，主要生产轿车专用的计算机设备，是几家汽车制造商及军队的供货商。政府合同在 Sands 公司的整体销售额中占有非常重要的部分。1985 年，公司拥有 130 名员工。那时，人事部门有一名全职主管（高中毕业）和一名兼职职员，部门的主要职责是保管档案、按照管理层的要求在报纸上投放招聘广告、处理求职申请、发放工资、接电话，以及处理其他的日常管理工作。经理和直线经理对大部分的人事工作负责，包括雇用谁、让谁晋升、解雇谁、培训谁。

目前，Sands 公司拥有 700 名员工。人事部门现在名为人力资源管理部门，有一名工业关系硕士学位的全职主管、三名专门工作人员（拥有相关专业大学文凭：一个负责薪酬、一个负责人员配置、一个负责培训与开发）和四名人事助理。Sands 公司的高层相信，在处理大部分人事问题方面，高质量的、强有力的人力资源部门会比直线经理做得更好。同样，一个好的人力资源部门也可以避免直线经理因疏忽而造成高额的法律赔偿问题。近日，Sands 公司的一个竞争对手受到性别歧视诉讼而赔偿了 500 万美元，这进一步增强了 Sands 公司建设一个强大的人力资源部门的决心。

Sands 公司分配给人力资源部门的关键任务有以下几项：

- **招聘**。人力资源部门负责核准所有的广告、筛选求职者、测试和面试应聘者等，为直线经理提供候选人名单（一般每个岗位不超过 3 名）供挑选。
- **员工队伍多元化**。人力资源部门应确保 Sands 公司的员工队伍构成符合政府的多元化指导方针的要求。
- **薪酬**。人力资源部门根据公司内部薪酬及对类似公司工资水平的调查，为每个岗位确定薪酬范围。
- **员工绩效评价**。人力资源部门要求所有的直线经理完成对下属的年度考核。人力资源部门会对员工的绩效考核进行详细的检查。如果直线经理把绩效等级评得过高或过低，被人力资源部门要求予以修正也不是什么稀罕事。
- **培训**。人力资源部门为员工提供各种培训，包括改善人际关系、质量管理，以及电脑程序包的培训。
- **态度调查**。人力资源部门每年会进行一次针对所有员工的态度调查，询问他们对工作各方面的感受，比如对直线经理和工作条件的满意程度。

在过去的几个星期中，部分直线经理向高层抱怨，指责人力资源部门拿走了他们大部分的管理权限。举例如下：

- 人力资源部门往往根据测试的分数或其他正式的规则（如工作年限）对应聘者进行排序。他们挑选的员工要么常常不适应部门工作，要么无法与主管和同事们融洽相处。
- 优秀的员工正在流失，因为人力资源部不批准超过岗位最高限的工资增长，即便员工能够完成超出工作说明书范围的工作职责。
- 雇用新员工需要太长的时间以处理各种文本资料，导致用人部门需要的优秀人才流失到了竞争对手那里。
- 大部分针对员工的培训要求并不是基于工作本身。这些千篇一律的培训项目浪费了员工的时间，对公司也几乎没有好处。
- 直线经理在绩效考核时由于担心受到人力资源部门的调查，并不敢按照真实的业绩进行考评。
- 态度调查数据被部门填得很乱，而人力资源部门会认真检查那些得分低的部门。一些直线经理认为态度调查成了一场人气大比拼（popularity contest），惩罚了那些有意愿做出必要（但是不受欢迎）决策的经理。

人力资源部门主管否认所有的指责,争辩说直线经理"仅仅想按照他们自己的方法做事,而不考虑什么对公司是最好的"。

关键思考题

1-24 Sands 公司的直线经理和人力资源部门冲突的主要来源是什么?请解释。

1-25 应该给直线经理更多的人事决策权(如招聘、考评和给下属发放薪水)吗?如果是的话,给他们这些自主权有什么潜在风险?请解释。

1-26 Sands 公司的高层应该如何处理直线经理的抱怨?人力资源部门主管如何处理目前的境况?请解释。

小组练习

1-27 Sands 公司总裁召开会议,四位直线经理参加,以及人力资源部门的四名成员(主管和三名专职人员),他们会就案例中提到的抱怨提出申诉。由教师或一名学生扮演 CEO,(a) 每方陈述自己的观点,CEO 是调解人;(b) 两方要尽可能在 Sands 公司人力资源部门和经理们未来发展亲密的工作关系方面达成一致,CEO 和两组成员既可以在组内练习,也可以在全班同学面前练习。

实践练习:小组

1-28 一名学生扮演人力资源主管,三名学生扮演牢骚满腹的直线经理。角色扮演在全班同学面前进行,时间为 10—15 分钟。最后,教师引导全班进行讨论,集中讨论角色扮演中提出的问题。

实践练习:个人

1-29 访问人力资源管理协会网站(www.shrm.org)和全球薪酬协会网站(www.worldatwork.com)。找出可能有利于人力资源主管处理这种境况的一组资源。为什么你认为这些信息有用?

你来解决!讨论 案例1.4

性别导致的持续性工资差距

1963 年的《同工同酬法案》(Equal Pay Act)指出,公司对从事相同工作的女性和男性支付不同的工资是违法的;然而五十多年后,根据美国劳工统计局的数据,女性的工资仍然只有男性的 77%。五十多年前,大多数女性待在家里;而 2015 年,劳动力中男性和女性的比例几乎相等,并且女性的整体受教育水平已经超过男性。根据巴鲁克学院教授 June E. O'Neill 的观点,持续存在的、由性别导致的工资差距的主要原因是女性比男性承担了更多的抚养孩子的责任。因为女性主要寻找那些能兼顾家庭责任的工作,这通常意味着接受较低的工资。加利福尼亚大学法学教授 Joan C. Williams 在新书 *Reshaping the Work Family Debate* 中总结,研究表明女性仍然被期望承担起照顾孩子的主要责任,而男性如果承担这样的责任则会在工作中被鄙视。她指出,可能因为承担家庭责任以及社会对男性预期的角色不同,调查中的男性工作—家庭冲突反而高于女性。事实上,公开承认这件事情对男性来说是"政治上不正确的",这会加重男性的压力。与Williams的研究结果一致,最近的一项由Pew研究中心开展的民意调查发现,尽管所谓的妇女解放运动已经过去五十多年,仍有67%的受访者认为应该由男性负责家庭的经济来源。研究女性工作场所和家庭问题的咨询师Molly Edmonds在2014年提出所谓的"妈咪战争",是指待在家里的妈妈们常常指责工作的妈妈们会对自己孩子造成无可挽回的伤害,这意味着在挣更多的钱和适当关注孩子的需求之间,女性比男性面临更难的选择。

关键思考题

1-30 为什么男性和女性之间的工资差距会持续地存在?你是否同意本案例引用的各位女性提供的解释?说明原因。

1-31 如果一对有孩子的夫妇期望事业有成,他们要具备哪些个人特质?你如何选择这些特质?请解释。

1-32 人力资源部门在减少男性与女性工资差距中应该发挥什么作用?请解释。

小组练习

1-33 全班分为若干五人小组。要求小组成员列出男女之间持续性工资差距的一系列原因。然后,小组讨论"性别导致的工资差距"和"同工同酬"是否为不同概念。假设小组成员都在人力资源部门工作,那么如何在公司中研究这些问题?

实践练习:小组

1-34 五名学生支持本案例提到的两位女教授的观点,另五名学生则持相反的观点。两个小组在全班面前辩论约15分钟,辩论之后由教师主持公开课堂讨论。

实践练习:个人

1-35 根据现有的《同工同酬法案》,雇主可以说明工资的性别差异是基于非歧视性的因素(如工作经验和教育)以避免受罚。在撰写本书的时候,参议院可能很快就会通过一项法案(众议院已通过),要求雇主证明工资差距是职务所需(更难证明),限制使用善意的因素解释性别导致的工资差异。谈谈你的看法,你会支持这项法案的修改吗?请详细说明。

资料来源:www.wsgr.com.(2014),Targeting employers for gender based pay and promotion;O'Neil, J. E. (2010, Nov. 10). Washington's equal pay obsession. *Wall Street Journal*, C-1; Luscombe, B. (2010, Oct. 18). Week on, week off parenting. *Time*. 67—68; Luscombe, B. (2010, Nov. 19). Marriage, What's it good for? *Time*, 48—53; Edmonds, M. (2014). Are men and women's roles in society changing? http://people.howstuffworks.com.

参考文献

Ahmed, I. (2010). Effects of motivational factors on employees. *International Journal of Business and Management*. 5(3), 15—29.

Deresky, H. (2011). *International Management*. Upper Saddle River, NJ: Prentice Hall.

Efrati, A., and Tarn, P. P. W. (2010, Nov. 11). Google battles to keep talent. *Wall Street Journal*, 3-1.

Ferraro, G. (2010). *The cultural dimensions of international business*. Englewood Cliffs, NJ: Pearson/Prentice-Hall.

Kim, J., MacDuffie, J. P., and Pil, F. K. (2010). Employee voice and organizational performance: team versus representative influence. *Human Relations*, 10, 1—24.

Luo, L. Cooper, C. L., Kao, S., Chang, T. T., Allen, T. D., Lapierre, L. M., O'Driscoll, M. P., Poelmans, S. A., Sanchez, J. I., and Spector, P. E. (2010). Cross-cultural differences on work-to-family conflict and role satisfaction. *Human Resource Management*, 49(1), 67—85.

McDonald, D. (2010, Oct. 18). Touched by scandal. *Fortune*, 158. Salary. com http://swz.salary.com.

第1章注释内容
请扫码参阅

第 2 篇

人力资源管理情境

第 2 章　工作流程与工作分析

第 3 章　平等就业机会与法律环境

第 4 章　管理多元性

第 2 章　工作流程与工作分析

| 我的管理实验室® | ★ 当你看到这个图标时,请访问 www.mymanagementlab.com 以获取配套练习题,并及时反馈练习结果。 |

> ▶▶▶ **挑战**
>
> 阅读本章之后,你能更有效地应对以下挑战:
> 1. **理解**工作的组织视角。
> 2. **理解**工作的群体视角。
> 3. **理解**工作的个人视角。
> 4. **提升**工作设计和工作分析的能力。
> 5. **理解**什么是弹性员工队伍。
> 6. **维护**人力资源信息系统。

技术和全球竞争的强大力量迫使管理者重新思考商业的方方面面。当公司改变基本的工作流程、改变对岗位的要求和预期、为了更好地满足客户需要而调整组织结构时,工作本身就是处于不断变化之中的。

一个重要的改变就是以工作团队替代个体员工组成基本的工作单位。今天,许多员工将自己的大部分时间用于为满足客户需要而建立团队上。例如:

- 在美国有机食品超市 Whole Foods Market,团队是组织的基本单元。通常,每个商店会有 8 支团队运营不同部门,如生产部门、检验部门等。团队的工作内容比较宽泛,既包括决定货架上该放什么食品,也包括团队的自我管理,如雇用或解雇团队成员。团队绩效信息是透明的,并且,薪酬与团队绩效而非个人绩效相关。[1]
- 通用汽车公司运用协作的工程团队,将设计信息在汽车零部件供应商和公司工程单位之间进行共享,从而把开发一部汽车实体模型的时间从 12 周大幅削减至 2 周。[2] 工人利用节省的时间进行创造性的思考,为每款汽车开发三四种不同的设计。

• SAP,一家德国软件公司,组建了由一些资深软件工程师组成的项目小组,将生产新的、可用的应用软件升级的时间从一年多缩减到 90 天。团队软件开发速度的加快帮助 SAP 公司在竞争更为激烈的细分市场(如数据库和分析)上参与竞争,为公司提供了成长的新机遇。[3]

管理者视角

本章是关于对工作的管理,这是一个高度动态的过程。管理者设计组织结构并把工作分配到不同的部门、团队和岗位,这样才能有效率地完成工作并为客户提供有价值的产品和服务。人力资源专家通过"工作分析"这样一个过程,帮助管理者对每个岗位工作内容的变化进行记录与存档。在本章中,我们探讨为什么工作分析对管理者是非常重要的,为什么工作分析是众多人力资源活动的基础。

与工作小组一样,组织从根本上讲是由一群人所组成的。人们之间的关系可以通过不同的方式构成。在本章中,我们将阐明高层管理者如何为组织选择最合适的结构,使工作在组织内的流动更为便利。尽管你可能不会被要求对组织进行重新设计,但你的组织最终都会经历结构性变革,因为变革是生存的需要。理解组织结构问题是很重要的,这样你才能看清整体形势,并积极应对变革。

我们可以从三个不同的角度看待工作:整个组织、工作团队和员工个人。我们将分别考察这三个视角及其带给人力资源管理的启示,还会讨论工作分析(一项关键的人力资源活动),以及使用弹性员工和可选择的工作时间安排创造一支弹性的员工队伍。工作分析为管理者提供了一种工具以衡量不同的工作对实现组织目标的重要性,以及什么类型的工作在实现组织目标方面更重要。在本章的最后,我们讨论人力资源信息系统。

★ 知识点学习

如果教师布置该项作业,请登录 www.mymanagementlab.com 查阅你应该特别关注的知识点,并预习第 2 章。

2.1 工作:组织视角

组织结构(organizational structure)是指组织内部人与人之间正式或非正式的关系。**工作流程**(work flow)是指为实现组织的生产或服务目标而组织工作的方式。在本节中,我们讨论战略和组织结构的关系、三种基本的组织结构以及工作流程分析的应用。

2.1.1 战略和组织结构

企业通过设定一系列的长期目标来制定竞争战略。而长期目标则根据以下两点确立:

(1)分析环境中存在的机会和威胁;(2)评估企业如何配置资产以最有效地参与竞争。企业管理层选择的战略决定了最适合公司的组织结构。[4]只要管理层改变竞争战略,就应该对组织结构重新进行评估。

我们在第 1 章提到,当处在稳定的市场并拥有成熟的产品时,公司会选择防御者战略。例如,一家受管制的公共电力公司可以采取这样的战略。在防御者战略下,基于对劳动力的详细分类,把工作有效地组织成一种结构,不同层级的工作任务被分配到不同的职能部门(如客户服务、会计等)。采取中央集权的管理方式,由高层管理者负责重要的决策,然后自上而下地经由指令链得到贯彻执行。员工必须服从基层管理人员的命令,而基层管理人员也只是在传达中层管理者的指令,中层管理者必须听命于高层管理者。

如果处于不确定的商业环境,以弹性应对环境变化,公司就会选择前瞻者战略。快速发展、在充满活力的市场上不断推出许多新产品的公司更可能选择这样的战略。采取前瞻者战略的公司实行分权制度,让各个单位拥有一定的自主权自行做出影响客户的决策,那些直接接触客户的员工也有权迅速回应客户的需求,无须经直线主管的同意。

管理层选择相应的人力资源战略,以配合和支持公司竞争战略与组织结构。以下例子展示公司为了获得成本效率、提高产品质量而选择与组织结构和工作流程相匹配的人力资源战略。

- 通用电气公司(General Electric)与英国航空公司(British Airways)签署了一份 10 年期的维护协议,帮助英国航空公司维护、保养及检修飞机发动机。通用电气公司的核心业务就是制造、设计和维修商用飞机发动机,英国航空公司将这些工作外包给通用电气公司,可以省下大笔费用。[5]
- 阿比人寿保险公司(Abbey Life Insurance)将 175 万投保客户的索赔理算业务外包给了 Unisys 公司,并签署了 10 年期的协议。在这 10 年中,阿比人寿保险公司将节省 8 000 万美元的成本;索赔处理的失误率将从 5% 降至 2%;95% 的索赔在 6 天之内就能处理完,而原来需要 10 天。[6]

2.1.2 组织设计

组织设计(designing the organization)是指选择一种可以帮助公司最有效地实现目标的组织结构。组织结构有官僚制、扁平化和无边界三种基本类型(见图表 2.1)。

官僚制组织

采取防御者竞争战略的公司很有可能选择**官僚制组织结构**(bureaucratic organizational structure)。这种金字塔状的结构由很多管理层级所组成,用自上而下或"指挥和控制"的方式进行管理:上层管理者发布指示并对下属拥有相当大的控制权。官僚制组织结构一个典型的例子就是军队。在将军(发出作战指令)和士兵(在战场上作战)之间有着长长的军衔等级。

图表 2.1 组织结构

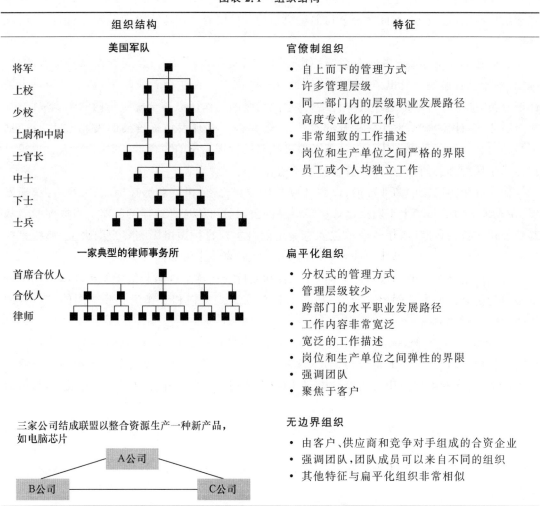

官僚制组织建立在对劳动力的职能划分上。根据承担职能的不同，员工被分配在不同的部门。例如，从事生产的员工被分在一个部门，而从事营销的员工则被分在另一个部门等。严格的部门界限将各职能单位分隔开。例如，在一家官僚制的汽车配件公司，汽车工程师为新零部件制订生产计划，然后把具体细节告知生产部门员工。

严格的部门界限也把员工与员工、员工与上级分隔开。因为官僚制结构完全依赖于专业化分工，而范围较窄且具体化的工作描述使员工的工作之间存在非常清晰的界线。企业鼓励员工做自己工作职责范围内的事情——不要多做也不要少做。员工付出大部分的时间独立完成专门的工作任务，晋升也总是在一个职能部门内进行。例如，员工如果在销售部门开始做起，就只能在销售和营销体系内不断晋升，而不能转换到生产部门或财务部门。

官僚制组织结构适用于可预知的、稳定的环境，它是高度集权的，一线员工在管理者的指令下进行重复的工作。在动态的环境中，官僚制组织结构缺乏效率，有时会给企业带来严重的损失。

扁平化组织

采取前瞻者竞争战略的企业可能会选择**扁平化组织结构**(flat organization structure)。扁平化组织只有几个管理层级,强调分权式管理,鼓励员工参与企业决策。纽柯(Nucor)公司(总部设在美国北卡罗来纳州夏洛特市的一家钢铁公司)的组织结构是扁平化的。尽管纽柯公司拥有 20 000 多名员工,但从一线钢铁工人到公司总裁只有几个层级。总部仅有 100 左右员工,在一个适中的办公区域开展工作。[7]

扁平化组织一般按照不同的产品、服务或客户划分工作单位或团队。扁平化组织结构的目标是形成独立的小业务单位,以便对客户需求或外界环境的变化做出快速反应。例如强生公司,一家健康护理产品的制造商,拥有分布在 60 个国家的 250 多个经营单位。每个经营单位像小企业那样运作,均有责任为公司创造利润。而每个经营单位中的员工均感觉自己好像在为一家小企业工作。这种扁平化组织结构营造了一种创新的文化氛围,使得强生公司不断推陈出新。

扁平化组织结构消除了部分在官僚制组织中把员工之间隔离起来的边界。相同层级的员工之间已经没有界线,因为员工需要以团队的形式工作。与官僚制组织不同的是,扁平化组织的员工可以跨越职能部门边界发展自己的职业生涯(例如,从最初做销售工作换到财务部门,接着换到生产部门)。另外,扁平化组织的工作描述更为宽泛,鼓励员工培养较广范围的技能(包括管理技能)。员工与直线主管和经理之间的边界也被打破,员工被授权做出更多的决策。

扁平化组织结构对于那些以强调客户满意度为战略的公司是非常重要的。实施客户导向的战略可能需要不断地改变工作流程,确保消费者获得高质量的产品和更好的服务。例如,一家汽车保险公司可以调整理赔处理过程,以加快赔付速度。原来可能需要 25 名员工、用 14 天处理一项理赔,而公司如果组成理赔团队与客户紧密接触,就可以在 3 天内处理好所有的纸质文件。

扁平化结构适用于快速变化的环境,因为能够为管理层创造一种"创业文化",鼓励员工参与决策。

无边界组织

无边界组织结构(boundaryless organization structure)使组织与客户、供应商和/或竞争对手建立起良好的关系,要么是为了相互的利益而共享组织资源,要么是在不确定的环境中加强合作,一般采取合资企业的形式,使得公司可以共享优秀人才、知识产权、市场分销渠道或财务资源。无边界组织结构通常为那些采取前瞻者竞争战略并处于易变环境中的公司所采用。

无边界组织与扁平化组织的很多特点是相似的。这种组织结构打破了组织与其他供应商、客户和竞争对手之间的边界,同时非常重视团队,在合资公司中由不同企业的员工代表组成团队。例如,一家汽车制造公司的质量专家可能会跟来自配件供应商的员工密切合作,帮助其了解特定的质量管理过程。

通常，公司采用无边界组织结构的情形包括：(1) 为提供更高质量的产品或服务需要与客户或供应商合作；(2) 加入有进入壁垒的国外市场；(3) 有必要降低开发成本高昂新技术的风险。在这些情形下适合采用无边界组织结构，因为它可以灵活应对变化，方便与外国公司组建合资企业，并且能为任何一家组织降低财务风险。以下是无边界组织结构的一些例子：

- 皮克斯公司，一家动画工作室，与迪士尼公司合作，制作了许多非常成功的动画片，包括《玩具总动员》《怪物公司》《海底总动员》和《汽车总动员》等。《海底总动员》产生了8.65亿美元的全球票房收入，并获得奥斯卡最佳动画片奖。合作结合了皮克斯公司在计算机动画方面的专业知识和迪士尼公司在营销上的优势，以降低动画片的制作风险。[8]
- 空中客车工业公司也是无边界组织设计，其合作伙伴来自欧洲四个国家（法国、德国、英国和西班牙）的公司组成，它们合作制造的商务喷气式飞机与波音公司竞争，并且是商用客机的领先生产者。
- 苹果公司与富士康公司（一家中国台湾的电子公司），合作生产苹果的iPod音乐播放器、iMac电脑和iPhone手机。苹果公司设计和营销产品，富士康公司则根据设计说明书生产和组装并将成品运回美国。[9]苹果公司也与众多独立的、自雇佣的软件程序员建立伙伴关系，让他们为苹果公司的iPhone手机设计新的应用程序。

2.1.3 工作流程分析

我们先前提到，工作流程是指为了实现组织生产或服务目标而对工作进行组织的方式。管理者需要进行**工作流程分析**（work-flow analysis），考察工作如何为公司现有流程（流程是指增加、创造价值的活动，如产品开发、客户服务和履行订单[10]）创造或增加价值。工作流程分析主要是观察工作如何从客户端（工作需求起源）开始移动，流经组织（员工通过一系列创造价值的步骤为工作增值），直到以产品或服务的形态离开公司并交付客户为止。

公司里每位员工都应该将承担的工作视为一种投入，做些有用的事情为其增加价值，然后把工作交给下一道环节的员工。通常，工作流程分析可以揭示哪些工作或步骤可以整合、简化，甚至去除。在某些情形下，工作流程分析促使公司重新组织工作，使得价值创造的来源从个别员工转为工作小组。

工作流程分析可以加强员工工作与客户需求之间的协调一致，有助于公司通过企业流程再造大幅提升绩效。

2.1.4 企业流程再造

再造（reengineering）最早是迈克尔·哈默（Michael Hammer）和詹姆斯·钱皮（James Champy）在《企业再造》（*Reengineering the Corporation*）一书中提出的。哈默和钱皮强调，不能将"再造""重组"混为一谈，也不是单纯为了减少管理层级而裁员。[11]**企业流程再造**（business process reengineering，BPR）并不是特效药，而是对企业流程进行全面的再思考和彻底的再设计，从而大幅改善成本、质量、服务和速度。[12]再造针对公司生产产品或提供服务的核心流程进行严密的分析,考察公司开展经营的方式,通过计算机和各种人力资源组织方式,公司或许能重新塑造自我。[13]

企业流程再造使用工作流程分析,找出可以剔除或合并的工作,进而改善公司绩效。图表 2.2 说明 IBM 信贷公司(IBM Credit Corporation)在实施企业流程再造之前和之后处理贷款申请的步骤。在企业流程再造之前,工作流程分析显示贷款申请处理流程分为五个步骤,分别由五位贷款专业人员负责,每人负责贷款申请的不同环节。整个流程平均需要 6 天的时间完成,给了客户寻找其他融资机会的时间。[14] 在这 6 天中的大多数时间,贷款申请案不是处于交接阶段,就是摆在某位专业人员的案头等着处理。

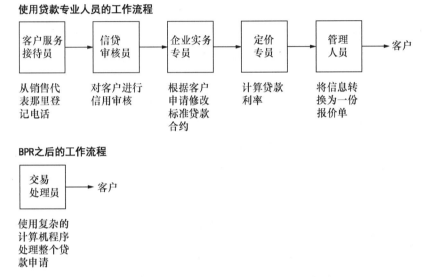

图表 2.2　IBM 信贷公司在 BPR 前后对贷款申请的处理过程

在企业流程再造之后,五位贷款专业人员的工作被重新组织成一个交易结构员(deal structurer)岗位。交易结构员利用新的软件程序打印出标准化的贷款合约,进入不同的信用审查数据库,设定贷款利率并在合约上补充相关条款。在这种新的流程下,贷款申请可以在 4 个小时内完成,而不需要 6 天的时间。[15]

2.2　工作:团队视角

现在我们从员工团队的观点探讨工作。在扁平化和无边界的组织结构里,团队工作是必不可少的。对于这两种组织结构而言,团队是其健康发展的基石。

团队究竟是什么?它是如何运作的?**团队**(team)是一小群技能互补的人,为了共同的目标一起努力。[16] 在规模上,团队可以有很大差异,从 2 名成员至 80 名成员不等,上限范围在虚拟团队中可能出现。在虚拟团队中,团队成员通过互联网进行大型项目的合作,大多数团队少于 10 位,5—6 人的团队被认为是最佳的团队规模。[17] 与依靠上级指示的工作小组(work groups)不同,团队依靠内部成员进行领导和发布指令。[18]团队也可以组成部门的形式。例如,在一家公司里可能有产品开发团队、制造团队和业务团队。

当今的组织运用了几种不同类型的团队。对美国企业影响最大的团队形式是自我管理型团队。

2.2.1 自我管理型团队

采用自我管理型团队的组织主要期望能够改善质量、提高生产率,同时降低经营成本。**自我管理型团队**(self-managed teams,SMT)是负责生产整个产品、零件或者提供持续性服务的团队。在大多数情形下,自我管理型团队成员接受过团队负责的各种工作的交叉培训。[19]有些成员拥有一系列复杂的技能,如受过其他领域培训的科学家和工程师。自我管理型团队成员和有许多管理上的职责,包括工作时间安排、选择工作方法、订购原料、评估绩效和管理团队成员。[20]

圣地亚哥动物园是一家转换为自我管理型团队的组织。动物园员工的工作职责向来是受到严格限制的,工作内容非常明确:饲养员做饲养工作,园丁做园艺工作。后期,动物园决定开设生物气候区,在这个区域中,动植物集中在没有笼子的围墙里,环境和它们的本土栖息地非常相似。因为这些区域是相互依存的,管理这些区域的员工必须共同合作。例如,潮湿的3.5英亩的老虎河展区是由包括哺乳动物和鸟类专家、园艺专家及维护和施工人员共7人的团队进行管理的。[21]

当建立自我管理型团队时,人力资源管理实践可能发生的改变[22]:

• 员工个人绩效评价可能会由同事而非主管进行。

• 薪酬实践很可能会从依据工龄和个人业绩转向依据团队绩效给付薪酬,如团队奖金。[23]

• 对新员工的录用决策可能会考虑团队成员的看法,而不仅仅依据经理和人力资源部门的意见。

• 团队领导者有机会进一步发展,认清自己。例如,SEI投资公司鼓励团队领导者在自我管理型团队中发挥主动性。[24]

• 高绩效的自我管理型团队通常采用共享型领导风格,根据团队工作内容,团队成员轮流扮演团队领导者角色。共享型领导风格在知识型员工组成的团队中很常见。[25]

自我管理型团队对公司的贡献很大。例如,Shenandoah人寿公司采用自我管理型团队之后发现,对客户申请和客户服务的处理能力提高了50%。[26]施乐公司采用自我管理型团队比不采用的工厂,其生产率高出了30%。[27]波音公司采用自我管理型团队后,新型777喷气客机开发过程中碰到的工程问题数量减少了50%以上。[28]示例展示了自我管理型团队在谷歌这家著名的互联网搜索服务公司中是如何运作的。

> **示例　谷歌型的团队**
>
> 在谷歌公司约 34 000 名员工(这些员工都参与产品开发)中,约 50%是以小型团队的形式工作的,每支团队平均有 3 位工程师。像 Gmail 这样的大项目,即使可能需要 30 人,也会拆分成 3—4 人的团队。每支团队致力于一个特定的服务提升,如建立垃圾邮件过滤器或改进转发功能等。每支团队有一位高级技术负责人,团队成员根据项目需要的不同而轮流承担这个角色。大多数工程师在一支以上的团队里工作,他们转换到其他团队工作并不需要人力资源部门的许可。技术型公司更青睐小团队,因为小团队更为灵活且能够更快速地实施变革。
>
> 资料来源:Hamel, G. (2007, October 1). Break free! *Fortune*, 124; Holstein, W. (2007, Dcember 30). Orders from on high? That's so yesterday. *New York Times*, Sunday Money, 6; Lindberg, O. (2009, October 11). The secrets of Google's design team. www.techradar.com; Schrage, M. (2011, December 13). Smart innovators value smaller teams over better processes. HBR Blog Network. www.blogs.hbr.org/schrage/2011/12/quiet-but-unsubtle-innovation.html.

一开始,团队成员缺乏成功运作团队所需的技能,所以自我管理型团队可能需要几年的时间才能充分发挥作用。[29] 不过,公司人力资源部门对团队成员所需技能进行培训,可以加速团队成功运作的速度。重要的技能包括以下三类[30]:

- **技术技能**(technical skills)。团队成员必须接受新技能的交叉培训,才能在需要的时候轮换不同的工作。经过交叉培训的团队成员能赋予团队更大的弹性,使团队能以较少的员工有效地运作。
- **管理技能**(administrative skills)。因为团队需要处理许多原本由主管负责的工作,所以团队成员必须接受管理方面的培训,如编制预算、时间安排、监督和评价同事、与求职者面谈等。
- **人际关系技能**(interpersonal skills)。团队成员需要良好的沟通技术,才能组成有效的团队。他们必须有效地表达意见,才能分享信息、处理冲突、反馈彼此提供的意见。[31]

2.2.2　其他类型的团队

除了自我管理型团队,企业还可以采用其他类型的团队——问题解决型团队、特殊目的型团队和虚拟团队。[32] **问题解决型团队**(problem-solving team)是由各单位或部门志愿人员组成的,成员每周见面一两个小时,讨论如何改进产品质量、降低成本或改善工作环境等方面的议题。问题解决型团队的形成并不会对企业组织结构造成影响,因为它们只存在一段时期,当目标达成后就会解散。

特殊目的型团队(special-purpose team)是成员跨部门或企业边界组成的,目的在于探讨复杂的议题。例如,引入新技术、改善跨部门工作流程的质量,或者鼓励劳资双方在没有工会的环境下合作。工作生活质量(quality of work life, QWL)计划是一种特殊目的型团队,团队成员(包括工会代表和管理人员)携手合作,共同为了改善工作生活的各层面(包括产品质量)而努力。福特公司和通用汽车公司的工作生活质量计划是以改善产品质量为核心的,而美国钢铁工人联合会(United Steel Workers of America)和其他主要钢铁公司的工作生活质量计划则关注开发新方法以提升员工士气与工作环境。[33]

了解更多问题解决型团队的内容,参阅管理者笔记"管理问题解决型团队的技巧"。

管理者笔记:客户导向的人力资源

管理问题型解决团队的技巧

管理者应当学会利用由掌握跨部门技能员工组成的问题解决型团队,以解决那些富有挑战性的组织问题。在设计和管理问题解决型团队时,以下几点很重要:

- 如果需要团队去执行新的理念,团队成员应涵盖组织中不同层级的成员。建立一支成员来自组织各层级(例如,一线员工与主管)的团队能够很好地实现合作,并且减少员工和管理者之间的障碍。
- 监督团队,确保当管理者和员工在同一支团队时,成员之间仍然能够自由交流想法,创造力不会被扼杀。
- 在挑选成员时,不仅要依据他们的专业知识和不同视角,还要考虑他们的妥协能力以及通过协作解决问题的能力。
- 给予团队充分的时间去完成任务。问题越复杂,解决办法越需要创造性,团队成员就越需要大量的解决时间。
- 与其他管理者做好协调,为团队成员腾出更多的时间。
- 希望团队做什么要明确清晰的目标和原则,告诉他们能说什么、不能说什么。
- 定期召开团队会议,强化集体解决问题的过程,可以通过这些会议来评价团队的有效性。

资料来源:Gratton, L., and Erickson, T. (2007, November). Eight ways to build collaborative teams. *Harvard Business Review*, 100—109; Kepcher, C. (2005, Februrary). Collegial teams. *Leadership Excellence*, 7—8; Nahavandi, A., and Malekzadeh, A. R. (1999). *Organizational behavior*. Upper Saddle River, NJ: Prentice Hall, 276.

虚拟团队(virtual team)成员之间虽然相距遥远,但可以利用互联网、群组软件(groupware)(使分处不同计算机工作终端的人同时就一个项目进行合作的软件)等互动式的计算机科技和基于计算机的视频会议共同工作。[34]虚拟团队与问题解决团队类似,无须团队成员全职投入工作。两者的差异在于,虚拟团队成员是通过电子设备彼此互动,而不是面对面。[35]

因为虚拟团队的兼职性和不受距离约束的弹性,使得公司可以使用以往无法充分利用的人力资源。例如,一家管理咨询公司在旧金山为当地某家银行实施一个项目,参与项目实施的团队成员还有来自纽约分公司和芝加哥分公司的财务专家。这类团队使公司可以打破组织边界,将客户、供应商和商业合作伙伴联系在一起,共同合作以提升质量,加快推出新产品或服务的速度。

对虚拟团队的研究发现,最佳实践之一就是使用虚拟工作场所——实际上就是一个网站,只有团队成员才能登录。这里有团队以往的决策、基本原则和承诺。[36]虚拟团队工作场所设有一个主页,与其他网页相链接,每个网页记载团队项目的一个方面。例如,一个网页显示虚拟团队所有成员的信息,包括联系方式、专长简介和取得的成绩;另一个网页展示电子会议信息,包括召开时间、参加人员、会议安排及会议时间等可以在团队成员之间共享的信息。再如,壳牌化工公司在一个公司范围的大项目上成功地使用虚拟办公空间,开发出一种新的、基于现金的财务管理方式。[37]

2.3 工作:个人视角

我们探讨工作流程和结构的第三个也是最后一个视角,是从个体员工和工作为出发点的。首先,我们探讨激励员工提升绩效的不同理论,以及如何设计工作以达到员工的最高生产率。在接下来的部分,我们探讨工作分析,收集、组织有关特殊工作的任务和职责的信息。最后,我们讨论工作说明,而工作说明正是工作分析的主要结果之一。

激励员工

动机(motivation)可以被定义为鼓舞、指导和维持人类行为的力量。[38]在人力资源管理领域,动机是达成最佳表现或付出最大努力完成所交付使命的愿望。动机的一个重要特征是以目标为导向的行为。

激励理论试图解释员工为什么会受到某种类型工作的激励,以及为什么会对某种类型工作表示满意。管理者应该对工作激励有一个基本理解,这是非常重要的。因为受到高激励的员工会比缺乏激励的员工更可能生产出高质量的产品、提供高质量的服务。

双因素理论

由赫兹柏格提出的双因素理论试图找出并说明员工对工作感到满意或不满意的因素。[39]第一组因素称为激励因素(motivator),是导致员工对工作感到满意并激发更强烈动机的内在工作因素,主要包括工作本身、获得成就、认可度、责任和晋升机会等。如果缺乏这类激励因素,员工就可能对工作不满意,也没有动力去发挥最大潜力。

值得注意的是,薪酬并不是激励因素。赫兹柏格认为,薪酬属于第二组因素——称为保健因素(hygiene)或维持因素(maintenance factor),它们属于工作之外的但存在于工作环境中。如果缺乏保健因素,就可能导致员工对工作感到极为不满、士气低落。在某些极端的情形下,甚至会彻底逃避工作。保健因素包括公司政策、工作条件、工作保障、工资、员工福利、与上司和经理的关系、与同事的关系、与下属的关系。

根据赫兹柏格的理论,如果管理层提供合适的保健因素,员工不会对工作感到不满,但也不会有动力去充分发挥全部潜能。要想激励员工,管理层必须提供一些激励因素。

双因素理论对工作设计的启示有：(1) 应通过工作设计，尽量提供更多的激励因素；(2) 仅调整薪资或工作条件之类的(外部)保健因素，长期而言不太可能维持员工的士气，除非同时调整工作本身(内部)才有可能。

工作调适理论

每位员工各有不同的需求和能力。工作调适理论(work adjustment theory)主张，员工的受激励水平和对工作的满意程度，取决于他们的需求和能力与工作及公司特征之间的匹配情况。[40] 个人特征和工作环境的匹配度低，可能导致士气低落。工作调适理论认为：

- 某位员工觉得很有挑战性、激励人心的工作，在其他员工看来可能并非如此。例如，快餐店的智障员工可能觉得重复性的工作很有挑战性，可是对于大学毕业生而言，这种工作实在无聊。
- 并非所有员工都想参与决策。参与需求度低的员工可能非常不适合自我管理型团队，因为他们可能排斥管理其他团队成员、对团队决策负起责任。

目标设定理论

目标设定理论(goal-setting theory)是爱德温·洛克(Edwin Locke)提出的，认为员工的目标会影响他们的动机和工作绩效。[41] 因为激励是以目标为导向的行为，所以明确且有挑战性的目标比起模糊不清且容易的目标，更能激发员工高昂的工作动力。

目标设定理论主张，管理者可以通过管理目标设定流程来提高对员工的激励。目标设定理论对管理者的重要启示有[42]：

- 当员工拥有明确且具体的目标时，就会有更大的动力去完成工作。如果为某商店经理设定一个具体目标——"未来六个月将本店的获利能力提升20%"，就会比所谓的"尽最大能力"更能激发其动力。
- 困难的目标比容易的目标更能激发员工的动机。当然，目标应切合实际，否则可能让员工感到气馁。例如，一个欠缺经验的计算机程序设计师承诺的项目完成时间可能不切实际，其主管可以和他一起确定比较实际但仍具挑战性的截止期限。
- 在许多(并非全部)情形下，员工参与设定的目标比上级指定的目标能够激发更强的动力。经理可以使用目标管理(management by objectives，MBO)(第7章讨论)方法与员工共同设定彼此同意的目标或成立自我管理型团队，让员工负责设定自己的目标。
- 在朝着目标迈进时，员工若能经常获得有关进度的意见反馈，相比只有零散意见或根本没有意见反馈的员工，会表现更高的工作动力和业绩。例如，餐厅经理应该收集客户对服务质量的反馈意见，然后与员工分享这些信息，从而激发服务员提供更好的服务。为了改进员工绩效而提供反馈的重要性将在绩效考核部分(第7章)深入讨论。

工作特征理论

工作特征理论(job characteristics theory)是理查德·哈克曼(Richard Hackman)与格莱戈·奥海姆(Greg Oldham)提出的。工作特征理论主张，工作具有某些核心特征，这些核心特征促使员工产生更大的动力去工作,并对工作具有更高的满意度。[43]工作特征、心理状态和工作成果之间的关系强度取决于个体员工对职业发展的需求强度。也就是说,员工认为随着工作而成长和发展的重要性有多高。

激发三种关键心理状态的核心工作特征为[44]:

(1) **技能多样性**(skill variety)。员工能够从事不同工作并运用各种技能、能力和才华的程度。

(2) **任务明确性**(task identity)。员工可以由始而终地完成工作,并提出明确成果的程度。

(3) **任务重要性**(task significance)。员工的工作对他人(公司内外)产生重大影响的程度。

(4) **自主性**(autonomy)。员工在工作时间安排、决策和工作方式等方面享有自由、独立以及决定权的程度。

(5) **意见反馈**(feedback)。员工能够明确而直接获得有关工作成果和绩效的信息。

受到核心工作特征影响的三种关键心理状态为[45]:

(1) **感知工作意义**。员工感受到工作重要、有价值且值得的程度。

(2) **感知工作责任**。员工感受到对工作结果负责的程度。

(3) **了解工作成果**。员工定期了解其工作表现效果的程度。

如图表 2.3 所示,技能多样性、任务明确性、任务重要性都与员工感知工作意义有关,自主性与员工感知工作责任有关,意见反馈则与员工了解工作结果有关。

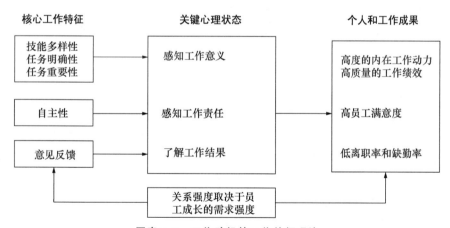

图表 2.3 工作动机的工作特征理论

如果工作特征使员工感知这三种关键心理状态,就能够为员工提供保持士气的内在奖励。[46]这些奖励来自员工可了解到的工作成果、感知的工作意义和工作责任。[47]此外,这种状况也会产生对雇主有益的结果:高度的内在工作动力、高质量的工作绩效、高员工满意度、低离职率和缺勤率。工作特征理论主张可以通过工作设计,将员工觉得有收益和受鼓舞的特征包含其中。

2.4 工作设计和工作分析

前文介绍的激励理论显示，可以通过工作设计来提升激励和绩效。**工作设计**（job design）是为完成某项特定工作，把作业组织形成任务的流程。

2.4.1 工作设计

工作设计有三个重要的影响因素：一是工作流程分析，这是确保公司每位员工将所承担的作业视为一种投入，做些有用的事情为其增加价值，然后传递给下一位负责的员工。另外两个影响因素分别为公司战略和最适合该战略的组织结构。例如，在官僚式组织结构里，因为作业是围绕劳动分工构建的，所以高度专业化的工作可能会备受重视。

我们探讨五种工作设计方法，分别为工作简化、工作扩大化、工作轮换、工作丰富化和基于团队的工作设计。

工作简化

工作简化（work simplification）假设作业可以分解为简单、重复性的任务，从而最大化地提高效率。这种工作设计方法把大多数思考方面的作业（如规划和组织）交给经理和直线主管，员工则负责执行规定范围内的任务。工作简化可以有效地使用劳动力生产大量标准化产品。在汽车组装线上，员工从事高度机械性、重复性的工作就是工作简化方法的一个例子。

尽管工作简化在稳定的环境里很有效率，但是在不断变化的环境里，客户需要的是高质量、定制化的产品，工作简化就不太适用了。而且，工作简化往往会导致较高的员工离职率和较低的员工满意度（实际上，采用工作简化的公司，员工可能觉得有必要组织工会，从而取得对工作的一些控制权）。最后，工作简化下的高层专业人士在自己的领域过于专业化，可能无法看清这些工作会对公司整体产品或服务造成怎样的影响，结果导致员工的工作对客户并无价值可言。过去十多年来，由于企业发现高度专业化的工作并没有对消费者提供价值，因此许多高度专业化的员工在公司进行组织再造时惨遭淘汰。

我们不能将工作简化与工作删减（work elimination）混为一谈。工作删减是公司对工作中每项任务以及一项任务中的每个步骤进行删减，看看能否找到更好的方式把工作做好。即便工作中有些部分不能删减，也可以简化或与其他工作整合。Oryx 公司，一家总部在美国得克萨斯州达拉斯的石油和天然气生产商，组建团队以全新视角重构运营过程，一年下来节省了 7 000 万美元营运成本。团队发现公司的很多程序、审核和报告等与 Oryx 公司的经营业务几乎没有关系，很容易进行删减。工作删减与企业流程再造有些相似，不同的地方在于工作删减只是集中于特定的工作和流程，而不是全公司。[48]

工作扩大化与工作轮换

工作扩大化和工作轮换是用于重新设计工作，以避免员工对执行简化及高度专门化的工作感到倦怠和无聊。**工作扩大化**(job enlargement)是指扩大工作的职责范围。例如,在汽车组装线上专门铺设车内地毯的员工可以扩大工作范围,同时负责安装汽车座椅和仪表板。[49]

工作轮换(job rotation)是指员工在各种范围较窄的任务之间轮调,但不会中断工作流程。例如,在汽车组装线上负责铺设车内地毯的员工会(定期轮调至第二个工作岗位)负责安装汽车座椅,稍后则轮调至第三个工作岗位——负责安装汽车仪表板。在一天的工作当中,这名员工可能每隔两个小时就在这三个工作岗位之间进行一次转换。

工作扩大化和工作轮换均存在局限性,因为这些方法主要是消除工作中不利于提升士气的部分,只能改善五种核心工作特征中的一种(技能多样性)。

工作丰富化

工作丰富化(job enrichment)是一种工作设计方法,也是工作特征理论的直接应用。工作丰富化使工作更有趣,从而激励员工努力工作。工作丰富化将专业化的任务整合起来,使一个人可以负责整个产品的生产或整体服务。[50]

工作丰富化同时扩大了工作的横向层面和纵向层面。它不是让人们在生产线上的一个或多个工作岗位上工作,而是抛弃传统的生产线流程,让员工负责组装整个产品,如厨房电器用品或收音机。[51] 举个例子,现在摩托罗拉通信部门的单个员工同时负责组装、测试及包装便携式无线电呼叫设备;而在以前,这些产品是在组装线上生产的,工作被分成100多个不同的步骤并由许多员工分别进行。[52]

工作丰富化使员工拥有更多的自主权和反馈意见的机会,同时让员工对工作时间安排、工作方式和质量判断等决策担负起更大的责任。[53] 不过,工作丰富化的成功执行受到生产技术、负责生产产品与提供服务员工的能力的限制。有些产品非常复杂,需要非常多的步骤,无法由一个人有效率地完成。还有些产品则需要许多不同技术的配合,而让员工掌握全部的技术几乎是不可能的。例如,组装一架波音777客机所需的全部技术,一位员工可能要花一辈子的时间才能精通。

工作丰富化可以增加与客户及其他受工作结果影响的群体互动的机会。如果一项工作设计可以加强与客户的联系,员工就可以了解到客户的想法,知道客户如何使用产品及其如何改变他们的生活,这可能会提升员工工作的意义。[54] 例如,让软件工程师与客户群体进行频繁交流,了解客户如何使用软件,这样可以激励软件工程师在未来开发出使用更简便且满足更多客户需求的软件。工作丰富化的另一种方式就是支持那些每天做日常工作的员工前往当地社区开展志愿活动,并且支付全额工资。Limited,一家女装零售商,支持公司员工到当地学校提供学前义务培训。

基于团队的工作设计

基于团队的工作设计是将一项完整的、有意义的工作交付团队完成,而不是交给个人。[55] 公司授权给团队成员,让他们自行决定如何完成工作。[56] 团队成员接受不同技术的交叉培训,然后轮流从事团队内不同的工作。基于团队的工作设计最适合扁平化无边界的组织结构。

麦当劳公司通过基于团队的工作设计运营快餐店。麦当劳公司的团队承担了各种各样的工作。例如，食物准备，接收订单，操作收银，进行厨房和餐厅顾客区域的卫生保洁，倒垃圾，在自动售货机上放置餐巾纸、吸管和顾客要用的器具。团队成员曾接受跨部门培训，并且参与决定每次工作转换的职责分配。

2.4.2 工作分析

在完成工作流程分析和工作设计后，企业必须明确每位员工的工作内容，并且和他们沟通对工作的期望。而**工作分析**(job analysis)是最好的方法，它是有系统地收集和组织与工作相关的信息。工作分析将工作放在显微镜下观察，找出其中重要的细节。具体来说，工作分析应明确某项特定工作包括哪些任务、职责和责任。

- **任务**(task)：工作的基本元素，这是履行工作职责所必要的步骤。
- **职责**(duty)：包括一个或多个任务，是执行工作中重要活动的构成要素。
- **责任**(responsibility)：一项或多项职责，这些职责说明该项工作存在的主要目的或理由。

以行政助理的工作为例。他的任务之一是完成出差授权表格，这是记录部门出差费用的职责之一，而记录出差费用则是管理部门预算责任的一部分。

工作分析提供的信息可以回答以下这些问题：工作从哪来？必须使用哪些机器和特殊设备？负责这项工作的人必须具备什么知识、技术和能力？要求多大程度的监督？这项工作必须在怎样的工作条件下进行？对这份工作业绩的期望如何？负责这份工作的人必须依靠谁实施这项工作？他们必须与谁互动？工作分析可以回答这些问题，给管理者提供费用等有价值的信息，从而帮助他们开发更有效的人力资源管理政策和方案。

谁进行工作分析

根据所选择的技术，工作分析可由人力资源部门成员或现任员工（当前负责这项工作的人）执行，一些公司则交由一位经理执行工作分析。

收集工作信息的方法

公司收集工作信息的方法包括面谈法、观察法、工作日志法和问卷法。成本和工作复杂性等因素会影响信息收集方法的选择。

- **面谈法**。面谈者（通常是人力资源部门的某位员工）与现有岗位的代表进行结构化面谈。这种结构化面谈包括一系列与工作相关的问题，按照相同的次序向每位受访者提出。
- **观察法**。工作分析人员观察现任员工实际的工作执行情况，并且记录观察到的核心工作特征。这种方法适用于那些例行性的工作，观察者可以在合理的时间内找出工作重点。工作分析人员也可以录制现任员工的工作情况，以便进行更深入的研究。
- **工作日志法**。公司要求部分现任员工记录日常工作活动的日志，并记录每项活动所耗费的时间。分析一段时间(可能是几个星期)的日志内容,工作分析人员得以掌握工作的核心特征。

- **问卷法**。由现任员工填写问卷,问卷包含一系列有关工作的知识、技术和能力需求、职责及责任的问题。问题以量表形式体现可以衡量工作要素的重要性或发生频率。电脑计算出问卷上各题的得分,总结工作特征并打印出来。
- **基于互联网的数据收集法**。人力资源部门在公司内部网上发放工作分析问卷,通知员工在指定日期前完成问卷。他们使用软件程序对答案进行评估,采用跨岗位种类的标准化描述总结岗位特征。相比许多其他工具(如面对面访谈和直接观察),耗费时间要少。美国劳工部开发的职业信息网络(O^* NET)可作为基于互联网的数据收集工具,收集 800 多种职业的工作信息。[57] O^* NET 可以提供有关工作任务、工作相关行为,以及完成工作所需的知识、技能和能力等信息。

工作分析的应用

工作分析衡量工作的内容、各种工作职责和责任的相对重要性。这些信息有助于公司遵守政府规定,避免受到不公平或歧视的指控。我们将在第 3 章看到,当公司遭到歧视指控时,通常的辩解为宣称该项决定(如聘用、加薪、裁员)是基于与工作相关的理由,而工作分析能为这类辩护提供佐证文件。例如:

- 如果通过工作分析证明驾驶是销售代表工作中很重要的一项,那么公司就可以为"销售代表必须持有效驾照"的政策辩护。再如,如果有盲人应聘销售代表的职位且坚持自己符合资格,根据《美国残障人士法案》(参阅第 3 章)的规定,公司必须提供合适的工作。
- 一家快餐店老板为经理助理支付周薪且没有加班费。如果因此而被起诉,该老板就可以通过工作分析来证明经理助理的工作不受《公平劳动标准法案》加班条款的约束(参阅第 10 章),描述工作的大部分职责和责任是管理与指导他人而不是准备食物及为顾客提供服务,以此作为佐证。

除法律方面的目的之外,工作分析对以下人力资源活动也很有用:

- **招募**。工作分析有助于人力资源部门在报纸的招募广告上清楚地描述工作,将目标锁定在符合条件的求职者身上,从而获得高质量的求职申请人才库。工作分析同样可以帮助招聘方对大学生求职者进行筛选,因为可以在工作分析中了解一个岗位包含哪些任务、职责和责任。
- **甄选**:工作分析可以用来判断某项特定工作的求职者是否应该接受人格测试或其他类型的测试。例如,一项测量外倾性(看一个人是不是健谈、好交际、主动、强势或者容易激动)的人格测试可以用来选择一名人寿保险销售员(这样的岗位强调与客户的联系,包括对潜在新客户进行电话推销等)。工作分析同样可以揭示,测量外倾性的人格测试与其他岗位的工作内容几乎没有任何关系,因此不能用于那些岗位的人员选拔。
- **绩效评估**。出于晋升、奖励、惩罚或裁员等目的判断员工绩效的标准应该与工作相关。根据出于联邦法律的规定,如果面临相关指控,公司必须证明其评估体系采用的绩效评估标准与工作相关。

- **薪酬**。工作分析的信息可以用来比较各个岗位对公司整体绩效的相对价值。每个岗位贡献的价值是决定薪酬标准的重要依据。在典型的薪酬结构下,需要掌握比较复杂的技术或承担更大责任的岗位,其薪酬水平高于那些仅需要基本技能和承担较小责任的岗位。
- **培训和职业生涯发展**。工作分析对于判断培训需求是很重要的依据。经理比较各员工运用到工作中的知识、技术和能力与工作分析确定的内容,找出员工在技术上的差距,然后通过培训计划来改善员工的工作表现。

工作分析技术

图表2.4列举了八种主要的工作分析技术(技术的详细说明不在本书的范围之内)。我们简短介绍其中的四种——任务清单分析(task inventory analysis)、关键事件技术(critical incident technique)、职位分析问卷(position analysis questionnaire)和功能性工作分析(functional job analysis),以便读者可以大概了解工作分析方法。至于如何有效地执行工作分析,请参考管理者笔记的"工作分析的指导原则"。

图表 2.4　工作分析技术

技术	针对的员工群体	数据收集方法	分析结果	说明
任务清单分析	任意员工(需要大量的员工)	问卷	任务评级	由现任员工、直线主管或工作分析专家对任务进行评级。评级包括任务重要性和完成任务所需时间之类的工作特征
关键事件技术	任意员工	面谈	行为描述	为工作各个维度生成代表从低到高不同水平的行为事件
职位分析问卷(PAQ)	任意员工	问卷	194个工作要素评级	将工作要素分为六大项(例如,应用范围、对工作的重要性)进行评级,使用计算机对评级进行分析
功能性工作分析(FJA)	任意员工	集体面谈/问卷	评估现任员工与其他人、资料和事务的关系	初始设计是为在美国州政府当地职业介绍办公室登记的人员改善咨询和安置状况。这种方法首先对任务做出详细的说明,然后由现任员工就各项任务的频率和重要性之类的维度进行评级
方法分析(动作研究)	制造业员工	观察	每工作单位时间	是判断各项任务所需标准时间的系统方法,以观察和对工作任务计时为基础
原则导向性工作分析	任意员工	面谈	所需的技能和知识	由现任员工确定完成工作所需的职责、知识、技能、体能和其他特征
管理职位描述问卷(MPDQ)	管理层	问卷	197项事务清单	经理审查描述其职责的清单
海氏方案法(Hay Plan)	管理层	面谈	工作对组织的影响	与管理者就其责任进行面谈,并将回答根据工作目标、工作性质、工作范围和工作责任四个维度进行分析

1. 任务清单分析

任务清单分析源自美国空军的任务存量法（task inventory method）。[58]这项技术用于确定成功完成工作所需的知识、技能和能力（knowledge，skills and abilities，KSA），分析包括三个步骤：(1) 面谈；(2) 意见调查；(3) 运用 KSA 矩阵产生任务。

面谈步骤的重点在于确定工作所包含的所有任务清单。面谈对象包括现任员工及其经理，目的是为任务清单调查中的个别任务建立具体的说明。

意见调查步骤是就任务所包含的内容及其重要性程度而开展。意见调查要求让受访者（现任员工）评估各项任务的重要性、频率和所需的培训时间。至于意见调查是针对部分员工进行样本调查还是针对全体员工，则要看员工人数和工作分析的经济限制而定。

KSA 矩阵步骤产生任务，各种 KSA 对于成功执行各项任务的重要程度进行评级。图表 2.5 简要介绍一个 KSA 评级矩阵的例子，这种评级通常由相关的专业人士（包括直线主管、经理、咨询顾问和现任员工）评定。

图表 2.5　KSA 矩阵的任务样本

评级量表
根据成功完成任务的特征的重要性评分
1—非常低；2—低；3—中等；4—高；5—非常高

工作任务	工作特征								
	数学推理	分析能力	执行指示的能力	记忆力	口语理解力	书面理解力	口语表达力	书面表达力	解决问题的能力	文书工作的正确性
1. 检查生产日程，判断正确的工作程序										
2. 识别有问题的工作，并采取措施改正										
3. 确定特殊工作订单的需求并满足										
4. 记录日志并进行任务分派										
5. 与工头协商，判定紧急情况的关键日期										
6. 分析可获得的资料并维护订单										
7. 准备工作组合										
8. 维护客户订单档案										
9. 与采购人员协商，以确保物料的获取										
10. 判断未来客户订单产品的可得性										
11. 决定承诺客户的日期和服务										
12. 根据预测信息，判定物料是否充足										

任务清单分析有两大优点:第一,这是在特定情境下系统分析任务的方法;第二,使用量身打造的问卷,而不是之前准备好的备用问卷。管理者可以运用这项技术编制工作描述和绩效评估表格,或者开发适当的甄选测试。

2. 关键事件技术

关键事件技术(CIT)是用来建立工作行为描述的。[59]在关键事件技术中,主管和员工生成不同绩效水平的行为事件。这种技术包括四个步骤:(1)确定维度;(2)生成事件;(3)重新诠释;(4)分配效能价值。在确定维度这个步骤,主管和员工识别工作的主要维度。"维度"单纯指绩效的维度。例如,与客户打交道、订货和平衡现金账目是零售工作的重要维度。主管和员工一旦就工作的主要维度达成共识,就可以生成行为的"关键事件",即代表每个维度高、中、低绩效水平的事件。例如,在"与客户打交道"这个维度上,高绩效的关键事件可以是:

> 当一名客户向售货员抱怨"找不到特定的商品"而货架那边并没有人时,这名售货员就应该与客户一起到货架那边找到那件商品。

而同样维度上低绩效的关键事件例子可以是:

> 当一位客户递给售货员大量的优惠券进行付款时,这名售货员大声抱怨"最讨厌处理优惠券了"。

最后两个步骤是重新诠释和分配效能价值,包括确保通过前两个步骤所获得的关键事件同样适用于其他员工。

关键事件技术提供详细的工作行为描述,通常作为绩效评估系统和培训计划的基础,还可以使用这种方法开发基于行为的面试问题。第 7 章的附录详细讨论关键事件技术。

3. 职位分析问卷

职位分析问卷(PAQ)是一种工作分析问卷,包括 194 个不同的题项。职位分析问卷使用五点量表判断在执行某项特定工作时,各个不同的题项或工作要素所涉及的程度。[60]194 个项目分为六大部分:

(1) **信息输入**(information input)。员工从何处及如何取得执行工作所需的信息。
(2) **思考过程**(mental process)。实施工作所涉及的推理、决策、规划和信息处理活动。
(3) **工作产出**(work output)。员工在实施工作所需的体能活动、工具和设备。
(4) **人际关系**(relationships with other persons)。实施工作时需要处理的与其他人员之间的关系。
(5) **工作情境**(job context)。进行工作的物理环境和社会环境。
(6) **其他特征**(other characteristics)。其他与工作相关的活动、条件和特征。

在完成职位分析问卷之后,使用计算机进行分析,为该项工作计算出一个得分,并对工作特征进行整体描述。

管理者笔记：客户导向的人力资源

工作分析的指导原则

管理者进行工作分析通常采取以下五个步骤：

(1) 确定工作分析的用途。例如，如果工作分析是作为绩效评估的基础，那么收集的资料应该针对不同的工作绩效水平；如果工作分析是作为判断培训需求的基础，那么收集的资料应该针对有效工作绩效所需的知识、技能和能力。

(2) 选择要分析的工作。在选择适合进行分析的工作时，应该考虑的要素包括工作内容的稳定或时效性（变化迅速的工作要求更频繁地进行工作分析）。初级水平工作（要求使用甄选工具决定雇用谁和淘汰谁）也要定期进行分析。

(3) 收集工作信息。在预算约束内运用最适合的工作分析技术收集所需的信息。

(4) 检验工作信息的正确性。由现任员工及其直属上司重新检查工作信息，以确保其能代表实际工作。

(5) 撰写工作说明书以记录工作分析。在工作说明书中记录工作分析信息，总结工作的主要职责和责任以及所需的知识、技能和能力。工作说明书使管理者能够基于各种维度比较不同的工作，也是许多人力资源方案中很重要的部分。

资料来源：Gatewood, R. D., Field, H. S., and Barrick, M. R. (2011). *Human resource selection* (7th ed.). Mason, OH: South-Western; How to write a job analysis and description. (2011). www.entrepreneur.com; Cascio, W. F. and Aguinis, H. (2011). *Applied psychology in human resource management* (7th ed.). Upper Saddle River, NJ: Prentice Hall.

4. 功能性工作分析

功能性工作分析是一种应用于在公共部门的工作分析工具，可以通过面谈或问卷的形式进行。[61] 运用功能性工作分析技术可收集工作层面的相关信息[62]：

- 现任员工如何处理人员、数据和事务；
- 现任员工进行工作使用的方法和技术；
- 现任员工使用的机器、工具和设备；
- 现任员工生产的物料、提出的方案或提供的服务。

功能性工作分析结果被美国劳工部收录在职业信息网络（O*NET）——一个包含几百种职业详细资料的免费在线数据库。[63]

工作分析和法律环境

公司甄选或评估员工绩效的方式如果遭到指控，工作分析就可能成为打赢或输掉官司的依据，所以公司将所做的工作分析详细地记录下来是很重要的。

工作分析涉及两个重要的问题。第一个问题是，哪种工作分析方法最好？工作分析技术虽然有很多种，但不能说哪一种最好。例如，任务清单分析和原则导向性工作分析，采用这些方法是为了符合法律要求,但从法律的角度来讲,无法明确哪种方法是更好的。平等就业机会委员会(Equal Employment Opportunity Commission,EEOC)公布的《1978年标准指南》(Uniform Guidelines)要求进行工作分析,但是并未说明哪种技术更好。

一般来说,收集的信息越具体、越容易观察,这种方法就越好。所以,诸如任务清单分析或关键事件技术这类能够提供明确任务或行为说明的工作分析方法,可能会比较受欢迎。关键事件技术因为需要上级主管和员工投入相当多的时间,所以成本较高。

由于没有一种最好的分析方式,在选择工作分析技术时,应该在经济条件许可的范围内,根据分析目的做选择。例如,如果分析的主要目的是对工作进行再设计,那么集中于分析任务就比较合适;但如果主要目的是制订培训方案,那么选择对行为进行分析的技术就是最好的。

工作分析和组织弹性

有关工作分析的第二个问题是,当今企业必须保持弹性和创新才能具有竞争力,那么详细的工作分析信息应该如何适应这样的企业呢?

无论采用哪种技术,工作分析都是针对当前工作的静态观点,而这种静态观点对强调弹性和创新的企业而言是不适合的。[64]例如,美国航空公司(US Airways)尝试让员工负责不同的任务,通过这种方式降低劳动力成本。同一个人在一个星期之内可能要担任空服员、票务员、行李搬运工等不同的职务。随着信息与通信科技的日新月异,几乎所有的工作会受到影响,即便是最全面、最深入的工作分析,也很可能在极短的时间内失效。

在快速变革和强调创新的组织环境中,最好将工作分析集中于员工特征而非工作特征上。工作内容或许会有所改变,但是诸如创新、团队导向、人际关系技能和沟通技能之类的员工特征,却可能仍是公司成功的关键。不幸的是,大多数工作分析技术并不是以员工特征为核心的,除非这些特征与当前的工作直接关联。现在,越来越多的公司开始认识到员工与公司的匹配程度是甄选人才的重要因素之一。[65]因此,未来的工作分析可能会变得更加强调员工的重要性。[66]丰田公司(美国)和AFG工业公司等,已经将工作分析范围扩大至潜在员工和公司之间的匹配度。

2.4.3 工作说明书

工作说明书(job description)是总结工作分析过程中收集的信息,识别、界定和描述工作职责、责任、工作条件及任职资格的书面文件。工作说明书分为具体工作说明和通用工作说明。

具体工作说明书是对工作的任务、职责和责任进行详细的总结。具体的工作说明书与强调效率、控制和详细工作规划的工作流程战略相联系。最适用于具备明确的边界、能将不同的职能和不同层级的管理区分开的官僚制组织结构。图表2.6的范例是"服务与安全主管"岗位的具体工作说明。请注意,这份工作说明书详细规定了安全岗位员工主管的特定工作内容,其中提到的关于安全规则的岗位知识和红十字急救程序并不适用于其他岗位主管(如地方超市的主管)。

图表 2.6　具体工作说明书范例

岗位名称:服务与安全主管
分厂:塑料分厂
部门:制造部门

工作信息提供者:约翰·杜尔	薪资分类:可豁免
工作分析人员:约翰·史密斯	核实者:比尔·琼森
工作分析日期:2014-12-26	核实日期:2015-01-15

工作概要
服务与安全主管在浸渍与层压经理的指示下开展工作,安排员工的工作时间表,监督园林工人、清洁工、废物处理人员、工厂安全人员的工作,协调工厂安全计划,保持人员、设备和废料的每日记录。

工作职责和责任
1. 安排员工的工作时间表:为所有制造部门提供人力支持,安排工作安排时间表并根据例行和特殊需要安排个别员工到其他部门,以维持工厂适当的劳动力水平;每周通知行业关系部门有关雇员的假期和裁员情况、契约纠纷及其他就业事项的进展。
2. 监督园林工人、清洁工、废物处理人员、工厂安全人员的工作;根据需要每周确定场区、清洁和安全活动;每日为员工分配任务和责任;监督所安排任务的进展状况;处罚员工。
3. 协调工厂安全计划:为安全人员、主管及短期聘用人员讲解基本的急救程序,以便适应紧急状况;培训员工灭火和处理危险物料的程序;确保工厂遵守美国职业安全与健康管理局的最新或修订规定;在公司的安全计划和会议中代表本部门。
4. 保持人员、设备和废料的每日记录:向成本会计部门报告废物和废料的数量;若有需要,则更新人员记录;检查拖车的维修清单。
5. 完成上级指派的其他杂事。

工作要求
1. 运用基本的监督原则和技术的能力:
   a. 了解并掌握监督的原则和技术;
   b. 规划和组织他人活动的能力;
   c. 让他人接受自己意见和引导群体或个人完成任务的能力;
   d. 调整领导风格和管理方法以达成目标的能力。
2. 以书面和口头沟通方式清楚地表达想法的能力。
3. 了解目前红十字会急救程序。
4. 了解美国职业安全与健康管理局规定对工厂运作的影响。
5. 了解劳动力工作状况、公司政策和劳动合同的知识。

基本任职资格
12年的普通教育或同等学力、1年的主管经验及急救指导员资格。

或者
为了积累主管经验接受过45小时监督方面的课堂培训。

资料来源:Jones, M. A. (1984, May). Job descriptions made easy. *Personnel Journal*. Copyright May 1984. Reprinted with the permission of *Personnel Journal*. ACC Communications, Inc., Costa Mesa, California; All rights reserved.

通用工作说明书的历史还很短,它与强调创新、弹性和松散工作规划的工作流程战略相联系,最适用于扁平化或无边界的组织结构——各职能部门和管理层级之间几乎没有界限。[67]

通用工作说明书只记载岗位要求的最普遍性的职责、责任和技能。[68]图表 2.7 列举了"主管"岗位的通用工作说明书。需要注意的是,图表 2.7 所描述的工作职责和责任适用于所有主管岗位——会计主管、工程师主管甚至图表 2.6 提出的服务与安全主管。

图表 2.7　通用工作说明书范例

岗位名称:主管
分厂:塑料分厂
部门:制造部门
工作信息提供者:约翰·杜尔和 S. 李　　　　　薪酬分类:可豁免
工作分析人员:约翰·史密斯　　　　　　　　核实者:比尔·琼森
工作分析日期:2012-12-26　　　　　　　　核实日期:2015-01-15

工作概要
直线主管在经理的指示下开展工作:制定目标;监督员工工作;根据意见反馈和指导发展员工;保持正确的记录;协调与他人的关系,以最有效地利用公司资源。

工作职责和责任
1. 制定目标和分配达成目标的资源:监督达成目标的进度,若有必要,则及时调整计划;根据优先次序,分配和安排资源以满足生产需要。
2. 监督员工的工作:在分配任务时,对员工提供明确的指示和说明;在员工之间合理安排和分配工作以达到最高效率;监督员工的绩效以达成分配的目标。
3. 开发直接的绩效反馈和工作辅导发展员工;定期对每位员工进行绩效评估;当员工表现优异时,给予称赞和肯定;当员工绩效无法达到期望水平时,立即予以更正。
4. 保持正确的记录并存档:实时处理纸质工作并注意细节;记录决策和行动的重要层面。
5. 协调与他人的关系以最有效地利用公司资源:与公司其他部门的同事保持良好的工作关系;在分厂或公司会议中代表单位其他人。

工作要求
1. 运用基本的监督原则和技术的能力:
   a. 了解并掌握监督的原则和技术;
   b. 规划和组织他人活动的能力;
   c. 让他人接受自己意见和引导群体或个人完成任务的能力;
   d. 调整领导风格和管理方法以达成目标的能力。
2. 以书面和口头沟通方式清楚地表达想法的能力。

基本任职资格
12 年的普通教育或同等学力、1 年的主管经验。

或者
为了积累主管经验接受过 45 小时监督方面的课堂培训。

资料来源:Jones, M. A. (1984, May). Job descriptions made easy. *Personnel Journal*. Reprinted by permission of the author.

客户导向的管理战略或企业流程再造可能是推动通用工作说明书出现的力量。[69]例如,亚利桑那公共服务公司(Arizona Public Service, APS)发现,其拥有 3 600 名员工却有 1 000 份具体工作说明书。[70]大量的具体工作说明书在各个部门间形成壁垒,阻碍变革的进行,而且使得公司无法提供高质量的客户服务。后来,公司开始推行通用性工作说明,将工作说明书的数量减少到 450 个。

使用通用工作说明书的另一个典型案例是日本汽车制造商尼桑公司。对于所有按时薪计的生产员工,尼桑公司只有一份通用工作说明书。[71]相比之下,通用汽车公司的一些部门针对按时薪计的生产员工开发大量不同的具体工作说明书,部分原因是美国汽车工人联合会(UAW)为了捍卫成员在特定岗位上工作的权利。

工作说明书的要素

工作说明书有四个组成要素:基本信息、工作概要、工作职责和责任、工作规范和基本任职资格。[72]图表 2.6 和图表 2.7 的举例描述了工作说明书的这几部分内容。

为了遵守美国联邦政府的法律,工作说明书只能记载工作的重要层面;否则,符合条件的女性、少数族裔及残障人士可能因无法达到特定的工作要求而无意间遭到歧视。例如,如果工作可以调整使没有驾照的残障人士也能完成,那么工作说明书就不能要求必须具备有效驾照。

基本信息

工作说明书的第一部分就是关于岗位名称、所属部门和工作分析信息来源、工作说明书撰写人、进行工作分析和核实工作说明书的日期,以及工作是否受《公平劳动标准法案》(Fair Labor Standards Act,FLSA)加班条款的约束。为了在基本信息部分确保公平的就业机会,人力资源人员应该:

- 确保岗位名称不涉及性别。例如,使用"业务代表"(sales representative)而非"业务员"(salesman)。
- 工作说明书应该定期更新。工作说明书若超过两年,不仅可信度低,还可能提供错误的信息。
- 避免为了让岗位更加吸引眼球而起一个很夸张的职位名称。例如,对并没有管理销售人员职责的岗位应使用"销售代表"而非"销售主管"。[73]
- 确保现任员工的直属上司(熟悉这份工作的经理也可以对工作说明书进行核实)对工作说明书进行核实,这样工作说明书才能真正代表实际的工作职责和责任。

工作概要

工作概要是一份简短的说明,总结工作的职责、责任及其在公司组织结构中的地位。

工作职责和责任

工作职责和责任包括在这个岗位上工作必须完成哪些事情、如何完成,以及为什么要完成这些事情。[74]

每份工作说明书通常会列举 3—5 项最重要的责任。每项责任说明以动词开头。例如,图表 2.7 中对主管的工作说明列举了五项责任,都是从动词"制定、监督、开发、保持和协调"开始的。每项责任与一项或多项工作职责相关,工作职责也是以动词开头的。例如,图表 2.7 中与"制定目标"有关的工作职责有:(1)监督达成目标的进度;(2)分配和安排资源。工作职责和责任的说明可能是工作说明书中最重要的部分,因为它会影响工作说明书其他所有的部分。因此,工作职责和责任部分的说明必须深入且正确。

工作规范和基本任职资格

工作规范（job specifications）列举员工成功完成工作所需的特征知识、技能和能力。这些知识、技能和能力代表执行这份工作的员工能够做的事情。

在记录知识、技能和能力时，只能列举与有效完成工作有关的部分，这一点非常重要。例如，当前在任的计算机程序设计师精通的程序语言中有些可能对工作表现并不是必需的，这些内容就不应该包括在工作说明书中。

基本任职资格（minimum qualifications）说明求职者必须具备的基本条件。在招募和甄选过程中，公司可以使用这些标准筛选求职者。公司在列明基本任职资格时应该注意以下几点：

- 除非大学学历与成功完成工作有关，否则大学学历不应作为基本任职资格。例如，在大型会计师事务所任职会计，学士学位是基本任职资格；而对于在快餐店担任值班经理来说，学士学位则未必是必需的。
- 关于工作经验的说明应该非常具体，以免对任何少数族裔或残障人士造成歧视。例如，图表 2.7 的工作说明书指出，"可以用 45 小时的课堂监督培训经历取代 1 年的主管经验"，这项条款让过去没有机会从事这份工作的人也能够申请，公司则能从更为多元的求职者中甄选适合的人才。

岗位还是工作？

在本章，我们发现在有些情形下，关注员工需要完成的工作内容而非岗位是更准确的，因为有些岗位的工作责任和职责在快速变化，缺乏清晰的定义界限。[75]

为了应对这种动态变化的环境，一些公司让团队承担更广范围的工作。这样，团队可以根据每天需要确定的工作内容，并安排团队成员完成各种不同的工作任务。其他公司则使用通用工作说明书。例如，一些服务于法国巴黎周边危险地区的公交车司机发现，他们的工作内容包括管理有敌意的客户或者阻止乘客打架。然而，这些冲突管理技能并不包含在公交车司机的职位说明书中。为了向乘客提供一个安全的乘车环境，公交车司机应该宽泛地看待其工作角色。因此，尽管在某些情形下以雇员为雇主从事工作而非岗位来形容会更准确，但我们期望在可预见的未来，分配员工去工作的需求仍然是工作环境的一个重要特征。这就意味着，将员工的工作职责和责任包含在工作说明书中对于管理者和员工都是非常有用及有益的。

2.5 弹性员工队伍

我们已讨论公司如何构建组织结构和进行工作设计以实现最大程度的灵活。在本节，我们考察确保弹性的另外两大策略：一是临时员工的使用，二是弹性的工作时间安排。

2.5.1 临时员工

员工可以分为两种：一种是**核心员工**（core workers），另一种则是**临时员工**（contingent

workers)。公司的核心员工是指全职员工,享有许多临时员工没有的权利。许多核心员工有望与公司维持长期的关系,包括在公司内的职业生涯发展、完整的福利和工作保障。相对而言,临时员工的工作则视公司的需求而定。公司雇用临时员工是为了处理短期内突然增加的工作量,或者处理不属于公司核心能力的业务。当经济环境不景气时,临时员工是被首先裁员的对象,所以他们是保护核心员工的缓冲地带。例如,有些大型日本公司在商业环境改变时,会快速裁减大批的临时员工,使核心员工的工作得到保障。

临时员工包括短期员工(temporary employees)、兼职员工(part-time employees)、外包承包商(outsourced subcontractors)、合同工(contract workers)和大学实习生(college interns)。美国劳工统计局估计,2010 年全美临时员工占全体员工的 26%,其中包括约 2 700 万兼职员工、1 000 万合同工和 120 万短期员工。临时员工的工作相当广泛,从秘书、保安、销售员和生产线工人到医生、大学教授、工程师、经理甚至首席执行官。

短期员工

短期职业介绍机构为企业提供短期员工,从事短期的工作派遣。短期员工为短期职业介绍机构工作,在当前安排的工作结束后,就会被再度安排为其他企业工作。万宝盛华,美国最大的短期职业介绍机构,在 2011 年安置了 350 万人就业。[76]

短期员工对于企业而言有以下两大好处:

- 短期员工的薪资一般低于核心员工。短期员工不太可能获得公司的养老保险、退休或年假等福利,大多数短期员工也无法从短期职业介绍机构得到这些福利。他们必须持续为这些中介机构工作一定期限(几个月甚至更长)以上才有可能得到这些福利。例如,20 世纪 90 年代"裁员潮"中,用于雇用短期专业人员和管理人员的薪水支出翻了三倍多。[77]然而,许多在短期岗位上工作的管理人员的收入达不到他们作为核心员工的一半。[78]

- 许多雇主会从表现最好的短期员工中挑选全职员工,这种可能性对短期员工而言是最大的激励。由于雇主可以在现实的工作环境里筛选短期员工,识别具有长期发展潜力的人才,而且潜力不足的短期员工很容易被打发,这使公司雇到不适合人选的风险大为降低。

雇主应该了解长期使用短期员工的法律限制。几千名通过一家短期职业介绍机构(Perma-temps)进入微软公司从事长期工作的短期员工提起一项集体诉讼,声称微软公司将他们当长期员工使用但支付短期员工的薪酬和福利。根据美国联邦上诉法院的判决,在微软公司服务超过一定期限的员工(即便是由短期职业介绍机构安排的人员),也有权要求与长期员工一样的福利。[79]

世界各国对短期员工的使用越来越多。在法国,每 5 名员工当中就有 1 名是短期员工或兼职合同工;在英国,劳动力人口中超过 25% 是兼职人员;在西班牙,每年产生的新工作中几乎 33% 是为短期员工准备的。在经济衰退的 2010 年,美国 26% 私营部门的岗位是短期岗位。[80]

兼职员工

兼职员工的工作时间少于全职的核心员工,获得的福利也比全职员工少了很多,可以帮雇主省下大量的成本。根据美国劳工统计局的解释,兼职员工是指出于经济、义务或者非义务原因而工作且周工作时间少于35小时的个人。[81]传统上,兼职员工大多从事服务业,忙时和闲时的差异相当大。例如,餐厅和商场雇用了许多兼职员工,在忙时(通常是傍晚和周末)为客户提供服务。

公司还发现了许多使用兼职员工的新方法。美国联邦快递公司就为在每个分站负责分发货物的办事员和主管设计了每周25工时的兼职工作。有些公司将全职的核心岗位改为兼职的岗位,对员工队伍进行缩编以节约薪资成本。

兼职职业中的一种特殊形式叫作工作分享(job sharing),就是把一份全职工作分割为两份或两份以上的兼职工作。杜邦公司在缩减人员时,曾在管理、研究和秘书领域运用工作分享形式避免裁员。[82]决定接受工作分享安排的员工必须像团队一样工作,并且在团队成员之间交流日常工作细节,以便服务质量或者工作质量不会因兼职员工到来或离开造成的工作交接而受到影响。[83]

越来越多的公司开始使用兼职工作,以改变高技能职业女性的"人才流失"现象。这些职业女性必须在家庭上花费更多的时间以保持工作—生活的平衡。一家大型的保健品公司——强生公司允许有丰富工作经验的职业女性减少工作时间,这样公司就不会失去这些人才。制药业巨头——辉瑞公司向医药销售代表提供兼职岗位,这些员工接受过关于产品的深入培训并且与医生(医药公司客户)有着非常好的交情。销售代表选择兼职工作,工作时间为全职工作的60%,并且能够将工作时间与孩子的上学时间结合起来安排。在辉瑞公司选择兼职工作的员工中,93%是上班族妈妈。这些员工仍有资格获得晋升,如果他们愿意,还可以回归全职工作。[84]

外包/承包

正如第1章所描述的,外包(有时又称为承包)是雇主将例行或无关紧要的工作委托给另外一家专业化且能够高效率地完成业务的企业。雇主外包比较不重要的工作,一方面可以改善质量,另一方面可以节省成本。虽然雇主可以随时根据情况更新或终止外包合作关系,但是外包仍有可能让企业和承包商维持长期的关系。[85]

由于越来越多的企业采取"虚拟企业"的组织形式,外包将是未来的发展趋势。[86]虚拟企业只有少数核心全职员工,并不断更换临时员工。

随着这波外包浪潮,许多组织将人力资源活动外包。例如,薪资、福利、培训和招募等活动往往外包给外部的服务提供商。[87]这些活动以往是由公司内部来处理的。事实上,人力资源外包已成长为1030亿美元的产业,在过去5年里,产业年总收益增长了70%。[88]不过,把薪资之类的例行人力资源活动外包固然有助于提升效率,但培训或绩效评估之类的关键人力资源活动也外包,则可能导致公司丧失对重要系统的控制或者失去从最佳人力资源实践中学习的机会,从而无法获得改进人力资源活动的根本机会。基于外包形式为小企业提供各种各样人力资源服务的企业被称为职业雇主组织(Professional Employer Organization,PEO)。PEO向小企业提供一系列人力资源管理服务(如培训、福利管理及人员配置),使得小企业的管理者能够集中于实现公司战略业务目标。

对于决定外包业务的公司而言,与服务提供商建立正确的关系是非常重要的。虽然有些公司将这些服务提供商视为战略合作伙伴,但有些公司则认为,公司和承包商的利益终究是不一样的。例如,环球工程公司(UOP),一家总部位于伊利诺伊州、通过发展科技建设炼油厂的工程公司,起诉安达信咨询公司(Andersen Consulting)。这家信息科技公司(UOP)聘请安达信咨询公司以简化并改善工作流程。因为安达信咨询公司违反合同,环球工程公司提出1亿美元的赔偿要求。[89]这里的教训在于,刚开始的时候就要与供应商进行清晰和详尽的沟通。[90]

贝纳通(Benetton)就是一家通过外包来获取竞争优势的公司。这家意大利跨国公司生产的服饰畅销全球110个国家,将自己当作"服饰服务"公司,而不是零售商或制造商。[91]贝纳通公司将大量的成衣制造外包给当地供货商,但向承包商提供相关的成衣制作技术。贝纳通公司认为这是保持质量和成本效率的关键因素。[92]

管理者笔记"外包人力资源活动的优点和缺点"提供了在外包之前应考虑的一些因素。

 管理者笔记:新趋势

外包人力资源活动的优点和缺点

将人力资源活动外包给专业提供这方面服务的企业有优点也有缺点。在决策时,企业应该考虑以下重要因素:

外包的优点

- 对于一项活动或任务,承包商可以提供更高质量的人员以及最新的做法和信息。由于人力资源活动是这些公司的核心业务,它们可以做得更好。例如,专门训练员工如何使用文字处理软件的公司,当软件出现更新版、提供最新的功能和应用时,这家公司也能训练员工使用最新版本。
- 由于承包商可以做得更有效率,而巨大的客户网络能使其获得规模经济,因此将某些任务外包的做法有助于公司降低管理费用。
- 外包特定的活动和与公司文化不匹配的员工有助于保持强大的公司文化或员工士气。例如,律师事务所的公司文化是由受训成为律师的人所共享的,因此可以把福利管理活动外包。

外包的缺点

- 将一项人力资源活动外包给承包商,可能导致公司丧失对重要活动的控制,并付出高昂的代价。例如,将员工招募活动外包,如果该承包商还有其他更重要的客户就可能使这家公司错过某些具有时效性的项目。
- 将人力资源活动外包,可能使公司没有机会获得对公司其他流程和活动有益的知识与信息。例如,将管理者培训和开发工作外包给提供标准化培训服务的公司,可能导致客户公司没有机会了解如何结合自身文化塑造领导力的独特方式。

资料来源:Korkki, P. (2012, December 2). When the HR office leaves the building. *New York Times*, Sunday Business section, 8; Miller. S. (2007, December). Relationship advice for HR outsourcing buyers.

HR Magazine, 55—56; Smith. S. (2005, May 9). Look before you leap into HR outsourcing. *Canadian HR Reporter*, 13; Kaplan, J. (2002, January 14). The realities of outsourcing. *Network World*, 33; Baron, J. and Kreps, D. (1999). *Strategic human resources: Frameworks for general managers.* New York: John Wiley & Sons.

海外外包 海外外包是指与国际外包提供商合作以获得市场竞争优势。21世纪前十年，中国和印度两国惊人的经济发展速度为北美、欧洲和亚洲等国的公司提供了巨大的盈利空间。这些公司向中国和印度的公司外包某些业务,以获取两国的专业化技能和低廉的劳动力成本。[93] 海外外包能够节省的劳动力成本是非常惊人的。举个例子来说，一个有着3—5年工作经验的信息技术专业人员在印度的年薪只要26 000美元，而在美国需要支付的年薪是75 000美元;一名呼叫中心的员工在印度的年薪是2 000美元，而在英国是20 000美元。[94] 海外外包有时候也称离岸外包(offshoring)，是指使用国际外包提供商在市场上获得竞争优势。[95]

印度的海外外包提供商在提供服务方面非常有竞争力，如呼叫中心、信息技术咨询、软件开发等。例如,印度的呼叫中心提供商主要是处理客服电话、保险索赔、贷款、旅游预订和信用卡账单等。[96]

近年来，中国在制造业领域的专业技能得到了飞速的提升。中国的外包服务提供商生产的产品范围非常广泛，从电子消费品(如电视和DVD)、计算机机芯、消费品(如微波炉、洗碗机、儿童玩具)到汽车和卡车。现在，全球最大的零售卖场(沃尔玛)库存货品中的一大部分来自与沃尔玛有伙伴关系的中国供应商。关于海外外包的更多内容,我们在第17章继续讨论。

管理者笔记"'回岸'潮下的国外制造商正在回归美国"表明，一些企业也许忽视了将工厂外包到海外所带来的缺陷。

  管理者笔记:全球化

"回岸"潮下的国外制造商正在回归美国

事情发生了令人惊讶的转变，一些原来将制造工作外包到中国及其他工资低廉国家的美国生产企业,已经开始将工厂制造部分转移回美国，这种趋势被称为"回岸"。例如,苹果公司近期宣布将在新近建造的美国工厂生产部分苹果电脑。通用电气公司在肯塔基州的路易斯维尔开设了一家工厂，生产先前在中国生产的热水器和在墨西哥生产的冰箱。为什么这些工厂要返回美国呢？以下是几点原因：

- 在最近的十多年里，中国和印度的工资水平以每年10%—20%的速度增长;然而在同一时期，美国和欧洲的工资水平保持平稳。所以，离岸生产的工资优势已经降低了。
- 一些诸如苹果、通用电气等美国公司已经意识到将制造业务放到海外做得有点过头了,并且决定要纠正这种行为，以便在供应链体系上取得更好的平衡。
- 离岸外包公司，发现将产品从离岸生产厂家运往市场的周期较长，加上生产环节与设计和工程团队分离而产生的质量控制问题，这些环节都可能产生一些不可预料的成本。例如，波音787梦幻客机曾经发生很多的电气系统缺陷，包括2013年因电池故障而引起的停飞事件。波音公司的工程师将原因归咎于787梦幻客机的外包供应链,指出问题的根源在于不受波音公司控制的分包商所生产的质量低劣的零件。

资料来源:*The Economist*(2013,January 19).Special report:Outsourcing and offshoring,3—5;Smith, A.(2013,March). Foreign factories come back home. *Kiplinger's Personal Finance*,11;Gates, D.(2013,Februrary 2). Boeing 787's problems blamed on outsourcing, lack of oversight. *Seattle Times*. www.seattletimes.com;Denning, S. (2013,January 17). The Boeing debacle:Seven lessons every CEO must learn. Forbes. www.forbes.com.

合同工

合同工是指与雇主在一个特定时期或为特定工作直接建立关系的员工,而不是通过外包形式与承包商建立关系。[97]合同工可以是自我雇佣的人才,使用自己的设备工作并决定被雇用时间。有时候,合同工也称顾问(consultants)或自由工作者(freelancers)。

许多具备专门技能的专业人士成为合同工。[98]例如,医院使用合同工担任急诊室医生;大学聘请合同工讲授一些基础课程。小企业同样愿意使用合同工。Ippolita 公司是纽约的一家珠宝制造商,拥有 30 名全职员工。在这些员工忙不过来的时候,公司就会聘用一部分自由工作者——时尚专家、微缩模型雕刻家、设计人员和营销人员。最大的挑战在于管理自由职业者和全职员工的关系。管理层发现为全职员工与合同工提供详细的工作说明书是很有帮助的,这样每个人都会知道自己具体的工作任务。[99]

合同工往往比内部员工更有生产率且更有效率,因为自由工作者的时间通常不会为公司的官僚体制和会议所耽误,还可以提供全新的外部人观点。不过,对于自由工作者而言,你可能只是他们众多客户中的一个,每个客户都有紧急的项目和截止时间,激励他们不见得是件容易的事情。

大学实习生

临时性工作领域里的最新发展之一就是雇用大学实习生。大学实习生是指短期从事全职工作或兼职工作(通常是一个学术休假或暑假),以积累一些工作经验。有些实习生有薪水,有些实习生则没有。雇主通常让实习生为专业人员提供人力支持,有时候,雇主会观察实习生的工作,考虑在毕业后是否聘用他们担任核心员工。使用大学实习生的大型公司包括 IBM 和通用电气(提供电子工程实习生岗位)、"四大"会计师事务所(使用实习生为客户进行审计工作)和宝洁(使用实习生进行销售和营销)。

许多小企业也广泛使用大学实习生,希望能吸引与公司一起成长的人才。例如 Seal Press(一家位于华盛顿州西雅图的小型出版公司),其营销部经理就是从营销实习生开始,一路从营销助理做到部门经理的位置。编辑部门的实习生可以登录计算机阅读稿件、撰写详细的审稿报告,有时还参加员工会议。由于这份工作很有挑战性,因此有大量的申请人。

2.5.2 弹性的工作时间安排

弹性的工作时间安排仅仅改变工作的时间安排,而维持工作设计和劳资关系不变,企业可从中获得更高水平的生产力和工作满意度。[100]员工感觉受到管理层的信任,这种信任能提高劳资关系质量(参考第13章)。[101]而且,弹性的工作时间安排使员工得以避开交通高峰时段,也有助于减小工作压力。

弹性的工作时间安排中最常见的三种分别为弹性工时、压缩工作周和远程办公。

弹性工作时间

弹性工作时间(flexible work hours)使员工可以控制每天上下班的时间。员工每周必须工作满40个小时,但是可以自行安排从事工作的时间。弹性工作时间将工作时间区分为核心时间(core time)(全体员工上班的时间)和弹性时间(flexible time 或 flextime)(员工可以配合个人活动安排日常工作)。

惠普公司的政策是让员工在早上6:30到8:30之间开始上班,并在工作8个小时后下班。惠普公司的核心工作时间是早上8:30到下午2:30[102],会议和团队活动安排在这段核心时间。

压缩工作周

压缩工作周(compressed workweeks)是指将每天的工作时数增至10个小时以上,进而压缩每周的工作天数。压缩工作周的一种类型是每周工作4天、每天工作10个小时;另外一种类型则是连续4天每天工作12个小时,然后休息4天。这种安排使员工每16天就可以连续两次休息4天。[103]

压缩工作周的做法对于提供全天24小时服务的机构(如医院和警局)而言,这种时间安排不会中断服务。另外,对于工作地点偏远、需要长途跋涉上班的公司(如离岸钻井平台)而言,这种时间安排能降低缺勤率。

压缩工作周的主要优点是,员工可以有3—4天的周末与家人相处或从事个人活动。然而,工作日较长的工作时间可能会使员工觉得工作压力大并感到倦怠。[104]

图表2.8显示在不同国家或地区全职工作的周工作长度,工作时数从法国的35小时到中国香港的48小时不等。

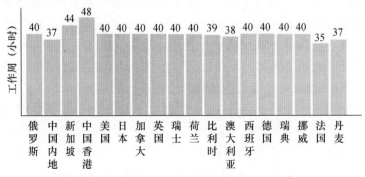

图表2.8　部分国家或地区的周工作时间

资料来源:Briscoe, D., and Schuler, R. 2004. *International human resource management* (2nd ed.). New York: Routledge Press; Counting the hours. *OECD Observer* (2010) www.oecdobserver.org; Workweek and weekend. *Wikipedia* (2010) www.wikipedia.org.

远程办公

个人电脑、智能手机、传真机、电子邮件和互联网使美国上百万人可以在家上班或**远程办公**(telecommute)。[105]远程办公使员工能够在全职工作之外过自己想要的生活。[106]

远程办公让企业可以雇到平常无法出外就业的人才,还可以节省办公室空间的成本。然而,对于管理者而言,远程办公还是有些挑战的,我们在第13章详细讨论。

2.5.3 移动办公场所

在许多公共场所,笔记本电脑、手机和可多地链接的 WiFi 营造了一种新的办公环境,使得员工可以在不同的地点工作,员工不必再因工作而被束缚在办公室。科技的发展使得员工可以在不同的空间、地点办公,包括团队空间、远程工作中心、居家或者附近的咖啡馆。[107]

推崇移动办公场所理念的公司包括服装零售商 GAP Outlet、百胜餐饮集团和零售商百思买。位于明尼阿波利斯的百思买公司总部的人力资源员工在 2005 年实施了一项名为"结果导向的工作环境"(results-only work environment,ROWE)制度。ROWE 制度依据产出而不是在办公室工作了多少个小时评价员工。ROWE 制度让员工能够在自己选择的工作场所工作。有个员工可以在一周内的几天待在森林度假屋里;有个经理甚至可以在下午 2:30 离开办公室去学校接年幼的儿子放学。员工认为 ROWE 制度能够帮助改善工作—生活平衡。百思买公司的报告显示,在实行 ROWE 制度的部门,员工生产率 2005—2007 年平均增长了 41%,一年下来为公司节省了 1 600 万美元。[108]然而,在 2013 年,百思买公司的新任 CEO 决定终止 ROWE 制度,因为公司要努力实现财务目标就必须加强对员工的控制。尽管百思买公司放弃了 ROWE 制度,还是有超过 40 家企业实施了这项制度。[109]**工作—生活平衡**(work-life balance)描述员工在个人工作与私人生活之间的平衡。灵活的工作场所使员工能够更好地平衡工作和家庭生活,能够更多地与家人待在一起,并且减轻因工作而产生的压力。[110]

管理者笔记"运用'结果导向的工作环境'制度促进工作—生活平衡"提供了一些建议,帮助企业更好地实施相关制度以提供更好的工作—家庭平衡。

管理者笔记:新趋势

运用"结果导向的工作环境"制度促进工作—生活平衡

下面是一些关于运用"结果导向的工作环境"(ROWE)制度促进工作—生活平衡需要注意的事项。只要员工能够完成任务,就能够在任何时间做他们想做的事情。

- **设置可衡量的目标**。为每位员工设立明确的、书面的期望,并跟踪周进度。不过,要让员工决定如何及何时将工作做好,这一点是非常重要的。
- **根除工作环境中的不良传言**。对于员工办公室工作时间的刻薄言论会削弱结果导向制度的效应,管理者应该在这些言论刚出来的时候就对消极言论制造者采取措施。

- **做示范**。为了更好地保证ROWE制度的实施,管理者可以先给自己放一下午假。尽管一名管理者有充分的理由在办公室待很长的时间,但为了向大家示范如何确保工作—生活平衡,这么做是个好办法。这样的话,员工就知道,完全可以离开办公室。

资料来源:Wescott, S. (2008, August). Beyond flextime: Trashing the workweek, *Inc.*, 1; Cullen, L. (2008, May 30). Finding freedom at work. *Time Online*. http://content.time.com/time/business/article/0,8599,1810690,00.html.

毕马威会计师事务所为员工提供了一系列方法,帮助他们获得更好的工作—生活平衡,包括压缩工作周、弹性工作时间、远程办公、工作分享甚至是减轻工作负荷等。毕马威还有8周的全薪产假制度,即便对那些收养孩子的家庭也是一样。[111]

2.6 人力资源信息系统

人力资源信息系统(human resource information systems,HRIS)是用于收集、记录、储存、分析及提取有关组织人力资源资料的系统。[112]当今大多数的人力资源信息系统已经计算机化,我们简单讨论两个相关的议题:人力资源信息系统的应用和与人力资源信息系统相关的安全和隐私权管理问题。

2.6.1 人力资源信息系统的应用

计算机化的人力资源信息系统包括电脑硬件和软件的应用,软件和硬件的配合使用可以帮助管理者做出人力资源决策。[113]软件可能是定制化的程序或现成的应用程序。

图表2.9列举了当前企业使用的一些人力资源信息系统软件。

图表2.9 可选的人力资源信息系统应用

• 求职者追踪	• 目标设定系统	• 薪资
• 基本员工信息	• 健康与安全	• 养老金与退休
• 福利管理	• 养老保险的使用	• 绩效管理
• 奖金和激励管理	• 雇用程序	• 短期与长期的伤残
• 职业生涯开发/规划	• 人力资源规划和预测	• 技能清单
• 薪资预算	• 工作描述/分析	• 继任规划
• 遵守EEO/AA规则	• 工作评估	• 时间与出勤
• 就业历史	• 发布职位空缺	• 出差成本
• 弹性收益登记系统	• 劳资关系规划	• 离职率分析

资料来源:Dzamba, A. (2001, January). What are your peers doing to boost HRIS performance? *HR Focus*, 5—6; Kavanagh, M., Gueutal, H., and Tannenbaum, S. (1990). *Human resource information systems: Development and application*, 50. Boston: PWS-Kent; Brown, S. (2010). Human resource information systems-HRIS. Ezine articles. www.ezinearticles.com.

- **员工信息程序**。员工信息程序可形成关于员工基本信息的数据库,如姓名、性别、地址、电话、出生日期、种族、婚姻状况、岗位名称和薪酬水平。根据特定的用途,其他应用程序可以获取该数据库的信息。
- **求职者追踪程序**。求职者追踪程序可将招募过程中一些劳动力密集活动自动化。这些活动包括:储存求职者的信息,便于大量的使用者随时获取并对求职者进行评估;安排与不同经理的面试时间;更新求职者的个人当前状况,与求职者联络(例如,录用或拒绝的通知书);遵守政府的相关规定,提供必要的平等就业机会记录。
- **技能清单**。技能清单是追踪雇主人才库中的工作技能供给状况,便于雇主在需要特定的工作技能时进行搜索,从而找到最匹配的技能供给。
- **薪资应用程序**。薪资应用程序计算出员工的总薪资、联邦税税额、州税税额、社会保障、其他应纳税额和净薪酬。这种程序也可以被设定,直接扣除薪资单上的其他费用,如保险费用、延迟纳税退休计划的收益及工会费用等。
- **福利管理程序**。福利管理程序可自动保留福利记录,提供多种福利计划,为福利选择提供建议。福利管理软件也可以提供每位员工的年度福利说明。
- **员工时间管理程序**。记录、追踪员工在工作上付出的时间,同时监督员工的出勤、缺勤和怠工情况。[114]

2.6.2 人力资源信息系统的安全与保密

人力资源部门必须制定政策和指导原则以保护人力资源信息系统的安全性与完整性。未经授权使用人力资源信息系统可能会造成很大的混乱。例如,一家证券公司的高层管理人员进入人力资源信息系统,获取员工的姓名和地址提供给丈夫——一名人寿保险经纪人,利用这些个人信息寄发广告信函。结果这些员工提出好几百万美元赔偿的集体诉讼,控告公司侵犯隐私。[115]再如,一名电脑程序设计师侵入一家公司的人力资源信息系统,获取一些员工(包括高级经理和行政主管)的薪资信息并透露给其他员工。结果,员工发现他们的薪资水平居然存在这么大的差距,愤怒的情绪使状况一发不可收拾。[116]

为了保护人力资源信息系统记录的安全性和隐私权,公司应该做到:

- 控制员工使用计算机及其资料档案,以限制员工进入人力资源信息系统。资料存储的地方应该上锁。此外,可以把资料进行编码。
- 只有使用密码和特殊代码才能进入资料库的不同部分。
- 只有在非知道不可的情形下,才提供获取员工信息库的授权。
- 制定政策和指导原则以管理对员工信息的使用,并对员工说明这些政策的应用。
- 允许员工检查并更正个人资料。

本章小结

工作：组织视角

公司的竞争战略决定工作结构。例如，在防御者战略下，基于劳动力分工，工作可以被有效率地安排给各职能结构，将不同层次的工作安排给不同的职能部门；在前瞻者战略下，分权和低度分工则比较适合。当公司所处的环境稳定时，官僚制组织结构可能是最有效的。但当公司所处环境不确定性高且需要更强的灵活性时，扁平化和无边界的组织结构则可能是更适合的。

工作流程分析是考察工作如何为当前的经营流程创造或增加价值，有助于管理者判断工作是否达到最高效率。工作流程分析对于以客户为中心的方案和企业流程再造也是非常有用的。

工作：团队视角

扁平化和无边界的组织结构可能会强调自我管理型团队的应用。自我管理型团队是由6—10名员工组成的小型工作单位，负责生产整个产品、部件或者提供持续性服务。企业也运用另外几种类型的团队设计。问题解决型团队由各单位或部门的志愿者组成，每周聚会一两个小时，讨论如何改善质量、降低成本以及改善工作环境；特殊目的团队成员则横跨各个职能部门或跨越公司边界，目的在于考察复杂的议题；虚拟团队使分处各地的员工得以通过计算机或其他技术进行沟通、合作从事项目，或解决特殊的问题。

工作：个人视角

激励理论说明不同的工作设计如何影响员工激励。四大重要的工作激励理论为双因素理论、工作调适理论、目标设定理论和工作特征理论。

工作设计和工作分析

工作设计是为完成某项特定工作，把作业组织形成任务的流程。工作设计方法包括工作简化、工作扩大化、工作轮换、工作丰富化和基于团队的工作设计。

工作分析是收集任务、职责和责任等信息并加以组织的系统流程，是许多重要人力资源活动的基石。工作分析的用途包括遵守法律规定、招募、甄选、绩效评估、薪酬、培训和职业生涯发展等方面。由于没有哪种工作分析技术是最好的，因此在选择工作分析方法时，应该以分析目的为指导。

工作说明书是对工作的重要职责、责任、工作条件和任职资格做出的说明。这些信息来自工作分析。工作说明书可以分为具体工作说明书和通用，包含基本信息、工作概要、工作职责和责任、工作要求和基本任职资格四项要素。

弹性员工队伍

弹性的工作设计让管理者得以应对意想不到的环境变化,满足多元化员工队伍的需求。为了保持员工队伍的弹性,雇主可以采用临时员工,如短期员工、兼职员工、外包业务承包商、合同工及大学实习生。他们可以通过弹性的工作时间安排(如弹性工作时间、压缩工作周及远程办公)来调整工作,从而使员工可以获得更大的工作—生活平衡。

人力资源信息系统

人力资源信息系统是用来收集、记录、储存、分析和提取人力资源相关数据的系统。人力资源信息系统的数据与不同的计算机软件相匹配可以产生许多用途,从而支持人力资源的各项活动,包括求职者的追踪、技能清单、薪酬管理和福利管理。人力资源部门必须制定政策保护人力资源信息系统资料的安全以及员工的隐私权。

关键术语

无边界组织结构(boundaryless organizational structure)
官僚制组织结构(bureaucratic organizational structure)
企业流程再造(business process reengineering,BPR)
临时员工(contingent workers)
核心时间(core time)
核心员工(core workers)
扁平化组织结构(flat organizational structure)
弹性工作时间(flexible work hours)
弹性时间(flextime)
人力资源信息系统(human resource information system,HRIS)
工作分析(job analysis)
工作说明书(job description)
工作设计(job design)

工作扩大化(job enlargement)
工作丰富化(job enrichment)
工作轮换(job rotation)
工作分享(job sharing)
工作规范(job specifications)
知识、技能和能力(knowledge,skills and abilities,KSAs)
动机(motivation)
组织结构(organizational structure)
问题解决型团队(problem-solving team)
自我管理型团队(self-managed team,SMT)
特殊目的型团队(special-purpose team)
团队(team)
远程办公(telecommuting)
虚拟团队(virtual team)
工作流程(work flow)
工作流程分析(work flow analysis)
工作—生活平衡(work-life balance)

> ★ **视频案例**
>
> **美国国家气象频道:人才管理。** 如果教师布置了这项作业,请访问 www.mymanagementlab.com 观看视频案例并回答问题。

问题与讨论

★ 2-1 管理者会怀疑公司临时员工的工作承诺吗?当公司大部分员工是临时员工或者合同工时,管理会面临什么后果?

★ 2-2 从组织视角来说,使用弹性工作时间的缺陷有哪些?压缩周工作时间呢?远程工作时间呢?人力资源部门应该如何应对这些挑战?

2-3 一些管理专家根本不认为虚拟团队是一支真实的团队。基于团队的定义,虚拟团队的哪些特点符合团队的定义呢?虚拟团队的哪些方面让你怀疑它不是一个真正的团队呢?假设你需要组织一支虚拟团队为客户完成一个重要的项目,团队成员包括在不同城市工作的顾问。你将运用哪些人力资源管理实践使虚拟团队成员能够像在真实团队里一样地工作,就像自我管理型团队或者问题解决型团队一样?

2-4 近期越来越多的公司将全部或大部分的人力资源管理活动外包。你是否认同这一做法?当公司将整体人力资源管理业务外包时,它承担了哪些风险?在什么情形下,大部分人力资源管理活动应该留在公司由人力资源管理部门实施?

2-5 近年来,越来越多的公司错误地将"正式员工"划分为"合同工"而被员工起诉到法院。员工认为他们有资格享受与正式员工一样的权利和优惠待遇。哪些权利和优惠待遇是正式员工拥有而合同工无权享受的呢?相较于正式员工,雇主使用合同工会获得哪些好处?合同工如何向法院证明他是一名"正式员工"却被误划为"合同工"?

我的管理实验室

请根据教师要求,登录 www.mymanagementlab.com 完成写作题,系统将自动给出分数;也可以完成以下问题,分数由教师给出。

2-6 工作说明书真的有必要吗?向一家不愿使用工作说明书的公司列出若干(至少三个)优点,然后简要地描述几种对不使用工作说明书公司有利的情形。在你的分析中,讨论公司规模、所处行业、组织设计、工作流程和团队使用等因素的影响。

2-7 一些公司正尝试着实施一些政策以提供更多的弹性工作安排,从而让员工能够取得更好的工作—生活平衡。简要描述一些流行的,被认为能帮助员工改善工作—生活平衡的方法,并且指出每种方法的优点和缺点。

2-8 一些大型美国公司,如埃森哲公司(Accenture)、美国在线公司(AOL)和戴尔公司等,将客户服务呼叫中心外包到印度。当客户在使用这些公司提供的服务遇到问题时,就会拨打呼叫中心以获得帮助。呼叫中心的许多外包工作是入门级的工作,不过这些入门级工作也有可能升至较高技术要求的岗位。针对那些利用印度或其他低劳动力成本国家的供应商承担离岸外包的公司,请列出至少三个经理应该关注的雇佣方面的伦理问题。

你来解决!伦理/社会责任 案例2.1

企业是在剥削无薪实习的大学生劳动力吗

根据美国大学与雇主协会的调查,毕业大学生中50%以上的人拥有一个或多个实习经历,1/4—1/2的实习大学生没有报酬。无薪实习存在于以盈利为目的的企业。学生拥有实习经历便于获得进入职场的机会,不少职业的求职者众多,如时装、书籍和杂志出版、艺术画廊、体育管理、电影和电视行业。实习使大学生机会获得有价值的工作技能,帮助他们毕业后找到更好的工作。美国劳工部规定,如果私营企业为大学生提供无报酬的实习,那么实习就应该是有益的且与职业培训类似,传授给实习生有用的工作技能。在实践中,以盈利为目的的企业认为,向大学生提供无薪实习的机会可以帮助他们拿到实践方面的学分,因此是合法的。大学学分制的漏洞,诱导一些企业为实习生安排大量的非技能型工作。

许多学生反映,他们的实习涉及非教育性和不体面的工作。无薪实习生做一些粗活是比较常见的。然而,如果大部分的工作是非技术性劳动,那么企业提供无薪实习就可能是违法的。在这样一个例子中,就读于一所常春藤大学的学生表示,她在一家杂志出版公司进行无薪实习,每天的大部分时间花在包装、打包和运输20个或更多的服装样品给那家提供时尚拍摄的时装屋。在另一个例子中,一家儿童电影公司给纽约大学的一名学生提供了无薪实习的机会。这名学生希望参与动画片制作,然而,他学生被告知要在设备部门工作,每天按要求擦拭门把手以减轻流感的蔓延。

不可否认,一些无薪实习可以给在校大学生提供有用的工作技能,他们可以通过实习丰富自己的简历以吸引用人单位的注意。然而,前文的两个例子说明,一些无薪实习仅仅是做些日常工作,对提升学生的专业技能没有多少帮助。目前在美国和欧洲,年轻人的失业率较高,一些公司倾向于以无薪实习方式利用低成本的劳动力。

关键思考题

2-9 虽然盈利导向型企业雇用无薪实习生做一些杂事是非法的,但遗憾的是,这种现象越来越普遍。在校大学生应该怎么做才能避免这种工作内容大部分为杂事且几乎没有机会学习新技能的无薪实习呢?

2-10 大学有责任确保学生的无薪实习是一个合法的学习经历并取得毕业所要求的学分吗?大学如何确保企业在提供无薪实习生合法学习经历的同时,仍然可以灵活地安排无薪实习生从事有益于企业的工作?

小组练习

2-11 班级几名成员组成小组,轮流分享每个人的带薪和无薪实习经历。哪种实习提供了更好的学习经历,是带薪的还是无薪的?在每名小组成员分享了实习经历之后,每个小组一起列出三四项实践建议,帮助大家避免无薪实习中糟糕的经历。最后向班级其他成员展示小组讨论结果。

实践练习:小组

2-12 寻找合作伙伴一起进行角色扮演。情境是一名大学生在一家地方电视台进行无薪实习,其中一个角色是寻求在电视台担当新闻记者经历的大学生,另一个角色是电视台的新闻部门经理。扮演学生的同学应制订一个计划,列出他或她期望从无薪实习中学习的关于电视新闻报道的经验;扮演电视台经理的同学应承担早晚播报本地新闻的职责,确保电视观众随时了解突发新闻,要像一位真的经理那样对实习生的想法予以回应。角色双方需要就无薪实习的核心工作内容达成一致意见,针对如何更好地进行无薪实习提出一些行之有效的方法,并向全班同学汇报。

资料来源:Greenhouse, S. (2012, May 5). Jobs few, grads flock to unpaid internships. *New York Times*. www. nytimes. com; Chatzky, J. (2011, November 21). The great American internship swindle, *Newsweek*, 22; Guerrero, A. (2013, April 3). Should you take an unpaid internship? *U. S. News & World Report*. http://money. usnews. com/money/careers/articles/2013/04/03/should-you-take-an-unpaid-internship; Greenhouse, S. (2010, April 2). The unpaid intern, legal or not. *New York Times*. www. nytimes. com.

你来解决!新趋势 案例 2.2

工作—生活平衡是员工追求的最新待遇

Joe(化名)在一家大银行按照晋升阶梯逐渐升至高管职位。他认为自己的工作量应该随着升迁而减轻;然而,事实正好相反。他现在每周工作 6—7 天,工作地点也换来换去。他在纽约有间公寓,每周 3—4 天的时间花在路上。只有在周末,他才能回到康涅狄格州与妻子和三个孩子相聚。

这听上去是不是有趣?不是吗?是的,不止你一个人这么想。尽管有些雄心壮志的人愿意牺牲个人生活以实现抱负,但越来越多的人不愿意这么做。国际猎头协会(Association of Executive Search Consultants,AESC)最近的调查显示,85%的企业遇到因不能实现工作—生活平衡而拒绝工作的应聘者。

由于对人才的争夺日趋激烈,企业提供可以保持工作—生活平衡的岗位变得越来越重要。AESC 的调查显示,2/3 的企业正在开发一些项目,以帮助重要人才在不牺牲工作的同时增加与家人团聚的时间。

很多工作候选人知道,除了金钱,他们可以与雇主讨价还价的还有很多其他东西。Lisa Patten,普华永道国际会计师事务所(PwC)的主管,她离开前一个雇主并受聘于 PwC 就是这样做的。Lisa 对前一个雇主并不满意,她将要求列了一个清单,包括每周工作 4 天,以便有更多的时间陪孩子;如果没有客户来访,她可以在家工作。PwC 毫不犹豫地同意了 Lisa 提出的弹性工作时间条件。

虽然 Lisa 在计薪工作时间的生产率不断提高和给公司带来的业务不断增加,但是 PwC 发现弹性工作时间安排并不适合每位员工。报告显示,那些愿意争取弹性工作时间和地点的员工往往是比较自律的,能够自我激励,并且对业绩的衡量有着清晰的理解,可以保证工作责任心。

关键思考题

2-13 哪些类型的工作适合在工作时间和工作地点上具有弹性?哪些类型的工作不适合提供工作弹性?请解释。

2-14 在本章,我们谈到当今职场上大部分的工作正在由团队完成。在你看来,这种对自我管理型团队的广泛使用使员工更容易还是更难以实现工作—生活平衡?请解释。

小组练习

2-15 几名班级同学组成小组,并讨论以下情境:一家小型的 4 人咨询公司的所有者兼经理在同时处理多个项目,经理希望三位助手能够大部分时间待在办公室,以便学习一些咨询技能,并参与和客户的会谈。如果三位助手要求实行改善工作—生活平衡的政策,这位经理会提出怎样的反对意见?如果三位助手认为提高工作弹性可以获得积极的产出,应该通过怎样的方式向经理表达该观点?向全班同学陈述你们小组的建议。

实践练习:个人

2-16 思考你在工作中为了实现工作—生活平衡而设置的目标。这些目标如何影响你的职业选择?你寻求的就业企业或者行业的类别是怎样的?考虑到薪资、志向或者工作地点,你将进行怎样的权衡以实现工作—生活平衡目标?做好准备,在课堂上分享这些问题的答案。

资料来源:Ridge, S. (2007, March 19). Balance: The new workplace perk. *Forbes.com*. www.forbes.com/2007/03/19/work-life-health-lead-careers-worklife07-cz_sr_0319ridge.html; Hewlett, S., and Luce, C. (2006, December). Extreme jobs: The dangerous allure of the 70-hour workweek. *Harvard Business Review*, 49—59; Shipman, C., and Kay, K. (2009, June 1). A saner workplace. *Businessweek*, 66—69.

你来解决!科技/社交媒体　案例 2.3

雅虎公司 CEO 颁布禁令,拒绝远程办公

2013 年 2 月,雅虎公司 CEO 玛丽莎·梅耶(Marissa Mayer)决定从 6 月开始,所有的雅虎员工必须每天到办公室上班。实际上,这个决定意味着公司禁止远程办公,使得那些一直在家办公的雅虎员工的工作生活受到冲击。在发现雅虎公司停车场的空余车位很多且办公

大楼工作隔间有的空位也很多之后,梅耶女士做出了这项决定。在宣布远程办公禁令之前,雅虎财务业绩已经连续几年不景气,因此雅虎公司的前任CEO在梅耶女士到来之前就被董事会辞退了。2012年,梅耶女士离开谷歌公司来雅虎公司担任CEO。禁止远程办公是公司管理政策的一个调整,通过要求员工在办公室工作,雅虎公司预期在生产率及创新上将实现增长,这些会刺激雅虎公司在充满竞争的科技行业里获取更好的业绩。

远程办公禁令与很多公司通常的想法背道而驰。通常,大家认为让员工自由决定工作地点无论是对公司还是对员工个人都是有益的。目前,2 000万—3 000万美国人每周至少一次是在家办公的。例如,IBM公司不到50%的员工没有固定的办公室,取而代之的是远程办公,偶尔还会使用酒店式办公室。酒店式办公室是公司所属办公区域的一部分,根据员工的特定时间和位置决定接受预订。在这种安排下,IBM这个在全球拥有超过30万员工的公司在租用和维护办公场所上节省了巨大的开支。思科公司,一家总部位于加利福尼亚州硅谷的大型科技公司,在2009年宣布允许员工远程办公,公司每年由此节省近2.77亿美元。

将员工限制在办公室的决策也引起雅虎公司其他高管的争议。维珍大西洋航空公司和维珍唱片公司的创始人理查德·布兰森(Richard Branson)曾写过一篇批评性的博客文章,指出雅虎公司的这项决策是"在远程办公比以往更加便捷和高效时代的一种退步"。采取相反立场的是唐纳德·特朗普(Donald Trump),特朗普集团的董事长及总裁、特朗普娱乐度假村的创始人,也是参与全美广播电视台NBC真人秀《学徒》的明星。他在推特上指出,CEO梅耶女士在"希望雅虎员工在公司而非在家上班"这一点上是对的。

关键思考题

2-17 你对雅虎公司CEO禁止员工远程办公的决策是赞同还是反对?你的观点的依据是什么?

2-18 雅虎公司禁止员工远程办公这项决策的批评者指出,在这项决策之前的几年,雅虎公司的财务业绩及其股票的市场表现已经比较糟糕了,雅虎公司CEO的动机是通过加强对员工的控制来打动投资者。另一种可能是CEO希望通过要求员工在办公室正常工作,员工相互碰到时会产生更多的偶然交谈,从而很可能促进创新、提高新产品开发的水平。你能想出一种可替代的方法,使得公司能够在不限制员工远程工作的情况下提升员工的创新和创造力吗?

小组练习

2-19 四或五名学生组建一个小组并讨论各自偏好的学习环境类型。在这个环境里,你们可以用最高的学习效率学习一门人力资源管理课程以获得大学学分。你会选择:(a)一门在线课程;(b)在传统的教室里与其他同学及教师一起上课。相对于通常的教室学习环境,在线学习有什么优点和缺点?哪些情境因素(如课程类型、学生人数、学生学习风格)有利于网上学习?哪些因素有利于传统课堂学习?通过对比网上学习和传统课堂学习,你怎么看待雅虎公司限制员工远程办公的决策?准备好在课堂上与同学分享你的见解。

实践练习：个人

2-20 假设你在雅虎公司担任市场分析员并且刚刚被告知再也不能在家进行远程办公。取而代之的是，你将在位于加利福尼亚州桑尼维尔市硅谷的公司总部工作。从你家所在的圣何塞市到位于桑尼维尔市的公司之间的交通状况非常糟糕，你很讨厌每天在公司与家之间 40 分钟的往返。你非常喜欢每周 2—3 天在家里办公，但是现在这项特权被雅虎公司禁止远程办公的新人力资源政策取缔了。如果处在刚才提到的这种情境，你最有可能做出以下哪种选择：(a) 在雅虎公司继续工作并向管理者反映你的感受；(b) 在雅虎公司继续工作并保持沉默；(c) 另外寻找一份支持远程办公的工作。解释你的选择并且与全班同学分享你做这项选择背后的思考过程。

资料来源：*The Economist*. (2013, March 2). Corralling the Yahoos, 61; Weise, E. (2013, February 26). Telecommuters to Yahoo: Boo. *USA Today*, 1A; Lawler, E. E. (2011). Creating a new employment deal: Total rewards and the new workforce. *Organizational Dynamics*, 40, 302—309; Suddath, C. (2013, March 4). Work-from-home truths, half-truths, and myths. *Bloomberg Businessweek*, 75; *The Economist*. (2013, March 2). Mayer culpa, 14; Miller, C., and Rampell, C. (2013, February 26). Yahoo orders home workers back to the office. *New York Times*, A1, A3.

你来解决！客户导向的人力资源　案例 2.4

撰写工作说明书

工作说明书是记录工作内容的有效工具，有助于招募、人员安置、培训、薪酬和人力资源规划的决策。这个练习是让各位体验一下如何撰写工作说明书。在准备阶段，请仔细阅读本章关于"工作说明书"的单元，以及该单元所提供的有关具体工作说明书和综合工作说明书的范例。

接下来，选择一个岗位撰写工作说明书，最好是根据自己熟悉的岗位，也就是你目前从事的工作或最近做过的工作，兼职工作或全职工作都可以。如果你没有工作经验可供参考，那么你可以咨询朋友或亲戚，请他们提供自己工作的详细信息。

在为这项练习选定岗位后，你就可以开始着手撰写了。

关键思考题

2-21 你认为具体工作说明书和综合工作说明书的主要差异是什么？

2-22 假设你撰写工作说明书的岗位是由好几个人同时从事的相同工作，那么有没有必要为每一个从事同样工作的人撰写不同的工作说明书？

2-23 仔细按照图表 2.6 "具体工作说明书范例"的格式，为你所选的岗位撰写工作说明书。确定包括以下要素：(1) 岗位名称和基本信息；(2) 工作概要；(3) 工作职责和责任；(4) 工作要求；(5) 基本任职资格。检查工作说明书，确保其风格尽量贴近范例。

小组练习

2-24 找一名同学搭档或者三或四名学生组成小组,交换彼此撰写的工作说明书。在阅读彼此的工作说明书之后,根据本章范例提出改进建议。与合作伙伴或小组成员轮流讨论建议修改的地方,以便每个人的工作说明书都能获得一些反馈意见。对你的工作说明书进行必要的修改,使其更加完善。工作说明书在完成之前进行多次修改是很正常的。现在,请拿着你撰写并修改过的工作说明书,与合作伙伴或小组讨论如何将这份工作说明书运用在公司决策上,还要进行哪些步骤才能使这份工作说明书真正运用于公司的雇佣决策。

实践练习:个人

2-25 这项体验式练习的目的在于帮助了解管理者在组织中是如何实际使用工作说明书的。首先,你可以通过你的工作经验或者私人关系获得 3—5 位管理者的姓名和联系方式,或者,问询教授或学校就业发展办公室工作人员以获得管理者名单。你可以亲自、电邮或电话联系那些管理者,询问每位管理者其组织如何使用一份工作说明书,工作说明书对于制定人力资源政策的重要性有哪些,并请他们解释为什么工作说明书是重要的或不重要的。记录这些回答并给出你的结论,准备好与班级同学分享。在关于如何使用工作说明书及其重要性方面,管理者的观点是否有所不同?如果你发现有一组反馈是不同的,如何解释这种不同的观点?

第 2 章注释内容
请扫码参阅

第3章　平等就业机会与法律环境

> 我的管理实验室® ★ 当你看到这个图标时,请访问 www.mymanagementlab.com 以获取配套练习题,并及时反馈练习结果。

▶▶▶ **挑战**

阅读完本章之后,你能更有效地应对以下挑战:
1. **明晰**为什么理解法律环境是重要的。
2. **认识**公平就业战略中的冲突。
3. **掌握**平等就业机会相关法律。
4. **理解**平等就业机会的执行和遵循。
5. **熟悉**其他重要的法律。
6. **确保**避免平等就业机会中的陷阱。

歧视索赔一直是困扰企业的一大难题。因此,在法律环境中与时俱进显得尤为重要。近年来,针对员工外表歧视的诉讼与日俱增,掌握这种类型案例的相关法律标准可以防范企业员工直接向法院提起歧视诉讼。下面列举一些针对个人外表歧视的相关案例:

- 当许多人以纹身展示个性时,一些公司却不能容忍这些纹身出现在工作场合。沃尔玛便制定了标准着装政策,要求有纹身的员工在商场里必须掩藏纹身。在红罗宾美味汉堡店里,一位雇员就因违反禁止纹身的衣着规定、没有隐藏手腕上的纹身图案而遭到解雇。不过,由于该纹身包含了宗教象征,公司在庭外和解中同意支付该员工15万美元作为补偿。[1]
- 加利福尼亚州的一位女性雇员拒绝按照雇主要求化妆。她宣称,雇主因受性别刻板印象的影响而要求女服务员必须化妆。尽管该雇员无法提供充分的证据以利于在此案中胜诉,但在其他城市的司法体系中,例如威斯康星州的麦迪逊市,地方法规禁止这种外表歧视。

- Debrahlee Lorenzana 本来是花旗银行纽约支行的一名高级职员,因其相貌总会引起周围男同事的注意,致使他们无法专注于工作而被银行解雇。她的老板要求她穿着端庄,禁止穿高领毛衣、三英寸的跟鞋或合身的西装。Lorenzana 女士声称其女同事的穿着更暴露,拒绝由老板决定她在工作场合应该穿什么衣服。她以歧视对待的罪名将公司告上法庭并被告知诉讼已经被受理。但最终,案件并没有开庭审理,原告也决定放弃指控。

雇主其实可以制定相应的雇佣政策和具体实践以避免歧视对待员工,这样才能避免法律纠纷。例如,外表政策不应当只针对一方性别而不针对另一方过度施压。此外,对外表的要求应当仅仅适用于那些必须达成特殊商业目的的雇员群体。如果那些强迫雇员化妆或隐藏宗教标志的雇主考虑到如何将雇佣歧视降到最低,就会很大程度地避免在法庭上为他们的雇佣实践而辩护。[2]

管理者视角

管理者必须了解影响人力资源管理实践的法律问题,因为许多决策的制定会受到法律的制约,尤其是以下决策:
- 应该雇用哪名员工。
- 如何支付员工薪酬。
- 应该提供哪些福利。
- 如何对待有子女抚养需要的员工。
- 如何及何时可以解雇员工。

人力资源实践的法律制约日益复杂,在很大程度上是因为新的就业法律的颁布及近来对现行法律的司法解释。新的就业法律主要涉及残疾人和请病假的员工,法院判决则涉及更为广泛的问题,如员工安全与性骚扰等。法律的变化使得管理者在做出人力资源决策时更为困难和冒险,从而提高了错误决策的成本。

人力资源经理为管理者在有关个人决策的问题提供法律咨询和建议。在进行雇佣决策时,不能只是优先考虑法律相关问题,同时要着重考虑的因素还有及时性、产品质量、经济效率等。法律环境的不断变化意味着管理者必须寻求人力资源专家的帮助,并利用他们在就业法律和法规方面的专长为管理决策增值。

在本章,我们从不同的视角考察人力资源法律和法规。首先,我们讨论为什么管理者必须理解人力资源法律环境;其次,我们探讨管理者在做到尽量守法时会面临的几大挑战;再次,我们讨论平等就业机会(equal employment opportunity,EEO)法律及其他影响人力资源管理的法律;最后,我们指出有效的管理者为避免潜在的法律陷阱可以采取的措施。

我们事先声明,当面对法律问题时,你应该寻求专业律师的帮助,以针对人力资源管理的具体法律问题进行辩护。精通劳动法和就业法的律师有很多。不过,你也不要觉得没有专业的法律顾问就无法进行任何决策,对法律顾忌太多而做出错误决策也是不可取的。本章的其中一个目标就是告诉你在什么时候应该寻求法律的帮助。

> **知识点学习**
>
> 如果教师布置该项作业,请登录 www.mymanagementlab.com 查阅你应该特别关注的知识点,并预习第 3 章。

3.1 理解法律环境的重要性

理解和遵守人力资源相关法律很重要,原因有三个:一是有助于做正确的事,二是有助于认识公司人力资源和法律部门的局限性,三是将公司潜在责任减至最小。

3.1.1 做正确的事情

遵守法律之所以重要,首要原因是遵守法律本身就是正确的事情。尽管你可能不同意我们所讨论法律中部分内容特定的适用范围,不过这些法律的首要要求就是强调正确的管理方式。最早的平等就业机会法律要求对男女员工应该做到同工同酬。这就是需要做正确的事。最近的平等就业机会法律还规定,如果求职者或员工能够胜任工作,公司就不得以其残疾的理由予以歧视。这也是需要做正确的事。

仅仅简单地遵循法律从事经营活动还有其他好处。歧视女性的薪酬制度不但可能引来法律责任,而且可能降低员工士气和工作满意度,进而导致工作绩效低下。歧视身体残疾但能胜任工作的员工也毫无意义,因为这种歧视会因错失雇用和留住最好员工的机会而给公司带来损失。麦当劳带头雇用有学习障碍的年轻人,这种做法体现了公司的社会责任感,同时在消费者面前为公司树立了正面形象。[3]

3.1.2 认识人力资源和法律部门的局限性

人力资源部门对相关人力资源法律负有相当大的责任,包括保留记录,拟订、执行及监督公司的人力资源决策。然而,人力资源部门并不能解决因管理者决策失误而导致的所有问题。例如,如果一名管理者对绩效很差的员工评分过高,那么人力资源部门就无法消除这项决策给公司带来的损失,也无法提供支持公司解雇该员工的必要文件。

法律部门也无法解决管理者造成的所有问题。不论是内部还是外部,法律顾问的主要职责之一就是在问题发生后尽量减少损失。而作为管理者,一旦问题发生,他们就应该立刻采取行动以防止损失扩大。

当管理者制定的人力资源决策会牵涉法律问题时,人力资源部门员工可以为其提供帮助,并且可以作为顾问监督管理者制定决策。例如,

- 一位主管想以无故缺席为由开除一名员工,他可以向人力资源部门咨询是否可以将此作为"正当理由"支持其决定。针对这种情况,人力资源部门可以提供建议,使这位管理者和公司避免"不正当开除"的诉讼。

- 某位管理者接到一个来自其他公司的电话,询问一名离职员工的情况。该管理者不确定此员工以往的表现,故而请人力资源部门提供相关信息。人力资源可以帮助该管理者和公司避免一桩关于诽谤(给第三方提供错误信息,致使员工名誉受损)的诉讼。

3.1.3 限制潜在赔偿责任

违反人力资源法律会给公司造成巨额的财务损失。对于年龄、性别、种族或残疾的歧视诉讼,法院通常会根据被告公司的规模判决其对原告支付 5 万—30 万美元的赔偿,个别案件的赔偿金额可能会更高。[4] 2001 年,华盛顿州伍丁维尔市的 U.S. Mat 公司,作为公司 140 名员工中唯一的非裔美国人,Troy Swinton 指控在其就职的六个月内,不断遭受种族嘲笑和侮辱。陪审团裁定公司因种族歧视而向 Swinton 支付 103 万美元的惩罚性赔偿、拖欠他的薪资以及因遭受歧视而承受的心理压力。美国联邦上诉法院对此判决表示支持。[5]

一旦歧视控诉被曝光,公司还可能陷入公共关系困境。20 世纪 90 年代初期曾出现几起受到公众高度关注的控诉案件,Denny's 餐厅多家店铺经理和员工被控告歧视非裔顾客。公司不仅要为此支付非裔顾客 4 600 万美元的赔偿和 870 万美元的法律费用,还使公司的公众形象大跌。[6] 近年来,公司在这方面已经有很大改进。2007 年,Denny's 餐厅旗下 1 030 家特许加盟店中 43% 由少数族裔所有,其中非裔美国人拥有 23 家、西班牙裔美国人拥有 60 家、亚裔美国人拥有 359 家;而 1993 年,仅有 1 家加盟店是由非裔美国人拥有的。在《财富》杂志"对少数族裔最好的 50 家美国公司"的调查中,Denny's 餐厅一直位列前茅。[7]

3.2 来自法律遵循的挑战

管理者在努力遵循人力资源法律行事时也会遇到一些挑战,包括动态的法律环境、规章的复杂性、公平就业战略中的冲突和些意外结果。

3.2.1 动态的法律环境

本章附录列出了许多影响人力资源管理实践的法律,其中几部在过去 10 年里已通过修正。

在处理法庭案件时,一些观点认为应该考虑动态的法律环境。例如,在格瑞格斯起诉杜克电力公司案(Griggs v. Duke Power)中,美国最高法院宣布了一项具有划时代意义的民权决议——在就业歧视案件中雇主具有举证责任。[8] 高级法院的决议开创了法院判决案例难以被推翻的先例。然而,在 1989 年的一桩案件中,法院对格瑞格斯诉讼案确定的标准进行了修正,使得员工赢得就业歧视诉讼案件变得更为困难。[9] 1991 年,美国国会对 1964 年《民权法案》进行了大量修正,重新采纳了格瑞格斯案确定的举证责任。

这些法律上的快速变化不仅仅局限于法庭程序问题。早在 20 世纪 80 年代,平等就业机会委员会(EEOC)就提出性骚扰法规,并在1986年为最高法院所采纳。从此,公司、律师和法官都尽力地领悟这些法规的含义和要求,但各方观点仍存在很大差异,这就意味着不同法院的裁决会存在差异。在最高法院制定出更详尽的规章或者国会阐明最基本的法规之前,管理者应密切关注这些变化。

3.2.2 法律的复杂性

与其他法律一样,人力资源法律也很复杂。每部法律都有一套冗长的条文。例如,《美国残疾人法案》(Americans with Disabilities Act 1990)的技术指南甚至有好几百页。一项分析报告显示,残疾种类多达上千种,影响超过4 300多万美国人,这让事情变得更为复杂。[10] 面对这种情况,即便人力资源法律专家也不是那么容易理解某部特定法律可能的影响,更不用说一般的管理者。

尽管如此,大部分人力资源法律的宗旨是简单明了的。因此对于管理者来说,理解这些法律的基本意图并非难事,而且在大多数情况下,其工作认知足以支撑他们遵循这些法规。

3.2.3 公平就业战略中的冲突

社会、政界代表、政府人员和法官对于实现人力资源法律公平的最佳路径的看法并不一致,最主要的争议之一就是达成公平就业目标的战略存在冲突。**公平就业**(fair employment)是指雇佣决策不受非法歧视的影响。大多数的民权法明确规定雇主不能基于种族、性别或年龄做出与员工相关(雇用、绩效评估、薪酬等)的决策。因此,要做到就业公平,是指在雇佣决策中不考虑这些特征。第二个战略**平权行动**(affirmative action)是指为了实现公平就业,要求雇主雇用过去受到歧视的特定人群。平权行动项目要求雇主应考虑(至少是部分考虑)该群体的种族、性别或年龄。显然,两种战略之间存在冲突:一种是主张"盲目"雇用以维持就业公平,另一种是要求雇主尽可能雇用特定人群以示公平(见图表3.1)。

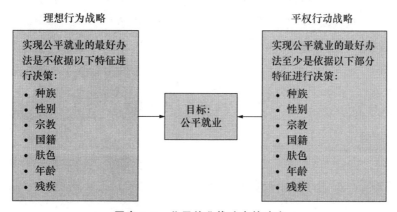

图表3.1 公平就业战略中的冲突

虽然这些冲突引发的矛盾在整个社会都存在，但法律上的主要争论仍然发生在最高法院。基于最高法院做出的一系列决策，以下结论可以确保是正当的：

> **伦理问题**
>
> 在过去，少数族裔和妇女受到严重的歧视。那么，拒绝对这些群体给予优先待遇符合伦理吗？

- 支持平权行动战略，雇主可以适当根据个人种族、性别和年龄等特征做出雇佣决策。
- 雇主不能仅仅依据以上特征做出雇佣决策。此外，在考虑这些特质前，从本质上看，个人首先要符合所申请岗位的相关要求。
- 在解雇期间，平权行动是不被许可的。例如，不能为了保证一名拉美裔教师的工作而解雇一名白人教师。

3.2.4 意外结果

无论是法律、政府方案，还是组织政策，出现大量不可预料的结果是普遍现象，其中有些甚至会造成负面影响。人力资源法律当然也无法避免这种情况。例如，《美国残疾人法案》（ADA）主要是为了给身体和心智存在残疾的人士增加就业机会，可是自实施起，真正与雇佣相关的残疾人诉讼案件并不多，增加的主要是员工依据《美国残疾人法案》提起的工伤诉讼。在此之前，州政府的工伤赔偿法律（参阅第12章）已经规定因公受伤的员工应享有相应的福利。虽然没有人期待《美国残疾人法案》会变成全国性的工伤赔偿法律，但实际上这种情况发生了。管理者面临一个新的挑战——预见并处理法律有意和无意导致的结果。

3.3 平等就业机会法律

影响人力资源问题的法律可分为平等就业机会法律和其他法律两大类。平等就业机会法律能够对管理者日常行为产生很大影响，并且与本章提到的其他议题都有关联，因此，我们将花费大量篇幅讨论平等就业机会法规，其他法律的核心内容通常更为明确，我们会在相关文章分别讨论。例如，我们在第15章讨论管理工会活动的法律，在第16章讨论《职业安全与健康法案》(Occupational Safety and Health Act of, OSHA)。

主要的平等就业机会法律包括1963年的《同工同酬法案》(Equal Pay Act)、1964年的《民权法案》第7章(Title Ⅶ of the Civil Rights Act)、1967年的《就业年龄歧视法案》(Age Discrimination in Employment Act)和1990年的《美国残疾人法案》。1964年通过的《民权法案》经过多次修正，最新版本是1991年的。这些法律议题很简单，雇佣决策不应基于种族、性别、年龄或残疾等特征进行。

3.3.1 1963年《同工同酬法案》

第一部民权法是1963年的《同工同酬法案》，要求在同一组织中从事相同工作的男性和女性必须同工同酬。"同酬"是指不能接受任何差异。

界定两名员工所从事的工作是否完全相同并不容易。《同工同酬法案》规定，如果工作所需技能、努力程度、责任及工作条件相同，它们就是相同的。因此，如果一名员工相较另一名员工需要承担重大的额外工作责任（如监督责任），两者的工资支付就可以存在差异。此外，不同班次的工资也可以不同。《同工同酬法案》明确指出，只有相同地理区域的同种工作才能要求同酬，公司还可以根据当地生活水平和针对某些区域难以找到合格员工的情况对员工给予补助。

《同工同酬法案》也有一些例外。首先，《同工同酬法案》没有禁止绩效加薪。雇主可以因一名男性员工的工作表现优于女性员工而支付给他较高的薪酬；如果员工在生产数量和质量上出现差异，公司也可以据此支付不同报酬。其次，《同工同酬法案》没有禁止年资。如果一名男性员工的工作时间长于一名女性员工，那么公司就可以支付更高的工资。最后，《同工同酬法案》指出其他一些非性别因素造成的工资差异可能被证明是正当的。[11]

在刚刚通过《同工同酬法案》时，男性员工平均每挣到 1 美元，女性员工仅能挣到 59 美分。随着《同工同酬法案》的贯彻，这个差距正在逐渐缩小，2010 年对比男性员工挣到的 1 美元，女性员工已经能挣到 83 美分。[12]然而，这种收入上的差异仍是一个问题，尤其是在某些工作岗位上更为明显。例如，2001 年 30 岁男性销售代表的平均收入为 6 万美元，而从事相同类型工作并完成相同工作量的同龄女性销售代表却只能赚到 3.6 万美元。[13]有些州（如华盛顿州和伊利诺伊州）为了避免类似问题，要求政府行政部门负责人为具有可比价值的工作实施同工同酬。[14]理解同工同酬和可比价值需要更多的薪酬决策知识，我们在第 10 章讨论这个问题。

3.3.2　1964 年《民权法案》第 7 章

尽管 1964 年《民权法案》第 7 章不是历史最久的民权法律，但被普遍认为是历届通过法案中最为重要的一部。该法是在 20 世纪 60 年代民权运动进行得如火如荼时通过的。在民权运动周年之际，马丁·路德·金发表了一场名为"我有一个梦想"的著名演说。

在 1964 年《民权法案》通过前，针对非裔美国人的种族歧视十分普遍，吉姆·克劳法（Jim Crow laws）*的制定使得种族歧视在美国南部大部分地区变得合法化。《民权法案》分为几个不同的部分或篇章，内容都是旨在禁止社会中存在的任何歧视。例如，第 4 章适用于教育机构，第 7 章适用于雇佣 15 名以上员工的雇主，也适用于职业介绍所和工会。

一般条款

《民权法案》第 7 章禁止雇主基于个人的种族、肤色、宗教、性别或国籍做出雇佣决策。法案的核心部分——703(a)条如图表 3.2 所示，其中雇佣决策包括"雇佣薪酬、条件、状况和权利"。

---

* 译者注：吉姆·克劳法泛指 1876—1965 年美国南部各州及边境各州对有色人种（主要针对非裔美国人，也包含其他族群）实行种族隔离制度的法律。

图表 3.2　1964 年《民权法案》第 7 章

703(a)条：以下是非法的雇佣实践：
(1) 不能因个人的种族、肤色、宗教、性别或国籍等因素从薪酬、条件、状况和权利方面歧视、雇用或解雇员工；
(2) 对员工或求职者进行限制、隔离或分类，因个人的种族、肤色、宗教、性别或国籍因素而采取剥夺或倾向于剥夺求职者的就业机会或者对员工状况造成不利影响的行为。

《民权法案》保护的是所有种族、肤色、宗教、性别和国籍的人群。随着与《民权法案》相关的法院判例和法规的增加，**受保护阶层**（protected class）法律理论也随之产生。该理论阐述了司法机构应对过去受到歧视的群体给予特定的保护。《民权法案》第 7 章指出的受保护阶层包括非裔美国人、亚裔美国人、拉丁美洲人、美洲印第安人和妇女。如果没有受保护阶层相关法律，原告在民权法案件中获胜的概率非常小。

歧视的定义

歧视（discrimination）虽然是个含有贬义的名词，但在人力资源情境下，它仅仅是指针对不同人制造差异。所以，即使是最进步的公司，在决定晋升、绩效加薪和解雇对象时，也会毫无例外地进行这样的区分。《民权法案》第 7 章禁止的是基于个人种族、肤色、宗教、性别或国籍而发生的歧视行为。

具体而言，非法歧视可以分为两种。第一种是**差别对待**（disparate treatment），当员工受到雇主不一样的对待且这种差异是由员工受保护阶层的身份所导致时，那么这种歧视就属于差别对待。在谈及歧视时，可能我们首先会想到的就是差别对待。例如，罗伯特·费瑞兹（Rober Frazier）是名非裔砖瓦匠助手，因与一名白人砖瓦匠发生争吵而遭到解雇。这名白人砖瓦匠拿一块碎砖头砸费瑞兹并使其受伤，然而，费瑞兹的老板并没有就此事给予白人砖瓦匠相应的处罚。联邦法院判定费瑞兹出于种族原因而遭到过于苛刻的惩处，即遭到差别对待歧视。[15]

第二种是**负面影响**（adverse impact），也称差别影响（disparate impact）。它发生在这样一种情形下，适用于所有求职者和员工的相同雇佣标准实际上对受保护阶层的负面影响更大。例如，美国的警察局取消了对警官身高要求的最低限制，因为这项限制会给女性申请者、拉美裔人和亚裔美国人带来负面影响（在身高标准限制下，遭淘汰的女性会超过男性，拉美裔和亚裔美国人会超过非裔美国人与非少数族裔）。

1971 年，在一桩非常重要的案件——格瑞格斯起诉杜克电力公司案中，最高法院确定了负面歧视的定义。[16]格瑞格斯是美国北卡罗来纳州杜克电力公司的一名非裔员工。从《民权法》第 7 章生效起，公司就开始实施新的晋升标准（高学历、通过智力和机械能力测试），这项标准使得他和其他非裔员工无法获得晋升的机会。最高法院裁定，这种晋升标准即便对所有员工均是平等的，仍存在歧视，原因为：(1) 对受保护阶层（该案是指非裔）有负面影响；(2) 杜克电力公司不能证明这些标准与随后的工作绩效相关。

格瑞格斯起诉杜克电力公司案产生了一些重要影响。在格瑞格斯裁决中，法院发现即便一家公司尽可能地使人力资源决策程序对所有员工做到一视同仁，仍有可能出现一种歧视运作方式。如果结果导致受保护阶层受到负面影响,那么公司就必须出具决策程序所采用的标准与工作相关的证明。1993年10月,达美乐披萨店在"无胡须制度"辩护中败诉。受理上诉的法院裁决这项制度对非裔员工具有负面影响,因为半数以上的非裔男性天生认为刮胡须是件非常痛苦且令人难以忍受的事情,而白人通常不会有此感受。因此,相比于白人员工,非裔员工因该要求而受到更多的负面影响。[17]如果达美乐能出具没有胡须会带来良好绩效的证明,那么它就有可能赢得这起诉讼。但是它没有,法院由此判决达美乐的"无胡须制度"违反了《民权法案》第7章。

在更早(1975年)的一桩诉讼案——阿尔波马尔纸业公司起诉穆迪案(Albemarle Paper Company v. Moody)中,最高法院开发了相关程序,以帮助雇主依据雇佣测试确定员工雇佣和晋升活动的合适时机。法院裁决雇主可以使用经证明能有效预测未来工作绩效的雇佣测试。因此,阿尔波马尔案要求雇主对有争议的测试(例如,对受保护阶层有负面影响的测试)提供证据,或者证明其他选拔工具能有效预测未来的工作绩效。[18]

3.3.3 歧视指控的辩护

当歧视案件被提交到法庭,原告(提起诉讼的人)的责任是对发生的歧视提供充分的证据。初始证据确凿(prima facie)是这类证据的法律术语,即"很明显"的意思。以一个差别对待的诉讼来说,原告只要能证明本人在具备合格就职条件的情形下未被公司雇用,且该公司拒绝她继续雇用其他人担任此职务,那么这就是一桩证据确凿的案件。这组条件源自针对麦道公司的判例,被称为麦道实验(McDonnell-Douglas test)。[19]对于负面影响诉讼,员工只需证明限制性政策是有效的,即雇佣决策对受保护阶层的影响比例较大。

针对一项人力资源实践是否被视为歧视的和形成负面影响的案件,平等就业机会委员会确定初始证据确凿的重要条款之一就是**五分之四法则**(four-fifths rule)。该法则源自平等就业机会委员会的《员工甄选程序规范化指南》(Uniform Guidelines on Employee Selection Procedures),一份指导雇主如何建立有效的、合法的甄选程序的重要文件。[20]

五分之四法则是比较组织中受保护阶层和多数群体(如白人男性)的雇佣率。它假定:如果受保护阶层的雇佣率低于多数群体的五分之四,那么人力资源政策就会产生负面影响。例如,假设一家会计师事务所从所有白人男性求职者中雇用50%的人选填补初级会计师的职位空缺,而仅从所有非裔男性求职者中雇用25%的人选从事相同的工作,根据五分之四法则,这就是该会计师事务所歧视性雇佣决策的初始证据,因为50%×4/5=40%,而40%大于25%的非裔男性求职者的雇佣率。

一旦原告呈出确凿的初始证据,举证责任就转移至企业。换句话说,雇主必须证明非法歧视并不存在。这可能很难。假设一位销售经理为一个销售职位面试两名应聘者(男女各一名),从履历表上看,两人条件相当。但在面试过的程中,男性求职者似乎更有动力。因此,销售经理选择雇用他。被拒绝的女性求职者以差别对待歧视提出诉讼,并很容易地提供了确凿的初步证据(她是称职的但没有被雇佣,而公司确实雇用了其他人)。现在,销售经理必须证明雇佣决策是基于求职者的动力而非性别。

这些案件虽然棘手,但雇主还是有可能胜诉。雇主可以使用以下四种基本辩护:

- **工作相关性**(job relatedness)。雇主必须证明他们是基于工作相关性进行决策的。如果雇主可以提供书面文件以支持和解释其决策,事情就会变得较为容易。在之前的例子中,销售经理必须提供工作相关性的理由支持其雇用男性员工决策的合理性。在第 2 章,我们提到在任何具体的人力资源决策中,工作描述对证明工作相关性是非常有用的。
- **实际职业必备资格**(bona fide occupational qualification,BFOQ)。这是指对于某一特定工作,所有员工必须具备的特质。例如,一名电影导演对于需要女演员的角色只能考虑女性。根据联邦航空局的规定,航空公司必须限制飞行员的申请年龄上限,因此年龄就是飞行员的实际职业必备资格。
- **年资**(seniority)。公司基于正式的年资体系做出的雇佣决策,即使会对特定的受保护阶层造成歧视,从法律上讲也是可行的。然而,只有年资体系完备且具有普遍适用性,而非只能应用于某种特定情形,公司才能以其作为辩护理由。
- **业务需要**(business necessity)。雇主可以以业务需要作为辩护,证明歧视性决策是基于公司安全、有效操作要求及重要的商业目的。例如,员工的药物测验(保护其他员工和消费者)可能对少数群体造成负面影响,但是出于安全需要,药物测试程序是必要的。

在以上四项辩护中,工作相关性是最常见的,因为法院对实际职业必备资格、年资和业务需要等辩护理由限制得相当严格。

如果雇主要求员工在工作时间只能说英语,这种"只说英语规则"可能会违反平等就业机会委员会的法规,除非雇主证明该规则对工作是必要的。[21]同样,雇主也不能因员工带有口音而拒绝向他提供就业机会(如一份工作或晋升),除非雇主证明说话口音会给工作绩效带来不利影响。

3.3.4 《民权法案》第 7 章和妊娠

1978 年,美国国会对《民权法案》第 7 章进行了修正,明确规定妊娠和生育妇女不应受到歧视。《1978 年妊娠歧视法案》(Pregnancy Discrimination Act of 1978)规定,雇主应对妊娠员工和其他疾病患者员工一视同仁。[22]例如,如果雇主许可患有类似医疗状况(如头晕呕吐)的员工休假,那么他不能拒绝有孕期反应(如晨吐)的员工请病假。这项法律还规定,公司不得设计排除妊娠员工的健康福利计划。这些严格的规定在下列案件中得到了证明。

在一桩关于《妊娠歧视法案》的案例中,一位就职于美国邮政局的妇女声称受到了妊娠歧视,因为在一年合同到期后,美国邮政局因她怀孕而未与其续约。但邮政局指出,停止续约是基于该员工缺勤的工作状况,并且由于她属于高危妊娠,只能从事较为轻松的工作。然而,平等就业机会委员会经调查发现,原告因妊娠而受到低于其他条件类似员工的待遇。依据平等就业机会委员会法规,雇主对待妊娠员工的态度应与其他短期身体不适的员工一致。[23]

佛罗里达州帕拉斯帕克市一位女警官宣称受到妊娠歧视。在怀孕后要求从事较为轻松的工作时,上司将她降职为派送员。她指证男上司曾告知她,他是被迫雇用女性,而且一旦女警察怀孕,他就会将她们调至没人愿意去的岗位并给她们安排不合适的休假时间。最终,警局和这位女警官达成和解,她获得复职。[24]

3.3.5 性骚扰

《民权法案》第 7 章有关性别歧视的禁令也可被解释为禁止性骚扰。不同于妊娠保护法规,性骚扰保护不是一项法律增修条款,而是平等就业机会委员会在 1980 年对法律的解释。[25] 图表 3.3 列示平等就业机会委员会对性骚扰的界定和 1993 年平等就业机会委员会发布的一般性骚扰的界定。至今,大多数骚扰案件属于性骚扰;不过在未来,这种状况可能有所改变。[26] 法院似乎想将性骚扰的定义扩大至其他受保护阶层,如种族、年龄和残疾。

图表 3.3　平等就业机会委员会对骚扰的界定

1980 年对性骚扰的界定

不受欢迎的性要求、要求提供性便利及其他带有性含义的言辞和身体接触等情况构成性骚扰,包括:
1. 顺从这种行为是个人能否被雇用的明显或隐蔽的条件;
2. 个人是顺从还是拒绝这种行为是雇用决策的基础;
3. 这些行为具有以下目的或导致以下结果:不合理地妨碍他人的工作绩效,或者营造出令人不安、不友好或带有侵犯性的工作环境。

1993 年对性骚扰的界定

非法骚扰是指对一个人进行口头或身体上的诋毁,并表现出敌意和厌恶的情绪,原因为:他(或她)的种族、肤色、宗教、性别、国籍、年龄或残疾,或者他/她的亲戚、朋友、同事及其他:
1. 营造一个带有胁迫、敌对和侵犯性工作环境的目的或影响;
2. 不合理地妨碍他人工作绩效的目的或影响;
3. 对个人就业机会带来负面影响。

广义上,性骚扰可以分为两种。第一种是**"交易型"性骚扰**(quid pro quo sexual harassment),涵盖了平等就业机会委员会定义的前两点,是指以获得或保住工作及相关利益为前提而提出的性要求。[27] 例如,1994 年,马萨诸塞大学医疗中心一名女性采购员因此种诉讼获得了 100 万美元的赔偿。该员工指证,其上司以保住工作为条件,强迫她在过去 20 个月内每周与他发生一两次的性关系。[28]

第二种是**"敌意工作环境"性骚扰**(Hostile work environment sexual harassment),是指在工作环境中,同事、上司、客户和其他人对员工做出的行为中带有性含义,而且员工认为这种行为冒犯了她并且令她感到不快。[29]

下面是 1993 年由最高法院判决的一个案件事例。[30] 特里萨·哈里斯是叉车系统公司(Forklift Systems, Inc.)——田纳西州纳什维尔一家设备租用公司的经理。她的老板,公司总经理查尔斯·哈代在其就职的两年半里经常对她说"你是个女人,你懂什么"以及"我们需要一名男性租赁经理",甚至在其他员工面前暗示她"去假日酒店商谈加薪问题"。当哈里斯要求他停止这种言行时,哈代虽然感到惊讶但并没有因自己的言行给她

> **伦理问题**
>
> 一些以色情为主题的公司,如猫头鹰餐厅(Hooters),通过营造色情的环境吸引消费者;很多广告公司会设计带有明显色情主题的作品。这种营销手段是道德的吗?公司使用这些公共图片可能会给工作环境带来什么影响?

带来烦恼而表示歉意。随后不到一个月,在结束与一位客户的谈判后,哈代当众要求哈里斯:"你要怎么办,答应这个家伙……周六晚上的一些'(性)要求'吗?"当月底,哈里斯提出辞职。

基于《民权法案》第 7 章,法院必须确定哈代是否违反了性骚扰法规。下级法院认为,哈代的行为虽然的确令人讨厌,但对哈里斯并没有造成严重的心理伤害,因此不构成营造了一个不友好的工作环境。最高法院则认为,应以"合理个人"的行为标准裁定哈代是否营造了敌意工作环境。图表 3.4 是最高法院列出的一些测试,要求法官和陪审团在裁决某个行为是否营造了"一个敌意工作环境"时参考,并据此确定哪些行为应被《民权法案》第 7 章禁止。

图表 3.4 你是否处于一个敌意的工作环境中

为了帮助法官和陪审团裁决带有性含义的言辞和其他非身体接触行为是否营造了一个敌意工作环境,最高法院列出了以下问题:
- 这种歧视性作为发生有多频繁?
- 这种歧视性作为发生有多严重?
- 这种作为是否带有身体上的胁迫与侮辱?
- 这种作为是否妨碍员工的工作绩效?

这些性骚扰案件会牵涉许多处于敌意工作环境的员工的控诉。1998 年,美国三菱汽车制造公司为了解决由平等就业机会委员会代表 300 多名女员工提起的性骚扰案件,不得不支付 3 400 万美元的赔偿。这些女员工控诉遭到不当碰触、猥亵手势、被迫透露性偏好,以及有人在工作场所粘贴裸体图片。[31] 1999 年,福特汽车公司解决了两家位于芝加哥地区工厂关于性骚扰控诉的案件。该公司女员工指控长期受到不当碰触、责骂并被迫参与有脱衣舞娘和妓女的派对。最终公司给予骚扰受害人 750 万美元的补偿,并花费 1 000 万美元对管理者和男性员工进行多元化培训。[32] 为了改变不良形象,三菱公司大举改善并在四年后成为企业公民模范,其中包括对性骚扰的"零容忍政策",向全体员工提供关于非法骚扰的培训并指导他们如何调查此类控诉。[33]

性骚扰案件不仅花费高昂,还会导致商业和政治组织的高度分裂。例如,在宝拉·琼斯控告前总统克林顿性骚扰期间,美国政府行政部门形同虚设。琼斯声称在 1991 年克林顿任阿肯色州州长时,曾对当时担任州政府员工的她提出不当性要求。1999 年,克林顿为该诉讼支付了 85 万美元的赔偿。[34]

2007 年,陪审团发现,麦迪逊广场花园与纽约尼克斯队篮球教练兼篮球运营总裁 Isiah Thomas 性骚扰和歧视 Anucha Browne Sanders——尼克斯队前高级副总裁,并裁决该公司支付 1 160 万美元的惩罚性赔偿。[35]

大部分性骚扰案件的受害人是女性,但近来,男性受害人的数量出现上升趋势。[36] 1995 年,一位联邦法官对达美乐披萨店一名受到女上司骚扰的男员工判以 237 257 美元的赔偿。该名女上司对男下属提出不当性要求而营造了一个不友好的工作环境,当男员工威胁要将其不当行为上报公司最高管理层时,却遭到了不当解雇。[37]

法院认为,同性骚扰也是与工作相关的不当行为。一名石油钻井工人 Joseph Oncale 声称一名男性同事对他进行身体和语言上的性辱骂与胁迫,该员工获准对雇主提起性骚扰诉讼。尽管有反对意见，1998年，法庭在审理Oncale案件时仍将其定性为同性骚扰，因为性骚扰诉讼的关键不在于性别。[38]

如图表3.5所示，对雇主而言，性骚扰是平等就业机会的一个主要议题。最近，美国广播公司和华盛顿邮报社的一项联合调查发现，25%的女性和10%的男性声称在工作场所曾遭受性骚扰。[39]根据平等就业机会委员会的资料，在2011年联邦和州机构归档的性骚扰案件有11 364起，男性受害人案件大约占16%（见图表3.5）。

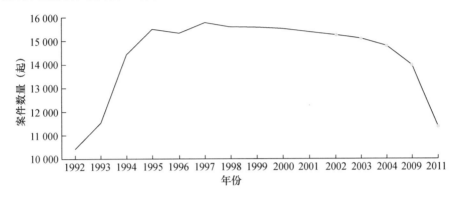

图表3.5　1992—2011年性歧视案件的数量

资料来源：The U. S. Equal Employment Opportunity Commission (2012). http://www.eeoc.gov/statistics/enforcement/sexual_harassment.cfm.

管理者笔记"减轻性骚扰的潜在责任"清楚地说明了几种预防或避免性骚扰的方法。

 管理者笔记：客户导向的人力资源

减轻性骚扰的潜在责任

为了减轻性骚扰诉讼的潜在责任，管理者应该：
- 制定禁止骚扰的书面制度；
- 与员工就此政策进行沟通并培训员工辨明什么是骚扰行为；
- 在雇用环节对员工进行筛选，确保所选员工以往没有性骚扰历史；
- 建立有效的申诉程序；
- 对所有申诉进行快速调查；
- 对过往的骚扰行为采取补救措施；
- 确保需调职的指控人不会被调至不合理的职位；
- 采取措施防范持续骚扰。

资料来源：Kleiner, K. (2012, September/October). What you need to know about sexual harassment. *Nonprofitworld.org*, 12—13; Commerce Clearing House. (2008). *Sexual harassment prevention training manual* (4th ed.) Chicago: Commerce Clearing House; Equal Employment Opportunity Commission. (2010). Questions and answers for small employers on employer liability for harassment by supervisors. www.eeco.gov/policy/docs/harassment-facts.html.

近年来，美国最高法院对性骚扰的判决直接影响性骚扰案件中雇主的责任。首先，雇主必须为主管对下属管理者所采取的措施担负责任，即便员工的违法行为没有汇报至最高管理层。其次，最高法院还建立了帮助雇主避免性骚扰案件的措施。雇主必须证明以下两点：(1) 公司及时采取了合理措施预防和纠正性骚扰行为[40]；(2) 原告未利用内部程序上报性骚扰事件[41]。

如果员工有理由相信上报违法行为的方法并不可行，那么雇主就不能以此作为自我辩护的理由。内部程序必须由公正的调查构成。[42] 管理者笔记"如何开展性骚扰调查"为雇主提供了一些指导方针。

 管理者笔记：客户导向的人力资源

如何开展性骚扰调查

如果公司没有调查性骚扰控诉，一旦案件闹到法庭，雇主就要承担责任。以下是一些开展性骚扰调查的指导：

- **及时性**。管理者应在性骚扰投诉的 24—48 小时内迅速做出回应，如果回应拖延就可能惹上过失指控。
- **文件**。管理者应通过开放式问题尽可能详细地调查性骚扰的发生过程。在调查会议结束后，管理者应重新整理会谈期间的记录，并基于记录整理出书面报告。
- **征得员工同意**。管理者应与申诉人仔细检查所记录的事件，证明报告属实，员工对此看法一致。
- **解决办法**。管理者应询问员工到底想要一个怎样的结果。一个真实的申诉者通常会要求停止骚扰，而带有个人报复性意愿的申诉者则期望解雇被指控对象。
- **查找事实真相**。管理者应会见能够证实或推翻性骚扰申诉的目击证人，还应会见骚扰人，给予被指控对象自我申辩的机会。制作一份"查找事实真相"的文件，记录申诉过程中的所有实情；一旦文件记录完成，调查即被视为结束。
- **补救方法**。雇主有责任采取合理措施终止性骚扰行为并有权决定合适行动。管理者可以灵活地从一系列的制裁方案中选择有效的制裁性骚扰政策，包括对骚扰方进行书面警告、调职或降职及解雇等。

资料来源：Willness, C., Steele, P., and Lee, K. (2007). A meta-analysis of the antecedents and consequences of workplace sexual harassment. *Personnel Psychology*, 127—162; Convey, A. (2001, July). How to handle harassment complaints. *HR Focus*, 5—6; Segal, J. (2001, October). HR as judge, jury, prosecutor and defender. *HRMagazine*, 141—154.

为了避免性骚扰的指控，专家建议雇主建立"性骚扰零容忍制度"，并就此与员工进行沟通，确保受害人无须惧怕因指控而遭受报复。[43] 此外，一些做得好的公司还安排反性骚扰方面的培训，所有员工必须强制参与。反性骚扰培训班以角色扮演与视频剪辑形式介绍性骚扰的种种行为，解释公司的反性骚扰政策如何运转，为员工答疑解惑。例如，加利福尼亚州的一项

法律要求员工人数在 50 以上的公司,其主管以上员工每两年必须进行 2 个小时的反性骚扰培训。[44]

3.3.6 1991 年《民权法案》

1991 年,美国国会针对最高法院开始被弱化《民权法案》第 7 章的情况,通过了一套全面的修订条文,这些修正方案被称为 1991 年《民权法案》(Civil Rights Act of 1991)。虽然这些法律上的修订属于技术性的,但对许多组织的影响则是非常实际的。1991 年修正的主要内容有:

- **举证责任**。如之前所述,雇主在歧视案件中负有举证责任。当求职者或员工提起歧视诉讼并出示证据,公司就必须进行辩护,证明它做出的决策是与工作相关的。这种标准最初源自 1972 年的格瑞格斯起诉杜克电力公司案的裁决;紧接着,最高法院在 1989 年对瓦德湾包装公司起诉安东尼奥案(Wards Cove Packing Co. v. Antonio)的判决,使原告负有更多的举证责任。[45] 1991 年《民权法案》则恢复了"格瑞格斯"标准。
- **配额**。为了避免负面影响,许多组织(包括劳工部)调整雇佣测试的分数,以保证特定比率的受保护阶层可以获得雇用。1991 年《民权法案》第 7 章修订条款禁止这种配额做法。**配额**是指雇主调整雇佣决策,确保一定数量的受保护阶层人员可以被雇用。因此,在 1991 年被明确禁止前,最高法院对配额决策的看法是不相同的。雇主在实施平权行动计划优先录取受保护阶层求职者时,应注意"优先权"(法律允许的)和"满足配额"(法律禁止的)的界限。
- **赔偿和陪审团审判**。最初的《民权法案》第 7 章规定,原告胜诉只能获得追回被拖欠的薪酬。不过根据 1866 年《民权法案》,少数族裔可以获得惩罚性赔偿和补偿性赔偿。**惩罚性赔偿**(punitive damages)是为了惩罚被告,要求被告给付原告的罚金。**补偿性赔偿**(compensatory damages)是为了补偿原告因歧视而受到的财务损失或心理伤害而给予的赔偿金。1991 年《民权法案》让提出性别、宗教或残疾歧视诉讼的原告更有可能获得惩罚性和补偿性赔偿。根据雇主规模,赔偿金额从 5 万美元到 30 万美元不等。[46] 此外,法律还允许原告要求由陪审团审判。

有些人认为,1991 年《民权法案》在禁止配额的同时,也禁止弱化就业决策歧视机制的有效性。许多企业发现,防范负面影响的最佳办法是综合运用配额和认知能力测试,即雇主先从各个群体中挑选一定比例的求职者,再通过认知测试挑选表现最优者。这种雇佣策略可以同时兼顾受雇员工的品质和少数族裔的合理配比数量。尽管如此,1991 年《民权法案》明文禁止使用配额法。[47]

3.3.7 11246 号行政命令

行政命令(executive orders)是指美国总统针对联邦政府和承包联邦政府业务的组织所颁布的政策。11246 号行政命令是前总统约翰逊于 1965 年颁布(11375 号行政命令的修正),不属于《民权法案》第 7 章,不过其禁止歧视的对象与《民权法案》第 7 章中的受保护阶层相同。此外,11246 号行政命令超越了《民权法案》第 7 章中的无歧视要求,要求承包组织(获得联邦政府合同的金额超过5万美元及员工人数多于50的公司)建立平权行动计划以提升受保护阶层的就业。例如,政令要求诸如诺斯洛普·格鲁门公司和洛克希德·马丁公司等政府承包商必须建立积极的平权行动计划。

3.3.8　1967年《就业年龄歧视法案》

1967年《就业年龄歧视法案》(Age Discrimination in Employment Act,ADEA)禁止歧视年龄超过40的员工。该法案于1967年获得通过,旨在保护年龄在40—65岁的人。在随后的修正中,年龄被上调至70岁,1986年的修正条文则取消了年龄上限。

大部分关于《就业年龄歧视法案》的原告是遭到解雇的员工。例如,通用电气公司一位名57岁的计算机控制系统销售代表成为"裁员"时唯一被开除的员工,其工作被6名较年轻的销售代表取代。对此,该员工提起诉讼,指控公司出于年龄原因解雇他。底特律陪审团裁定公司给予该员工110万美元的赔偿金,补偿他受到的损害及薪酬和福利损失。[48]在工作场所发生的不妥玩笑也可能导致雇主败诉。例如,在几桩与年龄歧视相关的案件中,被解雇员提供有证据证明主管拿员工年龄开玩笑而使得雇主输掉官司。[49]在一桩年龄歧视案件中,Sprint Nextel公司解雇了1 697名员工,2005年法院裁决公司赔偿原告5 700万美元。2012年,提供平等就业机会委员会收到22 857余例年龄歧视投诉。[50]

《就业年龄歧视法案》一项重要的修订是1990年《年长员工保护法案》(Older Workers Protection Act,OWPA),禁止雇主根据员工年龄提供福利的歧视行为。例如,雇主只对年龄为60岁或60岁以下的员工提供残疾福利或要求年长的残疾员工提早退休的行为是违法的。此外,有些公司在缩编和临时裁减人员时要求年长员工签署协议声明未来不会提起任何年龄歧视控诉以换取报酬,而《年长员工保护法案》另一项条款使这些政策更难以实施。[51]

一些公司很重视年长员工,并且制定一些政策帮助老年员工延长工作生涯。比如迪尔公司,一家坐落在伊利诺伊州莫林市的工业设备制造商,公司46 000名员工中的35%超过50岁,一些甚至有70多岁。迪尔公司花费许多精力将人类工程学引进工厂,使得工作更加轻松,老年员工就可以在岗位上工作更长的时间。[52]从长远的生活预期来看,更多的65岁以上员工会选择继续在岗位上工作,而不是享受退休金与医保。公司有必要重新考虑这些期望延缓退休、可以工作更久的老年员工的职业生涯,其中一种解决方式就是将退休改造成循序渐进的过程,提供"过渡性工作",作为全职工作到退休过渡期间的工作方式。慈爱健康管理中心采用这种方式,使老年员工在季节性需求高峰时工作,之后可以有较长一段时间的无薪假期,期间这些老年员工仍然能够获得福利。[53]

3.3.9　1990年《美国残疾人法案》

近年最主要的一部平等就业机会法律是1990年的《美国残疾人法案》(Americans with Disabilities Act,ADA)。自1990年立法后,《美国残疾人法案》逐步开始付诸实施。《美国残疾人法案》主要分为三个主要章节:第一章是就业相关条款,第二章和第三章则涉及联邦政府与地方政府的管理,以及诸如旅馆、餐厅和杂货店等公共场所的运营。《美国残疾人法案》适用于拥有 15 名或更多雇员的雇主。[54]

《美国残疾人法案》第一章的核心要求为：

雇佣歧视就是禁止歧视具备完成核心工作的基本能力的残疾人，不论是否提供合理的调整。

下文是对此核心要求所包含三部分内容的解释。

残疾人

残疾人(individuals with disabilities)是指因身体或精神残疾而对个别或多项生活活动造成很大影响的人。这里所指的主要生活活动包括[55]：

- 行走
- 说话
- 呼吸
- 进行手工作业
- 坐
- 举
- 看
- 听
- 学习
- 自我照顾
- 工作
- 阅读

显然，盲人、听障人士和依靠轮椅行动者都属于残疾人士，残疾范畴还包括可被控制的残疾。例如，病情受到药物控制的癫痫病患者。这种残疾必须是身体或精神上的，不是因环境、文化或经济上的不足所导致的。例如，一名有阅读障碍的人可以被认定为是残疾人，但是因辍学而欠缺阅读能力的人却不能归属残疾范畴。传染病携带者，包括 HIV 呈阳性的人（引发艾滋病毒感染）可被界定为残疾人。

2008 年《美国残疾人法案》修正案是对《美国残疾人法案》的修订。修正法案扩大了残疾的定义，并没有严格限定残疾的范围，而是适度地将残疾界定为一个或多个主要生活活动。《美国残疾人法案》修正案考虑了更多的生活活动，既包括弯腰和交流，也包括身体各项机能，如免疫系统、膀胱、循环、内分泌、神经和消化功能。[56]根据《美国残疾人法案》修正案的规定，汽车地带(AutoZone)公司因未能为残疾的销售经理提供合理的调整而被控诉。这位经理的背部和颈部受到损伤，无法执行擦洗地板和其他清洁任务，而这些任务在法庭看来并不是核心的工作内容。即使他将受伤证明出示给汽车地带公司后，公司仍然拒绝提供调整，并要求该员工继续执行清洁活动，导致其额外的伤害和病假。最后，法庭判决公司赔偿员工 60 万美元并补偿欠薪。[57]

《美国残疾人法案》还保护被认为有残疾的员工。例如，一位心脏病发作的员工在试图返回工作岗位时，雇主因担心工作量"过大"而拒绝他返岗。这位雇主因主观认为该员工残疾并基于感知对该员工采取歧视行为而触犯了《美国残疾人法案》的法规。

两类特殊人群可被明确界定为非残疾：因饮酒而影响工作绩效的人；使用非法定药品（无论是否上瘾）的人。不过，能够摒弃以往习性（酒或药品）的人士仍在《美国残疾人法案》的保护范畴内。

病态肥胖群体，一般是指超过标准体重 100 磅或以上的人群，他们可能不受《美国残疾人法案》的保护。当前，约 900 万美国成年人存在病态肥胖，且许多人同时承受着高血压、心脏病、中风、癌症、抑郁症、风湿性关节炎、关节炎及糖尿病等多重疾病的压力。最近的庭判已不再必然地将病态肥胖作为符合《美国残疾人法案》保护的疾病种类，只有那些由生理因素引起的病态肥胖才能受到《美国残疾人法案》的保护。病人如果想获得《美国残疾人法案》的保护，必须向雇主提供医疗证明——病态肥胖是由生理因素造成的。例如，如果体检表明一名病态肥胖者是由过度饮食和缺乏锻炼所引起的，那么雇主就可以不考虑《美国残疾人法案》的保护条款。[58]

智障人士

2005年，平等就业机会委员会针对雇主雇用和帮助智障员工并防范他们遭受骚扰时遇到的挑战而制定了一些指导方针。平等就业机会委员会估计，美国大约有250万智障人士，他们一般表现为：(1) 智力水平(IQ)低于70—75的人；(2) 在概念表达、社交和实践适应技能方面非常有限的人；(3) 18岁以前就有残疾的人。适应技能是指日常生活所必需的基本技能，包括沟通、自理、居家生活、社会技能、休闲娱乐、健康与安全、自我引导、功能性学业（读、写、基础数学）和工作。[59]

并非所有智能障碍的人均属于《美国残疾人法案》的保护范畴。一个人的智力残疾必须能够极大地限制一个或多个生活活动，如行走、听、看、思考、说话、学习、集中精力、完成手工作业、自我照顾和工作等。以下事例中的智障者属于《美国残疾人法案》的保护范畴。

> 一个智力有障碍的人被电影院雇用，在影院的小卖部工作。他的主要工作是保证柜台上糖果和零食的供应；在影院关门的时候，他需要清洁柜台和设备并补充货架。不过，他既不能准确地整理钱款，也不能准确地为顾客从收银机中找零。这个人的智力水平无法完成基本的数学计算，因此他是受到《美国残疾人法案》保护的群体。

核心职能

平等就业机会委员会将工作职责和任务分为核心与边缘两种。**核心职能**（essential functions）是指成为一名有效的员工所必须完成的工作职责。边缘职能（marginal function）是指仅部分员工必须拥有的或并非工作绩效关键的工作职责。以下例子说明了两者的差异：

• 一家公司刊登广告招聘一名"流动"主管，在正式主管早班、晚班和夜班不当值的时候能够替代主管履行职责。那么，在任何时间（无论早晚）均能工作的能力就是核心工作职能。

• 一家公司希望拓展与日本的业务，要求新进职员除具备销售经验外，还必须说流利的日语。那么，语言能力就是核心工作职能。

• 对于任何需要使用计算机的工作来说，具备访问计算机终端并能输入或查找信息的能力就是最基本的要求。不过，如果具备语音识别和听觉输出技术，那么员工具备手工输入或视觉查找信息的能力就不属于核心工作职能。

• 同在一个实验室工作的化学家偶尔需要接听电话，这项工作技能可以被视为边缘工作职能，因为即使其中一位化学家不去接听电话，也有其他人去做。

《美国残疾人法案》规定，雇主对残疾求职者只能基于其执行核心工作职责的能力进行决策。因此，雇主不应在雇用前询问求职者是否残疾，但可以询问求职者是否拥有完成核心工作职能的能力。

合理调整

雇主必须采取合理调整(reasonable accommodation)以支持残疾员工完成工作。该要求主要有以下几方面：

• 对于已知的残疾求职者和员工，雇主应提供合理调整，以便他们能够享有平等就业机会。[60]例如，如果面试地点没有设置轮椅通道，那么使用轮椅的求职者就需要合理调整。

• 除非提供合理调整会引起"过度重负"，否则雇主不能为了避免调整而拒绝雇用残疾人。过度重负是一个基于经调整成本和雇主资源的主观判断。例如，由于小企业不具备大公司的财力资源，大公司可例行提供的调整（如专门的计算机设备）不能要求小企业同样做到。

• 如果残疾人本身不符合岗位要求，那么雇主就无须提供调整。

• 通常情况下，残疾人有责任要求雇主提供合理调整。

• 如果合理调整的成本会给雇主带来过度的负担，那么雇主也应给予残疾人提供合理调整的选择权。例如，一位有视力障碍的人要申请一家小企业的计算机操作员一职，而公司无法向该申请人提供合理调整，那么公司必须允许他使用可提供合理调整的相关技术。尽管残疾人士就业委员会指出，20%的调整不会产生任何费用，只有不超过4%的调整成本超过5 000美元。[61]

合理调整的手段有很多种，其中一些可能令人惊奇。例如，一家生产专业摄影胶片的小型家族企业（拥有员工250名）——奇运来公司(Kreonite, Inc.)坚持雇用残疾人，其中有几名还是聋人。为此，奇运来公司求助于当地一家非营利性培训中心教授听力正常员工手语，30名员工自愿参与此项免费培训。[62]

平等就业机会委员会建议的其他一些可能的合理调整手段包括：重新分配边缘工作职能；调整工作时间表；调整测试或培训资料；提供合格阅读器或翻译人员；允许员工为了治疗而请假（带薪或不带薪）。[63]平等就业机会委员会还建议可以给智障人士提供一名短期教练，以帮助他们完成核心工作职能。[64]

正如本章前面所说的，《美国残疾人法案》及其附属条款的中心内容是关于雇佣程序。然而至今，大部分申诉所涉及的就是目前残疾人的就业问题。平等就业机会委员会提供的资料显示，2009年基于《美国残疾人法案》的残疾人案件总量为21 451起，其中最多的两类案件是关于情感和精神伤害以及背部损伤，同时也是最难裁决和处理的。[65]管理者必须准备处理一系列制定和通过《美国残疾人法案》的立法者与修订者都没有预料到的问题。

1973年《职业康复法案》

《职业康复法案》(Vocational Rehabilitation Act)是《美国残疾人法案》的前身，但仅适用于联邦政府机构及其承包商。与11246行政命令一样，《职业康复法案》不仅禁止歧视（以禁止歧视对象指残疾人），还要求涵盖对象采取平权行动计划以促进残疾人就业。熟悉这项法律有利于组织更好地遵循《美国残疾人法案》条款，因为在三十多年的时间里，法院裁决和规章决策都是以禁止歧视残疾人为主要的出发点。

1974 年《越战老兵再调整法案》

还有一项平等就业机会法规值得简单提一下。1974 年《越战老兵再调整法案》(Vietnam Era Veterans Readjustment Act)禁止联邦政府承包商歧视越战退伍军人(在 1964 年 8 月 5 日至 1975 年 6 月 7 日服役的军人),还要求联邦政府承包商采取平权行动雇佣越战退伍军人。法律还保护战争、军事行动期间服役的退伍军人或获授权的随军记者,包括后续的军事行动如海湾战争(1991 年)、伊拉克战争(2003—2011 年)和阿富汗战争(2001—2015 年);法律还要求联邦政府承包商采取平权行动,雇用越南战争时期及近年军事行动中的退伍军人。

3.4 平等就业机会的强制力和遵循

平等就业机会法律的强制执行是由美国总统领导的政府行政部门的分支机构负责。本节介绍强制执行平等就业机会法律的两个管理机构和用于遵循平权行动要求的计划。

3.4.1 管理机构

负责强制实施平等就业机会法律的两个主要机构分别是平等就业机会委员会和联邦合同合规项目办公室(Office of Federal Contract Compliance Programs,OFCCP)。

平等就业机会委员会

平等就业机会委员会是基于《民权法案》第 7 章成立,负有三项主要责任:第一是解决歧视申述;第二是发布书面规章;第三是收集和传播信息。[66]

平等就业机会委员会处理歧视申诉的三个步骤为:

- **调查**。一旦求职者或员工认为受到歧视,就可以向平等就业机会委员会申诉。接下来,平等就业机会委员会会通知公司关于它的申诉案件已被记录在档。此后,公司有责任妥善保存与之相关的所有记录。因为平等就业机会委员会通常会有很多积压案件,对当时的申诉可能要在两年之后才能着手调查。1990 年,平等就业机会委员会的在档案件为 62 100 起;2012 年,这个数量已经升至 99 412 起。

2012 年,在向平等就业机会委员会提起申诉的 99 412 起案件中,歧视种类主要有[67]:

- 种族:33 512(33.7%);
- 性别/性:30 356(30.5%);
- 年龄:22 857(23.0%);
- 残疾:26 374(26.5%);
- 国籍:10 883(10.9%);
- 宗教:3 811(3.8%);
- 同工同酬:1 082(1.1%)。

平等就业机会委员会对于私营部门申诉的平均处理时间为 180 天。

在着手调查后，平等就业机会委员会可以判断被控公司是否违反了一条或多条平等就业机会法律。原告可以随时提起诉讼，但是若没有平等就业机会委员会的支持，法院的裁决一般不会对他们有利。

- **调解**。平等就业机会委员会一旦发现雇主的确违反于平等就业机会法律，就会试图就该案件对双方进行调解。调解由原告、雇主和平等就业机会委员会三方共同参与，目的就是避免审判，以公平的解决方式达成和解。
- **起诉**。如果调解无效，平等就业机会委员会有两个行动方案可供选择。平等就业机会委员会无权强迫雇主支付补偿性或其他类型的赔偿金，只能由法院判决。因为处理一起诉讼的费用非常高，所以平等就业机会委员会只能针对很小比例的相关案件采取追踪的方法。如果平等就业机会委员会不选择追踪这起案件，它可以向申诉者发出一份有权提起诉讼的信函，原告就可以在平等就业机会委员会的支持下（如果不是财务或法律支持）向法院提起诉讼。

除了解决申诉，平等就业机会委员会还负责发布法规和指南，这些文件是针对单部法律的详细解释。例如，当平等就业机会委员会确定性骚扰是《民权法案》第7章所禁止的，就会颁布相关法规，界定什么是性骚扰（见图表3.3），并告知雇主应该如何做才能应对员工的性骚扰申诉。同样，1990年颁布《美国残疾人法案》时，平等就业机会委员会有责任制定法规，指导雇主为遵循法律应做或不做什么。平等就业机会委员会网站上（www.eeoc.gov）公布了一系列的相关规定，最为突出的几项如图表3.6所示。

图表3.6 平等就业机会委员会的主要规定

年龄：适用于每个人（不论年龄）的就业政策或实践，如果对40岁或以上的求职者或雇员有负面影响，而且不是基于年龄之外的合理因素（RFOA），则为非法的。
残疾：法律要求雇主为残疾的雇员或求职者提供合理的调整，除非这样做会给雇主带来非常大的困难或非常高的费用。
薪酬：法律要求同一机构中的男女应同工同酬。这些工作不必完全一致，但必须大体相同。
遗传数据：因遗传信息而歧视雇员或求职者是违法的。
欺凌：当发生因主管骚扰、导致的负面影响（如解约、未能升职或工资损失）时，雇主自然要负起责任。如果主管的骚扰导致敌意的工作环境，雇主只有证明以下两点才能避免承担责任：(1) 努力预防和及时纠正骚扰行为；(2) 雇员未能有效利用任何雇主提供的预防或纠正的机会。
国籍：法律禁止雇主或其他涉及主体不考虑国籍而采用适用于每个人的就业政策或实践，这项政策或实践对某个国籍的人有负面影响，而且并不是工作相关或必要的业务操作。
妊娠：法律禁止歧视任何就业方面的妊娠，包括招聘、解雇、工资、工作分配、晋升、解雇、培训、额外福利（如休假和医疗保险），以及任何其他就业的条款或条件。
负面影响：如果一项就业政策或实践适用于所有的人而不考虑种族或肤色，就有可能是非法的。因为这项政策或实践可能对某一种族或肤色人群的就业产生负面影响，而且是与工作无关或者并不是必要的业务操作。
宗教：法律要求雇主或其他涉及主体为雇员的宗教信仰或实践提供便利，除非这样做会给雇主带来较大的负担。
性别歧视：性别歧视包括出于某人的性别而以很不友好的方式对待他/她（求职者或雇员）。
性骚扰：因某人的性别而骚扰这个人（求职者或雇员）是违法的。骚扰包括性骚扰或不受欢迎的性侵犯、性暗示，以及其他口头或身体方面的性骚扰。

资料来源：EECO Regulations(April, 2014). www.eeoc.gov.

平等就业机会委员会还要负责收集信息，监督组织的雇佣实践。它要求雇用人数达到100以上的组织必须提供年报告，说明在九个不同工作类别中所雇用的女性和少数族裔雇员的人数。平等就业机会委员会审查这些信息，鉴别组织内可能存在的歧视模式。

最后，平等就业机会委员会会给雇主分发宣传海报。海报意在向雇员说明应如何自我保护以避免歧视，遇到歧视时应如何提出申诉。平等就业机会委员会要求雇主将海报张贴在显著位置（如公司餐厅）。

3.4.2 联邦合同合规项目办公室

联邦合同合规项目办公室（OFCCP）负责强制实施应用于联邦政府及其承包商的法律与行政命令。具体而言，联邦合同合规项目办公室主要负责执行11246行政命令和《职业康复法案》，两者除禁止歧视之外，还要求涵盖雇主实施的平权行动项目计划。

联邦合同合规项目办公室颁布的很多书面法规与平等就业机会委员会类似。不过，两个机构的执行主体还是存在很大的差异。第一，相对于平等就业机会委员会，联邦合同合规项目办公室会积极地监督法规的遵循状况。也就是说，联邦合同合规项目办公室不是被动地等员工或求职者提出申诉，而是要求所涉范畴的雇主每年递交陈述平权行动项目实施情况的报告。第二，不同于平等就业机会委员会，联邦合同合规项目办公室具备相当强的执行力。成为联邦政府承包商被认为是一种特权而不是权利。因此，如果承包商没有遵守法律，联邦合同合规项目办公室可以剥夺这项特权，也可以施以罚款和其他形式的惩罚。

3.4.3 平权行动计划

政府机构和承包政府大量工作的企业都必须采取平权行动计划。建立平权行动计划的三个步骤为使用率分析、建立目标和时间表、决定行动计划。

使用率分析

建立平权法案计划的第一个步骤是进行使用率分析（utilization analysis），描述组织目前的劳动力和劳动力市场上合格人员数的相对情况。该步骤分为两个部分：

首先是将组织内所有工作岗位进行分类，统计出目前劳动力的构成结构。例如，先将组织内所有管理岗位分为第一类，文员和秘书岗位分为第二类，销售岗位分为第三类，依次排列；然后确定每个岗位类别中各个受保护阶层员工的百分比。

其次是判断劳动力市场中同一受保护阶层人员的百分比。在收集信息时，公司需要考虑图表3.7列出的八个不同方面的信息。例如，合格且可用的管理人员中女性员工占多少比例？非裔美国人占多少比例？亚裔占多少比例？联邦合同合规项目办公室为了确定这些数据给组织提供指南。如果可用数据远远超过目前任何类别的雇用量，则说明该工作类别中的受保护阶层数量没有达到雇用标准。

图表 3.7　使用率分析的八个组成因素

依据以下群体中受保护阶层人员的比例：
- 当地人口
- 当地失业人员
- 当地劳动力
- 劳动力市场的合格人员
- 你在劳动力市场招聘的合格人员
- 可被纳入该职位类别的现有人员
- 当地教育机构和培训项目为该职位类别培训的毕业生
- 由雇主赞助的培训项目参与人

目标和时间表

第二个步骤是建立目标和时间表（goals and timetables），纠正使用率不足的问题。联邦合同合规项目办公室明确规定不得设置强制性的数量配额。雇主应该考虑使用率不足的规模、员工流动率、劳动力增加还是缩减，另外一个需要考虑的问题是雇主打算采取哪种行动方案。

行动方案

第三个步骤是决定采取怎样的平权行动计划（action plans）。联邦合同合规项目办公室建议的指南为：

- 招募受保护阶层的成员。
- 重新设计工作，以便使代表性不足的人员有可能符合工作要求。
- 为准备不足的求职者提供专业培训课程。
- 消除不必要的就业障碍。例如，位于缺乏公共交通工具区域的公司可以考虑在特定地区提供班车服务，使得没有私人交通工具的潜在求职者也有机会成为公司员工。

组织应该关注的一个核心问题是：它们应该对受保护阶层的求职者给予多少（如果有的话）优先权。例如，几年前加利福尼亚州圣塔克拉拉市的一个运输部门针对一个空缺职位举行公开招聘。经过常规的甄选程序后，招聘官根据求职者的测试和面试成绩进行排名，招聘规则允许组织从前七名候选人当中选出一名合格者。主管打算聘用排名第二的白人候选人——保罗·约翰逊，然而名列第四的白人女性戴安·乔伊斯致电该市的平权行动官员并最终得到这份工作。

事后，约翰逊提出申诉，他的诉求很直接：《民权法案》第 7 章禁止性别歧视，但他却因为是男性而失去了这份工作。这是典型的**逆向歧视**（reverse discrimination），即因试图从受保护阶层招募和雇用更多的成员而导致的歧视。在该案中，求职者应聘的这个工作类别中的 338 个岗位没有 1 个是由女性担任的。约翰逊一直诉讼至美国最高法院。1987 年，法院判决维持原判。[68]

自 1977 年的第一桩反歧视案件开始，最高法院已裁决十几桩类似案件了。[69]虽然法院支持图表 3.1 列出的平权行动策略，但几乎所有的这些案件是以 6 票对 3 票或 5 票对 4 票的微弱优势赢得判决的。因为最高法院每年会有新法官加入，所以这类案例未来的判决充满了不确定性。

2003年关于密歇根大学的平权行动政策是一桩具有重大影响的案例。美国最高法院支持高校在招生中采取平权行动的权利。首先,支持这项法律政策的密歇根大学规定,民族是学校选择学生的因素之一,因为它促使学校日趋重视"由多元化的学生群体带来的教育效益";其次,密歇根大学的本科招生政策是建立在一个对少数族裔加分的规则的基础上的,而最高法院认为这项政策需要改进,因为与法学院不同,这项政策没有考虑到大学入学申请者个人方面的问题。[70]

美国并非唯一采取平权行动的国家,其他国家也采取类似的政策,为弱势群体提供就业和受教育的机会。例如,印度为了改善社会最底层人员的地位,对他们的就业和教育采取优惠政策。但是实施这项政策的同时也激怒了社会上层成员。马来群岛为伊斯兰马来人提供优于华人(一般来说,华人较为富裕,受教育程度也高于马来人)的就业和教育机会。为此,当地大量华人纷纷移民到亚洲其他国家和北美。[71] 还有些国家并没有对人口中的弱势族群提供优惠的就业政策。例如,法国并没有对国内大量的阿尔及利亚人采取类似美国的平权行动政策以改善他们的高失业率。在英国,政府种族平等委员会认为大多数的英国公司除口头支持外,很少采取实际措施确保平等就业机会。[72]

对于美国以外的国家来说,文化价值观影响如何在平等基础上对待少数族裔或弱势群体,正如管理者笔记所阐述的"性别歧视在印度的工作场所中普遍存在"。

 管理者笔记:全球化

性别歧视在印度的工作场所中普遍存在

虽然印度是世界上最大的民主国家之一,近年来经济在迅速发展,但印度女性的劳动参与率却落后于其他迅速发展的国家,如中国。印度劳动力中女性所占比例仅为24%,相比之下,中国女性的劳动参与率为70%。2012年,全球性别差距报告将135个国家的女性在经济参与和政治权利方面进行排名,印度排第105位,在柬埔寨、布基纳法索和伯利兹后面。

印度较低的女性劳动参与率与社会期望的已婚女性角色所导致的文化压力有关。社会期望印度已婚女性在家里照顾家庭,包括她们的姻亲。

由于印度发生了几起众所周知的、对妇女施暴的案件,2013年,印度颁布了一部工作场所禁性骚扰法律,禁止在工作场所性骚扰妇女的行为。法律要求雇主与10名以上雇员组成一个内部投诉委员会,受性骚扰的女性可以提出申诉。该委员会在控诉人和被控诉人之间进行调解并促成和解,只有在调解失败时才会展开调查。批评者反对在正式调查前进行调解的规定,因为这对提出申诉的女性来说是一种威慑。

资料来源:Kolhatkar, S. (2013, February 4). Arrested development: India's miserable record on women's rights threatens to stunt its economis growth. *Bloomberg Businessweek*, 6—7; Vasant, K. (2013, April 29). New workplace sexual harassment law "already out of date". *India Realtime*. www.blogs.wsj.com/indiarealtime/2013/04/29; Pathak, M. (2012, March 28). India takes steps toward gender equity. *Gazelle Index*. www.gazelleindex.com/archives/5410.

3.5 其他重要法律

在本章,我们集中讨论了平等就业机会系列法律,因为它们对大部分人力资源问题产生广泛的影响,并且更多地影响管理者的行为。此外,本章附录提到的人力资源法律的范围较窄,其他章节将进行针对性的讨论,包括影响薪酬与福利计划的法律(国家劳工赔偿法律、《社会保障法案》、《公平劳动标准法案》《雇员退休与收入保障法案》《统一综合预算协调法案》和《家庭与医疗休假法案》)、工会—雇主关系的法律(如《瓦格纳法案》《塔夫脱-哈特莱法案》《德兰鲁姆-格里芬法案》)、安全和健康议题的法律(如《职业安全和健康法案》)及解雇方面的法律(如《劳动者调整与再培训法案》)。

> **伦理问题**
> 一位美国雇主要求雇员在工作场所只说英语是合理的吗?

四部法律值得提及。《1986 年移民改革与管制法案》(Immigration Reform and Control Act of 1986)是为了减少美国非法入境移民。法案中的一个条款会影响雇主,即不允许雇用非法移民。法律规定雇主只可以雇用那些能提供证明材料表明法律允许其在美国工作的人员。雇主必须对新雇员使用 I-9 就业资格认证表。不过,该法案最大的成效是促进了虚假证明文件这个市场的生成。

《1990 年移民法案》(Immigration Act of 1990)的制定使得有技能的人更容易移民到美国。该法案是对原移民政策的修正。原移民政策偏好的移民类型是:(1) 家庭成员为美国公民;(2) 来自美国政府历来给予大量移民指标的国家。[73]

《1988 年工作场所毒品防治法案》(Drug-Free Workplace Act of 1988)要求政府承包商确保在工作场所不出现毒品。雇主必须预防员工在工作场所使用非法药品,并负有教育员工有关毒品危害性的责任。尽管法律并没有强制要求进行药物测试,但是部分专门的法律和法规对这个问题的关注导致在美国普遍对求职者与员工进行药物测试。[74] 在《财富》杂志列出的 200 家公司中,大概 98% 的公司会采取药物测试。[75]

《1994 年军事征召人员复职权利法案》(Uniformed Services Employment and Reemployment Rights Act of 1994)保护因服兵役而暂时离开私营企业的员工(例如后备役)。这项法案保障了员工的年资和福利权利,同时保护他们在雇主进行雇用、晋升、解雇决策时避免受到歧视。一些雇主会给予从伊拉克战争中返回的退伍军人超越法律要求的补贴和福利,正如在管理者笔记"从伊拉克和阿富汗返回的退伍军人发现其技能大受市场欢迎"。

 管理者笔记:新趋势

从伊拉克和阿富汗返回的退伍军人发现其技能大受市场欢迎

在伊拉克服役的军队中有 40% 是退伍军人,这自第二次世界大战后参与战争的退伍军人数量最多的一次。他们的平均年龄为 32 岁,比一般士兵的平均年龄大 4 岁。

雇主发现,从伊拉克服役回来的退伍军人往往具备丰富的管理经验、人际和沟通技能,有些人经过战争的磨炼后还具备领导才能。41 岁的退伍军人——陆军少校大卫·伍德在伊拉克和阿富汗指挥一支直升机中队。伍德说,当士兵知道高级军官亲自参与作战时,执行任务往往更有激情。复员后,伍德就职于宾夕法尼亚州一家包装公司,担任 Jay 集团的副总裁。他经常随工人一起到现场参与包装和运输的工作。伍德说:"你不能做所谓的'咖啡杯'指挥官,你必须亲临现场,处于领导的第一线。"

认识到退伍军人从战争中获得的技能价值,雇主转向招募和保留此类人才。尽管法律要求雇主在退伍军人返回工作岗位后维持他们原有的职务和工资水平,但一些雇主甚至超越了法律的要求,在他们服役期间就提供补贴作为他们工资和福利的延续。以下是几个相关的例子:

- Adolph Coors 公司对照现役军人的常规薪酬水平,为退伍军人提供最长至 1 年服役期间的薪资。公司内部成立志愿者组织,与退伍军人家属一起,向军队打包、运输捐赠物品。
- 美国运通公司提供长达 5 年的全额工资和福利及员工退休现金支付计划。
- 通用电气公司支付 1 个月的全薪和 3 年的工资差额,公司有专门的军人招募部门,并为退伍军人过渡到企业员工提供领导力培训。

资料来源:Palmeri, C. (2004, December 13). Served in Iraq? Come work for us. *BusinessWeek*, 78—80; Dance, S. (2010. February 15). Returning soldiers, employers face post-war challenges. *Baltimore Business Journal*. www.bizjournals.com.

3.6 避免平等就业机会的缺陷

美国大部分雇员和求职者属于一个或多个受保护阶层。这意味着几乎所有管理者制定的、能影响员工就业状况的决策有可能受到法律的挑战。在大多数案件中,健全的管理实践不仅可以帮助管理者避免平等就业机会诉讼,还有助于组织盈利。五种具体的管理实践建议为提供培训、建立申诉解决程序、决策存档、诚实及仅向求职者询问必要的信息。

3.6.1 提供培训

避免平等就业机会问题的最好方法之一就是提供培训。[76]下面介绍两类合适的培训方式。

第一,由于该领域法律的多变性,人力资源部门应定期将平等就业机会和各种劳动力相关议题的更新情况通告各位主管、经理及高管人员。[77]最高法院的案件判决也会影响人力资源实践。尽管管理者可以通过阅读期刊和搜索网站来获得最新信息,但他们通常因日常工作过于繁忙而无暇这样做。因此,人力资源部门定期举办集中培训是与管理者沟通此类信息最有效的方法。

第二,雇主应该关注与雇员的沟通,让他们了解公司为营造无歧视工作环境所做的努力。例如,雇主应指导雇员了解什么是性骚扰、如何制止问题的扩大、问题发生时应如何处理等。霍尼韦尔公司设立了残疾员工委员会,其功能之一就是促进公司全体员工对残疾议题的了解。[78]

3.6.2 建立申诉解决程序

每个组织都应该建立一种程序,用于在内部解决关于平等就业机会和其他类型的员工申诉。在平等就业机会委员会、联邦合同合规项目办公室和法律顾问未涉及这些申诉前,处理费用并不会过于高昂。更重要的是,如果员工有机会向上级管理层提出申诉,就可以提高员工的士气和满足感(第13章和第15章介绍申诉解决体系)。

一旦申诉解决程序被建立,组织就应该正确地跟进。AT&T公司因能够证明管理层在知道问题发生时就立刻采取行动解决而避免了在一次性骚扰案件中应承担的责任。[79] 示例"万豪酒店和平等就业机会委员会纠纷的非诉讼解决方案"描述了万豪酒店和平等就业机会委员会如何率先运用新方法解决员工的平等就业机会申诉。

示例 万豪酒店和平等就业机会委员会纠纷的非诉讼解决方案

Ron Wilensky是万豪国际酒店的员工关系副总裁,他对公司的"公平待遇保证"方案感到不满。该方案要求员工首先向直接主管提出申诉,接着是主管的经理,如有必要可进一步向上层申诉。基于在《财富》500强中三个采取类似政策公司的工作经验,他估计75%的员工会绕开这项政策而直接求助于律师。为了证实想法,他成立了一个委员会以测试员工对"公平待遇保证"方案的满意度。结果显示,员工们并不相信这项政策;相反,他们希望有一个体系可供申诉人向不带偏见的倾听者公开诉说他们关注的问题,并在确保申诉人不受惩罚的条件下及时处理所发生的问题。

为了实现员工的愿望,Wilensky及其委员会一起试行了三种纠纷解决体系:

通过调解达成双方协议。 由一名中立者,通常是一位处理纠纷的专家,安排冲突双方会面,尽量协商解决。为了减少律师费和其他的相关费用,80%—90%的诉讼以庭外和解的方式解决。

求助热线。 Wilensky发现跟进不同地区员工的申诉是一件困难的事,因此万豪酒店在它的300个食品服务地区开通了800-免费电话。该热线电话每周7天、全天24小时开通,仅接听遭受不当解雇、歧视和骚扰事件的申诉。万豪酒店承诺,在接到申诉电话的三天内就会展开调查。

同行评审团。 在万豪酒店的50个服务点,员工有机会在同行评审团面前公开申诉。评审团成员是从经过特别培训的自愿者中随机选取的。陪审团有权做出最终的具有约束力的决定。[a]

平等就业机会委员会也使用非诉讼纠纷解决体系。它依靠调解,可较快地解决大量的积压案件。平等就业机会委员会主席Ida L. Castro女士近期郑重承诺,1999年将调解预算增至1 300万美元,从而方便各个平等就业机会委员会行政区办公室在大量开展调解工作时使用。1999—2010年,平等就业机会委员会进行了约13.6万件申诉的调解,70%的案件成功和解。[b]

资料来源:[a] Wilensky, R., and Jones, K. M. (1994, March). Quick response key to resolving complaints. *HRMagazine*, 42—47. Copyright 1999 by Society for Human Resource Management (SHRM). Reproduced with permission of Society for Human Resource Management (SHRM) in the format Textbook & Other book via Copyright Clearance Center. [b] Leonard, B. (1999, February). A new era at the EECO. *HRMagazine*, 54—62; EEOC Web site. (2014). History of the EEOC mediation program. www.eeoc.gov/eeoc/mediation/history.cfm.

3.6.3 决策存档

为了便于审计和总结、界定问题范围、执行解决方案,金融交易和决策的文件应被记录在档。[80]这个原理同样适用于关于员工的决策。任何一项人力资源决策的性质及其依据都应有清晰的文件记录。平等就业机会委员会和联邦合同合规项目办公室要求雇主提供特定的文件报告,如果雇主设有健全的人力资源信息系统,就会发现很容易达到这些要求。

3.6.4 诚实

一般来说,除非求职者和员工认为自己受到错误对待,否则他们不会提出平等就业机会申诉。他们对不公正对待的感知来自组织未能实现他们的期望。假设这样一个情境:一名50岁员工的绩效评估在过去20多年里一直为优,但经理突然以绩效不佳为由解雇他。该员工可能会为此提出诉讼,过去多年的绩效评估结果使他相信公司解雇他的唯一理由是因为年龄。尽管短期内可能让人觉得为难,但是从长远利益来看,如实地向员工反馈信息是一个良好的减少法律问题的管理实践。

3.6.5 仅向求职者询问必要的信息

公司只可以询问与工作相关的一些问题。[81]例如,你可以询问求职者能否在一周的某一特定日子工作,但是你不可以询问有关宗教信仰的问题;同样,你可以询问求职者是否具备工作所需的必要体力要求,但是不可以询问有关健康状况的问题,因为询问此类问题很可能会被认为违反了《美国残疾人法案》。图表3.8列举了在求职申请表或面试过程中询问的一些恰当和不恰当的问题。

图表 3.8　在求职申请表或面试过程中询问的一些恰当和不恰当的问题

询问主题	恰当问题示例	不恰当问题示例	注解
年龄	"你的姓名?" "你曾以另一个姓名在本公司工作过吗?"	"你婚前姓名是什么?"	避免询问能显示求职者婚姻状况或国籍的问题
年龄	"你已满18岁了吗?" "所有员工必须为就业递交合法年龄证明,你可以提交年龄证明吗?"	"你的生日是什么时间?" "你多大年龄?"	与年龄相关的问题可能会阻碍年龄较大员工的求职申请
种族、少数族裔和外在特征	"公司要求被雇用员工提供一张照片。如果被录取,你可以提供照片吗?" "你可以使用一门外语读、说、写吗?"	"你来自哪个民族?" "你的身高和体重是多少?" "为了确认身份信息,你可以在申请时提交照片吗?" "你一般使用什么语言?"	关于外在特征的信息可能会与成员性取向和种族群体相联系

(续表)

询问主题	恰当问题示例	不恰当问题示例	注解
宗教	雇主可申明工作天数、时间和轮班时间	"你的宗教信仰是什么?" "你的宗教信仰会影响你周末无法工作吗?" "你都需要哪些假期?"	由于一些求职者会有宗教活动,确认他们何时有空可能会将一部分求职者排除在外
性别、婚姻和家庭状况	"如果你未成年,请填上你的姓名和父母或监护人的地址" "请提供发生紧急情况时我们可以联系到的人的姓名、住址和电话号码?"	"你的性偏好?" "描述你目前的婚姻状况" "填写你孩子的数量和年龄。" "如果你有孩子,请描述为孩子都做了些什么" "你和谁住在一起?"	关于婚姻状况、孩子、妊娠情况和子女养育计划的直接或间接的问题可能会因歧视妇女而违反《民权法案》第7章
身体状况	"如果你所申请的工作需要,你愿意进行身体检查吗?"	"你有没有一些身体残疾、缺陷或障碍?" "你如何概括你的身体健康状况?" "你最近的一次体检是什么时间?"	排除残疾人的综合保单是一种歧视行为。如果身体状况对于雇佣是必需条件,雇主有必要证明在求职表中询问身体状况相关的问题是出于经营的需要
兵役	"请列出你认为对所申请职位有用的、在服役期间一些特定的教育和工作经历"	"请填写退伍日期和兵种"	少数服役成员会有较高比例的不良记录,并非光荣退伍。拒绝这些成员的加入是一种歧视
业余爱好、俱乐部和机构	"你有一些与申请职位相关的业余爱好吗?" "请列出一些你加入的、与申请职位相关的俱乐部和机构名称"	"请列举你的业余爱好" "请列出你加入的俱乐部和机构的名称"	如果要询问求职者所加入俱乐部或机构的问题,雇主应该说明求职者可以不提及与年龄、种族、性别或宗教相关的组织
信用评估	无	"你有私人汽车吗?" "你是拥有个人住房还是租房?"	使用信用等级评估之类的问题是非法的,会给少数求职者带来不利的影响,并可能违反《民权法案》第7章,除非雇主可以证明询问私人汽车、住房和工资等的问题与工作相关
拘留记录	"你曾因与申请职位相关的罪行而被起诉吗?" 例如,作为银行贷款人员曾挪用公款的犯罪记录	"你曾因案犯罪而遭到逮捕吗?"	询问求职者是否曾被逮捕的问题会触犯他们的权益,因为这些问题会给少数求职者带来负面影响

资料来源:Based on *HR Focus*. (2008, March). Interview with questions that should be on every company's "don't" list, 9; Gatewood, R. D., and Feild, H. S. (2001). *Human Resource Selection*, 5th ed. Fort Worth, TX: Harcourt College Publishers. Copyright © 2001 by the Harcourt College Publishers, reproduced by permission of the publisher and Bland, T., and Stalcup, S. (1999, March). Build a legal employment application. *HRMagazine*, 129—133.

本章最后一个需要注意的问题是,平等就业机会委员会的规定还会影响工作场所的官方语言。正如管理者笔记"雇主在工作场所应慎用'只讲英语'制度"。除非经营上要求雇员必须在岗时使用英语,否则不能推行"只讲英语"制度。

 管理者笔记:伦理/社会责任

雇主在工作场所应慎用"只讲英语"制度

在平等就业机会委员会的规则下,在工作场所强迫仅用英语交流的制度可能是不合法的。这些制度对那些倾向于使用母语的雇员来说,其实是一种民族歧视的形式。但是一个"只讲英语"的制度在以下几种情形可能是正当的:

- 与只说英语的客户、同事、主管交流时;
- 在突发事件或其他情境,员工必须说通用语言以保证安全时;
- 在合作性的工作分配中,为提高效率必须"只讲英语";
- 为了便于只说英语的主管能够监督员工的业绩,而这名员工的工作职责是需要与同事和客户沟通的。

即使通过上述的必要情形证明这项政策是正当的,"只讲英语"制度也不必应用于员工不在岗时的非正式对话情境。

资料来源:Tuschman, R. (2012, November 15). English-only policies in the workplace: Are they legal? Are they smart? *Forbes*. www.forbes.com; Brook, J. (2012, February 15). Are workplace English-only rules legal? *Continuting Education of the Bar Blog*. www.blog.ceb.com; Wilson Elser LLP Web Site. (2010, May). Whether and when English-only rules in the workplace are discriminatory. www.wilsonelser.com.

本章小结

理解法律环境的重要性

理解和遵循人力资源相关法律很重要,三个原因为:(1) 这是正确的事情;(2) 有助于认识公司人力资源和法律部门的局限性;(3) 有助于尽量将公司潜在责任减至最小。

来自法律遵循的挑战

人力资源法规具有挑战性,四个原因为:法律、规章和法院决策是动态法律环境的一部分;法律和规章的复杂性;有时,法律和规章对公平就业战略会带来冲突,而不是加强作用;法律经常会导致不可预料和不期望的结果。

平等就业机会法律

最重要的平等就业机会法律是：(1) 1963 年《同工同酬法案》，禁止对同一组织内完成同种工作的男女员工的工资歧视。(2) 1964 年《民权法案》第 7 章，禁止雇主基于一个人的种族、肤色、宗教、性别或国籍做出雇佣决策；经过增修或注解后，还禁止基于妊娠的歧视，即 1978 年《妊娠歧视法案》和性骚扰。1991 年《民权法案》增修条文规定，在反歧视案件里，被告（雇主）负有举证责任、禁止使用配额、允许惩罚性赔偿和补偿性赔偿、采用陪审团审判。11246 行政命令禁止的歧视范畴与《民权法案》第 7 章的保护群体一致，但要求政府机关及其承包商采取平权行动计划促进受保护阶层成员的就业。(3) 1967 年《就业年龄歧视法案》，禁止歧视 40 岁以上的员工。(4) 1990 年《美国残疾人法案》，无论有没有合理的适应性调节，禁止歧视具备完成基本工作能力的残疾人。《美国残疾人法案》的前身——1973 年《职业康复法案》，仅适用于政府机构及其承包商。(5) 1974 年《越战老兵再调整法案》，禁止歧视越战退伍军人，并要求联邦政府承包商采取平权行动雇用他们。

平等就业机会的强制力和遵守

负责执行平等就业机会法律的主要机构有两个：平等就业机会委员会负责实施平等就业机会法律，主要处理歧视申诉、公布书面规章、收集和传播信息；联邦合同合规计划办公室负责实施适用于联邦政府及其承包商的法律和行政命令，同时监督平权行动计划的实施品质和效能。

其他重要法律

《1986 年移民改革与管制法案》要求雇主出具员工合法工作证明文件。《1990 年移民法案》使得有技能的移民能够更容易地移民到美国。《1988 年工作场所毒品防治法案》要求政府承包商确保工作场所远离毒品。《1994 年军事征召人员复职权利法案》保护为服兵役而暂时离开私营企业员工的权益。

避免平等就业机会的缺陷

雇主应建立健全的管理实践，避免许多与人力资源法律相关的缺陷，其中最重要的实践是提供培训、建立申诉解决程序、决策存档、与员工诚实沟通及仅向求职者询问必要的信息。

关键术语

负面影响（adverse impact）
《就业年龄歧视法案》（Age Discrimination in Employment Act）

平权行动（affirmative action）
《美国残疾人法案》（Americans with Disabilities Act）

实际职业必备资格（bona fide occupational qualification，BFOQ）
补偿性赔偿（compensatory damages）
调解（conciliation）
歧视（discrimination）
差别对待（disparate treatment）
平等就业机会委员会（Equal Employment Opportunity Commission，EEOC）
《同工同酬法案》（Equal Pay Act）
核心职能（essential functions）
行政命令（executive order）
公平就业（fair employment）
五分之四法则（four-fifths rule）
"敌意工作环境"性骚扰（hostile work environment sexual harassment）
残疾人（individuals with disabilities）
联邦合同合规项目办公室（Office of Federal Contract Compliance Programs，OFCCP）
受保护阶层（protected class）
惩罚性赔偿（punitive damages）
"交易型"性骚扰（quid pro quo sexual harassment）
配额（quotas）
合理调整（reasonable accommodation）
逆向歧视（reverse discrimination）
《民权法案》第7章（Title VII of the Civil Rights Act）

视频案例

UPS：平等就业机会。 如果教师布置了这项作业，请访问 www.mymanagementlab.com 观看视频案例并回答问题。

问题与讨论

3-1 解释为什么要严格依照法律指导进行人力资源决策。分析当前的社会力量，你认为在今后几年里会通过和颁布哪些新的法律与规章。

3-2 你拥有一家小型建筑公司。公司一名 55 岁的员工在 6 个月前进行了心脏搭桥手术，现在他想返回工作岗位，但是你担心他将不能承担工作中的体力劳动。你如何处理这件事？在处理此事的过程中，哪些行为是被禁止的？在该事件中，你会用到什么法律？

3-3 什么是负面影响？它与负面对待有何不同？

3-4 个人如何为负面影响歧视提供初始证据？针对此证据，雇主应如何进行自我辩护？

3-5 近来，美国许多公司取消了一年一度的圣诞节派对，因为一些没有基督教信仰背景和价值观的员工对此提出了申诉，声称此派对是一种就业实践歧视。这些员工认为，雇主通过举办员工派对来庆祝圣诞节是对其他宗教和信仰体系的轻视。如果雇主为全体员工举办圣诞节派对，你认为非基督教员工受到了非法或不道德的对待了吗？为什么？雇主应该做出怎样合理的安排以便使基督教和非基督教员工满意？

我的管理实验室

请根据教师要求,登录 www.mymanagementlab.com 以完成写作题,系统将自动给出分数;也可以完成下列问题,分数由教师给出。

3-6 凯特患有严重的糖尿病,必需严格控制饮食。即便注射了胰岛素帮助控制病情,凯特仍必须每天检测血糖数次并且严格监控可食用的食物、进餐的时间和进食的种类与数量,以避免严重的医学结果。凯特属于《美国残疾人法案》保护的残疾吗?请解释。

3-7 在受《美国残疾人法案》保护的情形下,一名肥胖患者会被视为有残疾而受到保护吗?阐述原因。

3-8 实际职业必备资格(BFOQ)是什么?什么是公司经营上的需要?种族可以成为实际职业资格吗?种族是公司经营上的需要吗?为什么?

你来解决!新趋势 案例3.1

沃尔格林对残疾工人的领导方式

2008年,沃尔格林公司(美国最大的连锁药店之一)在康涅狄格州温莎市开设了一个最先进的配送中心。这是公司第二家类似的机构,专为雇用残疾人士而建立,效仿2007年在南卡罗来纳州开放的第一家。两家配送中心经理追求的目标是将公司至少1/3的工作岗位分给残疾人士。

沃尔格林公司为背景多元化的人士提供有意义的就业机会并在职业发展和工作流动方面平等对待员工,从而获得了非常好的声誉。公司领导人准备开设更多的配送中心以雇用残疾人,并计划利用康涅狄格州和南卡罗来纳州两家中心的经验,告知其他州的经理们雇用更多的残疾人士。

南卡罗来纳州的配送中心有400名员工,50%的员工有可见的身体或认知残疾。由于中心从成立之初就在技术和流程方面进行了提升,便于接纳更多的残疾员工并改善每个人的工作状况,因此中心的工作效率自成立以来提高了20%。沃尔格林公司一位人力资源部高管表示,为残疾人士建立一个友好的工作环境对公司而言是一个重要的转折。沃尔格林公司在配送中心雇用残疾人士这一举措影响了美国许多的公司,诸如劳氏公司、宝洁公司、百思买公司等开始效仿沃尔格林公司的模式。

许多雇主并不认同或效仿沃尔格林公司在雇用残疾人士方面做出的长期承诺和投资。但是根据人口统计学的趋势,由于传统劳动力的匮乏及员工年龄和残疾率上升,越来越多的公司将不得不接受残疾人士。并且,越来越多的公司高管意识到未就业人群的庞大以及发展残疾人士的重要性,开发这类人才群体带来的商业利益也逐渐显现。

关键思考题

3-9 沃尔格林公司在雇用残疾人士方面的领先地位能为它带来哪些有形或者无形的好处？

3-10 在所有期望工作的残疾人士中，约50%处于就业状态。残疾人士在就业的过程中会面临哪些障碍，而这些障碍并不是平等就业机会委员会保护的其他群体（如少数族裔、妇女和老年人等）所面临的？

小组练习

3-11 雇用残疾人面临的一个严重障碍仍然是认知问题。经理及同事缺乏与残疾人士相处的知识、意识和舒适感。组成3—4人的小组，想出办法克服员工对雇用残疾人士的错误理解。准备好后向全班同学做汇报。

实践练习：个人

3-12 本练习的目的是提高大家对残疾员工所面临问题的理解。假设你遭遇了意外并且一年之内只能在轮椅上度过。设想一下，行动不便将会给你的学习生活带来多大的影响？老师会提供什么条件以帮助你正常上课？如果之前你还有兼职，你能在轮椅上继续兼职吗？如果不行，你的雇主会调整岗位让你继续为企业工作吗？岗位应该如果改变呢？你如何说服雇主让你继续工作呢？准备好答案，与班里其他同学进行讨论。

资料来源：Otto, B. (2013, January 14). Walgreens is not always the answer. *Huffington Post*. www.huffingtonpost.com; Wells, S. (2008, April). Counting on workers with disabilities: The nation's largest minority remains an underused resource. *HRMagazine*, 45—49; Medical News Today. (2006, July 8). Walgreens recruits employees with disabilities through new highly accessible web site. www.medicalnewstoday.com.

你来解决！客户导向的人力资源　案例3.2

雇主可以拒绝雇用或保留那些有纹身的员工吗

近年来，纹身越来越受欢迎，尤其是年轻人，作为表现个性的一种形式。Pew研究中心的一项调查显示，18—25岁中36%的人、26—40岁中40%的人至少有一个纹身。尽管员工纹身日益普及，但很多公司不允许员工在工作场所暴露纹身。例如，根据职业建设者网站的研究，42%的公司经理表示，如果求职者有看得到的纹身，他们就会对求职者产生不好的印象。很多公司的着装规定禁止露出纹身，因此不少职业或岗位上的员工绝对不允许有纹身。例如，在医学领域，为了向患者证明其专业素养以获取患者的信任，许多医疗机构限制员工暴露纹身。克利夫兰诊所要求员工在工作时间必须隐藏纹身，以确保职业形象。

平等就业机会委员会的法律没有为在工作场所因有可见纹身而被雇主歧视的人提供保护。如果认为纹身会损害公司的职业形象，雇主就可以自主规定着装规范，要求员工不能在工作场所暴露纹身。

如果一家公司决定限制在工作场所露出纹身,它必须以一种公平和一致的方法进行,否则可能遭到有纹身员工或求职者的法律诉讼。公司应该有一项包含纹身规定的成文的员工着装制度,任何一个部门和办公场所都要执行此项规定。如果一名长期员工在受雇时有纹身,为了留住该员工,雇主应与员工进行合理的协商。例如,员工可能会被要求穿上长裤,以覆盖腿上的大纹身,使其他人看不到。执行纹身限制政策过于严格的雇主可能会被告上法庭,并被要求对自己的做法进行辩护。

关键思考题

3-13 如果公司限制员工在工作场所露出纹身,并且因违反平等就业机会委员会的规定而涉嫌歧视员工、被告至法庭,那么该公司应当根据什么为其雇用实践进行辩护?参考本案例的资料和本章的"歧视指控的辩护"一节,回答这个问题。

3-14 一家公司的销售代表在被公司雇用后,脖子上纹了一个非常明显的纹身。该公司的着装规范明确规定,在与客户密切接触的工作中不允许暴露纹身。公司应该怎样做才能够在严格执行着装规范政策和公平、真诚地对待员工之间取得平衡?

小组练习

3-15 具有着装规范的公司必须在公司需要管制员工形象从而维护公司形象和员工需要通过外在形象展示自己个性之间取得平衡。与几名同学组成一个小组,为本案例中提到的医疗机构——克利夫兰诊所制定一项包含纹身的政策。这项关于工作场所的纹身政策应该包括以下问题:(1)确定政策覆盖(或不覆盖)的员工;(2)可见纹身的暴露;(3)对有可见纹身的员工进行合理的调整;(4)惩罚违反着装规范中纹身政策的员工。最后在教师的指导下,将小组讨论结果向全班同学汇报。

实践练习:个人

3-16 这项练习的目的是考虑纹身对个人职业生涯规划的影响。假设你的一个朋友告诉你她正在计划纹身。她将很快从一所大学毕业,获得商学学位,并将在市场上寻找专业领域的工作。关于纹身,你会给朋友提出什么建议呢?请考虑以下几个方面:(1)纹身在身体上的位置可能会限制个人获得工作或晋升到管理层的机会;(2)纹身的图像或主题可能会引起争议或者让雇主觉得很无礼,这会限制个人的职业发展;(3)纹身的大小和突出程度可能在面试过程中留下强烈的第一印象。请在教师引导下,与班里其他同学分享你的建议。

资料来源:Green, S. (2013, February 8). Making tattoos and piercings a workplace issue without braking the law. *Corporate Counsel*. www.law.com/corporatecounsel; Hennessey, R. (2013, February 27). Tattoos no longer a kiss of death in the workplace. *Forbes*. www.forbes.com; Lebros, A. (2010, February 18). Discrimination based on tattoos, a sad reality for those who embrace their permanent inked bodies. *The Famuan*. www.thefamuanonline.com; Fuller, S. (2013). Effects of tattoos on jobs. eHow. www.ehow.com.

你来解决！讨论　案例3.3

女性突破"玻璃天花板"了吗

"玻璃天花板"是指组织中阻止女性和有色人种升至一定阶层的无形或人工屏障。在美国，所有管理者中女性占比为30%，但只有不到5%是高管。

"玻璃天花板"并不代表构成组织内女性和少数族裔进入壁垒歧视的典型形式；相反，"玻璃天花板"代表一种微妙形式的歧视，包括性别刻板印象、女性缺乏升职必要的工作经验机会、缺乏高层管理承诺和支持环境以促进女性进入最高管理层。

作为一个无形的屏障，"玻璃天花板"是很难突破立法。非正式网络与指导通常被认为是越来越多的女性成为高管的机会和方法。然而，男性导师和女性员工的跨性别关系可能因他们之间逐渐产生的情愫而破坏这种师徒关系。因为他们可以变得更亲近，从而使职业生活和个人生活之间的界限趋于模糊。在某些情形下，与年轻女性的指导关系可能容易产生性骚扰，从而威胁男性的职业发展，因为女性处于较低层次，通常会被认为是受害者。尽管同性师徒关系不太可能像异性师徒关系那样容易出现问题，但其效果主要取决于这些高层女性主管愿意且有能力培养高潜力的女性。

尽管有"玻璃天花板"的存在，截至2012年，在美国《财富》500强公司担任首席执行官（CEO）或董事长的女性数量远远多于1997年大型公司女性高管的数量。2012年的数据显示，有些女性高管显然突破了"玻璃天花板"：

- Ginni Rometty，IBM公司CEO和董事长；
- Indra Nooyi，百事可乐公司CEO和主席；
- Irene Rosenfeld，亿滋国际公司CEO和董事长；
- Ursula Burns，施乐公司CEO和董事长；
- Meg Whitman，惠普公司CEO；
- Ellen Kullman，杜邦公司CEO和董事长。

关键思考题

3-17　浏览IBM公司（www.ibm.com）、百事可乐公司（www.popsico.com）和施乐公司（www.xerox.com）的官网，仔细阅读网站信息，更多地了解这些担任CEO或公司董事长的女性。这些网站中的一部分有"高管个人简历"模块，点击可以了解更多有关CEO和其他高管的经历。另一种了解女性高管职业发展背景的方法是使用搜索引擎（如Yahoo!)，搜索公司名称及公司CEO或董长的姓名。根据收集的信息，解释为什么这些女性突破了"玻璃天花板"并成为美国主要公司的高管。

3-18　一些男性高管避免成为年轻女性的导师，因为他们担心可能会被指控性骚扰（关系以浪漫开始却以闹僵结束），或者被办公室其他成员私底下八卦。男性高管对与女性经理的职业关系的担心是合理的吗？一些男性高管会有所保留，避免与女性建立密切的职业关系从而避免被办公室八卦，或者避免以浪漫开始的关系最终却使男性在遭受性骚扰的指控后不得不为自己辩护。那么,在这样的情境下,女性如何寻找导师、培养与男性高管的师徒关系呢?

小组练习

3-19 由四或五名学生组成一个小组,开发一项人力资源计划以突破组织中男性主导高层的"玻璃天花板"的障碍。男性主导行业的一些例子包括高技术(如英特尔公司、德州仪器公司和思科公司)、军工(如波音公司、洛克希德·马丁公司和通用动力公司)和能源(如埃克森美孚公司、英国石油公司和雪佛龙公司)等行业。思考一些具体的人力资源活动,在为寻求向高层发展的女性打破职业障碍的同时给公司"增加价值"。在思考时,你可以参考一些大家熟知的人力资源功能,包括培训、招聘与选拔、薪酬、福利、工作系统、人力资源规划、绩效考核、员工关系和纪律。小组讨论的结果向班级同学做汇报。

实践练习:个人

3-20 一些女性通过自己创办企业成为企业家来避免受到"玻璃天花板"的影响。联系三位女性企业家或企业主,并询问一些她们自己经营企业相关的问题。先从家庭或朋友、你所在大学的创业中心或从讲授创业学的教授开始调查,你也可以联系自己所在城市的商会。

你在采访中可以使用以下问题:为什么你决定创办自己的企业?作为企业家的经历让你学到了什么?在个人的职业生涯中,什么时候开始创业是最佳时间?为什么你认为职业女性创业已经成为一种趋势?现在越来越多的女性成为大企业的CEO,你认为女性晋升到组织更高地位的障碍会越来越少吗?

在完成采访后,总结一下采访结果。作为一名创业企业家的关键优势有哪些?你认为男性企业家对你的问题会有相同的答案吗?采访中是否有任何女性提到前雇主以职业晋升为诱饵进行性骚扰?请将你的结论与班级其他同学分享。

资料来源:Kowitt, B., Leahey, C., and VanderMey, A. (2012, October 8). The 50 most powerful women. *Fortune*, 128—134; Petrecca, L. (2011, October 27). More women on top to lead top companies. *USA Today*, 3B; Morris, B. (2005, January 10). How corporate America is betraying women. *Foryune*, 64—74; Bell, M., McLayghlin, M., and Sequeira, J. (2002, April). Discrimination, harassment, and the glass ceiling: Women executives as change agents. *Journal of Business Ethics*, 65—76; and Haben, M. (2001, April/May). Shattering the glass ceiling. *Executive Speeches*, 4—10.

你来解决!伦理/社会责任 案例3.4

员工非竞争协议在法律上可行吗

一旦雇用了跳槽的高管和企业家,很多公司就开始使用非竞争协议。从马萨诸塞州的工程公司到弗吉尼亚州高速公路上标色水线的刷漆公司,各行各业都要求新受雇人员签署非竞争协议,从法律上限制他们为竞争对手工作。

亿万富翁罗斯佩罗在1984年以24亿美元将电子数据系统公司出售给通用汽车公司时,签署了一项非竞争协议,保证在四年之内不与前公司展开竞争。四年之后,他才创办了佩罗系统公司。

尽管对一位极有可能深知某些商业机密的高管或企业家进行就业限制、避免其与前任雇主进行竞争是很有必要的,但为什么在普通员工离开雇主的时候也被要求签订非竞争协议限制其就业能力呢?难道员工们在离开前雇主之后就不能拥有选择谋生之路的权利吗?

非竞争协议是一项极为严格的法律壁垒,限制了员工自主择业的权利。除此之外,有些公司还要求员工签订不那么苛刻的保密协议或竞业禁止协议,以防止员工在跳槽时带走公司机密或客户资源。

在密歇根州伯克利市一家名为"室内空间设计"的办公家具公司,销售人员被要求签订非竞争协议,以避免他们在跳槽时带走客户资源。员工签署的非竞争协议要求,他们在离开公司后的一两年内禁止为公司方圆50英里内的竞争对手工作。一次,公司一名员工在离职后不久就受雇于公司附近的竞争对手,违反了非竞争协议。公司威胁要采取法律手段维护利益,最终经协商从该员工那里获得了现金赔偿。在这个例子中,对公司方面有利的因素是非竞争协议仅限制在50英里内且时间仅限制在一两年内。密歇根州的法庭很有可能强制执行这些协议,佛罗里达州、得克萨斯州和新泽西州的法庭也会这么做。

有时,如果非竞争协议条款过于宽泛,法官会否决整份协议。最近发生在弗吉尼亚州切萨皮克市的案例中,来自斯皮维路面标线公司的一名主管在2006年离职不久后便在一家类似公司——大西洋中部路面标线公司干起了工头。一年后,斯皮维公司起诉该主管,并试图执行非竞争协议,而该协议正是为了防止前雇员从事类似的工作。斯皮维公司声称,该前主管接受了公司喷漆和路面标线的专门培训,但公司不希望他在竞争对手那里分享这些技术知识。然而,法官拒绝执行斯皮维公司的非竞争协议,并称这份协议"过于宽泛、模糊不清、难以界定"。非竞争协议禁止前雇员在竞争对手那里从事任何工作,甚至是清洁工作。一位法律专家对法院决议进行了评论:如果该协议已经签订,并且主要关注员工具体的工作职责,那么就应当强制执行。

非竞争协议在一些更重视员工权益的州不太可能被强制执行,包括加利福尼亚州、威斯康星州、佐治亚州、俄勒冈州和科罗拉多州。

关键思考题

3-21 非竞争协议的目的是什么?公司将签订非竞争协议作为雇佣条件是否符合伦理?在什么条件下公司要求员工签订非竞争协议是可以接受的?

3-22 还有哪些方法可以用来管理离职员工行为以确保他们不会侵犯前任雇主的利益?有没有合适的人力资源管理实践可以实现这个目标?

小组练习

3-23 几名学生组成一个小组,为一家公司制定一份通用性非竞争协议。描述使用非竞争协议的这家公司。非竞争协议覆盖哪些岗位?员工在离职后的几年里不能在其他公司运用自己的工作知识？非竞争协议覆盖多大的地理范围？非竞争性协议禁止员工从事哪些行业？每组同学进行充分讨论，并在教师的引导下与全班同学分享讨论结果。

实践练习：个人

3-24 假设你已经口头接受一份某知名医药公司的医药销售代表的工作，刚刚接到主管部门的通知，他们认为你需要接受一份非竞争协议中的某些条款，禁止你在离职后为任何一家竞争对手公司那里工作。主管部门表示，你将接受一些包含商业秘密的专利销售技术的训练，公司不希望竞争对手掌握这些技术。协议中的条款严格禁止在四年内作为医药销售代表的身份为美国境内任何一家公司服务。你会怎么做？请认真考虑并解释你的做法。

资料来源：Morris, S. (2008, February). Protecting company secrets: More business owners are forcing their new hires to sign noncompets. Should you? *Inc. Magazine*, 38—39; Workplace Fairness. (2008). Non-compete agreements. www.workplacefairness.org.

第 3 章注释内容
请扫码参阅

第 3 章附录
本章所讨论的人力资源法律

法律按年代顺序排列

法律	年份	描述	章节
《工伤赔偿法案》	不同	各州关于对员工工伤补偿的保险计划的法律	12、15、16
《社会保障法案》	1935	用于退休福利、残疾和失业保障而交付的薪金工资税	12
《瓦格纳法案》	1935	工会立法,建立了全国劳工关系委员会	14、15
《公平劳动标准法案》	1938	规定最低工资和加班工资	10、15
《塔夫脱-哈特利法案》	1947	为雇主和有限的工会力量提供保护;允许各州颁布工作权法律	15
《兰德勒姆-格利芬法案》	1959	保护工会会员参与工会事务的权利	15
《同工同酬法案》	1963	禁止对相同工作支付不同报酬	3、10
《民权法》第 7 章	1964	禁止基于种族、肤色、宗教、性别和国籍进行雇佣决策	3、4、5、7、14、16、17
11246 行政命令	1965	和第 7 章一样;要求实施平权行动	3
《就业年龄歧视法案》	1967	禁止基于年龄进行雇佣决策,特指 40 岁以上人员	3、5
《职业安全和健康法案》	1970	为组织制定保护员工安全和健康的法律	14、16
《雇员退休收入保障法案》	1974	员工福利和养老金财务稳定计划的制度	12
《越战老兵再调整法》	1974	禁止联邦政府承包商歧视越战老兵,并鼓励实施平权行动计划雇用越战老兵	3
《妊娠歧视法案》	1978	禁止雇主歧视怀孕妇女	3、16
《联邦统一综合预算协调法案》	1985	对某些失去养老保险的员工继续提供养老保险(由雇主支付)	12
《移民改革与管制法案》	1986	禁止基于公民身份的歧视;要求雇主出示员工合法工作条件的证明	3、7

(续表)

法律	年份	描述	章节
《劳动力调适与再培训法案》	1988	要求雇主在解雇员工时提前通知	6
《工作场所毒品防治法案》	1988	雇主必须执行一定政策，限制员工使用毒品	3、16
《美国残疾人法案》	1990	禁止歧视残疾人	3、4、5、14、16
《民权法案》	1991	第7章的修正法案，禁止配额，允许惩罚性货币赔偿	3、5
《家庭与医疗休假法案》	1993	雇主必须为员工生育、收养小孩、生病事宜提供无薪假期	12、15
《军事征召人员复职权利法案》	1994	雇主不得歧视因履行兵役义务而离开工作岗位的人员	3
《医疗保险便利和责任法案》	1996	员工可以将医疗保险项目转至新公司保险计划	12
《退休金保障法案》	2006	雇员能够更灵活地处理401K计划下的公司股票	
《美国残疾人修正法案》	2008	使法案覆盖更多群体	
《患者保护与平价医疗法案》	2010	将健康医保覆盖范围扩展至更多群体，并使他们能支付得起	

第4章 管理多元性

| 我的管理实验室® | ★ 当你看到这个图标时,请访问 www.mymanagementlab.com 以获取配套练习题,并及时反馈练习结果。 |

▶▶▶ **挑战**

阅读本章之后,你能更有效地应对以下挑战:

1. **理解**多元性的意义。
2. **增强**对员工多元性管理中主要挑战的认知。
3. **认识**组织多元性的主要内容。
4. **学习**如何改进组织多元性管理。
5. **学会**如何避免多元性管理项目中的潜在缺陷。

小学二年级老师给全班同学提出了一个问题:"树上有4只小鸟,你用弹弓击中了其中的1只,还剩下几只?"

"3只。"一名七岁的欧洲小孩很肯定地回答,"4减去1还剩3。"

"1只都没有。"一名七岁的非洲小孩用同样肯定的语气回答,"如果你射中其中1只小鸟,其他的就都飞走了。"

哪名小孩的回答是正确的呢?很显然,答案取决于你的文化视角。对于第一名孩子来说,问题中提到的小鸟只不过是一种假定的场景,用字面意思回答就可以了;而对于第二名孩子来说,问题中提到的小鸟能够意识到接下来会发生什么行为。[1]

管理者视角

在21世纪,要成为一名成功的管理者,你必须能够与那些完全不同的人有效地一起工作。员工队伍在种族、宗教、性别、性取向、伤残及其他文化因素方面的多元性程度越来越深。管理者面临的挑战是学习如何利用多元性以促进合作与凝聚力。人力资源部门可以通过开发培训项目、提供帮助和建议、建立公平的甄选程序等措施来帮助你迎接这些挑战。不过,最终还是直线管理者每天与多元性员工面对面地打交道。在本章,我们探讨影响管理者的多元性问题,以及将员工多元性转化为竞争优势的技能。

小鸟的故事清楚地阐明了人力资源管理中最重要的原理之一:有着不同生活经历的人对现实有着不同的解释。一些人在进入组织之际,他们的认知结构(感觉和对周围世界做出反应的方式)在很大程度上已经决定。这种认知结构的形成不仅依靠独特的个人成长历程,还有赖个人文化的社会化影响。认知结构无论是在家庭还是在工作场所都会发生作用。

知识点学习

如果教师布置该项作业,请登录 www.mymanagementlab.com 查阅你应该特别关注的知识点,并预习第4章。

4.1 什么是多元性

尽管有着各种不同的定义,但**多元性**(diversity)可以简化为使个人区别于他人的人类特征。英语语言中已经有超过23 000个单词形容个性(personality)[2](如"外向""有智慧""友好""忠实""偏执"和"傻乎乎"等)。形成个人差异的原因很复杂,一般可以分为两类:一类是人们几乎无法控制的,另一类则是人们可以部分控制的。[3]

个人几乎无法控制的特征包括种族、性别、年龄等生物学特征、身体特征、出身家庭和社会背景。这些因素对个人身份产生很大的影响,进而直接影响个人与他人的关系。

个人可以部分控制的特征则通过自己自觉的选择和努力来建立、放弃或调整,包括工作背景、收入、婚姻状态、服役经历、政治信仰、地理位置和教育。

认清多元性来源和多元性本身的差异是很重要的。如果没有注意到这种差异,就可能产生刻板印象。本质上,刻板印象是假设一个群体里面的每个人具有相同的倾向,如曾服役的员工比没有服役经历的员工更能够接受独裁式的管理方式。然而,如果你认为所有的退伍军人均支持独裁式领导,那么你就是错误的。尽管平均来说,退伍军人更易接受权威,但如图表4.1所示,退伍军人在这一点上的得分有着很大的差异。准确地说,整体上退伍军人比普通人更易接受独裁,但退伍军人组内的差异远远大于普通人组内的差异。事实上,许多退伍军人出于军队经历已经对独裁式管理产生厌恶,与此同时,许多普通人则倾向于接受独裁式领导风格。

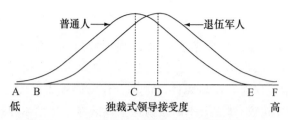

图表 4.1　群体与个体独裁式领导接受度的差异

如果在这个例子中任意替代两组其他群体(男性组和女性组、老年组和少年组等)并探讨其他任何个人特征(进攻性、灵活度、受教育程度),你会发现图表 4.1 的原理适用于绝大多数情况。事实上,很难在两个群体之间识别没有显著重复的个人特征。讨论的重点是,尽管员工是多元性的,但群体成员身份只能解释这种多元性中较小的一部分。

4.1.1　为什么要管理员工多元性

为了在不断异质化的社会中生存并成功发展,组织必须把员工多元性作为竞争优势的来源。例如,美国国际联合电脑公司雇用来自许多国家的软件开发人才填补严重缺人的空缺岗位。[4]因为许多员工的母语并不是英语,公司还提供以英语为第二语言的免费课程。[5]雅芳公司是利用多元性追求竞争优势的另一个案例。雅芳公司利用来自劳动力的反馈,快速而有效地适应女性瞬息万变的需求,从而利用员工多元性创造了竞争优势。化妆品产业往往忽略有色人种女性对美的需求,但雅芳公司在几乎占全体员工 1/3 的少数族裔员工的帮助下找到了一个成功的商机。[6]在 AT&T 公司,员工的多元性特征形成了不同的员工网络。如果某个网络提出商业计划,向公司管理层显示其价值,AT&T 就会提供正式的认可和支持(例如,亚太地区岛民商业资源小组)。[7]宝洁公司拥有很强的多元性营销方式,将 38 000 多名员工的多元性视为支撑这一点的关键因素。公司一位高管表示,"多元性的组织能更好地连接市场"。[8]每月出版的《多元性企业》杂志结合很多大企业最近采取的多元性举措,总结成许多案例,如万豪酒店、IBM 公司、美国银行、考克斯公司、普华永道会计师事务所、强生公司和安永会计师事务所。

4.1.2　平权行动与员工多元性管理

许多人将多元性管理(management of diversity)视为平权行动的翻版。事实上,这是两个完全不同的概念。[9]平权行动来自政府对企业界施加压力,要求提供更多的就业机会给女性和少数族裔。相比之下,多元性管理则认识到由白人男性主导的传统企业已成为历史。越来越多的人意识到,企业绩效的关键因素是如何很好地将女性和少数族裔等员工整合起来,彼此之间能够有效合作,并能够与白人男性同事一起有效地工作。考虑到人口特征的变化趋势,企业如果想获得成功就无法再回避多元性问题。正出于这个原因,许多组织(例如,人力资源管理协会、微软公司、德州仪器公司和计算机科学公司)将多元性视作有效利用具有不同背景、经历和视角人才的能力。[10]另一个描述多元性管理的术语是包容性(inclusiveness),是指使所有员工感受到他们是同一组织不可分割的一部分,不论种族、性别、年龄等,他们可以共享能使组织成功的共同愿景。[11]

4.1.3 人口统计学的趋势

在未来十年左右,我们将看到55岁以上人口将急剧增长(46.6%的增长速度)。亚裔美国人、西班牙裔美国人和其他少数族裔自1990年来表现出快速增长的势头,并且预计未来十年依然继续上升。2014年,大约16%的美国人口是西班牙裔,超过非裔美国人(13.0%)、亚裔美国人(5.6%)和其他少数族裔群体(2.0%)的比例。近年来所有这些群体的登记劳动参与度提高了,而且这种状况会持续下去。2012年,美国白人依然是人口的主要构成部分(72%),但是已经低于1990年的占比(79.1%)。以当前的增长速度预测,二十多年以后,美国白人将成为少数族裔(少于美国总人口的50%)。妇女的劳动参与率继续上升,而男性则持续下降。

注意,前面提到的这些数据是全国性的。如果我们聚焦于那些商业非常繁荣的大都市,这种变化甚至更为明显。在最大的25个城市中,至少20个现在是"少数族裔"占人口的主要成分。[12]例如在洛杉矶,50%是外籍人口,他们主要来自亚洲和拉丁美洲。很多坐落在大都市圈内或附近地区的公司高度依赖当地的非白人劳动力。[13]在有些州特别是加利福尼亚州,非白人在人口中的占比超过了50%未来更是如此。

个人可以被归类到不同种族中,这种观点可追溯至几个世纪前。直至20世纪60年代,许多州把"纯血统"的不科学种族歧视观念纳入法律(例如,在美国南部,拥有1/18黑人血统会被自动归类为具有非洲血统的人,而不是白种人),但这种想法在未来几十年可能会消失。许多第一代、第二代和第三代美国人是混血移民的后裔(通常是欧洲、美洲原住民和/或黑人的结合)。此外,跨种族婚姻的数量也在增加,以至于接近50%的混血人口在18岁以下。[14]一个非常好的例子是前任美国总统——巴拉克·奥巴马(Barack Obama),他是一位白人女性和一位非洲男性的后代。目前在美国,有16%的黑人、26%的西班牙人、26%的亚洲人与其他种族的人结婚。[15]在美国西部地区,几乎1/4的新婚发生于跨种族和跨民族。最终,这将模糊人们的种族分类观念。

还有一些数据告诉我们,不久的将来劳动力特征会如何变化。2014年,5岁以下少数族裔的孩子几乎成为人口中的大多数。事实上,在美国发展速度最快的州(如佛罗里达州、内华达州、佐治亚州、马里兰州、纽约州、得克萨斯州和亚利桑那州),这个比例已经超过50%。最近的移民潮是推动这一趋势的部分原因,但不是最重要的原因。虽然自2000年以来,白人出生人数比死亡人数高出15%,是西班牙裔同比例的8倍、亚裔的4倍和黑人的2倍。[16]在2010年的幼儿园教室中,1/4的5岁孩子是西班牙裔,这意味着到2024年大约25%的高中毕业生是西班牙裔。[17]自本书上一个版本出版以来,年度未登记工人的流入量大幅减少。然而,这可能是一个暂时的现象,是美国2008—2011年所经历的严重经济衰退和高失业率的结果。[18] 2010年人口普查发现一个有趣的现象:在那些移民人口总量较少且很多是新移民的州,西班牙裔人口的增长比预期更快。例如,与2000年人口普查相比,在阿拉巴马州、路易斯安那州、堪萨斯州、马里兰州、特拉华州和明尼苏达州,西班牙裔人口的增长率超过10%。[19]

未来十年预计产生2 000万个新的工作岗位,其中75%将由女性和少数族裔获得。这意味着公司必须积极吸引和保留这些群体中受过教育、有才能的人才,各行各业的大公司都在积极营造一种良好的环境以接纳那些非传统雇员。例如,朗讯科技公司、大通银行、万豪国际、联邦快递公司、施乐公司、太阳微系统公司、高露洁公司、默克公司和杜邦公司等,其董事会中至少有一名少数族裔成员,同时接近1/5的高级职员和经理是少数族裔。[20]

与此同时,超过1/3的小企业是由女性和少数族裔创办的。[21]这一点很重要,因为中小企业雇用了超过3/4的美国人口。这些企业中的许多获得了成功,参阅管理者笔记"近年来女性与少数族裔创办的小企业的成功案例"。

 管理者笔记:新趋势

近年来女性与少数族裔创办的小企业的成功案例

列克星敦咨询公司,埃尔卡洪市,加利福尼亚州(35名员工)

该公司年收入超过1500万美元,3年增长率为14 017.7%,创始人兼首席执行官为Jamie Arundell Latshaw。Latshaw曾在美国军队服役八年。在作为军官的职业生涯即将结束的时候,Latshaw注意到军队正以一种新的方式训练士兵,在美国周边建立模拟阿富汗和伊拉克的村庄使士兵可以在战争前了解当地文化。基于她的观察,Latshaw开创了列克星敦咨询公司(www.inc.com/inc5000/profile/Lexicon-Consulting),雇用阿富汗和伊拉克当地人居住在美国,并在模拟村庄中扮演主要角色。她将公司的发展归因于角色扮演者的激情。"他们是真正给我们带来成功的人,因为他们想让士兵们取得成功。"

追求卓越公司(11名员工)

该公司年收入约1 100万美元,近3年增长率为7 054.4%,创始人兼首席执行官为Marie Diaz,墨西哥裔美国人。Diaz的父亲在她三岁的时候去世,因此她从母亲的身上学会了如何成为一位女强人。在一家《财富》500强公司工作了几年之后,Diaz开始了自己的事业——一家人力资源服务公司,这样她也可以随时照顾儿子的生活。"我以前大部分时间经常不在家,很难见到孩子们。"她说,"你必须牢牢记住什么是最重要的,要主动规划你的生活而不是让生活规划你。"在追求卓越公司(www.inc.com/inc5000/profile/Pursuit-of-Excellence),Diaz仍然夜以继日地工作,但是作为公司所有者,她拥有了前所未有的灵活性。

A10临床解决公司,卡里市,北卡罗来纳州(17名员工)

该公司平均年收入超过100万美元,近3年增长率为22 714.29%,创始人兼首席执行官为Leah Brown,一位黑人企业家。Brown的一位近亲因艾滋病而去世,这促使她创办了A10临床解决公司(www.inc.com/inc5000/profile/A10-Clinical-Solutions),在药物通过食品与药物管理局(FDA)批准进行人体实验时,负责管理和监督临床试验过程。Brown的公司也非常关注少数族裔社区内突出的疾病,并在企业、机场和车站内开设了体检中心。

Zempleo 公司,拉斐特市,加利福尼亚州(41 名员工)

该公司平均年收入超过 6 000 万美元,近 3 年增长率为 3 466.1%,创始人兼首席执行官为 Ramiro Zeron,29 岁时从尼加拉瓜移民到美国。尽管 Zeron 刚到美国时还不会说英文,但她后来获得了 MBA 学位,并在 AT&T 公司从一名小职员慢慢成长为公司的执行董事。2005 年,当她夜以继日地为前雇主工作时,成立了 Zempleo 公司(www.inc.com/inc5000/profile/Zempleo),专注于人力资源服务,同时为业务流程外包提供咨询。

资料来源:Entrepreneurial success stories listed in www.inc.com.(2014); Minority Business Entrepreneurs.(2014). www.mbemag.com; Minority and Women in Business.(2014). www.mwb.com.

在一些包括强生、施乐、通用磨坊和华特迪斯尼这样的绩优上市公司中,董事会中至少 1/4 的董事不是白人。[22] 在《财富》1 000 强公司中,许多不久之前几乎是白人,而现在多元性已经渗透到管理和技术运营的各个方面。最近的数据证实了这一点。在可口可乐公司,获得晋升的管理者中约 40% 是非裔美国人、拉丁裔、印第安人或者亚裔美国人,其中约 60% 是女性。在摩根大通,超过 50% 的新员工是非裔美国人、亚裔美国人、拉丁裔或印第安人。在安永公司,最新晋升管理岗位的人中几乎一半是女性,1/3 是非裔、拉丁裔、亚裔或印第安员工。在 AT&T 公司,新员工中的 50% 是非白人、27% 是非裔美国人、15% 是拉丁裔。巨头 IBM 公司因其近几年的多元性举措而得到数百项奖项。该公司的一个全球执行委员会指导具体的多元性举措。这些例子还可以举很多。最重要的一点是,越来越多的公司意识到一个不断变化的劳动力要求对人才进行积极的招聘、保留和开发。

本书第一版是在 20 世纪 90 年代中期出版的,现在的版本在很多方面的变化是很显著的。例如,1995 年《财富》500 强公司 CEO 中没有一个是有色人种;而今天,《财富》500 强公司中的 21 家是由有色人种来经营的,其中包括 6 位黑人、7 位西班牙裔和 8 位亚裔人。[23] 而且,现在公司高管中有一位或更多女性或少数族裔是很常见的事情,而这种情况在 90 年代中期是很罕见的。目前,《财富》500 强公司中的 21 家是由女性领导的。[24]

将多元性视作一种资产

随着出版物数量每五年翻倍增加,近年来大量的研究围绕多元性相关问题展开。[25] 举例来说,自 2007 年以来,大多数涉及人力资源主题的主流期刊至少有一期是这方面的研究专题,有的期刊甚至更多。

从这些研究中可以得出两点结论:第一,也是最显而易见的一点,员工的多元性管理已经不再是一时的狂热或仅仅是政治口号般的空喊。基于之前讨论的人口统计学趋势,企业应将多元性管理作为日常管理的一部分。这个话题未来会变得更加重要。第二,根据两位著名学者的最新观点,"众所周知,多元性对组织和团队的影响既可以是积极的、消极的,也可以没有影响"。[26] 这完全取决于多元性管理的方式。在本章,我们首先讨论多元性的积极方面,然后讨论组织在进行多元性管理时所面临的部分挑战,最后讨论企业在改进多元性管理上可以运用的方式。

员工多元性可以激发更强的创造力、更好的问题解决方案和更高的系统灵活性,从而提升组织功能。[27]哈佛大学著名企业顾问 Rosabeth Kanter 指出,"大多数创新型公司有意建立异质性的工作群体,针对特定问题展开多视角的思考和讨论"。[28]与此同时,员工多元性可以带来的好处主要有:

- **更强的创造力**。员工多元性能够帮助人们注意到那些不是很受重视的方案。一家公司成立一个任务小组,针对已经计划好的组织裁员为 CEO 提出建议:

  一名西班牙裔男性和一名白人女性是这个工作小组的成员,两个人却认为任务小组中大部分人支持的裁员 10% 的建议会打击员工士气。经过深入考虑,CEO 决定不进行裁员,并且采纳了两个人提出的方案,即通过提早退休、无薪休假和减薪 5% 并继续留在公司的方式来降低劳动力成本。大多数员工很支持这个方案,这个方案增强了他们对公司的忠诚度和承诺。[29]

- **更好的问题解决方案**。同质的团体倾向于出现群体迷思现象,由于他们思维和看待问题的视角相同,所有成员很快会陷入错误的解决方案中。[30]在异质的团体里,成员拥有较广泛、丰富的经验和文化视角,产生群体迷思的可能性就小得多。

- **更高的系统灵活性**。在当今瞬息万变的商业环境里,灵活性是成功企业的重要特征。如果管理得当,员工多元性就能够给企业带来更大的灵活性。不同水平多元性的存在会使企业更容易接纳新的观点,对不同的做事方式更宽容。

- **更好的信息来源**。多元性的员工队伍可以为组织提供更广范围的信息以及适用于多种情形的各类技能。例如,参阅管理者笔记"警局将外语人才纳入警官序列"。

 管理者笔记:客户导向的人力资源

警局将外语人才纳入警官序列

在纽约警局最近的一场晋级典礼上,24% 的新晋警官出生在海外,代表着 48 个不同的国家,包括土耳其、委内瑞拉、缅甸和阿尔巴尼亚。上年度的新晋警官只有 20% 来自海外,却也代表着 65 个不同的国家,本年度相比上年度已经有了提升。

"人们从世界各地来到这里。"纽约警局行政长官 Raymond W. Kelly 如是说,"我们有责任更好地认可他们、为他们服务、关心他们。"

纽约警局员工中约 40 名警官的全职任务是长久地、持续地从城市的移民中招收新人。招聘警官与广告公司合作,告知应聘者"纽约警局需要精通各种语言的人才,包括至少 60 多种语言,如库尔德语、帕施图语、汉语、阿拉伯语和柬埔寨语等"。例如,招聘广告已经在报纸上以俄罗斯语、韩语、海地语的形式发布。"警局人才的多元性便于为多元性社区提供服务。"招聘部门负责人说,"这能够建立起彼此的信任。"警局对那些通晓小语种的应聘者给予优先考虑,如俾路支语、车臣语、老挝语、索马里语、斯瓦希里语、泰米尔语和沃洛夫语等。近年来,大约 20% 的劳动力出生在海外,且纽约警局几乎 1/3 的警官是西班牙裔。

这项"语言主导型"的招聘似乎很有效果。纽约警局官方声明,在过去的几年中,警方应聘者的人口统计特征分布与城市的人口统计特征分布大致相似：大约35%为白人、23%为西班牙裔、27%为非裔美国人。几百名双语警官被安排到新近建立的新移民特别服务区执行社区关系方面的工作，还参与反恐部门的工作。根据纽约警局官方网页上的信息，"当联邦调查局、国防部、特工处及其他联邦政府机构需要外语支援时，他们常常向纽约警局寻求帮助"。

资料来源：NYPD's Foreign Language Outreach. (2014). www.nyc.gov; Long, G. (2009, February 9). New book takes readers inside the NYPD's counterterrorism work, www.theepochtimes.com; Hays, T. (2007, July 18). "NYPD's diversity reflects demographic shifts." *USA Today*, http://usatoday.com; Buckley, C. (2007, May 31). New York City police seek trust among immigrants. *New York Times*, www.nytimes.com; New York Daily News. (2006, December 21). Grads make NYPD more melting pot, www.nydailynews.com; Porcaro, L. (2005, July 25). Defending the city. *The New Yorker*, www.newyorker.com; http://nypdrecruit.com. Accessed March, 2011.

营销的考虑

许多成功的企业知道，多元性员工的有效管理可以使企业针对多元文化、多种族人口形成更好营销战略。例如，

- 高露洁公司通过旗下产品"全效牙膏"赢得了口腔护理市场上的头把交椅。"高露洁全效牙膏"是由一位年长科学家带领的团队所开发的。这支团队的目的是开发一款适合成年人使用的牙膏。他们发现三氯生（Triclosan，全效牙膏中的一种成分）是可以对抗牙龈炎的广谱抗生素，而牙龈炎是随着人们年龄的增长易于患上的一种牙龈出血疾病。[31]

- 越来越多的女性开始使用互联网，这会极大地促进电子商务的繁荣发展。根据一家市场调研公司（BIGreseach LLC，总部位于俄亥俄州的沃辛顿市）的统计，女性直接影响超过80%的零售额。当总部位于纽约的Bluefly公司（一家专门负责高档服装清仓出售的零售商）在1998年成立的时候，电子商务市场还是一个男性占主导地位的地方，一家新开业的服装零售公司并不被看好，但这家公司认为未来互联网的发展一定能吸引更多的女性顾客。"我们按照这种预期的转变将公司业务限定在这个特定的领域。"公司行政副总裁Jonathan Morris这样说，"这就是我们公司在互联网泡沫破灭后依然发展良好的原因。"[32]

4.1.4 多元性作为公司战略的一部分

现在，许多公司认为有效的员工多元性管理是公司总体战略中不可分割的组成部分，而不仅仅是为了不违反政府规定而由人力资源部门开展的一系列项目。在《财富》1 000强公司的CEO年度报告中，明确提及多元性管理作为公司战略目标的一部分已成为标准做法。[33]在《财富》1 000强公司中，许多企业多元性议题负责人通常被称为首席多元官（chief diversity officer，CDO），直接向CEO汇报工作。

4.2 管理员工多元性的挑战

尽管员工多元性会带来提升组织绩效的机会，但也给管理者带来一系列的新挑战。换句

话说,更大程度的员工多元性本身并不能确保积极的产出效果。许多学者一直在试图量化多元性效应。[34] 这些挑战包括妥善评估员工多元性、平衡个人需求和群体公平的关系、克服对变革的抵制、确保团体的凝聚力和开放性沟通、避免员工产生怨恨和对抗、留住有价值的人才,以及为所有人创造最大的机会。

4.2.1 多元性和包容性

针对不少企业强调多元性相比包容性(被视为将人们联系到一起的方式)能够带来更多的好处,近年来出现了一些争论。尽管两种观点的分歧可能集中在语义学上,即认为多元性管理通常带有高度的感情色彩和政治色彩。正如一位著名的多元性研究专家近期提到的:

> 很多组织在这一领域耗费了大量资源,为了提高盈利、成为最佳雇主、避免法律诉讼和做正确的事。不过,多元性在组织中很难实施,因为在对多元性的界定及其在组织文化中应渗透的深度方面,很多人的观点并不统一。多元性较难实施的另一个原因是:多元性的各个维度与个人的信仰、价值认知和人生经历等是紧密联系在一起的。这些个人信仰通常会阻碍员工充分融入和参与到整体员工队伍中。[35]

4.2.2 个人公平和群体公平

管理的一般性观念(universal concept of management)主张标准化的管理实践,而管理的**文化相对性观念**(cultural relativity concept of management)主张管理实践应配合员工不同的价值观、信念、态度和行为。管理的文化相对性观念应该在多大程度上取代管理的一般性观念,这是极为复杂的问题。支持一般性观念的人相信,与多元性劳动力相匹配的管理实践可能会带来长期的文化冲突,员工感知到的不公平会导致强烈的工作场所冲突。例如,当 Lotus 软件公司将福利涵盖对象扩大至同性恋的配偶时,未结婚但同居的异性会觉得遭到不公平的对待。相反,支持文化相对性观念的人认为,公司的人力资源做法如果不能与多元性员工的需求相匹配,可能会使大多数员工逐渐疏远公司,从而减少员工对公司潜在的贡献。

4.2.3 对变革的抵制

尽管员工多元性是现实生活的事实,但组织中的群体还是以白人男性为主。一些人认为,长久以来的企业文化对变革是有所抵制的,而这种抵制成为女性和少数族裔在企业环境中生存与发展的主要障碍。

4.2.4 团体凝聚力和人际冲突

尽管员工多元性能导致更大的创造力和更好的问题解决能力,但如果各群体之间缺乏信任和尊重,多元性也可能导致公开的冲突和混乱。这意味着伴随公司的多元性程度变得更深,员工不愿在一起有效工作的风

伦理问题

许多管理者和经理人员利用打高尔夫球的机会把工作与娱乐结合起来。这种做法对公司多元性举措会产生什么伤害?有增强公司多元性举措的娱乐活动吗?

险增大。这样,人际冲突可能比合作更为普遍。

4.2.5　沟通网络的细分

工作场所中细分的沟通渠道(segmented communication channels)通常能促进经验的分享。一项研究发现,组织内大多数的沟通发生在同性别和同种族的成员之间。各专业领域都有这种现象,即便在人数很少的女性和少数族裔高层管理岗位中。[36]

细分的沟通渠道会对公司造成三个主要问题:第一,如果依然局限在自己的群体内,公司就不能充分利用多元性员工的观点;第二,细分的沟通渠道使得公司很难在不同的群体之间达成共识[37];第三,由于不属于主流的沟通网络,女性和少数族裔经常会错失机会或无意中受到处罚。本章课后案例"熟人推荐正在成为多元性的威胁"指出,严重依赖员工推荐及使用社交媒体识别潜在员工等招募实践可能无意中增强了细分的沟通网络,并且限制了组织多元性举措的效力。

4.2.6　不满

平等就业机会是美国政府在20世纪60年代强制实施的而不是自发的。在美国的绝大多数组织中,它是一种强制性的变化而不是自愿性的变化。这种强制顺从的负面影响就是在一些管理者和主流员工中强化了一种观念:公司为了遵守平等就业机会法律而不得不降低标准。有些人将平等就业机会法律视为"强迫性的多元性"立法,偏重的是政治而不是绩效和/或胜任力。

基于这样的背景,结果或许并不需要惊讶:将女性和少数族裔获得晋升机会归因于平权行动的人当中,白人男性是女性和少数族裔的两倍。[38]这种观点说明两个问题:第一,处在掌握权力与责任职位上的女性和少数族裔恐怕不会像白人男性那样受重视;第二,有些白人男性感觉自己吃亏,为了出气可能对那些他们认为受到特殊待遇的女性和少数族裔员工发泄不满。

尽管受到政治和法律支持的这类项目的影响力在实施近五十年之际开始逐渐变弱,但由于平权行动已经被广泛接受,因此这些问题由经理来处理是非常重要的。最新的民意调查证实,大公司对平权行动的认同感仍然很强,即使现在大多数公司倾向于使用术语"多元性",并且经常与"包容性"结合使用。[39]

在许多大中公司,CEO通常与高层管理者开会,以确保多元性目标的实现。这些公司包括美国银行(187 000名员工)、IBM公司(387 000名员工)、万豪酒店(151 000名员工)、摩根大通(183 000名员工)、安永会计师事务所(121 000名员工)、AT&A公司(302 000名员工)和施乐公司(54 000名员工)。[40]

4.2.7　保留员工

女性和少数族裔员工的主要抱怨是缺乏职业成长的机会。在晋升的过程中,他们的位置越高就越强烈地感觉到其晋升受到"玻璃天花板"的阻碍。"玻璃天花板"是指公司里阻碍女性和少数族裔员工晋升到更高职位的无形障碍。低工作满意度会导致较高的员工离职率,而离职率高会使得公司流失宝贵的人才和付出更多的培训成本。

4.2.8 机会的竞争

随着美国少数族裔的相对比例和绝对人口数量的增长,对工作和就业机会的竞争可能会变得更加激烈,少数族裔之间争取晋升机会的紧张气氛正在加剧。雇主面临的境地是,必须判断哪个少数族裔最值得获得这些机会。[41] 考虑以下例子:

> **伦理问题**
> 针对特定群体的员工给予一些优惠待遇可能会产生怎样的道德伦理问题?

- "黑人占尽大家的便宜。"旧金山消防队墨西哥裔的队长 Peter Rogbal 抱怨道:"为了安抚黑人社区,其他族裔反而遭到忽视。"
- 非裔美国人害怕从尼日利亚、埃塞俄比亚、索马里、加纳和肯尼亚等地新来的黑人会从美国本土出生的黑人手中抢走工作机会。哥伦比亚大学历史学家 Eric Foner 说道:"历史上,每个移民群体均超越美国出生的黑人,如果非洲的移民也超越美国出生的黑人,这就是最讽刺的了。"[42]

没有任何一种方法可以有效地处理这些挑战。不过,管理者应该铭记在心的原则是:将员工视为个体,而不是某个团体的成员。遵守这样的原则,这些挑战就变得更容易处理了。

4.3 组织中的多元性

多元性的各维度(如种族、族裔和性别)对于个人如何对待他人往往具有很大的影响。我们在此讨论在公司主流里最容易遭到"遗漏"的群体(按字母排序)。当然,同一个人可能属于好几个群体。出于这个原因,在 2000 年和 2010 年,人口统计局允许美国人将自己分为多个群体。

4.3.1 非裔美国人

非裔美国人在美国劳动力中大约占 13% 的比例。自 1964 年通过《民权法案》以来,非裔美国人担任政府官员、经理、技术专家和熟练手工艺人的人数翻了三倍,办公室职员的人数则翻了四倍,从事专业岗位工作的人数翻了两倍。[43] 不过,相当大比例的非裔美国人(大约 15%)仍然属于失业待救济的。

非裔美国人在组织中面临两个主要的问题。第一个问题是在第一次民权运动胜利约五十年之后,明显且故意的种族歧视依然存在。即便已产生第一位非裔美国总统,《财富》500 强公司 CEO 中有 6 位是黑人,而这些在不久前还只是科幻小说般的存在。[44] 2013 年上映的电影 The Butler(《白宫管家》)为年轻一代深刻地揭示了在对待非裔美国人态度上的巨大变化以及这一进程的曲折坎坷。非裔美国人并不是唯一受到种族歧视的群体,却是受害最深的群体。3K 党(Ku Klux Klan)和其他白人至上的组织不断向非裔美国人与整体美国社会发出提醒,民权斗争还没有结束。2008年,在5个州对前总统奥巴马所说的美国的"原罪"公开表示歉意之后,佛罗里达州议会也对该州奴隶制的"可耻"历史正式道歉。[45]管理者应该小心安抚非裔美国员工,并通告整个公司——在工作中不会容忍种族主义观点。例如,万豪国际公司以电影《42号传奇》为题材,通过Jackie Robinson打破美国职业棒球联赛有色人种界限的故事,向员工强调这一点。围绕这个主题,万豪国际公司在2013年还发起了一系列活动,包括更新Facebook相关内容、电影特映,以及在酒店客房和员工休息室标示"42"号房间(42是电影主人公Robinson的号码)等。[46]

第二个问题是非裔美国人的受教育程度不如白人。[47]这并不是非裔美国人特有的问题,黑人和西班牙裔中大学毕业的比例只是白人的一半。由于技术和信息美国经济中的重要性日趋增强,大学毕业生和非大学毕业生之间的工资差距正在逐渐扩大。因此,非裔美国人和西班牙裔美国人与白人受教育程度的差距使得前者在劳动力市场上处于不利的位置。

不过,还是有值得乐观的地方。291个大城市的分析表明,除19个城市外,其他城市各种族之间的关系与1990年相比是更和谐了。在1972年,很少有白人和黑人定期互动;然而在2008年,几乎2/3的白人表示经常或每天与黑人有私人的联系。[48]在过去的五十多年里,贫困线附近的黑人家庭数量已经下降近1/3(控制通货膨胀因素);现在,大约41%的黑人是中产阶级,每年可以挣42 000—108 000美元,还有近20%被认为是富裕的(年收入超过108 000美元)。[49]但随着第二次世界大战以来最严重的经济衰退,黑人中产阶级家庭的收入与白人家庭相比下降了很多。[50]1980年,超过25岁的黑人中仅50%拥有高中文凭。2011年,将近4/5或80%的黑人拥有高中文凭;对于25—29岁的黑人,这一比例为86%,与白人相同。而在不到二十年里,黑人大学毕业生的人数翻了一番。[51]处于管理岗位的非裔美国人数量自1966年以来至少增长了5倍。[52]出于这些原因,2008年《华尔街日报》的一篇头版文章得出的结论是:"黑人中产阶级的成长以及工作场所的融合不仅重塑了黑人社会,还改变了很多白人的态度。"[53]

4.3.2 亚裔美国人

亚裔美国人在美国劳动力中约占5.6%的比例。1990—2014年,这个群体投入劳动力的比例增长了63%,预期到2050年还会增长1倍。[54]就像"西班牙裔"这个词包括许多不同人种一样,亚裔美国人也包括广泛的种族和国籍(例如,日本人、中国人、韩国人、印度人和巴基斯坦人)。[55]尽管亚裔美国人很擅长技术领域,在高等院校的表现也很突出,但他们在企业高层的人数依然很少。部分原因可能是雇主的歧视,他们对亚裔美国人的刻板印象往往是过于谨慎保守、欠缺领导能力。[56]由于亚裔美国人在受教育上的优势,雇主往往认为在解聘和晋升的决策上不需要对他们提供特别的考虑,结果导致亚裔美国人不太可能从改善女性和其他少数族裔就业条件的各种项目中受益。一项调查发现,40%的非裔美国人、西班牙裔美国人和27%的白人认为亚裔美国人"在生意场上是无道德原则的、诡计多端的和不坦诚的"。[57]出于这些原因,一些亚裔美国人被降职到技术和支持岗位上,这些岗位对人际交往的要求较少,而且晋升的机会有限。

惠普公司副总裁 John Yang 指出,尽管亚裔在高科技行业的表现很好,但他们很少能升至高层。那些进入高科技公司高层的亚裔通常是开创属于自己的公司。例如,Charles Wang,纽约计算机联合公司的创始人和前任 CEO。[58]

目前,大部分移民到美国的亚洲人来自菲律宾、印度尼西亚、斯里兰卡和泰国,来自中国大陆的移民也越来越多。这些移民中至少 50% 是女性,她们中的很多人最终在那些压力大但工资很低的行业(如服装业)工作。[59]不过,我们在概括的同时也应当保持适当的谨慎。例如,大多数赴美的印度人是各领域的专业人士,他们的收入远远超过美国本土公民的人均收入。[60]举个例子,美国著名的百事可乐公司现任 CEO——Indra Krishnamurthy Nooyi,她从小在位于印度东南海岸的金奈市(以前称为"马德拉斯市")长大。据某记者说:"作为一位素食主义者,她并不是大家想象中的含糖苏打和快餐食品制造商中的领先者。"[61]关注中小企业的《公司》杂志制作了一期专题,列出那些创业有成的印度企业家,他们大多数从事高科技行业。

4.3.3 残疾人

美国大约有 4 350 万名残疾人,其中 1 500 万人有工作,600 万人则依靠社会福利金和残疾保险维持生活。[62]至少 370 万名严重残疾者仍然在工作[63];余下的人要么是失业(假设由家人支持),要么是还不到工作年龄。身体残疾人员在工作中面临四个主要问题:

第一,社会对残疾人员的接受度并没有提升。[64]许多人对残疾人士仍持有疑虑,甚至是蔑视,他们觉得那些身患残疾的人应当远离工作领域,好让所谓的正常人更多地承担责任。从更微妙的层面上讲,作为同事,他们可能无法像对待朋友一样对待残疾同事,因为他们根本就不知道如何与残疾同事相处。人在面对残疾人时,即便是性格外向的人也会突然腼腆起来。

第二,残疾人员的能力往往被认为不如正常人。很多被认定的盲人和聋哑人与那些具有正常视听能力的人一样,能够将许多工作完成得很好,而且现代科技也帮助残疾人士用上了电脑。即便如此,这种错误的观念仍旧根深蒂固。

第三,许多雇主不愿意雇用残疾人员或让他们担任要职,担心他们只要压力一大就会提出离职。这种错误的看法忽略了这样一个事实:残疾员工的旷工数和离职数仅占其他员工离职数的极小一部分。例如,万豪国际公司的报告声称,每年残疾员工的离职率仅为 8%,而总体员工的离职率则达到 105%。[65]必胜客公司同样发现员工离职率的这一重大差距:残疾员工的离职率仅为 20%,而普通员工的离职率达到 200%。[66]

第四,自 1990 年《美国残疾人法案》通过之后,许多雇主高估了聘用残疾员工所需的成本。事实上,雇主们已经发现,残疾员工的膳宿一般比较简单、廉价,不同企业的平均开销为 200—500 美元。[67]例如,位于美国得克萨斯州欧文市的 Griener 工程公司在女性洗手间里安装了轻质门板,用砖块垫在四条桌腿下以提高制图桌的高度。

美国联邦最高法院已经对身体损伤和《美国残疾人法案》中残疾的区别做了明确的界定。例如,一位来自丰田公司车间的名叫 Ella Williams 的装配线工人由于长期的重复性动作,手腕、脖子和肩膀多处受损,失去了使用电动工具的能力。位于辛辛那提市的第六巡回上诉法院将她的伤势认定为"已损伤或变形的肢体",并裁决丰田公司为其安排检查员岗位作为补偿。丰田公司将这一裁决上诉到美国联邦最高法院。引用所谓的"牙刷试验",联邦最高法院裁定只有在生活难以自理的情形下才能达到一名残疾人的标准。根据 O'Connor 法官的说法,虽然 Williams 的情况变坏了,但她仍然能够刷牙、洗脸、洗澡、照料花园、做早饭、洗衣服及收拾屋子,这说明 Williams 并不算真正意义上的残疾,更接近于身体损伤。因此,她并不享有《美国残疾人法案》中反歧视保护的权利。[68]

《美国残疾人法案》已经通过近二十五年,尽管使得一些公司为残疾人打开了大门、为残疾人提供了法律保护,但很多重要的职业障碍依然存在。一份来自美国劳工统计局的最新报告显示,在 2008—2011 年经济衰退期间,无论在任何时点上,那些积极寻找工作却无法获得雇佣的残疾人比正常求职者的数量高约 70%。[69]

4.3.4 在外国出生的移民

美国人口中约 14% 是在外国出生的,多集中在加利福尼亚州、得克萨斯州南部、佛罗里达州南部和纽约市,占比接近 1/3。[70] 由于非法移民和人口普查的低估(许多黑工担心遭到遣返,希望继续隐姓埋名),因此难找到可靠的统计数据。不过,过去三十多年来,至少 3 000 万移民来到美国。[71] 根据美国人口普查局的数据估计,目前住在美国的非在籍移民数量大约是 2 180 万人,包括合法移民和非法移民。[72] 此外,50 万名外国学生通过临时签证在美国大学就读,每年在学费和生活费上大约花销 110 亿美元。[73] 许多人在获得学位后留在美国。虽然在近期的经济衰退时期,非法移民率似乎已经大大降低了,但 Pew 研究中心估计,如果按照目前的趋势继续下去,到 2050 年 19% 的美国人口将是在国外出生的。[74]

根据《美国宪法》,不论其父母的法律地位如何,凡是在美国出生的儿童将自动成为美国公民。然而在美国,未登记在册移民所生的孩子面临的未来是不确定的。[75] 正如一名分析家所指出的,"随着政府加快《移民法》的实施,这部分美国孩子的命运是接下来要思考的问题"。[76] 与 2000 年的 840 万和 1990 年的 350 万相比,2014 年美国大约有 1 200 万不在册移民,其中墨西哥人约占 57%,来自拉丁美洲其他国家的约占 24%。[77] 在这些未登记的工人中,很大一部分人处于生育年龄,平均育有四个孩子(与美国其他人口相比)。这意味着,越来越高比例的年轻美国人是由几乎不拥有任何合法权利的父母或者那些可能即将被驱逐出境的父母抚养的。另一个尚未得到解决的主要问题是:那些从孩提时代就来到美国并认为自己就是美国人的这个群体的法律地位(尽管这不是他们自己的错)。前总统奥巴马发布了一项有争议的行政命令,阻止对这个群体的驱逐,然而在本书完稿之际,对他们的保护仍属于法律的空白,并且一些州(如亚利桑那州)不给他们颁发州政府认可的身份证明(ID)。

"9·11"事件之后,出于安全的需要,加上越来越多的人认为国境已经"失去控制",政府开始逐渐收紧移民法律的制定,使得非法的外国人很难获得驾照或临时工作。历史上最大规模的公共工程项目之一,便是美国在墨西哥边境建造的绵延数公里的围墙。尽管限制这么多,但只要有需要,不在册员工(无法获得合法地位的人)总会源源不断地进入美国。在过去,获得一张"绿卡"(合法的永久居住证)是非常困难的,特别是对于非熟练工人来说,这几乎是一个梦。

2014年,联邦移民政策混乱无章,各州及地方一拥而上制定了很多这方面的法规。自本书上一版出版以来,各州的立法机关已经通过了几百部移民法规。以亚利桑那州为例,一名雇主如果明知是非法外国人也雇佣他,就会被吊销营业执照。[78] 2010年,亚利桑那州通过了一项颇受争议的法规(在本书截稿时,法庭上还在争辩这项法规):本州内任何不在册外国人均被认为是"罪犯"。在康涅狄格市(据称本州人口中34%在外国出生),市议会要求当地警察与美国移民局和海关执法局一起围捕当地非法移民劳工。当然,许多州(例如伊利诺伊州、新泽西州、马萨诸塞州、华盛顿州)通过了许多人道主义法规,给予移民一些优先权,主要集中在语言、工作、公民培训,以及获得如公共安全与医疗保险等服务这几个方面。[79] 同样,加利福尼亚州(至少有350万不在册人口)最近颁布了一部法律,允许所有居住者(包括移民)参与陪审团,并且允许在州内考取驾照。因为许多雇主发现,缺少移民劳动力很难继续经营,尤其在农业、服务业、饮食业和建筑业,而这种情况让许多公司与劳工处于相似的艰难境地。

尽管美国人更倾向于将移民视作美国国内问题,但移民已经成为经济全球化背景下的一个重要议题。全球大约2亿人不在其出生地工作,并且绝大多数人生活在法律的边缘地带。在许多西欧国家中,大部分人口历来为本土人,直到几十年前,外来人口超过总人口的10%。在这些外来人口中,仅仅摩洛哥人就有400多万。这种情形在亚洲(如中国台湾)、中东(如沙特阿拉伯)、非洲(200万印度人居住地)及拉丁美洲(例如,多米尼加共和国中有100万海地人居住)也十分相似。[80] 最近,叙利亚内战使得数百万的公民不得不移居邻国。

为了应对移民人口压力,各国政府纷纷采取了一系列颇受争议的行动。举个例子,法国将数百名吉普赛人驱逐回罗马尼亚,即便罗马尼亚是欧盟的一员。按照法律,所有欧盟成员国公民有权在欧盟27国的领土上定居。

另一方面,美国常常在科学和工程学方面依靠高技术水平的外国科学家。事实上,在美国,外国学者在所有的科学与工程学博士中占到了40%,而在数学与计算机领域则占到了50%。在一些商学院,30%甚至更多的教员和博士生来自海外。52%的硅谷创业公司的创始人为外国移民。许多太空项目,包括登月行动,如果没有第二次世界大战后移民美国的德国科学家的帮助是不可能实现的。出于一系列复杂的原因,包括美国对签证的严格管制与冗长烦琐的审批,以及其他国家(如德国、中国、印度、韩国巴西)中的诱人机遇,一大批高技术水平的移民去了其他国家。只要这种情形还存在,未来数十年内,美国就可能进入人才的真空期。

4.3.5 同性恋者

尽管最早追溯至1940年左右的研究指出,美国人口约10%为同性恋者,但真实的比例还是有很大的争议,估计的范围从1%—2%到10%。[81] 近年来,同性恋支持团体开始很坦然地维权,认为性取向不应该成为人事决策的标准。不过在许多工作环境中,公开同性恋仍然是个禁忌。

目前,美国联邦法律对于性取向几乎没有提供任何法律保护。虽然没有联邦法律禁止公开歧视同性恋者,但是越来越多的州和地方行政辖区通过成文的反歧视法律。一个有趣的现象是,越来越多的公司接受员工没有异性恋取向(通常包括女同性恋、男同性恋、双性恋和变性员工,或称为LGBT)。大量的蓝筹股公司和公共机构(包括美国运通公司、德勤会计师事务所、保诚公司、诺华制药公司、通用汽车公司和施乐公司)支持员工队伍中的同性恋群体,一些组织(如亚利桑那州立大学、美国瓦乔维亚银行、孟山都公司和微软公司)提供福利给"同性伴侣"[82],甚至一些主流的宗教派别和组织(如圣公会教堂和犹太神学院)现在公开接受男同性恋者担任神职及进入神学院。[83]英国军队同样如此。美国军方还取消了克林顿政府提出的"不要问也不要说"政策。美国国税局现在允许同性恋夫妇提交联合报税表,即使他们所在州不允许同性恋婚姻。几个主要的天主教国家(如西班牙、墨西哥和阿根廷)现在允许同性婚姻,赋予他们与异性夫妇相同的法律权利和获取附加福利的权利。在本书第一版面世的20世纪90年代中期,这些是无法想象的。管理者笔记"员工包容性和性取向"主要围绕这些显著的变化展开。

 管理者笔记:伦理/社会责任

员工包容性和性取向

尽管整个社会在这个问题上还没有达成共识,并且许多人站在被歧视者的立场反对利用性取向获得法律保护,但过去十多年,这种现象在同性恋群体中得到了很大改变。几乎1/3的州承认同性恋婚姻;明确禁止同性恋加入军队的"不要问也不要说"政策被废止;在21个州、哥伦比亚特区及超过160个城市和县产生了禁止在雇佣时歧视性取向的法律;88%的《财富》500强公司(包括家喻户晓的安泰公司、阿尔卡特朗讯公司、苹果公司、伊士曼柯达公司、耐克公司、摩根大通公司和施乐公司)自发对同性恋员工采取反歧视政策,包括在福利计划中代替异性恋配偶的"重要的另一半"补贴。然而,仍有不同意这种观点的大公司。例如,埃克森美孚公司一直坚决反对将性取向包括进就业政策中,并且只会在法律强制要求(如在比利时)时执行。由于美国联邦政府不允许任何非异性婚姻的签证获得通过,对于许多公司而言,当涉及全球招聘时,这将是主要的挑战。

资料来源:Stewart, J. B. (2013). Exxon defies calls to add gays to antibias policy, www.nytimes.com; Hirsch, E. (2014). Young gay workers predict workplace challenges, www.shrm.org; Hastings, R. R. (2014). Companies celebrate gay and transgender equality, www.shrm.org.

4.3.6 拉丁裔美国人(西班牙裔美国人)

来自拉丁美洲的人们传统上采用文化的自我定义区别其文化身份不同于非拉丁裔北美洲人,美国政府采用的官方名称"西班牙裔"则是"便于行政机构和研究人员使用的名词"。[84]

拉丁裔美国人包括欧洲血统(拉丁裔美国人中至少有7 000万)、非洲血统(至少2 500万人居住在安的列斯群岛和加勒比海盆地)、拉丁裔印度人(墨西哥和安第斯人口占很大比例)、亚裔(可能有1 000万西班牙血统的亚裔)和大量的混血人口。事实上,在2010年进行人口普查时,超过半数的拉丁裔人认为自己是"白种人"(允许两种独立选择,一种是民族,另一种是种族),这说明美国南部大部分边界上的种族界限是很模糊的。[85]

美国至少有5 000万拉丁裔人,有些机构估计甚至高达6 000万人。[86]西班牙裔人口(60%是本土人口)的爆炸性增长,仍然是美国人口结构的驱动力。[87]拉丁裔移民的人口出生率是美国其他种族人口出生率的2倍。美国是现在世界上除墨西哥以外最大的西班牙语国家。[88]从现在至2030年,拉丁裔美国人预期占美国劳动力大军增长的50%。[89]许多拉丁裔美国人是专业人士和企业家,其他的则是非熟练工人和农民。居于较高层次的是1959年古巴革命后来到美国的上层阶级和中产阶级古巴人,最底端的是流浪工人。[90]

拉丁裔人在美国工作场所面临一系列问题。首先是语言问题[91],其次是价值观差异所导致的文化冲突。一些拉丁裔美国人将非西班牙裔北美人视为无动于衷、麻木不仁、以自我为中心、刻板、雄心勃勃的人。与此同时,非西班牙裔人常常抱怨拉丁裔美国人"在时间安排、规划、守时和出勤等方面不像其他员工那样严格遵守"[92]。

非洲裔、印度裔拉丁人(其中许多人因当地的极端贫困而迁移到美国)还面临额外的障碍:因肤色而引起的种族歧视。近几年,拉丁裔人在美国已成为反移民情绪的目标,这一问题屡屡被政客提起,认为这可以为他们赢得选票。

拉丁裔面临的这些挑战并没有阻挡他们对美国经济的显著贡献。美国最大的500家拉美公司每年出口价值超过10亿美元的商品,在此过程中为美国创造了许多就业机会。[93]《财富》1 000强中1/4的公司有拉丁裔高管,其中70位担任执行层职位,7位现在是《财富》500强公司的CEO。在这些公司中,拉丁裔大约占据200个董事会席位,这个数字是1993年的2倍。西班牙裔中产阶级家庭(年收入4万—14万美元)在过去23年里增长了74%,其中15%的拉丁裔家庭年收入超过7.5万美元。现在,西班牙裔的总购买力超过5 000亿美元。他们在大学毕业生中的比例超过20%,这个数字在过去20年中增长了45%。[94]超过150万家公司是西班牙裔所有的,它们的产生速度超过全美平均水平的3倍。[95]

为了消除那些相信拉丁裔不会被同化及之前对欧洲移民逐渐被同化的担心,证据表明,拉丁裔第一代大多使用双语,而第二代则以英语为主要语言。[96]出于这个原因,商家开始将重点放在第二代身上。例如,微软公司的拉丁美洲MSN——一个西班牙语网站,每月约有1 100万访客,现在为商家提供英语广告服务,目标是第二代西班牙裔人。[97]进一步地,大多数拉丁裔人并不居住在密集、高度相似的西班牙语社区[98];相反,他们大多生活在非西班牙裔社区。与不会被同化的刻板印象相反,大量的西班牙人与不同种族的配偶建立家庭,特别是从第二代开始。历史上一贯如此,文化元素逐渐混合,主流文化吸收最初被视为"外国的"文化。例如,墨西哥餐馆在大多数社区是很常见的,墨西哥菜(融入美式风格,有时被称为得克萨斯-墨西哥)现在是美国饮食的一部分。对于第二代而言,英语替代西班牙语成为家庭主要用语。

4.3.7　老龄员工

美国劳动力逐渐老化,劳动力的平均年龄为39岁,预计2020年接近43岁。目前,47%的员工超过40岁。这不是美国独有的,事实上,这一趋势在其他发达国家更为明显。例如在欧盟,接近40%的员工现在已经超过50岁。[99]老龄员工在职场中面临一些重要的挑战。美国是以年轻人为导向的文化,还没有真正接受这种人口特征的变化。[100] 过了 40 岁(特别是 50 岁以上),员工就会遭遇许多可能阻碍其职业发展的刻板印象。一定程度上出于这个原因,近年来被提交至平等就业机会委员会的私人雇主年龄歧视案件数量显著地增加了。[101] 2005 年,美国最高法院允许老龄工人提起年龄歧视的诉讼。法院裁定,当公司行为对 40 岁以上的员工群体具有"相当的负面影响"时,不必满足雇主那些号称严格事实上存在歧视的标准,他们可以提起诉讼。[102] 除了法律上的考虑,人力资源管理中突出的一个伦理问题是,在一定程度上,老龄员工很容易成为降低工资成本和医疗保险费用的对象。

2008—2011 年的金融危机之后,接下来几年的经济增长缓慢,"婴儿潮"时期出生的人群逐渐变老,许多家庭根本没有足够的存款以保证舒适的退休生活,将年龄推到多元性问题的风口浪尖。许多退休计划与股市行情密切相关,几乎没有公司为达到退休年龄的工人支付有保障的月度退休金。高比例的离婚率与再婚率揭示着越来越多的中年人组建起新的家庭。鉴于上述情形,数百万的工人改变了离职的想法,有些已经退休的工人重返了劳动力市场。

为了有效利用这些经验丰富的劳动力,大量雇主老板,包括家得宝公司(美国家居连锁店)、信安金融集团、美国大都会保险公司等,共同创立了一个全美雇主协会和 AARP 协会(一家为 50 岁以上人而创办的全国性协会),以支持"老龄员工友好政策"。AARP 成员可以通过 AARP 官网寻找公开的职位。[103] 换句话说,当考虑到多元性与包容性的问题时,年龄已经成为人力资源管理的关注点之一,可参阅管理者笔记"老龄员工的崛起"。

 管理者笔记:新趋势

老龄员工的崛起

1977—2014 年,65 岁及以上员工的就业率翻了一番,由于"婴儿潮"时期出生的一代人已经进入退休时段,这种趋势还可能继续加速。这些群体中大多数人的退休账户只有不到 20 万美元,节省着花都不够十年用。这种趋势的结果就是,对老龄员工的传统偏见(如认为他们工作速度很慢、缺乏专业技术、缺乏年轻员工拥有的毅力等)正在快速消失。在 21 世纪,许多工作已经不再需要繁重的体力劳动,由年龄带来的身体退化几乎不成问题。因此,诸如谷歌和 AT&T 等公司公开宣称很珍惜"成熟的"劳动力,在招聘时会考虑老龄应聘者。在 Tofulli 公司(一个无乳制品生产商),1/3 的员工超过 50 岁,公司声称自己为"老龄员工友好型公司"。AARP 每隔两年发布"50 岁以上员工的最佳雇主"名单。尽管存在这些变化,相比于其他许多国家而言,但美国仍然是年轻人主导型文化,对老龄员工的智慧并不那么看重。许多管理者在招聘时仍然对招收老龄员工心存偏见,担心他们在业绩、出勤、学习新事物的能力及解决问题的能力上不如年轻员工。

资料来源:Sedensky, M. (2013, September 14). Some employers see benefits to hiring older workers, www.theeagle.com; AARP. (2014). About the best employers program, www.aarp.org; Hennekam, S., and Hersbach, O. (2013). HRM practices and low occupational status of older workers. *Employee Relations*, 35(3), 339—355.

同期,所谓的"代沟"又给许多公司带来新的挑战。[104]引用对 IBM 公司和洛克希德·马丁公司的调查研究结果,一名观察者指出"世界范围内的诸多公司正在努力应对员工队伍中的代际差异。管理者与外部咨询顾问指出,他们发现那些生于不同时代的工人因在理念与交流方式方面有差异而产生了很多新问题。在不断变化的团队中,由于新技术和工作方式不断产生,不同时代工人之间的矛盾被逐渐激化"。[105]2008 年,一项由世界工作协会开展的调查指出,1/3 的公司采取了针对性的措施,以促进"工作场所四代人"之间更好地互动。[106]

在所有针对老龄员工的负面假设中,最常见的是他们缺乏工作激情、是朽木、拒绝变革、不愿学习新方法、十分固执。[107]然而这些负面的特征描述并没有得到研究的支持。[108]一些近期的研究显示,55 岁以上员工的缺勤率(4.2 天/年)与其他年龄群体的缺勤率(3.9 天/年)几乎持平。还有研究显示,老龄员工对工作的投入与年轻员工相比不相上下。[109]许多成功的企业开始实施相关计划,让老龄员工运用自己的经验与智慧开导年轻员工、指导他们工作。通过这种方式,老龄员工可以凭借其智慧赢得尊重。[110]

4.3.8 宗教少数派

近年来,尽管犹太人在美国和欧洲总人口中所占的比例一直保持相对稳定,但其他的非基督教少数派却在快速增长。在美国,大约 400 万美国人声称加入了伊斯兰教、印度教、道教或其他的非基督教信仰。在西欧,穆斯林人口是最大的少数派团体。在法国、荷兰、西班牙、德国和英国等则占 6%—15%。

2001 年 9 月 11 日,在纽约和华盛顿特区发生的惨剧,在波士顿、马德里和伦敦发生的爆炸案,在美国和欧洲发生的其他多起恐怖主义或疑似恐怖主义事件,严重地考验了那些有宗教背景人们的宽容程度。一些众所周知的恐怖活动(如 2013 年针对肯尼亚一个购物中心的恐怖袭击)是西方宗教极端分子实施的。人力资源管理学会的调查显示,诸如伊斯兰教这样的"民族宗教"已经仅次于种族和性别,在美国人"排他性"观念中排到第三位。[111]美国《时代》杂志在 2010 年的调查显示,尽管只有 37%的美国人认识一名穆斯林美国人,但 46%的美国人认为伊斯兰教比其他宗教更宣扬暴力。[112]在有更多穆斯林人和较短移民历史的欧洲,将犯罪、失业和政府预算赤字怪罪在阿拉伯少数民族头上已经是司空见惯。[113]例如,欧洲主流政治家针对宗教少数群体发表言论是很常见的,而这在美国可能被视为可恶的行为。容忍度的不断下降可能激发工作场所的歧视现象,可参阅管理者笔记"宗教分歧已成为影响包容性最突出的问题"。

 管理者笔记:新趋势

宗教分歧已成为影响包容性最突出的问题

在美国和西欧地区,工作场所中因宗教信仰差异所造成的冲突正在持续引发人们的担忧。当公司员工(还有公司所有者)公开表达宗教见解时,公司被迫对这些因宗教因素而产生的不安情绪进行回应。下面是一些例子:

- 法国的雇主可能会解雇那些身着长袍或全身黑纱的穆斯林女性,最近在美国也发生了类似的案例。例如,A&F 公司正因解雇一名穿戴穆斯林面纱的员工而面临违反联邦歧视法案的控诉。
- 一些员工群体公开表达对带有宗教背景的带薪假日(如圣诞节、万圣节、受难节和情人节)被列为通俗节日的不满。
- 越来越多公司的人力资源政策考虑了一些重要的宗教日期,以示意识到这些节日对于部分员工的重要性。这样,员工就可以在诸如犹太赎罪日和斋月这些对个人信仰来说非常重要的节日申请休假。
- 一项全美范围的调查声称,接近 1/3 的被调查者能够感觉到工作环境中的宗教偏见,其中 50%(占总数的 15%)的人声称,这些感知到的偏见是对其个人信仰的攻击。
- 在一些公司里,宗教信仰已经与工作日程造成了冲突。例如,租车中心公司就因迫使部分员工在周六(教会观察日)工作而受到基督复临安息日会的指控。
- 一些公司并没有将避孕药或助产药物纳入健康福利中,即便这种做法与"奥巴马医改计划"中的联邦法规有冲突。
- Hobby Lobby 公司公开赞助福音教派的事业,以促进各地信徒对教主的忠诚。例如,不同于大多数的零售公司,它每个周日都休息,提供给员工一个圣经日。Hobby Lobby 公司近日针对美国《平价医疗法案》中的避孕条款提起诉讼。

资料来源:Leonard, B. (2014). EEOC files two religious bias lawsuits, www.shrm.org; Hastings, R. (2014). Religious inclusion requires year-round attention, www.shrm.org; Keller, B. (2013). The conscience of a corporation. *New York Times*, www.nytimes.com.

在法国和西班牙南部的多个城市中,这种不安情绪已经发展成暴力事件。穆斯林教徒在土耳其具有压倒性的力量,但土耳其在官方属于非宗教性质的国家。2010—2014 年,是否允许土耳其大学中的女性佩戴伊斯兰头巾的问题引发了大量的小冲突。[114] 2008 年,罗马教皇公开谴责针对宗教少数派尤其是穆斯林教徒的人身攻击。在大西洋的另一侧,两个关于穆斯林教徒的问题已经引起关于哈佛在宗教容忍度上的公开争论。其中一个问题是召集教徒祈祷的钟声能否响彻整个哈佛校园,另一个问题则是学校是否允许女性教徒缺勤健身时间。[115]

随着穆斯林群体向西方社会的逐渐融入,其内部也可能出现这种紧张局面。例如,现在美国的大学校园中已经拥有超过 200 个穆斯林学生联合会。专家指出:"虽然穆斯林学生努力缩小美国高校传统和伊斯兰国家高校传统之间的差距,但在性别方面,特别是男性和女性之间交往深度的问题是当前最让人头疼的话题。"[116]

不幸的是,阿拉伯—美国学院基金会(Arab-American Institute Foundation)执行理事 Helen Sanhan 指出:"阿拉伯群体在社交媒体中的形象是负面的。"[117] 美国和欧洲因恐怖威胁继而引发的安全担忧,已经导致阿拉伯血统人群对于种族偏见和歧视等说法的抱怨,正如一些东印度背景的人会被误认为穆斯林一样。如今,大西洋两岸的许多公司正在制定政策,在公司内允许特定着装和宗教节日,避免潜在的基于个人信仰而引发的骚扰和嘲讽及是否容忍宗教标志的展示等问题。[118] 2013 年,实施波士顿马拉松爆炸的两名车臣伊斯兰教徒早已加入美国国籍,这说明了很重要的一点,仅凭外貌特征判断一个人可能会产生失误。

4.3.9 女性劳动力

预期女性在未来劳动力中的比例会与男性持平。[119]不幸的是,女性的收入并没有反映这种增长趋势。女性相对于男性的收入比在 1975 年降至 59％的低点后开始缓慢提升,目前大约达到 73％,仅仅比 1920 年高出 10 个百分点,而那个年代的女性在劳动力中只占 20％。[120]在年收入超过 12 万美元的人中,超过 3/4 是男性。[121]

然而,可能会有值得乐观的理由。过去三十多年中,女性在高层管理者中所占比重增长至少 300％。[122]在本书上一版中,《财富》500 强公司 CEO 中的 13 位是女性;而在本版交稿时(2014 年),这一数字是 21 位。这其中包括一些世界上最重要的公司,如惠普公司的梅格·惠特曼、IBM 公司的弗吉尼亚·罗曼提、百事可乐公司的卢英德、洛克希德公司的玛丽莲·休森、通用动力公司的菲比·诺瓦科维奇和施乐公司的厄休拉·伯恩斯。[123]55％女性员工的收入占到家庭总收入的一半以上[124];在 2008—2012 年的经济困难时期,许多男性失去了制造业和建筑业的高收入工作,这种境况更为明显。

20 世纪 70 年代,女性中只有约 12％的人占据管理岗位;而如今,这个比例已经升至 52％。[125]在公司领域之外,世界上还有很多上个时代不曾出现的重要女性角色,包括奥普拉·温弗瑞(世上最富有的人之一,也是一名非常成功的企业家)、南希·佩洛西(美国众议院议长)、希拉里·克林顿(前美国国务卿)、安吉拉·默克尔(德国总理)和珍妮特·耶伦(前美联储主席)。[126]在一些国家(如西班牙、挪威、芬兰)的内阁中,女性甚至多于男性。[127]在美国,这个比例从 20 世纪 60 年代的 0 升至近年的 1/4。即使是在 2000 年才禁止性别歧视在韩国许多司法机构的高级职位、国际贸易的管理层甚至新创公司为女性所占据。[128]

不过,尽管始自 20 世纪 60 年代的女性自由解放运动进行了五十多年,在受教育程度方面的性别差异也基本消失,但在职场上,大部分女性的收入仍然比男性要低很多,在《财富》1 000 强公司中,男性仍然占据了董事会、高级管理层、CEO 和其他关键岗位中 90％的席位。2010 年,Bain 咨询公司针对 1 834 名专业人士的大规模调查显示,被调查者对于男性和女性在商业机遇上的看法有着巨大差异。81％的男性与 52％的女性认为在管理序列的晋升方面没有性别歧视;66％的男性与 30％的女性认为在同等背景下,男女被提升至高层管理者的概率是相同的。[129]除了公然的性别歧视(这显然是非法的),还有许多因素影响女性和男性的收入差距以及女性晋升的机会,包括生理上的限制、社会角色、男性主导的企业文化、排他性的社交网络和性骚扰。

生理上的限制和社会角色

经过五十多年的女权运动,女性在角色和行为上仍然面临相当僵化的、超出生理限制的社会期望。女性主要还是负责照顾孩子和大多数家务。20 世纪 90 年代后期的一项研究估计,全职女性从事家务的时间依然是男性的 3 倍。[130]在此引用一位女企业家的话,她离开戴尔公司并开始经营自己的公司(一个名为"婚礼频道"的网站),以便其生活更具灵活性。"我在戴尔公司上班期间有了第一个孩子。我是一个工作非常努力的人,但与此同时,我也想成为一个好妈妈。如果你决定为了家庭而调整职业生涯,那么对你来说优先事务就要发生改变。"[131]

可能正是在这些默认的社会规范下,仅有极少数的公司会提供日托和其他支持性选择(例如,对那些有低龄孩子的员工实行工作分享和减少工作时间)。出于这个原因,如果那些有才能和受过高等教育的女性希望拥有一个家庭,她们就得被迫降低职业期望,或者在 30 岁左右离职。最近的一项针对在 20 世纪 90 年代初获得哈佛大学学位的 1 000 名女性的职业生涯跟踪调查显示,几乎 1/3 的 MBA 毕业生在毕业 15 年后是全职主妇,而博士的比例是 6%。女性博士表示她们可以灵活地安排时间,但大多数拥有 MBA 学位的女性认为"商业社会里没有她们的位置"。[132]

男性主导的公司文化

大多数的性别差异与绩效无关,特别是那些对重体力要求很低的白领职业。

大量的研究显示,在美国文化里,男性倾向于占据领导的职位,因为他们比女性更可能显现与权威职位"密切相关"的特质。这些特质包括:(1) 更有进取性的行为和倾向;(2) 更主动地进行语言沟通;(3) 更加注重"结果"而非"过程";(4) 不太愿意透露信息和暴露自己的弱点;(5) 更多的是"任务导向"而不是"社会导向";(6) 比较不敏感,这使他们能够迅速做出困难的抉择。[133]因此,文化对性别的预期往往会造成这样的现实状况:那些具有"女性特质"(专注于过程、社会导向等)的个人比较可能担任执行者和下属的角色。

当然,美国在这点上并不是特例。一位知名的日本作家 Marika Bando 表示,"日本社会尚未足够成熟到接受独立和进取的女性。例如,男性管理者往往称呼年轻员工为'小××'或'××君'而非'××先生/女士',但是女性管理者应该回避这种做法,因为日本男性对社会地位非常敏感"。[134]

排外的人脉网络

许多女性无法打入**老友关系网**(old boys' network),这是男性经理和高层之间形成的非正式关系。由于大多数高层职位被男性占据,女性往往没有办法介入男性的交谈。[135]

性骚扰

女性比男性更容易遭遇性骚扰的困扰。与二十多年前的 1/20 相比,现在约 1/5 的民事案件与性骚扰或性歧视有关。性骚扰诉讼在欧洲同样发生。[136]目前,美国超过 100 家保险公司提供雇佣行为责任保险(EPLI),承保范围包括在反歧视或反骚扰之类的案件中发生的法律成本、财产损失和赔偿金。[137]

很多公司在这个问题上越来越严格,制定更严厉的反性骚扰政策,为员工集中举办研讨会。这些教育方面的措施是非常重要的,因为女性和男性在什么行为属于性骚扰方面往往有着不同的观点。

4.4 多元性管理的改善

管理多元性非常成功的企业往往具有一些共同的特性,包括支持包容性的文化、高层管理者对于认同多元性价值的承诺、多元性培训课程、员工支持群体、对家庭需求的满足、资深员工导师和学徒计划、沟通标准、有组织的特别活动、多元性审计及要求管理层对多元性管理效果负责的政策。

近年来,《财富》杂志定期发布"最适合亚裔、黑人和西班牙裔工作的 50 家公司"。[138]《多元性企业》一家致力于讨论多元性问题的期刊(包括印刷版和在线版),定期发布适合少数族裔和女性的最佳雇主年度名单。许多评审标准是与上述特征相同的。以下是一些顶级公司实施的有效的多元性实践的例子:

- 强生公司为员工提供了各种各样的家庭友好政策,包括老员工的退休过渡,志愿服务期间给付薪水,工作/生活资源和引荐项目,老人的照顾和成人管理服务,儿童护理的折扣、资源、引荐和现场日托,还有育儿和隔代养育方面的资源。强生公司还鼓励员工组织和积极参与多元性团体,如中北非遗产协会、南亚专业网络协会和退伍军人领导委员会,公司 20% 的员工属于这些多元性团体。
- 麦当劳公司努力协调,尽量从少数族裔那里采购,这些少数族裔供货商占到总供货商的 50%。
- Nordstrom 公司将少数族裔的留任率作为管理绩效的重要评价指标。公司还开展一项扩大救助计划,将少数族裔拥有的公司纳入新店的建设中。

《多元性企业》为特定群体"如非裔、拉丁裔、亚裔、残疾人和女性列出年度十佳雇主"名单。例如,2010 年,一些被广泛认可的公司组成了非裔的最佳雇主,包括万豪国际集团、AT&T 公司、诺斯洛普·格鲁门公司、奥驰亚集团、麦当劳公司、威瑞森通信公司、南方电力公司、洲际酒店集团和塔吉特公司。[139]这些公司平均有:20% 的员工为黑人,全美的平均值为 14%;23% 的员工为黑人女性,全美的平均值为 8%;17% 的经理为黑人女性,全美的平均值为 3%;8.2% 的承包商支出用于少数族裔企业,全美的平均值为 2%。

4.4.1 建立一个包容性的组织文化

正如我们在第 1 章所讨论的,组织中共享的价值观、信念、期望和规范很可能对人力资源管理政策的效果产生重要影响,而员工多元性管理尤其受这种文化的影响。在最近一份关于几百种多元性研究的评述中,两位著名的多元性研究学者 Jakeson 和 Joshi 指出,"那些探讨在不同文化组织中员工差异(员工多元性)效应的实证研究似乎支持普遍的观点:一方面,那些从文化上认同多元性是有价值资源的组织更可能意识到多元性团队的潜在优势……另一方面,组织文化如果支持所谓的'无肤色'方案,可能会增强优势人种的主导地位,最终导致少数族裔员工的脱离。"[140]下文讨论几个有助于创造一个包容性文化的因素。虽然组织文化是一个比较模糊的概念,但一些公司显然更加欢迎和支持多元性。在行业层次上,这种情形同样存在。例如,在金融行业中,女性几乎不可能冲破"玻璃天花板",男性在高层中仍然占据不可动摇的主导地位。[141]

4.4.2 高层管理者对多元性价值的认同

部门经理、中层经理、基层管理者和其他主管一般不太可能拥护多元性,除非他们相信CEO或那些直接向CEO汇报的人完全认同多元性的价值。施乐公司、杜邦公司、康宁公司、宝洁公司、雅芳公司和《迈阿密先驱报》、数字设备公司等成功管理多元性的企业,它们的CEO都是带着这样的理念投入管理实践。例如,雅芳公司成立了多文化参与委员会(包括CEO在内),定期会面。类似地,康宁公司CEO在长达10页的彩色宣传册中声称,多元性管理、全面质量管理和给予股东高回报是康宁公司的三大重要任务。[142]

4.4.3 评价和奖励那些多元性实践做得好的经理

现在许多公司根据经理的多元性行为表现明确是提供还是撤回激励。这要求经理的行为必须能够被测量,且确实能相应地实施奖励。例如在索迪斯集团(Sodexo),公司将管理层薪酬的25%与实现多元性目标挂钩。在美联银行(Wachovia),CEO亲自批准将高级经理的奖金与多元性目标的达成情况关联。安永会计师事务所使用一个复杂的指标体系,依据多元性管理的情况对经理进行考核,包括20个定量指标和定性指标,如留任、晋升、弹性工作安排、员工满意度等。美国富国银行(Wells Fargo)实行一项强制性的年度回顾,考察团队成员的四项核心能力,其中之一是多元性能力。在时代华纳公司(雇员中约45%是非裔、拉丁裔、亚裔和北美印第安人),CEO亲自批准将年度奖金和加薪与经理们在职责范围内多元性行动的成功紧密关联。其他使用度量标准来评价和奖励多元性贡献的还有诺华制药公司、通用磨坊公司、Sprint公司、雅培公司、凯萨医疗集团、通用汽车公司、CSX运输公司、希尔顿酒店集团公司和强生公司。[143]

4.4.4 多元性培训计划

管理人员需要学习新的技巧以管理和激励多元性的员工。Ortho-McNeil制药公司、惠普公司、富国银行、恺撒医疗集团、微软公司和其他公司,纷纷在公司内成立广泛的**多元性培训计划**(diversity training programs),给经理和员工提供认知培训和研讨会,讲授特定的文化差异和性别差异,以及在工作场所中应该如何应对。[144]

这种类型培训中的很多实验情境发生在美国。[145]杜邦公司赞助了一项为非裔管理者支付所有费用的会议,讨论他们遇到的问题及如何能为公司做出更多的贡献。AT&T公司举办研讨会,旨在帮助正常性取向员工与公开同性恋员工在一起工作时感到舒适,并且消除工作场所中无礼的笑话和侮辱。[146]康宁公司也为约7 000名受薪员工引入一项为期四天的强制性认知培训计划——一天半的性别认知、两天半的伦理认知。[147]

这给高级管理人员和员工认识与学习多元性提供了极好的契机。人力资源管理协会建议,有效的多元性培训计划应该包括一些复杂的问题,即相较种族、性别、年龄、爱好而言更多地突出人类行为方面的问题。例如,该协会建议,多元性培训应考虑人们与相似的人交往会获得舒适和信任感这一事实;然而,报告同时指出,这些计划经常无法达到人们的预期。《管理学习与教育学术》期刊特刊的编辑也得出相同的结论:

> (多元性培训)最可靠的效果体现在知识的影响力上;即使是在组织设定相对短期的工作小组中,对培训知识的渴求也很明显。多元性培训的效果从态度层面上讲,虽然是最常使用的衡量标准但并不是始终如一的。尽管多元性教育一般来讲可以影响态度,但对特殊的社会群体来说,其作用并不能持久。[148]

一些因素会削弱这些培训计划的有效性。[149]第一,这些培训计划在实施时,员工可能正忙于应对更要紧的事情(例如,缩编、工作量增加或在紧迫的时间内必须推出新产品);第二,如果员工觉得这些培训是迫于外界的压力(例如,法院命令或政治家颁布的行政命令),他们就可能会对抗;第三,如果这类培训将某些人当作攻击者、其他人视为受害者,那些觉得自己应该受到谴责的人就可能采取防卫姿态;第四,如果多元性被视为少数群体(例如,有色人种和女性)的事情,其他人就可能觉得被忽略,而且认为这是他人的事情与己无关;第五,尽管在培训多元性的时候可利用的资源越来越多,但一些专家仍指出,这些资料在消除刻板印象方面并没有明显效果,有时不准确,还可能加重偏见和歧视。[150]

为了避免这些问题,人力资源管理协会提出一些建议:与发现培训有问题的人举行焦点小组访谈;成立多元性理事会,代表拥有不同意见和态度的员工;避免采用传统的课堂教学形式举行培训课程,可以采用一对一的辅导形式帮助管理者处理多元性的挑战或按照要求参与小组会议。[151]

4.4.5 支持团体

一些员工觉得公司不尊重他们的文化和背景,甚至充满敌意。"你不属于这里"或"你能在这里工作是因为我们要遵守政府法规"的态度,是许多公司里少数族裔高离职率的主要原因。

为了消除这种疏远的感觉,许多公司(如联邦快递公司、美国银行、好事达保险公司、杜邦公司、万豪国际酒店集团和美国莱德物流公司)的高层管理人员纷纷成立**支持团体**(support group),为那些可能感觉孤立无援的多元性员工提供友善的环境。

4.4.6 为家庭需求提供便利条件

如果公司愿意帮助女性同时处理好家庭和事业,就可以大幅降低女性员工的离职率。雇主可以利用一些方案帮助女性;不过,大多数公司尚未提供这些服务。[152]

托儿所

尽管美提供日托的公司数量正在不断增加,但大多数并不认为托儿所是公司的责任。[153]美国政府对于托儿照顾采取"顺其自然"的政策,这与工业化国家大多数政府对于托儿照顾扮演积极角色的做法大相径庭。

非传统的工作模式

桂格燕麦公司、IBM 公司、汽巴-嘉基公司和太平洋电信集团等都愿意尝试新的办法以帮助女性平衡职业目标和妈妈角色，从而留住了很多的高绩效人才。[154] 正如第 2 章所说，这些计划具有不同的形式，包括弹性工作时间、弹性工作制和远程办公。其中，一种逐渐普遍化的方案是工作分享，即由两个人分摊原本一个人负责的全职工作。2002 年，翰威特咨询公司针对 1 000 多家公司进行的调查显示，28% 的公司提供工作分享计划，高于 1990 年的 12%。[155] 另外一个选择方案是**延长休假**（extended leave）。这项比较少见的福利让员工长期（有时长达 3 年）休假，但仍能享受公司福利，而且复职后仍能担任相似的工作职务。有些公司要求员工在休假期间根据公司的需要从事兼职工作。[156]

> **伦理问题**
> 雇主有责任为员工的孩子提供多大程度的照看服务？

4.4.7 资深师徒计划

有些公司鼓励**资深师徒计划**（senior mentoring program），即通过资深管理者识别出有发展潜力的女性和少数族裔员工，并在培养他们的职业发展中发挥重要的作用。[157] 例如，万豪国际酒店公司为每名新进残疾员工配备一位管理者，作为他们的教练。霍尼韦尔公司和 3M 公司将经验丰富的经理与年轻女性和少数族裔员工组合起来，提供有关职业生涯战略和公司政策的建议，施乐公司、匹兹堡的 DQE 公用事业公司也是这么做的。[158] 雅培公司约 50% 的管理者参与正式的导师项目，这就是雅培公司所指的"跨文化"开发。

4.4.8 学徒制

学徒制（apprenticeship）与资深师徒计划相似，是让有发展潜力的人在实际成为全职员工之前接受培训的计划。公司也鼓励管理者积极参与学徒制计划。例如，百货业巨头西尔斯建立了学徒计划，提供给学员基本的维修电子设备和家电技术的实际培训，最优秀的学员能获得公司聘用，每周在西尔斯服务中心工作 10 个小时。这种在岗培训被整合进学校课程，这项计划中最优秀的人才往往能获得公司聘用。

4.4.9 沟通标准

某些沟通风格对女性和少数族裔可能会有所冒犯。例如，提到管理者时用"他"，而说到秘书时则用"她"；年报里没有充分代表或忽视少数族裔；没有以各族裔的英文字母顺序排列；使用"受保护阶层"和"外国人"之类的名词，这些名词虽然具有法律含义，但却有可能冒犯所指的群体。为了避免这些问题，公司应该建立沟通标准，考虑多元性员工的敏感性。

4.4.10 多元性审计

员工多元性的问题（例如少数族裔员工的高离职率）通常并不明显。在这种情形下，公司有必要以**多元性审计**（diversity audit）方式来找到偏见可能的来源。不幸的是，一些公司并不愿意进行官方的多元性审计，担心所披露的信息以后会被用作起诉公司的证据。美国大型制药公司强生公司近期发生了一件类似的案例。强生公司自愿进行的多元性审计暴露出很多方面的问题，如晋升路径设计不充分、工资不平等、在雇用妇女和少数族裔方面做得不够好等。四年后，公开的审计报告却没有想到被用作控诉公司的法律武器。几名非裔和拉丁裔员工将这份文件提交给新泽西州联邦法院，指出"经理们早几年就已经知道这些员工没有被当作晋升对象，但几年来并没有采取任何措施解决这个问题"。公司发言人 Marc Monseau 强调，多元性审计报告"应该结合强生公司持续不断地自我检查的这个大背景进行考虑，我们进行批评性的自我分析是因为我们始终在努力改善工作流程和业绩。这影响公司的各个方面，包括多元性"。[159]

4.4.11 强化管理层的责任

除非管理者和监督者对多元性管理的执行负起责任，并且可以得到成功执行的奖励，否则多元性管理不会成为公司的重要事务和正式的公司目标。至少，公司应该将有效的多元性管理纳入对权力职位的绩效评估中。例如，喷气式发动机制造商 Garrett 公司的奖金发放就是根据主管的多元性管理绩效确定的。浏览被《财富》和《多元性企业》选中的"少数族裔的最佳雇主"的公司网站，可以发现它们中的大多数明确提到经理对多元性的结果负责。例如，施乐公司记录供应商的多元性，并使用这些数据以确保经理们多元性行动的成功。

4.5 一些警示

成功实施多元性管理计划必须避免以下两个陷阱：(1) 避免让人觉得"打压白人男性"；(2) 避免强化刻板印象。

4.5.1 避免让人觉得"打压白人男性"

有些人认为管理多元性不过是牺牲白人男性的权益、为女性和少数族裔提供机会的新说法而已。要成功实施多元性计划管理，就必须反驳这样的指控才行，否则这些计划就可能让那些感觉受到威胁的人产生更多的怨恨、焦虑和成见。管理层应该不断强调：(1) 公司必须这么做以获得竞争优势；(2) 这些计划能为全体员工创造最大利益，强调员工多元性的积极作用。培训计划如果设计得好就可以有效率地传递这些信息。另外，公司也可以利用奖励计划。例如，惠尔普公司密歇根 Benton Harbor 工厂某年由于生产率和质量的提升，每位员工额外获得 2 700 美元的奖金。这些工厂拥有很多少数族裔的员工，这种集体奖励方式促使全体员工更加紧密地合作以实现双赢。[160]

理想化的组织应该采用范围较广的多元性定义,包括员工间所有的差异,如种族和性别等。对多元性较广的定义可以提高员工的参与度、减弱对抗心理。

4.5.2 避免强化刻板印象

正像之前所讨论的,多元性计划的一个内在风险是无意中强化了一种观念——可以单纯根据个人所属群体的特质评判一个人。需要记住的是,群体内成员之间的差异通常比群体和群体之间的差异更大。**文化决定论**(cultural determinism)是指可以根据个人所属的群体推断其动机、兴趣、价值观和行为特点,这会剥夺员工的独特性,并制造出"他们 vs. 我们"这种分裂性的想法。

不幸的是,文化意识计划和其他多元性培训活动往往(无意中)会过度强化多元性。这可能使参与者对各个群体持有完全错误且通常令人不愉快的假设,并且将这些错误的假设应用在特定的员工身上。[161]一些组织开始使用"包容性培训"(inclusiveness training)这个词组传递这样一种观念:这类培训是为了团结人们,而不是将他们当作特殊群体来对待的。

本章小结

什么是多元性

多元性是指使个人区别于他人的人类特征。当今的劳动力已经高度多元性。如果能有效地进行多元性管理,多元性就可以为公司带来强大的竞争优势。因为它能够提供更为广阔的视野以刺激创意、提升问题解决能力,并给公司带来弹性。

管理员工多元性的挑战

公司在利用员工多元性所带来优势的同时,也会面临许多重大挑战。这些挑战包括:(1) 真正重视员工多元性的价值;(2) 平衡个人需求和群体公平;(3) 克服对变革的抵制;(4) 提升团队的凝聚力;(5) 确保开放性的沟通;(6) 留住有价值的人才;(7) 管理好对机会的竞争。

组织中的多元性

有些群体可能被"遗漏"在公司主流以外。非裔美国人仍是备受歧视的群体,而且在职场上的受教育程度往往较低。亚裔美国人遭遇两种刻板印象:一种是他们过于谨慎、保守而欠缺领导力,另一种是他们在商业中会不择手段。此外,还有人认为他们的受教育程度很高,不需要享有少数族裔的优惠待遇。残疾人员仍然没有获得全社会的接受,往往被认为能力低于他人,或者碰到压力就容易辞职,工作场所为了适应他们必须付出高昂的成本。

在外国出生的移民面临语言和文化障碍,有时也面临种族偏见。美国各种族认为移民抢了他们的工作,因而对其充满歧视。

同性恋者有时不仅会面临更为彻底的歧视(被拒绝聘用或留任),还会面临同事和主管的排斥。拉丁裔美国人则面临语言和文化上的困难,有时也会面临种族歧视。

老龄员工会遭遇对其能力、体能、适应力和身体状况的负面刻板印象,而且可能会受到年轻员工的排斥。女性在男性主导的公司文化里往往发展不利。这类文化呈现出男性领导偏见,并且存在排斥女性的"老友关系网"。女性面临性骚扰的可能性也大于男性。

多元性管理的改善

能够充分发挥多元性人力资源获得竞争优势的公司倾向于:高层管理者对多元性价值的承诺;公司具有稳定的、持续的多元性培训计划;建立支持团体,提供非传统的、员工所需的支持;制定便利政策,满足员工的家庭需求。公司还有资深师徒制和学徒计划以鼓励员工的职业生涯发展,并设有沟通标准以禁止歧视性的言语,使用多元性审计揭示偏见,并要求主管对有效执行多元性政策负责。

一些警示

成功实施多元性管理计划必须避免以下两个陷阱:(1)避免让人觉得"打压白人男性";(2)避免强化刻板印象。

关键术语

学徒制(apprenticeship)
文化决定论(cultural determinism)
管理的文化相对观念(cultural relativity concept of management)
多元性(diversity)
多元性审计(diversity audit)
多元性培训计划(diversity training programs)

延长休假(extended leave)
"玻璃天花板"(glass ceiling)
多元性管理(management of diversity)
老友关系网(old boys' network)
资深师徒计划(senior mentoring program)
支持团体(support group)
管理的一般性观念(universal concept of management)

★ 视频案例

Diversity:Rudi 的面包房。如果教师布置了这项作业,请访问 www.mymanagementlab.com 观看视频案例并回答问题。

问题与讨论

4-1 最近,纽约电影节上映了一部名为 *The Class* 的电影,引起了许多对法国人的不满。演员都是年轻的巴黎人。一名电影评论人这样说:

> 拿着手机,撅着嘴巴,这些无聊的、焦躁的初中生看起来像美国电影 *Anytown* 中那些不安分的子孙们。其中的一点区别在于:这些非裔、阿拉伯裔和亚裔巴黎人生活在一个坚持公民只有一种文化身份的国家,即便很多同龄的年轻人并不想承认这种相同的身份。[162]

许多法国人认为美国深陷种族和民族问题,特别是那些统计数据人为地严格区分人口(白人、黑人、西班牙裔人等)。法国人口普查甚至不包括这些类型的信息,认为这违反了法国作为一个理想的共和国的统一身份。你认为这样分类有意义吗?美国为什么与法国相反,坚持对人口进行区分?这件事的优点和缺点是什么?请解释。

4-2 最近,欧洲议会以 504∶101 的票数批评公司在营销产品时强加的"性别刻板印象"。某位记者指出,"引起这些'立法者'的愤怒有许多方面,从杜嘉班纳公司的平面广告(某位女性的高跟鞋卡在地上,身边围了一圈穿着紧身牛仔裤、大汗淋漓的男人)到 Mr. Clean,他的肌肉形象给人一种暗示——只有身体强壮的人才有力量"。根据委员会的报告,这些广告中的刻板印象会"通过对个人进行限制来人为地塑造一些形象,而这经常会使两性中的某些群体感受到某种程度的侮辱和歧视"。[163]营销中的性别刻板印象会导致歧视吗?你能否想到一些案例说明广告中的刻板印象。这会影响员工对公司的认同吗?公司是否应该将产品营销作为多元性行动的一部分?请解释。

4-3 回顾管理者笔记"宗教分歧已成为影响包容性最突出的问题"。公司所有者、主要股东或最高管理层是否有权将宗教信仰作为人力资源政策的基础?为什么?

⭐ 4-4 伦敦商学院院长 Tyson 表示,在美国和欧洲地区,女性通常会选择退出高层职位。用她的话来说:"退出假设可以给出解释。美国最近的一项调查显示,1/3 的女性 MBA 不是全职员工,而仅 1/20 的男性 MBA 是这种情况。现在,许多公司招募的女性 MBA 毕业生数量与男性几乎相等,但是很大比例的女性员工在 3—5 年后就流失了。对企业而言,最棘手的问题不是找不到女性人才,而是无法留住她们。"[164]在你看来,退出规模如何?原因是什么?公司如何才能留住有才能的女性员工?

⭐ 4-5 回顾管理者笔记"老龄员工的崛起"。现在年轻员工是否比过去更能体会到老龄员工的智慧?与其他工业化国家(如德国、日本或韩国)相比,为什么美国的老龄员工处于劣势?请解释。

4-6 最近的一项调查显示,不论最高管理者是男性还是女性,由性别引起的薪酬差异基本保持一致。[165]你认为呢?请解释。

⭐ 4-7 许多美国计算机公司担心如果不雇用国外人才,国外的竞争者就会这么做。你的观点呢?请解释。

4-8 IBM 公司前任执行官 Doug Dokolosky 主要负责辅导女性员工,认为"要晋升到高层,就必须有所牺牲,并且长时间地工作。如果你有这样的野心,就不要想平衡家庭和工作……"大多数美国公司的家庭便利政策只是停留在口头上吗?有没有一些例外?

我的管理实验室

请根据教师要求,登录 www.mymanagementlab.com 完成写作题,系统将自动给出分数;也可以完成下列问题,分数由教师给出。

4-9 假如由你负责一家特定企业的多元性管理,列出你将采取的一系列措施。根据本章所学内容,解释为什么你会这么做。

4-10 人力资源管理协会现在将"多元性"与"包容性"联系在一起。为什么会这样?怎样才能同时做好这两项工作?请解释。

4-11 在本章讨论的人口统计趋势中,哪一项(或几项)对未来五十年公司的发展形成挑战?请解释。

你来解决!科技/社交媒体 案例4.1

熟人推荐正在成为多元性的威胁

当熟人推荐逐渐成为公司招聘员工的常见形式时,这可能会阻碍多元性管理,因为雇员往往倾向于推荐那些与自己比较相似的人。随着越来越多的公司将社交媒介作为内部推荐的来源,以此节省招聘过程所耗费的时间和成本,这可能会加重多元性管理的负担。例如,安永和德勤两大会计师事务所约 50% 的员工来自内部推荐,利用包括领英、脸书这样的社交网络确定潜在候选人。这些社交网站使得公司能够追踪求职者和公司员工之间的联系,既促进了内部推荐资源的更新换代,又避免使用诸如 Monster.com 这类低效率的招聘网站。事实上,那些使用开放性招聘网站的求职者,会给人一种老套的负面形象。一些公司的招聘人员往往将那些通过网络招聘平台求职的人称作"Homers",比喻他们与美国动画情景喜剧《辛普森一家》中那个懒惰、爱吃炸面圈的 Homer Simpson 的形象相似。他们也会将 Monster.Com 描绘成"怪兽、丑陋"。而利用像领英这样的社交网站求职人就不会被贴上什么标签。因为公司可以直接找到潜在候选人与现任员工的联系,排除了许多不确定信息。而对于来自网站的求职者,很难了解他们的背景信息。

关键思考题

4-12 社交网站会不经意地加强本章所提到的"细分的沟通渠道"吗?请解释。

4-13 如果你是一家公司的人力资源主管并使用社交媒介作为内部推荐来源,为了避免因产生同质的劳动力而违背多元性发展宗旨,你会采取什么措施?请说明。

4-14 一些公司在新员工和现任员工通过社交网站建立联系时,会对现任员工进行奖励。这样一来,他们的社交网站便可以成为内部推荐的来源。这种做法的利弊有哪些?请解释。

小组练习

4-15 人力资源总监任命你组织一个委员会,针对"通过社交网站进行内部推荐会破坏公司多元性管理"这一指控进行调查。5名学生分成一组,每组须针对这一指控提出开展调查的一系列步骤。

实践练习:小组

4-16 在角色扮演的练习中,要求一名同学对内部推荐制持高度赞成态度,尤其是结合社交网络的方式;另一名同学站在反方立场,声明这一做法会剥夺那些没有社交网络而更有可能利用 Monster.com 等网络招聘平台求职的应聘者的平等就业机会。要求学生在小组内部进行约 15 分钟的辩论,然后由教师带领大家展开讨论。

实践练习:个人

4-17 针对那些可能被用作内部推荐的社交网站及那些对所有潜在候选人开放的招聘网站展开研究。基于这些研究,你认为社交网络能否促进更加细分的员工网络并减少公司寻找多元性候选人的途径。请解释。

资料来源:Swartz, N. D. (2013). In hiring, a friend in need is a prospect, indeed, www.nytimes.com; Coy, P. (2013) Blacks lose when whites help whites get jobs, www.businessweek.com; Society for Human Resource Management (2014). Employers focus on inclusion, www.shrm.org.

你来解决! 新趋势　案例 4.2

为什么女性在 MBA 课程上落后

在一些专业领域(如医药和法律),大学新生中的女性占比超过了男性。这在三十多年前是不可思议的,因为那时根本没有女性进入这些领域。不过在美国和国外的商学院中,这种趋势似乎被抑制了。虽然现在女性在商学院本科入学率上更加接近男性,但 MBA(研究生)入学率方面的情况并非如此。在商学院研究生课程入学前必须参加的 GMAT 考试中,女性得分比男性更高,但在 2014 年,美国 MBA 入学新生中的女性占比依然为 30%。这个比率自 20 世纪 90 年代早期到现在几乎没有什么变化。法国、英国、西班牙、意大利、德国、东欧、俄罗斯和澳大利亚等近期也有类似的发现。这个数据揭示了男性和女性的未来职业生涯发展路径,因为进入中高级管理层通常需要 MBA 学位。

关键思考题

4-18 为什么女性在全日制 MBA 课程上的入学率与医药和法律专业的入学率具有很大的不同?主要原因是什么?请解释。

4-19 商学院是否应该积极推动女性进入全日制 MBA 课程?如果应该,它们应该怎么做?请解释。

小组练习

4-20 假设你被商学院院长选中成为教师团体的一员,帮助院长提高 MBA 课程中女性的参与率。学生分成六人小组,最好是三男三女,分饰角色扮演这种情境,并且向院长提出一些建议。教师可以扮演院长。

实践练习:小组

4-21 一名学生扮演 Sylvia Ann Hewlett,一位因提醒女性关注生育生物钟而饱受争议的作家;一或三名学生扮演刚大学毕业并获得 MBA 学位的 22 岁女性。双方将针对现在的女性毕业生在接下来的 20 年该做什么以平衡家庭和工作生活,以及攻读 MBA 学位是不是一个好主意这两个方面的问题交换意见。角色扮演持续大约 15 分钟。在角色扮演结束时,全班一起讨论双方提出的问题,由教师组织整个讨论。

实践练习:个人

4-22 有些学校,包括多伦多的德保罗大学、佩珀代因大学等,已经开发了特殊的 MBA 课程以吸引家庭主妇。其他学校,如马萨诸塞大学安姆斯特分校,已经通过一些方式来提高女性 MBA 入学率,如加强学生、女性经理和教职工之间的网络联系。上网搜索这些学校的资料,看看这些项目的实施效果如何。如果可以的话,分析一下这种方式在你的组织中是如何实施的。

资料来源:Symonds, M. (2013). Women in business school: Why so few? www.businessweek.com; Finn, W. (2011). Flexibility key for women. *The Guardian*, www.guardian.com. Accessed 2011; Gilles, L. (2011). Women and the MBA Forum, Carlson MBA Admissions Blog, http://blog.lib.umn.edu; Shellenbarger, S. (2008, August 20). The mommy MBA: Schools try to attract more women. *Wall Street Journal*, C-1.

你来解决! 伦理/社会责任 案例 4.3

多元性管理的前沿:对《美国残疾人法案》的分析

残疾人群体在美国企业中的多元性努力有了非常大的进展,部分原因是整体人口趋于老龄化,另一部分原因是人们对《美国残疾人法案》的了解不断深入,带来了与残疾相关诉讼案件的快速增长。以下是在 2009—2014 年《美国残疾人法案》面临的一些法律挑战的真实案例:

- Phillis Dewitt 声称她被位于伊利诺伊州皮奥瑞亚市的 Proctor 医院解雇,原因是她的残疾丈夫癌症治疗的高额医疗账单。曾为该医院临床护理负责人的 Dewitt 女士称,她的上司曾把她拉到一边告诉她医院是自我保险的,因此无法继续承受她丈夫巨额的治疗费用。前些年,医院已经为她丈夫的治疗花费了 177 826 美元。
- 人力资源开发部门专门聘请了 Lisa Harrison 作为干预专家,负责那些母亲正处于戒毒治疗期的孩子的相关工作。尽管 Lisa 现已过世,但她的家人控诉是人力资源开发部门将她的肥胖视为残疾并辞退了她。
- 墨西哥烧烤快餐店在网站上夸口称,在可以享受与正式餐厅同等质量且更为快捷的食物,且他们的快餐店也与正式餐厅一样拥有很多"独特的室内设计"。但是加利福尼亚州的联邦上诉法院已经裁定这家连锁快餐店所谓的"独特的室内设计"是不合法的。旧金山的美国洛杉矶第九巡回上诉法院裁定圣地亚哥的两家快餐店违反了《美国残疾人法案》,原因是员工制作玉米饼和墨西哥卷的柜台太高,挡住了坐在轮椅上残疾人士的视线。
- 一位声称自己没能在 eBay 网站上出售个人物品的聋哑女性,提起针对这一网络大亨的法律诉讼,认为该公司违反联邦法律和加利福尼亚州法律中保护残疾人士免受歧视的规定。来自密苏里州内华达市的原告 Melissa Earil 宣称,她无法通过电话进行口头交流,无法向 eBay 确认自己的真实身份。

关键思考题

4-23 为什么雇主要解雇家属患有重病的员工?这一行为是否合法?那些家属身体状况良好的雇员如果担心会出现这样的状况会有何种反应?请解释。

4-24 尽管上述讨论案例的情况不尽相同,但它们存在哪些共同点?请解释。

4-25 上述讨论的诉讼案件中除了潜在的法律结果,是否包含更为重要的道德问题?请解释。

小组练习

4-26 将全班学生分为三或五人小组。指定一些小组站在原告立场进行辩护,其余小组则从被告角度进行辩论。所有小组应当以论据支持自己的观点,教师担任协调人。在讨论结束时,指导教师让学生根据双方提供的论据进行意向性投票,并在此基础上补充自己的观点。

实践练习:小组

4-27 一名学生扮演 Phillis Dewitt,另一名学生扮演 Proctor 医院的高级经理。或者,一名学生扮演 Lisa Harrison 的家庭成员,另一名学生扮演人力资源开发部门的员工。角色扮演进行大约 10 分钟,可以由其他学生重复扮演同一角色。接下来,全班共同讨论角色扮演过程中出现的问题,教师引导整个过程。

实践练习:个人

4-28 案例指出,《美国残疾人法案》相关的诉讼案件正日益增多。在上述列举的诉讼案件中,选一个你所支持的正方或者反方,撰写一篇 5—15 页(由教师决定)的论文。

资料来源:www.ada.gov. (2014). Information and technical assistance on the American with Disabilities Act; Pokomy, W. R. (2011). EEOC files lawsuit claiming obesity discrimination, http://mondaq.com; Conery, B. (2011). Chipotle Mexican Grill in violation of disabilities act, www.washingtontimes.com; Morrison, S. (2012). Lawsuit alleges eBay violates disabilities laws, http://blogs.wsj.com; Zhang, X. (2008, June 4). Lawsuits test disabilities act. *Wall Street Journal*, D-1.

你来解决！讨论　案例4.4

北西格玛公司的冲突

北西格玛，一家假想的高科技公司，总部位于纽约，研发和制造先进的电子设备。公司在全美拥有20家工厂和22 000名员工；3 000人在芝加哥一处场所负责研究和开发，其中一半的管理人员是科学家和工程师，另一半是支持人员、管理人员和市场研究人员。公司高管努力为整个组织（特别是芝加哥的工作场所）招聘女性和少数族裔。公司采用这一政策有两个原因：(1) 女性和少数族裔在芝加哥工作场所处于严重弱势（仅占约13%）；(2) 在白人男性申请者中，越来越难以找到顶尖的人才。

Phillip Wagner是芝加哥工作场所的总经理。在最近的绩效评估中，他因没有尽力留住女性和少数族裔而被严重批评。在过去的两年里，该群体的离职率一直是其他员工的4倍。公司高管估计，这种高人才流失率导致每年在培训成本上至少100万美元的损失、生产时间的浪费、招聘费用的消耗等。此外，仅在过去的三年里，就有超过70项的歧视的指控被平等就业机会委员会备案，投诉数量远高于按照工作场所的规模和人口构成所预期的数量。

在总部的压力下，Wagner将解决人才流失率和歧视问题作为本年的首要任务。首先，他聘请了一个咨询小组采访员工代表，期待找出：(1) 为什么女性和少数族裔的流失率如此之高；(2) 是什么推动这些群体中的人提起诉讼。面谈分为很多组，每组15人，并且每组由白人男性或女性和少数族裔混合组成。最后，咨询小组进行总结性汇报。

妇女和少数族裔

大部分的女性和少数族裔对公司表示强烈不满，认为在接受北西格玛公司工作后感觉自己被误导了。投诉中最常见的有：

- 被排除在重要任务之外。
- 并不经常要求个人投入，但提出要求时又不会考虑员工的任何建议和想法。
- 团队或项目小组中的同事并不在意自己的贡献。
- 需要比白人男性优秀10倍以上才可能被晋升。
- 处于一个不鼓励公开讨论不同意见的消极环境中。
- 工作场所经常有人讲一些有失颜面的种族或性别笑话。

白人男性组

大多数白人男性，特别是基层管理人员，始终坚持说他们只对员工绩效有兴趣，而种族和性别不会影响他们对待员工或同事的方式。他们经常使用"平等""公平""能力""无种族偏见"等词汇描述晋升、工作安排、团队项目，以及任务组成员的选择标准等。他们中的大多数人认为，与其对女性和少数群体进行惩罚，不如给他们"各种可能的休息"。

咨询小组询问白人男性一些特定的问题，包括有关他们在工作场所与女性和三个最大的少数族裔群体（非裔美国人、亚裔美国人和西班牙裔美国人）一起工作时可能会遇到的特殊问题。这些白人男性对一起工作的少数族裔和女性最常见的评论为：

非裔美国人
- 经常反应过度。
- 期望因种族而受到特别对待。
- 不愿融入工作群体，即便白人同事努力让他们感到自在。

亚裔美国人
- 有数字天赋，但是在表达观点时会遇到问题。
- 坚韧和谨慎，即便他人明显犯错也不会去刁难。
- 对于一个观点或做法倾向于表示同意或认可，但事实上内心并不这么想。

拉丁裔美国人
- 更关心自己的大家庭，而不是工作。
- 作为员工时往往很难处理结构化的任务，而成为主管后会变得固执和独裁。
- 他们期望女性顺从和被动，很难在工作中与女性同事相处。
- 时间观念非常差。

女性
- 不能在工作上全力以赴，如果事情不按照她们所预想的发展就会倾向于放弃。
- 往往更关注人际关系而非工作绩效。
- 在小问题上过于情绪化，不能担当大任。
- 容易把对她们的殷勤当作性方面的暗示。
- 不能保密，喜欢八卦。

Phillip Wagner 对这些评价感到震惊。他一直认为芝加哥工作场所是一个友好、随和、思想开放、自由、充满智慧的地方，因为员工队伍大都受过高等教育（大多数员工拥有大学学位，很大一部分还拥有研究生学位）。他正在思考下一步该怎么做。

关键思考题
4-29　北西格玛工厂的问题可能导致的后果是什么？请解释。
4-30　Wagner 应该对这些问题负责吗？为什么？
4-31　你会给 Wagner 提出什么具体建议，以帮助他改进芝加哥工作场所的多元性管理。

小组练习
4-32　全班三或五名学生一组，讨论如何给 Wagner 提建议。10—15 分钟后，每组向全班做汇报。不同小组的建议有哪些不同？在本章讨论的标准中，哪些可用来解决这些问题？

实践练习：小组
4-33　一或三名学生扮演咨询顾问，对 Phillip Wagner（由另一名学生扮演）进行访谈，询问为什么这些多元性问题会出现在北西格玛公司。根据访谈中 Wagner 分析的理由，顾问可以提供建议以帮助解决问题。角色扮演持续大约 15 分钟,之后由教师引导对访谈中提到的问题进行讨论。

实践练习:个人

4-34 浏览 www.diversityinc.com 网站并考察近年来 100 家获得多元性管理荣誉的公司。这些公司在处理案例中提到的问题时有哪些共同点?

第 4 章注释内容
请扫码参阅

第3篇

人员配置

第5章　员工的招募和甄选

第6章　员工的离职、缩编与新职介绍

第 5 章　员工的招募和甄选

| 我的管理实验室® | ★ 当你看到这个图标时,请访问 www.mymanagementlab.com 以获取配套练习题,并及时反馈练习结果。 |

▶▶▶ **挑战**

阅读本章之后,你能更有效地应对以下挑战:

1. **理解**人力资源的供给与需求。
2. **熟悉**雇用流程。
3. **了解**在雇用过程中可能遇到的挑战。
4. **学习**有效人员配置的应对方法。
5. **了解**甄选员工的方法。
6. **提高**对雇用过程中法律问题的认识。

　　Espresso Hut 是一家快速获得成功的咖啡店。这家店不仅迎合咖啡爱好者的喜好,还提供各种新式咖啡,而且有能力聘请到优秀的咖啡师。这些咖啡师不仅能做出美味的咖啡,还能向消费者提供优质的服务,很多顾客也由此成为回头客。并且,这家店致力于扩大业务范围。对于这家咖啡店来说,虽然店长助理是一个全新的岗位,但它们非常需要这个职位来帮助咖啡店运营。

　　店长 Emily 在网上发布了一则关于招聘店长助理的广告,同时在当地报纸的广告板块刊登了招聘广告。有许多对此岗位有兴趣的应聘者联系了 Emily,其中一位叫 Anthony 的应聘者,他从没有做过咖啡师,但他曾做过维修工作,修理过浓缩咖啡机和其他咖啡店里的常见设备。Anthony 对这个行业非常了解,他的维修技能对店里来说也很实用。Anthony 还曾在社区大学进修一些经营管理课程,虽然最终没有获得学位,但受过的商业教育仍是一个加分项。尽管 Anthony 没有当过咖啡师,但 Emily 确信 Anthony 能够很快掌握店长助理所需的技能并成为一名高效的店长。Anthony 对这个行业的了解及其经营理念都将成为他带动 Espresso Hut 向一个新高度发展的有利条件。

不过,事实证明,Emily 对 Anthony 能够担任店长助理的期望有些过度乐观了。很多咖啡师向 Emily 抱怨 Anthony 业务不精,认为他不知道如何经营咖啡店。同时,Anthony 也对他们制作的饮品和服务顾客的方式感到失望。咖啡师们觉得 Anthony 对他们的评价让人很恼火而且不合理,因为 Anthony 从未从事过咖啡师的工作。Anthony 忘记订购一些必需的原材料,以至于很多顾客好几天都喝不到他们特别喜欢的饮品。或许对于 Emily 来说,最糟糕的是一位老顾客告诉她,Anthony 并没有很好把她当顾客对待,根本看不出 Anthony 的经营理念是以顾客为导向的。

店里的员工甚至顾客都很疑惑,为什么 Anthony 会被招聘来帮助经营咖啡店。Anthony 对这种局面感到很难过也很困惑,为什么他要负责管理一大群咖啡师,而咖啡师其实更喜欢自我管理。从 Emily 的角度来说,她面临的事实是这次的招聘很失败。她也很困惑,为什么没有在招聘 Anthony 时就发现他不适合这项工作。

管理者视角

尽管很多公司由人力资源经理负责设计员工招募与甄选体系,但事实上,所有经理必须理解和使用这套体系。毕竟,吸引和雇用合适的人才是公司有效运转的关键要素。为公司储备高级人才被认为是管理的一项最为重要的工作。[1] 对于一个成功的管理职业生涯来说,吸引和雇用有效员工的能力也是一项关键的影响因素。正如 Espresso Hut 咖啡店的案例所表明的,管理者可以负责招募并在整个过程中起到核心作用。但如果他们没有吸引和雇用到正确的人选,就会给组织带来很大的伤害。

本章的核心内容在于理解与进行有效的招募和甄选活动。你可以回想一下 Espresso Hut 咖啡店的案例,然后思考以下问题:

- 应该由谁做出雇用决策?
- 公司在做出雇用决策时应该考虑应聘者的哪些特征?如何度量这些特征?
- 管理者在决策时除了考虑应聘者的技术水平,是否还要考虑该员工与企业文化的"匹配"程度?

在本章中,首先,我们探讨管理者如何对人力资源的供需进行预测,从而有效地计划整个招募过程;然后,我们详细地介绍整个雇用过程,管理者在外部雇用与内部晋升方面遇到的挑战,以及应对这些挑战的建议;最后,我们对雇用决策的具体方法进行评估,并讨论在进行雇用决策时所涉及的法律问题。

> **★ 知识点学习**
>
> 如果教师布置该项作业，请登录 www.mymanagementlab.com 查阅你应该特别关注的知识点，并预习第 5 章。

5.1 人力资源的供给和需求

劳动力供给（labor supply）是指具备雇主所需技能的员工的可获得性。**劳动力需求**（labor demand）是指公司未来需要的员工人数。预测未来的劳动力供需并采取措施保持两者的平衡，都需要事先的规划。

人力资源规划（human resource planning，HRP）是指公司确保未来有足够数量和类型的员工可用来生产特定水平的产品或服务的过程。没有进行人力资源规划的公司可能无法满足未来的劳动力需求，出现劳动力短缺，或者不得不通过裁员解决劳动力过剩的问题。

如果公司没有进行规划就可能带来重大的财务损失。例如，公司如果辞退大量的员工就需要给失业保险系统支付更高的税金，而那些需要员工加班的公司就得支付给员工加班酬金。此外，公司有时进行人力资源规划是为了遵守法律规定的平权行动计划（参阅第 4 章）。在大企业，人力资源规划通常集中由受过特殊培训的人力资源部门员工负责。

图表 5.1 描述了人力资源规划的过程。人力资源规划活动的第一步就是预测劳动力需求。劳动力需求可能随着公司产品或服务的需求增加而攀升，并随着劳动生产率的提高而减少（这通常是因为新技术的引入使得企业可以用更少的员工获得更多的产出）。

人力资源规划过程的第二步是估计劳动力供给。劳动力供给可能来自公司现有员工（内部劳动力市场）或来自公司外部（外部劳动力市场）。

在对未来一定时期的劳动力供需状况进行预测之后，公司会面临三种情况，分别需要制定不同的应对措施。第一种情况是公司的劳动力需求超过供给。公司增加劳动力供给的办法有很多，包括对现有员工进行培训或再培训、培养现有内部员工接替职位空缺（继任计划）、内部晋升、外部招募新员工、把部分工作外包给承包商、雇用兼职人员或临时员工、支付现有人员加班费等。

是否有充足的劳动力供给，这很难得出结论。正如管理者笔记"全球劳动力供给是过剩还是短缺？这取决于你看待这个问题的角度"所描述的。

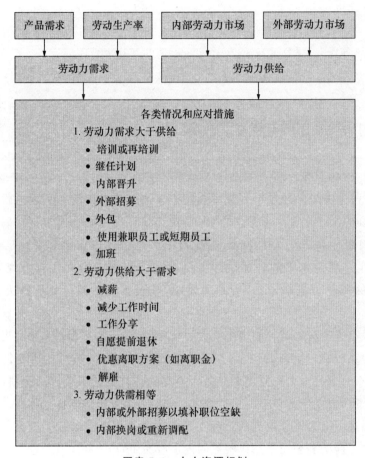

图表 5.1 人力资源规划

 管理者笔记：全球化

全球劳动力供给是过剩还是短缺？
这取决于你看待这个问题的角度

劳动力充足吗？从宏观角度来说，这个问题的答案是肯定的。在撰写本书的时候，美国的失业率已接近 7.5%。如果你只是把劳动力简单地看作愿意工作的人数，那么失业率的存在就意味着劳动力是过剩的，是愿意工作的人数多于能够提供的岗位数量。但是难道把劳动力简单地看作潜在的劳动人数就能充分描述劳动力供给的地位吗？对劳动力供给研究得越仔细，对它的描述就越复杂。

在大多数组织中，想要很好地完成工作是需要各种各样的技能和经验的。换句话说，这就意味着并不是所有人均能胜任所有工作，并且不同的工作岗位需要不同类型的才能。因此，认识到这一点就可以得出结论：即使从潜在劳动人数来看劳动力是过剩的，也可能存在劳动力短缺的情况。

事实上,劳动力供给存在不平衡的现象,在各个产业和地区都会出现劳动力过剩或者劳动力短缺的现象。例如,技术行业工人(如电工、木匠、泥瓦匠、水管工、焊接工)的供给在法国、意大利、巴西、德国、加拿大、美国都是短缺的。

从全球的层面来说,预计到2020年,受过大学教育的劳动力短缺量将达到4 000万;不过,缺乏工作所需技能的劳动力数量会是这个数字的两倍多。例如,虽然中国已经在教育方面投入了大量资金,但仍然可以预见,受过大学教育的劳动力还是很短缺。在印度,劳动力总体来说是过剩的,但技术行业工人依然短缺,例如管道工和电焊工。什么原因导致劳动力供给中的不平衡现象呢?部分是工作的原因,但有些技术行业的劳动力短缺是因为这些工作变得越来越不吸引人了。技术行业的蓝领工作不再像以前那样被认为是一种职业。如果一些工作本身就没有吸引力,那就更难找到愿意从事这些工作的人了。不同国家劳动力供给的差异能反映国家政策和劳动力市场的变化,如从农业到工业再到高科技行业。劳动力市场是动态的,劳动力供给会随着政策、经济条件的变化以及人们的流动或接受再教育等因素而有所差异。

对于管理者来说,劳动力供给不仅仅是愿意工作的人数。关键的问题是在市场中可获得的人才,以及在一个合理的工资范围内,能否在一定区域和产业中获得充足的劳动力。

资料来源:Cairns, T. D. (2010). The supply side of labor: HR must be ready to steer organizations to the future, *Employee Relations Today*, 37, 1—8; Dobbs, R., Lund, S., and Madgakar, A. (2012). Talent tensions ahead: A CEO briefing. *McKinsey Quarterly*, 4, 92—102; Graham-Leviss, K. (2012). A targeted hiring methodology can hit the bulls-eye in recruiting sales professionals. *Employment Relations Today*, 38(4), 9—17; *PR Newswire* (2010, August 25). Manpower, Inc. Warns global skilled trades shortage could stall future economic growth: Manpower suggests strategic migration, promoting skilled trades key to plugging talent gap. New York.

第二种情况是劳动力供给预期会超过需求,也就是公司实际员工人数超出所需的人数。这种情况有很多方式可以处理,包括减薪、减少工作时间、工作分享,这些方式都可以减少工作岗位。此外,公司也可以通过一套策略的组合来减少工作岗位,包括提前退休的激励计划、离职金、直接裁员等(我们在第6章深入讨论这些问题)。如果预期劳动力过剩的情况不算严重,公司最好只是减少工作时数而不裁员。根据美国联邦法律,公司若裁员就必须负担更高的失业救济保险金。而且,当劳动力需求增加时,减少工作时数这种措施可以让雇主不必再负担额外的招募和培训成本。[2]

第三种情况是劳动力供需相等。公司既可以从内部提拔或外部招募来填补离职员工留下的空缺,也可以进行内部换岗或重新调配员工,并设计培训和职业生涯开发计划来配合这些方案的实施。

5.1.1 预测劳动力供给与需求的简单案例

图表5.2显示某家拥有25个分店的全国大型连锁饭店如何预测两年后16个关键岗位

的劳动力需求。A 栏说明目前这些岗位的员工人数,B 栏计算当前的员工人数相对饭店数的比率——当前员工人数除以当前饭店数(25)。这家连锁饭店预计在 2015 年将增开 7 家分店(总数变为 32)。C 栏表示 2015 年各岗位预计的员工人数,是以当前员工数相对饭店数的比率(B 栏)乘以 32 来计算。例如,2013 年 25 家分店共有 9 名驻店经理,比率为 0.36(9/25)。当分店数在 2015 年增至 32 家时,预计需要 12 名驻店经理($0.36 \times 32 = 11.52$,四舍五入后为 12.0)。

图表 5.2 某家连锁饭店(拥有 25 个分店)的劳动力需求预测

项目	A 员工人数 (2013 年)	B 员工人数/ 饭店数量 (A 栏除以 25)	C 预期 2015 年当分店数 增至 32 时的劳动力需求 (B 栏乘以 32)*
关键岗位			
总经理	25	1.00	32
驻店经理	9	0.36	12
餐饮总监	23	0.92	29
审计师	25	1.00	32
助理审计员	14	0.56	18
首席工程师	24	0.96	31
销售总监	25	1.00	32
销售经理	45	1.80	58
会议经理	14	0.56	18
宴会总监	19	0.76	24
宴会经理	19	0.76	24
人事总监	15	0.60	19
餐厅经理	49	1.96	63
执行总厨	24	0.96	31
副总厨	24	0.96	31
客房经理	25	1.00	32
总数	379		486

注:* 本栏为四舍五入后的数值。

图表 5.3 的 A—D 栏也是同一家连锁饭店劳动力供给的预期情况。A 栏显示 16 个关键岗位的人员在过去两年(2011—2013 年)离职的百分比,把这个数字乘以各个关键岗位当前的员工人数,即可得知当前员工有多少人预计在 2015 年之前会离职。例如,总经理当中有 38%的人在 2011—2013 年离职,因为现在这个岗位上的人数有 25 人,所以预测在 2015 年之前,这当中约有 10 人($0.38 \times 25 = 9.5$,四舍五入后为 10)会离开公司。

图表 5.3 某连锁饭店新员工的供给和需求预测

	供给分析				供需对比	
	A	B	C	D	E	F
项目	离职比率(%)* (2011—2013年)	当前员工人数 (图表5.2A栏)	预期2015年 离职人数 (A×B)	2015年留下的 员工人数 (B−C)	预期2015年 劳动力需求 (图表5.2C栏)	预期2015年 新雇用人数 (E−D)
关键岗位						
总经理	38	25	10	15	32	17
驻店经理	77	9	7	2	12	10
餐饮总监	47	23	11	12	29	17
审计师	85	25	21	4	32	28
助理审计员	66	14	9	5	18	13
首席工程师	81	24	16	8	31	23
销售总监	34	25	9	16	32	16
销售部经理	68	45	30	15	58	43
会议经理	90	14	13	1	18	17
宴会总监	74	19	14	5	24	19
宴会经理	60	19	12	7	24	17
人事总监	43	15	6	9	19	10
餐厅经理	89	49	44	5	63	58
执行总厨	70	24	17	7	31	24
副总厨	92	24	22	2	31	29
客房经理	63	25	16	9	32	23
总数		379	257	122	486	364

注：* 本栏是四舍五入后的数字。

C栏列举各关键职位的预期离职人数。也就是说，2015年之前，目前担任总经理的人当中有15人(25−10，参见D栏)依然会留在公司服务。因为2015年总经理人数的预期需求为32人(见图表5.2)，所以2015年之前公司需要雇用17(32−15)新的总经理。

过去许多公司不愿做人力资源规划，主要因为员工过于关注日常工作，而没有时间进行有效的规划。例如，联邦快递(FedEx)以往总是使用长达20页的就业求职申请表。尤其当数以千计的员工受雇的时候，想想看该过程牵涉了多少时间和文书工作。后来联邦快递采取无纸化的网络系统，当申请者完成求职申请表时，这个系统能够马上检查出是否有错误，从而为求职者和招聘方节省了超过50%的时间。[3]此外，网络求职申请系统与人力资源信息系统(human resource information system，HRIS)结合起来，这样人力资源供给与需求的数据就可以随时得到更新。现在，很多软件公司推出了强大的人力资源规划的计算机程序。[4]

5.1.2 预测技术

预测劳动力供需的技术有定量和定性两种。图表5.2的例子是一种非常简单的定量技术。现在，许多运算非常复杂的定量技术被开发出来，并用于预测劳动力的供需状况。[5]

定量技术虽然比较常见，但有两个主要的限制。第一，这类预测技术大多得依靠过去的数据，或者之前人员编制情况和其他变量（如产出或收入）之间的关系。但是，过去的关系不见得适用于未来，而且过去人员配置的方式应该随着时间进行调整，而不是一成不变。

第二，这类预测技术大多是在20世纪50—70年代初期开发出来的，适合那个时代的大型企业。这些企业处于稳定的环境之中，也有着稳定的员工队伍。可是在当今，企业面对各种不稳定的因素，例如科技的日新月异和激烈的全球竞争，这些技术就不太适用了。

与定量技术不同的是，定性技术是依靠专家对劳动供需状况的定性判断或主观估计。专家可能包括高层管理者，他们对人力资源规划过程的参与和支持本身就是值得追求的目标。定性技术的优势之一在于具备足够的灵活性，可以纳入专家认为应该考虑的任意因素或条件。不过，这些技术还是有着潜在的缺陷：主观判断可能不够准确，预测结果相比定量技术只能是粗略的估计。

正如我们之前所提到的，预测供给和需求通常被认为是一项单独的、非常专业的工作。从某种程度上来说，有点像看着过去预测未来。这种方法的一个缺陷就在于当前工作场所的变化太快了。由于方案、产品、技术、竞争等变化很快，劳动力的供给和需求也频繁改变。

5.2 雇用流程

公司一旦决定人员需求后，就要雇用最佳人员来填补职位空缺。如图表5.4所示，雇用流程主要包括三个步骤：招募（recruitment）、甄选（selection）和组织社会化（socialization）。

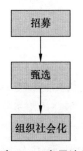

图表5.4 雇用流程

招募是指为特定岗位寻找符合条件的候选人的过程。公司必须对市场（内部劳动力市场和外部劳动力市场）公布职位空缺，吸引符合条件的人才来申请。

甄选是指针对某个岗位的求职者做出"雇用"或"不雇用"决策的过程。这个过程通常包括确定有效执行工作所需的特质，然后测试申请者是否具备这些特质。这些特质的确定可通过工作分析来进行（参阅第2章）。根据求职者在各项测试中的得分或者在面试时留下的印象，由经理决定雇用人选。这样的甄选过程往往会确定分数线，低于分数线的求职者将不会被接受。

雇用流程并非在员工获得雇用或晋升后就结束了。为了留住这些被严格甄选出的人才并充分发挥这些人才的效能,公司必须关注他们的社会化过程。**组织社会化**是指引导新员工适应公司或服务部门的过程。社会化有助于新员工摆脱外部人的心态,获得团队的归属感。我们在第 8 章更加详细地讨论组织社会化的过程。

5.3 雇用过程中的挑战

据估计,高于平均水平的员工给公司带来的价值会高出公司给付薪资的 40%。[6]因此,如果高于平均水平的销售岗位新员工的薪资为 5 万美元,那么他对公司的价值会比从事同样职务的一般员工高出 2 万美元。如果工作 10 年,高于平均水平的员工为公司增加的价值就会达到 20 万美元!如果考虑多个员工增加价值的乘积,如 10 个、20 个或 50 个新员工,不难预见,录用高于平均水平的员工可能创造的货币价值将达到数百万美元。

雇用决策如果做得不好,可能从第一天开始就问题不断。[7]不合格或不积极的员工可能需要上司更严密的监督和指示。据估计,管理者要花费 12% 的时间去管理绩效差的员工。[8]如果没有雇用绩效差的员工,那么这些多出的时间和精力就可以用在其他地方。缺乏充足的技能和经验的员工可能需要额外的培训。即便如此,可能还是永远无法达到所要求的绩效水平。他们可能会为客户提供不正确的信息,或者使客户投入竞争对手的怀抱。雇用决策如果做得不好,也可能导致员工的流失。

员工流失到底会给企业带来多大的损失呢?据估计,员工流失成本大约是离职员工一年薪资和福利的 25%。[9]一项针对公园和游乐机构人员流失成本的调查显示,一个游乐机构员工(如主管或项目经理)的流失成本为 4 208—14 464 美元。操作/支持性岗位员工(如门警、办公室经理、接待员)的流失成本为 2 647—23 142 美元。随着工人工资的提高,人员流失成本也随之上升。对于医疗中心而言,另外雇用一名内科医生的成本是 36 743 美元,但这个成本并不包括生产力损失和培训成本。[10]

下面列出几项主要的人员流失成本类别,加起来会达到一笔巨大的数目。[11]有些成本很难估计,但却是实际发生的。例如,一名员工辞职后,对于他的同事和工作流程而言,这种中断带来的成本是多少?在这名员工决定辞职前,生产率下降了多少?

主要的人员流失成本[12]包括:
- **离职成本**。离职面谈、相关文件处理。
- **招募成本**。广告、招募费用。
- **甄选成本**。雇用前测试、面试。
- **雇用成本**。岗前培训、正式培训。
- **生产率**。职位空缺成本、工作中断造成的成本。

因此,获取与留住最优秀的人才不仅仅是将员工当作管理过程中的客户来对待,在经济上也是很值得的。

此外,直线经理及其他直线员工能否参与整个招聘过程也是非常重要的。尽管人力资源部门在招募、甄选和新员工社会化过程中起着主要的作用,但直线部门人员也应积极参与监督新雇用人员,并且直线部门经理通常具备与工作相关的洞察力,而这可能是人力资源部门成员所缺乏的。

雇用过程会面临许多挑战,最重要的挑战包括:
- 确定对绩效最重要的个人特质;
- 测试这些特质;
- 评估求职者的工作积极性;
- 决定由谁做出甄选决策。

我们在下文一一讨论这些问题。

5.3.1 确定对绩效最重要的特质

有效执行工作所需的个人特质并不是很明确的,主要有以下原因:

第一,工作本身往往是不断变化的。例如,现在优秀的计算机程序员必须具备的知识、技术与能力(KSAs,参阅第2章),随着硬件和软件的更新而不断发生变化。

第二,应考虑个人特质与组织文化的匹配。组织是个什么样的地方?员工会适应吗?就像完成工作需要相应的能力一样,这种匹配对工作绩效和员工留任是非常重要的。

第三,公司里不同的人对于新员工的特质有不同的要求。例如,高层管理者可能希望工程部门的新经理具备财务方面的敏锐度,而工程师则希望新经理具备技术方面的专长。

5.3.2 测试决定绩效的特质

假设数学能力对绩效来说是非常重要的。不过,仅仅看人的外表是无法判断他/她具备多强的数学能力的,你必须通过一些测试来判断其数学能力。这些测试对于绩效预测的效果具有高低之分,成本也可能具有很大的差异。

5.3.3 动机因素

在雇用决策中使用的衡量指标大多是着重于能力而不是动机。衡量数学能力、语言能力和手工操作能力的测试不计其数,但是正如以下这个方程式所显示的,动机对于绩效也是很关键的:

$$绩效 = 能力 \times 动机$$

这个方程式显示,如果工作动机很低,那么就算能力很强,工作表现仍然会很差。同样,如果缺乏能力,就算动机再高也没有用(我们在第7章讨论影响绩效的其他系统因素)。这个绩效方程式在概念上是说得通的,近年的实证研究也支持这个论点。例如,研究发现,工商管理硕士(MBA)毕业生早期职业生涯的成功与能力和动机都息息相关。[13]

不过,动机很难衡量。许多雇主试着在面试时对动机进行评估,可是(我们在本章稍后会发现)这种方式的问题很多。作为一名管理者,你可以在求职者身上寻找他们求职的动机。例如,他们在大学期间是否参加课外活动(如体育项目或者艺术类活动)吗?你可以试着考察是什么动机促使他们参与活动或迎接挑战的。如果相似的情境发生在工作中,那么求职者就会受到鼓舞,成为一名积极性很高的员工。[14]此外,一定要认识到环境对动机的影响远比对能力的影响大得多。如果你是一名普通学生,那么你努力用功的动机取决于你对课程内容的兴趣、你喜欢和尊重老师的程度以及老师评分的方式。你在各门课程中体现出的学术能力大致维持稳定,但是动机的变动程度则大得多。工作情境也是变动的。你喜欢承担工作职责的程度、你与老板相处得好不好、薪资水平如何等,都会影响你努力工作的程度。

5.3.4 谁来做决策

由人力资源部门负责整个人员招聘过程有两个主要的理由:第一也是最重要的理由,公司必须确保雇用过程遵守第3章提到的各项法律规定,让人力资源部门人员负责所有的雇用决策,有助于避免这方面的问题;第二个理由则是为了方便。因为人力资源部门人员通常负责和求职者进行联系,而且求职者的信息通常由人力资源部门保存,所以许多公司发现让人力资源部门跟进并负责后续的雇用决策较为省事。

然而,这种做法使直线人员无法参与这个对提高运营效能非常关键的过程。如果公司决定让直线人员参与雇用决策,那么应该让哪些人参与呢?第一类人应该是负责监督新员工的经理;第二类人则应该是新员工的同事;第三类人(视情况而定)是新员工的下属。正如在开篇案例中Espresso Hut咖啡店的情况,这些群体对于新进员工的哪些特质是重要的观点是不一致的。

5.4 应对有效人员配置的挑战

人员配置过程的每一步骤(招募、甄选和社会化)都必须审慎加以管理。我们接下来讨论前两个步骤。

5.4.1 招募

招募过程其实是一种销售活动。每一个称职的求职者都是你的客户,你得尽可能向他售出这份工作。管理者笔记"以求职者为导向的招聘方法"从应聘者为客户的视角讨论招募过程的一些关键要素。

管理者笔记:客户导向的人力资源

以求职者为导向的招聘方法

找到具备合适条件的员工来填补公司空缺岗位无疑是招聘的首要目的。不过,如果从求职者的角度考虑,招聘可能会变得更有效率。求职者是公司的客户,公司也希望求职者对空缺职位做出购买的决定。招募是让你向求职者推销公司、职位空缺,甚至是所在社区的机会。

- **找到潜在的客户群。** Facebook、Twitter和LinkedIn上有数百万的用户。现在很多人使用这样或那样的社交软件寻找工作。很多潜在的应聘者都上网,因此利用社交软件与求职者取得联系是很有效的方法。

- **求职者想要什么,你又能提供什么?** 这关乎的不仅仅是工作:当人得到了一份工作就意味着加入了这个组织。对于未来的员工,下面是一些非常重要的组织特征:
  - 工作氛围,如正式程度、团队感、乐趣;
  - 职业发展机会,如晋升机会;
  - 工作—生活价值,工作地点的吸引力和对员工的关注度;
  - 工作特征,工作中的挑战性和有趣的程度;
  - 薪资,如工资水平和其他福利。

这些组织特征不是对所有类型的求职者同等重要。例如,想寻找管理岗位的求职者可能会对工作—生活价值和职业晋升机会最感兴趣,想获得蓝领岗位的求职者可能会关注薪资和工作环境。作为一名管理者,你必须很清楚地知道什么样的组织特征是求职者最关心的,这一点很重要。确保把招聘重心放在这些特征上,因为这是站在求职者角度考虑你的公司在这些方面能提供什么,这些决定着他们是否会申请公司职位。

- **把求职者视为客户。** 你的求职者觉得他们被当作公司的客户对待了吗?认为自己被积极对待的求职者更有可能希望加入公司。如果求职者认为雇用过程很不方便且让人反感,这就意味着可能会损失一些很棒的求职者。为了避免这种问题出现,在招聘和甄选过程中试着采用以客户为导向的方法。公司向求职者解释面试或测试的目的了吗?尤其是当一些求职者很想知道那些与工作不是很相关的部分时。例如,向求职者解释为什么进行个性测试,或者为什么社交媒体的使用也是面试问题之一,这能让求职者确信他们面对的是一个坦率且公平的雇主。同样,确保面试和其他测试安排尽可能地使求职者觉得方便,这会传递这样一种信号:公司关心每一位员工,这是一个工作的好地方。

在招募过程中如果把求职者视为客户,即使最后没有雇用他们,他们也会对公司留下良好的印象。日后,他们可能成为公司产品或服务的客户,并向其他的客户或应聘者推荐这家公司。

资料来源:Baum, M., and Kabst, R. (2013). How to attract applicants in the Atlantic versus the Asia-Pacific region? A cross-national analysis on China, India, Germany, and Hungary. *Journal of World Business*, 48, 175—185; Bettencourt, L. A., Brown, S. W., and Sirianni, N. J. (2013). The secret to true service innovation. *Business Horizons*, 56, 13—22; Madera, J. M. (2012). Using social networking websites as a selection tool: The role of selection process fairness and job pursuit intentions. *International Journal of Hospitality Management*, 31, 1276—1282.

5.4.2 招募来源

公司有许多招募来源[15],最常见的包括:

- **当前的员工。** 许多公司在对外招募之前,会先通知内部员工目前的职位空缺。这种做法让当前的员工有机会得到更为理想的工作。不过,内部晋升会自动产生另外需要填补的职位空缺。

- **当前员工的推荐**。研究显示,由当前员工推荐被录用的员工,通常会在公司服务较长的时间,而且对工作的满意度与对公司的忠诚度都比通过其他渠道招募来的员工更高。[16]一些公司会给那些成功向公司推荐优秀员工的雇员一些奖励。例如,Container Store声明,只要员工推荐的人结束实习期并被公司成功录用,就会奖励该员工 200—500 美元。一家名为 REI 的户外运动器材商发现,当将推荐奖励翻倍达到 100 美元/位新员工后,员工推荐的人数增长了 850%。[17] 员工推荐是一种有效的招募方式,因为员工清楚地了解成为组织的一员需要哪些特质。然而,内部员工往往推荐那些有着相同人口统计学背景的人,这样就会产生平等就业机会的问题。
- **前任员工**。公司可能决定聘用以前的员工,他们一般是以前被解雇的员工,不过也可能是季节性的员工(例如,在暑假或报税期间增加的人手)。建立前任员工在线网络,是一种简单且具有成本效益的办法,可形成一个有竞争力候选人的人才库。[18] 而且,前任员工比较熟悉公司情况及其文化和价值观,所以前任员工的人际网络也可作为人才推荐的来源。
- **退伍军人**。自恐怖活动战争开始后,很多企业可以选择雇用退伍军人,这可不仅仅是爱国精神的体现。一些雇用退伍军人的公司认为,军队经历能够让员工具有更好、更持久的工作绩效。在某些情况下,军队经历和空缺岗位之间的关系是很直接的。例如,美国边境侦察队雇用了数以千计的新的边境巡逻员。这项工作包括保卫美国边境安全,禁止非法移民和走私,阻止恐怖分子的军事渗透。边境巡逻员的工作要求与很多军队的基本要求非常一致,也难怪美国边境巡逻队会把退伍军人作为新雇员的重要来源。[19]
- **客户**。客户是公司招募人才的一个方便且划算的来源。客户对于公司的产品或服务已经相当熟悉。招募客户可以利用他们对公司的熟悉度和热情,以及作为一个忠诚的客户对品牌的认同。[20]
- **平面和广播媒体广告**。雇主可以通过广告(如使用报纸媒体)在当地进行招募,以及针对区域、国家或国际刊物(贸易或专业性的出版物)上招募人才。
- **在网络上登广告或通过求职网站**。越来越多的雇主通过网络招募人才,因为在线广告相对更便宜、更动态,而且比报纸广告见效快。网络不仅是经济且有效的招募方式,还是一个相当便利的求职工具。网络上有成千上万的求职网站,而且几乎都提供求职者免费登录,其中最有名的求职网站之一是 Monster.com。求职者可以根据产业、地理位置甚至根据工作说明搜寻工作机会。一些社交网站被求职者和雇主当作联系彼此的工具,例如 Facebook、LinkedIn 和 Twitter。不过,正如管理者笔记"不要在社交网站筛选中被淘汰"所指出的,雇主同样会利用这些社交网站把你当作潜在员工予以评价。

 管理者笔记:科技/社交媒体

不要在社交网站筛选中被淘汰

社交网络的流行使得社交媒体成为对雇主而言非常具有吸引力的招聘工具。当越来越多的人使用社交媒体时,利用网络进行商业推广或者员工招聘就非常有意义了。例如,Facebook 建立于 2004 年[a],现在已经拥有超过 10 亿的用户了。如果 Facebook 是一个国家的话,他将拥有比美国人口数还要多的用户量。这也难怪许多雇主已经认识到社交媒体是一种重要的营销和沟通工具。社交媒体已经渗透到我们的文化中,雇主们在招聘过程中使用社交媒体已经变得非常普遍。

越来越多的雇主已经不局限于仅仅把社交媒体当作招聘工具使用,还会利用社交媒体筛选求职者。一些公司(如微软),公开声明用社交媒体筛选求职者是很典型的招聘方式。[b]调查表明,超过 1/3 的雇主声明使用社交网站筛选求职者,现实中的比例可能更高。而且,1/3 使用社交媒体筛选求职者的雇主表明,利用网络找到了一些致使他们不予雇用求职者的信息。[c]

你可能认为求职者在网络上发出的照片和帖子不应该影响雇用决策。你也许是对的!然而事实是,雇主们使用社交媒体不仅用来招聘,还越来越多地用来筛选求职者。你必须意识到,哪些是可能被未来雇主获得的公开信息。只有认识到这一点,才能确保你在未来的求职中不会因社交媒体的使用而招来麻烦。

下面就是一些额外的建议,帮助你在雇主面前建立良好的网络形象:

- **不要发一些不合适或者具有煽动性的信息**。在出于社交网站信息不当而放弃录用求职者的雇主当中,大约一半指出是由于求职者在社交网站上发布了一些不恰当的照片或信息。确保你不会发这样的东西到网上,或者至少不能被公开看到。
- **建立强有力的社交圈**。营造一个积极网络形象不仅仅指避免或消除不恰当的内容,与能够发些积极向上内容的人建立网络关系是很有帮助的。如何建立这样的关系?这需要你做一些力所能及的积极向上的一些事项。例如,你能引导其他人找到有用的网络资源或文章吗?你所在专业领域的人如果需要帮助,你愿意伸出援手吗?
- **呈现专业的形象**。确保个人简介中的信息是准确的,在不同的社交网站上是一致的。花些时间去完善你的资料和帖子的内容,确保表达流畅且没有错字。

资料来源:[a] Brown. V. R., and Vaughn, E. D. (2011). The writing on the (Facebook) wall: The use of social networking sites in hiring decisions. *Journal of Business & Psychology*, 26, 219—225; [b] Ebnet, N. J. (2012). It can do more than protect your credit score: Regulating social media pre-employment screening with thee Fair Credit Reporting Art. *Minnesota Law Review*, 97, 306—336; [c] Smith, J. (2013). How social media can help (or hurt) you in your job search. *Forbes*, online posting on April 16, 2013, accessed on May 31, 2013 at www.forbes.com.

- **职业中介机构**。许多企业会与外部承包商合作,由他们负责招募和甄选某个职位的候选人。通常来说,职业中介机构收取的费用根据新员工的薪资水平而定。如果公司需要具备特殊技能的员工,职业中介机构是非常有效率的。
- **临时员工**。临时员工使企业具备迅速满足动荡不定的市场需求的灵活性,还使企业避免花费大量时间在面试与背景核查上。临时员工可以在瞬息万变的商业环境和正式员工队伍之间起到缓冲作用。例如,当公司产品或服务的需求减少时,可以裁减临时员工以减少开支。临时员工在被雇用时都希望成为正式员工,而临时员工的存在意味着正式员工不会因公司经济低迷而被裁。

在经济环境不确定的时候,临时员工的需求量会增加。在经济低迷时期,公司不太愿意雇用正式员工;相反,公司更喜欢雇用临时员工,因为他们比正式员工更容易被裁减。[21] 对临时员工的需求增加得如此迅速,除了使公司具备人员上的灵活性,公司还可以通过这种方式避免支付福利。不过,这种做法会遭到谴责,除了会导致不公平待遇,还会如第 3 章中提及的,带来潜在的法律责任。

- **校园招聘**。你所在的学校可能有一个就业安置办公室,帮助大学毕业生与企业联系。那些主修会计、工程、计算机编程、信息系统等专业的大学毕业生和工商管理、法律领域的研究生通常是需求量最多的,因为他们接受了应用型的培训。

你可能认为校园招聘的性质会发生变化,从面对面的接触转变为网络互动。例如,惠普公司有校园招聘的专门网站 www.jobs.hp.com。不过,有经验的组织认识到网络并不能完成整个招募过程。[22] 与大学生进行更多的互动和沟通、发展与他们之间的关系、让他们产生对公司产生兴趣,这些都是非常有价值的。很多公司参加校园招聘、大型招聘会或提供各种各样的实习机会,从长期来看,这对公司是有利的。

对于小企业来说,寻找到合适的、工作积极性强的员工是最重要的。雇用失误对小企业来说是灾难性的,因为这些企业根本没有重新安置这些不合适员工的经济能力。[23]

雇主如何评估不同招募来源的有效性呢?其中一个办法是考察招募到的人员在公司待多长时间。研究显示,如果员工对公司的认识较深,而且对工作没有不切实际的期望,他们在公司服务的时间往往长于其他人。[24] 当前员工、员工推荐人及前任员工更可能发现那些对工作有现实期望的员工。

另外一个评估招募来源有效性的办法是从成本着手。刊登广告和用奖金鼓励员工推荐人才的成本是不同的。同样,在当地招募与在外地招募(牵涉新员工的重新安置)的成本差距也非常明显。

企业可以使用一份简单的电子表格比较不同招募来源的有效性。如图表 5.5 所示,以招募来源为行,以有效性标准为列(1—10 分),每列标明各种招募来源的不同评价标准,如发出雇用邀约人数、实际雇用人数、一年后的离职率和一年后员工的绩效等级。

图表 5.5　招聘来源的有效性评价标准示例

招聘来源	发出雇用邀约人数	实际雇用人数	总成本	一年后的离职率	一年后的平均绩效等级
熟人推荐					
平面广告					
网络广告和求职网站					
职业中介机构					
校园招聘					
客户					

非传统的招募渠道

在失业率较低的时候,美国公司的经理们非常关注对新员工的招募。即使不考虑当前的情况,从长期角度来看也能预期到未来劳动力的短缺。因为在生育高峰期出生的一代人已接近退休,相对而言,新加入劳动力大军的年轻人的数量减少。[25]另外,即使在高就业率和劳动力普遍过剩的年代,有很多需要特殊技能的工作和特殊领域的工作也可能出现人才短缺。

当面临劳动力短缺的时候,公司会投入更多的广告费用,通过广播、互联网、广告牌、电视、平面媒体及参加招聘会来公布空缺岗位。很多公司还会使用就业代理机构和员工租赁公司来招募与甄选新员工。另外,许多公司还通过非传统的劳动力雇用渠道和使用新颖的方法吸引新员工。

非传统的劳动力来源可能包括服刑人员、靠社会福利金生活的人、老年人和外国劳动力。在雇用非传统劳动力方面,一个新颖且鼓舞人心的例子就是纽约州扬克斯市的Greyston面包店(详见www.greystonbakery.com)。Greyston为白宫供应点心和蛋糕,并为Ben&Jerry店铺提供制作冰淇淋和酸奶所需的布朗尼。Greyston生产这些产品所使用的员工都是那些长期不被雇用的人。Greyston面包店愿意给那些无家可归的人或吸毒成瘾的人提供机会,选择雇用非传统劳动力,使那些人不再在大街上游荡而加入劳动力大军。正如Greyston面包店CEO和董事长所指出的:"我们不是在雇用他们去做布朗尼,而是用布朗尼给他们创造就业机会。"[26]

外部招募和内部招募

外部招募可以让公司获得崭新的思维,并且以不同的方式做事。有些时候,培训当前员工新流程或科技的相关费用不如对外招募专家的做法更具经济效益。

缺点在于,当前员工可能觉得从外部招募的新进员工为"菜鸟",不重视他们的观点和看法,限制他们的影响。另外一个缺点是,从外部招募的员工可能需要几个星期的时间熟悉自己的工作领域;而且,内部人员可能觉得新员工抢了原本应该是符合条件的内部员工的职位,从而对他们抱着敌对的态度。

内部招募通常是以晋升和调动的方式进行,同样具有优缺点。在优点方面,内部选拔人才的成本通常低于外部招募,而且这让公司当前员工清楚地认识到公司会给他们提供晋升的机会。内部招募的人才对公司的政策、流程和习惯已经相当熟悉。

缺点在于,内部招募的做法会降低公司引入创新和新思维的可能性。此外,员工获得晋升后,权威感可能由此而降低。例如,当某个员工晋升为经理或主管后,以往的同事可能期待他能给予特殊待遇。

招募受保护的群体

许多企业不论是内部晋升还是外部招募,都会招募女性、少数族裔、残疾人士及其他受保护阶层。平等就业机会委员会规定,只有政府机关和承包政府业务的公司必须具备书面的平权政策,不过许多民间企业也认为这项政策对它们有好处。例如,如果报社的读者群相当多元化,那么他们也希望提升编辑和记者的多元性。

经验表明,最好通过针对少数族裔的媒体或招募方法来锁定潜在的招募对象。例如,可以在黑人大学和拉丁裔组织中进行招募。[27]如果公司在广告里过度强调招募少数族裔员工,就可能引起求职者的反感,或者让他们觉得公司之所以雇用他们,只是为了满足规定的配额。招募专家表示,少数族裔的求职者应该与其他求职者受到同等的对待。[28]

招募活动的规划

招募活动必须和人力资源规划互相配合才会有效。[29]正如本章前面所提到的,人力资源规划是把当前人员的能力和未来的需求进行比较。例如,分析结果可能显示,以公司目前的扩张计划和预期的市场状况来看,公司需要增加 10 名员工。公司在决定招募人数时,应重点参考这些信息。

每个空缺岗位应该吸引多少名求职者呢?这个取决于招募成功率(yield ratios),也就是招募活动投入和产出的关系。例如,如果公司每面试两个人当中,只有一个会最终被雇用,那么从面试—录取比可以得知,公司如果最终需要 100 个人,应发出 200 份面试通知。可能这家公司的面试录取比一直为 3∶1,这样的比率表示,该公司至少得面试 600 名求职者才会录取 200 个人。其他要考虑的比率包括发出邀约和面试比率,以及广告申请者比率或联系申请者比率。招募来源的不同会导致这些比率和其他有效性的测量方法发生变化。为了找到一种最好的雇用员工的办法,公司应该比较不同招聘方法的有效性。图表 5.5 列举了一些基本的招募来源以及重要的有效性评价标准。

为求职进行规划

招募的另外一面是寻找合适企业的求职过程。你在寻找第一份工作吗?你正在进行职业生涯的转换吗?除图表 5.5 列举的渠道外,你还可以从当地的图书馆着手寻找工作。除了网络资源,图书馆提供一些对求职者有用的纸质资源。[30]例如,《职业名称词典》描述了大量工作岗位的责任和要求。另外,职业信息网(Occupational Information Network,或称 O*NET),是可以替代《职业名称词典》的一个在线数据库。你可以在 onetonline.org 上获得这项网络资源。

5.5 甄选

甄选决定了企业人力资源的总体质量。不难想象,如果企业雇用或提拔了不合适的人选会产生什么影响。如果你作为一名客户被一个动作缓慢和笨拙的人提供服务,感觉会怎样?如果你作为一名直线经理,会如何处理一名生产线上无法正常完成任务而惹出一大堆问题的员工?公司雇用人员不当,结果使其他员工必须跟着收拾残局,这可能令他们心生反感,引起同事之间的摩擦,甚至会导致优秀人才另觅高就。这些最终都会影响企业的经济效益。

事实上,好的甄选程序的经济价值远远超过大多数人的想象。例如,1984 年的一项学术研究估计,美国联邦政府以能力测试甄选初级水平的工作岗位候选人,这种做法每年为政府省下超过 150 亿美元的经费。[31]这个惊人的数字是由那些在甄选测试中得分高于平均分的人所带来的业绩增量累积起来的效应,而且这个数字用当前美元计算起来会变得更大。长期雇用那些得分高的人,如高于平均分20%的人,对于那些需要大量工人的企业来讲,业绩会有显著的提升。

甄选过程可运用的工具很多,应该首先了解对于甄选工具而言非常重要的两个概念:信度和效度。

5.5.1 信度和效度

信度(reliability)是指衡量结果的一致性,不会因衡量时间或衡量者的不同而有所差异。如果衡量结果完全一致,结果就是非常可信的。例如,如果你连续五周每周考一次数学,而且分数一样,那么你数学技能水平的衡量结果就是非常可靠的。同样的道理,如果五个不同的面试官对你社交技巧水平的评价相同,则表明他们的判断具有极高的信度。

然而,即使有人能达到完美的信度,这种情况也是凤毛麟角的。衡量过程难免会有一些误差,而这些误差可视为噪声(noise)或不稳定性。衡量中的噪声程度越高,衡量结果就越难判断。信度是表明误差能在多大程度上影响衡量的一个指标。

衡量方面的误差可分为两种:一种是缺陷误差(deficiency error),另外一种则是污染误差(contamination error)。[32] 缺陷误差是指衡量范围的一个部分在衡量时并没有被考虑进去。例如,基本数学技能的测试中没有减法试题就是一种缺陷衡量,从而无法了解到一个人基本数学技能的真正水平。

污染误差是指衡量过程受到意想不到的干扰。例如,面试官可能会面临其他职责的时间压力,没有充分时间正确评估求职者的能力。或者,如果他刚面试完一个非常优秀的求职者,由于对比效应的存在,接下来面试官可能会将一个平均水平的求职者评为平均分以下。

效度(validity)是指衡量方式能够在多大程度上衡量出想了解的知识、技术或能力。在甄选这个环节,效度是指测试或面试得分与实际工作绩效相比的一致性程度。没有效度的技术不但没有用,而且可能产生法律问题。万一求职者对公司的雇用做法提出歧视诉讼,甄选技术与工作的相关性(效度)就是公司自我辩护的关键证据。[33] 因此,提供效度数据是非常重要的。

评估甄选方法的效度,主要包括内容和实证两种基本策略。内容效度(content validity)策略是指评估甄选方法(如面试或测试)的内容对工作内容的代表程度。例如,某航空公司会要求应聘飞行员的求职者接受美国联邦航空管理局(Federal Aviation Administration)规定的一系列考试。这些考试评估应聘者是否具备安全、有效驾驶客机所需的知识。不过,仅仅通过这些测试并不表示应聘者具备优秀飞行员所需的其他能力。

实证效度策略(empirical validity)是指甄选方法和工作绩效的关系。通过甄选方法所得的分数(如面试评定或测试分数)与工作绩效等级进行比较。如果应聘者在甄选方法上的分数很高,而且工作绩效也比较优秀,那么该方法就具有实证效度。

实证效度也称效标效度(criterion-related validity),分为两种:**同测效度**(concurrent validity)与**预测效度**(predictive validity)。[34] **同测效度**显示甄选方法的评分与工作绩效水平的相关程度,两者大约在同时进行衡量。例如,公司为了雇用新员工而设计了一套测试,为了了解这套测试显示工作绩效水平的程度,该公司针对当前员工进行这套测试。接着,公司将测试成绩和刚完成的工作绩效评分进行相关性分析。由于两者是同时进行衡量的,测试成绩和工作绩效评分的关系会呈现该测试的同测效度。

预测效度显示甄选方法的得分与未来工作绩效的关系。例如,公司要求全体应聘者接受测试,并在十二个月后检查其工作绩效。测试得分和工作绩效的关系会显示测试的预测效度,因为甄选方法的衡量是在工作绩效评估之前进行的。

在设计或选择甄选方法时,即使以实证效度为目标,衡量方法也应该具备内容效度。[35]也就是说,衡量内容应该与工作相关。建立与工作相关的衡量内容,应该从工作分析开始(参阅第2章)。不过,具有内容效度不见得就具有实证效度。例如,某个甄选方法具有内容效度,但却难到没有人能通过,那么就不具备实证效度。而且,如果对实证效度进行评估,那么同测效度和预测效度各有利弊。

同测效度可以相对较快、较容易地进行。不过,同测效度不见得能准确反映甄选方法在评估求职者方面的有效程度。因为,当前的员工并不能代表求职者,他们年纪可能比较大,可能是白人男性。所以我们会发现同测效度在实际运用时不一定能准确反映甄选方法的效度。

相比而言,预测效度在雇用过程中能够最准确地预测哪个应聘者日后的绩效最为优秀。然而,确定甄选方法的预测效度需要相当多的人参与,至少要有30个人的甄选和工作绩效得分,而且可能要等6—12个月,在工作绩效衡量完成后,才能确定预测效度。

甄选方法可能具有信度,但不一定具有效度。不过,没有信度的甄选方法不可能有效度。这一点在实践中具有极大的重要性。例如,求职者有没有MBA学位的衡量可以具有非常好的信度;不过,如果MBA学位与工作绩效的改善没有必然的联系,那么MBA学位文凭就不是有效的甄选标准。具有较高工作动力的应聘者在工作表现上应该会比较出色,可是如果公司用以衡量工作动力的甄选方法存在很多误差或不够可靠,就不能作为有效的工作绩效指标。

> **伦理问题**
>
> 假定有个朋友请你写一份推荐信,你虽然喜欢这个朋友,但是认为他并不可信。虽然你认为这个朋友不是一个好员工,但是还是给他写了推荐信。这是有道德的行为吗?如果不是,你在知道自己对这个朋友的能力不会有积极的评价时,但还是同意写了推荐信,这是有道德的吗?

5.5.2 预测工作绩效的甄选工具

我们探讨最常见的甄选方法,每种方法都有局限和优势。

推荐信

由于推荐信的内容大多非常正面,因此推荐信与工作绩效的关联性通常并不高。[36]然而,这并不表示所有的推荐信都无法预测求职者的工作绩效。不好的推荐信可能具有高度的预测性,不应忽视。

以内容评估推荐信可以提升这种甄选工具的效度。这种方式专注于推荐信的内容,而非有多少肯定的话。[37]公司评估的是推荐信中对求职者特质的描述。[38]例如,两位应聘者提供的推荐信都是正面的言辞,不过第一位应聘者的推荐信形容他是注意细节的人,第二位应聘者的推荐信则把他描述为开朗、乐于助人的人。不同的工作对候选人的特质要求不同。例如,从事客户关系的工作需要个性开朗、乐于助人的人员,而文秘性的工作则需要注意细节的人员。

不论是推荐信还是口头推荐,都应该把主要内容放在应聘者所具备的核心工作胜任力上,以比较积极的方式增强推荐的效度和实用性。与其问推荐人"请说说你对这位应聘者的看法?"之类泛泛的问题,还不如请对方说说应聘者具备哪些与工作相关的特别技能。[39]

求职申请表

企业通常会把求职申请表当作筛选的工具,以此判断应聘者是否符合工作的最低要求,特别是初级水平的工作。求职申请表通常会询问应聘者过去的工作和当前的就业状态。

传统的求职申请表最近出现了新的变化,也就是"自传资料表"(biodata form)。[40]这种自传资料表所询问的问题相比传统的求职申请表更为深入,应聘者得回答有关自己背景、工作经历和偏好的一连串问题,公司会针对这些问题的回答进行评分。例如,问题可能包括应聘者是否愿意出差、偏好哪些休闲活动,以及具备多少计算机操作经验。无论使用何种甄选工具,在设计求职申请表之前,应该先通过工作分析找出与工作关联性最强的自传资料。自传资料在预测工作绩效方面的效度比较适中。

求职申请表往往是求职者和公司的第一次正式联系。常见情况是,大多数求职者在这个最初阶段就被淘汰了。因此,求职申请表被一视同仁地看待是很重要的。如果一位求职者认为他是因求职申请表中的个人信息而被拒的话,公司有可能面临歧视诉讼。基于一项涉及求职申请表的联邦法庭案件的分析,求职申请表中的求职者性别、年龄、种族、国籍等信息都可能涉及歧视诉讼。[41]为了降低法律风险,公司应该确保涉及求职者性别、年龄、种族、国籍等信息不是从求职申请表中获得的。

能力测试

从口语和定性分析技能(qualitative skills)到知觉速度(perceptual speed),各种能力都有不同的测试可以衡量。认知能力测试(cognitive ability test)衡量应聘者在特定领域的潜力,例如数学领域。能力测试如果以工作分析为依据,可以作为工作绩效的有效指标。

有几项研究探讨了一般认知能力(general cognitive ability)预测工作绩效的效度。一般认知能力的衡量通常是把口语和定性分析能力的分数加总起来。一般认知能力衡量一般的智商,水平越高显示学习得越多、速度越快、能够更迅速地适应外界条件的变化。一般认知能力水平高的人的工作绩效也比较好,至少部分而言是如此,因为现在没有什么工作是静态的。[42]

有些更具体的测试是衡量体能或机械方面的能力。例如,警察局和消防队会以体能测试(physical ability tests)衡量应聘者的体力和耐力,根据这些测试的成绩评估应聘者在执行体力任务时的生产率和安全性。然而,企业可以观察应聘者在实际工作中的表现,借此对其表现能力进行更为直接的评估。这种方式叫作工作样本测试(work sample tests),要求应聘者进行与日后实际工作完全一样的任务。例如,李维公司(Levi Strauss)的工作样本测试就要求应聘维修工作的求职者拆解和重新组装缝纫机的零件。[43]工作样本测试通常具有很高的信度和效度,是有效的、合法的甄选工具的重要组成部分。[44]

工作样本测试只要能充分地把握好实际工作中任务的多样性和复杂性,通常被认为是衡量工作绩效公平且有效的方式。工作样本测试的成绩甚至可以作为评估一般心理能力(general mental ability)的甄选方法效度的标准。[45]然而,体能测试所淘汰的女性和少数族裔应聘者多于白人男性,在测试之前进行体能上的准备,可以大幅减少这样的逆向冲击。[46]

另一种形式的能力——情商(emotional intelligence)测试得到越来越普遍的运用。研究者们对情商的定义各有不同[47],但一般可以简单地描述为"个人感知和管理对自己与他人情感的能力"[48]。尽管整个概念的使用非常普遍,但它的效度却还没有得到有效的证明。[49]例如,一项研究发现情商与学生各科的平均成绩没有相关关系,而一般认知能力和个性却与平均成绩相关。有关工作绩效的类似研究结论让学者不禁怀疑,情商能否超越通常的智力测试和能力测试,从而更准确地预测绩效。[50]

人格测试

人格测试(personality tests)评估的是特质(traits),也就是个体员工一贯的、持久的特征。人格测试在20世纪40年代和50年代被广为应用在员工甄选决策上[51],不过之后却很少应用于工作相关行为的预测。[52]关于是否使用人格测试的争论主要围绕着信度和效度问题。有学者认为个人特质是主观的认定,并不可靠[53],与工作绩效无关[54],法律上也不被接受[55]。人们还在不断地研究在人员甄选过程中所使用的人格测试方法;与此同时,越来越多的组织开始使用人格测试。[56]

很多特质可以用各种不同的方式衡量,由于缺乏一致性,在信度和效度方面都会产生问题。不过,近期有关人格特质的研究显示,衡量人格的方式也可以具有信度。[57]人格的衡量可以包括五大维度。[58]"大五"人格在人格心理学研究领域已被广泛使用[59]:

- **外向性**(extroversion),是指个体健谈、擅长社交、活跃、有进取心、易于激动的程度;
- **宜人性**(agreableness),是指个体信赖人、亲切、慷慨、宽容、诚实、合作、灵活的程度;
- **尽责性**(conscientiousness),是指个体可靠的、有组织的、对工作坚持不懈的程度;
- **情绪稳定性**(emotional Stability),是指个体安心、冷静、独立且自主的程度;
- **开放性**(openness to experience),是指个体有智慧、有哲理、有见解、有创意、有艺术特质以及好奇心的程度。

在这五大维度中,尽责性显然与工作绩效的关系最为相关。[60]很难想象会有任何衡量工作绩效的方法不对可靠性有所要求,或者任何企业不会因雇用尽责性的员工而受惠。所以严谨性是预测工作绩效最有效的人格指标。研究发现,尽责性和工作安全性相关。[61]例如,那些责任心不够的人倾向于忽视安全制度和规则,相比那些保持高度责任心的人更容易出事和受到伤害。

其他人格维度的效度则要视工作而定,因此我们在此对人格测试提出两点警示:第一,人格特质是不是工作绩效的有效预测指标,取决于工作和衡量工作绩效的标准而定,应该先通过工作分析找出有助于提升工作绩效的人格维度;第二,对于有些绩效衡量方式,如工厂生产线上生产的产品数量(这可能取决于生产线速度之类的因素),"人格"对绩效的预测作用可能微不足道。不过对于那些不够系统、需要团队合作和灵活配合的工作而言,"人格"所起的作用是关键性的。显然,甄选程序必须同时考虑人格和工作环境因素。[62] 在某些工作环境中,某些类型的人可能比其他人更为适合。总体来说,尽管人格测试的效度在各种工作环境中有所不同,但研究显示,人格测试能够有效预测求职者日后的工作绩效。[63] 不过,人格测试能否成为雇用过程中有效的手段还有待进一步观察。[64]

诚实测试

员工偷窃对于企业来说是一个很严重的问题,也就难怪企业都想搞清楚是否雇用了诚实的员工。在面试时,企业通常以测谎器测量应聘者在回答一连串问题时的脉搏、呼吸频率及出汗的状况。他们认为当应聘者说谎时,这些生理状况会出现变化。然而,在1988年联邦《雇员测谎保护法案》(Employee Polygraph Protection Act)通过后,雇主以测谎方式淘汰应聘者的做法大都被取消了。

诚实或正直性测试(honesty or integrity test)的设计目的是了解应聘者是否可能会进行盗窃和其他不正当的行为。现在,正直性测试可以采用各种形式进行,包括以纸笔进行的书面测试,通过电话、网络进行的测试等。这类测试通常是衡量应聘者对诚实的态度,特别是应聘者是否认为不诚实的行为是一种常态,而不是犯罪。[65] 例如,测试内容可能是衡量应聘者对别人偷窃的容忍度,以及应聘者在多大程度上相信大多数人会经常偷窃。

一份由独立研究人员进行的调查证实了诚实测试的效度。[66] 他们发现,诚实测试分数越低的求职者越有可能从企业内部偷窃。最近某家大型诚实测试出版商发布的调查报告也支持了这项测试的效度。特别地,一家零售商开始在1 900家分店中的600家进行正直性测试。在一年之内,采用这项测试的分店的库存损耗率下降了35%,而没有采用这项测试的分店的库存损耗率则上升了10%。[67]

即便如此,诚实测试还是颇具争议性的。持反对意见的人士大多认为结果可能会存在失误,如应聘者虽然很诚实,但测试成绩很差。在接受测试的人当中,通常至少有40%无法通过。[68]

面试

尽管面试可能是最常见的甄选工具,但其低信度和低效度经常受到非议。[69] 很多研究发现,不同的面试官对应聘者的评估不尽相同。其他的批评还包括人类判断力的限制和面试官的偏见。例如,早期有份调查发现,大多数面试官会在面试刚开始的两三分钟内对应聘者做出判断。[70] 这种快速的决策会对面试的效度造成负面影响,因为他们是根据有限的信息做出的决定。不过更近期的调查则显示,面试官可能不会这么草率地做出决定。[71]

另外一个对传统面试的批评是,对于不同的被面试者来说,面试经历会有所不同。例如,通常情况下,面试官会以这样的问题开场"请做一下自我介绍",接下来的面试就是根据应聘者的回答进行随意的提问。事实上，这是对每位应聘者采用了不同的甄选方法。

由于传统的非结构化面试存在许多让人不满意的地方，"结构化面试"这种新的方式随之产生。[72] **结构化面试**（structured interview）是根据详细的工作分析进行的面试，是对一份特定工作的全体求职者在面试中提出相同的问题，并对照预先拟定好的答案进行决策。[73]

图表 5.6 列举了在结构化面试中常见的三类问题。[74]

图表 5.6 结构化面试的问题范例

类型	范例
情境类问题	你正将行李装到车上，准备与家人去度假，这时候你突然想起今早与某个客户有约。你没有把这个约定记在记事本上，所以直到现在才想起来。此时，你会怎么做？
与工作相关的知识类问题	铸铁时如何对熔炉的温度做出正确的判断？
工作要求问题	公司业务有时会非常忙碌，你怎么看待加班这个问题？

- **情境类问题**。面试者可通过这类问题了解应聘者遇到特定工作情境时会做出什么反应。这类问题可以通过工作分析当中的关键事件法进行设计：基层主管和员工把行为中的关键事件改编为情境式的面试问题，然后考虑可能的回答并给予不同等级的评分，以此作为面试打分的标准。[75]

- **与工作相关的知识类问题**。这类问题是用来评估应聘者是否掌握完成工作所需的基本知识。

- **工作要求问题**。这类问题旨在确定求职者是否愿意适应工作要求。

结构化面试是判断工作绩效的有效指标。[76]第一，结构化面试的内容设计局限于与工作相关的要素；第二，结构化面试对所有应聘者提出一样的问题；第三，所有的回答按照同样的方式进行评分；第四，由于这种结构化面试通常是由多位面试官进行，因此个别面试官的喜好和偏见对整个面试结果造成的影响是有限的。

结构化面试在很多公司已经得到成功的运用。面试小组由两到六位成员组成，通常包括一位人力资源专业人员，以及招聘主管和用人部门的负责人，还经常包括与新员工有紧密联系的其他部门的核心人员。

结构化面试通常用一天或两天的时间对全体应聘者进行面试，这样比较容易回忆起应聘者的回答，并统一进行比较。每次面试结束之后，面试小组成员就会立刻对该应聘者打分。他们使用的是一到两页的表格，表中列举了工作中几个重要的维度，每个维度给予 1—5 的评分。打分之后，其中一位面试小组成员——通常是人力资源部门的专业人员或招聘主管——会引导大家进行讨论，最终面试小组对应聘者的评分达成共识。在应聘者都接受面试后，面试小组会对录取的应聘者进行排名。[77]

既然结构化面试如此有效，为什么还是有更多的企业选择传统的面试方式？其中一个原因是，结构化面试通常是以小组形式进行的，许多人把这种形式当作一种压力测试。另外，企业觉得传统的面试方式非常实用，可能是因为这种形式除甄选之外还有许多作用。[78]例如，它可以是有效的公共关系工具，面试官在面试中能为公司留下正面的印象。虽然应聘者没有被录用，但仍可以保留这样的正面印象。此外，非结构化面试可以有效预测一位应聘者是否能够与组织匹配。最后，非结构化面试的开放特性可以为那些不合适的候选人提供一个机会，为他们拥有的组织不满意的能力给出说明。

无论面试的流程是怎样的，雇主都把面试者当作员工来评价。除了看他们对面试问题的回答，还会观察他们在面试过程中的举手投足以及行为和着装。如果你想给面试官留下好印象，可以参考图表5.7，避免在面试中犯常见的错误。

图表5.7 面试中不太好的行为表现

在面试中，你的言谈举止给面试官留下的印象会对你能否获得工作起到关键作用。不管你的简历多么完美，只要你在面试时有不恰当的行为就有可能损失获得工作的机会。下面列举的是一些真实的情况。
- 一位求职者曾戴着随身听对面试官说他能在听着音乐的同时听清面试官讲话。
- 一位秃顶的求职者突然请求要离开一会，几分钟后戴着一顶假发进来了。
- 一位求职者要求看一下面试官的简历，借此决定这位面试官是否有资格评估他的工作能力。
- 一位面试者说她没有吃中饭，便在办公室里吃起了汉堡和薯条，还用袖子擦了擦嘴上的番茄酱。
- 当被问及有什么爱好时，一位求职者直接站起来并在房间里跳了一段踢踏舞。
- 一位求职者在到达早上的面试现场后，借用面试官的电话并打给她现在的雇主，假装咳嗽发作请病假。
- 一位求职者面对面试官的问题反问道："如果早上起来我不想上班怎么办？"
- 一位求职者带着母亲去面试。
- 一位求职者在面试过程中不停地发誓。
- 一位求职者打断面试官提出的工作时间和环境方面的讨论，并且声称只有把办公桌挪到外面院子里才愿意接受这份工作。
- 当一位求职者被问及下一份工作想做什么时，他回答："我告诉你们我不想做什么吧，比如参加一些枯燥的会议，做一些无聊的工作，还有必须整天对周围的人保持友好的态度。"
- 问题："你为什么想要这份工作？"回答："我已经有了一座大房子、一辆车，但还有一大笔信用卡债务。如果你们付我工资我会很高兴的。"

无论是采用结构化面试还是非结构化面试，雇主都必须确保面试问题不会触犯法律。企业在求职申请表或面试过程中，若询问应聘者特定问题（例如种族、信仰、性别、原国籍、婚姻状况或孩子人数），都有被起诉的风险。

为了遵守法律的规定，面试官应谨记面试的九大禁忌[79]：

（1）不要问应聘者有没有孩子、是否计划要生孩子，或者他们会如何安排孩子的照顾问题。

（2）不要问应聘者的年龄。

（3）不要问应聘者有没有会影响工作表现的体能或智力障碍。法律规定，雇主只有在应聘者通过所需的体能、智力或工作技能测试并录取该应聘者后，才可以讨论有关体能或智力障碍方面的问题。

（4）不要在求职申请表中要求应聘者填写有关身高或体重等身份特质方面的问题。

（5）不要问女性应聘者原本的姓氏。有些雇主会以此确定应聘者的婚姻状况，而婚姻状况这类问题对于男性和女性应聘者都是禁止询问的。

（6）不要问应聘者的国籍。

（7）不要问应聘者是否有前科记录，但是可以询问应聘者是否曾经犯罪。

（8）不要问应聘者是否抽烟。因为美国很多州及地方法令禁止在某些大楼抽烟，所以比较合适的问法是询问应聘者是否知道这些规定以及是否愿意遵守。

（9）不要问应聘者是否有艾滋病或是否为 HIV 病毒携带者。

最重要的一点是：不要问与工作无关的问题。面试官的重点应该放在聘请达到工作要求的合格人才上。

评价中心

评价中心（assessment center）是企业要求应聘者（通常是应聘管理岗位的）完成一系列的模拟任务或练习，接着观察人员对求职者在情境模拟中的表现进行评分，并以此推断其拥有的管理技巧和能力。许多企业进行外部招募和内部晋升时都采用评价中心技术。[80]

评价中心的费用虽然高昂，却是预测管理岗位绩效的有效方式。[81]评价中心技术在判断应聘者是否具有核心领导能力方面也是非常有效的工具。[82]如果雇用或晋升了不合适的人选会使企业付出沉重代价时，使用评价中心的价值就更高了。[83]然而，由于预算有限，评价中心的成本往往让人望而却步。例如，马里兰州以前规定公立学校校长的聘任必须以评价中心的方式进行，但由于每位应聘者 1 200—1 500 美元的成本实在太高了，后来就取消了这样的规定。[84]一种可以减少因使用评价中心技术而产生的成本的方法，就是不要对预筛选（例如能力测试）时得分非常高或者非常低的求职者采用评价中心技术。因此，价格相对高昂而且参与度很高的评价中心技术应该应用在中间地带那些令雇主很犹豫的求职者身上。[85]

评价中心通常是在工作场所之外进行，为期一到三天，一次最多可能有六位应聘者同时参与。大多数评价中心会评估每位应聘者在以下四个领域的能力：组织、计划、决策和领导。任务导向的评价中心会更直接地把关注点放在与工作相关的情境中，以及应聘者在这些特定任务中的表现上。[86]不过，每家评价中心囊括的练习、进行的方式及评价的方式都有很大的差异。[87]那些在上

> **伦理问题**
>
> 一些专家认为进行尿检是对个人隐私的侵犯，应该被禁止，除非有正当的理由怀疑员工在吸毒。那么，公司坚持对应聘者进行尿检合乎道德吗？假设有一家公司为了节约医疗保险费用，决定对每位求职者进行胆固醇水平测试，以降低可能的心脏病发生概率。这种做法合乎道德吗？合法吗？

一场测试中有所保留、集中进行下一轮挑战的应聘者在评价中心会做得更好。[88]此外，那些不太有控制欲、不太怯场、可以有效地与他人互动沟通的人也会表现得更好。

文件筐测试（in-basket exercise）可能是评价中心最常用的。这种测试包括处理文件筐里各种可能的情况，如各种问题、信息、报告等，要求应聘者在适当的时机处理这些问题。评价中心会根据他们依照轻重缓急处理问题的顺序、在处理每个问题时的创造性、应变能力、决策的质量及各种其他因素进行评分。应聘者在文件筐测试中的表现会透露出相当多的信息。有些应聘者在其他测试中只能达到平均水平，但在评价中心却能凸显能力。[89]

药物检测

企业在甄选过程中通常会进行雇用前的**药物检测**（drug tests），要求应聘者接受尿液检

测。如果应聘者的药物检测结果为阳性通常就会被淘汰;如果对检验结果有疑问,他们也有权自费再进行一次测试。[90]

预先进行药物检测的目的在于避免雇用到日后可能成为问题员工的人。鉴于这个目的,关键的问题是,药物检测的结果与应聘者日后的工作绩效真的有关系吗?答应是肯定的。美国邮政局收集了5 000个应聘者的尿液样本,但雇用决策并未参考检测结果。六个月到一年后,尿液样本呈阳性反应应聘者的缺勤率比其他人高出41%,被解雇的比率则高出38%。显然,药物检测是预测工作绩效的有效指标。[91]

工作经历核查

应聘者未来表现最佳的预测方式之一,就是看他们过去的工作经历。由于担心诽谤官司,许多企业不愿提供已离职员工在任期间与工作相关的信息。然而,对应聘者进行工作经历的核查是避免因雇用疏忽而造成官司的一个好方法。雇用疏忽是指雇主对员工在任期间所遭受的伤害负责。企业应该怎么做呢?

几乎每个州的法院主张,雇主(包括前任雇主和未来雇主)享有"有限的特许权",可以谈论员工过去的工作表现。不过,为了享有这样的特权,公司必须遵守以下三个规定:第一,确定询问的问题是与工作相关的信息;第二,前任雇主必须提供正确的信息;第三,与平等就业机会相关的信息(如员工的种族和年龄)不得公开。[92]

背景核查

背景核查与工作经历核查有所差别,根据空缺岗位性质的不同,背景核查的内容可能包括犯罪记录的审查、学术成果的核实、驾驶记录、移民状态的核查以及社会保障核查。企业进行背景核查的主要动机在于避免因雇用疏忽造成的诉讼。不过在"9·11"恐怖袭击之后,企业出于安全考虑加大了对应聘者的筛选力度。2001年11月通过的《爱国者法案》(Patriot Act)规定,必须对工作中接触有毒物质的人员进行背景核查,并禁止犯重罪者及非法移民人士接触这类物质。[93]调查发现,很少有雇主在背景核查过程中发现求职者潜在的问题。[94]不过,为了避免出现问题并发生因雇用疏忽招致的诉讼,事先进行背景核查还是很值得的。事实上,对求职者进行背景核查已经被认为是一件理所当然的事情;反而,不进行背景核查会被认为是雇用疏忽的表现。[95]

笔迹分析

笔迹学是指为衡量人的个性和其他特征对人的笔迹进行的研究。欧洲是笔迹学的发源地。欧洲的雇主通常会使用这项技术筛选应聘者。笔迹当中有300多处可以进行分析,例如字体的斜度、字母t中短横线的位置和写字的力度。笔迹分析的应用在美国虽然没有像欧洲那么普及,但估计超过3 000多家美国企业在甄选过程中使用这项分析工具。不过,越来越多的企业不再使用或仅偶尔使用这项分析工具。[96]当然,问题的核心在于笔迹分析是不是预测工作绩效的有效指标,而这个议题的相关研究显示"答案是否定的"。

一项研究收集了来自115家房地产协会的笔迹样本并交给了20位笔迹专家,笔迹专家根据一系列的特征(如自信度、推销动机、决策等)对每份样本进行了打分。[97]后来,这些结果和笔迹主体的实际业绩评定及客观绩效标准(如总销售额)进行比较,结果显示20位笔迹专家对笔迹样本的分析判断表现出高度一致(信度)。但是,所有笔迹专家的判断中没有一项与绩效标准有关,所以笔迹分析并不是一项有效的测量方法。其他关于笔迹学的研究进一步支持了这个结论。[98]因此,笔迹分析不能作为雇用筛选的工具,当你看到笔迹分析被当作一种有价值的甄选工具由杂志社或其他大众出版社推出并销售时,你应该谨慎购买。[99]

5.5.3 各种预测绩效指标的整合

企业往往会采用各种方式收集有关应聘者的信息。例如,挑选管理者可能根据应聘者过去的绩效等级、评价中心的评估及管理者直属上司的面试结果等进行。

企业应该如何整合这些信息,从而做出有效的甄选决策呢?有三种基本的策略:一是在每种甄选方法完成之后做出初步决定。这种方式叫作多重障碍策略(multiple hurdle strategy),因为应聘者必须扫除一项障碍才能进入下一关,不能克服障碍的应聘者就会遭到淘汰。

另外两种则是收集全部信息后才做出决策,差别在于信息整合的方式。在诊断策略(clinical strategy)中,决策者对所有信息进行主观评估后做出整体判断。在统计策略(statistical strategy)中,决策者会根据数学公式对各种信息进行整合,再录取得分最高的应聘者。

当公司需要考虑的候选人很多时,通常会采用多重障碍策略。通常来说,公司会先以较低成本的甄选方法淘汰明显不合格的应聘者。研究显示,统计策略通常比诊断策略更可靠和更有效[100],不过许多人(包括大多数公司)比较偏好诊断策略。

5.5.4 甄选和人与组织的匹配

许多企业成功运用各种甄选工具聘请到优秀的员工,他们为企业获利做出了很大的贡献。[101]不过,越来越多的企业感觉到,传统的甄选方法已经不能满足需要。对于越来越多的企业来说,经营并不只是物质获得和利润追逐,价值观和责任感也是非常核心的内容,例如各种社会责任对企业来说就是核心义务,可以成为企业文化和企业品牌的一部分。这些特征会使雇主对求职者更具吸引力,对于那些已经被录用的人来说,他们与企业价值观的匹配度越高,就越有可能全身心投入工作中,做一名忠诚的员工。[102]

除此之外,关于人与组织匹配的问题是很难解决的。通常而言,利用培训可能会减少员工知识和专业技能上的不足,但改变一个人的价值观是很困难甚至是不可能的。因此雇用那些与企业价值观匹配度高的人,好过在事后努力去解决雇用失误带来的问题。管理者笔记"一个更大的目标:在招聘和雇用过程中的社会责任"认为,社会责任是在人与组织匹配中很重要的一部分。

管理者笔记：伦理/社会责任

一个更大的目标：在招聘和雇用过程中的社会责任

你想找一份工作挣钱，对不对？但这就是你想要的全部吗？很多企业发现，许多员工尤其是Y一代(千禧一代)年轻人想从工作中得到的更多。他们想在社会上有所作为，并在工作中找到个人存在的意义和价值。对于这些员工而言，工作不仅仅意味着一份薪水。当他们找到愿意做出积极贡献的工作，这种匹配会带来努力工作的动力和对企业的忠诚。作为经理，你如何在帮助他们实现抱负的同时也使企业从中获益呢？下面将从社会责任感和人与组织匹配度最大化的角度列出一些在招聘和甄选过程中很基本但又很重要的建议。

- **你的公司是如何承担社会责任的？** 你的公司支持过特殊事业或者为当地社区做过贡献吗？你的公司是否特别注意环保问题？如果你的公司很重视各种层面的社会责任，那么一定要清楚地说明公司的这些努力。例如，如果有反映社会责任投入的核心价值观，那就需要获得认同。同样，如果你的公司参与了某些活动，例如社区项目、慈善活动、环境保护项目，就要在公司社会责任工作的描述中予以强调。

- **在招聘中传递有关社会责任的信息。** 社会责任工作不仅可以吸引求职者，还可以提高他们接受工作的可能性。如果公司担负社会责任将对社会产生影响，那么就该让人们知道。在招聘中宣传社会责任，能向外界传递这样的信息：公司确实是一个可以让员工实现更大目标的地方。

- **工作绩效依然是首位的。** 虽然你希望公司的社会责任工作能与求职者产生共鸣，但求职者执行工作的能力还是最需要关注的。换句话说，求职者与岗位的匹配应该先满足后才应该关注求职者与组织的匹配。

- **并不是每个人都愿意承担社会责任。** 承担社会责任并以此在工作中找到意义对一些人来说是很重要的，但并不是对所有人均如此。对一些人来说，工作就是工作，是挣钱的方式，并不是为社会做出积极贡献的途径。对于这些人而言，公司承担社会责任的信息并不会增强吸引力，提高他们申请工作的可能性。

资料来源：Chuang, P. M. (2013). Gen Y staff want meaning in work, employers told. *The Business Times*, April 22; Gully, S. M., Phillips, J. M., Castellano, W. G., Han, K., and Kim, A. (2013). A mediated moderation model of recruiting socially and environmentally responsible job applicants. *Personnel Psychology*, 66, 1—39; Roberts, B. (2012, March). Values-driven HR. *HRMagazine*, 44—48; Zhang, L., and Gowan, M. A. (2012). Corporate social responsibility, applicants' individual traits, and organizational attraction: A person-organization fit perspective. *Journal of Business and Psychology*, 27, 345—362.

5.5.5 对不同甄选工具的反应

我们在上文讨论了各种甄选工具对工作绩效的预测作用，接下来探讨应聘者和管理者对于各种甄选工具有什么反应？这个问题的答案显然非常重要，因为他们的反应可能关系到是否会提起一项诉讼。

- **应聘者对甄选工具的反应**。应聘者是使用甄选系统的主要客户,他们希望并可能会要求公司采用公平的甄选工具。而且,应聘者对于甄选工具的反应可能影响到他们对公司的看法和公司对他们的吸引程度,以及被录取后是否愿意接受雇用。[103] 应聘者对甄选工具的反应也会影响到他们日后是否购买公司产品。[104]

应聘者对哪种甄选测试的反应是最好和最差呢?有些研究发现了相当有趣的结论。例如,虽然越来越多的公司采用个性评估工具预测应聘者日后的工作表现,但许多应聘者认为个性特征是"可以伪装的",而且与工作无关。典型的美国员工往往对人格测试产生更消极的反应,然而欧洲和其他地区的求职者似乎对人格测试作为雇用过程的一部分没有什么太大的意见。[105]

- **管理者对甄选系统的反应**。管理者需要可以迅速并便于管理的甄选系统,其所得出的结论必须容易理解。然而,几乎很少有研究探讨管理者对甄选系统的反应。有学者针对38个州政府机构的635位管理者进行调查,评估管理者对甄选过程(包括甄选方法)中各种相关因素的感知。[106] 调查结果则用来修正这些机构的甄选体系和各种人力资源管理实践。

尽管在人员甄选中,效度依然是核心问题,但在设计甄选体系时,也应该考虑求职者和管理者对甄选方法的反应。对某种甄选方法不满意的管理者就会忽视用这种方法收集来的数据,或者寻找另一种方式以避免这种方法的使用。如果求职者认为某种方法不公平,就很有可能会针对这种方法提起歧视诉讼。简言之,效度是很重要的,但求职者和管理者的感知会决定一种方法能否在实际中得到运用。

5.6 人员配置中的法律议题

在人员配置特别是甄选过程中需要特别关注法律相关议题,这一点是非常重要的。许多法律方面的限制(特别是联邦政府的立法及其对非法歧视的界定)都会影响甄选过程。

5.6.1 反歧视的法律

1964年的《民权法案》和1991年扩展的《民权法案》均禁止雇主对种族、肤色、性别、宗教及原国籍有所歧视,雇用条款内容中包含这样的歧视都是违法的。这些法律条文会影响甄选,以及公司其他人力资源管理活动(例如绩效评估和培训)。

为了降低遭到反歧视诉讼的可能性,企业应该确保甄选技术与工作相关。换句话说,最好的辩护就是甄选过程具有效度这样一个事实。

1967年《雇用年龄歧视法案》和1978年修正案禁止歧视四十岁及以上人士。同样,如果年长的应聘者遭到淘汰(特别是资历相当,但年龄较小的应聘者获得录取),企业就应该提供甄选过程效度的证明。

1991年《美国残疾人法案》扩大了1973年的《职业康复法案》的内容,为体能或智力障碍的人士提供法律保障。规定,对于可能因残障而无法完成核心工作职能的人士,雇主必须做出合理的安排,除非这么做会给雇主带来相当大的困难。所以,雇主必须确定哪些是工作的核心职能。尽管该法案并没有明确界定"合理的安排"是什么,但法庭可能认为调整时间表、设备和设施之类的行为是合理的。在甄选方面,禁止雇主在聘用应聘者之前询问对方有没有残障并要求他们接受健康检查。不过,雇主可以询问应聘者能不能完成核心的工作职能,还可以根据健康检查结果决定是否录用。

5.6.2 平权行动

在法律方面,平权行动也必须加以考虑。《联邦行政命令11246号》规定,政府承包或下游分包商必须有适当的平权行动计划。这些计划的设计旨在消除组织雇用实践中可能存在的未充分利用的情况(参见第3章)。平权行动与《民权法案》第七章及相关立法要求的平等就业机会并不一样,做出甄选决策而不对少数群体加以歧视并不同于设定使用目标。然而,不属于政府承包商或下游分包商的企业,如果因歧视而遭到定罪,可能会失去单纯以预期工作绩效作为甄选决策依据的特权。在这种情况下,它们会被要求制订并实施平权行动计划。

5.6.3 雇用疏忽问题

人员招募中最后一个法律方面的问题是雇用疏忽(negligent hiring)官司。雇用疏忽是指雇主在雇用员工时不够仔细,日后该员工在任职期间犯罪的情况。由于这类官司近年来大幅增加[107],管理者对此应该特别注意。例如,艾维士(Avis)租车公司雇了一名员工,但并未彻底核查他的背景;该名员工后来强暴一名女性同事。艾维士公司雇用疏忽罪名成立,必须支付80万美元的赔偿费。如果公司当时仔细核查该员工求职申请表上的信息,就会发现他称自己在读高中和大学的那个期间事实上是在坐牢。雇主有责任对求职者的背景进行详细的核查,几次就业之间如有中断期或承认以前有犯罪记录等都应该立即进行更深入的核查。为了避免承担雇用疏忽的责任,雇主应该[108]:

- 雇用过程应和员工处分与开除一样制定明确的政策。雇佣政策应该包括对求职者进行详细的背景核查,包括受教育水平、以往就业记录及住所信息的验证。
- 查询各州对于雇用有前科应聘者的法律规定。各州对此的法律规定存在很大的差异。
- 应尽量了解应聘者过去的各种工作行为,包括暴力行为、威胁、说谎、吸毒或酗酒、携带枪械以及其他问题。需要记住的是,隐私权和反歧视的相关法律禁止雇主询问应聘者私人的以及与工作无关的活动,行为方面的问题也只有在可能影响工作表现时才允许加以调查。

本章小结

人力资源的供给与需求

人力资源规划是指公司确保未来有足够数量和类型的员工可用来生产特定水平的产品或服务的过程。人力资源规划使用定性或定量的方法预测劳动力的需求和供给状况,并根据这些估计采取行动。

雇用流程

雇用流程包括三种活动：招募、甄选和组织社会化。

雇用过程中的挑战

雇用过程充满了各种挑战，包括：(1)判断哪些特质对于绩效是最为重要的；(2)衡量这些特质；(3)评估应聘者的动机；(4)决定由谁做出雇用决策。

应对有效人员配置的挑战

选对人才对于公司的生产力和客户的满意度有着极强的正面影响，因此对雇用流程的每个步骤仔细管理是非常重要的。

不论是内部招募还是外部招募，招募应该以吸引合格应聘者为重点。招募活动应该与公司的人力资源规划相联系。为了确保新雇用员工与工作匹配，并避免法律方面的问题，公司应该进行工作分析。

甄选

甄选工具有很多种，包括推荐信、求职申请表、能力测试、人格测试、心理测试、面试、评价中心、药物检测、诚实测试、就业记录核查及笔迹分析。最好的（在法律上最具辩护力的）甄选工具必须同时具备信度和效度。

人员配置中的法律议题

有些联邦法律法规是指导雇主进行招聘活动的行为准则。《民权法案》《雇用年龄歧视法案》和《美国残疾人法案》禁止各种形式的歧视行为。《联邦行政命令 11246 号》则是有关平权行动的政策。雇主必须采取措施，以免遭到雇用疏忽的相关指控。

关键术语

评价中心（assessment center）
同测效度（concurrent validity）
人力资源规划（human resource planning, HRP）
劳动力需求（labor demand）
劳动力供给（labor supply）
预测效度（predictive validity）
招募（recruitment）
信度（reliability）
甄选（selection）
组织社会化（socialization）
结构化面试（structured interview）
效度（validity）

> ★ **视频案例**
>
> **Gawker 传媒：人员计划和招聘。**如果教师布置了这项作业，请访问 www.mymanagementlab.com 观看视频案例并回答问题。

问题与讨论

5-1 最近的经济困难、组织重组和工厂倒闭已经使很多人失去了工作，他们只能去寻找新的职业发展路径。雇主在雇用过程中面临比以往多得多的求职者，可以尽情筛选。不幸的是，很多求职者欠缺岗位所需的条件。雇主该如何避免或面对这些大量不合格的求职者呢？在招聘过程中如何解决这种问题？在甄选过程中，若雇主要面对大量求职者你会推荐什么工具？

5-2 你认为对应聘者的甄选应该主要看重能力、个性还是个性与岗位的匹配？如何衡量匹配程度？

5-3 公司提出一项新的甄选测试，并决定在应用于求职者之前对部分在职员工进行测试。一群在职员工志愿参与这项测试，其中 84% 是男性，7% 是超过四十岁的。每位志愿者在这项测试中得到的分数与这些员工在公司年度绩效评估中所获得的绩效等级是相关的。两类分数之间相当大的关联性使得公司相信这个测试是有效的。
公司提出什么方法证明效度？公司对测试效度的估计是否存在问题？描述这些潜在的问题。

5-4 公司要求你为所在的部门雇用一名新员工。现在你要负责招聘和甄选活动。你会怎样招募新员工呢？解释一下为什么你会使用那些特定方法和招募来源。你会如何甄选真正适合这个岗位的求职者？你会使用某些测试和面试吗？如果会的话，你又会采用什么类型的测试和面试并且以怎样的顺序甄选求职者呢？

5-5 面试那些不符合条件的应聘者会让人感到气馁，而且对于管理者、同事或任何负责面试的人来说都是浪费时间。人力资源部门应该如何做才能减少甚至完全消除这种情况呢？

5-6 你在一家中等规模的高科技公司工作，公司每天都面临激烈的竞争，工作场所里唯一永恒的似乎就是变化，而且每位员工的职责就是从一个项目转换到另一个项目。假定你现在主要负责公司的招聘。你打算如何招募并甄选出最好的人才？你又将怎样确定适合你们公司环境的最优秀的人才？

5-7 你的老板声明希望招聘环节能够雇用到最好的员工而且符合法律要求。这两个目标能同时实现吗？为了同时实现这两个目标，你会对老板提出哪些最基本的建议呢？

我的管理实验室

请根据教师要求,登录 www.mymanagementlab.com 完成写作题,系统将自动给出分数;也可以完成下列问题,分数由教师给出。

5-8 一位求职者抱怨在他的面试中,一个面试小组成员给出了正面评价,另一个则给出了负面评价。这位求职者所抱怨的是关于信度和效度的问题吗?请解释。为什么这种类型的分歧是个问题呢?

5-9 一位经理说明自己拒绝给一位员工升职的原因:这位员工个人测试的成绩令人不满意。这项个人测试包括检查员工在停车场的汽车,看汽车是否干净并保养完好。一辆失修的汽车加上车内物品摆放很乱表明这位员工做事没有条理,不能指望该员工处理细节问题。这种个人测试方式应该用于升职评估吗?为什么?如果不做这种个人测试,你建议做其他什么测试?

5-10 你们公司的一位经理认为在评估求职者时最重要的是考察胜任工作的能力,另一位经理则认为人格与组织的匹配才是最重要的。假设两位经理提出的特征都很重要,那么你会建议如何确认和衡量胜任工作的能力?如何衡量人格?

你来解决!客户导向的人力资源 案例 5.1

女性员工离职之后还能重返岗位吗

女性员工离职率比男性更高。在某种程度上,这也许说明了为什么在 CEO 这个职位上只有 2% 的女性。但女性员工为什么要离职呢?进一步地,她们之后会再次加入劳动力大军吗?在离职之后,她们还能够重返工作吗?我们一起讨论一下这些问题。

首先,毋庸置疑的是,女性比男性更可能离职。例如,最近的一项调查集中于研究一个具有全国代表性的女性群体,她们拥有研究生学位、专业学位或高级别学士学位。这项调查包含 2 400 位女性。调查发现,24% 的男性是主动离职的,然而主动离职的女性比例达到近 40%。这些女性都接受过高等教育,也拥有成功的职业生涯,然而她们大都还是选择离职。

为什么女性员工会选择离职?答案当然不止一个。家庭和照顾孩子等问题都会将女性从工作中"拉走"。然而令人吃惊的是,相当一部分女性声称离职是因为厌倦和挫败感。为了寻找有挑战性的工作以及晋升和发展的机会,她们觉得有必要离开当前的雇主。

在将女性员工从现有岗位"推开"的因素中,大部分因素对于组织来说是直接可控的。一些组织为女性员工设计了教练和导师项目、制定了家庭友好政策,以及针对重返职场的女性提供培训等,这些都是为了保持和吸引高质量的女性员工。

关键思考题

5-11 为什么对于组织来说女性员工离职是一个大问题？

5-12 女性员工通常发现当试图重返工作岗位的时候，她们不得不接受比原来低的薪水，你认为这样公平吗？为什么？

5-13 较低的薪水阻碍了女性员工重返岗位，如果可以的话，我们能做些什么？

小组练习

5-14 "拉力"因素是拉动女性远离工作职责的那些因素，"推力"因素是迫使女性离开当前工作职责的那些因素。将班级分成若干小组并探讨致使女性员工离职的主要因素，把这些因素按照"拉力"和"推力"分组，并判断各种因素带给女性的影响与男性相比的程度。你可以使用下面这个量表加以判断。

1	2	3	4	5	6	7
主要影响男性			对男性和女性的影响力相同			主要影响女性

实践练习：小组

5-15 分成小组讨论公司正在采取何种措施挽留女性员工。将这些管理措施分类，看它们是针对"推力"因素还是"拉力"因素的。除了公司现在采用的这些方面，你能否想出一些有效的留住女性员工的方法？列举并描述那些你认为最好的方法，讨论该方法的成本和收益。

实践练习：个人

5-16 请你设计一个可以最大限度地留住女性员工的工作岗位。这个岗位在政策、福利等方面应该具有什么特点？如果是男性从事这个岗位，各种成本支出是否值得？为什么？将这个岗位的工作特征和班里其他同学分享。

资料来源：Deutsch, C. H. (2005, May 3). Boredom is the culprit: Exodus of women executives has a cure. *Arizona Republic*, D-4; Hewlett, S. A., and Luce, C. B. (2005). Off-ramps and on-ramps: Keeping talented women on the road to success. *Harvard Business Review*, 83, 43—54; Booth, N. (2007, November 13). Scheme aims to attract women back into IT. *Computer Weekly*, 41.

你来解决！伦理/社会责任 案例 5.2

欺骗行为

当经济紧缩时，为了获得工作，求职者之间存在很激烈的竞争。这种形势会导致越来越多的求职者去伪造背景和资历，他们当然希望这种造假行为能帮助他们获得工作。这种造假可能包括改变出生日期、改变大学专业，甚至伪造学历。还有很多人对他们的犯罪记录撒谎。事实上，这些伪造行为不管是小小的善意谎言还是大大的作假，都是欺骗！预计求职者中大概30%的人会有欺骗行为。

关键思考题

5-17 你认为在求职申请表和简历上造假对公司来说是很重要的问题吗?为什么?

5-18 有时资历和证书是很重要的。例如,大学教师是不是必须拥有相关资质(如博士学位)才可以承担大学课程?医生是不是必须具备医疗机构所要求的资格认证?为什么?

5-19 如果一个人伪造了信息,但依然能够完成这份工作,这对公司有什么伤害?

小组练习

5-20 分成小组,讨论公司应该怎样做才能发现这些欺骗行为?这方面的花费是否值得?如果公司没有采取行动避免这些行为,又将付出怎样的代价?

实践练习:小组

5-21 分成小组讨论不同类型的工作及其潜在的责任。例如,电缆安装者应该对他人的私有财产负责,老师应该对孩子们负责。一些工作要求承担高压力,一些工作涉及驾驶汽车。与团队成员一起找出各种潜在的责任领域,越多越好,在矩阵表格中一行一行地列举出来。

在表格的每一列列出公司应核查的一些特征和背景,例如暴力倾向、驾驶记录和犯罪记录等。

按照行和列对应的地方,如果有需要核查的内容就标示出来。有没有哪些方面比其他方面更为重要呢?请说明。公司如何使用你们开发的矩阵表格呢?

资料来源:Guthrie, J. (2009, March 5). Beware the risky business of resume fraud. *Financial Times*, London, 15; Levashina, J., and Campion, M. A. (2009). Expected practices in background checking: Review of the human resource management literature. *Employee Responsibilities and Rights Journal*, 21, 231—249; Patel, P. (2009). Experts expect resume fraud to rise. *IEEE Spectrum*, 46, 24.

你来解决!科技/社交媒体 案例5.3

雇用过程中的社交媒体

正如我们在管理者笔记"不要在社交网站筛选中被淘汰"所讨论的,作为求职者一定要意识到,很多雇主在使用社交媒体筛选人员,因此你要展现最好的一面。在本案例中,我们将从另一个角度讨论社交媒体在雇用过程中的运用,并且请你从求职者和管理者的角度思考问题。

许多雇主在招募过程中使用社交软件,如Facebook和LinkedIn。如图表5.8,社交媒体的运用范围从晋升到公开甄选,再到私下甄选。当雇主在社交网站上投放广告招募特定岗位的应聘者时,他们在使用社交媒体作为晋升的工具。公开甄选是指雇主使用公开的电子信息(例如帖子、账户信息和博客等)对求职者进行评估。另一方面,私下甄选是指雇主要求查看应聘者个人社交网络账户中的信息。

图表 5.8　雇主使用社交媒体的种类

很奇怪,现在几乎没有研究讨论社交媒体作为招募和甄选工具的有效性。不过,在私下甄选方面,越来越多的法律条款出现,以保护求职者的权利。如果雇主要求求职者提供社交网站密码或者让求职者自己登录并任由企业查看信息,这些做法都会侵犯个人隐私。出于隐私方面的考虑,各州及联邦政府层面都已经立法禁止企业的这种行为。

关键思考题

5-22　你认为在招募员工的过程中使用社交软件是不是一个有效的招募方法。

5-23　作为一个想要招募员工的管理者,在招募过程中,你会采取什么样的措施使用社交媒体并使你的效率最大化?

5-24　使用社交媒体招募职位空缺可能会招到过多的年轻求职者。因为老员工很少使用社交网络,可能会被无意地从求职者中被排除。这是一个问题吗?你会提出什么建议以减少或消除这个问题?

5-25　利用社交媒体甄选求职者可能会有潜在的成本。例如,管理者查看求职者的公众个人账户信息,很容易得知他们的宗教、年龄、种族。这些信息会被管理者用来甄选求职者。为什么这会是一个问题呢?即使公司不会基于这些信息甄选求职者,那么管理者或者公司将如何证明这一点?

小组练习

5-26　使用社交媒体对求职者进行公开甄选可以给雇主带来一些好处,如相对较低的成本,以及可能比信件和简历更真实的求职者信息。不过,使用社交媒体也是有成本的。例如,可能会被指控歧视(详见思考题 5-25);求职者的一些帖子或照片可能是被他人放在网络上的;还有求职者的一些活动信息可能是过时的,不再有效。

　　分成若干小组,讨论使用社交媒体进行公开甄选可能带来的潜在好处;同时,讨论这种方法带来的潜在成本。如何降低这种潜在成本?

实践练习:小组

5-27　在雇用过程中,效度的衡量是很重要的一个问题:不仅要确认哪些人是更优秀的员工,还要合法地操作整个甄选过程。在使用社交媒体甄选求职者时,通过各种形式收集到的信息的效度很低。应该如何提升这些由社交媒体所带来信息的内容效度呢?

　　a. 分成小组,选择一个工作岗位并讨论该岗位的各个方面,例如这个岗位需要完成的任务和需要的能力。哪些类型的社交媒体信息可以反映这些方面的问题?为什么这种岗位驱动的方法具有效用呢?

b. 分成小组，讨论如何评价 5-27a 中那些社会媒体信息的效标与效度。这些效度信息是如何起作用的？

把讨论结果与班级其他同学分享。

实践练习：个人

5-28 一些新成立的企业，如 Social Intelligence，主要提供雇用前的社交媒体筛选服务。使用互联网搜索一下，确认一些提供这项服务的公司。这些公司提供哪些服务？你建议通过第三方来对求职者进行社交媒体筛选吗？为什么？

资料来源：Brown, V. R., and Vaughn, E. D. (2011). The writing on the (Facebook) wall: The use of social networking sites in hiring decisions. *Journal of Business and Psychology*, 26, 219—225; Ebnet, N. (2012). It can do more than protect your credit score: Regulating social media pre-employment screening with the Fair Credit Reporting Act. *Minnesota Law Review*, 97, 306—336; Davison, H. K., Maraist, C., and Bing, M. N. (2011). Friend or foe? The promise and pitfalls of using social networking sites for HR decisions. *Journal of Business and Psychology*, 26, 153—159; Martucci, W. C., and Shankland, R. J. (2012). New laws prohibiting employers from requiring employees to provide access to social-networking sites. *Employee Relations Today*, 39, 79—85.

你来解决！伦理/社会责任　案例 5.4

社会责任感的匹配

正如管理者笔记"一个更大的目标：在招聘和雇用过程中的社会责任"所讨论的，社会责任的投入能够使组织成为一个更有吸引力的雇主。此外，如果个人的价值观和兴趣能够与组织的社会责任感相匹配，就会带来很多积极的产出，例如更高的工作绩效和更多员工投入。从社会责任感的角度来说，这些积极的结果是不能仅用政策描述来物质化的。不过，如果管理得好，社会责任努力可以成为组织的竞争优势，吸引更多的求职者，增加他们加入组织的机会。

关键思考题

5-29 按照传统，雇用决策是依据求职者能否胜任工作来决定的。换句话说，管理者关注的是，通过从甄选过程所获得的信息判断想雇用的那个人是不是能以最好的方式完成工作。在多大程度上，组织应该考虑求职者与组织的社会责任感之间的匹配？例如，如果在甄选过程中要考虑人与组织的匹配，那么这种匹配度能否和预期工作绩效一样获得同等的权重？或者这种匹配度应该赋予较小的权重？又或者，以其他方式在甄选过程中进行考察？

5-30 你将采取什么样的步骤使求职者意识到组织的社会责任感？也就是说，你会给组织提出哪些建议，使得社会责任感成为雇主品牌的一部分？

5-31 在招聘过程中考察社会责任感是很有用的。个人与组织社会责任感的匹配度越高，就越能带来更多积极、忠诚和高绩效的员工。你如何评估这种匹配度？你认为进行匹配度评估很重要吗？能否简单假定那些申请工作的人必须拥有与组织一致的社会责任感？

小组练习

5-32 你的管理层同事或许会认为社会责任对组织来说并不是很重要的问题,因此在招聘和甄选过程中不必予以考虑。他们能看到的问题只是"完成工作和赚钱"。分为小组展开讨论,你们会提出什么观点来说服这些同事,告诉他们社会责任感是有用的?把你们的观点与班里的其他同学分享。

实践练习:小组

5-33 和你的组员上网查阅一些空缺岗位的招募信息,至少看十几个招募广告并概括其中涉及社会责任投入和活动的广告。广告中强调了社会责任的哪些方面?包含社会责任信息的广告是不是更有效?

实践练习:个人

5-34 考虑自己的兴趣和价值观。对你来说什么是重要的?你在什么事情中可以找到意义和目标?基于上述,思考一下什么类型的社会责任活动对你最有吸引力。

    a. 对你来说,通过工作给社会带来积极的影响很重要吗?

    b. 基于以上考虑,你能识别出那些对你而言与组织匹配度高的雇主吗?

资料来源:Aguinis, H., and Glavas, A. (2012). What we know and don't know about corporate social responsibility: A review and research agenda. *Journal of Management*, 38, 932—968; Gully, S. M., Phillips, J. M., Castellano, W. G., Han, K., and Kim, A. (2013). A mediated moderation model of recruiting socially and environmentally responsible job applicants. *Personnel Psychology*, 66, 1—39; Zhang, L., and Gowan, M. (2012). Corporate social responsibility, applicants' individual traits, and organizational attraction: A person-organization fit perspective. *Journal of Business and Psychology*, 27, 345—362.

你来解决!新趋势 案例5.5

一个工作,多种角色

    团队是当前很多组织的运作方式。与独立的贡献者不同,团队成员有一定程度的相互依赖,并一起完成工作。在很多团队中存在这样的事实:工作与责任的分配是按照成员的强项和弱项进行的。例如,团队中技术性的问题分配给成员中技术能力最强的人,而潜在的冲突问题则交给人际能力最强的人。这种事实就是:成员根据所具备的不同能力扮演不同的角色。研究表明,让成员根据自己擅长的能力完成工作,可以最大化绩效,也可获得最高的员工满意度。如果人们能够做各自最擅长的事情,就能取得最大化的绩效。这很有道理。

    如果团队成员扮演不同的角色,那么现实就是员工面临的不是同一个工作岗位而是不同的角色。一些人在某些领域做得很好,在其他领域可能会做得很差。因此,意识到在团队的工作环境中人们承担不同的工作,会对雇用过程产生很重要的影响。

关键思考题

5-35 如果在一支团队中有显著不同的角色,你将怎样开展招募和雇用工作?

5-36 团队中个体成员所要具备的特征是根据团队以及团队中每个人具有的优势和劣势做决定。换句话说,这种模式比那种要求单一系列资质的固定工作岗位更具有动态性。在招募和雇用过程中,你如何考虑这些动态的、互动的因素?

小组练习

5-37 分为小组,讨论在一个小规模的工作环境中,哪些角色对团队而言是重要的。为了帮助你们开展讨论,下面是一些在以往研究中已经被确认的团队角色:贡献者、协调者、沟通者和挑战者。另外,以往的研究和实践中还有很多其他的角色也很有用。因此,不要局限于我们刚才提到的角色。
   a. 确认不同的角色所需的技能。
   b. 除了技能,为了完成特定的角色任务,具有发自内心的倾向和动机是很关键的。你如何衡量不同的角色所需的动机?
   c. 你如何衡量不同的角色所需的技能?
   d. 你如何为不同的角色或岗位进行有效的招聘?
   e. 向班级其他同学陈述你的招聘和甄选计划。

实践练习:个人

5-38 如果团队中出现了一个空缺岗位,其他成员可能会想在雇用新员工中起到主导作用。在雇用过程中让团队其他成员起主导作用是不是一个好主意,为什么?
   a. 管理层如何帮助团队成员做出最好的雇用决策?例如,考虑到成员们可能意识不到所扮演的各种角色,在给团队补充新成员时还需要匹配哪些能力呢?
   b. 他们在确定衡量各个角色特征的方法以及决定各特征权重的过程中同样需要帮助。谈谈你对团队成员的建议,帮助他们更好地进行雇用决策。例如,应该使用什么样的衡量方法?是否需要对他们进行培训?由谁做出最终的雇用决策?将你设计的主要特征与班里的其他同学分享。

资料来源:Black, B. (2002). The road to recovery. *Gallup Management Journal*, 1, 10—12; Mumford, T. V., Van Jddekinge, C. H., Morgeson, F. P., and Campion, M. A. (2008). The team role test: Development and validation of a team role knowledge situational judgment test. *Journal of Applied psychology*, 93, 250; Lupuleac, S., Lupuleac, Z., and Rusu, C. (2012). Problems of assessing team roles balance-team design. *Procedia Economics and Finance*, 3, 935—940.

第 5 章注释内容
请扫码参阅

第6章 员工的离职、缩编与新职介绍

| 我的管理实验室® | ★ 当你看到这个图标时,请访问 www.mymanagementlab.com 以获取配套练习题,并及时反馈练习结果。 |

▶▶▶ **挑战**

阅读本章之后,你能更有效地应对以下挑战:

1. **理解**员工的离职。
2. **掌握**如何确定员工离职的类型。
3. **熟悉**提前退休的管理。
4. **学习**公司裁员工作的管理实践。
5. **理解**新职介绍的重要性。

维持一个组织良好的财政状况,尤其是在经济困难时期,往往意味着削减成本。在大多数组织中,经营成本中的一大部分是劳动力成本。因而,为了削减劳动力成本,公司往往会采取裁员的方式。

通过裁员降低雇佣水平,通常意味着可以提高工作效率,改善公司的财务状况。然而,裁员作为一种提高组织绩效的手段,在执行时通常会遇到一些困难。以下是关于裁员需要考虑的几点。

- 在20世纪80年代之前,公司缩编非常普遍,缩编这个词也就变成了大众词汇。裁员的人数在90年代达到顶峰,近年来的第二次顶峰出现在2007—2009年经济衰退期间。裁员人数在2010年有所下降,但裁员仍在继续。[1]
- 20世纪60—70年代,岗位削减逐渐开始影响蓝领工人。尽管裁员最初的目的是减少低技能工人和小时工,但后来不再是这样。如Zynga公司,一家在线游戏的开创者,已经将员工队伍削减了数百名。[2]
- 直至21世纪初,大家都把裁员看作促使股价暴涨的方式。大型、公开上市的贸易公司会因裁员声明而备受关注。人们总是相信,投资者奖励削减成本举措的方式就是使股价上升。不过,最近的研究发现,裁员公告通常伴随着反向的股价变动。[3]
- 裁员会伴随一系列的负面结果。在组织内部,士气会下降。对幸存员工而言,工作保障问题可能是他们最大的关注点。[4]在组织外部,组织的声誉可能因此受损。例如,前员工可能会对前任老板发表负面评论,尤其当他或她感觉受到不公平裁员的时候。[5]往更大方面来说,一次大的裁员可能对整体社区具有负面的影响。如果一家公司是某个小镇的支柱企业,那么一次裁员就可以影响小镇上很多人的生计,以及整个社区家庭的经济健康。

总而言之,裁员和其他任何一种员工离职一样,可以产生消极或者积极的结果。一个重要的因素是怎样有效地管理员工的离职。

管理者视角

竞争全球化及技术进步改变了竞争的规则,促使很多公司以更少的劳动力获得更高的产量。此外,主动离职——人们选择离开自己的工作——可能会成为公司面临的问题。人们会出于各种各样的原因辞职,包括新的工作机会的出现,甚至在经济紧缩时期也是如此。

管理者不仅必须帮助那些主动离开公司的员工发展他们的技能,对于那些出于某种原因被解雇或者经济方面的原因被裁掉的员工则必须提供帮助。如果这种雇佣关系处理得不好,会损害公司在行业或社区中的声望,使公司未来很难吸引稀缺、有才能的员工。

本章主要讨论对组织人力资源流出进行管理,这通常是一项并不愉快的工作。我们会考察导致员工离开企业的整个过程,以及如何有效地管理这个过程。

知识点学习

如果教师布置该项作业,请登录 www.mymanagementlab.com 查阅你应该特别关注的知识点,并提前预习第6章。

6.1 什么是员工离职

当某个员工不再是组织的一员时,**员工离职**(employee separation)就发生了。[6] **离职率**(turnover rate)是衡量员工离开公司的比率。管理得好的公司会尽力监控其离职率,识别并管理员工离职的原因,目的是将离职和员工重置成本降到最低。员工的重置成本(replacement costs),尤其对于那些需要高技能的职位来说,是非常高的。例如,替代一名美国海军战斗机飞行员的成本超过100万美元。[7]不过,大部分离职率是可以计算的,而正确的数字是非常重要的。示例给出了计算离职率的基本方法。远高于行业平均水平的离职率往往是公司内部出现问题的征兆。员工离职是能够也是应该被管理的。不过在讨论离职管理之前,我们先探讨离职的成本和收益。

示例 员工离职率计算入门

员工离职率在所有组织中均存在。员工离职率时时刻刻发生着变化,不同的公司与产业有所不同。在与其他时期或其他组织进行比较以判断公司员工离职率是不是过高之前,你应确保计算方法是正确无误的。

你需要每月离开的员工数量以及在计算期内的员工平均数,计算公式为:

$$员工离职率 = \frac{离开岗位的员工人数}{计算期内员工平均人数} \times \frac{12}{计算期月数}$$

我们考虑一个具体的情形。在6个月当中,有12名员工离开公司,公司员工的平均人数是50。已知这些数值,则公司的年度员工离职率为:

$$12/50 \times 12/6 = 0.48$$

在过去的6个月中,你们的员工离职率是24%,年度员工离职率为48%。

了解总体的离职率就可以进行初步的比较。不过,把总体离职率进行更详细的区分(见图表6.1),有助于你更清楚地了解员工的离职情况,有助于你分析目前的离职率是否构成问题。

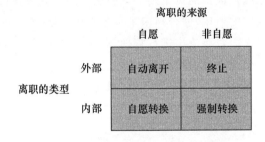

图表6.1 员工离职率的形式与类型

"离职的来源"指是员工自动离开公司(自愿)还是管理层要终止雇佣关系(非自愿)。"离职的类型"包括员工离开组织(外部流失)以及员工离开当前工作而在组织的另一个岗位上继续工作(内部)。

你可以分别对这几种情形下的员工离职率进行计算。较高的自愿外部离职率应引起组织的注意,也反映出组织存在一定的问题。

资料来源:Cleveland,B.(2005,June 1). Tackling turnover. Call Center,16.

6.1.1 员工离职的成本

不同组织的离职成本是不同的,有些与离职相关的成本很难估计。例如,一家公司的地理位置可能使得新员工的招募成本居高不下,相应地使得组织中的员工离职成本特别高。销售、生产或研究开发员工离职的影响是巨大的,但是很难估计。

离职率会影响企业的盈利状况。最近一项对超过 200 个保险经纪商的研究讨论了离职率与公司盈利能力的关系。[8]这些经纪商被随机分为两组:一组是利润率高于销售额 20% 的;另一组是利润率低于销售额 20% 的。低利润率小组的离职率几乎是高利润率小组的两倍多。高利润率小组的利润水平是销售额的 30.3%,而低利润率小组的利润水平则是销售额的 11.4%。尽管离职率不是唯一影响盈利水平的因素,但这个研究结果表明离职率是影响公司盈利状况的重要因素。

不幸的是,如果离职是劳动力体系造成的,那么组织很难降低离职率。管理者笔记"自愿离职在中国"的确是一部分中国企业的现状。

 管理者笔记:全球化

自愿离职在中国

美国和欧洲的员工离职率每年大约在 5%,而中国的主动离职率则达到 19%。中国不同公司的离职率不太相同,为 11%—40%。在中国经营的跨国公司面临 25% 的离职率,高于世界平均水平。

是什么导致中国如此高的离职率呢?简单来说,是因为劳动力需求超过了供给。中国的公司面临劳动力短缺问题,所以它们会争夺那些可以帮助公司有效运作的人才。在中国,人才短缺被认为是跨国公司和中国公司面临的最大障碍。预期中国经济的下滑会在某种程度上缓解劳动力短缺的问题,但是对优秀管理者的需求还是在不断增长。

对有经验员工尤其是那些有管理经验和接受过管理培训的员工的需求,意味着存在大量的岗位空缺,诱使许多员工从原来的岗位离职。这种竞争激烈的市场带来更多的自由的劳动力以及更高的离职率。

为了吸引和保留员工,中国的工资水平在不断上升。不过,不仅仅是工资问题。中国的公司发现为了留住员工,需要为员工提供一个好的价值主张。例如,提供领导力和管理能力的培训对于员工来说会比较有价值,有利于提高他们留在公司的意愿。在组织中为员工提供职业发展路径、明确告知员工应该按照什么样的路径发展对员工决定是否留在组织产生影响。尽管组织可以采取措施降低离职率,但在中国,现实的情况是工作机会非常充足。有这么多的发展机会使组织更难控制自愿离职。

资料来源:Huang, J. (2013). Developing local talent for future leadership. *The China Business Review*, 40, 28—30; John, I. S. (2013). Average salary increases of 9.1%, turnover rate of 18.9%. *China Benefits and Compensation International*, 42, 51; Silva, J. D. (2012). The war for talent in China. *Ivey Business Journal Online*, retrieved on June 9, 2013 form Proquest.

通常可以保守估计离职成本为离职员工年薪的 25%[9]—300%。[10] 以这个取值范围中最保守的数字估计,如果平均年薪为 30 000 美元,离职成本就是 6 000 美元。如果公司员工有 1 000 人,离职率为 20%,那么每年离职成本至少为 120 万美元。这样的成本可不低,而且视具体的情况还可能更高。图表 6.2 列出员工重置成本中的几种,这些成本可以分为招募成本、甄选成本、培训成本和离职成本。

图表 6.2　人力资源重置成本

招募成本	甄选成本	培训成本	离职成本
• 广告	• 面谈	• 职前培训	• 解雇费
• 校园招募	• 测评	• 直接培训成本	• 福利
• 招募人员的时间	• 推荐信审核	• 培训者的时间	• 失业保险成本
• 猎头公司的费用	• 迁居	• 培训期间损失的生产率	• 离职面谈
			• 新职介绍
			• 空缺的职位

招募成本

重置离职员工的招募成本可能包括广告费用,以及专业招募人员到各个地点(包括大学校园)出差的费用。对于经理职位或技能要求复杂的专业人员职位,由于合适人选本身可能已有工作,公司可能得聘请猎头公司进行搜寻,而这类猎头公司收取的费用通常是员工年薪的 30%。

甄选成本

甄选成本是甄选、聘请及安置新员工的成本。面试工作申请者包括去面谈地点出差的费用、安排面谈和举行会议决定录取人选使公司流失的生产率。其他的甄选成本包括测试员工和为确保申请人的资质合法而审查推荐信的费用。最后,公司可能必须支付迁居的成本,包括员工个人财产搬迁成本、交通费,有时甚至包括住房费用。住房费用包括卖掉个人之前房屋的费用和在一个市场价格更为高昂市场购买新房子的交易成本。

培训成本

大多数新进员工都需要特定培训才能开展工作。培训成本包括向新进员工介绍公司的价值观和文化而产生的成本。直接培训成本也很重要,特别是培训课程的介绍、教材和材料成本。最后,新进员工在接受培训时的工作表现不如接受过完整培训的员工,所以公司会损失一些生产率。

离职成本

无论有没有新人来填补,员工离职都会产生离职成本。最主要的离职成本是薪酬成本,包括薪资和福利。大多数企业会向被解雇员工提供**离职金**（severance pay or separation pay）。当有经验的员工离职时，其拿到的离职金可能是好几个月的薪水。尽管工作年限是决定离职金的主要因素，但很多公司通常会使用公式计算，考虑基本工资、级别和头衔等。

少部分企业在离职员工找到新工作之前继续为他们提供医疗保险。此外，裁员的企业可能得缴更高的失业保险费。如果因企业裁员而使得州政府必须向更多的被裁员工支付失业救济金，企业的税赋就会被调高以作惩罚。

其他的离职成本则与离职管理有关，离职管理通常包括**离职面谈**（exit interview）。公司会通过离职面谈了解员工离职的原因（如果他或她是自愿离职），或者为他们寻找新工作提供咨询和协助。目前大型企业中常见的做法是提供离职员工**新职介绍援助**（outplacement assistance），帮助他们更快地找到工作而提供与找工作技能相关的培训。最后，如果这个职位始终空缺或者新员工不能很好地完成这个岗位的工作，可能导致产出减少或顾客服务质量的下降，雇主就要承担这种成本。

由谁进行离职面谈呢？通常不要让离职者的上司进行这项工作，因为他/她经常是员工主动离开的原因。面谈者必须具备很强的沟通能力，对于员工的离开持有中立的态度。有些公司开始进行基于互联网的离职面谈，设想员工在非面对面的互动中更可能说出离开的真正原因。[11] 不过，有些员工倒是认为一名娴熟的面谈官所展现的人际互动与关心相比网络面谈更能让他们打开心扉。

首要的问题是如何降低离职成本及与其关联的各种成本。在管理员工离职方面应该意识到的一个重要因素是，离职通常在雇佣关系的早期出现。例如，一个组织遇到的大部分员工离职发生在员工刚入职的 30—60 天。然而，很多组织仅仅计算年均离职率，这种粗略的计算方法会掩盖这样的事实：很多离职现象是出现在员工刚入职的两个月之内。如果降低前几个月的离职率就会极大地降低全年的离职率。降低入职后第一个月的自愿离职率意味着在余下的一年里，需要招聘更少的人来填补岗位空缺。[12]

6.1.2 员工离职的收益

尽管许多人对离职持有负面的看法，但员工离职还是有好处的。当离职率过低时，雇用的新人很少，公司内部的晋升机会也会大幅缩减。在离职率一直偏低的公司里，如果员工自满、产生不了创新想法，就可能对公司绩效造成负面影响。

员工也可能从离职中得到一些潜在的好处。个人可以逃离不愉快的工作环境，甚至找到压力较小或在个人和专业层面比较满意的工作。

降低劳动力成本

组织可以通过缩减劳动力规模来压缩劳动力总成本。尽管裁员会产生可观的解雇费用，但公司可以节省的工资金额更为可观，很容易就超过离职金和裁员相关的其他成本。

替换表现不佳的员工

管理的任务之一就是找出表现不佳的人员，帮助他们提升绩效。如果员工对辅导和意见反馈没有回应,则终止与这名员工的雇佣关系,并且聘用新的员工(而且技术更好)可能是最好的选择。

促进创新

员工离职为高绩效员工创造了晋升的机会。当公司内部人员获得晋升,基层职位才会有空缺。公司创新的重要来源是从外部聘请的新人能为公司带来新的视角。

促进多元化

员工离职公司有机会聘请多元化背景的员工,重新安排员工的文化和性别组合。公司有机会保持对雇用过程的控制,遵守平等就业机会委员会的政策。

6.2 员工离职的类型

员工离职可以分为自愿离职和非自愿离职两大类:自愿离职是由员工提出,非自愿离职则是由雇主提出。为了保护自己免受来自离职员工的法律挑战,雇主必须非常小心地管理非自愿离职,并保留所有相关文件的记录。

6.2.1 自愿离职

自愿离职(voluntary separation)是指员工基于个人或专业上的考虑,决定终止与雇主的关系。这个决定可能是基于员工想找到更好的工作、改变职业生涯,或者想有更多时间与家人相处或从事休闲活动。此外,这也可能是因为员工觉得目前的工作没有吸引力,包括工作环境不佳、收入低或福利差、与上司关系不好等。在很多情况下,离职是在别的选择更有吸引力和对目前工作很多方面感到不满两者共同作用下形成的。

自愿离职可以分为可避免和不可避免。不可避免的自愿离职是基于员工对人生做出的决定,这样的决定不是雇主可以控制的,例如员工的配偶决定搬到新的地区并要求员工迁居。但是,最近的研究表明,大约80%的自愿离职是可以避免的,其中很多是由于人员配置不当造成的。增加人力资源招聘、甄选、培训和开发等方面的投入,提高人力资源管理质量,公司可以避免员工和岗位之间的不当匹配。[13]

自愿离职可以分为两种:辞职(quit)和退休(retirement)。

辞职

辞职的决定是基于:(1)员工对工作不满意的程度;(2)在公司之外其他有吸引力的工作选择。[14]员工可能对工作本身或工作环境或者两者均不满意。

近年来,有些雇主以薪酬刺激的办法鼓励员工自愿离职。雇主使用自愿离职计划(voluntary severance plans)或买断(buyout)的方法削减人力规模,并避免裁员带来的负面影响。这种薪酬刺激可能会根据员工在公司的工作年限和计划的设计,一次性以现金支付员工相当于六个月到两年的工资。

退休

退休在很多方面不同于辞职:第一,退休通常是在员工职业生涯快结束的时候提出,辞职则可能发生在任何时点(事实上,人们更可能在职业生涯的早期更换工作);第二,退休人员通常能获得公司的退休福利,可能包括作为个人储蓄补充的退休金和社会保障福利(Social Security benefits),辞职人员则没有这些福利;第三,公司通常会提前安排员工退休事宜。人力资源部门可以帮助员工规划退休,经理可以事前安排以当前员工替代退休员工或者招募新的员工,辞职则很难提前计划。

大多数员工会延迟到 65 岁才退休,因为他们在这个年龄才能获得政府的医疗福利(medicare benefits)(参阅第 12 章)。[15]要是没有这些福利,许多员工就会发现很难退休。法律规定雇主不得根据年龄强制员工退休。

许多《财富》500 强公司发现,提前退休激励方案可以有效地缩减员工队伍。这些激励方案为资深员工提前退休提供了足够的经济刺激。与买断一样,这是裁员方法之外的选择,因为两种都是比较温和的缩编方法。我们在本章后文详细讨论提前退休的管理。

6.2.2 非自愿离职

非自愿离职(involuntary separation)是指雇主出于经济需要或者员工与组织不匹配的考虑,决定结束与员工的关系。非自愿离职是在慎重考虑后所做出的非常痛苦的决策,这些决策可能对组织整体,特别是对失去工作的员工,产生深远的影响。

尽管由直线经理执行解雇员工的决策,但人力资源部门人员应该确保被解雇的员工接受法定程序(due process),而且解雇应该符合公司政策的文件和精神。直线经理和人力资源部门员工之间的合作对于解雇过程的有效管理是极为重要的。人力资源部门人员可以作为直线经理在这个领域的有效建议者,帮助他们避免因不正当解雇而遭受控诉;他们也可以保护员工避免其权利遭到经理的侵犯。非自愿离职可以分成两种:开除(discharge)和裁员(layoff)。

开除

当管理层认为员工和组织之间不匹配,就会做出开除的决定。开除可能是由于员工表现不佳,或者员工有些令人无法接受的行为,而且主管一再试图纠正但徒劳无功。有时员工有严重的不当行为(如偷窃或不诚实),可能会立刻遭到开除。最近,员工使用社交媒体已经变成开除的一个主要原因,管理者笔记"社交媒体和工作的最终融合"讨论了这个问题。

管理者笔记：科技/社交媒体

社交媒体和工作的最终融合

社交媒体，如 Facebook 和 Twitter，已经完全融入了我们的生活，甚至已经成为很多人每天必须使用的工具。无论是个人还是组织，社交媒体都可以提供许多便利，例如社交媒体使你能够立即与朋友或者客户交流。然而，一些员工在上班时间随意使用社交媒体的行为让管理者很头痛，这无疑会导致一些员工被开除。以下是几名员工被辞退的真实例子：

- 一个空姐因在网络上发了一张穿着工作服的照片而被辞退。
- 两个披萨连锁特许店的服务员在 YouTube 上发布了一个小视频，小视频中他们一个把黏液滴在食物上，另一个把奶酪放在自己的鼻子上。视频发布后，他们被开除了。
- 维珍航空公司第十三乘务组人员在 Facebook 上对公司和客户发表不当言论，被公司集体解雇。
- 一名在汽车特许经销店工作的员工在 Facebook 上发帖，吐槽经销商为客户促销活动所准备的礼物仅有水和热狗，被公司开除。

在上述例子中，人们因为在社交媒体上的活动而被开除。如果你是那些大学生（18—24 岁），你也许会觉得公司监督员工使用社交媒体是不恰当的。然而，公司有权阻止那些诽谤和可能损害公司形象的行为。除非从法律的框架上对这个问题做出规定，否则员工对保护个人隐私的诉求和自由地在社交媒体上表达看法之间的法律界限仍然是十分模糊的。显然，企业不能根据社交媒体信息歧视员工，法律也似乎不支持将这些信息用于其他任何与公司经营不太相关的方面。除了这些广泛性的禁止，社交媒体的使用似乎可以成为辞退员工的主要基础。

从管理者的角度看，很重要的一点是，现在许多企业并没有制定社交媒体使用政策。而制定这方面的政策可以使目标明确，并阻止问题的发生。在制定政策时需要考虑以下关键问题：

- 是否可以在上班时间使用社交媒体。
- 员工可以在社交媒体上发布什么信息。

这两方面问题的明晰可以给员工提供指导，减小员工因社交媒体使用不当而导致离职甚至被辞退的概率。

资料来源：Abril, P. S., Levin, A., and Del Riego, A. (2012). Blurred boundaries：Social media privacy and the twenty-first century employee. *American Business Law Journal*, 49, 63—111；Cavico, F. J., Mujtaba, B. M., Muffler, S. C., and Samuel, M. (2013). Social media and employment-at-will：Tort law and practical considerations for employees, managers, and organizations. *New Media and Mass Communication*, 11, 25—41；Field, J., and Chelliah, J. (2012). Social media misuse a ticking time-bomb for employers. *Human Resource Management International Digest*, 20, 36—38；Jacobson, W. S., and Tufts, S. H. (2013). To post or not to post：Employee rights and social media. *Review of Public Personnel Administration*, 33, 84—107.

管理者如果决定开除某个员工,则必须遵守公司所建立的惩罚程序。大多数没有工会的企业采取渐进式的惩罚程序,容许员工在接受更严厉的处罚之前有机会改正自己的行为。例如,违反安全规定的员工先是受到口头警告,然后是限期改进的书面警告;如果该名员工还是继续违反安全规定,雇主就可能采取开除的措施。管理者必须记录该员工违反规定的情况,提供证据证明该员工知晓公司的规定,而且公司曾对其提出警告,这种违反规定的行为可能会导致被开除。通过这种方式,管理者才能证明开除该员工具有正当的理由。第 14 章列举了各项标准,经理可以根据这些标准判断开除是否具有正当理由。

下面的例子说明,开除员工如果处理不当或没有经过正常程序,公司就会付出惨重的代价。Sandra McHugh 在 42 岁时因年龄被公司开除,她向法院控告雇主年龄歧视后获得 110 万美元的赔偿。[16]

裁员

裁员是公司削减成本的一个手段。例如,在本章开篇提到的,Zynga 公司最近宣布的裁员主要是基于财务方面的考虑。网络游戏的变革和收益的下降导致 Zynga 公司决定辞退数百名员工。

裁员和开除有几个不同之处。裁员中员工失去工作是因为公司环境或战略的变革不得不缩减劳动力规模。全球竞争、产品需求减少、科技的进步使得公司所需员工人数减少,以及并购等是大多数裁员的主要原因。[17]相比之下,被开除员工的行为通常就是离职的直接原因。尽管我们可以从理论上说明裁员与开除的区别,但对于被裁的 Zynga 公司员工来说,无论过程是怎样的,他们都丢了工作。

裁员会对公司造成很大的冲击。留下来的员工由于担心自己的工作也会不保而士气大受打击。此外,裁员可能影响区域的经济活力,包括依靠员工支持其业务的公司。裁员同样会影响对一个地区人身安全和社会治安的感知。

投资人也可能受到裁员的影响。投资界可能会把裁员视为公司问题严重的信号;相应地,公司股价会由此大受打击。最后,裁员也可能损害公司的形象,人们不再认为这是理想的工作地点,从而使得公司难以招募到条件好、拥有许多工作机会的人才。

裁员、缩编和冗员裁减

需要澄清裁员、缩编和冗员裁减之间的差异。采取**缩编**(downsizing)战略的公司通过削减规模和业务范围来改善财务绩效。[18]当公司决定进行缩编时,可能会在众多途径中选择裁员以降低成本或提升盈利能力。[19]近年来,许多公司就是这么做的;不过我们要强调的是,其实有许多方法可以让企业无须裁员就能提升盈利能力。[20]我们在本章后面的内容中讨论这些方法。

冗员裁减(rightsizing)是指重新组织企业的员工以改善他们的效率。[21]当企业由于对产品或服务无价值的管理层级或官僚化工作流程太烦琐而变得臃肿时,就要进行冗员裁减。例如,企业在将一线员工重新组织为自我管理型工作团队时,可能觉得员工过多,必须减少人数才能充分发挥团队结构的效率。这种情况下可能会裁员,不过裁员并不总是必需的。就与缩编战略一样,除了裁员,管理层还有一些其他选择途径可以缩减劳动力规模。无论如何,缩编与冗员裁减的结果都是员工会丢了工作。

裁员的管理是一个极为复杂的流程。不过,在详细探讨裁员管理之前,我们介绍企业在裁员之外的重要选择——提前退休。

6.3 提前退休的管理

当企业决定缩编时,第一项任务就是考虑裁员之外的其他选择。就像我们之前所说的,各种方法当中最受欢迎的是提前退休。[22]

6.3.1 提前退休政策的特点

提前退休政策包括两个特点:(1) 提供一套有足够吸引力的财务激励方案,使年长员工愿意提前退休;(2) 以开放窗口的形式将这种资格限定在非常短的期间之内。当这个窗口关闭后,就不再提供这些激励。[23]

财务激励通常是让年长员工提前享有退休资格并增加退休收入。企业通常以一次性支付方式鼓励员工提前退休。许多企业也让提前退休的员工继续享有健康医疗福利,直到他们年满65岁,有资格获得医疗保险时为止。

提前退休政策可以大幅缩小员工规模。例如,Progress Energy是一家总部在北卡罗来纳州罗利市的公共事业公司,提前退休计划引起的负面后果比想象中要大很多。[24]最终,公司不得不另外招人来弥补岗位空缺。

6.3.2 避免提前退休中的问题

如果管理不当,提前退休政策可能会引发许多问题。提前退休的人数过多、提前退休的人选错误、员工可能觉得是被迫离开,这些都可能导致年龄歧视的控诉。

避免太多人离开的一种方法是,提前退休政策仅针对那些年长员工较多的部门,而不是对公司所有员工实施这项政策。另一种方法是征询年长员工对特定的提前退休计划的看法。如果太多的人离开,则必须调整提前退休的激励政策,以控制提前退休的员工数量。

有时,那些拥有高技能的、市场行情很好的员工可以很容易找到工作,他们会决定"拿钱走人"。为了避免这种情况的发生、留住最有价值的员工,公司可以明文规定返聘退休员工当临时顾问,直至通过提拔、雇用或培训的方式找到合适的替代人选。

必须对提前退休计划进行管理,以免让符合退休资格的员工感觉是被迫退休,导致他们对雇主提出年龄歧视的控诉。以下情况可能被视为强迫员工退休:

- 多年绩效很令人满意的长期服务员工,突然之间接到绩效不满意的评估结果。
- 经理暗示年长员工就算不提前退休,也可能会失去工作,因为近期可能就要裁员。

- 年长员工注意到,与那些不具备提前退休资格的年轻员工相比,他们最近的加薪幅度要小得多。

IBM 公司的一名前员工控告公司对他进行年龄歧视,他胜诉并获得 31.5 万美元的补偿,因为他让陪审团相信他是被迫提前退休的。[25]这名员工提供的证据显示,在对提前退休政策提出一些保留意见后,他的岗位被重新编排了,很快就被警告他下次的绩效评估结果会在"不满意"这一档。

为了避免官司,经理可以遵守一个简单的原则:下属有年长员工的所有管理者必须确定,他们对待年长员工的方式和其他员工并没有任何不同。人力资源部门人员在这里扮演关键的角色,他们应该提醒(不论是有意或无意)管理者公司提前退休政策的内容和精神,以防经理在开放窗口期间强迫年长员工退休。

6.4 裁员管理

当企业没有任何其他方法可以减少劳动力成本时,一般才会采取裁员。图表 6.3 是裁员决定和替代方案模型,经理应该先通过其他方法减少劳动力成本,例如提前退休和自愿离职。当决定实施裁员后,经理必须考虑为被裁员工提供新职介绍。

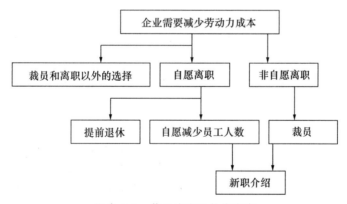

图表 6.3　裁员决定和替代方案

6.4.1　裁员的替代方案

大多数企业在裁员之前会寻求其他替代的减少劳动力成本的方式。最近的一项调查表明,**人员自然缩减(attrition)**是企业普遍采取的战略。其他方案包括人事冻结、不与合同员工续约,以及鼓励员工自愿休假。图表 6.4 说明了裁员之外的主要选择方案,包括对雇佣政策、工作设计、薪酬和福利政策和培训政策的调整。管理者可以采用这些替代方案减少劳动力成本,保障全职员工的工作。

图表 6.4　裁员的替代方案

雇佣政策	调整工作设计	薪酬和福利政策	培训
• 人员自然缩编	• 调职	• 薪酬冻结	• 再培训
• 人事冻结	• 迁居	• 减少加班费	
• 减少兼职员工	• 工作分享	• 用足休假	
• 减少实习生或合作人员	• 降职	• 减薪	
• 把转包工作交给公司内部人员	• 利润分享或可变薪酬		
• 自愿休假			
• 让缺勤人员走人			
• 减少工作时数			

雇佣政策

管理者最可能考虑的裁员替代方案是那些对日常业务管理影响最小的方案，通常是对雇佣政策进行调整。

在减少劳动力成本的各种方案中，干扰程度最小的是人员自然缩减。企业不再补充离职员工留下的职位空缺以改善公司盈利状况。当公司需要减少更多的成本时，可以采取**人事冻结**（hiring freeze）政策。其他雇佣政策的目的在于减少工作时间，进而减少公司必须支付员工工资的工作时间。公司可能鼓励员工自愿休假（不带薪），或者要求他们减少周工作时数（例如 35 个小时/周而不是 40 小时/周）。

为公司全职员工、核心员工提供工作保障的雇佣政策的战略应用被称为工作保障的保护圈（rings of defense）。这种方法有助于有效地控制全职员工的人数。如果对劳动力需求上升，则可以招募兼职员工、临时工及将工作分包给自由职业者等办法扩充员工队伍。这种方法的好处在于：至少对于核心员工，它提供了稳定性和安全性。这种雇佣安全会使员工感觉更加舒服，从而表现出更强的创新力——这在许多行业中是很重要的竞争特质。然而，随着临时员工的增加，员工作为一种调节劳动力需求变化的战略工具意味着越来越多的员工处于弱势，并随时会被公司抛弃。

调整工作设计

管理者可以调整工作设计、将员工调到公司中的不同部门等方式提升公司的人力资源成本效益，或者也可以将员工调到生活成本和薪酬水平较低的其他地区。不过，员工迁居的成本以及有些员工并不愿意调动的事实，使得这个方案实施起来有些困难。在有工会组织的公司中很常见的另外一种做法是，让遭到裁减的资深员工替代公司其他部门中资历较浅的员工，这种做法叫作顶替（bumping）。

公司也可以采取工作分享（第 2 章讨论过），将一份工作重新安排为两份兼职的工作。这种安排的挑战在于找到愿意分享工作时数和薪酬的两个人。最后，在别无选择的情况下，公司可能把高薪员工降职从事薪酬较低的工作。

薪资和福利政策

作为减少成本的一种方案,管理者可以强制实行薪酬冻结(pay freeze),在此期间不给任何人加薪。薪酬冻结应当全面削减,以免受到歧视指控。公司可以辅以减少加班费和要求员工用尽休假来增强这种政策的效果。许多州政府强制对员工进行年薪冻结。不过,薪酬冻结往往会引发一些高绩效、市场高需求人才离开公司。

> **伦理问题**
> 在要求基层员工接受薪酬冻结的同时,高层管理者接受现金奖励符合伦理原则吗?

一种更为极端和让人反感的降低劳动力成本的手段是减薪(pay cut),它对员工士气的打击甚至比薪酬冻结还要严重。仅仅当员工为了避免被解雇、自愿接受减薪时,公司才能采用这种方案。美国几个产业的工会曾为了保障员工工作而接受减薪。

为了避免裁员、保护员工,公司可以调整薪酬结构,实行长期薪酬政策,使利润分享(公司和员工分享利润)或可变薪酬(薪酬取决于是否达成绩效目标)在员工的整体薪酬中占有较大的比重(15%—20%)。当经济不景气时,公司无须支付利润分成或可变薪酬可以节省大约20%的薪酬成本,但仍可以通过支付总体薪酬中的工资来留住员工。在美国,很少有公司采取这种策略,不过这种方法在日本很常见。

培训

公司可以为技术可能过时的员工提供再培训,安排他们承担空缺职位。如果没有重新培训,这些员工就可能会被裁掉。例如,IBM 公司向一些生产部门的员工提供有关电脑程序设计的培训,并安排他们到需要这些技能的岗位。

6.4.2 裁员的执行

一旦做出裁员的决策,管理者就必须谨慎地执行。裁员可能对数以千计的人造成极大的伤害。管理者必须完成的关键工作是通知员工、设定裁员标准、与被裁员工沟通、协调媒体关系、安全维护以及安抚裁员中的幸存者。

通知员工

《劳动者调整与再培训通知法案》(Worker Adjustment and Retraining Notification Act,WARN)规定,员工人数在 100 以上的雇主,如果关闭工厂或裁员超过 50 人就必须提前 60 天通知即将被裁的员工。[26] 这项在 1988 年通过的法律,目的在于让员工有比较充裕的时间找到新的工作。雇主如果不提前通知员工有关裁员的信息,就必须提供相当于 60 天薪酬的补偿。如果裁员人数不到 50,雇主在什么时间通知遭裁减的员工则有比较大的弹性。

> **伦理问题**
> 公司有义务提供多大程度的裁员通知?

之所以必须在裁员之前至少几个星期通知员工,有下面几个原因:首先,不论是从社会或专业的角度来看，给予员工这样的尊重都是正确的做法；其次，这种做法会让幸存员工觉得比较安心。不过，有些人认为不应提前通知。如果劳资关系很差，遭到裁员的员工就可能偷窃或暗中破坏公司的设备；而且，遭到裁员的员工在随后的期间的生产率可能下降。[27]

设定裁员标准

裁员的标准必须明确。有了明确的裁员标准，负责决定裁减哪些人的管理者才能做出一致且公平的决定。裁员最重要的两个标准为年资和员工绩效。

年资（seniority）是指员工在企业服务的时间总数，是最常见的裁员标准。这主要有两个好处：第一，年资标准很容易应用，管理者只要查看员工的雇用日期就可以判断其年资（以年数和日数计算）；第二，许多员工认为这样很公平，因为基于年资作为裁员决策，经理就不能"偏袒"任何人，而且年资最长的员工在工作权和特权方面的投资最多（例如，他们积累了最多的年假和休假日，工作时间安排得比较好）。

不过，这种"最后进入，最先出局"的方法也有缺点。公司可能因此失去高绩效的员工以及不成比例的女性和少数族裔，因为他们的资历可能最浅。然而，只要员工拥有平等的机会积累年资，法庭的判决支持以年资作为裁员的基础。

当企业有工会时，裁员决策通常会基于年资。这个条例已经被写入劳动合同。不过，如果企业没有工会而必须在专业人员和管理人员中进行裁员时，公司通常会根据绩效标准或绩效与年资结合起来做出裁员决策。将绩效作为裁员依据使公司能够留住每个部门中绩效优秀的人而淘汰绩效最差的那些人。但不幸的是，很多公司的绩效评价结果并没有被保存好。如果员工能证明管理者在判断绩效方面存在歧视或独断专行，公司就可能遭到诉讼。为了避免触犯法律，很多公司尽量不使用绩效作为裁员的标准。

如果公司付出时间建立了有效的绩效评估体系，能够正确地衡量绩效并遵守政府规定，那么没有理由不能以绩效评估数据作为裁员的依据。当采取这个标准时，管理者应该考虑员工长期的总体绩效，如果只看某一次很差的评估结果而忽视其他理想或优异的绩效评估，就可能被视为行动武断并且不公平。我们在第7章讨论这个主题。

与被裁员工进行沟通

在与被裁员工沟通时应尽可能减轻对方的痛苦是非常重要的。没有任何员工喜欢听到被裁的消息，经理对这个不让人高兴的任务的处理方式会影响被裁员工和公司其他人对裁员决定的接受度。

公司应该让被裁员工的直属上司私下当面告诉他们这个消息。如果员工通过一个不够人性化的沟通方式（例如通过同事或一份备忘录）得知被裁消息，就很可能受到伤害或觉得愤怒。上司和员工沟通的过程应该简短扼要。经理应该对员工过去的贡献表示感激，并说明公司会提供多少解雇费、福利以及能提供多久。在与被裁员工的集体会议上，公司应该更详尽地重复说明这些信息，而且以书面文件方式在会议中分发。

有观点认为，通知员工被解雇的最佳时机是在一周的中间时段，最好避免在员工时间很充裕之时通知，如员工在休假或在快到周末的时候。[28]

这里是一个裁员沟通不充分的例子。一家石油公司召集员工开了一个让人心神不宁的会议。每个员工收到一个信封，信封内有 A 或 B 的字母。公司告诉拿到 A 字母的人留在原地，并将拿到 B 字母的人召集到旁边的会议室，然后集体告知他们遭到裁员的消息。

媒体关系的协调

公司要裁员的传闻可能对员工士气以及公司与客户、供应商及所处社区之间的关系产生很大的打击。高层主管应该和人力资源部门人员设计一套计划，向外界客户（通过媒体）以及员工（通过内部沟通）提供有关裁员的准确信息。[29]通过这种方式，管理者可以控制、制止那些可能夸大公司缩编规模的各种谣言。与直接受到裁员冲击的员工及幸存员工进行直接的沟通也很重要，而且沟通内容都应该发布新闻稿与媒体进行协调。此外，人力资源部门人员应当准备好回答员工或媒体关于新职介绍、解雇费或福利延续等问题。

安全维护

裁员有时可能会威胁到公司的财产。被裁员工可能会发现他们一路被武装警卫送出公司大门，个人物品随后才被装箱递送给他们。尽管这种待遇看上去很苛刻，不过对于某些特定行业（例如，银行业和计算机软件业）而言，如果员工暗中破坏就可能导致公司遭受严重的损失，这样的做法是必要的。

例如，Timothy Lloyd 原本在专门设计和制造仪器与流程控制设施的欧米伽工程公司工作。他遭到开除，在公司最后一天上班时，在公司的电脑系统安置了"程序炸弹"。大约两个星期后，"炸弹"删除了欧米伽公司资料库的重要文档，造成的损失高达 1 000 万美元。公司人际关系主管 Al DiFrancesco 表示，如果公司加强安保措施，原本可以避免这样的问题，不过"这是事后诸葛……"。损失发生之后，欧米伽公司加强了安保措施和程序，以防范员工的报复。[30]

在大多数情形下，企业在裁员时可能没有必要采取安全预防措施，借助武装警卫或各种强硬措施只会导致怨恨和厌恶。给予遭解雇员工足够的尊严和尊重通常可以降低暗中破坏的可能性。

安抚裁员的幸存者

理论上，裁员可能对组织具有积极的影响，如削减劳动力成本、修复财务平衡等。然而实际上，裁员可能给组织带来消极的影响，正如管理者笔记"裁员对幸存者的影响"提到了裁员可能带来的负面影响。意识到这一点非常重要的。作为一名管理者，如果你意识到这些缺陷，就可能采取措施以减少或者消除这些问题的发生。管理者笔记"幸存者管理 101"提到，作为一名管理者，你可以采取一些措施以减弱裁员对幸存者的消极影响。

管理者笔记：伦理/社会责任

裁员对幸存者的影响

人们也许会觉得那些裁员的幸存者是幸运儿。然而，研究发现，裁员会对幸存者产生极大的消极影响，主要包括以下几点：
- 旷工和离职率上升；
- 更低的生产率，更低的工作满意度；
- 蓄意破坏情况增多。

为什么本该因没有失去工作而感到幸运的幸存者却产生如此多的负面反应呢？考虑一下他们所处的情境，可能更容易理解这些负面反应。试想，裁员减少了劳动力，本应该完成的部分工作依然留在那里，这样一来，幸存者就要做更多的工作。裁员也让幸存者更清楚地明白，他们其实是可有可无的，可能就是下一批被裁的对象。因此不难想象，裁员的"幸存者"会感受到消极的影响。

资料来源：Cotter, E. W., and Fouad, N. A. (2012, November 27). Examining burnout and engagement in layoff survivors: The role of personal strengths. *Journal of Career Development*, published online; Long, B. S. (2012). The irresponsible enterprise: The ethics of corporate downsizing. *Critical studies on Corporate Responsibility, Governance, and Sustainability*, 4, 295—315; Sobieralski, J., and Nordstrom, C. R. (2012). An examination of employee layoffs and organizational justice perceptions. *Journal of Organizational Psychology*, 12, 11—20.

 管理者笔记：客户导向的人力资源

幸存者管理 101

作为一名管理者，你应该如何减弱裁员对幸存者的消极影响？当然，工作总是要做的，产品和服务也依然要为顾客提供。随着裁员的进行，你应该采取什么措施才能使士气尽可能地积极，工作也尽可能一如既往地完成呢？以下是一些可以帮助保持幸存员工士气的建议：

- 与幸存员工进行良好的沟通。如果他们明白为什么一部分人会被辞退以及如何辞退，他们就会更容易对组织和工作保持积极的态度。如果人们明白裁员是必须的、被辞退的过程是公平的，他们就会保持一种积极的态度继续工作。作为一名管理者，你应该确保幸存员工对裁员过程有一个尽可能清晰的了解。
- 记载这个时刻。忽视裁员的后果并不会使负面影响消失。举办一项活动或者聚会讨论关于裁员的负面影响，可以给人们提供一个转折点。无论是举行一个正式的会议还是非正式地聚在一起，你可以为这件事画上一个句号，帮助人们忘记过去。如果没有这种转折的契机，人们只会继续回望过去，而不是适应现状并前进。
- 倾听员工的声音。裁员是幸存员工根本不能控制的。他们可能会觉得自己也将面临其他武断的对待。让员工相信你了解他们的付出，这一点很重要。这样他们就会在新的工作环境中继续努力工作。

资料来源：Bies，R. J.（2013）. The delivery of bad news in organizations: A framework for analysis. *Journal of Management*，39，136—162；Dierendonck, D. V., and Jacobs, G. (2012). Survivors and victims, a meta-analytical review of fairness and organizational commitment after downsizing. *British Journal of Management*，23，96—109。

6.5 新职介绍

正如本章开始提到的，新职介绍（outplacement）是一项帮助离职员工缓解失去工作的心理压力，以及帮助他们找到新工作的人力资源计划。[31]新职介绍的活动通常由咨询公司提供，公司则根据新职介绍的员工人数向咨询公司支付费用。公司通常愿意为新职介绍支付费用，因为这可以降低裁员的相关风险，例如负面的媒体报道或者工会试图组织员工罢工的可能性。[32]提供新职介绍服务的雇主倾向于把社会责任目标作为人力资源战略优先考虑的重要部分。

6.5.1 新职介绍的目标

新职介绍计划的目标反映了企业必须控制裁员和员工离职引起的混乱。这些目标中最重要的部分包括：(1) 降低即将遭到裁员员工士气受挫的问题，让他们在离开公司之前能够维持生产力；(2) 降低离职员工对公司诉讼的数量；(3) 帮助离职员工尽快找到类似的工作。[33]此外，提供新职介绍能够使幸存员工关注自己的工作。如果没有新职介绍，幸存员工就会自然地关注他们以前的同事如何受到糟糕的对待，并且找不到新的工作，而不是将精力放在继续努力为组织工作方面。[34]总而言之，提供新职介绍可以维护公司声誉，帮助组织树立"首选公司"的形象。

6.5.2 新职介绍的服务

最常见的新职介绍服务是情绪支持和寻找工作的援助。这些服务项目和新职介绍的目标有着密切的联系。

情绪支持

新职介绍计划通常会提供咨询服务，帮助员工应对因失去工作而产生的情绪反应——震惊、愤怒、否认和自尊心受损。由于负责养家糊口的人失业了，家庭也可能遭受打击，因此有时候家庭成员也会接受辅导。[35]这种咨询服务有助于降低被裁员工对公司的敌意，对雇主也有好处。

寻找工作的援助

被裁员工往往不知道怎样开始寻找新的工作，许多人是多年没有找工作了。

新职介绍服务的一个重要方面就是帮助离职员工培养寻找新工作所需的技能。这些技能包括撰写简历、面试和找工作的技能、职业生涯规划以及谈判技能。[36]这些技能可由负责新职介绍的服务公司人员或人力资源部门人员提供。此外，前雇主有时也会以安排职员帮助、电话咨询、接收电子邮件和提供传真服务等方式提供一些管理上的支持。[37]这些服务允许被裁员工利用计算机准备简历、在网络上粘贴简历，或者通过传真机和电子邮件发送简历，并使用复印机复印简历资料。

本章小结

什么是员工离职

当员工不再是组织的一员时，我们称之为离职员工。离职和新职介绍是可以得到有效管理的。管理者可以制定一些政策，规划人力资源的外部流动。员工离职对企业有好处，但也会带来成本。成本主要包括：(1) 招募成本；(2) 甄选成本；(3) 培训成本；(4) 离职成本。收益主要包括：(1) 降低劳动力成本；(2) 取代表现不佳的员工；(3) 促进创新；(4) 促进员工多元化。

员工离职的类型

员工离职可以分为自愿和非自愿两种。自愿离职包括辞职和退休。非自愿离职包括开除和裁员。当员工被迫非自愿离职时，公司需要更多的文件记录，证明管理者解雇该名员工的决策是公平的。

提前退休的管理

当公司进行缩编时，管理者可能会选择让员工自愿提前退休作为裁员的替代方案。提前退休计划必须加以管理，以免让符合资格的员工觉得是被迫退休的。

裁员管理

当公司没有其他任何方法可以削减成本时，才能采用裁员这个最后方案。建立裁员政策的重要考虑包括：(1) 通知员工；(2) 设定裁员标准；(3) 与被裁员工沟通；(4) 协调媒体关系；(5) 安全维护；(6) 安抚裁员幸存者。

新职介绍

不管公司通过什么方法来减少员工人数，都可以采取新职介绍服务，帮助离职员工恢复情绪和尽快找到新工作。

关键术语

人员自然缩减(attrition)
缩编(downsizing)
员工离职(employee separation)
离职面谈(exit interview)
人事冻结(hiring freeze)
非自愿离职(involuntary separation)
新职介绍援助(outplacement assistance)

冗员裁减(rightsizing)
离职率(turnover rate)
自愿离职(voluntary separation)
《劳动者调整与再培训通知法案》(Worker Adjustment and Retraining Notification Act, WARN)

视频案例

Gordon Law Group：员工离职。如果你的老师布置了这项作业，请访问 www.mymanagement-lab.com 观看视频案例并回答问题。

问题与讨论

6-1 Sarah Schiffler 在一家大型法国银行的纽约办事处从事营销助理的工作。在她工作了八年之后，公司通知她，由于她所在部门没有盈利，将裁减她的岗位。她面临的选择是，要么被解雇（公司付 8 个月的离职金），要么继续在公司工作，但要接受信用分析师的培训，这是她过去拒绝从事的岗位。由于刚买的公寓还有贷款要偿还，她无奈地选择留下。但接下来的 6 个月，她在新的岗位上感觉非常糟糕，于是主动辞职。那么，她的离职是主动的还是被动的呢？你能否想象一些情形，看上去是主动离职但事实上是被动离职？这种情况对管理层有何启示？

6-2 管理者笔记"自愿离职在中国"提到很多的中国工人主动选择辞职。你认为，在美国，自愿离职是不是越来越突出了？如果你是一名管理者，你认为自愿离职是一个问题吗？你会如果应对？

6-3 你觉得公司有没有可能会提高员工的流动率？为什么？

6-4 在当前这样一个时代，越来越多的公司在缩编，"虚拟公司"逐渐成为一个重要的词汇。其核心观点是公司除核心的所有者和管理者外，员工队伍应尽可能地灵活——临时员工、兼职员工或短期合同工。这会使得公司具备最大限度的灵活性，便于更换供应商、削减成本和避免对长期劳动力应尽的义务。这种虚拟公司的优势和劣势体现在哪些方面？请从企业和员工的角度分别谈谈。

6-5 在什么情境下，公司管理者偏好以裁员进行缩编，而不是提前退休或自愿离职？

6-6 在什么情境下，公司裁员可以事先不通知员工？

6-7 解雇员工通常是管理者的职责之一。然而,管理者不可能总是参与决定辞退哪名员工。你认为是不是应该由直接上级决定辞退哪名员工?为什么?如果管理者和人力资源部门对于要解雇的员工有不同意见,应该如何处理这种矛盾?

6-8 对裁员幸存者的管理是十分重要的。作为一名管理者,裁员之后,你应该关注幸存者工作的哪些方面?人力资源部门员工应如何为裁员幸存者提供帮助?

6-9 为什么管理层应该努力帮助员工顺利从公司退休?

6-10 年长员工以退休方式离开企业意味着他们积累了很多年的经验和知识也随之离开,这些人才的流失会削弱企业保持竞争优势的能力,尤其是在很难招聘到有才能的年轻人的情形下,应该如何解决这个问题?

6-11 你注意到公司的总体离职率大约是所在行业的平均水平。这是否意味着公司人才流失不是一个问题?根据示例6.1的内容,考虑离职的来源和类型,谈谈这个平均水平的离职率是否表明公司出现问题。

我的管理实验室

请根据教师要求,登录 www.mymanagementlab.com 完成写作题,系统将自动给出分数;也可以完成下列问题,分数由教师给出。

6-12 员工因在社交网站上发帖而被辞退。你认为,在社交媒体上发帖可以成为辞退的理由吗?在什么情况下辞退可以成为一个更加合理的管理行为?例如,如果员工在网上发表批评公司的帖子,辞退就是合理的行为吗?请解释。

6-13 员工离职可以是一件好事吗?请解释。什么情况下员工离职会变成一件坏事?

6-14 裁员中幸存的员工往往被认为是幸运儿,然而,裁员幸存者可能产生一系列问题。你认为裁员幸存者会出现哪些问题?假设裁员是必须的,你将采取什么措施减少裁员幸存者可能出现的问题?

你来解决!全球化 案例6.1

离职:全球化管理问题

正如在管理者笔记"自愿离职在中国"所讨论的,自愿离职是中国企业面临的一个问题,尤其是管理层以及如销售、市场和人力资源管理领域的离职更加需要引起重视。即使当前中国经济缓慢增长,离职问题也会持续存在。

中国之外的其他国家也越来越多地开始面对自愿离职这个问题。例如,印度的公司面临很高的自愿离职率。这些自愿离职率的共同原因在于劳动力需求高于供给。劳动力需求为少数拥有公司急需能力的员工创造了工作机会。

关键思考题

6-15 大多数公司采用什么方式降低自愿离职率?这些措施有效吗?

6-16 你认为,企业在某个地区展开经营活动之前是不是应该先考虑这个地区的自愿离职率?为什么?

6-17 如果你的公司在另一个自愿离职率很高的国家开展经营,应该怎样才能减少这个问题的发生?比如,不在当地招聘,而是从母公司派遣员工到当地工作。这种方法有什么优点和缺点?

小组练习

6-18 分成小组,假定你们是一家公司海外机构的管理层,应该采取哪些步骤解决公司自愿离职率居高不下的问题。例如,是派遣国内的员工过去,还是提高海外公司员工的工资水平。结合你能想到的办法,这些方法的优点和缺点是什么?

实践练习:小组

6-19 有一句老话说:"如果你不能衡量,你就无法管理。"在自愿离职这个问题上,你也许能够衡量自愿离职率水平,但如果你想有效地管理自愿离职,你需要更好的衡量方法。比如调查了解人们为什么辞职,这个可能更有用。人们仅仅是为了在其他地方得到更高的薪水,还是有其他的原因?

分成小组,提出解决自愿离职问题的措施。你们如何收集信息?如何有效地使用这些信息去解决自愿离职问题?

实践练习:个人

6-20 在那些自愿离职率很高的公司,管理者通常很难招到新员工填补岗位空缺。如果你是这家公司的管理者,你的一名员工决定离职,你发现自己很难在人才市场上找到合适的新人替代之前离开的员工。因此,高的自愿离职率通常意味着难以找到和招聘替补员工。

a. 雇用稀缺劳动力的另一个替代方案就是培养自己的员工梯队。也就是说,组织可以为现任员工提供培训和发展机会,以开发组织所需的人才。这种方法的优点和缺点是什么?

b. 你认为人才的内部培养会影响自愿离职率吗?为什么?这种方法有哪些负面影响?

c. 你了解或者可以找出任意一家专注于人才内部培养的公司吗?这种措施是否有效?与全班同学分享你的结论和发现。

资料来源:Huang, J. (2013). Developing local talent for future leadership. *The China Business Review*, 40, 28—30; Sanchez-Arias, F., Calmeyn, H., Driesen, G., and Pruis, E. (2013). Human capital realities pose challenges across the globe. *T & D*, 67, 32—35; Silva, J. D. (2012). The war for talent in China. *Ivey Business Journal Online*, retrieved on June 9, 2013 from Proquest.

你来解决！伦理/社会责任　案例6.2

雇佣自由：这项政策公平吗

作为一名员工，你有权辞职，对吗？雇佣自由政策（参见第14章）也给予雇主相应的权利，可以随时终止雇佣关系。雇佣自由的基本原理是员工可以在任何时间、以任何理由辞职；同时，雇主也可以在任何时间、以任何理由终止雇佣关系。这项政策的实践应用是，雇主不能因员工的辞职而起诉员工，即使他们的离开扰乱了工作环境；同样，雇主也不对解除雇佣关系担负任何责任。

然而，这项政策的执行存在一些例外。例如，雇主不能因员工拒绝参与违法行为而解雇他们，也不能因员工的宗教和性别而解雇他们。另外，雇佣自由原则仅仅适用于以下情况：雇主和员工之间关于雇佣时效方面没有达成一致意见、互相理解不一致或者没有雇佣合同等。例如，一个有劳动合同的员工可以起诉雇主违反合同约定解雇他；同样，被解雇员工也可以说服法庭，他并不是一个雇佣自由制员工，因为公司员工手册中的条款暗含了雇佣合同。例如，员工手册上可能有积极的、支持性的描述，表明只要你努力工作就可以留在公司。这种类型的语句会被认为暗示了永久性的雇佣关系，表明只要员工的绩效让人满意就可以留在公司。

关键思考题

6-21　你同意雇佣自由这项政策吗？为什么？

6-22　如果你可以选择，你会成为雇佣自由制员工还是受雇佣保护的员工？为什么？

6-23　绝大多数员工没有明确或者不明确的雇佣合同，他们是雇佣自由制员工，因此雇主可以随时以任何理由解雇他们。但在现实中，如果雇主因歧视员工而解雇他，员工就会受到法律保护。雇主怎样为自己辩护呢？这是不是对雇主自由解雇员工的限制？

小组练习

6-24　雇佣自由政策在不同的州存在多种例外情形。分为小组，选择一个州，利用网络搜索该州雇佣自由政策的例外情况，并将收集到的资料与全班同学分享。

实践练习：小组

6-25　挑选两个小组，分别站在支持和反对雇佣自由政策的立场，就该政策的优缺点展开辩论。每个小组有5分钟陈述自己的观点。要考虑的问题包括人道对待、雇主和员工之间权利的平衡以及诉讼费用。每个小组有一次机会反驳和再辩。教师负责协调辩论秩序。辩论结束后，教师在课堂上进行总结。

资料来源：Grossenbacher, K. (2005, April 11). What happened to "at will"? *Podium*, 26, 26; Knight, D. (2005, April 8). Understanding employment-at-will. *Kansas City Daily Record*.

你来解决！客户导向的人力资源 案例6.3

从离职到留任：如何留住员工

离职对于组织来说代价很大。除了招聘、雇用和培训新员工造成的直接成本，离职还会产生难以衡量的消极影响。例如，失去一线员工会对客户服务产生消极影响，削弱幸存员工的士气。还有，离职使得公司失去对经营来说非常关键的经验和知识。

解决离职问题的一种方法是，从如何才能让员工留下的角度思考。员工公平模型提供了提高员工留任率的策略框架（见图表6.5）。

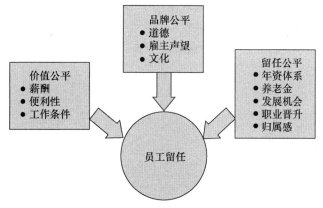

图表6.5　员工公平模型

员工公平模型表明，员工留任与三方面的公平相关：价值、品牌和留任。价值公平是指员工对雇佣交换关系的感知，是对工作成本和收益最客观的评估。例如，与员工的努力相比薪酬如何，完成工作的难易程度等。尽管大家都很关注工作条件，但便利性也是一个重要因素。例如，如果工作地点位于交通不便的地方，那么员工的价值公平评价可能会下降。品牌公平是对一个组织更主观的情感性评估。在对品牌公平进行评价时，员工可能会考虑雇主怎样对待员工，组织文化及组织政策如何符合道德规范等。品牌公平反映员工的快乐程度，或者是成为组织一员的自豪感。留任公平是指员工对于留在组织后所带来好处的感知，主要包括对年资体系和养老金的评价。其他影响留任公平感知的因素还包括在组织中的发展机会及职业晋升机会。此外，组织成员是否有归属感也是影响留任公平感知的因素。

关键思考题

6-26　员工公平模型指出，对价值公平、品牌公平、留任公平的感知是影响员工是否留在企业的重要因素。你认为这三个因素是独立的吗？它们是相互影响的吗？能否运用员工公平模型管理员工的留任？为什么？

6-27　你如何衡量一个组织的价值公平、品牌公平和留任公平？这三种特征应该多久衡量一次？

6-28 根据对 6-27 题的回答,你提供的衡量方法是怎样发挥作用的?使用这些衡量方法的目的是什么?

6-29 价值、品牌及留任三大特征可以作为衡量管理项目和行动的准则或标准。例如,在招募新员工或者绩效评估过程中,为了最大化地提高员工留任率,组织应该如何开展招募与绩效评估工作才能正向地影响员工对价值公平、品牌公平和留任公平的感知?

小组练习

6-30 导致员工留任和辞职的因素也许并不相同。例如,新的工作机会或者总想在其他地方寻找新的工作机会都可能导致员工辞职。

    a. 基于员工公平模型,组织可以采取哪些措施提高员工留任率。根据这些措施的关注点是提高价值公平、品牌公平或留任公平中的哪一项进行分类。

    b. 管理者将关注点放在提高员工留任率方面有何优势?或者说,为什么不是关注离职问题而是关注留任?

实践练习:小组

6-31 将一个小组分成三个分组。每个分组选择价值公平、品牌公平或留任公平其中一项。或者,如果小组人数很少,那么每个小组选择一种公平。针对每种公平整理出一些调查题目或者访谈问题便于进行衡量。对于每个题目或者问题,寻找可以使该项措施效果最大化的组织特征或者管理行动。将工作成果与全班同学进行分享。

实践练习:个人

6-32 编制调查或访谈问题以了解员工的价值公平、品牌公平或留任公平感知情况。如果可能,首先对朋友或者邻居进行调查。他们的价值公平、品牌公平或留任公平是高还是低?如果水平比较低,询问这些被调查者或受访者,他们认为雇主应该采取什么方法才能提高水平?

    a. 不同群体的员工对价值公平、品牌公平或留任公平的重要程度排序是否不同?例如,生产工人、销售人员和办公室职员对三种公平重要性程度的认识有何不同?每个群体认为的最重要的因素是什么?这些排序对管理工作有何启示?将你的发现和结论与全班同学分享。

资料来源:Cardy, R. L., and Lengnick-Hall, M. (2011). Will they stay or will they go? Exploring a customer-oriented approach to employee retention. *Journal of Business and Psychology*, 26, 213—217; Cardy, R. L., (2012, December). Performance management: Managing for retention. Featured article in *Personnel Testing Council of Metropolitan Washington Newsletter*, VIII(4), 4—7; Rust, R. T., Ziethaml, V. A., and Lemon, K. N. (2000). *Driving customer equity: How customer lifetime value is reshaping corporate strategy*. New York: Free Press.

你来解决！科技/社交媒体　案例 6.4

你被解雇了

在电视节目《学徒》中，Donald Trump 的口头禅"你被解雇了！"已经成为节目娱乐性的一部分。然而在现实中，让某人离职可不是一件容易的事，一点都不具有"娱乐性"。尽管如此，有时候这又是必需的。社交媒体的使用频率急剧上升，也逐渐成为雇佣关系终结的依据。

当然，使用社交媒体本身并不违法。不过，人们有时会因在工作时使用社交媒体而遇到麻烦，随意地分享公司资料或者使用公司的设备都可能导致离职。下面是一些具体的情境：

- George 是公司的核心员工，Lori 一直很努力地支持他，确保他能够留在公司。一天，公司一位高级经理告诉 Lori，当他进入 George 的办公室时，发现 George 正在观看一个很暴露的视频。George 马上向经理道歉，并且迅速关掉视频。他解释说这是朋友发给他的私人视频。经理告诉 Lori 那是个色情视频，要求 Lori 必须予以处理。这种行为与公司文化不符，不能容忍。

- Don 是一名基层经理，他听说了一件事。当公司一名女员工弯腰趴在一台设备上时，另一名员工拍了她的照片，照片中能看到女员工的内衣。两名员工故意把这张照片发到 Facebook 上，并且把链接发给其他同事。Don 把两个人叫到办公室，询问她们这件事是不是真的。

- 一名经理参加了公司聚会，去洗手间时把手机落在了餐桌上。一些员工觉得用他的手机发表一些批评公司的言论会很好玩。不幸的是，经理并没有退出社交媒体页面。当时，员工认为这是一场非常滑稽的闹剧，但公司的管理层认为这一点都不幽默。

上述几个例子最终导致这些人失去了工作。

关键思考题

6-33 你认为上述事件导致员工被辞退公平吗？为什么？

6-34 在上述几个情境中，如果这些员工或者经理的绩效在中等水平以上，会不会影响辞退的决定？为什么？

6-35 怎样才能避免这些社交媒体带来的问题？作为一名经理，你将采取什么行动在第一时间阻止这些问题的发生？

小组练习

6-36 很多私人公司没有关于如何使用社交媒体的规定。分为小组，说明制定相关政策的必要性。

起草一份社交媒体使用制度。这些制度应该具有哪些特点？例如，这些制度会禁止在工作时间、任何形式的社交媒体使用吗？如何处理那些不利的发帖？与全班同学分享你们的观点。

实践练习:小组

6-37 告诉某人被辞退的消息是一件困难且耗费情感的事情。选择案例中提到的任意一种情境,或者你可以自行选择情境,对某人因不恰当使用社交媒体而被解雇进行角色扮演。小组中一个成员扮演经理,另一个成员扮演被解雇的员工,其他成员仔细地观察整个互动过程并为扮演经理的成员提供反馈建议,例如如何更好地互动、如何改善效果等。

实践练习:个人

6-38 很多公司没有关于社交媒体使用的政策。只有在员工因使用社交媒体被辞退而发生争议时,才能凸显这些政策的重要性。在网上进行搜索,你能找到哪些公司正在使用的社交媒体政策。这些政策有什么共同点?作为一名管理者,这些政策的哪些部分对你来说最有用?

第 6 章注释内容
请扫码参阅

第4篇

员工开发

第7章 绩效评估与管理

第8章 员工培训

第9章 职业生涯发展

第 7 章　绩效评估与管理

我的管理实验室®　★ 当你看到这个图标时,请访问 www.mymanagementlab.com 以获取配套练习题,并及时反馈练习结果。

▶▶▶ **挑战**

阅读本章之后,你能更有效地应对以下挑战:
1. 如何有效地开展绩效评估的各个步骤。
2. 熟悉有效的绩效衡量所面临的挑战。
3. 培养绩效管理能力。

George 在为即将来临的绩效评估做准备。他仔细检查了绩效数据。新使用的绩效评估软件使这项工作变得更容易了。新软件会根据 George 为每名员工输入的绩效等级,自动添加文字反馈。作为客户服务小组的经理,George 庆幸这一软件能够更加便捷地帮助他对手下员工进行绩效评估。

Estelle 是第一个被选定进行年度面对面绩效评估的员工。总的来说,Estelle 在客户服务方面是最优秀的员工,但是她在工作记录的保留方面做得还不够好。因此,George 在客户服务方面给了 Estelle 很高的等级,而在技术方面则列为"需要改进"。当 Estelle 坐在他身旁后,George 把绩效评价表递给了她,并开始向她详细解释其中的要点。

George 从部门总体绩效的总结开始,这是由软件提供的很细致的团队总体情况。Estelle 快速翻阅了一下,找到了有关她的绩效内容。她一眼就看到 George 在技术方面给自己的差评,例如文件归档、下订单和及时更新账户信息等。在那一刻,Estelle 感到沮丧和愤怒。George 知道她很沮丧,并开始怀疑自己对她的评级是否太过严苛。他很快谈到 Estelle 所关注的绩效评价部分。于是就展开了以下的对话:

George：Estelle,你听我说,我知道你在客户服务方面表现得很好,你的顾客都认为你很棒,但是你必须承认,文书工作并不是你的特长。

Estelle：是的,我知道我在客户服务方面的表现情况,我了解我的工作和顾客。我曾经做过一段时间的文书工作,但我不敢相信,你竟然因为这一无关紧要的文书工作而给我这种评价。既然我们是一支团队,那就让其他人处理这些技术细节,因为他们能做得很好。坦白地说,对于一部分人而言,最好不要让他们和顾客打交道,因为他们做不好这项工作。

George：每个人都应该对客户服务和技术领域负责,这是工作;而且每个人的工作内容是相同的。

Estelle：好吧,这可能是正式工作说明书中的内容,但实际上,人们应该做最拿手的工作,这样所有事情就能更好地进行。顾客得到更好的服务也会更加开心。

George：这有可能,但我无法在连你自己都承认并非长处的领域给你很高的绩效等级。

Estelle：我相信你在客户服务方面不会给别人如此低的等级,即使他们的表现很糟糕。此外,"需要改进"这个等级是让人难堪的,我认为这可能意味着我没有资格拿到绩效工资。在我看来,这是不公平的。

George：我忘记了绩效工资规则,但这并不意味着你无法得到奖金;何况你的客户服务很突出,在这一方面你是出色的员工,也值得去争取绩效工资。然而,你必须承认,你没有做好客户后续记录工作已经带来了一些问题。上个月就发生了一起事件,由于没有正确地记录订单,也没有及时进行更新,我们不得不手忙脚乱地去获取供应。

Estelle：是的。既然你提到了,为什么你不因那场混乱而指责我?文件上是有我的名字,但订单问题并不是我的过错。

George：你是什么意思?

Estelle：我的意思是 Don 为我处理了那个订单。他不想拜访新客户,我就帮他承担了这项工作,由他处理订单。我不知道他做了什么,为什么花了那么长时间,怎么把事情弄得那么糟糕。当然,在你贸然决定和确定绩效评估之前,你可以向我询问这件事情,但现在已经晚了,不是吗?

George：好吧,Estelle,我不知道到底发生了什么。从文件记录上看,这件事情很清楚。

Estelle：你应该核查事实。另外,你真的怀疑我缺乏对工作运营细节完整的认识,认为我应当考虑再次接受公司提供的技术培训课程吗?

George：评估上是这么说的吗?

Estelle：当然是的——就在这里!你甚至没有写这个,不是吗?不管怎样,这些绩效评价到底有什么用呢?我受到了不公正的评价,因为那些我没有做过的事情降低了我的绩效等级。还有,绩效反馈是自动生成的!好吧,如果这一程序的目的是赶我离开这里,那么这项任务已经完成了。如果我的贡献不重要,那么我安排好交接工作就会离开。同时,我肯定会拿出更多的时间和精力去记录工作内容,其他人也应该提高他们的客户服务水平。我相信这样效果会更好。

George：实际上，Estelle，不要这么消极地对待这件事。我已经尽量根据已有的信息给出最好的等级了。

George 感觉好像是自己被评价而评价结果不是很好一样，好像是他疏忽了一些事情，没有将其考虑在内。实际情况是，Estelle 在团队中是一个明星员工，她知道自己在干什么，能够把千头万绪的事情理顺并处理好。她当然根本无须再接受培训，她知道如何完成工作。现在，George 感到非常自责，因为他没有发现这个建议是由绩效评估软件自动生成的。软件使得绩效评估变得更加方便，但他也由此付出了代价。如果 Estelle 因此而离开岗位，那么她的经验和客户服务技巧将是难以替代的。

George 想到下午他安排了很多场绩效反馈面谈，而这些面谈很多是与那些表现比 Estelle 还差的员工一起的，他无法想象这些面谈如何进行，不由得怀疑搞这些绩效反馈是不是值得。

管理者视角

George 和 Estelle 遇到的情景（剧情虚构但基于真实事件）说明了绩效评估的一个普遍问题——评估员工绩效的过程及诊断和改善绩效的相关问题。作为一名管理者，保持和不断提高自己的绩效以及组织内其他人的绩效是工作的重要部分。你可以借助绩效评估表和评估系统进行操作，这些通常是由人力资源部门员工进行设计或者由第三方供应商提供的。尽管这些表格和系统是评估过程中的关键要素，但它们只是起点。

有效的绩效评估要求管理者对绩效进行衡量和改进。如果绩效有待改进，那么管理者有必要对绩效问题的产生原因具有全面的认识。例如，没有弄清事实而责备人，意味着问题不仅没有得到解决，还会导致负面后果。正如 George 认识到的，如果绩效问题产生的原因没有搞清楚，就会削弱员工的积极性和投入。

绩效评估过程包括为员工提供反馈以便改善其工作绩效。我们都需要、想要也应该得到关于我们在工作场所绩效情况的反馈。与系统自动生成的反馈相比，来自直属上司的反馈通常是最有意义和帮助的。George 和 Estelle 的例子说明了反馈非常重要，但需要与员工工作相关且被员工认可。像大多数人一样，Estelle 以为绩效反馈是上司直接给出的，他能够考虑具体的工作情况，同时对员工有一定的了解。而最后，就像 Estelle 一样，大多数人更想知道上司是如何看待我们的工作绩效，而不是系统或者软件生成的结果。本章的首要目的就是让你了解绩效评估体系的基础、设计和实施，其次是介绍进行有效的绩效管理所应遵守的原则。

知识点学习

如果教师布置该项作业，请登录 www.mymanagementlab.com 查阅你应该特别关注的知识点，并预习第 7 章。

7.1 什么是绩效评估

如图表 7.1 所示，**绩效评估**（performance appraisal）是对组织内员工绩效的界定、衡量和管理。[1]

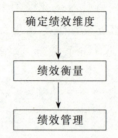

图表 7.1　绩效评估模型

- 确定绩效维度是指在进行绩效评估时，管理者判断应该检查的工作领域范围。一个合理并在法律上站得住脚的绩效体系必须基于职位分析，我们在第 2 章已对此进行了讨论。评估体系关注的焦点应在于公司成功与否，而非一些与绩效无关的特性，诸如种族、年龄或性别等。
- 绩效衡量是评估体系的核心，由管理者判断员工绩效有多"好"或多"差"。好的绩效衡量必须在整个组织内保持一致，即组织内全体管理者所持的评估标准必须一致。[2]
- 绩效管理是任何评估体系的首要目标。评估不应仅仅关注过去导向的活动，批评或表扬员工过去一年的绩效，而必须采取未来导向的看法，才能发挥员工在组织中的潜能。这意味着，管理者必须向员工提供绩效信息反馈，并辅导他们改进绩效。

7.1.1　绩效评估的运用

组织进行绩效评估的目的通常是管理和开发。[3]管理性的绩效评估是指根据员工的工作状况决定其晋升、解雇和奖励。开发性的绩效评估则是为了改善员工绩效和加强其工作技能，包括向员工提供信息反馈、辅导员工有效地工作，并为他们提供培训和其他学习机会。

绩效评估的结果可以应用于很多方面，从运营到战略。[4]如果有效运用，绩效评估就可以成为开发和改善员工绩效的关键。另外，绩效评估为甄选体系的有效性和人员决策依据提供了标准，例如使解雇员工具有法律上的可行性。绩效评估还促使组织战略变为现实，如绩效标准强调礼貌和关心可以使公司以客户服务为本的竞争策略对员工而言变得更为明确。

绩效评估有很多用途，很多公司仍在为发掘绩效评价体系的潜力而努力。[5]如果管理者本身不支持绩效评估体系，不认同其价值，也就难怪员工无视其价值了。为了更有效地进行操作，绩效评估体系可能需要管理者投入相当多的时间和精力，也需要员工去收集信息和接收反馈。不幸的是，一些管理者并不重视这项工作，或者缺乏进行良好的绩效评估和反馈所需的技能。一些员工并不能冷静地接受反馈结果；另一些员工可能会觉得绩效评估体系缺乏效果而感到沮丧,最终认为这一系统是不公正且无关紧要的。

尽管绩效评估体系可能存在一些问题,也受到很多的批评,但员工们仍然需要绩效反馈,比起通常的一年一度的绩效评估,他们希望绩效反馈更加频繁。[6]尽管更为频繁的正式评估会起到积极作用,但更为实际的是非正式评估,包括持续性的信息反馈以及与员工之间的讨论。

如果评估工作没有做好(例如,没有准确地衡量绩效,也没有向员工提供很好的绩效反馈),那么评估的成本可能会超过潜在的收益。[7]一项好的经营活动只有收益超过成本才具有实践意义。一些人认为根本没有必要进行绩效评估[8],认为对于改善绩效,绩效评估是有缺陷的、无意义的方法。[9]由于在评估绩效过程中会出现各种问题和错误,因此组织应该取消这项活动。[10]反对进行绩效评估的人主要是基于质量哲学[11],他们认为绩效主要是系统性的,员工之间表现出的绩效差异是随机现象。

尽管有反对意见,大多数组织仍然在开展绩效评估。图表 7.2 分别从雇主和雇员的角度列出几个理由,以此说明尽管存在各种反对意见,但绩效评估仍是非常重要的议题。

图表 7.2　绩效评估的益处

雇主观点
1. 尽管衡量技术不完善,但个人的绩效差异会对公司的绩效造成影响;
2. 绩效评估以及意见反馈的文档材料可能是法律辩护所需的;
3. 绩效评估为奖金或加薪体系的构建提供了合理的基础;
4. 评估维度和标准有助于执行战略目标、澄清绩效期望;
5. 提供个人意见反馈是绩效管理过程的一部分;
6. 尽管传统的评估重点是个人,但评估标准也应该适用于团队,团队也可以成为评估焦点。
雇员观点
1. 绩效反馈是需要的,而且是被期待的;
2. 绩效改善需要评估;
3. 员工绩效水平的差异需要公正地得到评估,而且评估结果应该对产出有所影响;
4. 绩效水平的评估和认可能够激励员工改善其绩效。

资料来源:Cardy, R. L., and Carson K. P. (1996). Total quality and the abandonment of performance appraisal: Taking a good thing too far? *Journal of Quality Management*, 193—206; Heinze, C. (2009). Fair appraisals. *Systems Contractor News*, 16, 36—37; Tobey, D. H., and Benson, P. G. (2009). Aligning performance: The end of personnel and the beginning of guided skilled performance. *Management Revue*, 20, 70—89.

接下来我们解释绩效评估的前两个步骤——界定绩效维度和绩效衡量的相关问题与挑战。本章最后讨论管理者如何运用评估结果来改善员工绩效。

7.1.2　确定绩效维度

绩效评估流程的第一个步骤(见图表 7.1)就是明确需要衡量什么。请参考以下例子:

作为小组负责人,Nancy 的任务之一就是根据绩效分配加薪。她决定采取参与性的方法确定以哪些方面或**维度**确定有效的工作绩效。在一次会议中,南希及其小组成员开始着手确定绩效维度。第一个提议是完成工作的质量。然而,南希了解到她的一些下属完成工作所需的时间是他人的 3 倍多,所以她提议将完成的工作量作为另外一个评估维度。有个成员提议，员工和同事及客户互动得好不好也很重要，于是小组成员把人际效能也纳入绩效维度。

其他工作维度的提议和考虑持续进行，直至南希及其工作小组成员认为已经掌握足够的绩效维度——也许是6—8个界定维度。为了让这些维度更加明确，小组成员可以详细定义每个维度并阐明各个绩效水平相应的行为标准。

也许你已发现，界定绩效维度的过程与第2章介绍的职位分析流程类同。事实上，职位分析就是界定绩效维度的机制。

管理专家指出，绩效评估的衡量维度应和公司想要达成的目标紧密挂钩。[12]因为绩效衡量应该是一种管理工具，而不是一种衡量练习。大部分组织是基于战略目标界定绩效衡量的维度的。例如，西南华盛顿医疗中心（Southwest Washington Medical Center）将企业战略目标与员工绩效目标联系起来，从而确保每个成员为了实现共同的目标而努力工作。[13]

近年来，一个日趋流行的界定绩效维度的方法是强调**胜任力**（competencies），是指为了成功完成工作，个人所具备的可观察的特质。[14]为了进行全面的绩效评估，应该将胜任力界定为一些可观察的工作特征，而不是一些潜在的、看不见的特征，这一点很重要（下文会提到在绩效衡量中个性特征的相关讨论）。**胜任力模型**（competency model）是指与一项工作相关的一系列胜任力。管理者笔记"全球职场上的胜任力"提供了一个胜任力模型的例子。

管理者笔记：全球化

全球职场上的胜任力

胜任力不仅是能够完成任务，还是在组织中各方面表现得非常好。当今组织的全球化发展意味着需要额外的胜任力。例如，与来自全球各地的消费者或虚拟团队的同事一起工作就需要具备额外的技能。

胜任力通常是基于岗位工作内容的分析或者组织的核心使命与战略来确定的。如果是基于工作要求，胜任力主要关注需要完成的工作内容，根据员工的工作内容确定。例如，如果一个岗位要求对零件进行组装，那么经理或人力资源主管就可能会把机械技能当作核心胜任力。

胜任力也可以基于企业战略。例如，一个组织如果想以优质客户服务而闻名，而它当前的重点是生产环节，那么基于当前工作的胜任力可能无法突出客户服务的重要性，基于组织战略的胜任力则有助于推进客户服务目标的实现。将客户服务行为作为一种胜任力纳入绩效评估体系进行衡量和开发，可以帮助企业实现以客户服务取胜的战略目标。

商业领域的全球化也是很多组织的胜任力来源。当然，如果员工要为公司增加价值，应该拥有执行规定任务或必要战略价值的胜任力。仅仅完成任务是不够的，还包括任务的执行方式，以及了解什么情况下采用什么方法去完成。文化差异是需要考虑的重要情境因素之一。来自不同国家或背景的人，他们的信仰、经历和价值观也会有所差异。这些差异会对大量与工作相关的问题造成影响。有时，语言上的差异会使沟通变得极其困难，对组织的销售和决策等领域造成负面影响。同样，文化差异还会影响沟通风格、优先次序、工作的偏好风格等。例如，来自个人主义文化（如美国、澳大利亚和英国）的员工通常对关注个人贡献的绩效反馈比较敏感；与此相反，来自集体主义文化（如中国和新加坡）的员工更加关注小组整体工作情况的反馈。

在那些要与多元化背景的顾客与同事一起工作的情境中，文化胜任力可能与基于岗位或基于战略的胜任力同样重要。胜任力的来源总结如图表7.3所示。

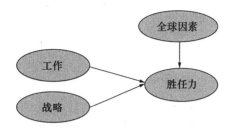

图表 7.3　胜任力的来源

完成工作任务的能力和为组织战略使命做出贡献的能力都是核心胜任力。在当今全球情境下，文化差异意识和重视这些差异的能力也是关键的胜任力。

资料来源：Aguinis, H., Joo, H., & Gottfredson, R. K. (2012). Performance management universals: Think globally and act locally. *Business Horizons*, 55(4), 385—392; Hall, M. B., & Guidry, J. J. (2013). Literature Review of Cultural Competence Curriculum within the United States: An Ethical Implication in Academic Preparational Programs. *Education in Medicine Journal*, 5, 6—13; Hill, J. (2010, January 30). Competence model helps HR add value. *Canadian HR Reporter*, January 20—21.

7.1.3　衡量绩效

管理人员可以通过数字评分或者以"优秀""良好""一般""差"的评价来衡量员工的绩效。[15]无论采用怎样的体系，量化绩效维度都是很困难的。例如，"创造力"可能是衡量广告公司广告创作者的重要指标。不过我们怎样才能准确地衡量它？是根据每年创造广告方案的数量，还是在广告界得奖作品的数量，或者是通过其他指标？这些是管理者在评估员工绩效时必须面对的问题。

7.1.4　衡量工具

如今有多种绩效评估模式可供管理者选择，我们介绍最常见、法律上最能站得住脚的两种评估分类方式：(1) 所需的判断类型（相对或绝对）；(2) 衡量的重点（特质、行为或结果）。

相对评价和绝对评价

相对评价（relative judgment）的评估体系要求主管把从事相似工作员工之间的业绩进行比较。将员工从最好到最差进行等级排序就是一种相对评价方式；另外一种则是把员工以组分类，如最高三个、中间三个和最低三个等。

相对评价体系的优点在于迫使主管对每位员工进行差异化评价。如果没有这套体系，很多主管倾向于给大家相同的评级,这种做法将损害绩效评估体系的价值。例如,一项针对两家大型制造企业7 000名管理人员和专业人员绩效等级分布的调查显示,超过95%的员工挤在两个评价等级之间。

大部分人力资源专家认为,相对评价模式弊大于利。[16]第一,相对评价(如排序法)无法清晰体现员工之间差异的大小。第二,这种体系无法向管理者提供任何绝对的信息,以便他们判断排在等级极端的员工究竟有多好或多差。例如,相对排序无法展示某一团队小组内最高级别员工相比另一个团队内一般水平员工的绩效到底是好还是差。这个问题在图表7.4进行了描述。Marcos、Jill和Frank是各组绩效等级最高的员工,但从整体上看,排列等级最前的员工却是Jill、Frank和Julien。

图表7.4 跨工作团队的排序和绩效水平

实际排序	小组1 工作排序	小组2 工作排序	小组3 工作排序
10(高)		Jill(1)	Frank(1)
9			Julien(2)
8		Tom(2)	Lisa(3)
7	Marcos(1)	Sue(3)	
6	Uma(2)		
5			
4	Joyce(3)	Greg(4)	
3	Bill(4)	Ken(5)	Jolie(4)
2	Richard(5)		Steve(5)
1(低)			

第三,相对排序体系迫使管理者必须找出员工之间的差异,即使这种差异根本不存在。[17]在这种情形下,评定结果的公布可能会造成员工之间的冲突。最后,相对评价体系通常要求管理者对整体绩效进行评估,这种兼顾"全局"的本质使得绩效反馈含糊不清;而且,对于那些必须从各个维度进行具体考核的员工来说,绩效评估也不再具备相应的价值。基于这些原因,只有在出于管理需求(例如有关晋升、加薪或解雇的决策)时,组织才会倾向于采用相对评价体系。[18]

有别于相对评价的评估模式,**绝对评价**(absolute judgment)要求主管根据个人绩效标准对员工绩效进行判断,而不是对同事之间的绩效进行比较。一般地,评估表上会列举与工作相关的评估维度,管理者必须对员工在各个维度的表现进行评分。图表7.5是绝对评价等级表的一个例子。理论上,绝对评价模式下不同工作小组、由不同管理者评分的员工可以彼此进行比较。如果全体员工很优秀,大家可以得到同样优秀的评定;而且,由于这是根据不同绩效维度进行评分,因此管理者对员工的反馈更为具体和有用。此外与相对评价模式相比,绝对评价模式被认为是更加公平的。[19]

图表 7.5　绝对评价等级表示例

绩效评估

三个月(H&S)□　年度(仅有 H)□　　员工姓名_____
六个月(H&S)□　特殊(H&S)□　　社会保障号码:_____
时薪人员□　受薪人员□
H＝时薪人员　S＝受薪人员

使用期员工评估:　　　　　　　　分类/分类雇用日期_____
您建议留下这名员工吗? 是□　否□　部门/单位:_____
评估期限:从_____到_____

为员工在每个绩效评估领域的表现打分
1＝无法接受　　2＝需要改善　　3＝满意　　4＝高于平均水平　　5＝优异

绩效领域	1	2	3	4	5	绩效领域	1	2	3	4	5
做出与工作相关决策的能力						压力之下的效能					
接受变革						主动性					
接受指导						工作知识					
负责任						领导力					
出勤						设备的运作和维修					
态度						计划与组织					
遵守规则						工作质量					
合作						接受工作的数量					
成本意识						安全措施					
可靠性						**主管的总体评价**					

整体评价如果为 1 或 2 两种水平:这名员工是应该留下还是处于使用期状态?　是□　否□
工作上的优点和较为优秀的绩效表现:_____

有待改善的领域:_____

达成上次设定目标的进展:_____

下次绩效评估前应实现的特定目标:_____

主管的评价:_____

员工的评价:_____

如果需要,主管或员工的评价可以写在另外一张纸上,但要注明。
签名并不代表同意,仅仅表示承认接受评估
员工签名_____　日期_____　评估主管签名_____　社会保障号码_____　日期_____
上上级签字_____　日期_____　部门主管签名_____　日期_____

尽管和相对评价体系相比,绝对评价体系更受欢迎,但其也存在一些缺陷。一个问题是,如果主管无视员工之间的差异,那么同一团队的员工将得到同等的评定。另外一个问题是,不同管理人员的评估标准可能存在显著差异。例如,"宽松型"主管评分为 6,但实际上,其价值可能比"严格型"主管的 4 分还要低。以至于当组织实施晋升或加薪时,评分为 6 的员工却能获得奖励。

即便如此,绝对评价体系还是具有一个很独特的优点:可以避免引发员工之间的冲突。加上相对评价体系在遇到法律问题时难以自我辩护的情况,使得美国大多数企业采用绝对评价体系。

有趣的是,大多数人通常会采取比较的方法评判人和事物。例如,判断一名政治候选人的好坏与否是相对其竞争对手而言的,而不是基于绝对的判断力。如果比较性的判断是常见且自然的判断方式,那么主管就很难不在员工之间进行相互比较。

特质、行为和结果数据

除了相对评价和绝对评价,绩效衡量体系也可以根据所关注的绩效是特质数据、行为数据还是结果数据进行分类。

特质评估法(trait appraisal instrument)要求主管对员工的特质进行判断。图表 7.6 列举特质评估法中常见的四个特质:果断性、可靠度、精力和忠诚度。尽管许多组织会采用该法,但特质评估法因本身的模糊性而饱受批评[20],主管在判断过程中有意或无意的偏见会给评估留下漏洞。另外,由于模糊的本质,特质评估法在法庭上也不如其他评估法具有防御性。[21] 例如,不同主管对可靠的定义可能存在很大的差别,而法庭对于特质评估法"模糊"的本质似乎特别敏感。

图表 7.6 特质量级示例

使用以下级别来评估每个员工						
果断性						
1	2	3	4	5	6	7
非常低			适中			非常高
可靠度						
1	2	3	4	5	6	7
非常低			适中			非常高
精力						
1	2	3	4	5	6	7
非常低			适中			非常高
忠诚度						
1	2	3	4	5	6	7
非常低			适中			非常高

特质评估法主要关注人而非绩效的特点可能让员工产生防御心理。基于该领域有限的研究结果发现,以人为重点的特质法不利于提升绩效。如果衡量方法更多地关注绩效,那么不论是衡量行为还是衡量结果,一般来说比较能被员工接受,而且对提升绩效也更为有效。这并不意味着个人特质对绩效不重要,而是使用宽泛的个人特征(如可靠性)作为绩效衡量指标会产生问题。将员工划分到"不可靠"这个类别,有可能使员工处于防御状态,这种评价的依据会比较模糊,也没有明晰的改进办法。根据可观测的、绩效相关的衡量指标评定和提供

反馈会更加合适,例如员工迟到次数、没有按时完成任务的次数等。

行为评估法(behavioral appraisal instrument)的重点是评估员工行为,评估者评估员工是否具备特定行为(例如与同事配合良好、准时出席会议),而不是对其领导能力(一种特质)进行打分。行为观察评价法是一种主管将各种行为的发生频率记录于表的行为评估方法;不过,组织经常使用的是对特定行为的价值而不是发生频率进行评分。行为锚定评级(behaviorally-anchored rating scale,BARS)可能是最著名的行为评估方式。图表7.7就是一个部门经理使用行为锚定评级对销售人员绩效进行评估的例子。行为评估法是基于关键事件技术(critical incident technique,CIT)开发出来的。在本章附录,我们介绍关键事件技术。

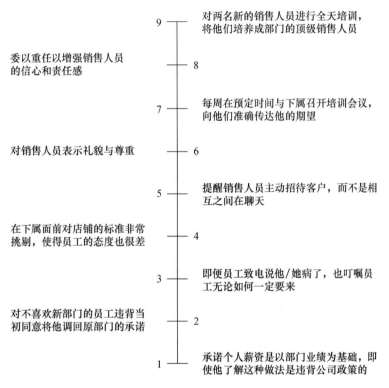

图表7.7　以行为锚定评级评估销售经理

资料来源:Campbell, J. P., Dunnette, M. D., Arvey, R. D., and Hellervik, L. V. (1973). The development and evaluation of behaviorally based rating scales. *Journal of Applied Psychology*, 15—22.

行为评估法的主要优点是绩效标准很具体。不同于特质评估法的多面性,行为评估法将各维度的行为直接纳入行为评价表。这种具体化的特性使行为锚定评级和其他行为评估法在法律上相比特质评估法更有依据,因为特质评估通常采取"差"和"优秀"之类难以界定的形容词来表述。行为评定则给员工提供了更具体行为的事例,以便他们了解如果想要在公司发展得更好,应该表现出或避免哪些行为。此外,行为评估法也鼓励主管为员工提供具体的意见反馈。例如,行为正直或符合伦理,似乎是高大尚的概念,但工人不清楚日常工作绩效与此概念的关联。管理者笔记"让伦理成为评估的一部分"给出如何实践这一概念的建议。最后,员工和主管都可以参与拟定行为评价表的活动[22],从而提升大家对评估体系的了解和接受度。

管理者笔记：伦理/社会责任

让伦理成为评估的一部分

绩效评估通常关注任务和业务的完成情况。然而，对于组织来说，员工如何履行职责以及如何实现目标是至关重要的。具体而言，员工的伦理表现非常重要，但经常不会得到直接衡量。伦理行为常常被认为是组织层面的价值导向标志，但这一价值观如何体现在日常绩效当中呢？许多组织拥有伦理准则，但员工不清楚应该如何将其融入工作中。例如，在行为准则中强调诚实和公平可能听上去不错，但这一行为准则意味着员工应该怎样完成工作呢？这一点还是有些模糊不清。

将伦理加入绩效评估则明确显示了伦理对于组织的重要性。对伦理绩效可以采取行为导向的评定方式，明确告知员工哪些该做、哪些不该做。

图表7.8描绘的维度是组织中出现的一些伦理特征案例，伦理绩效的每一维度都有正面和负面的行为示例。这些行为示例是普遍的，也只给出各维度广义上的行为描述。现实当中，组织应根据实际情景修改这些行为描述。

图表7.8　伦理维度的行为示例

维度	一般行为示例
错误陈述	＋该员工准确地陈述了工作情境 －该员工错误地理解了工作情境
信息共享	＋该员工坦率地与同事分享信息 －该员工对同事隐瞒信息
同事关系	＋该员工帮助同事，产生积极影响 －该同事攻击同事，具有消极影响
遵守工作规则	＋该员工遵守工作流程标准 －该员工不遵守工作流程标准

资料来源：Cardy, R. L., & Selvarajan, T. T. (2004, March). Assessing ethical behavior: Development of a behaviorally anchored rating scale. In 47th Midwest Academy of Management Meeting; Selvarajan, T. T., & Cloninger, P. A. (2007). The influence of job performance outcomes on ethical assessments. *Personnel Review*, 38(4), 398—412; Selvarajan, T. T., & Sardessai, R. (2010). Appraisal of ethical performance: A theoretical model. *Journal of Applied Business Research* (*JABR*), 26(3); Whyatt, G., Wood, G., & Callaghan, M. (2012). Commitment to business ethics in UK organizations. *European Business Review*, 24(4), 331—350.

尽管如此，行为评估体系也不是完全没有缺点，其开发通常非常耗时，少说也要花费几个月的时间。另外一个缺点就是专属性。行为量表的定点或定位很清晰且具体，但它们只是一个员工可能表现的行为例子，而事实上，其他员工可能根本没有这些特定的行为，这使得主管很难进行评估；而且，重大的组织变革可能会使原有的行为量表失效。例如，公司实行计算机化办公将导致评估员工成功与否的行为标准随之发生显著变化。因此，当初针对评估体系而辛苦开发的行为评定系统可能变得毫无用处；更糟糕的是，它还可能拖累组织变革的进程，并影响员工的适应性。为了避免这个问题，可以开发行为示例以反映全面的绩效能力，而不是与工作紧密相关的任务绩效。**结果评估法**（outcome appraisal instruments）要求管理者评估员工完成的结果，例如总的销售额或生产产品的数量。最为普遍的结果评估法是**目标管理**（management by objectives，MBO）[23]及自然发生结果法（naturally occurring outcomes）。目标管理是以目标为导向的方法，由员工和管理者对即将进行的评估共同设定目标，随后的评估是判断这些目标实现的程度。自然发生结果法是指管理者无须通过讨论达成共识即可获取绩效衡量结果。例如，一个应用于纸箱制造的计算机化生产体系可以自动生成产品数量、耗材量及次品率的相关资料。

结果评估法能够为判断员工绩效提供清晰、明确的标准，还能避免主观判断及随之而来的偏差和错误。此外，结果评估法能够提升弹性。例如，生产体系的改变将带来一套新的结果评估法，或许一套新的绩效评估标准也将随之产生。就目标管理法而言，如果组织所强调的重点发生改变，那么在进入一个新的评估期时，可以很容易调整员工的目标。最重要的是，结果能够很容易地与战略目标紧密地结合一起。[24]

那么，结果评估法是否可以解决之前讨论的主观评估体系出现的众多问题呢？很不幸，答案是否定的。虽然结果评估法是客观的，但仍可能存在严重的不足，甚至会扭曲员工工作绩效标准的观点。我们可以考虑一个结果指标，例如"在质量可接受条件下的生产单位数量"。这种绩效衡量项目看似公平且令人满意。然而，当机器无法正常运行时，你就必须花费数个小时甚至整个班次检查和解决事故。如果你是经理，你会派出最优秀的员工去解决这个问题。但是仔细考虑一下，这对那些优秀员工的绩效会产生什么影响呢？如果仅仅以产品产出量衡量，最优秀员工的绩效成果就可能近似于最差的员工。

事实上，这种情况曾经在一家汽车零件制造厂发生。[25]管理层认为基层管理者的主观绩效评估好于客观的结果评估。用客观的数据衡量绩效有一定缺陷，无法准确描述谁是更好或更差的员工。一些优秀员工被分到较难的岗位上，负责解决机器方面的问题，这使他们的生产率很糟糕。客观的数据并不把这些因素考虑在内，但主管在评估员工绩效的时候会考虑任务难度。结果评估另一个潜在的问题是鼓励了"不惜任何代价达成目标"的心态。[26]客观评估在促使员工专注于某一特定目标上具有明显优势，但同时，这种关注的集中可能会对其他绩效目标的实现造成负面影响。例如，单位产出很容易量化，因此企业将其作为绩效衡量方式。但由此带来的结果是，工人可能因追求产量而忽视产品质量，从而增加了企业长期的后续服务。同样，这种"不惜任何代价达成目标"的心态会导致员工在工作中为了实现目标而忽视伦理。[27]尽管客观目标和其他结果衡量能够有效提高绩效水平，但是这些方法无法全面地反映绩效。[28]

7.1.5 衡量工具：摘要和结论

显然，我们从上述讨论发现并不存在单一的完美评估模式。图表7.9从管理、开发和法律辩护力三方面概述了每种方法的优缺点。评估体系的选择应该立足于评估的首要目的。

图表 7.9 主要评估模式的评价

评估模式	标准		
	管理	开发	法律辩护力
绝对	0	+	0
相对	++	+	—
特质	+	—	— —
行为	0	+	++
结果	0	0	+
— — 非常差 — 差 0 不清楚或者好坏兼有 + 良好 ++ 非常好			

例如,如果你在管理上最关注的是达成预定成果,那么最为合适的是结果评估法。不过,当出现目标没有完全实现的情况时,你就要进一步地评估以便找出问题症结所在。

经验表明,不同类别衡量工具对评估的精确性并不会造成太大差异。[29]如果评估模式对结果不会造成什么影响,那么造成影响的原因是什么?答案是评估者!不必觉得惊讶,因为评估者的智慧、对工作的熟悉度[30]、从琐碎的信息里获取影响评估质量的重要信息的能力[31],诸如此类的特性会对评估结果产生影响。因此,选择合适的人从事评估工作对获得优质评估结果起着决定性的作用。

谁来进行绩效评估通常被称作评估的"来源",最常见的是员工的直接上司。不过,其他来源也可以为绩效评估过程提供独特且有价值的观点,自己、同事、下属甚至客户等日趋普遍地成为评估来源。

自我评价(self-review)是由员工对个人自行评估,让员工参与评估流程,并协助他们深入了解绩效问题产生的原因。例如,主管和员工对于员工在某一方面的绩效评估结果可能存在不同意见,此时,双方必须就此差异进行沟通或调查。在这种情境下,人们发现必须依赖自我评价的方式引导绩效管理。

同事评价(peer review)是组织里同等级员工彼此间进行相互评价。**下属评价**(subordinate review)是员工对上司进行评定。

除了注重组织内部的意见反馈,企业还开始将客户作为重要的评价来源。因为传统的自上而下的评估体系可能只会鼓励员工强化管理人员能够看到或关注的举动,而忽略与客户满意度相关的一些行为。[32]

事实上,客户相比管理人员在评估公司产品和服务质量上更有优势。相比公司内管理者有限的信息和狭窄的视角,公司内外客户因接触层面多而往往拥有更多的经验,因此看问题的视角也更为宽广。

将同事评价、下属评价和自我评价(有时还有客户评价)相结合的方法叫作**360 度反馈法**(360° feed-back)。360 度反馈体系能够全面反映员工绩效,由于其结果来自不同的角度,因此单个方面很难被忽视。如今很多公司会使用一些技术使 360 度绩评估体系更为有效且具有成本效益。

7.2 有效绩效衡量的挑战

管理者如何保证员工绩效衡量的准确性？最重要的就是了解其中存在的障碍，管理者在这方面至少面临五个挑战：
- 评估者的误差和偏见；
- 偏好的影响；
- 组织政治；
- 关注焦点是个人还是团体；
- 法律议题。

7.2.1 评估者的误差和偏见

评估者误差（rater error）是指绩效评估中由评估者某方面的固有偏见所导致的误差，其中最为突出的就是晕轮误差，指评估者对不同维度的评估趋于近似。[33]

导致晕轮误差的原因至少有两个[34]：(1) 主管可根据对某个员工总体判断结果给予所有绩效维度相同的评分；(2) 主管根据员工在某一维度的绩效水平得出一致的总体评估结果。例如，如果 Nancy 在三个维度（程序设计的质量、程序设计的数量、人际关系）上都给予 Luis 较低的评分，尽管他在质量和数量方面的表现很好，那么她就犯了晕轮误差。

另一类评估者误差是范围限定误差，即管理者将他（或她）对所有员工的评估限制在很小的范围内。范围限定有三种不同的形式：宽松型误差，给员工不应该得到的过高评价；集中趋势误差，对员工的评价接近中等水平；严格型误差，给予员工过低的评价。

假定作为人力资源部门经理，你需要检查公司主管对员工做出的绩效评估。问题在于，你如何才能知道这个评估是准确的。换句话说，你要怎样才能知道什么评估是错误的、带有偏见的？如果很难回答这个问题，那么可以肯定的是主管对其下属在某一绩效维度上可能给予了过高的评价。至少有三个原因可以解释以上现象。管理者因员工在某一维度上表现良好而对所有维度给出高分（晕轮误差）；或者评估者评定分数过高（宽松型误差）；又或者该员工综合表现非常好（正确的）。尽管人们会运用复杂的统计技巧调查这些原因存在的可能性，但是对于组织和管理者来说，这些是没有实践意义的。此外，目前有研究显示，评估中的"误差"足以反映被评估人的绩效水平（先前所说的"准确"可能性），因此评估者误差并非判断评估错误的指标。[35]

个人偏见也可能造成评估的误差。管理者可能会有意或无意地出于种族、国籍、性别、年龄或其他因素，系统地给予特定员工低于或高于其他人的评价。有意识的偏见是难以消除的，而无意识的偏见一旦被评估者发现，就很容易被克服。例如，某位主管因某个员工是校友而无意中给出高分，不过一旦警觉到偏颇，他会立刻纠正。

显然，管理者应该在组织内公开并修正系统的负面偏见。美国禁药取缔机构（DEA）曾在 20 世纪 80 年代早期因负面偏见而卷入一起诉讼——Segar 诉 Civiletti 案，起诉人称禁药取缔机构对黑人代理的系统评估低于白人代理,由此导致他们工作选择和晋升机会较少。事实上,禁药取缔机构从未向管理人员提供关于代理人员绩效评估的任何书面指导,并且从事绩效工作的管理者都是白人。[36]

绩效衡量的一个关键难点是确保各个评估者评级的可比。[37] **可比性**(comparability)是指组织内不同主管给出的绩效评级是类似的。可比的本质是指管理者是否采用相同的衡量指标,而不是某个主管认为表现突出、另外一个主管觉得一般。

解决评估误差和偏见问题最有效的方法之一就是基于**参照系培训法**(frame-of-reference training)建立和沟通评估标准。[38]这种培训向管理者提供有关员工绩效的虚构事例。在对录影带或书面资料展现的绩效进行评估后,参照系培训人员会指导受训者应该做出怎样的评估,接着大家讨论材料中员工的哪种行为反映了哪个绩效层面并说明理由。在完成评估、意见反馈和讨论整个过程后进入下一个案例的讨论。该培训会持续到受训者对绩效评估标准达成共识。换句话说,参照系培训就是使每个人对绩效准则的认识标准化。[39]

人们一贯使用参照系培训法来提高绩效评估的准确性。[40]或许,更为重要的是,它使管理者的评估标准从此统一起来。

尽管如此,参照系培训程序还是存在许多缺陷。一个突出的问题就是费用,大量的时间和人员投入使很多企业对它望而却步。另外一个问题就是它只能应用于以行为为基础的评价体系。

7.2.2 偏好的影响

当评估人员任由自己对某人的喜好影响其绩效评估时,就会产生绩效评估误差。最近的研究发现,评估者的偏好和绩效评估之间的关联紧密[41],说明评估者喜好会左右评估结果。不过,优秀的评估者倾向于喜欢绩效突出者,而非绩效差的员工。

当然,最基本的问题是偏好和绩效评估之间的关联是否恰当或存在偏颇。[42]如果主管喜欢绩效优者多于绩效差者,那么两者之间的关联是恰当的;如果主管对员工的好恶并非来自他们的绩效差异,并且任由自己的个人感觉影响对员工的评估,两者的关系就是偏颇的。人们通常难以区分这两种可能性。[43]不过,大多数员工似乎认为主管的偏好会影响他们所得到的评估结果。[44]因此,认知偏见会导致员工和主管之间的沟通问题,并且削弱绩效管理的效果。

鉴于主管的喜好会引起潜在的偏见,因此处理好对员工的情感反应是至关重要的。他们应该观察每个员工[45]的行为,并以此建立绩效日志,作为评估和其他管理活动的基础。一个对员工行为的客观记录在很大程度上可以减少评估中的误差和偏见。

记录应当定期进行,如每天或每周一次。保管员工的绩效记录应作为一项值得提倡的职业习惯,尤其是对与评估公平性有关的诉讼相当有用。[46]为了防止出现误差或偏见,记录必须反映每位员工做了什么,而不是判断或推论他们的行为。此外,所有绩效事件记录要涵盖正面、反面和平常水平三个方面,保证平衡性和全面性。一个很好的检测方法是,询问其他阅读这份记录的人能否得到与你一致的绩效评估结论。

一项实地研究发现,管理者每周只需花费5分钟或更少的时间从事记录工作。[47]重要的是,他们是乐于继续而不是中断这项工作。通过编写每周日志,管理者无须依赖一般印象和可能存在偏见的记忆对员工进行评估。另外,这项工作向员工传达了评估而不是个性竞争的信息。最后,记录为评估程序提供了法律辩护依据:主管可以提供具体的行为示例以证明评估的正当性。

在这里要注意两点。第一,绩效日志并不能保证避免喜好所导致的偏见,因为主管可能会选择性地记录他们偏好的某类事件。但是,这些记录有助于减少实际和感知的偏见。

第二,一些管理者在需要调解和讨论的地方使用绩效记录,因为这不会让人觉得那么不舒服。最初,他们宁愿记录绩效问题,而不是就问题与员工进行讨论。证明问题的存在是好的,这项工作甚至还能为解雇员工提供法律依据。但是,对员工而言,秘密记录员工"罪行"并在他们犯下不能被忽略的错误时突然公布是不公平的。管理者的意图很明显:一旦需要调解员工行为,讨论就会立刻进行。[48]

7.2.3　组织政治

前文是从理性视角探讨绩效评估。[49]换句话说,我们假设每位员工的绩效价值是可以估计的。与理性视角不同的是,从政治视角出发,我们假定员工绩效的价值取决于组织议程或主管目的。[50]下面是摘自一名在评价下属方面有着丰富经验的经理的一段话:

> 作为一名管理人员,我会利用评估程序做对我的部门和员工最好的事情……我会留很多的余地——称为自由权,以某种方式运用这个程序……我会利用评估程序让员工在收益差的年份也能获得加薪,或者给真正需要加薪的员工加薪;当一个人情绪低落时让他重新振作,或者直接告诉他这里不再欢迎他……我相信我们这里的大部分管理者在评估时都是这么操作的。[51]

让我们从绩效评估流程的各个层面探讨理性评价和政治评价之间的差异。

- 从理性视角看,评估是以准确性为目标;而从政治视角出发,评估是以效益为目标——在特定背景下达到效益最大化。绩效的价值会随着政治情境和管理者的目标而变化。例如,主管给予工作总是漫不经心的员工非常差的评价,促使其绩效达到一个令人满意的水平。

- 理性评估法将主管和员工视为评估过程的被动参与者:主管只是观察和评估员工绩效,因此主管的准确性是评估的关键。与之相反,政治评估法视管理者和员工为评估过程的主动参与者。无论是直接的还是间接的,员工都会积极地影响其评估结果。

员工会利用各种方式说服管理者以改变他们的评估,这是对结果一种直接的影响形式。例如,一名学生告诉教授他需要一个高分以确保获得奖学金,员工可能对老板说他需要一个高于平均水平的评估才能获得工作晋升。间接的影响形式是指员工为了影响管理者的注意、理解和记忆所采取的各种举动[52],从阿谀奉承到编织借口再到道歉。以下是一位咨询公司负责人的案例,有关员工是如何运用印象管理策略的[53]:

客户对咨询顾问业绩的赞美评价电话往往是在绩效评估开始前的一个月才会打来，这些电话通常是在咨询顾问向客户强调其重要性的怂恿下才会打来。

- 从理性角度看，评估的重点是衡量。管理者是人性的评估工具[54]，他们需要经过培训才能正确衡量绩效。评估结果会成为员工加薪、晋升、培训和解雇的依据。从政治视角看，评估的重点是管理，而不是准确的衡量。作为用来奖励和规范员工行为的管理工作，评估不再是一个必须公平和准确的检验手段。
- 理性评估法和政治评估法的评估标准（判断员工绩效的标准）也是不同的。理性评估法认为应该尽可能明确地界定员工的绩效。政治评估法为了适应当前情况的变化，评估内容模糊不清，而这种模糊性增大了绩效评估的灵活性。
- 理性评估法和政治评估法的评估决策流程也不一样。理性评估法是主管基于他们所观察到的员工特定行为进行每个维度和全面的评估。例如，Nancy 会对每位程序设计员的各个维度进行评估，将各项评估汇总后得到一个总体评估结果。与之相反，政治评估法根据全面评价进行恰当的详细评估。因此，Nancy 会先判断小组成员谁应该获得最高的评级（不管什么理由），再对各维度进行妥善的评价，以此确保全面评估的公正性。

在很多组织中，绩效评估似乎是一种政治而非理性的活动。[55]它经常被当作服务于多方面、不断变化的日常工作的工具，而对员工绩效进行准确的评估通常不是真正的目的。既然评估具有典型的政治性，那么我们是不是应该抛弃理性评估法？不！政治评估法可能比较普遍，但并非最好的评估方法。

准确性不一定是公司的主要目的，但它是绩效评估的理论目标。[56]如果意见反馈、发展及人力资源决策要以员工实际绩效水平为依据，那么绩效评估就必须准确。按照管理的需要进行信息反馈和指导个人发展，对员工而言是不公平的。政治评估法会造成职业生涯受损、自尊心丧失和生产力下降。除了以上这些负面影响，它还与员工辞职率的上升相关。[57]这样的成本很难评估，而且很难明确归咎于政治评估法。不过，对于员工来说，它们是真实且重要的。

> **伦理问题**
>
> 绩效评估是一个管理工具，因此管理者经常使用它使自己或公司获利。例如，一位经理会给予支持他所提项目的员工高度评价；相反，对于持反对意见的员工，他给予的评价则可能会过于苛刻。你接受这种评估体系吗？为什么？

7.2.4 关注个人还是团队

如果组织是以团队为架构，管理者就必须从两个方面考虑团队的绩效评估：(1) 个人对团队绩效的贡献；(2) 团队整体绩效。[58]为了合理评估个人对团队绩效的贡献，管理者和员工必须明确与特质、行为和结果评估相关的绩效标准。由于行为评估法最易为团队成员和其他参与团队合作的成员所观测与理解，因此这种方法最适用于评估个人对团队绩效的贡献。

个人贡献的衡量可以由团队成员参与开发。不过，近期一项研究认为，列出一系列个人对团队绩效贡献的胜任力是一个好的起点。[59]下面的例子描述了一家大型制药公司——辉瑞公司是如何使用胜任力、通过同事在线评估金融领域的团队成员的。[60]

评估是基于合作、沟通、自我管理和决策的四维胜任力模型。成员对反馈报告进行讨论,进而达到改善团队效能的目的。随着时间的推移,小组成员的平均绩效水平将会显著提升。

无论你们衡量和开发团队绩效的方法是什么,以下几点都应铭记在心:

首先,衡量体系应该平衡。例如,财务目标虽然是明显且易于建立的标准,但是这样的目标衡量方式并不能反映客户关心的事情。

其次,结果评估法需要其他衡量流程的配合。例如,实现目标虽然重要,但是人际关系也很重要。通过平衡的衡量方式,可以让团队成员清楚地了解为了实现目标而牺牲同事和客户利益是不可取的。

再次,将团队当作个体来评估其绩效意味着管理者必须从团队而非个人层面衡量绩效。团队成员可能是确定和建立团队层面评估指标的最好来源,让团队成员帮助设定绩效标准,鼓励他们参与选择那些他们可以直接影响的衡量指标。

最后,需要强调的两个重点是:第一,专家建议,即使是在团队合作的环境下,仍然必须对个人绩效进行评估,因为美国是个非常强调个人绩效的社会[61];第二,人们对于应该采取哪类评估工具进行团队绩效评估并没有达成共识,最好的办法是联合内部、外部客户并结合使用行为指标和结果指标做出判断。[62]

7.2.5 法律议题

1964 年《民权法案》第七章明确规定了绩效评估体系必须遵守的法律规范,其中涉及禁止任何形式的就业歧视(参阅第 3 章)。这意味着,无论是就个人层面还是团队层面进行的绩效评估都不得存在任何歧视。有些法庭裁决也支持绩效评估体系应该具备与甄选测试一样的效度标准(参阅第 5 章)。与甄选测试一样,基于员工的评估结果,当某个团队成员获得晋升的速度快于其他团队成员时,绩效评估中的"逆向选择"就发生了。

1973 年美国最高法院对 Brito vs. Zia Company 判决一案,可能是有关绩效评估歧视案件中最有意义的一次裁决。法院认为,评估在本质上是一项合法的测试,因此它必须与组织内测试的法律要求一致。事实上,在该起案件之后,法庭放松了有关绩效评估歧视案件的标准。

在 Brito vs. Zia Company 案件之后,对于绩效评估相关的诉讼,法院只想确定其中是否存在歧视,而不是判断评估体系有没有遵守全部的专业标准(比如员工是否获准参与体系的建立)。[63]问题的关键在于:确定就业条件类似的人有没有遭到差别待遇。

法院通常青睐于主管会对评估结果加以监督(避免个人偏见的出现)的评估体系。此外,积极提供反馈和员工辅导、协助改善绩效问题的公司,在法庭上也会获得比较正面的对待。近期有份针对 295 件关于绩效评估案件的分析报告发现,以下要素对法官的判决造成正面影响[64]:

- 采用职位分析;
- 提供书面指导;

- 允许员工检查评估结果；
- 多个评估者(如果评估者不止一个)达成共识；
- 对评估者进行培训。

极端的情况是：负面的绩效评估可能导致解雇。基于劳资法，管理者解雇员工的权利被称为自由雇佣。自由雇佣是非常复杂的法律议题，美国各州对此具有不同的法律和规则。在第 14 章，我们将对此展开全面讨论。遵守好的专业性实践，管理者足以使自己免于法律诉讼。如果管理者可以向员工提供真实、准确、公平的绩效反馈，并据此做出一致判断，他们无须惧怕自由雇佣问题。

7.3 绩效管理

组织内有效的员工绩效管理不仅仅要求正式的报告和年度评估，为了使它对组织有用，绩效评估也不只是衡量那么简单。正如管理者笔记"从绩效评估到绩效管理"阐明的那样，可以使用技术把绩效衡量和反馈纳入日常体系中，从而提升绩效。不过，即使是最好的技术手段，绩效管理也需要管理者的参与。人们想要且期待知道自己的表现如何，以及与经理面对面地讨论改进方案；同样，经理也要积极行动起来，处理绩效问题，参与并找出解决方案。在本小节，我们讨论绩效评估第三个也是最后一个部分——绩效管理。

 管理者笔记：科技/社交媒体

从绩效评估到绩效管理

绩效评估最主要的目的是提升绩效。越来越多的公司使用技术手段确保评估过程能够提升绩效。接近 75% 的公司使用基于网络的绩效管理系统。尽管技术未必能够解决绩效评估的所有问题，但它能简化绩效评估工作，方便给员工提供反馈和改进建议。

绩效评估软件(如 Halogen)允许员工和管理者在线浏览业绩信息。例如，首先由员工输入胜任力和目标要求；之后，管理者进行检查，确保员工选择了与组织战略目标相关的指标，然后在线核准这些指标。员工可以登录在线平台，录入自己参加的活动和取得的成绩；而管理者或者其他人(如同事和下属)可以录入员工的绩效评估结果。

技术可以为员工的绩效改进提供建议(如在线培训)。一些公司，如加拿大多伦多的 Klick 健康系统公司，开发了能够提供实时绩效支持的内部沟通和工作流程管理系统。例如，当员工要执行之前从未做过的任务时，系统可以给出辅导技巧，并推荐教学小视频。

社交媒体也被用来进行基于同事的绩效反馈和认可。例如，Kudos 是一家为企业提供软件、类似脸书的公司，它允许同事互相在对方的空间(wall)留言，并对绩效进行反馈。这一软件也允许员工对同事做出的特别积极的贡献给予积分奖励。之后，获得积分的一方可以使用积分兑换奖励(例如礼品卡和带薪休假)。该系统有助于员工快速给同事做出反馈，及时认可那些经理没有意识到的员工贡献。

基于网络的技术是帮助提高员工绩效的重要工具。虽然可能不会取代人工评价和面对面绩效反馈,但技术可以作为一种补充,将年度绩效评估转变为日常的绩效管理。

资料来源:Dobson, S. (2013). Upgrading talent management processes leads to fully integrated approach, efficiencies. *Canadian HR Reporter*, 26, 20; Lawler, E. E., Benson, G. S., & Michael McDermott. (2012). What makes performance appraisals effective? *Compensation & Benefits Review*, 44(4), 191—200; Lewis, T. (2012). The talent score. *Medical marketing and media*, 47, 58—60, 62; Zielinski, D. (2012). Giving praise. *HR Magazine*, 57, 77—78, 80.

7.3.1 绩效评估面谈

在完成绩效评估后,管理者应通过面谈将绩效信息反馈给员工——这是评估程序的重要组成部分。很多经理害怕进行绩效评估面谈,特别是当他们没什么好消息反馈给员工时。人力资源部门或一个外界组织(如管理协会或咨询公司)可以提供面谈培训、角色扮演练习、为棘手问题提供建议等方法协助管理者。图表7.10概括了管理者进行有效评估面谈的沟通技巧。

图表7.10 评估面谈的沟通技巧

如果管理者能使用一些技巧——有效人际沟通的因素,那么面对面的绩效评估交流将会更为有效。			
技能	好处	描述	例子
肢体语言	表现出兴趣并积极倾听	评估者放松身体,上身微前倾,语气平稳、镇定	评估者可以注视被评估人,并微微点头以示对其发言表示感兴趣
开放式和封闭式提问	适当使用开放式和封闭式提问可以确保交流的有效进行	开放式提问可以鼓励信息分享,尤其是在面谈初始、情况复杂不明的状态下 封闭式提问能唤起被评估者的突发回应,有利于集中注意力和解释疑惑	开放式问题以"能够""可以""多么""怎么""为什么"进行发问 封闭式问题以类似"是不是"的词语进行发问
解释	解释可以向被评估人阐明和传达你正在认真倾听的信息	解释是对被评估者的陈述以自己的语句进行简短概括,它必须是忠于被评估者的原意,无须加以个人主观判断	你可以以"如果我有这个权利…"或者"你刚才所说的是…"开始,以"这是正确的吗"或"这是刚才你所说的吗"结尾
情绪反馈	表现出你能理解被评估者在工作场所的情感状况,同情和在意的反馈可以促进沟通并让会谈更有意义	与解释一样,你对情感的反馈要忠于被评估者的真实感受,在运用该技巧时要避免言不由衷,并谨慎对待那些需要专业帮助的人	以"听上去你感觉…"的类似语句开始,然后对你所说的以"这是正确的吗"结束

(续表)

技能	好处	描述	例子
文化敏感性	如果你能注意到文化差异带来的影响,沟通会更为有效	注意文化差异可以影响你怎样与人进行沟通	在处理不同文化背景员工的问题时要正式,避免在公共场合用他们的名代替姓,不要做出不尊重他们的行为

资料来源:Kikoski, J. F. (1998). Effective communication in the performance appraisal interview: Face-to-face communication for public managers in the culturally diverse workplace. *Public Personnel Management*, 27, 491—513; Ivey, A. B., Ivey, M. B., and Simek-Downing, L. (1987). *Counseling and psychotherapy: Integrating skills, theory, and practice* (2nd ed). Upper Saddle River, NJ: Prentice Hall.

有些公司把绩效评估面谈分为两个部分:一是讨论绩效,二是讨论薪水。[65]在英国,这是普遍的,85%的大型公司将两者分开进行。这种方式的逻辑是基于两个假设:第一,管理者无法同时扮演教练和裁判两种角色。在绩效会议里,经理被公司期望扮演教练的角色;而在讨论薪水面谈中,经理扮演裁判的角色。第二,如果把绩效和薪水结合起来谈,员工可能会忽略绩效反馈意见,而只将注意力集中在薪水决策上。

不过,研究发现在绩效评估面谈过程中讨论薪水对员工感受绩效评估的实用价值具有积极的影响。[66]原因在于:第一,在面谈中,管理者必须花费时间向员工仔细说明薪酬增长缓慢的合理性,从而支持公司的绩效评估体系,而且更为详细的反馈会使评估环节对员工更有价值;第二,如果把薪水面谈从这个环节中分离,那么意见反馈、目标设定及制订行动方案都可能变得空洞、没有意义。

总之,最好的管理方法应该是在面谈当中将绩效发展和薪水结合起来讨论。在整个绩效评估期,非正式的绩效管理应该将绩效评判和辅导予以结合。

绩效评估面谈应关注绩效差距并给员工提供改进建议,这一点非常重要。不过,如果反馈仅仅关注员工的缺点只会降低士气,起不到激励的作用;管理者应该在反馈时告诉员工他们哪些方面做得好,这样他们在了解自己需要改进方面的同时也能听到一些好的评价。管理者笔记"关注员工的优势"提到一个基于优势的绩效反馈方法。

管理者笔记:客户导向的人力资源

关注员工的优势

绩效反馈的传统方法主要关注绩效差距,那些员工绩效低于期望水平的领域。为了改进绩效水平,这些差距必须得到解决。在绩效评估反馈会上使用这种传统方法好像很合理:找出员工的弱势并讨论如何改善。然而从员工的角度来看,这样的评估面谈通常有可能是一个充满批评的消极体验,缺乏激励作用。既然员工有这样的潜在反应,就不难理解尽管绩效反馈有时能起作用,但也会降低绩效。

为了提高绩效反馈的积极影响,一个可行的方法是关注员工在工作中的长处。与其关注员工的不足来克服缺点,不如认识到员工的长处,多讨论员工如何为组织做出贡献。当然,关注优势比负面的绩效反馈更容易被员工接纳。研究发现,基于优势的反馈能够激励员工,提高生产力。

人们拥有与生俱来的优势和劣势,基于优势的方法将重点放在利用人的天生才能,而不是努力改变一个人的弱势领域。努力改变一个与生俱来的弱势领域对管理者和员工来说都是困难且令人沮丧的,认可员工的长处则可以使绩效反馈更加正向,对员工产生更大的激励作用。

资料来源:Aguinis, H., Gottfredson, R. K., & Joo, H. (2012). Delivering effective performance feedback: The strengths-based approach. *Business Horizons*, 55(2), 105—111; Cardy, R. L., & Leonard, B. (2011). *Performance management: Concepts, skills, and exercises*. ME Sharpe (2nd ed.); DeNisi, A. S., & Kluger, A. N. (2000). Feedback effectiveness: can 360-degree appraisals be improved? *The Academy of Management Executive*, 14(1), 129—139.

7.3.2 改善绩效

正式的绩效评估面谈通常是一年进行一次[67],所以对员工绩效不会总有重要而持久的影响。[68]从这个角度看,日常非正式的绩效管理比年度面谈更为重要。有效地实施绩效管理的主管通常具备以下三项特征:

- 探索绩效问题存在的原因;
- 开发行动计划,并且授权员工找出解决方案;
- 进行直接的绩效沟通,并且提供有效反馈。[69]

每项特征对于改善绩效和维持绩效水平都是非常重要的。

7.3.3 探索绩效问题存在的原因

探索绩效问题存在的原因听上去容易,但是往往充满了挑战。绩效会受到多种因素的制约,其中一些是不能为员工所控制的。不过在大多数的工作环境下,管理者发现绩效不佳时会将原因归咎于员工,员工则会将责任推卸给外部因素。[70]这样的倾向叫作参与者/观察者偏见。[71]棒球队就是个很好的例子。球队如果输了,球员(员工/参与者)会指责外部的因素,如受伤、行程安排得不好或天气恶劣等;管理者(主管/观察者)则会责怪球员在球场上的表现不好;而球队老板和体育新闻记者(高层管理者/更高层的观察者)会要求经理为球队糟糕的表现负责。

管理者探究导致绩效不佳的原因是至关重要的。第一,对原因的判断会影响绩效的评估方式。例如,如果管理者认为绩效不佳是因为员工不够努力,那么他的评估方式将有别于他认为原因出在原材料。第二,对原因的判断可能会造成管理者和员工之间难以言明、潜在的冲突。管理者通常会对他们认定的问题症结采取行动,这种做法仅仅是理性行为。当管理者的感知与员工的看法出现重大差异时,双方的关系就会陷入紧张状态。第三,所选的解决方案会受到诱发原因的影响,找到引起绩效问题的原因才能有针对性地提出解决方式。

如何优化确定绩效问题产生原因的过程呢？首先要有意识且系统地考虑可能存在的原因。传统上，研究者认为能力和动机是决定绩效的两个首要因素。[72]该观点的一个主要问题是忽视了外部的情境因素，如管理层的支持程度也能影响员工的绩效。[73]

影响绩效的三大因素分别为能力、动机和情境因素。能力因素是指员工的才能和技能，包括智力、人际技巧及工作知识之类的特性。动机因素则受到许多外界要素（诸如奖励和处罚）的影响，但最终还是由内部因素决定的：对给定任务付出多少努力还是由员工自身所决定的。**情境因素（或系统因素）**（situational factors or system factors）包括一系列对绩效造成正面或负面影响的组织特征，包括原材料质量、主管素质，以及图表 7.11 列出的一些其他要素。[74]

- 员工之间在各种工作、活动之间的协调很差
- 没有充分提供完成工作所需的信息和指导
- 低质量的原材料
- 缺乏必需的设备
- 无力获取原材料、零件或供给品
- 资金不足
- 糟糕的管理者
- 同事不配合或人际关系差
- 培训不充分
- 产品质量和数量达不到要求
- 工作环境差（例如寒冷、炎热、喧闹、工作被频繁中断等）
- 设备故障

图表 7.11　确定绩效问题产生原因需要考虑的情境（系统）因素

绩效会受到以上三大因素的影响，单个因素的存在不足以带来优良的绩效，但是某个因素的缺乏（或低价值）则可能导致绩效不佳。例如，如果员工既缺乏必要的工作技能，工作中也未得到足够支持，那么工作再努力也无法创造高绩效。但如果员工本身就不努力，那么不管他多么优秀、公司提供多少的支持，都难以避免低绩效。

确定绩效问题产生的原因，管理者还需要认真考虑环境因素。图表 7.11 中列出的只是一些非常普遍的因素，在某些具体的情境中并不适用。让员工参与这个环节，一方面可以发现很多管理者可能意识不到的因素，另一方面可以向员工传达一种信号——管理者会认真考虑他们的投入。管理者和员工（或工作小组）可以逐条讨论这些因素，找出引起绩效问题的所有原因。

管理者和员工在讨论绩效问题的产生原因并达成共识后，下一步就是采取行动加以控制。考虑到这些问题产生的相关因素不同（能力、努力和情境因素），采取的应对策略也应有所不同（见图表 7.12）。贸然补救，如进行培训（一种普遍的应对措施），不能修正由能力导致的问题，反而会造成组织资源的浪费。[75]

图表 7.12 如何确定和补救绩效的不足

原因	问题	可能的补救方法
能力	• 该员工能否圆满完成工作？ • 除了这名员工，其他员工是否能圆满完成这项工作？	• 培训 • 调职 • 重新设计工作 • 解雇
努力	• 该员工的绩效水平是否下降？ • 在所有工作中，其业绩是否都比较差？	• 阐明绩效与回报之间的关联 • 肯定良好的绩效
情境	• 绩效是否不稳定？ • 即便是在支持充足、设备完善的情况下，全体员工是否也会出现绩效问题？	• 简化工作流程 • 阐明对供应商的要求 • 更换供应商 • 消除不一致的信息和需求 • 提供完善的设备

资料来源：Schermerhorn, J. R., Gardner, W. I., and Martin, T. N. (1990). Management dialogues: Turning on the marginal performer. *Organizational Dynamics*, 18, 47—59; Rummler, G. A. (1972). Human performance problems and their solutions. *Human Resource Management*, 19, 2—10.

7.3.4 开发行动计划，授权员工找出解决方案

有效的绩效管理能够促使员工提高绩效。正如棒球队的例子一样，扮演教练角色的主管会协助工作人员解释和处理工作中碰到的问题，这个角色未必是导师、朋友或顾问，而是一种促进者。他还会致力于确保队员可以获得必需的资源，并协助他们明确行动方案以解决绩效问题。例如，主管可以向员工建议如何消除、避免或克服导致绩效障碍的情境因素。除了营造一个提供支持且充分授权的工作环境，教练/主管还会阐明对绩效的期望，给予员工及时的意见反馈，尽量消除不必要的规则、程序和其他限制。[76]

7.3.5 对绩效进行直接沟通

管理者与员工之间的沟通对有效的绩效管理是很重要的。确切地说，沟通的内容和方法决定了绩效的改善或下降。尽管提供有关员工优势的积极反馈（参见管理者笔记"强化优势领域"）是有好处的，但也不能忽视员工的绩效问题。

对于管理者来说，进行绩效评估面谈可能会有点困难，员工可能不认同绩效问题的存在，还会因此变得情绪化。例如，管理者对一个女性员工说，她经常迟到和较长的午餐时间会影响工作绩效。这名员工不仅不会表示理解并承诺改进，反而会否认这个问题，并指责管理者过分关注她的小失误，然后对管理者大吼大叫。对于有效的管理者来说，能够专业地处理这类情况是一项核心能力。不幸的是，这类情况常常会出现在你的管理生涯中。

关键在于如何应对这类情况。遵循一些简单的步骤可以让沟通更加有效，并围绕绩效进行。[77]首先，确定绩效问题。如果需要改进绩效，那么必须先理解绩效问题；其次，进行直接的沟通，因为绩效提升更有可能在对话中产生，而不是单方的发言；再次，在绩效问题的沟通中

保持坦诚和直率。尽管采取含糊其辞、规避问题的方式可能使你更舒服,但集中讨论绩效问题会促使讨论产生明确的行动计划。最后,也是最重要的,保持镇定。如果你变得情绪化并出于愤怒或沮丧说了一些话,事后你会对此感到后悔。

绩效沟通是针对绩效本身而不是人,这一点很重要。尽管这很容易引导人去总结员工行为,告诉员工她/他是怎样的(如不可靠的或具有对抗性的),但这些有关个人特征的结论是不可能有帮助的。即使这些判断是正确的——有关个人特征,也不一定对绩效提升有所帮助。这些结论可以被认为是人身攻击,还会加强员工的防御心理;而且,对个人特征的总结大多强调的是人们难以改变的天性问题。例如,很难让某个员工变成一个更可靠的人。可行的做法是,告诉这个员工按时上班、实现运货目标的重要性,从而帮助他控制与工作相关的行为。将沟通的重心放在绩效本身而非人上面,这是提升绩效的更有效的途径。

本章小结

什么是绩效评估

绩效评估是对组织内员工绩效的界定、衡量和管理。评估应该是以未来为导向的活动,向员工提供有益的意见反馈,并辅导他们提升绩效水平。评估可以用于管理或开发。

确定绩效维度

绩效评估的第一个步骤是界定绩效维度,以判断有效的工作业绩。职位分析是界定绩效维度的机制。

衡量绩效

可以用两种方式对衡量员工绩效的方法进行分类:(1) 判断的类型是相对的还是绝对的;(2) 衡量的焦点是特质、行为还是结果。每种方法都有优缺点,不过很显然,整体的评估质量更多地取决于评估者的动机和能力,而不是选择哪类工具。

管理者在衡量绩效时面临五大挑战:评估者误差和偏见、偏好的影响、组织政治、关注焦点是个人还是团队及法律议题(包括歧视和自由雇佣)。

绩效管理

任何一种评估体系的首要目标都是绩效管理。为了实现对员工绩效的管理和改善,管理者必须探索绩效问题产生的原因、将主管和员工的注意力引导到问题的原因上、开发行动计划和授权员工找出解决方案,并就绩效进行沟通。

关键术语

绝对评价(absolute judgment)
行为评估法(behavioral appraisal instrument)
可比性(comparability)
胜任力(competencies)
胜任力模型(competency model)
维度(dimension)
参照系培训法(frame-of-reference training)
目标管理(management by objectives)
结果评估法(outcome appraisal instruments)

同事评价(peer review)
绩效评估(performance appraisal)
评估者误差(rater error)
相对评价(relative judgment)
自我评价(self-review)
情境因素或系统因素(situational factor or system factors)
下属评价(subordinate review)
360度反馈法(360° feedback)
特质评估法(trait appraisal instruments)

视频案例

Hautelook(一家购物网站):绩效评估。 如果教师布置了这项作业,请访问 www.mymanagementlab.com 观看视频案例并回答问题。

问题与讨论

7-1 某一组织中的一个绩效维度是"沟通",具体地说就是"仔细倾听和观察,允许信息交换""对合适的目标人群表达清晰、简明",你认为该组织的绩效评估是基于人格特质、工作行为还是结果观察。你认为在绩效的三个方面,员工应受到什么评估。

7-2 客观的绩效数据(如生产率数据)优于管理者的主观评估。但是为什么以客观数据衡量绩效效果可能会比主观评估差呢?

7-3 评估模式对绩效评估的质量的重要性如何?哪种模式对评估质量影响最大?

7-4 可比性是什么?在绩效评估中如何使可比性达到最大化?

7-5 "有时候需要提醒员工谁是老板,而评估就是一个合适的提醒方法。"在这里,管理者应该采用理性评估方式还是政治评估方式呢?对比两种方式并说明两者之间可能存在的差异。

7-6 你觉得应该进行绩效评估吗?它值得花费成本去做吗?

7-7 衡量团体绩效的标准是什么?应该从哪些方面进行评价?应该衡量个人绩效吗?为什么?

7-8 假设你拥有一家有25名员工的公司。本年公司绩效辉煌,全体员工团结一致,为提升公司利润而努力工作。可惜的是,这些获利大多进了供应商的口袋,你只能给全体员工3%的加薪幅度。在进行绩效评估时,你如何一方面称赞员工的努力付出,一方面告诉他们你提供奖励的能力有限？现在假设你有能力提供丰厚的红利和加薪，当每个人的表现都很突出时，评估员工绩效的最优方案是什么？

7-9 你是基于行为、结果还是两者兼而有之地设计一个绩效评估体系？你采取该方法的理由是什么？

★ 7-10 你的公司考虑使用基于相对评价的绩效评估体系。相对评估体系有什么潜在的问题？你会推荐哪种类型的评价体系，相对的还是绝对的？为什么？

我的管理实验室

请根据教师要求，登录 www.mymanagementlab.com 完成写作题，系统将自动给出分数；也可以完成下列问题，分数由教师给出：

7-11 你的员工抱怨他们并不喜欢绩效评估体系，因为通过绩效评估，他们能够得到的似乎都是负面的评估和反馈。怎样的绩效反馈方法可以减轻这一问题？请描述这一方法是如何区别于传统的关注缺陷的方法。

7-12 一些人主张不应该进行绩效评估。请站在绩效评估是有用的、应该进行的立场上，描述绩效评估的至少三点好处。

7-13 绩效管理的一个目标是提升绩效。请描述绩效诊断和提升过程中应当考虑的因素。

你来解决！伦理/社会责任 案例 7.1

末位淘汰：是合法的绩效改进工具吗

强制排名法是杰克·韦尔奇在担任通用电气公司执行总裁时推行的一种绩效评估体系，被批评者冠以"末位淘汰"的贬义称号。强制排名法的目的是淘汰业绩排名最后10%的员工，然后雇用业绩水平在他们之上的人员，以提高公司的业绩水平。等级排名可以通过各种方式进行。例如，可以预先设定"最有效""平均水平"和"需要改进"三个等级，并预先为每个等级设定员工所占百分比；也可以简单地将工人的业绩从好到差进行排序。业绩最佳员工可以获得奖励、晋升和培训的机会，业绩差的员工则会受到警告处分，甚至解雇。

强制排名法在大量的公司中得到应用，但也因此遭遇一些法律上的问题。例如，微软公司成功地赢得了几场针对它使用强制排名体系的歧视诉讼。Conoco公司使用强制排名法并在一宗歧视诉讼案中达成庭外和解。福特汽车公司、固特异公司和斯普林特公司均遭遇与强制排名法有关的法律诉讼。

使用强制排名法的好处是定期裁减业绩差的员工，从而定期提高业绩标准，创建高绩效团队。不幸的是，实行强制排名会产生一些较强的负面影响。强制排名法的使用会对员工的协作文化产生不利影响，无法提高员工的竞争力。如果每年解雇排名后10%的员工，也会引起工作团队连续性的缺失。例如，你可能刚学会如何进行团队合作，部分团队成员就因强制排名法而被取代了。强制排名的压力还可能导致员工只关注绩效而忽视伦理。

关键思考题

7-14 强制排名法是一个好的绩效管理体系吗?为什么?

7-15 强制排名法的部分目的是强制性地区分工人的绩效水平。在绝对评估体系中,每个人的评估都可能是"高于平均水平"。那么绝对评估法和相对评估法的这种区别是否意味着绝对绩效判断是错误的?请解释。

7-16 作为一名管理者,你是倾向于依赖绝对绩效评估体系还是相对绩效评估体系(如强制排名法)?为什么?

7-17 你能设计一个能够区分员工之间差别的绝对评估体系吗?为什么?

小组练习

7-18 分成小组,强调强制排名法对提高组织绩效水平的有效性。最近一项使用计算机模拟检查解雇最低绩效员工给组织带来影响的研究显示,在解雇行为发生后,平均绩效水平得到了提高;但在6年之内,效果又减弱至原有水平左右。

a. 为什么这套体系会有效?也就是说,为什么模拟体系发现绩效得到改善?

b. 强制排名法及模拟背后的推理是工作绩效呈正态分布。这个假设正确吗?为什么?

c. 如果工作绩效不是正态分布的,那么强制排名法仍然会改善组织的平均绩效水平吗?请解释,并与全班同学分享你对这个议题的判断。

实践练习:小组

7-19 强制排名系统的支持者认为,该方法是通过快速地替换人员来提高组织平均绩效水平的一种手段;反对者则认为该方法会破坏公司文化和伤害员工之间的情谊,他们倾向于留下业绩水平低的人并提供技能培训。

挑选代表组成支持和反对强制排名法的两个小组。每个小组均提出工作绩效如何分配的假设,然后就其支持或反对的观点做出说明。需要讨论的问题包括:

a. 在一个组织内,强制排名法对绩效产生的预期影响是什么?

b. 与之相关的人才流动是有成本的(参见第5章和第6章),这些成本如何影响你的立场?

c. 强制排名法对组织文化有什么影响?如果没有使用强制排名系统,组织文化将是怎样的?

d. 对组织而言,是替换绩效差的员工,还是尝试对其培训从而改善他的业绩?

通过这种辩论的形式,每个小组可以陈述自己的立场和理由,并可以就对方的观点提出质疑和反驳。教师主持整个讨论过程。在辩论的最后,教师带领全班同学确定支持和反对强制排名法的核心理由。班级成员最终是否达成一致的支持或反对意见呢?

资料来源:Amalfe, C. A., and Steiner, E. G. (2005). Forced ranking systems: Yesterday's legal target, *New Jersey Law Jounal*; Hill, A. (2012). Forced ranking is a relic of an HR tool. *Financial Times*, 12; Marchetti, M. (2005). Letting go of low performers. *Sales and Marketing Management*, 157, 6; Rajeev, P.

N. (2012). Impact of forced ranking evaluation of performance on ethical choices: a study of proximal and distal mediators. *International Journal of Business Governance and Ethics*, 7(1), 37—62; Scullen, S. E., Bergey, P. K., and Aiman-Smith, L. (2005). Forced distribution rating systems and the improvement of workforce potential: a baseline simulation. *Personnel Psychology*, 58(1), 1—32.

你来解决！全球化　案例7.2

全球环境下的胜任力

正如管理者笔记"全球职场上的胜任力"讨论的那样，胜任力有多种来源，包括工作、组织的战略方向、商业的全球化性质等。无论是哪种来源，一旦确认了胜任力，它们通常就会成为绩效评估体系中的关键衡量内容。例如，如果销售员的工作胜任力包括客户服务能力，那么这个岗位的正式绩效评估体系也会相应地包含客户服务维度，并根据行为标准评价员工，如"销售员向客户问好"和"销售员帮助处理客户的投诉"等。总之，胜任力变成了衡量绩效的标准。

胜任力应该能够反映员工的工作内容。例如，一份工作可能包含与客户打交道、汇总客户产品、跟踪订单等，与这类工作相关的胜任力可能包括人际交往能力、谈判能力、解决问题能力和组织能力。随后，可以通过对这些胜任力进行说明，用可观察的要素（如行为）进行衡量。

胜任力能够反映比工作中的核心任务还要多的内容。正如管理者笔记"全球职场上的胜任力"介绍的那样，胜任力可以基于组织的战略方向。例如，一家制造型企业可能会致力于客户服务战略，以获得行业的竞争优势。从事客户服务并不是指企业现在是如何运营的，也不会反映在当前的制造工作中；然而，客户服务是企业的战略目标。如果想要达到这一战略目标，客户服务应该作为一种胜任力，并成为企业工作执行方式的一部分。

胜任力还能反映商业的全球化性质。在当今的全球环境中，拥有识别和应对多元化价值观及文化的能力是很关键的。全球化企业通常会面临文化和语言的多元性。然而，少数族裔与外来人口的增加迫使本土企业在文化和语言方面适应多元化群体。文化胜任力逐渐被认为是一项重要的能力，这不仅意味着了解一种文化，还要具备与这一特定族群共同工作的必要技巧和有效工作的态度。

许多组织将从文化胜任力的提升中获益。当一个多元化工作环境缺少文化胜任力时，团队合作和生产力将受到阻碍，进而对客户服务和销售额产生负面影响。

关键思考题

7-20　多元化和文化胜任力之间存在差异吗？它们是一样的吗？请解释。

7-21　对于以上讨论的三种胜任力来源——工作、战略和全球化因素，它们的相对重要性是怎样的？也就是说，在三种胜任力类型中，你如何确定每种类型胜任力的权重？它们应该同等重要吗？对现有工作的执行能力应该优先于战略胜任力和文化胜任力吗？

7-22　大部分公司应该把文化胜任力当作一项核心胜任力吗？为什么？

小组练习

7-23 与小组成员一起确定文化胜任力的测量标准。

    a. 具体而言,首先要界定文化胜任力的维度。例如,如果你把文化胜任力看作一项一般义务或责任范围,这一范围由哪些方面组成?也许沟通就是一个维度。换句话说,理解某人的语言以及能够使用这种语言有效表达自身看法的能力,可能是文化胜任力的一部分。理解一种文化可能是另一方面的内容。尽可能多地找出你认为能够代表文化胜任力一般概念的维度。

    b. 参考本章附录详述的关键事件技术,将其作为指南,根据小组找出的每一个文化胜任力维度,生成行为示例(见附录步骤2)。这些"关键事件"应该能够描述每一个文化胜任力维度在高水平和低水平下的情境。

与班里其他同学分享你们小组的维度和行为示例。

    c. 结合所有小组的结论,能不能发现一套普遍或者核心的维度体系?全班一起讨论这些维度和行为事件的实用性。具体来说,这些维度应该应用在哪些方面呢?

实践练习:小组

7-24 挑选代表,组成支持和反对文化胜任力的两个小组。每个小组均提出论据。论据应该包括但不限于以下方面:

    a. 什么是文化胜任力的推动力?
    b. 在经营中,文化胜任力扮演了怎样的角色?
    c. 胜任力应该可衡量吗?如何衡量?
    d. 公司的利润底线是怎样的?投入有可能出现期待的积极回报吗?

通过这种辩论的形式,每个小组可以陈述自己的立场和理由,并可以就对方的观点提出质疑和反驳。教师主持整个讨论过程。在辩论的最后,教师带领全班同学确定支持和反对绩效评估中文化胜任力的核心理由。那么,班级成员最终是否达成一致的支持或反对意见呢?

你来解决!科技/社交媒体　案例7.3

绩效评估的数字化

许多管理者试图避开绩效评估,因为这一任务让他们感到不舒服。一些管理者可能无法做好评估员工绩效水平的工作。如今,越来越多的企业利用技术解决这些困难。

许多软件可以使绩效评定过程无纸化,一些绩效评估软件甚至能够自动提出改进建议。正如开篇案例中提到的George使用技术对Estelle进行绩效评估的事例,只要点击绩效维度的得分就能自动生成绩效反馈文本。得分低于平均水平,生成的文本会标示出绩效中的不足,并指出建议员工改进的步骤。

电子绩效评估系统是采用通用的目标和胜任力作为评估标准,还是采用组织特定的目标和胜任力作为标准,可以进行供应商定制。软件还可以汇报某一员工对组织目标的贡献程度。

关键思考题

7-25 假设你是一个收到绩效反馈的员工,你会不会介意绩效反馈的结果,也就是绩效水平的文字描述以及改进的建议是由电脑还是主管给出的。为什么?

7-26 从管理者角度,采用电子方法评估员工的绩效水平有什么优势?把这些优势分为理性和政治两类。理性的优势是可以加快评估工作的完成速度等;而政治优势是(例如当员工对不良绩效评估感到不乐意时)可以把责任归咎于电脑软件。

7-27 采用电子绩效评估有什么理性和政治上的劣势?

7-28 给出以上问题的答案,你会建议采用电子绩效评估吗?请阐明你的观点。

小组练习

7-29 大量企业提供员工绩效评估软件。一些提供可以安装在企业电脑中的技术设备,而另一些则提供基于网络的服务。

组成小组,并找出几个提供电子绩效评估技术的企业(如果使用网络查找,你可能会看到一些公司的名称,如 Halogen、Workscape 和 PerformanceReview.com 等)。就你们小组挑选的公司,描述它们所提供的绩效评估服务。

a. 供应商声称其服务会带来怎样的优势?

b. 如果可能的话,讨论在中小企业中采用这一技术带来的成本,并估计分摊到每个员工的成本。给出你的成本数据,你会推荐中小企业购买电子绩效评估软件吗?与班级其他同学分享你们小组的观点和结论。

实践练习:小组

7-30 正如管理者笔记"从绩效评估到绩效管理"所讨论的那样,在一些组织中,社交媒体被当作绩效的支持性工具。组成小组,讨论绩效评估软件、社交媒体、面对面绩效评估的作用。每种能满足特定的目的吗?

a. 一家组织向你们小组寻求关于员工绩效衡量和管理的建议。设想你们是咨询公司的一支项目团队,给出如何衡量和管理员工绩效的建议。

b. 给出关于绩效评估软件、社交媒体、面对面绩效评估的使用建议。应该三者全部使用还是只采用一个或两个?为什么?各自的使用目的是什么?与班级其他同学分享你们小组的建议。

实践练习:个人

7-31 开发一套评价绩效评估有效性的标准。例如,评估和反馈是否被接纳?绩效评估是否有用?能够提高组织绩效吗?能够支持指导和开发员工的组织目标吗?给出你的标准,评价绩效评估软件、社交媒体、面对面绩效评估的使用情况。

与班级其他同学分享你总结的标准和评估方式,并分享你关于三种途径的使用建议。

你来解决！伦理/社会责任　案例7.4

用正确的方法做事

在任何公司，员工的不道德行为都会给其他员工树立一个坏榜样，并对组织文化产生负面影响。例如，一个员工延长休息时间或者有较长的不工作时间记录，会引起不公平现象和同事间的矛盾。如果不加遏制，这些不道德行为就会变成一种惯例，促使其他员工也如此表现。如果没有清晰、具体的工作规范和责任说明，员工可能不清楚公司在伦理方面的要求，从而受到一些表现不好员工的影响。例如，随意报告工作时间、拿走公司的公共物品等行为给组织带来巨大的成本。

当然，你想雇用那些不太可能有不道德行为的员工。不过，一旦员工被雇用，仅仅告诉员工你希望他们做符合道德规范的事是远远不够的。员工可能把它视为一种美好的期望，却不清楚应该如何在工作中实施。例如，对于门卫、秘书、办事员等工作，符合道德规范意味着什么呢？将伦理绩效纳入绩效评估体系是一种方法，它能够向员工清楚地表明：实现目标的方式与实现目标本身同等重要。

关键思考题

7-32　假设你是一名管理者，描述在什么情境下对员工采取伦理绩效评估是有用的。

7-33　在绩效评估中关注伦理有何劣势？请解释。

7-34　管理者应该如何开发衡量伦理绩效的评估体系？请说明步骤。

小组练习

7-35　再次阅读管理者笔记"让伦理成为评估的一部分"，组成小组，借助该专栏中记录的维度和行为示例作为起点。

　　a. 选择一家公司，并根据情境设计出绩效衡量的维度和行为示例。除了开发伦理绩效的衡量标准，你们小组还能根据所形成的维度和行为示例做些什么呢？

　　b. 举出一个应用伦理评估工具的例子推荐企业使用。与班级其他同学分享你们的例子。

实践练习：小组

7-36　组成小组，考虑将员工绩效分成业务绩效和伦理绩效两类。也就是说，应该考虑员工完成的工作内容和完成方式。传统绩效评估关注员工完成的工作内容，而伦理绩效评估则关注员工的完成方式。

　　各小组选择业务绩效或者伦理绩效作为评价员工绩效的关注点。如果一名员工一直无法达到目标要求（如没有完成目标销售额），但一直是以正确的方式在工作，在这种情形下，作为小企业管理者，你会怎么做？从业务绩效角度来看，你可能不得不解雇该员工；但站在伦理立场，则应该留下这名员工。

选择一名小组成员向全班介绍你们的立场。在相反立场的陈述之后，参与班级讨论和辩论，提出解决问题的办法，或者由全班同学投票选择他们认可的立场。

实践练习：个人

7-37 完成小组实践练习后，每位同学对班级最终提出的解决办法或投票结果进行反思。如果你未来的同伴（经理）认为业务绩效更重要，这预示着未来组织中伦理的重要性如何？如果伦理绩效优先，那么在如今的商业环境中，这种立场有多大的现实意义？总结你的反思并写成文本，交给教师或者与班级同学分享。

你来解决！客户导向的人力资源　案例 7.5

塑造员工的优势

人们在职场拥有不同的优势和劣势，其中一些优势或劣势来自相当稳定的个人特征。例如，一个人可能做事有条不紊，按照规定的方式，遵循项目的完成步骤；然而，另一个人处理问题可能更加随意。第一个人可能擅长遵循复杂的程序做事，但在工作中很难以新颖和创造性的方法解决问题。当然，第二个人可能更擅长创新，却很难做到严密遵循详细的步骤。每个人的弱势领域是由个人可能无法改变的缺点所造成的，那么关注这些弱势领域会有什么好处呢？

管理者笔记"关注员工的优势"所讨论的基于优势的绩效评估方法认识到上述问题，鼓励管理者将重点放在积极的反馈上。关注优势的核心理念是：人们都想为组织做出贡献，如果自己的贡献在绩效评估和反馈中能够被认可，就会有更大的动力去努力工作。另一方面，负面评估会让员工增强防御心理和缺乏工作积极性。

关键思考题

7-38 并非所有人都善于做工作中的所有事，只提供积极绩效反馈会给员工带来不准确的绩效印象。这种不准确反馈的缺点是什么？

7-39 激励员工是管理者的重要目标。提供员工优势的反馈能帮助完成这一目标吗？找出绩效评估的其他目标，基于优势的方法能够在多大程度上帮助实现这些目标呢？

7-40 如果员工的一些弱势领域会影响他们的工作表现，传统的方法可能会给员工提供评估和反馈，以帮助他努力改善这些缺点。还有其他方法可以改善这些缺点吗？

小组练习

7-41 员工经常共同承担同样的正式岗位名称和任务内容。许多组织中的实际问题是，员工愿意在那些他们表现好的领域承担工作。那么一份正式工作可以私下由承担不同角色的员工共同完成吗？

和组员一起,讨论实践中不同员工承担不同工作内容的情况。从基于优势的绩效评估方法的视角,讨论由不同员工承担不同的工作内容——而非由所有员工同时完成一项工作,是积极的还是消极的工作设计方法?为什么?与班级其他同学分享你的评价和理由。

实践练习:小组

7-42 组成小组,假定你们是一家制作和售卖饼干的零售商店,叫 Emery's Cookies。工作主要要求员工会制作饼干、洗盘子、清洁以及与顾客沟通等。

a. 如何设计不同的角色以完成不同的工作任务,而不是让所有员工共同完成一系列工作?

b. 将任务分成不同的角色来完成有什么缺点?

c. 如果你可以完成角色任务,在实际情景中,你将如何评估员工?

这种工作任务的设计如何与基于优势的绩效评估方法匹配?

每个小组假定自己是公司顾问,向 Emery's Cookies 的所有者(教师)提供基于以上问题的报告。

第 7 章注释内容
请扫码参阅

第7章附录
关键事件技术：一种行为导向评估工具的开发方法

关键事件技术（CIT）是诸多职务分析流程类型的一种。关键事件技术的运用相当普遍，因为它清晰地描述了员工必须具备的行为，并为评估者应该评估的内容奠定了基础。

关键事件技术步骤

一个完整的关键事件技术流程步骤如下：

1. 界定工作绩效的主要维度

为了界定工作绩效的维度，组织可以要求一组评估者和被评估者集思广益，每人列出或说出三个维度，然后将组员列出的项目进行汇总，去除相同项。

2. 收集绩效的"关键事件"

对于每个维度，小组成员应该尽可能多地列出能够反映有效、一般、无效绩效水平的相关事件。每位组员应该反复思考过去6—12个月他们亲眼所见的相关绩效行为事件。每个事件描述应包含当时的环境状况和背景。

如果你对事件收集工作感到吃力，也许你可以幻想以下场景：假设某个人认为你觉得工作非常出色的 A 表现糟糕，你将列举 A 的什么行为事件以改变批评者的观点。

确保你所列出的事件是可观察的行为而非个性特征（特质）。

3. 仔细检查表现某一维度的事件

本步骤即复检工作，确保组员对表现某一绩效维度的事件看法一致。如果有人认为某个事件不应归类于该维度，那么其他组员有责任阐明该事件。当然，小组也可以考虑增加另一个维度或者合并相似的维度。

在复检步骤中，小组的每个成员简要说明每个事件所表现的维度，直至大家的看法一致才能进行下一个事件的讨论。对于意见不同的事件，可以先放至一边，在复检步骤结束后进行深入的检查，再选择摒弃还是改写。

4. 明确每个事件的效益价值

明确所有保留事件的效益价值。在组织内,赋予事件为 A 评定的价值是多少？或者说,从 1(极差)到 7(优秀)的效益评价是什么？每位成员必须对事件进行评估。如果对某一特定行为的价值有反对意见,则必须剔除该行为。

注意事项:对关键事件价值存在相左意见就意味着评估标准存在差异或者是组织政策缺乏透明性。评估标准不一致是评估活动中的基本问题,而关键事件技术有助于减小这些差异。

图表 7.13 展示了一些你可以尝试的关键事件技术工作表,包含的维度是一项研究项目在一家医院所收集事件的子集,该研究是向医院提供评估所有护工绩效的一种工具。[①]

关键事件工作表	关键事件工作表
职位名称: 职位维度:工作知识——了解岗位手册、技巧、规则、信息及技能手册 指令:对每项绩效水平至少提供一个行为描述 1. 需要改善 2. 满意 3. 优秀 4. 杰出	职位名称: 职位维度:主动——做事积极,充满热情,自愿接受和履行职能及分配的工作;为达成目标探索更为有效的方法 指令:对每项绩效水平至少提供一个行为描述 1. 需要改善 2. 满意 3. 优秀 4. 杰出
关键事件工作表	关键事件工作表
职位名称: 职位维度:人际关系——对主管的态度和回应,与同事的人际关系,作为组织成员在工作中的适应性 指令:对每项绩效水平至少提供一个行为描述 1. 需要改善 2. 满意 3. 优秀 4. 杰出	职位名称: 职位维度:可信赖——在没有监督的情况下仍坚守职责 指令:对每项绩效水平至少提供一个行为描述 1. 需要改善 2. 满意 3. 优秀 4. 杰出

图表 7.13 关键事件工作表示例

职位范围涵盖了地面清洁员、书记员、实验室技术人员和社会工作者。当然,每个维度的行为标准会因职位不同而有所差异——一名优秀地面清洁员的行为标准与一名优秀实验室技术人员显然是不同的。工作表包含的维度看似普通,可能也适用于大部分组织内的岗位,但是你仍需要开发更为详细或其他方面的维度。

记住,完成事件收集工作后,小组成员需要确定一致的维度标准和每个关键事件的价值。一个简易的方法是由某位组员陈述一个事件,其他组员就该事件的维度和价值做出回应。这个步骤可以通过非正式口头或正式书面形式完成。

---

① Goodale, J. G., and Burke, R. J. (1975). Behaviorally based rating scales need not be job specific. Journal of Applied Psychology, 60, 389—391.

第 8 章 员工培训

> **我的管理实验室®** ★ 当你看到这个图标时,请访问 www.mymanagementlab.com 以获取配套练习题,并及时反馈练习结果。

▶▶▶ 挑战

阅读本章之后,你能更有效地应对以下挑战:

1. **熟悉**培训中出现的主要问题。
2. **理解**培训和发展的关系。
3. **认识**培训中的挑战。
4. **学会**如何开展培训。
5. **了解**一个培训专题:导向培训和社会化。

Jim 被聘请为部门经理,这是他第一次担任经理的职位,他很开心。此外,他也很庆幸自己能有一名新的行政助理——Suzy。Suzy 很能干,是 Jim 在工作上的好帮手。Jim 上任后不久,前一任行政助理退休了,于是公司录用了 Suzy。

Jim 和 Suzy 在讨论工作事项时,Suzy 问了一个出乎他意料的问题。最近公司给员工安排了培训课程,她想知道 Jim 为什么不推荐她去参加。Jim 认为,Suzy 的工作表现没有任何问题,他不明白 Suzy 为什么会觉得需要培训。但是,他还是询问 Suzy 感兴趣的培训课程内容。Suzy 的回答并不明确,不过她提到,团队协作和人际交往技能的培训可能会比较有趣。Jim 告诉 Suzy,她在这些方面并不存在什么问题。Suzy 感谢 Jim 对她的认可,但认为自己还有提升空间。

对于与 Suzy 的交流,Jim 有点困惑,私下里也和其他部门经理交换了意见。Jim 了解到,员工习惯将推荐培训作为绩效优秀的奖励。参加一项培训课程,员工往往要离开自己的岗位数小时甚至半天。这些培训趣味盎然、氛围欢快,通常还会提供咖啡和小吃。培训中,员工有机会建立自己的关系网络。Jim认识到,员工们聚在一起,相伴走到培训地点,这也是社交的一部分。此外,Jim从一名经验丰富的经理那儿了解到,员工可以通过一些非正式的形式认识其他参加培训的同事;同样,员工也根据参加培训次数判断其工作绩效。

总之,Jim发现,对员工来说,培训不仅是一种奖励,还是社会地位的重要指向。没有安排Suzy去参加培训,Jim就在无意中传递出不认可Suzy工作能力的信息。当然,Suzy知道这并不属实,但在其他同事看来确是如此。对于没能参加任何培训课程,以及同事由此断定老板并不为她考虑,这种情况让Suzy感到很不自在。

Jim下定决心,下次有机会一定推荐Suzy参加培训。他知道这个决定会让Suzy很高兴。

Jim在推荐Suzy参加了几个培训课程后,他打开了一则来自公司总部的消息。消息称人力资源部门将对员工培训进行调查,调查内容包括员工培训需求的评估及现有培训项目的投资回报情况。Jim希望这个评估不会给作为管理者的自己带来不良影响,然而事实是他的员工并不需要培训,他想知道如果培训不能针对绩效问题,培训这项投资的收益在哪里?

管理者视角

Jim推荐Suzy参加培训的这个案例是基于一家真实公司的培训项目。通常而言,培训可以保证员工以正确的方式工作,从而提高绩效。不过事实上,培训有时候还有其他目的。培训并不是无成本的。例如,培训费用包括开发费用、培训材料与交通费用,更重要的是员工为参加培训而离开岗位所带来的损失。如果培训安排得当,能满足企业的绩效需求,那么员工培训开支就不是一笔费用,而是一次提升绩效的投资。作为一名管理者,你肯定希望员工拥有最好的技能,对组织及客户有着广泛的了解。本章主要考察关键的培训问题及培训过程,指出目前主要的培训类型,并探讨如何评估培训的有效性。

★ 知识点学习

如果教师布置该项作业,请登录 www.mymanagementlab.com 查阅你应该特别关注的知识点,并预习第8章。

8.1 培训的关键问题

下面是当今企业面临的一些重要的培训问题:

- **培训如何与变化的企业环境保持同步?** 网络上可以找到很多培训主题,随着产品、销售过程和设备的变化,在线培训内容可以很容易地生成和改变并传播给员工。然而,这种灵活性是否会伴随着较差的学习效果和工作应用呢?
- **培训应该在课堂还是工作场所进行?** 课堂培训可能缺乏现实可行性,不像在工作场所进行的培训那么有效。不过,在工作场所进行培训可能导致工作速度减缓、产出减少或使顾客不满。

- **如何进行有效的全球培训?** 当今,有许多企业进行着全球范围的运营。在当今竞争激烈的市场上,产品或服务质量是否始终如一关系到企业的生存。在线提供培训内容是一种有效的信息传播方式。然而,学习高级的技术或人际技巧可能需要课堂时间与面对面互动相结合的方式。随着公司在地理版图上的扩张,让员工集中到某一培训中心地点的成本可能会比较高。对于分布范围广泛的企业来说,一个选择就是在区域基础上提供现场培训,例如在各个区域中心进行面对面培训。

- **如何激励受训者的学习动机?** 如果无法激励受训者的学习动机,即便讲课和教材具有很突出的内容也是无效的。激励受训者的关键是确保他们为了自身和工作进行学习。在参加培训时,员工应该看到培训内容与自己的工作绩效是相关的。如果没有这种相关性,那么员工不可能有动力去学习培训内容。同样,如果你认为课程内容与你无关,想想你有多大的动力去学习呢?除了相关性,增强培训的趣味性和参与度可以提高受训者的动机水平。在培训中加入参与度高的活动(如团队练习)及幽默元素,可以激励受训者学习课程内容。

在本章,我们区分培训与发展,讨论管理者在通过培训努力提高员工绩效的过程中遇到的重要挑战。接下来,我们对培训过程三阶段的管理提出了一些建议,探讨了一些培训类型,考虑如何使培训的有效性得到最大化的提高,以及如何评估培训有效性。最后,我们讨论重要的培训机会——新员工的导向培训。

8.2 培训和发展

人们常常将培训和发展混为一谈,这两个概念其实并不相同。**培训**(training)的焦点通常是提供员工特定的技能,或者帮助他们弥补工作表现的不足。[1] 例如,新设备可能要求员工学习新的工作方式,或者员工可能对工作流程的了解不足。在这两种情况下,培训都可以弥补员工在技能上的不足。相对的,**发展**(development)(第9章的主题)是指向员工提供组织未来所需能力而进行的努力。

图表8.1简要说明了培训和发展之间的差异。培训的关注焦点在于当前的工作,发展则是以当前和员工未来可能的工作为中心。培训的范围是个别员工,而发展的范围则是整个工作团队或组织。也就是说,培训针对具体的工作并致力于绩效不足或问题;相反,发展关心员工的技能和多样性。[2] 培训往往关注于公司当前的需求,发展则着眼于长期的需要。培训的目的在于迅速改善员工的绩效,发展的目的则是公司人力资源的整体提升。培训对目前绩效具有很强的影响,而发展则让长期的人力资源更有能力和弹性。

图表 8.1 培训与发展

	培训	发展
关注焦点	当前工作	当前和未来的工作
范围	个别员工	工作团队或组织
时间框架	当前	长期
目标	弥补当前技能的不足	为未来的工作需要做好准备

记住,培训与发展的另一个区别是:培训有着一种负面的含义,尽管被派去参加培训可以是一项奖励,但正如本章开篇案例所提到的那样,培训经常意味着一个人在技能上有所欠缺,被选择参加培训只是一个负面消息。毕竟,谁想被大家认为是有所欠缺的呢?也就是说,人们可能会很珍惜一个发展的机会,而对被安排参加培训却很不满。[3] 对于员工来说,获得培训的机会是负面的、让人窘迫的消息,而不是一个提升的机会。

改变这种观念有些困难。为了尽量改善这种状况,公司可以通过培训来提供潜在的提升机会,而不是改进技能欠缺。换句话说,"培训"此时等同于发展。这种方法也使培训与发展之间的界限更加模糊,两个词在实践中经常混用。由于很多企业的变化速度飞快,培训已成为必要。目前,一些公司开始借助于技术来提供必要的培训课程,培训的本质也从弥补欠缺转向为员工提供工作上的支持。这一途径既可以为员工提供及时、有效的培训,也有望改善员工对培训的消极态度。这种与时俱进的培训方式参见管理者笔记"从弥补不足到提高能力:培训本质正在发生改变"。

 管理者笔记:科技/社交媒体

从弥补不足到提高能力:培训本质正在发生改变

当今许多公司面临前所未有的变革。这些变革体现在竞争、客户偏好、机器设备和软件等方面,这也意味着员工在工作中面临新的流程。学习完成工作的新方法需要通过培训来实现。同样,如今大多数职场的工作在不断变动,这也意味着公司对培训有着巨大的需求。

针对工作流程中的变化,传统方法通常是提供新流程的培训和指导,确保培训涵盖完成任务的每个步骤,以避免员工可能出现的绩效问题。新工作流程所涉及的每位员工都要接受培训。这种传统的方法通常包括提供结构化课程,要么是面对面的课堂教学,要么是通过电子设备进行。传统培训认为,员工重复执行一项任务,就可以确定完成该项任务的最优途径。如果是这样,采取传统方法安排一些培训课程就可以使员工掌握完成新任务所需的技能。但是,如果变化来得太快,使用传统的结构化培训方法跟不上节奏呢?又或者,如果很难预期员工在日后工作中所要面临的变化呢?这些现实问题促使一些公司开始探索运用科技,以一种不同的方式开展培训。

社交媒体给人们提供了一种在忙碌的同时进行学习的途径,便于人们解决工作中的问题、提高绩效。在 YouTube 上,他们可以找到在线指导视频,这给员工学习新的工作处理方式或者更新完成任务的方式提供了另一条途径。社交媒体,如 Facebook 和 Twitter 或者企业内部开发的软件,可以用来提高员工的绩效。例如Sabre控股公司,在线旅游网站Travelocity的母公司,研发了一个名为SabreTown[a]的系统。该系统是一个虚拟社区,在这里聚集了公司成千上万的员工。Sabre公司的员工在这里创建自己的档案,注明自己的工作技能和工作经验。如果一位员工在工作中有什么问题,软件可以将问题传递给那些拥有相关知识和经验的员工。

社交媒体能将人们联结起来,有助于员工协作解决工作中出现的问题。同样,这一技术的运用将培训的重心由弥补不足转向帮助员工完成工作。社交媒体培训意味着,员工可以随时随地获取必要的培训。在动态变化的工作环境中,培训需求很难确定,这时社交媒体就成为一个高效的培训工具。

注:[a] Galagn, P. (2009). Letting dgo. *T&D*, 63, 26—28.
资料来源: Based on Dachner, A. M., Saxton, B. M., Noe, R. A., and Keeton, K. E. (2013). To infinity and beyond: Using a narrative approach to identify training needs for unknown and dynamic situations. *Human Resource Development Quarterly*, 24, 239—267; Lassk, F. G., Ingram, T. N., Kraus, F., and Mascio, R. D. (2012). *Journal of Personal Selling and Sales Management*, 32, 141—154; Thomas K. J., Akdere M. (2013, January 31). Social media as collaborative media in workplace learning. *Human Resource Development Review*, available at http://hrd.sagepub.com/content/early/2013/01/29/15344843124722331.

8.3　培训中的挑战

管理者在培训的过程中必须回答以下几个问题:
- 培训真的能解决问题吗?
- 培训的目标是明确且实际的吗?
- 培训是一项好的投资吗?
- 培训能起作用吗?

8.3.1　培训真的能解决问题吗

培训的基础目标是消除或者改善绩效方面的问题,然而并不是所有绩效问题均能通过培训来解决。绩效不足的问题可能有许多原因,其中的许多不是员工能够控制的,因此也无法通过培训来解决。[4]例如,公司的要求不够明确或彼此矛盾、士气低落及原材料质量差,这些问题都不能通过培训解决。

8.3.2　培训的目标是明确且实际的吗

培训计划必须有明确且实际的目标才能够成功。这些目标会引导培训计划的内容,决定培训成效的判断标准。例如,管理者不能期望仅仅一次培训课程就能让每个人都成为计算机专家。这样的期望一定会失败,因为这是不可能实现的目标。

公司在设计培训计划之前必须清楚地说明目的,否则很可能出于错误的原因而培训员工,并带来错误的结果。例如,如果目的是提高特定技能,那么培训就要将这些技能当作目标。公司提供培训的目的可能是让员工能够更广泛地了解公司。

8.3.3 培训是一项好的投资吗

外部经济环境使得公司面临巨大的挑战,预算也变得很紧张。然而,许多公司仍然坚信培训的重要性。尽管培训的开支较大,但是它会让员工更加有能力、更加忠诚。一项针对26个国家5 000多家企业的跨国研究,考察了公司培训投资和利润率之间的关系。[5]这项调查的重要发现是,公司对培训的投资越大,公司获得的利润率越高。有趣的是,这项研究以统计方式控制了公司的历史利润率,因此培训投资和利润率的关系并不表现为利润率高的公司有更多的资金可以投入培训中;相反,调查显示培训是一个很好的投资,能够提高利润率。我们并不能从研究中得出结论——培训投资一定能带来更高的利润率,不过,是否重视培训可以将利润率高公司和利润率低公司区别开。培训与公司股票价格也具有正向的相关性。[6]研究发现,员工培训投入更高的公司相应地会有更高的股票价格。对这项发现的直接理解是,培训可以提供受市场认可的更好的工作绩效。也有可能是那些在员工培训中投入更多资源的公司更关注长期价值,这点也被股票市场认可。无论是何种途径,都表明培训投资能够获得相应的利润回报。

实际上,培训成本并不是最主要的问题,投资的有效性才是重要的。在一些案例中,有些公司虽然需要培训,但培训不一定符合成本效益。在展开培训之前,管理者必须权衡当前问题给公司带来的成本,以及解决问题所需培训会花费多少。

不开展培训的成本可能很高。联邦上诉法院维持了地方法院对一家企业的原判,因为这家企业没有根据反歧视法的基本要求对经理展开培训。Phillips Chevrolet公司因年龄歧视而被判有罪。公司做出最终雇佣决策的总经理承认将年龄作为是否录用的一个标准,但他并没有意识到自己的行为是非法的。法院认为公司没有按照反歧视法的基本要求对经理进行培训是"不可理喻的错误",并认为该公司完全无视反歧视法,处罚款50 000美元。[7]培训该名经理的成本与因没有提供培训而遭罚款几乎没有直接相关性。有时公司在法律上有义务为员工提供培训。例如,加利福尼亚州的一项法规要求那些有50名以上下属的基层主管需要每两年接受一次交互式的预防性骚扰培训。[8]

要知道培训是不是一项好的投资需要衡量培训潜在的收益。那些集中在"硬"领域(比如机器的运行和调整)的培训对产出(如生产率)有着直接的影响,可以很容易地计算出具体收益;而估算"软"领域培训(比如团队工作和多元化培训)的经济效益则是更有挑战性的工作。不过,强调培训投资的价值是非常重要的,特别是在培训预算吃紧的时候。大约仅7%的组织可以计算出培训投资的回报。[9]尽管没有具体的财务估算,考察员工是否从培训中学到了些什么、是否把这些新技术和知识运用到工作中也可以作为培训有效性的指标。不过据估计,只有9%的组织评估了培训对工作绩效的影响。[10]尽管无法评估培训,但最好的公司会将培训与组织的使命、战略和目标联系起来,从而最大化地获得培训投资收益。[11]不过,无论培训计划安排得如何周密,只有通过成本—收益分析才能看出一项培训投资是否值得或者是否应再继续下去。

8.3.4 培训能起作用吗

设计有效的培训既是一项科学也是一项艺术,因为没有哪种类型的培训被证明是始终最有效的。例如,一种支持变革、学习和改进的组织文化会影响培训计划的有效性。那些把培训仅仅当作离开工作岗位的人是不太可能从培训中获得什么收益的。除了培训参与者在保证培训有效性方面的作用,受训者的经理也必须认可培训的内容和目的,这样才能确保培训项目对工作进程产生积极的影响。

最后,培训如果没有与组织目标相结合就不会起作用。一个设计良好的培训项目来自公司的战略目标;而培训项目设计得不好,则与战略目标没有任何关系,甚至与目标有冲突。将培训与公司目标结合起来是管理者的职责。

8.4 管理培训流程

不合适的或者有缺陷的培训可能成为参与者倍感挫折的来源。为了使培训创造最大的收益,管理者必须密切监控培训的流程。

如图表8.2所示,培训流程包括三个阶段:(1)培训需求评估;(2)培训的开发与实施;(3)培训效果评估。"培训需求评估"阶段涉及识别培训必须解决的问题或需要。在"培训的开发与实施"阶段,需要设计最合适的培训类型,并对员工实施培训。在"培训效果评估"阶段,培训计划的效果需要被评估。接下来,我们提出一些建议,以促进每个阶段的培训效果达到最大化。

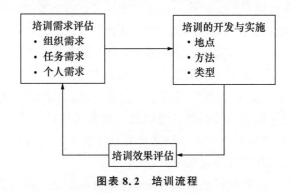

图表 8.2　培训流程

在大型组织里,员工调查和管理者的投入对于明确培训的内容非常必要、非常重要(阶段一),但是实际培训(阶段二)通常是由公司内部的培训部门或外界资源(如咨询公司或当地大学)提供的。在培训计划完成后,公司通常会要求管理者判断培训是否有效(阶段三)。在小企业里,尽管可能使用外界的培训资源,但管理者应对所有的培训流程负责。

8.4.1 培训需求评估阶段

培训需求评估阶段的总体目的在于判断是否有开展培训的需求。如果有,则提供设计培训计划所需的信息。培训需求评估阶段由三个层次的分析构成:组织、任务和个人。

培训需求评估的层次

组织分析是对组织文化、使命、经营氛围、长期目标和短期目标与结构等广泛的因素进行检验,目的在于找出组织整体的需求以及培训支持的层次。组织分析层次要强调的一些主要问题是外部环境、组织的目标和价值观。[12]外部环境分析可以说明技术员工的缺乏和技术的变革。而培训可以帮助组织应对这些挑战。组织的目标是该组织努力想实现的——可能是扩大市场份额或拓展新市场,这时需要进行培训来促使员工具备新技能以实现组织目标。同样,价值观是组织运行的核心,员工应理解这些价值观并有能力依照这样的价值观工作。总的来说,组织层面培训需要的评估主要考察外部环境、组织的方向和规范,以决定是否开展培训。

任务分析是对要执行的工作进行检验。一个近期且细致完成的工作分析提供了理解工作要求的所有信息。这些职责和任务被用来识别熟练完成工作所需的知识、技能与能力(参阅第2章)。随后,这些知识、技能与能力被用来判断需要为工作安排哪种类型的培训。

个人分析是检验员工执行任务的成效,以判断哪些员工需要培训。[13]当员工绩效与组织的期望或标准出现落差时,通常会需要培训。在这个阶段之后,通常会进行绩效评估,以此判断哪些个体员工或工作小组在特定的技能上特别弱。绩效信息来源大多是主管(参见第7章),不过通过其他的评估来源可以更为广泛地认识个体员工的优缺点。

正如第7章所说,绩效问题有很多原因,其中许多不是通过培训能够解决的。只有当受训者能够了解问题的症结时,培训才能解决问题。[14]例如,只有当业绩不佳原因在于销售技巧时,销售人员培训才能提升销售额。如果业绩下降问题的原因在于产品质量差、价格高或者经济不景气,那么销售培训并不能提供帮助。

培训并不是应对个人技能不足的唯一选择。比如,如果决策者认为需要进行的培训费用高昂,那么调动或干脆解雇该员工可能是更有成本效率的方式。严格的知识、技能与能力要求可以用来甄选新员工并缩小绩效差距。解雇或找人取代该员工的明显缺陷在于这些做法可能会使员工对工作场所的认同和士气具有负面影响。

当员工被分配新任务时,培训需求是一项重要的考虑因素。尤其是当新任务涉及国际派遣时,培训需求分析的重要性就越加凸显,因为国际派遣开支较大,而且对公司有着重要的战略意义。管理者笔记"跨国派遣与培训需求"讨论在确定国际派遣员工的培训需求时应该考虑一些重要的影响因素。

 管理者笔记:全球化

跨国派遣与培训需求

外派人员(分配到其他国家工作的员工)决定着公司在国际经营方面的成败。外派人员被派遣至国外工作地点管理企业运营,不仅要传递企业知识,还扮演着其他重要的角色。显然,国际派遣员工必须具备相关的胜任力,因此有必要对外派人员进行培训。但是很少有人认识到,当外派人员回国时,在交接国内外任务方面也需要进行培训。外派人员回国工作被称为外派回国。回国转换调整可能面临的困难,有时会导致一些拥有宝贵国际经验的员工决定离开公司。正如图表8.3所示,外派人员面临的培训需求,不仅包括他们为外派任务做好准备,还包括回国后的工作适应。

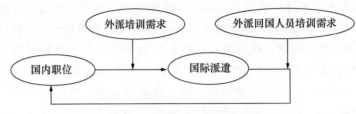

图表8.3 外派人员的培训需求

作为经理,在评估外派人员和外派回国人员的培训需求时需要考虑三大类问题:(1)国家;(2)工作;(3)员工。接下来,我们逐步分析每一个因素,看它们是如何满足培训需求的。

国家特征

外派国家和员工目前居住的国家有何差异?就外派人员而言,外派国家和本国的差异越大,培训需求就越大。例如,国外工作场所是不是使用不同的语言?员工是否熟悉这种语言?两个国家在价值观、风俗习惯和工作实践方面是否存在较大差异?员工是否了解并适应这些差异呢?对这些及类似问题的回答可以确定跨文化培训对外派人员是否必要。此外,这几种类型的问题同样适用于外派回国员工。举个例子,假如一项外派任务要求长期驻外,员工已经逐渐融入完全不同的环境,那么在员工回国时通过培训可以增强员工对文化差异的敏感度,有助于他们回国后平稳地适应工作上的转变。

工作特征

国际派遣任务的特征也会带来培训需求。国家派遣任务可能包含各种挑战,如获取原材料供应的困难、原材料的质量问题及工作能否顺利开展等方面。在员工外派回国期间,员工即将承担的工作本身的性质同样会引起培训需求。有时,外派回国的员工在公司承担的工作与他们离开时承担的工作有所不同,那么为外派回国员工提供培训就能够更新其胜任力,提供应对变化的信息支持。

员工特征

员工的个人能力也会带来培训需求。如果外派人员没有具备与外派任务相当的工作能力,培训需求就是很明显的。同样,外派回国人员若没有相当的工作能力,也要对其进行培训。除了执行工作的能力,员工另一项重要的能力是适应能力。

总之,培训对外派人员和外派回国人员都是非常必要的。除了能够弥补潜在的差距,向外派人员和外派回国人员提供培训,既能为员工适应工作转换提供支持,又能让员工在国外感受到公司对他们工作的支持和肯定。

资料来源:Cox, P. L., Khan, R. H., and Armani K. A. (2012). Repatriate adjustment and turnover: The role of expectations and perceptions. *Global Conference on Business and Finance Proceedings*, 7, 431—443; Lee, L. Y., and Croker, R. (2008). A contingency model to promote the effectiveness of expatriate training. *Industrial Management & Data Systems*, 106, 1187—1205; Nery-Kjerfve, T., and McLean, G. N. (2012). Repatriation of expatriate employees, knowledge transfer, and organizational learning. *European Journal of Training and Development*, 36, 614—629.

8.4.2 明确培训目标

培训目标的确定应该建立在需求评估的基础上,每个目标都应该与任务分析中的一项或几项知识技能和能力相关,并且应该是具有挑战性的、明确的、可达到的、可以被所有人理解的。[15]关注对于工作而言非常重要的能力培训对组织运营具有很强的现实意义。

无论什么时候,培训目标都应该以行为规范的方式进行描述,判断培训项目有效性的标准根据行为目标确定。假定引起较差业绩的原因是"糟糕的客户服务",那么培训项目的总体目标就应该围绕解决这个问题来设计,然后才是改进客户服务。尽管"改进客户服务"是一个更高层次的目标,但这种表达非常模糊,没有具体的培训内容,也无法确定评估培训有效性的具体标准。用行为规范的方式描述目标需要知道通过培训员工能学会什么、知道什么该做和什么不该做。

由图表8.4可知,改进客户服务的总体目标是基本出发点,可以被分解为各个维度(工作绩效的特定方面),并建立具体的行为目标。图表8.4的总体目标是改进客户服务。这个总体目标被分解成与客户服务相关的工作任务:提供产品/服务、应对问题和抱怨。在每个维度下确定一些具体的行为标准,以引导培训并帮助评估培训项目是否成功。

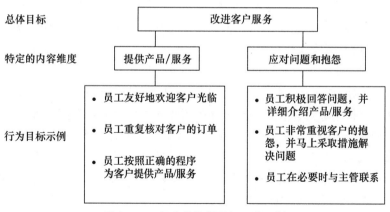

图表8.4 行为化培训目标开发示例

8.4.3 培训与实施阶段

经评估后的培训计划应针对组织的问题或需求,培训方式则根据地点、呈现方式和种类有所变化。

地点选择

培训可以在岗或者离岗实施。以常见的在岗培训（on-the-job training，OJT）来说，受训人员在实际的工作环境中，通常是在有经验的同事、主管或培训人员的指导下进行。在岗培训给员工提供了基于实际工作的亲身经验。另外，如果是由经验丰富的员工提供指导，在岗培训也有助于新员工成为工作场所社交网络中的一分子。例如，Brady Ware，一家位于美国中西部的会计师事务所，员工培训的主要方式就是在岗培训。[16]该公司认为，年轻会计师必须在资深会计师的亲自指导下快速、深入地掌握工作技能。除提高学习效率和工作绩效外，这种指导性的在职培训也有助于资深会计师和新员工建立起良好的关系，从而有利于提高新员工对公司的忠诚度。

在岗培训形式包括工作轮换（job rotation）、学徒制（apprenticeship）和实习生制（internship）。

- **工作轮换**　如第2章说明的，工作轮换通过员工在组织内各种职责的具体工作之间进行轮换获得不同的经验。这种方法常常被用于让未来的管理人才获得广泛的工作背景。

- **学徒制**　这种在岗培训计划通常和技术类型的工作联系在一起，源于中世纪年轻人向有经验的工人学习一种手艺的做法。在欧洲，学徒制依然是年轻人入行技能型岗位的主要途径。在美国，学徒制大多局限于想要进入特定行业的成人（例如木匠和水管工人）。学徒通常要花四年的时间，起薪只有熟练工的一半左右。

- 与学徒制是特定技能型蓝领工作的一种入行途经一样，**实习生制**则是白领工作或管理工作的一种入行途径。对于学生来说，实习生制是获取实际工作经验的机会，通常在暑假期间进行。虽然大多数实习生的工作薪水很低甚至没有薪水，但学生实习通常可以获得大学学分，而且毕业之后有可能获得全职工作。

在岗培训有优点也有缺点。这种培训显然和工作是相关的，因为受训者面对的和学习的任务来自本身的工作，通过在岗培训所获得的心得几乎可以直接转移至工作岗位上。在岗培训也有助公司节省把员工送到工作场所之外所花费的培训经费。在缺点方面，在岗培训可能让顾客感到失望而丢失生意，使公司付出很大的代价。你们是否有过因一名受训者操作收款机而导致在收款机前排成长龙的经历？即使因对受训者的服务不满意而投入竞争对手怀抱的顾客人数不多，仍可能给公司带来沉重的损失。受训者在工作岗位受训所导致的操作错误和设备受损也可能令公司损失严重。另外一个潜在的问题是，培训者可能是其技术领域的一流人才，但是可能缺乏传授知识的技巧。换句话说，他们能做好本职工作但未必适合教授他人。

最后，不同公司的在岗培训质量和内容可能具有很大的差异，这种差异性使得雇主从其他公司招募员工时很难判断他们具备的技术水准。一名新员工宣称他曾经接受某种机器或任务的在岗培训，可是雇主会怀疑这名员工究竟学到些什么、具备什么技术水准。

我们看看美国木制品行业如何解决职场内在岗培训的多变性问题。目前，美国木制品行业正在制定工人技能的国家标准，制定这一技能标准的目的是使企业能够通过一套统一的木工技能标准去培训、测试及评估员工。这一举措始于华盛顿州的木制品生产商所执行的任务分析（参见本章"需求评估阶段"一节），以此确定木工工人需要掌握的技能。美国木工技能标准方案的目标是为那些声称自己满足技能标准的员工提供认证。一套统一的技能标准为公司和员工提供一种担保,证明他们拥有安全、有效运行木制品工厂所需用到的技能。没有一套统一的标准,技能评估在不同雇主之间容易产生分歧,只能根据原有经验判断。因此,没有一套共同的标准,同样一个员工,原有雇主可能会认为他的技能有效可行但是不安全可靠,另一个雇主可能会认为他技能娴熟且令人满意。这个项目可以促进工作标准和评估办法的制定,如今,这个项目已经开发了一套标准以及一系列的评估指标,并开始投入应用,评估木工在使用相同工具和机器时的工作绩效有何不同。[17]

离岗培训(off-the-job training)是在岗培训之外有效的选择方案。离岗培训的常见方式包括正式上课、模拟和在课堂进行角色扮演。离岗培训的好处是员工在学习期间不会被打扰,课堂环境可以避免在岗培训环境里常见的干扰,受训者可以安心地学习。离岗培训主要的缺点在于受训者的学习心得不见得能转移到工作上,毕竟课堂不是工作场所环境,培训中的模拟状况可能不是很吻合实际的工作情况;而且,如果员工把离岗培训看成离开工作岗位、享受时光的好机会,正如本章开篇案例所描述的那样,员工也不太可能学到什么东西。

培训方法

培训者以各种演示技术实施培训,常见的方式包括幻灯片(slides)和录像带(videotapes)、远程培训(teletraining)、计算机、模拟、虚拟现实,以及课堂指导和角色扮演(role-plays)。

幻灯片和录像带

幻灯片和录像带常常为离岗培训或组织内特定的多媒体教室所采用。幻灯片和录像带提供了一致的培训信息,而且如果进行得当,还是非常有趣和发人深省的。然而,这些演示媒介无法让受训者提出疑问或接收进一步的解释。许多企业偏好以幻灯片、影片或录像带作为培训者的辅助教材,而培训者可以回答个别员工的问题,需要的时候也可以提供解释。

远程培训

当受训者处在不同的地点时,远程培训就成为一种很有用的培训选择方式。[18]公司可以通过卫星对位于不同地点的员工进行现场直播培训课程,受训者还可以在直播期间向指导人员咨询问题。

远程培训的两个缺点是卫星链接的高昂花费和安排每个人参加直播计划的困难。公司制作培训演示录像带并提供录像带给那些现场直播与培训计划相冲突的人,从而解决很难安排培训计划的问题。培训指导者可以通过电话或者计算机来回应培训中产生的各种问题。这种方法使得无须重复整个培训计划,培训师的技能就可以传授给受训者。实际上,当人们在地理上非常分散时,基于WEB的技术(如网络会议)是更具吸引力的培训方式。

计算机

以计算机为基础的培训范围涉及从培训光盘到网络技术。虽然有些企业仍然在探索哪种计算机基础的培训方式最适合它们,但是基于WEB的培训正快速发展成为一项可选择的培训方法。

小企业和大公司都认为计算机是一种具有成本—效益的培训媒介。基于计算机的培训方式的好处说不完。特别地，如果某项工作要求密集地使用计算机，那么以计算机为基础的培训方式就具有高度的工作相关性，而且也更容易把培训所得转移到工作上。计算机培训的另外一个好处是可以让受训者在一个舒服的空间开展学习。作为一名培训者，计算机不会觉得疲倦、无聊或发脾气；而且，先进的科技让计算机成为真正的多媒体培训工具，以影视、图片和语音元素配合文字。

通过互联网或公司内部网络进行培训的电子学习模式（e-learning）广受欢迎的原因很明显，这种方法不但能提供培训内容，还能控制培训进度。电子学习还能为广泛分布的员工和营运中心提供标准化的培训[19]，最主要的原因可能是公司可以省下受训员工出差和食宿的费用。一个大体的估计是，公司如果采用电子课程取代传统的课堂教学型培训，可以节约培训成本50%—70%。[20]由于只要计算机联网，个人就可以随时随地上线接受培训，因此电子化学习深受企业界的欢迎就不奇怪了。

尽管在线学习相较于传统的面对面培训有着节约成本和方便灵活的优势，但是大部分公司发现，在线学习与其他培训形式一起使用是最有成效的。[21]仅仅提供在线培训内容并不意味着员工能够有效学习，并将其运用于公司的实际工作中；同样，如果培训内容设计不合理，那么无论使用多么先进的技术来传授也不是有效的培训。

模拟

模拟（simulation）是在非工作地点重现工作需求的装置或情境，是特别有效的培训工具。如果培训内容特别复杂，工作中所使用的设备昂贵或错误决策的成本很高，企业通常就会采取模拟方式进行培训。军队、法律执行部门和安全保卫部门的工作绩效有时是在生死之间，而情境模拟可以非常有效地培训人们如何处理一些情境。轻武器培训系统公司（FATS）为全世界的军事组织提供模拟培训[22]，培训内容包括使用模拟武器对真实情境下的物体进行射击，如武器的反冲等。FATS采用微电脑（个人计算机）及10英尺高的屏幕为受训警察提供各种模拟工作实境的景象和声音。例如，有个危险的嫌疑犯在拥挤的大街上窜逃，警察应该对他开枪、让无辜的旁观者冒着生命危险甚至因此而送命吗？FATS系统提供一系列的培训场景，包括在家庭暴力场景中如何应对那些拿着武器的不安的犯罪分子。[23]FATS使受训警察有机会在安全但深具临场感的环境下练习，并且在瞬息间做出重要的决定。

长久以来，航空界采用仿真器培训飞行员。除了动感和听觉，飞行仿真器通常还包括动作，这虽然使成本大增，但也让培训更加现实。例如，美国太空总署（NASA）的Ames研究中心发展出一种虚拟的控制塔仿真器，价格大约在1 000万美元。受训者可以从塔台仿真器12面玻璃窗、360°的视野看到世界各国机场的景象。这个塔台可以模拟白天或晚上任何时间、任何气候状况，以及多达200架飞机和地面车辆的移动状况。

过去，模拟培训被认为是独立于计算机形式的培训；不过，随着多媒体技术的进步，两者之间的界限逐渐变得模糊。

在培训中将计算机与模拟结合起来的一个典型例子是CathSim。CathSim AccuTouch系统可以让医护人员在接触真正的病人之前模拟练习打针的过程，从而把计算机软件与触觉敏感的机器人结合起来，这样学生、护士和医生无须使用动物或人类做实验就可以获得真实的体验。[24]除此之外,CathSim 还提供受训者练习情况的报告卡片,并允许主管追踪受训者的培训进展状况。

CathSim 使用计算机和一个小型机器人工具箱,称为 AccuTouch,大约是一个纸质笔记本的大小。计算机程序允许使用者从一系列选项中进行选择,如病人是否为上年纪的女性或者是否吸毒等;接下来,屏幕中会出现一系列工具和针头型号供选择;之后,受训者将一个真实的针头插进 AccuTouch 工具箱中。工具箱里有类似于机器人的物体,模仿阻力及其他真实病人的胳膊上具有的要素。如果针头扎得不好,计算机程序就会发出"啊"的声音。Immersion Medical 公司,CathSim 的制造商,可以模拟接触反馈过程,这样外科医生就可以练习并改进手术缝合和打结技巧。[25]

研究证明了模拟培训的有效性。例如,有研究发现,受过模拟培训的飞行员和只接受空中培训的飞行员相比较,其熟练飞行技巧的速度是后者的两倍[26];而且,以仿真器进行培训的成本只是以实际设备培训飞行员的 10%,这个事实更凸显了两者差异的重要性。在一个完全不同的领域研究发现,对呼叫中心客服代表的模拟培训对他们的绩效有着重大影响。[27]

虚拟现实

虚拟现实(virtual reality,VR)是利用多种技术复制全部的实际工作环境,而不是仅仅模拟其中的几个方面。虚拟现实使得参与者置身于电脑生成的虚拟环境中,并可以根据头部和身体的移动改变虚拟环境的内容。[28]在这种三维的立体环境里,使用者可以互动并实时操控虚拟物体。

军队采用虚拟现实来培训人员,并持续投资这方面的技术。将战士们置于战场上可能会遇到的情境中对他们来说是非常有价值的经历,可以帮助他们更好地为战争作准备。另外,虚拟现实可能会向军队人员灌输压力观念,使他们在真正到战场上时,不容易产生心理问题。[29]

虚拟现实科技也被运用于维护军事装备。3D 软件开发商 NGRAIN 最近研发了一套虚拟现实系统,加拿大军队使用该软件维护 C130 Hercules 飞机。[30]借助虚拟现实系统,工程技师可以生成飞机发动机的 3D 景观,于是他只需将精力集中于子系统上。同样,工程技师也可以迅速看到维修任务的说明,在开始操作之前通过虚拟技术模拟整个流程。虚拟现实系统解决了在真实操作中可能面对的技术困难问题和时间花费问题,因为在这一系统下,程序都是在计算机上运行的。此外,加拿大军队还发现,相比于传统的基于教材的培训方法,学员借助虚拟现实技术可以更快速地完成飞机维护训练。

需要不断练习、远程执行的工作或者平常不易看到或接触的物体或流程,都适合以虚拟现实方式进行培训。虚拟现实培训也非常适用于极易对设备造成损害或对员工造成伤害的工作。例如,虚拟现实培训正成为训练内科医生开展冠脉支架置入手术的不二之选。[31]在虚拟现实培训中,内科医生通过人工循环系统来穿过导管,观察人体模型的血影造影片。虚拟现实技术可以提高内科医生的专业技能,避免把患者置于危险之中。

课堂指导和角色扮演

尽管被普遍认为"无聊",但如果课堂讲授结合其他的演示技术,课堂指导方式其实也可以很有趣。例如,可以通过录像带为上课的内容提供实际的案例,补充课堂讨论。在课堂上的案例研究和角色扮演(两者在本书有介绍)提供了受训者运用课堂所学的机会,并将这些知识转移到工作岗位上。讨论和解决案例的问题有助于受训者了解技术方面的资料与内容,角色扮演则非常适合培训人际交往技巧。如果做得好,角色扮演就让受训者有机会使用从书本、录像带、计算机或其他媒体所学的技能。[32]

培训类型

我们关注当今企业常见的培训类型:技能培训、再培训、跨职能培训、团队培训、创造力培训、读写能力培训、多元性培训、危机培训、伦理培训和客户服务培训。

技能培训

技能培训可能是组织中最常见的。流程相当简单:通过完整的评估来识别需求或不足;拟订具体的培训目标;开发实现这些目标的培训内容。在评估阶段,根据培训目标拟订培训效果的评价标准。

通常,技能培训被认为是给员工提供必要知识技能的一项单独任务;而在实践操作中,一些细节和步骤往往被忽略。因此,提醒员工有关培训中的关键信息和步骤,有助于员工将培训内容运用于工作中。绩效支持系统[33]是帮助员工迅速获得相关信息的电子化途径,通过这一电子途径,员工可以在实际工作中迅速判断接下来要遵循的正确步骤或者流程。绩效支持系统可以补充在培训项目中学到的技能,帮助员工回忆培训中因时间久而忘记的细节。在一个更简单和低技术水平上,培训者也可以给受训者提供手册和参考指南,以确保培训能够提高员工的工作绩效。这种类型的材料即工作辅助资料,能够给员工提供外部信息资源,保证他们在做决策和操作实际任务时能够快速获得帮助。[34]

绩效支持系统和工作辅助资料具有减少错误、提高效率的优势,使得员工能够快速获得关键技能信息而不用花时间记忆细节。尽管绩效支持系统和工作辅助资料无法替代培训,但它们是确保培训内容能够转换到实际工作中的重要补充;尤其是工作辅助资料,提供了一种可以迅速开发和运用的低成本方法。

再培训

作为技能培训的一种,再培训提供给员工所需的技能,以便他们能够跟上工作要求变化的节奏。例如,熟练的服装工人可能拥有一些诸如缝纫之类的传统技能,但是当公司对缝纫设备进行计算机化时,他们还是需要接受再培训的。可惜的是,尽管媒体经常强调再培训对于公司的重要性,但许多公司在更新设备时,并没有同步更新员工的技能。公司管理者错误地相信自动化意味着低技能的员工,但事实上,自动化往往需要具备更多技能的员工。再培训不仅可以帮助被雇员工提高技能,还可以为被解雇的或失业的员工提供培训帮助。

可惜的是,再培训计划并不总是能达到预期的效果。当北卡罗来纳州的一家纺织工厂Pillotex倒闭时,超过4 000名工人面临失业。[35]然而5年之后,这些人当中参加再培训的不到一半。Pillotex案例表明,只有当人们主动参与进来时,再培训计划才能发挥作用。此外,即使人们能够主动参加，再培训也并不适用于每一个人。一些人即使参加了再培训课程也仍然无法找到工作。当然，找不到工作并不是再培训的过错，也可能是由于总体经济形势，或者工人并不愿意参加新工作，等等。

跨职能培训

传统上，企业已经发展了专业化的工作职能和详细的工作说明。不过，比起专业化，当今的企业更强调多种技能的掌握。

跨职能培训可以帮助员工从事超出当前工作范围的工作内容，能够为雇主带来价值，因为它使现有员工拥有更多的技能，这种技能弹性比雇用新员工更加有效。对于员工来说，跨职能培训可以增强工作的多样性，帮助他们从一直重复的工作中解脱出来。

岗位轮换是让员工接触其他运作领域的有效途径，可以让他们学会承担其他领域的新职责。**同事培训者**（peer trainers）在开发必需的技能方面也是非常实用的一条途径。同事培训者能为参加跨职能培训的同事提供指导和示范。如果跨职能培训的那个职位要求具备特殊或额外的知识，那么一个正式的培训方案（如把在线培训和实际经验传授结合起来的整合方法）也许是跨职能培训最有效的途径。

为了使跨职能培训发挥有效作用，经理应该了解每一个操作领域需要具备哪些技能，以及哪些员工拥有相关的技能。在大型企业，可以利用软件访问和储存员工技能数据。不过，研究小企业如何进行跨职能培训更有意义。Auto-Valve 公司，一家位于俄亥俄州的航空阀门制造厂，拥有大约 40 名员工。[36] 运营经理认识到，当一名员工请假时，公司就很难完成全部日常任务。于是经理研发了一种记录必需工作职能（共 150 项职能）的电子数据表，并根据对公司运营的重要性对每一项职能进行评分。随后，该经理采用在线培训与实际经验传授相结合的方法给员工提供交叉培训，从最关键的一项职能开始。现在，Auto-Valve 公司至少有三名能够执行每一项工作职能的员工，能够执行缺勤员工职能的那些员工会被记录在一份电子表格中。如今，技能评估和开发培训计划是每一位员工的年度任务。由于跨职能培训提供了技能转换的灵活性，现在公司日常运营开展得更为顺利、平稳。运营经理还指出，该公司员工流失率有所下降，这可能是缘自交叉培训带来的工作多样性和挑战。

团队培训

团队已经成为公司的常见形式，许多业务的开展都需要发挥团队协作的作用。团队结构是高效的，但是团队层面的问题（如沟通和信任）可能是使团队无法发挥最大潜力的绊脚石。因此，就像个人一样，团队也需要培训。

基于两种基本的团队运作，团队培训可以分为两个领域：内容任务和团队流程。[37] 内容任务（content task）和团队目标直接相关，例如成本控制和解决问题。团队流程（group processes）是指团队成员运作的方式，例如团队成员彼此如何应对、化解冲突以及参与程度有多深入。不同于传统的个人培训，团队培训不仅包括内容技能，还包括团队流程。[38]

一项创新性的培训方法是将工作团队转移到厨房，作为改进团队流程的一种方式。[39] 烹饪式团队建设项目可以是竞争性的，包括团队之间有关菜谱的竞争；或者，可以设计成团队之间需要协作的情境,例如团队需要一起工作以准备一顿丰盛的晚餐。一家烹饪式团队建设公司为团队安排了各种各样的做菜任务,由烹饪教练提供基本的指导。每支团队有30分钟的时间准备菜肴。但是25分钟后,所有团队被叫停,并转移到左边一个工作台继续工作!在新的工作台,没人知道应该做什么。团队建设公司从中看到一系列应对这个问题的办法,包括询问刚刚离开工作台的团队,还包括每支团队留下一名成员帮助新团队完成菜肴的制作。这个练习关注团队之间如何更好地沟通,互相支持以改进总体的绩效。这种培训与工作场所具有较强的相关性,在工作场所环境始终是动态变化的,团队在任何时候都会面临无法预知的难题。

许多公司的现状是这些团队通常会包括一些不会定期面对面互动的成员。这些"虚拟团队"涵盖了来自全国各地甚至全球各地的成员,他们通过协作完成一个共同任务和目标。虚拟团队使得公司能够发挥拥有不同技能和背景的员工的作用,无论他们身居何地。虚拟团队的成员可以利用技术进行沟通,如电子邮件、电话会议、视频会议等。这些沟通方式可以减少把人们聚集在面对面会议中的差旅成本。尽管成本降低会使公司受益,但是团队的虚拟性质也会带来一些困难。例如,由于成员互不相识,团队就有可能在沟通、文化差异、技术问题及缺乏信任等方面遇到一些困难。

为了减少虚拟团队有效运作所面临的障碍,一些公司已经采取积极行动。[40]例如,Sabre公司对于新的虚拟团队开展团队建设座谈会,专注于制定团队目标、明确角色分工及建立团队认同感。

一项关于公司中虚拟团队实践的调查确定了虚拟团队培训中推荐探讨的一系列话题[41]:初始的面对面团队建设座谈会;技术的运用;沟通;团队管理。

在初始阶段,召开面对面的会议有助于建立团队成员之间的信任,帮助确立团队规范和团队使命。就技术的运用来说,为了确保所有虚拟团队成员学会使用相关软件及电话会议和视频会议技术,可能需要进行相关培训。沟通方面的培训能够增强地理上分散团队的文化敏感性,培养沟通礼节,确保决策制定过程的顺利进行。团队管理培训也有利于虚拟团队成员明确自己的角色、判断如何解决冲突、找出追踪团队进程的方法。

创造力培训

创造力培训基于创造力是可以通过学习来获得这样一项假设。传授创造力的方法有几种,试图帮助人们通过新的方式解决问题。[42]一种常见的方法是头脑风暴法(**brainstorming**),让参与者有机会思考并提出所能想象的任何疯狂的想法,而无须担心受到批判。当大量的新想法产生后,大家才开始针对各个想法的成本和可行性进行理性的判断。一般而言,创造力有两个阶段——想象和实践。[43]头脑风暴法最终会通过对备选方案的理性判断,找出能满足每个阶段要求的方案。图表8.5陈述了提升创造力的常见方法。

创造力培训的批评者认为培训的有效性难以衡量、效果不持久。尽管创造力培训的有效性有待讨论[44],但毫无疑问,不能支持创新的管理或工作氛围会限制创造力培训的效果。

图表 8.5　提升创造力的技术

创造力是可以学到的、开发的。以下方法可以用来提升受训者激发创新想法和解决方案的技能：
- 类比和比喻，进行比较或找出相似之处，可以加强对状态或问题的认识。
- 自由联想，描述问题时随意地联想用词，可以带来意想不到的解决方案。
- 个人类比，试着把自己视为问题，可以产生新鲜观点，甚至可能得出有效的解决方案。
- 心智图法，产生主题，并在各个主题之间画线代表彼此的关系，有助于识别这些主题及其相互之间的关联。

资料来源：Higgins, J. M. (1994). *101 creative problem solving techniques: The handbook of new ideas for business*. Winter Park, FL: New Management Publishing Company.

读写能力培训

在当前的经营环境下，写、说及与他人共事的能力是非常重要的。不幸的是，很多员工在这些领域并没有达到雇主的要求。美国的公司每年花费超过 30 亿美元，用于对员工开展相关的补救性培训。[45]

读写能力（literacy）这个词通常指对基本技能的掌握，也就是那些在中学阶段所学的东西（如读、写、算术，以及这些技能在问题解决方面的应用）。区分一般性读写能力（general literacy）和功能性读写能力（functional literacy）很重要。一般性读写能力指一个人总的技能水平，而功能性读写能力则指一个人在特殊内容领域的技能水平。如果一名员工读或写得足够好，可以完成重要的工作职责（如阅读指导手册、理解安全信息、填好订单等），那么他就具备较强的功能性读写能力。对于企业来说，最重要的不是员工的一般性能力缺陷，而是他们有效完成某一职能领域工作的能力。例如，普遍低水平的阅读能力可能会引起社会的关注，但如果员工无法理解安全信息或填写订单就会马上引起公司的关注。功能性读写能力会给公司的生产率和竞争力造成非常大的阻碍。职业安全与健康管理委员会（参见第 16 章）认为读写能力低下与工作场所的事故有着直接的关系。

功能性读写能力培训项目的重点是提高完成工作所需的基本能力，大多数员工想要获得帮助或者期望在工作中不断进步，这也会激励员工参与该培训项目。这类培训项目直接使用工作中的相关文件。例如，与阅读理解课程（传授通用型阅读技巧）不同，功能性培训旨在帮助员工更好地理解工作中必须使用的手册和其他阅读材料。

读写能力培训的途径多种多样，如在公司内部提供读写能力培训课程。以麦当劳为例，它给员工提供种类繁多的在线学习模块，包括读写能力模块。[46]而开展读写能力培训的另一条途径则是选择和当地学校合作，由学校为员工提供必要的读写能力培训。无论何种途径，

> **伦理问题**
> 对于欠缺基本技能的员工来说，公司在伦理上是否有义务提供读写能力培训？为什么？

提供培训提升员工的功能性读写水平是公司关注的重点。当然，这也是一笔支出。一项针对英国 700 多家公司的调查发现，大部分公司很关注新员工的读写能力问题。然而，大部分公司认为应该由政府解决读写能力问题。[47]

多元性培训

确保在同一家公司里工作的多元性群体员工能够彼此相处与合作,这对于公司的成功是极为重要的。如第4章所说,多元性培训计划(diversity training programs)是用来帮助员工了解具体的文化和性别差异,以及在工作场所如何应对这种差异。多元性培训对团队结构是特别重要的。这种培训必须涉及团队的所有成员(包括白人男性)才能成功,这些人可能将这种培训看成针对他们而有所排斥。[48]多元性培训的关注点应该是个人的优势和劣势,而不是笼统地强调团队之间的差异,这样对所有员工来说才能是积极的体验。将多元性和经营联系起来同样也很重要。例如,有效的组织在多元性培训中不会再从摒弃传统的刻板印象入手,而是阐述把不同背景的员工联系在一起的必要性。[49]柯达公司就为所有员工进行了培训,强调多元性对公司经营的重要性。[50]

危机培训

意外、灾难和暴力事件是人生难以避免的事情。诸如坠机、化学药品外溢和工作场所的暴力事件都可能对公司造成很沉重的打击。尽管如此,许多企业仍未对悲剧和后续处理做好准备。美国联邦紧急事务管理署(FEMA)在处理卡特里娜飓风给新奥尔良地区造成的破坏方面饱受批评。这家机构被控告拖延和处理不恰当,机构负责人也因管理失职而在一片批评声中辞职。

除了事后的危机管理,危机培训还应关注如何预防。例如,公司越来越警惕职场发生暴力事件的可能性,以及心怀怨恨的离职员工回来报复或对责任人配偶进行暴力攻击。预防性的培训通常包括以压力管理、冲突化解和团队建设为内容的座谈会。[51]

伦理培训

随着很多公司(如安然、世界通讯和泰科)出现的伦理丑闻不断公开,伦理培训(ethics training)在公司培训中变得越来越重要。尽管公司有关伦理的规定也是有用的,但通过伦理培训可以进一步阐释这些政策,帮助员工把规章制度运用于日常工作当中。在一项针对公司人力资源部门人员的调查中,大约1/3的被调查公司为员工提供了伦理培训。[52]通过伦理培训将公司在伦理方面的规定细化为实际的工作行为,这一点非常重要,可以提高伦理培训的有效性。创造一个既合乎道德规范又富有成效的职业环境意味着人们必须学会应对职场上的不道德行为。管理者笔记"这样做不对:通过培训帮助员工应对不道德行为"分析了培训如何使面临不规范职业道德环境的员工提高应对技能。

 管理者笔记:伦理/社会责任

这样做不对:通过培训帮助员工应对不道德行为

尽管公司采取了各种手段,但是不道德行为仍然时有发生。不道德的职业行为有多种形式,如不顾安全生产要求偷工减料、威胁恐吓、盗取公司机密等。职场中的威胁行为(如谩骂、诬告及过分索取)就极其常见。一项调查显示,62%受访者表示,他们在职场中曾遭遇威胁恐吓的经历。威胁恐吓及其他不道德的职业行为会对员工产生负面影响。如果此类攻击性行为持续进行的话,员工的满意度及生产绩效都会受到不良影响。有时一些不道德的职业行为没有被曝光,因为员工担心曝光后可能带来的负面影响,尤其是威胁者是公司上层。因此,给员工提供应对不道德行为的技能有助于减少攻击性行为,并且传递出公司坚守严格、积极整治不道德行为的信号。

针对公司不良职业道德行为的认知,尤其是教会员工如何应对这些行为的培训对员工而言会有很大帮助。例如,利用沟通技巧探讨如何应对不道德行为,能够提高员工的技能提高应对不道德职业行为的意识。然而,即使意识增强了、沟通技巧也得到了改进,有些员工仍然缺乏信心,不敢面对工作场所出现的不道德行为(如恐吓他人)。因此,给员工提供实际应对不良行为的培训便显得尤为重要,效果也更为明显。例如,通过角色扮演把应对不道德行为和行动反馈结合起来,既能提高员工应对技能,又能为员工树立信心。

资料来源:Sexton, T. L. (2009). Beating the bullies. *Intheblack*, 79, 58; Wells, A, Swain, D, Fieldhouse, L. How support staff can be helped to challenge unacceptable practice. *Nursing Management*, 2010, 16(9): 24—7; Kurtz, L, Kucsan, R. Close encounters: using scenario training to handle difficult employees. *T&D*, 2009, 63, 28—30.

客户服务培训

企业逐渐认识到满足客户期望的重要性。除了建立支持客户服务的相关理念、标准和体系,企业还要提供客户服务培训,培养员工满足甚至超越客户期望的技能。客户服务技巧,尤其是一线客户服务人员的服务水平,决定着一家企业的生存。优质的客户服务技能可以增加销售额、强化客户忠诚度,从而影响企业的发展。对一线员工进行客户服务技能培训,除了能够改善客户服务,也可以提高员工的工作满意度、降低员工离职率。[53] 帮助一线员工掌握客户服务技巧,不仅能够有效地提高员工绩效,还能够提高员工的幸福指数,使员工更加忠诚。当然,客户服务培训是为了提高客户服务质量。为了实现这个目标,站在客户的角度观察一件产品和服务是如何到达客户手里是非常重要的。例如,一家企业可能强调提供产品和服务的速度,于是训练员工如何最大化地提高效率和速度。然而,如果客户更在意产品质量及销售者的服务,那么尽管企业很努力也会错失机会。管理者笔记"基于客户的培训"讲述了如何从客户角度出发进行员工培训。

管理者笔记:客户导向的人力资源

基于客户的培训

如果一家公司没有客户,那么它的经营便难以维持。这个论述强调了把客户的立场纳入员工培训的重要性。但是,当客户评判公司的绩效时,他们注重什么呢?员工培训又如何能根据客户的评判标准提高服务能力呢?

一项针对客户的调查研究发现,服务时的互动情况是决定客户如何评判服务表现的一个重要决定因素。例如,服务人员的友好程度及其提供的帮助是决定客户评价互动体验的关键。这项任务可能完成得很好,但是客户还是很在意提供产品和服务的这个过程是如何进行的。因此,从客户的角度来看,提供产品或服务时人际方面的因素与技术方面的因素是同等重要的。

员工培训不仅仅是告诉员工与客户互动的重要性。收集与客户互动中具体的成功或失败案例,这有利于引导员工完善客户服务。因此,客户所提供的较好和较差的业务表现案例能够作为培训的基础,对改善客户服务具有非常重要的意义。例如,这些案例可以用来组织角色扮演,让员工练习如何应对客户提出的各种问题和出现的各种状况。因为客户是培训内容的来源,加强改善员工服务能力的培训就可以得到客户的认可。

资料来源:Groth, M., & Grandey, A. A. (2012). From bad to worse: Negative exchange spirals in employee-customer service interactions. *Psychiatric Services*, 2(3), 208—233; Johnson, L. (2002). Using the critical incident technique to assess gaming customer satisfaction. *Unlv Gaming Research & Review Journal*, 6, 1—12; Turel, O., Connelly, C. E., & Fisk, G. M. (2011). Service with an e-smile: Employee authenticity and customer usage of web-based services. *Information & Management*, 50, 98—104; Verhoef, P. C., & Lemon, K. N. (2013). Successful customer value management: Key lessons and emerging trends. *European Management Journal*, 31(1), 1—15; Victorino, L., Bolinger, A. R., & Verma, R. (2012). Scripting employees: An exploratory analysis of customer perceptions. *Cornell Hospitality Quarterly*, 53(3), 196—206.

8.4.4 培训效果评估

在培训流程的评估阶段,应该对培训计划的效果进行评估。公司可以采用货币或非货币的方法进行衡量。不管采用什么方法都必须判断培训在多大程度上满足了预先设定的需求。例如,一家公司当初设计培训课程是希望提升员工的效率,那么在评估时就应该以培训课程对生产率或成本造成的影响为重点,而不是员工的满意度。

在培训流程中,评估阶段往往会被忽视。这就好像进行投资,却不检验投资收益一样。计算投资收益要求对培训的成本和收益进行分析。收集所需资料和找出分析培训结果的恰当时间可能比较困难,但是公司至少要估计培训的成本和收益,即使这些资料无法直接进行评估。如果没有这些资料,公司就无法展现培训的价值,高层管理者可能觉得没有继续进行培训的理由。

评估培训的有效性不仅仅是简单地估计财务成本和收益。培训领域的四层次评估框架是被广泛使用的。[54]第一层次指受训者的反应,包括受训人对培训的满意度评价;第二层次指受训者学到多少东西,一般是通过技能练习进行评估的;第三层次指受训者的行为,可以通过对工作操作的观察来衡量;第四层次指结果,通常是通过投资回报率(ROI)等财务指标来评估。结果是最高层次的衡量,是对一个培训项目是否成功的最可取的方式。不过,其他层次特别是第三层次的行为,同样非常重要。

下面的案例具体说明如何应用四层次评估衡量培训效果。假设员工正参加公司提供的针对团队技能的培训课程。团队培训结束之后,员工需要完成一份调查问卷,包括员工认为这项培训计划是否实用、对培训师知识能力的评价等。回到工作岗位后,员工需要完成一个关于团队培训的在线测试,包含一系列题项,主要考察培训中提到的一些概念和程序。培训一周后,观察员工作现场观察受训员工的工作流程以及员工之间的互动情况,并做记录。一个月后,这些培训数据集中于一份电子数据表,用以反映成功执行的工作数量及出现失误的工作数量。

正如图表8.6所总结的,以上每次衡量数据与四层次评估中的一项紧密相关。第一层次的评估关注员工对培训项目的直接反应。积极的反应很重要,而第二层次的评估关注员工在多大程度上掌握了培训内容。培训中核心概念和程序的掌握很重要,第三层次的评估则关注培训课程对员工执行工作的影响程度。最后,第四层次的评估则是观察培训投入能否获得经济收益。

图表8.6 培训有效性:四层次评估

层次	测量的类型
1	参与者接受培训时的主观反应,如感觉十分有用
2	对培训内容掌握情况的客观衡量,如一次针对培训内容的考试
3	参与者在工作上运用新技能和知识的情况,如工作中的行为和决策是否改变
4	培训投入的财务回报,如投资回报率(ROI)估计

尽管培训支出的财务回报是重要的,但这并不总是培训效果的最佳衡量方式。一个较好的衡量是培训能否帮助实现经营目标。[55]在为生存而竞争的商战中,实现经营目标可能比成本—收益分析更为重要。

同样,评估的目标并不仅仅是为了评价。[56]对培训有效性的衡量反馈给员工,可以促进员工学习、提高工作动力。例如,企业可以通过行为数据的改变给员工提供反馈,让员工认识到自己在工作方面的进步。

8.4.5 法律议题和培训

与其他的人力资源职能一样,培训也受到法律规范的影响。这里主要的要求是采用不带有任何歧视的方式提供给员工培训和发展计划的机会。平等机会和反歧视的法律规定除了可以应用于其他人力资源职能,也适用于培训流程。

如第3章所讨论的,了解培训课程是否造成逆向影响是判断有无歧视的主要方法。如果获得培训机会的女性和少数族裔相对较少,则显示公司在培养员工方面对不同群体存在歧视。这种状况可能引发调查,公司必须澄清发展机会是基于工作需要且没有歧视倾向。

8.5 培训专题:导向培训和社会化

最重要的培训机会可能出现在员工刚进公司的时候。这时候,主管有机会通过**导向培训**(orientation)为新进员工确定基调。**导向培训**是让新进员工了解公司对他们的工作期望,以及帮助他们处理在过渡时期的压力。导向培训是招募流程社会化阶段的重要方面。

许多人会混淆导向培训和社会化。我们把社会化定义为包括几个阶段的一种长期流程,帮助员工适应新公司、了解公司的文化和期待及适应工作。我们把导向培训视为让员工了解新职位和公司的一种短期计划。许多公司将这样的导向培训称作入职培训(onboarding)。

社会化过程通常是非正式的。不过,这种非正式也就意味着缺乏计划、随意性较大。为了使新员工成为高效的员工,通过详尽和系统的方法对他们进行社会化是非常必要的。第一步应该是导向培训计划(orientation program),帮助新员工了解公司的使命、上下级关系及工作流程等。

社会化过程可分为三个阶段:(1) 期望;(2) 面对;(3) 安定。[57]在期望阶段(anticipatory stage),一般而言,求职者通过报纸和其他媒介、口口相传及与公众的联系等途径对公司和工作产生各种期望。这些期望当中有些可能不切实际,如果没有得到满足就会导致员工感到失望、绩效低落和高离职率。

现实工作预览(realistic job preview,RJP)可能是让员工对工作具有合理期望的最好方式。[58]正如字面的意思,现实工作预览提供有关工作需求、组织对在岗员工的期望以及工作环境的实际信息。这些信息的提供对象可能是求职者、刚被录取正式开始工作的员工。例如,应聘人寿保险业务员的人一开始就被告知这份工作潜在的缺陷,如佣金收入不确定、需要向熟人推销保险;当然,这份工作的积极部分也应该被提及,如个人的自主性、高收入的可能性。研究发现,现实工作预览对重要的组织产出指标(如绩效和人才流失等)具有积极影响。[59]

在面对阶段(encounter phase),新进人员开始工作并面临工作的现实。即使进行过现实工作预览,新进人员还是需要有关政策、程序、汇报关系、规则等信息。即使新进员工在其他地方累积了丰富的经验,这类信息也是很有用的,因为组织或工作部门的行为方式往往与员工过去习惯的方式有些差异。此外,提供有关组织和工作的系统信息可以给新进员工传递一个积极的信号——他们是组织中有价值的成员。

在安定阶段(settling-in phase),新进员工开始觉得自己是组织的一员。如果这个阶段顺利,员工就会对工作和他/她在工作部门中的角色感到很舒适。由资深员工担任新进人员顾问的员工导师计划(employee mentoring program),有助于确保这个阶段的成功(第9章详细介绍这种计划)。[60]

本章小结

培训和发展

尽管培训和发展常常被混为一谈,而且常常交替使用,但这两个概念其实是不一样的。培训通常聚焦于提供员工具体的技能,帮助他们纠正绩效不足的问题。发展是指提供给员工组织未来所需能力而进行的努力。

培训中的挑战

在培训计划实施之前,管理者必须回答几个重要的问题:(1) 培训真的能解决问题吗?(2) 培训的目标是明确且实际的吗?(3) 培训是一项好的投资吗?(4) 培训能起作用吗?

管理培训流程

培训流程包括三个阶段：需求评估、培训的开发与实施、评估。在评估阶段，识别组织的任务的和个人的需求，明确培训目标。有几种培训方案可以选择，培训地点可以分为在岗或离岗，培训方法也有不同的选择（幻灯片和录影带、远程培训、计算机、模拟、虚拟现实、课堂指导和角色扮演）。公司应该选择最适合的培训类型（例如，技能、再培训、跨职能、团队、创造力、多元化、危机及客户服务）达成目标。在评估阶段，评价培训计划的成本和收益以判断培训的效果。

培训专题：导向培训和社会化

企业应该特别关注员工的社会化。社会化过程的第一个阶段是为员工实施导向培训，或者让新进员工了解公司对其工作的期望，并协助他们处理转型过程面临的或多或少的压力。认识到员工社会化是一个长期的过程并仔细加以规划的公司和管理者将受益于低离职率。

关键术语

头脑风暴法（brainstorming）
跨职能培训（cross-functional training）
发展（development）
工作辅助资料（job aids）
读写能力（literacy）
导向培训（orientation）

同事培训者（peer trainers）
现实工作预览（realistic job preview, RJP）
模拟（simulation）
培训（training）
虚拟现实（virtual reality, VR）

视频案例

Wilson learning：培训。如果教师布置了这项作业，请访问 www.mymanagementlab.com 观看视频案例并回答问题。

问题与讨论

8-1 绩效问题在工作场所是非常普遍的。人们的努力似乎总是不够，工作场所的人际冲突似乎总是层出不穷，培训能够解决这些问题吗？如果能，应该进行哪种培训？可能还有哪些方案是合适的？

8-2 你认为培训在提高员工的积极性方面有什么效果。

8-3 读写水平低的员工可能会因尴尬和恐惧而不承认自己的问题；然而，他们会通过询问、观察他人及依靠他人非正式的协助来应对工作中的状况。如果读写水平低的员工能够有效地应对自己的工作环境,还会有其他什么问题呢?请解释你如何确定哪些员工需要接受读写技能培训。

8-4 以金钱衡量培训项目有效性很重要吗?为什么把衡量培训有效性放在首要位置?

8-5 培训提供给员工在工作上所需的技能。不过,许多公司处在动态的环境中,变化是常态化的。当工作职责是变动的目标,怎么才能识别出培训需求呢?

8-6 Simuflite,位于得克萨斯州的一家航空培训公司,打算使用 FasTrak 公司针对飞行员的计算机培训课程(CBT)参与竞争。然而,FasTrak 给了 Simuflite 公司当头一棒。在传统的地面教学培训中,飞行员聆听同学和培训师讲的"战争故事",之后通过询问问题来学习技能。利用 FasTrak 公司的技术,飞行员们要在计算机前面学习好几个小时以获取知识,他们唯一的交流就是轻触计算机屏幕回答问题,这种新鲜感很快就褪去了。飞行员们对这种基于计算机的培训开始感到厌烦。

a. Simuflite 公司的经历说明了交互媒体和基于计算机的培训有何局限性?

b. 在何种情境下,基于计算机的培训能够使受训者获益?

8-7 一份调查结果指出,受训者认为一名成功的培训师应该具备的特质为:掌握主题知识、适应能力、真诚及幽默感。你认为培训者还应该具备什么特质才能成功地开展培训?

8-8 本章的 Auto-Valve 案例说明了企业使用一个简单的电子表格确定哪些技能是至关重要的、应优先培训员工哪项技能。你如何通过电子数据表来确定培训应该包含哪些主题呢?对于表格中的行,可以列出潜在的培训主题(例如,技术能力、软技能及道德);而对于表格中的列,则需要制定自己的选择标准。例如,一个标准可以是战略重要性,另一个可以是经营(日常必须完成的工作)重要性等。

a. 如何运用这个矩阵模型确定培训内容?

b. 确定另外的标准。这些标准是否要给予不同的权重?你会怎么做?为什么?

c. 分别从短期角度和长期角度考虑你选择的标准,即哪些标准在短期是最重要的,可能是一年或者更短的时间。哪些标准长期来看更为重要呢?基于这两种角度,不同标准的权重会有所不同吗?

8-9 我们经常将那些需要改进绩效的领域(如更好的客户服务和更高的销售额)确定为培训目标。把这些作为培训目标会陷入什么误区?如果要以这些目标为基础设计培训项目,你会设计怎样的培训项目?

我的管理实验室

请根据教师要求,登录 www.mymanagementlab.com 完成写作题,系统将自动给出分数;也可以完成下列问题,分数由教师给出。

8-10 传统来说,员工培训主要是用来弥补不足。正如本章所描述的,你如何运用科学技术将培训转化成一项可以提高能力的工具呢?

8-11 培训通常用来改进绩效问题。请描述培训在什么情境下可以提高工作绩效、在什么情境下不能。

8-12 雇主要求对培训项目进行效果评估。请描述你会使用的效果评估的若干层次。

你来解决！科技/社交媒体　案例8.1

社交媒体与工作场所培训

正如管理者笔记"从弥补不足到提高能力：培训本质正在发生改变"所讨论的，社交媒体的运用有可能显著改变企业培训课程的开发。传统上，培训集中于向员工传递结构化的经验，这样所有员工才能知道如何正确地执行任务。传统的培训方法来自典型的工作环境，在这一环境中，工作任务是界定清晰的、重复性的操作，有明确的执行任务的途径。流水线工作便是一例。

如今，工作越来越向动态化发展，重复操作也逐渐减少。例如，在客户服务方面，很难预测客户对员工提出的意见和问题。要确认每一种可能出现的情况并制定精确的培训步骤，这是不可能的。其他动态工作场所还有基于项目的工作环境，以及受日新月异的科技和市场影响的快节奏的工作环境。

正如管理者笔记所讨论的，工作环境的动态性越强，对员工进行培训的意义就越突出。在一个动态环境中，我们不提供弥补现在或未来潜在不足的结构化培训，而是借助于科技（如社交媒体）给员工提供必要、及时的方向指导。

关键思考题

8-13 传统培训方法的目的是弥补不足。社交媒体的运用能够将培训的影响力转到支持绩效方面。你认为哪种方法更好？请解释。

8-14 社交媒体的运用使得培训能够随时随地满足培训需求。你认为培训评估的四层次法（反应、学习、应用和财务回报）能用来评估这种培训吗？请解释。

8-15 传统的弥补不足的方法和基于社交媒体的培训方法能否在同一家企业实施呢？请解释。

小组练习

8-16 与组员一起开发一种运用社交媒体的培训方法。你们的培训方法有何特征？你们是否可以开发类似 Facebook 的协作方法进行培训？为什么？

实践练习：小组

8-17 作为一个团队，请考虑以下两种情境：
1. 你是公司某个部门的经理，该部门是以生产为导向的，员工的技术熟练程度不高，部门的战略重点在于提高员工的可靠性和产品质量。

2. 你是公司某个部门的经理,该部门是以客户服务为导向的,员工是经过仔细挑选的,技术熟练程度较高,部门的战略重点在于通过创新和客户服务与同行竞争。

   a. 作为经理,请分别描述在这两种情境下最好的培训方法,并解释。

   b. 请分别描述你在这两种情境下开发有效的培训项目会采取的步骤,并与全班同学分享。

   c. 你在这两种情境下的培训方法的目标有何不同?它们在实施过程中有没有区别?请描述。

实践练习:个人

8-18 一个动态的工作环境仍然可能存在工作绩效方面的不足。例如,在人员甄选时出现问题,找到的员工并不具备必需的工作技能;或者,设备和操作程序已经发生实质性的改变。

   a. 找出导致工作绩效不足的原因。哪些不足可以通过培训来改善和消除呢?

   b. 最后,假定你处于一个动态工作环境中,你如何通过培训弥补绩效方面的不足呢?

你来解决! 客户导向的人力资源　案例8.2

成本与收益:评估经营情境是否需要培训

无论你是何种企业,要想在商场占有一席之地就必须懂得吸引和维系客户。如何做到这点呢?方法之一就是提供高质量的产品或服务。换言之,就是提供什么以及如何提供共同决定着一个买家是否会成为忠实的客户。培训是确保员工的技术性技能和客户服务技能能够满足客户需求的一种途径。

在做经营决策时,通常要考虑成本与收益两个基本要素。具体到培训中,主要包括以下两个问题:(1)培训能减少多少成本?(2)培训能增加多少收益?如果培训能够充分减少成本以及/或者增加收益,那么开展培训就极具商业价值。你能否判断收益和成本的潜在来源并评估其水平就是一项重要的业务能力。在此基础上,你应该根据具体经营情境决定员工是否需要培训。

关键思考题

8-19 回答案例中的两个问题,评估培训带来的直接成本和间接成本的节省对利润的影响,推测一年或两年后的具体数值。

8-20 正如您所了解的,培训可以增加收益,部分收益可能来自受培训影响而提高的客户服务质量,培训前和培训后客户满意度如图表8.7所示。

这些数字是客户在每一种满意度下的百分比,分别是员工培训前和培训后六个月的数据。一个关键的改变是"非常不满意,再也不会来"这一栏的百分比,从15%降至5%。

客户满意度

	非常不满意， 再也不会来	还好， 可能会再来	满意， 下次还会来
培训前	15	15	70
培训后	5	15	80

图表 8.7 客户满意度的变化

a. 10%的变化对利润意味着什么？假定一个客户每个月产生的收益是500美元，而你拥有500个客户。

b. 过去六个月因培训而产生的收益是多少？

c. 如果你有1 000个客户，那么会产生多少收益呢？

培训也可以通过减少一系列直接成本从而影响利润。例如，员工成本有所下降，这是因为绩效的提高能够减少加班时间。另一项成本减少则体现在退货量的下降，因为培训可以减少商品或服务提供过程的失误和损毁。

8-21 根据上题提到的直接成本以及你可能想到的其他直接成本进行估计。假定每一类成本可以减少10%，试估算因培训而产生的直接成本节省。

培训还可以通过减少间接成本来影响利润。这些成本可能并不那么显而易见，但仍然非常重要。例如，通过培训，员工学会如何更安全、更高效地处理材料和操作机器，工作过程中的安全问题及设备安全问题就可以得到改进。此外，通过培训，员工的工作满意度提高了，人才流失率也会下降。

8-22 假定培训使得人才流失率下降了10%；同样，假定一名员工的流失成本是离职员工薪水的1.5倍。在给定员工工资的情况下，估计员工流失率下降会节约多少成本。

小组练习

8-23 以小组为单位，选择一家企业和一种培训类型，估算由培训所带来的收益以及成本减少的情况，再估算培训成本。考虑有没有其他能够降低成本的培训方法。与班级其他同学分享你们的成果，你们小组会建议采取哪种培训方法呢？请解释。

实践练习：小组

8-24 以小组为单位，思考培训对技术层面和软技能的影响。例如，你们可以具体考虑以生产为导向的培训及针对人际交往技能方面的培训。

a. 采用案例中提到的标准估算收益和成本，这两类培训累计起来是多少呢？

b. 就增加收益而言，哪一种培训方法更好？

c. 还有别的降低成本的培训方法吗？与班级其他同学分享你们的发现和结论。

实践练习：个人

8-25 创建一份数据表（电子和纸质均可），包括本案例所讨论的收益和成本标准。在这个矩阵中加入技术层面（如生产技术）培训和软技能（如人际交流）培训的对比选项。使用该表格评定这两种培训方法。如何比较这两种培训方法呢?与班级其他同学分享你的数据表估测和结论。

资料来源:Howe, S. (2008). Training ROI revisited. *Fleet Maintenance*, 12, 32—33; Carman, M. (2013). Hitting the mark: using training needs analysis to improve customer satisfaction. *Training and Development*, 40, 10—11; Mattox, J. (2011). ROI: the report of my death is an exaggeration. *Training and Development*, 65, 30—31, 33; Rogers, S. S. (2013). Great expectations: making ROI successfully work for you. Training and Development, 40, 8—9.

你来解决!伦理/社会责任　案例8.3

伦理挑战

管理者笔记"这样做不对:通过培训帮助员工应对不道德行为"论述了如何培训员工应对不道德的职业行为。给员工提供这样的培训是考虑到他们可能会遭遇不道德的职业行为,这个时候他们需要相关技能以处理这种状况。

关键思考题

8-26　如果你有一套清晰的伦理标准,你是否有必要参加如何应对不道德行为的培训?为什么?

8-27　应对某人的不道德行为是否会有风险?如何最小化该风险?

8-28　使用图表8.6提供的评估框架,伦理培训能改善其中的哪一层面?

小组练习

8-29　与其他小组成员一起,讨论培训如何帮助员工应对不道德行为。
　　　a. 如何将这次培训的效果最大化?
　　　b. 小组其他成员是否认为伦理培训是个好办法?为什么?
　　　c. 请与班级其他同学分享你们的结论。

实践练习:小组

8-30　组成小组,列举大学生可能有的一些不道德行为。对于每一个例子,判断其他同学对不道德行为的挑战能否奏效,是会给自己带来风险?请给出原因。

8-31　你认为学生能够从伦理培训中获益吗?为什么?请与班级其他同学分享你们的观点。

实践练习:个人

8-32　列举一些不道德行为(可以是在大学校园,也可以是在工作场所)。
　　　a. 什么样的行为反映威胁和恐吓?
　　　b. 应如何运用这些例子于培训当中,从而帮助应对这些不道德行为?

你来解决！全球化 案例 8.4

外派人员培训

跨国外派任务对员工来说既是一次激动人心的机会，又是一次挑战。无论这个机会是多么让人兴奋或使人谨慎，帮助员工为成功外派做好准备可以使每个人受益。正如管理者笔记"跨国派遣与培训需求"所讨论的，对于外派员工来说，应考虑一系列的培训需求。具体来说，东道主国家、工作类型及员工特质这三者是潜在的培训需求来源。

对外派任务准备不充分可能导致无法顺利完成工作，甚至导致更长远的成本损耗，如企业错失国际机遇。外派回国的员工准备不足也会对工作绩效造成负面影响，甚至导致员工对公司不满意，从而决定另谋出处。因此，判断外派人员的培训需求是经理要重点考虑的问题。

关键思考题

8-33 你如何从东道主国家、工作类型及员工特质三个方面评估培训需求？

8-34 你认为这三种潜在培训需求（东道主国家、工作类型及员工特质）的重要性是一样的还是有所不同。也就是说，工作能力上的不足是否比文化胜任力方面的不足更为重要呢？

8-35 如果时间或者预算有限，应优先哪一方面的培训呢？

8-36 你要如何评估外派人员的培训效果呢？

8-37 对外派回国的员工进行培训也很重要。你如何评估外派回国工作人员的培训效果呢？

小组练习

8-38 组成小组，一起讨论针对外派回国人员的培训。
   a. 大家是否支持对外派回国人员进行培训？
   b. 如何知道培训是否有效？
   c. 分享小组对外派回国人员培训的看法以及如何评估培训效果。

实践练习：小组

8-39 在外派人员培训或外派回国人员培训中，你们可以自己选择一项，也可以由老师分配。以小组为基础讨论以下三种可能的培训需求来源：东道主国家、工作类型及员工特质。
   a. 你们如何评价每一来源的培训需求？既可以针对外派人员也可以针对外派回国人员。举例来说，你们是否会通过调查，面谈或者其他方式来评价呢？
   b. 你们会衡量什么？也就是，你们的调查和面谈中会包括什么问题？请举例说明。
   c. 与班级其他同学分享你们的方法。

实践练习：个人

8-40 培训效果很重要，对外派人员的培训也不例外。请你从培训效果评估的四层次（第一层次为反应；第二层次为学习；第三层次为行为；第四层次为投资财务回报）进行考虑：
   a. 如何利用每一层次的标准衡量外派培训和外派人员回国培训的有效性？

b. 请给出每一层次衡量方法的具体例子。

c. 哪一层次的衡量更适用于评估外派人员的培训效果？为什么？

d. 哪一层次的衡量更适用于评估外派回国人员的培训效果？为什么？

第 8 章注释内容
请扫码参阅

第 9 章 职业生涯发展

我的管理实验室® ★ 当你看到这个图标时,请访问 www.mymanagementlab.com 以获取配套练习题,并及时反馈练习结果。

▶▶▶ 挑战

阅读本章之后,你能更有效地应对以下挑战:
1. **理解**职业生涯发展计划的成功需要什么。
2. **熟悉**职业生涯发展中面临的挑战。
3. **学会**在有效的职业发展中应对挑战的对策。
4. **培养**自我发展的能力。

Tom 曾经很高兴能在男性服装公司找到一份工作。两年前他从市场营销专业大学毕业后,就开始从事这份工作。他本以为在公司会有很多的机会,并且正好专业对口。但是,他刚刚从一个朋友那听说另一家公司正在市场领域寻找更有才能的人,朋友建议 Tom 考虑一下跳槽。

Tom 不由自主地想:在另一家公司工作会怎么样?另一个职位是否意味着会有更好的机会?他发现他在思考的这个问题和他对现任老板的满意程度有关。另一份工作会比现在老板给他的机会多吗?他是否有机会运用技能并进一步提高呢?有机会学习新技能吗?会遇到具有挑战性的工作机会吗?能否增强他的市场竞争力?他对自己的职业发展状况满意吗?

对新工作的预期迫使他思考自己在公司是否有发展空间。他的工资水平是否按他期望的比例增长?他的职位头衔怎么样?如果努力能否走得更远?他在公司的发展路径是否清晰?还有没有上升的空间?

对另一条职业路径的期待所产生的这些问题使 Tom 感到不舒服。他对于问题的答案不是那么的清晰和积极,并因此而感到困扰。他不确定要怎么做,但是意识到职业生涯不会自行发展,而是需要计划和管理;同样,他清醒地意识到必须对自己的职业生涯负责,没有人能代替他自己。

管理者视角

Tom 对职业生涯的思考很正常。一个岗位空缺、一次周年庆典、一个完成或未完成的既定目标——所有可能的原因,会导致人们考虑在公司的位置及自己职业前景。

作为一名管理者,强调员工职业生涯发展的重要性可以提供一些保障,当这些诱导因素发生时,员工不会因追求其他发展机会而离开公司。给予员工成长和发展的机会可以确保员工队伍跟得上不断变化的市场环境的步伐。另外,如果对员工进行职业发展方面的投资,你就更容易留住他们,而不是眼看着他们被竞争对手吸引过去。

企业和员工通常要共同负担职业生涯发展的职责。作为管理者,你一方面要考虑自己的职业生涯发展,另一方面要考虑下属员工的职业生涯发展。作为责任的一部分,你可能要参与正式或非正式的导师制。

在本章,我们讨论管理者如何管理自己和他人的职业生涯发展。首先,我们界定职业生涯发展;其次,我们探讨与职业生涯发展相关的一些主要挑战,并提供一些帮助管理者避免此类问题的方法;最后,我们讨论自我发展。

知识点学习

如果教师布置该项作业,请登录 www.mymanagementlab.com 查阅你应该特别关注的知识点,并预习第9章。

9.1 什么是职业生涯发展

第8章指出职业生涯发展和培训是不一样的。职业生涯发展的关注重点较多、时间较长,且范围较广。培训的目的在于改善绩效,职业生涯发展的目标是让员工具备更多的能力。**职业生涯发展**(career development)并不是一次培训计划或职业生涯规划研讨会便可达成,它是一种持续进行的有组织、正式化的努力,把人看作重要的组织资源。[1]

尽管职业生涯发展领域相对比较新,但已经发生了翻天覆地的变化,主要是由于近三十年来职业机会和路径已不再像以前那么结构化、可预测。[2] 组织的安全性和终身的雇佣关系已经不复存在,组织精简和技术变革现在是这个商业世界的特征。

对于大多数的雇主和雇员来说,工作场所的巨大不确定性使得工作的安全性与忠诚度被技能的市场竞争力代替。传统上,一个工人的职业生涯是由在同一个组织中不断上升的职位所组成的。在一个组织中，尽管正规的路径依旧可以定义一个人的职业生涯，但现实是，许多工人的职业生涯并不限于一个组织。对于现在的很多工人来说，职业生涯可能有很多的方向，并且在多个组织中完成。

尽管经营环境不确定，但职业生涯发展依旧是一项很重要的活动。企业要想成功就需要拥有技能和充分投入的员工，而职业生涯发展对于管理者招募和留任这样的人才是非常重要的。[3]但是，只有雇主和雇员的动态需求获得满足后才可以这么做。

20世纪70年代，大多数组织的职业生涯发展计划是为了满足组织的需求（例如，为可预测的管理职位空缺培训员工），而不是为了满足员工的需求。[4]现在，职业生涯发展通常是为了满足雇主和员工的需求。图表9.1显示如何结合组织和个人的职业需求，建立成功的职业生涯发展计划。许多组织将职业生涯发展作为避免员工工作倦怠（参阅第16章）、改善员工工作生活质量、遵循平权行动指导的方法。[5]

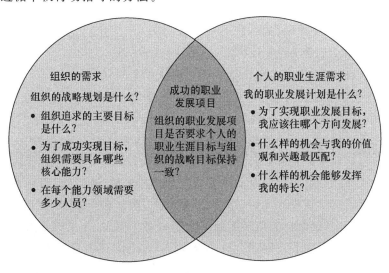

图表9.1　成功的职业生涯发展体系：组织需求和个人需求的结合

资料来源：Gutteridge, T. G., Leibowitz, Z. B., and Shore, J. E. (1993). Organizational career development: Benchmarks for building a world-class workforce.

这个变化的重点在很大程度上是由一系列的竞争压力（如组织结构的精简和技术变革）和员工要求有更多的成长和技能开发机会共同导致的。[6]这些因素使得职业生涯发展比以往更加困难，不再有一系列严格的工作层级可以很容易地搭建一条职业路径。今天的职业发展要求员工积极参与思考其职业生涯可能的发展方向。

如果组织想在日益激烈和全球化的市场环境中站稳脚跟，它必须把职业生涯发展作为一个核心的职能战略。[7]在信息时代，公司更多的是依靠员工的知识、技能和创新水平，而不是劳动力成本或制造能力。[8]因为职业生涯发展是公司维持有竞争力员工队伍的保证，所以不能只在经济形势好的时候才进行。

9.2 职业生涯发展的挑战

尽管当今大多数企业人员认为公司应该投资职业生涯发展,但对于应该采取什么方式却不是那么清楚。在讨论职业生涯计划之前,我们先探讨管理层需要面对的三个主要挑战。

9.2.1 谁来负责?

第一个挑战是决定职业生涯发展活动最终应该由谁负责。在传统官僚制的企业里,职业生涯发展是为个体员工进行的。例如,公司可能由评价中心识别出具有担任中高层管理者特质的员工。一旦识别出来之后,这些员工会被安排各种培训计划,如特别的项目任务分派、国际性部门的职位、经理培训计划等。这些员工虽然了解公司的计划,但不会积极参与职业生涯发展的决策。

> **伦理问题**
> 公司要为员工的职业生涯管理担负多大的责任?公司可以为员工的职业发展负太多责任吗?在什么情况下这对员工来说是有害的?

相反,许多现代组织认为员工必须积极参与自己的职业生涯发展计划的规划和执行。近年来,持续的并购、组织精简让各个管理层级了解到不能依靠雇主为他们规划职业生涯,沿着组织层级自上而下交付决策责任的授权运动也加速了经济动荡。所有这些变革促使企业鼓励员工承担起自己职业生涯发展的责任。我们在本章最后讨论个人发展战略。

职业生涯发展在当今组织中可以多种方式展现。越来越多的组织将职业生涯发展的责任转移给员工。尽管员工授权方式有积极的影响,但如果做得过头就可能适得其反。当今组织的结构比较扁平,晋升机会比起传统官僚体系组织要少得多,如果赋予员工自行管理职业生涯发展的全部责任就可能会有问题。员工至少需要得到职业生涯发展应该有哪些步骤的一般性指引。

正如管理者笔记"正确看待跨国职业发展机会的增加"所讨论的,员工将全球化经历看作发展职业生涯的一条路径。但是,作为一名管理者,你可能需要了解员工承担跨国工作安排的动机和期望。

 管理者笔记:全球化

正确看待跨国职业发展机会的增加

跨国派遣可以被看作职业晋升的一种手段。员工可能会寻找或接受一项跨国派遣,因为他们把它看作一个令人激动的、能推进职业生涯的机会。不幸的是,期望和现实可能并不相符。如果跨国派遣没有达到预期,结果可能是一个很失望的员工对工作的满意度很低,甚至可能会寻找别的工作以改变职业生涯。作为一名管理者,你应该做些什么以避免这种消极的后果并阻止一个潜在的有价值员工离职?

图表9.2列出跨国派遣经历的几个阶段。外派人员在每个阶段都会产生可能无法满足

的预期。作为一名管理者,你可以采取一些措施以确保员工产生现实的预期,避免以后面对一个不满意的员工。

图表 9.2　跨国派遣阶段

动机	任务特点	外派回国
为了逃避现实还是寻求发展机会	不可理喻的积极期望还是认识到了挑战	期待重大的晋升还是有现实的预期

在第一个阶段,员工会将跨国派遣当作离开的一条途径。一名员工可能会被家庭和经济的各种问题困扰,一次跨国派遣机会可能是帮助他们摆脱这些问题的方法;或者,员工可能把国际派遣看作发展知识和技能的挑战与机会。

在第二个阶段,员工可能会对跨国派遣充满期待。员工可能会期待一个与众不同的、能提供重要支持的国际情境;或者,员工可能会认为外派地交通不便、科技不发达,预期会有一个困难的经历。

在第三个阶段,外派员工会对回国后的工作充满期待。例如,员工可能会期待在跨国派遣任务结束后能晋升到更高的职位,拿到更多的薪水。

一次跨国派遣可能是一个很重要的成长机会,并且能提供独特的职业发展机会。但是,不现实的期待可能会导致潜在的积极结果变成消极的。为了避免这种情况,作为一名管理者,你可以遵照图表 9.3 的总结进行操作。

图表 9.3　管理者在跨国派遣中的行为

阶段	管理者的行动
• 动机	让员工把跨国派遣看作一个发展机会
• 任务特点	员工应该对跨国派遣具有一个准确的评价
• 外派回国	当员工回来时,需要对他们的工作做出一个现实的评价

从第一个阶段来看,员工需要理解承担跨国派遣任务本身并不能解决个人问题。如果有家庭关系上或经济上的问题,他们最好不要走,否则这些问题在国外派遣期间可能会变得更糟。作为一名管理者,你要确保让员工意识到跨国派遣是一个发展的机会而不是一条逃避现实的途径,你可以强调国际经历可以使他们获得新的经历、技能和人际网络。

员工还要对跨国派遣具有一个现实的认识。员工必须对即将面临的国际环境和在工作中即将遇到的挑战具有一个尽可能准确的认识。你要确保员工了解尽可能多的信息。

你还可以帮助员工对回国有一个现实的期望。员工可能会期待国际经验能用于新工作,或者这个经历会让他们在公司拥有一个更高的职位。这些期待可能是不切实际的,最好不要让他们这么想以免日后会失望。员工可能没有晋升空间,并且可能会被要求回到原来的工作岗位。如果是这种情况,员工至少会对回国后的安排产生合理的期望。

资料来源:Harvey, M., Buckley, M. R., Richey, G., Moeller, M, and Novicevic, M. (2012). Aligning expatriate managers' expectations with complex global assignments. *Journal of Applied Social Psychology*, 42, 3026—3050; Selmer, J., and Lauring, J. (2012). Reasons to expatriate and works outcomes of self-initiated expatriates. *Personnel Review*, 41, 665—684; Shaffer, M. A., Kraimer, M. L., Chen, Y. P., and Bolino, M. C. (2012). Choices, challenges, and career consequences of global work experiences: A review and future work agenda. *Journal of Management*, 38, 1282—1327.

9.2.2 应在多大程度上关注职业生涯发展

职业生涯发展是企业投资人力资源的一种积极方法；不过，过于注重职业生涯发展可能对企业效能产生不利影响。[9] 过度关注职业生涯发展的员工会更关心自身的形象而不是绩效。[10]

很难界定员工对职业生涯发展有益的重视在什么程度上就变成过度了。不过，管理者必须注意观察几个警示信号：

- 与良好的工作绩效相比，员工是不是对于晋升机会更有兴趣？
- 员工有没有投入更多的精力经营在他人眼里的形象，而不是考虑工作责任和技能等级？
- 与工作绩效相比，员工是不是更重视人际网络、奉承他人和出席社交场合？从短期来看，采取这类策略的人通常获得不错的晋升机会；但是，他们工作上迟早会碰到无法处理的职责或问题。

无论如何，研究发现这样的策略的确有助于员工在公司的晋升。[11]

管理者应该警惕，如果这类计划让员工对晋升产生不切实际的期待，职业生涯发展计划可能造成严重的反效果，包括员工的不满、绩效低下和离职。

9.2.3 如何满足多元化员工的需求

为了满足当今多元化员工对职业生涯发展的需求，企业必须破除员工晋升的障碍。美国政府在1991年首次对"玻璃天花板"的大规模研究发现，女性和少数族裔不仅被排除在高层经理职位之外，甚至也被排除在基层管理者和主管职位之外。这项研究显示，女性和少数族裔经常被排除在非正式的职业生涯发展活动之外，例如人际网络、导师制以及加入政策制定委员会。除直接的歧视外，造成女性和少数族裔遭到排斥的原因还包括非正式的口口相传的招募方式，公司不重视平等就业机会的招募规定，缺乏导师以及公司过快地挑选出有发展潜力的员工。[12] 在最初的揭示"玻璃天花板现象"政府研究的二十年后，阻碍少数族裔和女性晋升的因素依然存在。例如，最近的数据表明，女性大约占美国工作人口的47%，但是在"500强企业"中，只有不到3%的CEO是女性。[13]

另外一个需要特别考虑的就业群体是**双生涯夫妇**（dual-career couple）。大约80%的夫妻是双职业夫妻，双薪家庭正逐渐取代单薪家庭成为主流形态。[14] 当配偶双方都考虑职业生涯发展问题时，个人生活就会变得复杂并且对职业生涯产生影响。如果夫妻当中一方在别的地区有晋升的机会，对夫妻双方和彼此服务的公司都会产生大考验。

组织和双生涯夫妇都可以采取措施以解决双职业问题。与其等待危机的来临，不如由夫妻双方通过计划他们的职业生涯及讨论如果有选择的话应该怎样做来解决双方职业生涯中的冲突。组织处理双职业的方法包括弹性工作时间、远程办公(参阅第4章)及幼儿照管服务(参阅第12章),这些措施已经变得越来越普遍。

9.3 应对有效职业生涯发展的挑战

职业生涯发展计划的建立包括三个阶段:评估阶段、指导阶段和开发阶段。图表9.4中这三个阶段虽然是分开的,但在实际的职业生涯发展计划中通常是混在一起的。

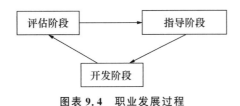

图表 9.4　职业发展过程

9.3.1　评估阶段

职业生涯发展评估阶段可以分为自我评估和组织评估。不论是由员工自行进行或由组织提供,评估目的都是找出员工的专长和弱点。这种评估有助于员工:(1)选择可以实现并且适合自己的职业生涯;(2)判断实现生涯目标需要克服的弱点。图表9.5列举了一些常见的评估工具。

图表 9.5　常见的评估工具

自我评估	组织评估
生涯规划工作手册	评价中心
生涯规划研讨会	心理测验
生涯网站	绩效评估
	晋升潜力的预测
	接班人计划

自我评估

对于那些希望员工自主控制职业生涯发展的公司来说,自我评估变得越来越重要。传统上,自我评估的主要工具包括生涯规划工作手册(career workbook)和生涯规划研讨会(career planning workshops)两种。不过,现在越来越多的在线网站提供自我评估,协助你制定现实可行的职业目标。例如,CareerOneStop是美国劳动就业和培训管理局主办的,提供各种各样的自我评估工具。登录网站 www.careeronestop.org,点击"Explore Careers"这个专题就可以了。

除了通常的职业生涯规划工作手册和网站提供的练习,公司还可以自行制作工作手册和职业生涯网站,说明工作手册中职业生涯方面的政策和程序、组织内职业生涯发展路径和其他可能的选择。

生涯规划研讨会可以由公司的人力资源部门主办,或者由咨询公司、当地大学的外部机构提供。这种研讨会传递给员工组织内职业生涯发展选择机会的信息,也可以针对员工对职业生涯的期望和战略提供反馈意见。生涯规划研讨会的大多数参与者是自愿参加的,有些公司在上班时间开展这样的研讨会以展现对员工的承诺。

无论是生涯规划工作手册、研讨会还是网站在线测试,自我评估通常包括技能测评练习、职业兴趣量表和明确价值观。[15]

- 技能测评练习是用来识别员工的技能。例如,工作手册里的练习可能要求员工简要列举自己的成就。在员工列举了一系列成就(如列举了五项成就)后,他/她判断取得这些成就所涉及的技能。在研讨会中,参与者可能分组分享彼此的成就,然后整个小组帮助识别这些成就所牵涉的技能。

另外一种技能评估练习是列举出各种技能,要求员工必须对两个维度的技能评分:他们对这些技能的熟练度,他们喜欢使用这些技能的程度。然后就他们的评分对每项技能计算出总分,例如熟练度的评分乘以偏好度。图表9.6提供了这种技能评估方法的一个例子。得分低于6表示弱点或者不喜欢,而得分为6或高于6则表示长处。这种计分模式能够引导员工了解最适合自己的职业生涯类别。

图表 9.6　技能测评练习示例

用下面的评价表对自己的各项技能进行评分,评分内容包括自己对这些技能的熟练度和偏好度。
熟练度:　　　　1. 仍在学习中　　　2. 有能力　　　　　　　　3. 熟练
偏好度:　　　　1. 不喜欢使用这项技能　2. 不是特别喜欢或讨厌这项技能　3. 真的很喜欢使用这项技能

技能领域	熟练度	×	偏好度	=	分数
1. 解决问题	＿＿＿		＿＿＿		＿＿＿
2. 团队演示	＿＿＿		＿＿＿		＿＿＿
3. 领导力	＿＿＿		＿＿＿		＿＿＿
4. 总结	＿＿＿		＿＿＿		＿＿＿
5. 谈判	＿＿＿		＿＿＿		＿＿＿
6. 冲突管理	＿＿＿		＿＿＿		＿＿＿
7. 计划安排	＿＿＿		＿＿＿		＿＿＿
8. 代表	＿＿＿		＿＿＿		＿＿＿
9. 参与管理	＿＿＿		＿＿＿		＿＿＿
10. 反馈	＿＿＿		＿＿＿		＿＿＿
11. 规划	＿＿＿		＿＿＿		＿＿＿
12. 计算机	＿＿＿		＿＿＿		＿＿＿
13. 社交媒体	＿＿＿		＿＿＿		＿＿＿

- 职业兴趣量表是用来衡量一个人的职业兴趣。现在有各种各样现成的兴趣量表可让员工评估自己对哪种职业最有兴趣,其中最有名的是斯特朗职业兴趣量表(Strong Vocational

Interest Inventory)。[16]它要求个人列举各种活动(例如,和老年人做生意、发表演讲、慈善募款等),请使用者评估自己对这些活动兴趣的强弱。对衡量表题目反应的评分经过计算后,可以找出使用者对哪些职业的兴趣与该领域的从业人员是相同的。

- 明确价值观是对个人价值观进行优先排序。典型的价值观确认练习会列举出各种价值观,然后要求使用者评估自己对这些价值观的重视程度。例如,员工可能被要求对安全、权力、金钱和家庭在人生当中的重要性加以排序。知道自己优先的价值观,有助于员工做出理想的生涯选择。管理者笔记"找出你的职业锚"提供一种以价值观为基础的职业生涯发展方法。它用八个题目描述职业锚,并且对于如何管理不同类型的职业锚向管理者提出建议。

 管理者笔记:伦理/社会责任

找出你的职业锚

当职业发展方向与你真正想要的一致时,你会发现自己的工作很有意义、很满足。那么,为员工提供与核心价值观相匹配的工作经历对管理者来说仅仅是伦理责任吗?

埃德加·施恩(Edgar Schein)博士是麻省理工学院的一位教授,根据员工期望从职业中获得什么提出一个概念,叫"职业锚"。以下核心价值观可以被认为是职业锚。为了确定一个人的职业锚,请他/她从八种描述中选择最能代表其想法的。

职业锚评估

1. 我认同自己的专业并喜欢运用我的技术;
2. 我喜欢工作内容较宽泛,并愿意承担责任;
3. 我喜欢独立工作;
4. 我喜欢稳定和可以预知的环境;
5. 我喜欢迎接新事物的挑战;
6. 我希望把世界变得更美好;
7. 我喜欢竞争,愿意解决问题;
8. 我希望在生活中获得平衡。

即使你确定了员工的职业锚,接下来你会做什么呢?工作性质会让一名员工表达他或她的职业锚。你可能发现工作可以组织得更有灵活性,从而帮助员工表现出他或她的职业锚。下面针对八种类型的职业锚列出管理者可以采取的不同管理方法。

不同职业锚的基本管理启示

1. 给员工制定工作标准和做导师的机会;
2. 给员工领导项目或团队的机会;
3. 让员工承担起内部顾问的角色,并且处理工作场所的问题;
4. 让员工知道他可以选择留在当前岗位;
5. 给员工新项目,让他以内部创业者的身份提出观点;

6. 给员工承担公司活动的责任,如多元化,或者与慈善团体打交道的机会;
7. 给员工设定有风险的目标,授权他或她为实现目标做出决策;
8. 给员工提供灵活的工作时间安排,以及在家工作的机会。

资料来源:Barclay, W. B., Chapman, J. R., and Brown, B. L. (2013). Underlying factor structure of Scheen's career anchor model. *Journal of Career Assessment*, in press, online version downloaded from jca.sagepub.com on June 23, 2013; Danziger, N., Rachman-Moore, D., and Valkency, R. (2008). The construct validity of Schein's career anchors orientation inventory. *Career Development International*, 13, 7—19; Kanchier, C. (2006, May 6). What anchors your career? Workplace unhappiness may simply be a matter of a poor personality fit. *Calgary Sun* (Alberta, Canada), News section, 62; Rodrigues, R., Guest, D., and Budjanovcanin, A. (2013). From anchors to orientations: Towards a contemporary theory of career preferences. *Journal of Vocational Behavior*, 83, 142—152. Wils, L., Wils, T., and Trembley, M. (2010). Toward a career anchor structure: An empirical investigation of engineers. *Relations Industrielles*, 65, 236—254; Wong, A. L. Y. (2007). Making career choice: A study of Chinese managers. *Human Relations*, 60, 1211—1233.

组织评估

一些组织传统的甄选工具(参阅第 5 章)对于职业生涯发展也是有价值的,例如评价中心、心理测验、绩效评估、晋升潜力预测和继任计划。

- **评价中心**(assessment centers)是情境测评,诸如面试、文件筐练习及商业游戏,通常用来甄选管理人才。以发展为导向的评价中心主要是为员工提供反馈意见和方向指引。[17]评价中心评估特定工作所需的能力,并提供给参与者反馈意见,说明测评过程发现他们能力所具备的优势和弱点。

与其他很多工具一样,评价中心已经被开发成一套计算机程序。[18]例如,一套评价管理技能的计算机测评工具包括教练、问题解决、团队建设等几个模块。许多是模拟工作场所的情境,这样就可以针对员工的业绩、需解决的问题、需处理的冲突等进行评价。基于员工在这些情境中的业绩表现,这个程序为该员工提供一项职业生涯发展计划。

多项研究结果表明,评价中心对参与者的确有显著的、积极的影响,即使在评价中心测评结束好几个月之后。

- **心理测验**(psychological testing)。有些公司还采用心理测验帮助员工更好地了解自己的技能和兴趣。这些测验可以衡量人格和态度,兴趣量表就属于这种类型。[19]
- **绩效评估**(performance appraisal)是职业发展信息的另一个重要来源。不幸的是,绩效评估往往局限于对过去绩效的评估,而不是以未来的绩效改进和发展方向为导向。未来导向的绩效评估可以让员工了解自身的优势、弱点以及对他们有用的职业生涯路径。绩效评估并不是一个简单的考评,它应该包括学习并获得业绩的改善及未来发展的方向。[20]
- **晋升潜力预测**(promotability forecasts)是管理者对下属晋升潜力做出判断。这种预测让公司可以识别出具有高度晋升潜力的人才。[21]然后,公司为这些潜力大的员工提供各种培训计划(例如让他们参与经理培训研讨会),以帮助他们发挥晋升潜力。
- **继任计划**(succession planning)是为填补经理职位而做好接班人准备。继任计划意味着根据公司的战略计划对职业发展需求进行检验,通过正式的方法找出公司未来的方向和挑战,进而判断新的领导者须具备哪些能力。[22] 然后,公司在组织内外挑选接班的人选。一旦潜在候选人名单确定,组织会以公司所需的能力作为评价范围调查和追踪候选人。这个追踪和观察的过程通常会持续进行,以便让候选人名单一直保持在最新的状态,直到领导人离职真的需要接班人时为止。公司需要填补关键职位的人选以免引起经营中断,因此继任计划是必需的。如果没有继任计划,公司可能因没有准备好而牺牲利润和稳定性。

尽管我们提倡的是正式方法,但很多继任计划都是以非正式途径进行的。非正式的继任计划意味着高层管理者发现和开发自己的接班人。被确认有高层管理潜力的员工会被给予一系列的发展机会,以帮助他们走上管理层级,例如参加关于公司价值观和使命的研讨会。

继任计划也面临一些挑战。例如,企业在安排高层职位的人选时往往被控告歧视女性和少数族裔。由于继任计划通常并不是正式进行的形式,这使得公司无意中把这两种群体排除在外。正式的继任计划可以让公司识别出高潜力人才,并且以更平等的流程更换候选人。

对于小企业来说,关键人物的突然离职或生病都可能导致经营一蹶不振,因此继任计划非常重要。尽管如此,就如同有些人害怕认识到自己的突然死亡而不愿拟订遗嘱一样,有些小企业也不愿开展继任计划,担心这样等于承认自己日后不会一直控制企业。其他小企业主则过于专注日常经营带来的压力,而忽视了为未来做打算。

大多数雇主已经意识到继任计划的重要性。不过,一项针对1 000多家公司的调查显示,只有大约20%安排了有效的继任计划。[23] 公司已经意识到领导梯队的重要性,但是很多没有把继任计划付诸实践。

9.3.2 指导阶段

职业生涯发展的指导阶段包括判断员工想要的职业生涯类型,以及他们需要采取哪些步骤才能实现这样的职业目标。适当的指导要求对员工目前的职位具备准确的理解。如果没有对目前状况进行彻底的评估,指导阶段的目标和步骤可能并不恰当。例如,医疗保健财务管理协会(Healthcare Financial Management Association)组织了一个任务小组,针对5 000多名资深财务经理的资格证书、工作经验和其他数据进行研究,还检验证书标准和研究生课程,并和两个专家小组共同合作。通过这样的研究,该任务小组开发了如图表9.7所示的胜任力模型。

胜任力模型关注个人期望扮演的角色类型,因而更有利于职业生涯的发展。例如,如果想要成为企业领导者,就要开发"领导他人"领域的最高层次胜任力;如果想扮演的是企业顾问的角色,那么各种能力最好平衡发展。

以胜任力为代表的指导阶段必须基于对专业所需能力进行细致的评估。此外,职业生涯发展的指导不是独立的,必须与其他人力资源管理活动整合一起,例如招募、绩效评估和培训等。

图表9.7　医疗保健财务管理者的胜任力成长模型：职业生涯发展指导的基础

> 医疗保健财务管理协会的任务小组识别了在本专业领域表现优异所需的技能、知识、社交、特征或动机等特质。这些能力分为以下三个要素：
>
> **要素一：了解商业环境**
> 胜任力
> 1. 战略性思考：基于对公司长远愿景的理解，整合产业知识的能力。
> 2. 系统性思考：认知到个人在公司内扮演的角色，并且知道何时及如何采取行动提升效能。
>
> **要素二：付诸行动**
> 胜任力
> 1. 结果导向：对成就的驱动，诊断不足的能力，以及判断什么时候需要承担企业风险。
> 2. 集体决策：关键利益相关者在决策制定过程中的行动。
> 3. 行动导向：超出最低的角色要求，大胆推动各项项目，并对改善服务、流程和产品的方法给予指引。
>
> **要素三：领导他人**
> 胜任力
> 1. 确立经营思维：激励他人理解并实现以经营为中心的绩效结果。通过清晰的说明和日程安排，促进他人了解相关问题和挑战。
> 2. 教练和导师制：积极倡导责任、信任和认可，从而发挥他人潜力的能力。
> 3. 影响力：以说服的方式和他人沟通，从而产生支持、认同或承诺。

资料来源：*Healthcare Financial*. (1999). Dynamic healthcare environment demands new career planning tools, 52, 70—74.

一位参加了普华永道国际会计师事务所一项研究的管理者引用马克·吐温的话说："永远不要尝试教一只猪唱歌。"这不仅浪费你的时间，还会把猪惹恼。[24] 换句话说，想要组织获得成功，你必须首先确保你雇用的员工符合技能需要和文化。职业指导有两种方法，分别是个人咨询和多渠道信息服务。

个人职业生涯咨询

个人职业生涯咨询（individual career counseling）是一对一的咨询服务，目的在于帮助员工检查自己对职业生涯的期望。[25] 讨论的主题可能包括员工目前的工作职责、兴趣和职业目标。尽管职业生涯咨询往往是由经理或人力资源部门人员进行，但一些组织采用专业顾问提供咨询服务。[26]

职业生涯咨询和其他生涯计划的资源同样可以在网络上找到。例如，美国国家职业发展协会在 www.ncda.org 上为职业发展领域制定了标准，并且提供资源和工具。网站上的搜索功能可以直接查询到特定的职业顾问。

当直线经理进行员工职业生涯咨询时，人力资源部门通常会监督其效果，并通过培训、建议咨询方式等途径为直线经理提供帮助。通过直线经理为员工进行职业生涯咨询有几点好处：第一，经理往往最了解员工的优势和弱点；第二，经理了解员工对职业生涯发展的看法，有助于建立信赖和承诺的环境。

不过，公司将职业生涯咨询责任交给经理并不能保证他们会认真地执行这项任务。就如同绩效评估和许多其他重要的人力资源活动，除非高层管理者对员工的职业生涯发展活动表示强烈的支持，否则经理可能把这项活动看作纸上谈兵。如果只是敷衍了事，那么对于员工态度、生产率和利润都可能造成负面影响。

信息服务

顾名思义,信息服务是指为员工提供有关职业生涯发展的信息。至于应该如何应用这些信息,更多的是取决于员工的责任感。考虑到如今组织中员工兴趣和期望的多元化,这种方法是有意义的。

最常见的信息服务有职位空缺公布系统、技能清单和职业生涯路径。

- **职位空缺公告系统**(job-posting system)。这是一种相当简单且直接的通知员工有关公司职位空缺信息的方法。公司在布告栏、公司简报上或通过电话记录或计算机系统向全体员工宣布空缺职位信息。无论通过哪种媒介公布,重要的是全体员工均可以看得到。所有的职位空缺信息都应该对工作规范和甄选标准提供明确的说明。

职位空缺公布系统的好处是强化公司的内部晋升理念。[27]这种理念不但有助于激励员工维持和改善绩效,更有助于降低员工离职率。

不是每个申请空缺岗位的人都会得到晋升。对于管理者来说,把这种潜在的消极反馈转变成一个积极的发展机会是很重要的。[28]例如,一个申请了空缺岗位的员工没有得到晋升,他应该被告知落选的理由。更重要的是,管理者应该和员工讨论他可以做什么工作。这样,当下次有相似的晋升机会到来的时候,这个员工就可以更好地准备。

- **技能清单**(skills inventory)。公司建立对员工的能力、技能、知识和教育的记录。[29]公司可通过这种详细且集中处理的人力资源信息,总体掌握员工培训和发展的需求。公司也可以通过这种清单,了解目前员工当中哪些人可能比较适合其他部门。

技能清单对员工同样是很有价值的,与其他员工进行比较的反馈有助于激励他们提升技能或寻找更适合目前技能水平的职位。

- **职业生涯路径**(career path)。这提供了在公司里可能的发展方向和职业发展机会。职业生涯路径显示了职业生涯发展的步骤,以及实现职业目标的时间表。不同的路径可能通往同样的工作;同样,最初同样的工作也可能发展不同的路径。图表9.8的例子说明饭店里打杂的工人可能的职业生涯路径。

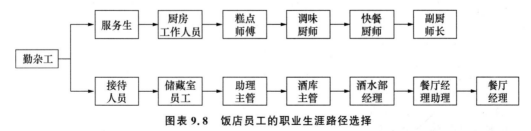

图表9.8 饭店员工的职业生涯路径选择

注:这个例子是一般的职业生涯路径,实际的职业生涯路径应该说明从事每份工作的时间。

职业生涯路径要切实可行,就必须说明进入下一个阶段所需的资格,以及员工在每个阶段必须花多少时间才能取得所需的经验。这种信息可以由计算机提供。

图表9.9是两份用来收集职业生涯路径信息的意见调查表。表A要求员工说明特定技能对于完成工作的重要程度,所列举的技能可以通过工作分析和对个体员工访谈来确定。然

后，根据员工的回答形成每种工作的核心技能清单。

图表9.9 两份职业生涯路径信息表

A：技能要求
- 说明：表A列举各种工作的相关技能，请以这份量表评估这些技能在你目前工作的应用程度。

	请选择最适合的数字			
	不适用	有时会用到	非常需要但不是核心	关键性——完成工作必不可少
· 技能				
1. 决定每天/预期的产品和服务设备的需求	1	2	3	4
2. 清洁客房	1	2	3	4
3. 各功能室的搭建、拆除和变换	1	2	3	4
4. 处理安全方面的问题	1	2	3	4
5. 清洁公共区域/休息室	1	2	3	4
6. 协助开发菜单	1	2	3	4
7. 为房客做住房登记/预订登记	1	2	3	4
8. 参与准备酱汁、汤、汁和特殊餐点	1	2	3	4
9. 做好沙拉、水果鸡尾酒、水果、果汁等准备工作并提供服务	1	2	3	4
10. 参与肉品和其他餐点的分类工作	1	2	3	4
11. 照看、清理和分发洗衣店衣服	1	2	3	4

B：工作经验的要求
- 说明：列举各项工作职位的工作经验要求。请用所提供的量表评估各项：(a) 之前从事该职位的工作经验对你成功完成当前工作的重要性；(b) 为了有效率地完成当前的工作，你认为需要通过培训和实践形成多长时间的工作经验。

	请选择最适合的数字						
	工作经验要求的重要性			最少工作经验			
	不是非常重要	很需要但并非核心	非常关键必不可少	0—6个月	7—11个月	1—2年	3—5年	6年
· 工作经验							
1. 储藏室员工：收集食品发票、计算所需食品总数、计算食品储藏间月库存，从而正确计算日食品成本	1	2	3	1	2	3	4	5
2. 酒库主管：维持酒类饮品和相关物品的适当数量，妥善收取、储存和分发给使用部门	1	2	3	1	2	3	4	5
3. 厨房工作人员：准备并分发给服务生沙拉、水果鸡尾酒、果汁等	1	2	3	1	2	3	4	5
4. 糕点师傅：为蛋糕、派和甜点等制作准备食物混合配料	1	2	3	1	2	3	4	5

(续表)

	请选择最适合的数字							
	工作经验要求的重要性			最少工作经验				
	不是非常重要	很需要但并不是核心的	非常关键必不可少	0—6个月	7—11个月	1—2年	3—5年	6年
5. 快餐厨师:在指定的餐厅区域准备快餐食品	1	2	3	1	2	3	4	5
6. 副厨师长:协助主厨在厨房、主厨不在的时候直接监管厨房的运转	1	2	3	1	2	3	4	5
7. 服务生:从顾客那里取走食品和饮料的订单,并在餐厅或酒吧为顾客提供服务	1	2	3	1	2	3	4	5
8. 酒水部经理:按照要求监督人员和安排人员,并为酒吧和宴会部门维持饮料预算成本并提供供给	1	2	3	1	2	3	4	5
9. 餐厅经理助理:为所有宴会的协调和执行提供协助,例如协调人员招募的条件,确定各功能厅的布置和打扫,所有的问题或者任何不寻常的问题要及时告知餐厅经理	1	2	3	1	2	3	4	5

表 B 则要求员工判断如果有效完成目前的工作,他们需要在公司积累哪些其他岗位的工作经验。最低层级的工作,仍然需要表 A 所提到的工作技能,但可能不需要在公司其他岗位的工作经验。而高一些级别或更复杂的工作就可能需要更多的工作经验。

职业生涯路径为员工提供了发展的方向和选择。鉴于传统的职业生涯路径在最高处通常会变得非常狭窄,如果横向职业发展则会有更广阔的选择空间,如跨部门或跨职能。横向职业发展带来的职业选择通常对年轻员工特别有吸引力,他们愿意不停地变换工作内容,追求工作中的乐趣。[30]

• **职业生涯资源中心**(career resource center)。这些是诸如工作手册、录影带、教材之类的职业生涯发展资料。这些资料可能存放在人力资源部门的办公室,或者在员工可以方便获取的地方。有多处办公地点的公司可能会公开这些资料,让有兴趣的员工借阅。有些大专院校也设有职业生涯资源中心,许多咨询公司也提供职业生涯发展的资料。职业生涯资源中心可以帮助人们判断自己的优势和弱点、职业生涯选择以及教育和培训的机会。

除了传统的职业生涯信息资源,社交媒体是一种新兴的分享职业信息的渠道。运用社交媒体的能力也逐渐成为完成很多工作必需的技能。管理者笔记"拓展职业生涯的技能和工具:社交媒体"探讨了这些问题。

管理者笔记：科技/社交媒体

拓展职业生涯的技能和工具：社交媒体

社交媒体在职业生涯中的作用可能比你意识到的更重要。在雇主看来，熟悉社交媒体的使用是与许多工作有关的因素。除核心的工作技能外，社交媒体逐渐被用来与客户交流，重要性与日俱增。一些雇主发现对社交媒体的娴熟运用会让他们在市场竞争中脱颖而出。大学和社区大学开始利用社交媒体提供证书项目，开办各种继续教育学习班。因为社交媒体已经逐渐融入与客户有关的各项业务，擅长社交媒体可以促进你的职业生涯发展。

社交媒体也被用来帮助人们发展职业生涯。除了构建客户资源库，社交媒体还被用于开发有潜力的雇员组成的人才库。例如，你可能很熟悉的一个时尚零售商 Limited，正使用社交媒体向客户征集他们的成功故事。这些故事可以反映一个人如何在个人生活或职场中保持领先。这些故事被收集起来，作为人们对生活经历和成长过程所收获的分享。你可以在 http://50.thelimited.com 上找到一些这样的故事。每收到一个故事，Limited 都会向 Dress for Success 捐赠 1 美元。Dress for Success 是一家致力于给生活条件差的妇女提供职业发展机会的公益组织。通过这些努力，Limited 正积极地为社区做贡献。在让人们意识到可以在该公司进一步发展职业生涯的同时，建立了一个人才库。

一些组织将技术带给那些一直没有机会接触网络或者可能对职业选择不了解的人。美国五三银行使用卫星技术改进城市公交，并且将 eBuses 系统应用于低收入—中等收入区域。社区成员可以使用 eBuses 系统上的设备，获取财经资讯和个人信用方面的咨询。除了给那些通常服务不到的社区提供与银行有关的服务，eBuses 还使用多媒体展示一些热点问题，例如简历的制作、求职信的准备、职业方向的评估和面试技巧等。eBuses 系统不但给银行提供了一种渗入未开发市场的途径，而且使人们逐渐培养了职业选择的意识，一些社区成员可能选择一份与银行有关的职业。不管职业本质是什么，eBuses 项目的积极影响在于它将带给银行更好的客户，促进银行业务的发展。

资料来源：Donston-Miller, D. (2013, July 15). Social business skills in high demand. InformationWeek-Online, retrieved from http://search.proquest.com; Fifth Third Bank highlights job seeker's toolkit. (2013, August 9). Entertainment Close-Up, retrieved from http://search.proquest.com; The Limited celebrates 50 year anniversary. (2013, July 11). Entertainment Close-Up, retrieved from http://search.proquest.com.

9.3.3 开发阶段

为了满足组织内晋升所需的条件，要求员工不断地成长和自我提升。开发阶段涉及采取行动以培养、提升技能，为未来的工作机会做好准备，意味着促进晋升所需的成长和自我提升。企业提供的发展计划中最常见的包括导师制、教练制、工作轮换和学费资助。

导师制

导师制（mentoring）是资深人员和新进人员之间或同事之间形成的、以发展为导向的关系。导师关系可以存在于公司的各个层级和所有领域,通常牵涉提供建议、角色模仿、分享人际关系和给予一般性支持。导师制可以分为自愿和非正式的,或者非自愿和正式的。非正式的导师制通常更有效[31],但是在有些情况下,正式的导师方案可能是比较好的选择。

研究发现,导师制可以为职业生涯带来真正的改变。和没有接受过导师制培训的经理相比,早期接受过导师培训的经理能在更年轻的时候赚到更多的收入,并且更有可能获得职业生涯的发展。研究发现,有效的导师制有助于提高绩效水平、晋升率、晋升动力、收入和工作满意度等。[32]对于导师而言,特别是那些即将退休的人,导师的角色给他们提供了新的挑战,重新点燃了他们的工作热情和动力。近期一份针对被指导员工的调查发现,直接上级(即基层主管)被认为是最有效的导师。[33]不过,被调查者也看到,主管角色和导师有很大不同,主管关注的是结果,而导师关注的是人。被指导员工认为,导师有助于建立信心、激励学习,并且可以作为角色模范和咨询者。

英特尔公司的导师制项目在导师和被指导员工的匹配方面进行了创新。[34]英特尔根据技能和需要进行匹配,而不是组织中的职位。公司还利用兴趣与电子邮件将全球的导师和被辅导员工组合在一起。

与导师的联系对少数族裔员工来说是特别重要的。[35]例如,研究发现,有导师的非裔美国经理在职业发展方面可以达到更高的水平;有导师的非裔美国女性的升职率为70%,而没有导师的只有50%。一位有影响力的导师可以帮助被指导员工(特别是少数族裔员工)学会应对以前没有意识到的政治和文化问题。

就像在大公司的女性和少数族裔一样,在小企业工作的人员或自我雇用者会觉得很难找到合适的导师。这些人可以加入专业协会和贸易联合会获得帮助。这种团体导师制的形式可能成为个人导师制的补充或替代。

教练制

教练制(coaching)是指经理和员工之间持续的见面,有时是无意识的,讨论员工的职业生涯目标和发展。与员工一起规划和完成其职业生涯目标可以提高员工的生产率,并推动经理自身的职业发展晋升。但是,为什么如此多的经理对担当员工教练这种工作漠不关心呢?一个原因就是在当今的扁平化组织中,经理要监督较多的员工,因而花在开发每位员工潜能上的时间就少了。此外,除非高层主管明确而强烈支持"员工开发",否则经理往往认为这些活动只是一句口号。最后,大多数经理可能认为从事与工作相关的任务更加自在,感觉自己缺乏担当高效教练的技能。[36]许多经理认为自己的角色是提供答案、指出员工的缺点、诊断并解决问题。如果目的在于判断或评估,那么这种角色是有效率的;但如果从教练制的角度看,这种做法则没有达到目标。

工作轮换

工作轮换(job rotation)是指分配员工到不同的工作岗位,以获得更为广泛的工作技能。广泛的工作经验可以让员工具有更大的灵活性来选择职业生涯路径。正如第8章所述,员工可以通过交叉职能培训获得更加宽泛且更有灵活性的工作经验。

除了给员工提供更多职业生涯的选择,工作轮换还为公司带来接受过多种培训、拥有广泛技能的员工队伍。工作轮换计划还能使员工对事物保持新鲜感,让他们充满活力。[37]

尽管工作轮换计划有许多优点,但需要注意的是,工作轮换计划也有一些缺陷,并不适合那些希望仅从事专业化工作领域的员工。从组织角度来看,工作轮换可能会放慢组织的运营效率,因为员工要花时间学习新技能。从长期来看,工作轮换虽然有很多好处,但是公司必须了解短期和中期的成本。从员工角度来看,工作轮换机会可能是一种生存机制,特别是公司缩编通常集中于淘汰过时的业务部门。当员工通过工作轮换扩大了技能范围,才能确保自己对组织长期有用。

学费资助计划

组织提供学费资助计划以支持员工的教育和发展。对学费和教育项目(包括研讨会、讨论会、继续教育课程和学位课程)的其他成本,组织可能全部或部分承担,或者根据员工在课程中的表现确定承担比例。

Verizon Wireless 公司以愿意给员工做投资而闻名。这个公司与无数的大学和学院建立了合作伙伴关系,一些分公司为员工提供预付费的在职学位项目。根据估算,Verizon 公司的学费奖励计划提高了工作绩效并降低了人才流失率。[38]

9.4 自我发展

我们最后讨论一下如何对个人的职业生涯进行自我管理。如今的工作场所,一切都是不确定的——工人必须面对失业、国际竞争和科技的快速变革。在动态的环境面前,大多数人想要找到工作的意义,并做某种意义上"适合"的事情,从而获得一些满足感。为了在你所做的事情中找到满足感并且能成功应对不断变化的经营环境,你必须对自己的职业生涯负责。过去那种对同一个雇主保持忠诚并在工作三十多年后退休的传统正在快速地消失,新的现实是员工不得不承担管理自己职业生涯的责任,不然就会跟不上时代、事业就会停滞不前。

在职业生涯的自我管理中,第一步是确定你认为的职业成功是什么样的。你可能很认真地在管理自己的职业生涯,但是你正在朝什么方向努力呢?你想要避免最后的失望,不后悔自己一路走来所做的决定。为了最后感觉这些都是值得的,你首先必须确定对你来说成功意味着什么。管理者笔记"三个领域:你的平衡点在哪"提供了一个可以帮助你确定如何获得成功的总体框架。

在本章的开始,我们讨论了面临工作变化的工人 Tom。Tom 的思考反映了在职业生涯中的两个基本问题——职业发展和职业提升。职业发展要求提高技能和潜力,职业提升则意味着在组织中晋升到更高的职位。

管理者笔记：客户导向的人力资源

三个领域：你的平衡点在哪

什么是成功的职业生涯和生活？即使是在最近的经济困难时期，平衡工作和个人生活依旧是一个重要的关注点。仅仅只有工作会令许多人不开心，他们想要更多的平衡。最近的一个调查显示，89%的美国人指出工作和生活的平衡是一个问题，54%的人认为是一个很严重的问题。尽管一些雇主很关注工作和生活的平衡并提供一些灵活性，但大部分员工，正如调查结果所显示的，依旧对这种不平衡感到很沮丧。

对你来说，一个基本的出发点是认识到自己在工作—生活平衡和成功的职业生涯方面更看重什么。成功对不同的人而言意义是不一样的，例如一些人把金钱看得比其他都重要。对于你的职业生涯，你要知道成功对你来说意味着什么，而不是追求别人眼里的成功。帮助自己确认职业成功定义的一种方法是认识到成功不是单维的。通常，人们在判断自己职业生涯是否成功时至少考虑三个维度：金钱、工作和生活。总体的职业成功是三个维度平衡后的结果。强调任何一个维度的重要性都会产生收益和成本，每个人会根据自己的判断寻找自己的平衡点。

图表9.10的每个圆框代表职业生涯成功三个维度的其中一个。我们依次进行讨论。

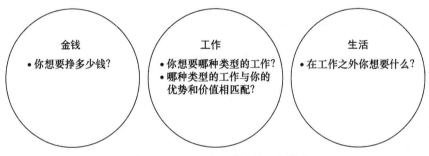

图表9.10 职业生涯成功的三个维度

金钱

对很多人来说，薪酬是一个关键要素，也是衡量成功的一个标准。你想要挣多少钱？金钱对你来说有多重要？说到你自己的职业成功，金钱是不是最重要的评判标准？有没有其他你认为比金钱更重要的东西？如果你想要比现在挣得更多，考虑为了达到那个收入水平所要做出的牺牲和投资，你愿意付出这些投资和牺牲吗？

工作

考虑你期望的工作类型，列举你愿意做也很擅长的任务清单。这有助于首先确认你不喜欢做的事。你想要承担多大的责任？你的优势和价值是什么？考虑这些之后再思考，哪种类型的工作与你的技能和兴趣相匹配？

生活

你想从工作之外的生活中得到什么？考虑一下你放在这个维度的权重。家庭对你来说有多重要？你想每天和家人共进晚餐吗？这对你来说根本不重要吗？

你个人对成功的定义在于保持金钱、工作和生活这三个维度的平衡。你必须评估当你得到想要的工作后，理想的薪酬能否实现。先明确你想从工作之外的生活中得到什么；在此基础上，评估你对工作和金钱的期望。形成个人职业生涯成功定义的第一步就是认识到成功包括三个维度。当你在考虑每一个维度的权重时，要知道并没有一个简单的模式去平衡各种成本和收益，如何权衡取决于你。重要的是明确每个维度的利益得失，从而明确你选择的职业生涯发展方向。

对个人而言，需要定期重新思考三个维度及其平衡点的问题，如每三到五年，因为个人所处的工作环境和私人生活是一直在变化的。

资料来源：Hopke, T. (2010). Go ahead, take a few months off. *HRMagazine*, 55, 71—73; North, M. (2008). The three circles of career advancement. *Healthcare Financial Management*, 62, 110—112; Pan, J., and Zhou, W. (2013). Can success lead to happiness? The moderators between career success and happiness. *Asia Pacific Journal of Human Resources*, 51, 63—80; Smith, S. (2010, Sept. 1). Despite economic woes, Americans still seriously concerned about work/life balance. *EHS Today*, http://ehstoday.com/health/wellness/economic-woes-concerned-work-life-balance-9438.

图表9.11提出了关于职业发展和职业提升的建议，每一条对你的职业生涯都很重要。不过，一定要记住，如果你没有必要的技能就很难获得提升机会。换句话说，职业发展是确保你掌握必要的技能，而职业提升是你发展到可以观看他人展示技能的层面。

图表9.11　自我发展的建议

职业发展	职业提升
• 确定使命	• 自我营销
• 坚持学习	• 了解商业趋势
• 发展胜任力	• 解决问题
• 找到一位导师	• 改进沟通技巧

资料来源：Brown, M. (2008). Take charge of your career. *T&D*, 62, 84—85; Lanigan, K. (2008). Moving on up: Making success the return on investment in your career. *Accountancy Ireland*, 40, 56—57; *Agri Advance* (2010). Tips to marketing your career. 48, 16.

9.4.1　职业发展建议

图表9.11的职业发展建议表明了这样一种现实：职业发展责任更多地转移到员工个人身上。这些职业发展建议可以帮助你和你的员工面对将来工作上的挑战。

• **确定使命**。就像组织使命所讲的那样，个人使命应该明确你想从事的行业和期望扮演怎样的角色。[39]这个使命是可以随时改变的，而不是那种不管处境和个人因素而盲目遵循的戒条。一旦确定下来，使命可以帮助你确定战略方向，认清你优先看重的东西，从而避免你将时间和精力花在对完成使命没有帮助的工作上。总而言之，你应该把自己当成拥有一个核心使命和核心价值观的业务去经营。

- **坚持学习**。不要仅仅局限于你现在的技能和工作任务。你可以做什么以提升潜能呢？哪些技能可以成为你现在所拥有技能的补充？你可以通过正式的研讨会和课程进行持续的学习,也可以通过非正式的途径拓宽技能范围,例如承担有挑战性的项目或参与志愿者项目等能够拓展你当前技能范围的活动。
- **发展胜任力**。不要仅仅为一种特定的工作做准备。工作可能是变化的,用到的知识和能力也有限。要开发潜能,首先考虑开发你的胜任力,集中于那些你未来拟从事行业所要求的胜任力。这些能力对你未来在行业的职业发展是非常重要的。
- **找到一位导师**。为了最大限度地发展自己,你需要找到一位能提供真实反馈和支持的人。导师可以帮助你找到自己的优劣势并指出你需要改进的内容。有了导师的支持和帮助,你的职业生涯将得到很大的提升。

9.4.2 职业提升建议

图表 9.11 的职业提升建议把重点放在为增加晋升机会而采取的步骤上。职业发展建议是基本的,提供了必要的基础;而职业提升建议指明了应有的态度和组织背景。

- **自我营销**。在你的组织和行业中进行自我营销。例如,参加研讨会和会议以提高你的地位。参加这些活动提供了扩展人际网络的机会,因为你可以见到同行和其他公司的管理者。你也有必要让其他人知道你在追求个人职业生涯的提升。不是每个人都想承担随着职业发展而增大的责任,因此你不能让别人错误地认为你对职业发展不感兴趣。
- **了解商业趋势**。随时了解你所处的行业领域发生了什么,要熟练应对各类问题和困难,经营上的竞争对手是哪些公司。如果你能把自己对这些问题的看法与高层管理者沟通,他们会认为你是一个具有较大视野的人——一个在组织中不仅仅着眼于完成手头任务的人。你对商业环境的了解有助于你在竞争中脱颖而出,从而获得职业生涯的提升。
- **解决问题**。不要让矛盾激化引发问题。冲突问题一向很难处理,但总会发生,因为每个人都要与他人相处。当发生争议时,不要针对个人进行责备,尝试通过彼此的互动和询问来学习解决问题的经验。如果你的目的是积极的并且想进一步推进业务,冲突的解决会有助于你的职业提升。
- **改进沟通技巧**。管理者总是希望员工能够不断增强写作和口头的沟通技巧。沟通对你现在的工作来说可能不太重要；但是,提高沟通技巧会使你受到关注。许多成功的商业人士指出,人际沟通技巧是职业发展中的重要因素。[40]你可以选修演讲课程或参与和沟通有关的研讨会来提高你的技能。如果你能够给管理者做一个精彩的汇报或在沟通中展示优秀的商业写作能力,就可以使你从另一方面在竞争中脱颖而出,推动职业生涯的发展。

本章小结

什么是职业生涯发展

职业生涯发展是一种以培养更丰富、更有能力的员工为焦点而持续被组织、正式化的努力。它关注的焦点较广、时间跨度较长，而且比培训具有更广泛的范围。在当今竞争日益激烈和全球化的经济环境下，企业要生存就必须以发展作为重要的竞争战略。

职业生涯发展的挑战

在安排职业生涯发展计划之前，管理者必须决定：(1)谁来负责？(2)应在多大程度上关注职业生涯发展？(3)如何满足多元化员工(包括双生涯夫妇)的需求？

应对有效职业生涯发展的挑战

职业生涯发展是一个三阶段的持续循环：评估阶段、指导阶段和开发阶段。每个阶段对个人的职业发展都很重要。

在评估阶段，识别职业员工的技能、兴趣和价值观。这些评估可以由员工自己或公司完成，或者两者共同完成。自我评估往往是通过生涯规划工作手册和生涯规划研讨会的方式进行。组织评估通常是通过评价中心、心理测验、绩效评估、晋升潜力预测和继任计划的方式进行。

指导阶段涉及判断员工想要的职业生涯类型，以及实现生涯目标需要采取的步骤。在这个阶段，员工可能从各个不同的途径接受个人职业生涯咨询，包括职位空缺公布系统、技能清单、职业生涯路径和职业生涯资源中心。

开发阶段涉及采取行动创造和增强员工的技能与晋升潜力，最常见的开发计划包括导师制、教练制、工作轮换和学费资助计划。

自我发展

员工必须逐渐在自己的职业生涯发展中采取积极行动。否则可能面临职业停滞不前并遭到淘汰的风险。

关键术语

职业生涯发展(career development)
职业生涯路径(career path)
职业生涯资源中心(career resource center)
双生涯夫妇(dual-career couple)
职位空缺公告系统(job-posting system)

导师制(mentoring)
晋升潜力预测(promotability forecast)
技能清单(skills inventory)
继任计划(succession planning)

★ 视频案例

Verizon：职业生涯规划。 如果教师布置了这项作业，请访问 www.mymanagementlab.com 观看视频案例并回答问题。

问题与讨论

9-1 有人认为培训可能导致员工离职,而职业生涯发展则有助于降低离职率。请说明培训和职业生涯发展之间的差异。为什么培训可能导致离职率上升,而职业生涯发展则可能促进员工留任?请解释。

9-2 你如何留任和开发那些双生涯老员工?

9-3 当今组织变得扁平化,晋升的机会较少。在这种组织环境中应该如何发展职业生涯?

9-4 非传统型家庭给企业的职业发展计划带来什么挑战?企业应该如何应对?

9-5 职业发展有野心的人士会采用政治手段而不是卓越的绩效追求晋升。有专家指出,员工试图通过四种方式影响上司的看法:帮忙(为上司提供帮助,希望日后可以获得回报)、顺从(迎合上司的意见,希望由此建立信任和关系)、其他迎合(拍马屁)以及自我吹嘘(吹捧自己的特质和动机)。员工还可能以其他什么方式影响上司对他们的看法?管理者如何判断员工是否真诚?在挑选晋升人选时,应该采取哪些标准?

9-6 公司使用不同的策略鼓励管理者将员工的职业发展放在第一位。把经济奖励和个人职业发展结合起来的政策怎么样?公司有什么别的方法能使管理者对下属员工的职业发展负责任?

9-7 作为一名管理者,你可以为员工的职业发展做些什么?值得这么做吗?为什么?

9-8 关于使用社交媒体作为职业发展的工具,你有什么建议?这是一个好的选择吗?怎样才可以把它更好地应用到职业生涯发展上?

9-9 人们对职业生涯有不同的看法和理解。职业锚系统(参见管理者笔记"找出你的职业锚")是如何考虑个体差异的?人们在职业锚的指导下会不会更幸福?为什么?

我的管理实验室

请根据教师要求,登录 www.mymanagementlab.com 完成写作题,系统将自动给出分数;也可以完成下列问题,分数由教师给出。

9-10 描述职业锚的概念。为什么它们在职业发展中很重要?

9-11 描述职业发展和职业提升的区别,各列出至少两项促进职业发展和职业提升的措施。

9-12 过于在意职业晋升会有消极影响吗?请解释。有野心的职业生涯定位会产生积极影响吗?请解释。

你来解决!客户导向的人力资源 案例9.1

职业生涯战略规划

正如本章所讨论的那样,员工逐渐开始对自己的职业生涯负责。为了有效管理职业生涯,你应该把自己看作一项事业来经营。如果你认真听从这个建议,应该在你的职业生涯管理中运用一个战略经营工具。很多公司使用SWOT分析(优势—劣势—机会—威胁)分析国内外环境,这个工具同样适用于个人的职业生涯管理。

接下来我们讨论SWOT分析的每一个环节。需要注意的是,这个工具可以帮助我们进行战略决策,但它不会直接提供战略性解决方法。

- **优势**。你擅长什么?你拥有雇主感兴趣的哪些技能和经历?哪些任务值得你去努力?
- **劣势**。在SWOT分析中,这个环节可能不是最令人愉快的,但是你必须诚实地面对自己的缺点。你可以从导师或以前的经理那里获得对你的一些评价,这重点是为了确定你需要改进的领域。
- **机会**。在工作方面,你看到哪些机会?五年后你想做什么?有没有其他你想从事的工作或能带来新工作机会的趋势?
- **威胁**。什么能阻止你实现自己的职业生涯目标?在你从事的经营领域竞争激烈吗?在你所处的行业有财务困难和裁员吗?

在确定优势、劣势、机会和威胁之后,下一步就是制订一份行动计划。正如刚才提到的,SWOT分析仅提供信息,没有答案。与企业的战略规划类似,你也要通过考察自己的优势、劣势、机会和威胁来决定下一步行动。你可能需要接受一些培训,或者转换一个就职地区和行业。可以采取的行动有很多,行动计划也没有对错之分。SWOT分析可以提供一些信息,帮助你制订一份适合你的计划。

关键思考题

9-13 SWOT分析对职业发展来说是一个有用的工具吗?为什么?

9-14 机会和威胁与外部因素有关。应该从哪些渠道获得这些信息?

9-15 在行动计划中应该优先考虑什么,优势还是劣势?换句话说,行动计划中应该优先发展优势还是弥补劣势?请解释。

小组练习

9-16 组成小组,考虑SWOT分析如何应用于个人。例如,开发一张人们可以用来评价自己优势的清单。你们小组会列出哪些关键技能呢?评估劣势也可以使用这份清单吗?同样,开发一张包含各种可能机会的清单。这张清单也可用于评估威胁吗?人们在进行职业生涯规划时如何使用这些清单和评价量表?这样做有什么优缺点?与班级同学分享你们列出的清单和评价量表。

实践练习:小组

9-17 组成小组,将SWOT框架运用到个人职业生涯中。虚构一个人物(这样可以避免同学们讨论自己优缺点时可能的不自在),确定其优势和劣势,以及面临的机会和威胁。通过SWOT分析制订行动计划。与班级其他同学分享你们的讨论结果。其他小组有不同的行动计划和相关建议吗?

实践练习：个人

9-18 向同龄人和熟人询问他们的职业生涯规划。大多数人能够简洁描述他们的职业生涯规划吗？再询问他们准备如何实现这个规划。结合他们的回答分析，他们的行动计划是建立在细致的 SWOT 分析基础上的吗？如果不是的话，进行 SWOT 分析有什么好处？请解释。

资料来源：*Occupational Health*. (2008). How to find your strengths and weaknesses, 60, 24; Lindberg, H. J. (2010). Curbing career fears. *Quality Progress*, 43, 52—53; Barrett, M., and Simmonds, M. (2008, November). Brand planning your career. *Training Journal*, 37—41.

你来解决！科技/社交媒体 案例 9.2

利用社交媒体构建职业生涯

职业生涯发展由三个阶段组成：评估、指导和发展。过去，主要由组织对员工的职业生涯发展负责；但现在，职业生涯发展在很大程度上变成个人的责任。不过，个人仍然可以在发展职业生涯的过程中获得组织的帮助。许多组织发现，提供职业生涯发展帮助是对员工的一种投资，可以获得积极的回报。正如管理者笔记"拓展职业生涯的技能和工具：社交媒体"所提到的，一些组织利用社交媒体作为发展职业生涯的一种工具。尽管科技在职业生涯发展上的应用才刚刚出现，但这种技术有效地应用于职业生涯发展还有很大的空间。

关键思考题

9-19 社交媒体可以作为职业生涯发展的一个有效工具吗？为什么？

9-20 参考管理者笔记"拓展职业生涯的技能和工具：社交媒体"，在职业生涯发展中，社交媒体是技能还是工具有何区别？请解释。把社交媒体的使用变成一种技能有多重要？

9-21 社交媒体是一种协作工具。在发展职业生涯时使用协作的方法有没有负面影响？例如，因为你使用社交网络，在意识到你想更换工作后，老板会有什么反应？可以采取一些措施避免或减弱这种潜在的负面影响吗？应该怎么做？

小组练习

9-22 组成小组，再次阅读本章"自我发展"一节。文中提到，自我发展的努力可以分成发展和提升两类。使用社交媒体作为职业生涯发展工具，对发展还是提升更有用？或者对两者都有用吗？基于不同的目标（发展或提升），你使用社交媒体会有所不同吗？以小组的形式讨论并与全班同学分享你们的观点。

实践练习：小组

9-23 组成小组，考虑职业生涯发展的评估、指导和开发三个阶段。

　　a. 如何将科技（如社交媒体）应用于每个阶段？社交媒体在哪个阶段最适用或者最有效？

b. 管理者笔记"拓展职业生涯的技能和工具：社交媒体"提到的公司是在职业发展的哪个阶段应用社交媒体的？也就是说，这些公司是在评估阶段还是其他阶段使用社交媒体？请查阅一些关于其他组织在职业发展过程中使用社交媒体的信息。基于你们的分析，社交媒体在哪个阶段没有被使用？这可以成为一家公司有别于其他公司的、给员工提供独特价值的领域吗？与班级其他同学分享你们的观点。你们主要的结论和建议是什么？

实践练习：个人

9-24 考虑一下你是如何使用社交媒体来促进职业生涯发展的。如何区分这两项活动？分别总结你利用社交媒体促进职业发展和职业晋升的方法。

你来解决！伦理/社会责任　案例9.3

职业锚 II

正如管理者笔记"找出你的职业锚"所指出的，员工的职业锚受到不同类型价值观的影响。职业锚对于员工找到最具激励和最满意的工作具有重要的启示作用。首先，请再次阅读管理者笔记中提到的八种职业锚及其启示。

关键思考题

9-25 职业锚的概念指出，职业发展比拥有并将技能与岗位要求相匹配更重要。一些管理者认为，开发员工是一种道义上的责任。也就是说，经商是为了赚钱，但也是帮助人们成长，从而实现他们的职业期望。你同意这种说法吗？为什么？

9-26 胜任力对职业生涯成功来说非常重要，但职业锚也很重要。利用这两个因素，构建一个职业生涯成功决定因素模型。这个简单的模型是如何发挥作用的？

9-27 在一些工作环境，职业期望并不被重视，人们期望看到的是即刻的绩效。缺乏对职业锚的关注是一个伦理问题吗？为什么？

小组练习

9-28 在职业生涯发展中一个非常重要的问题是，不同的职业发展路径需要不同的胜任力。估计各种胜任力的优缺点以制订一份开发计划。另外一个核心问题是员工个人的职业锚。如果员工的职业锚与公司及其选择的职业不匹配，就很可能导致员工的不满及其他问题的出现。

a. 组成一个小组，构建一个框架或模型，说明职业生涯发展的这两个方面应该如何管理。一方面是技能/胜任力，另一方面是职业锚/价值观。你们小组可以使用方框和箭头分别指出技能与职业锚两个指标的决定因素，参考图表9.12构建你们的模型。

b. 根据你们在模型中指出的决定因素，对管理层有何启示？具体而言，如果技能很低或与需要的不匹配，作为一名管理者你会如何处理？同样，如果职业锚不匹配，你又会如何做？

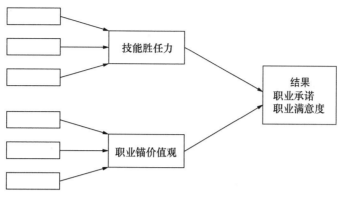

图表 9.12　职业生涯发展框架示例

c. 你们小组还可以根据技能和职业锚变量构建一个 2×2 框架,将每个变量分成两个等级:高度匹配和低度匹配(见图表 9.13)。

图表 9.13　技能和职业锚矩阵

对于图表 9.13 中的不同组合,提出相应的管理启示。例如,从管理的角度来讲,如果技能高度匹配而职业锚低度匹配应采取什么措施?

实践练习:小组

9-29　组成小组,选择一名成员分享他的职业锚和职业生涯发展计划。以班级为单位,全班同学对职业锚的匹配情况做出评价。全班同学在匹配的重要性上能否达成一致意见?

实践练习:个人

9-30　使用管理者笔记"找出你的职业锚"评价你自己的职业锚。你想追求的是什么类型的职业?与你的职业锚匹配吗?匹配与否是不是很重要呢?为什么?

你来解决!　全球化　案例 9.4

导师制:为全球发展提供帮助

组织面临巨大的挑战:把人聚到一起,让他们理解并相信组织与系统。组织中的一些人经历过歧视或不尊重,或者拥有不同的文化背景。对于这些员工来说,相信并接受组织系统可能很困难。这些员工如果想在组织中获得发展,就可能需要支持和机会。导师制项目可以为他们提供支持和指导。员工在前进的道路上可能会遇到障碍,并对解决这些问题感到力不从心。组织也想让全球范围内的员工认同组织的价值观、流程和文化。导师制是解决这些问题的一种有效方式。

关键思考题

9-31 组织应该找一些人担当导师吗?这些导师应该具备怎样的特质?

9-32 员工可以通过阅读电子或纸质文件来了解政策、程序等。导师制能给这种形式的员工职业发展带来什么改变,从而使其更高效?

9-33 导师和被指导员工应该怎样匹配?直接指定还是互相选择?

小组练习

9-34 组成小组,从被指导员工的角度考虑导师制。假定你对组织没有什么归属感,目前到达一个职业"高地",或者是因为在另一个国家,对组织了解不够。指导这样的员工应该从哪个方面着手?导师应该意识到哪些潜在的困难?应该怎样确认和分配导师(从被指导员工的角度)?与班级其他同学分享你们的观点。

实践练习:小组

9-35 组成小组,针对那些帮助国际员工加深对组织了解的导师确定导师甄选标准。为了扮演好导师的角色,员工应该具备怎样的特质?针对那些帮助弱势员工或者职业发展有障碍员工的导师制定选择标准。这两套甄选标准需要分别开发吗?以小组为单位,确定导师需要具备的性格特征。与班级其他同学分享你们的甄选标准。

实践练习:个人

9-36 导师制会帮助组织更加团结统一吗?询问同行、家庭成员和朋友,他们在职业生涯中是否有导师。导师制对他们的职业生涯有帮助吗?为什么?

资料来源:*Development and Learning in Organizations*. Mentors and minorities:How to create a united workplace. 24,28;Dimorski, V., Skerlavaj, M., and Man, M. M. K. (2010). Comparative analysis of mid-level women manager's perception of the existence of 'glass ceiling' in Singaporean and Malaysian organizations. *The International Business and Economics Research Journal*,9,61—77;Francis, L. M. (2009). Shifting the shape of mentoring. *T&D*,63,36—40.

第 9 章注释内容
请扫码参阅

第5篇

薪 酬

第 10 章 薪酬管理
第 11 章 绩效薪酬
第 12 章 员工福利规划和管理

第 10 章　薪酬管理

我的管理实验室®

★ 当你看到这个图标时,请访问 www.mymanagementlab.com 以获取配套练习题,并及时反馈练习结果。

▶▶▶ 挑战

阅读本章之后,你能更有效地应对以下挑战:
1. **了解**总薪酬的构成。
2. **学习**如何设计薪酬体系。
3. **理解**职位薪酬方案和个体薪酬方案的区别。
4. **熟悉**各种薪酬工具。
5. **熟悉**法律环境对薪酬及薪酬体系管理的影响。

西格玛是一家专注于遗传工程的中等规模的生物技术公司,于 1996 年由罗格·史密斯博士(Dr. Roger Smith)创立。史密斯博士至今仍是公司的 CEO,并始终积极参与所有的雇用和薪酬决策。他反复向直线经理们强调,西格玛公司"要不惜一切代价招募市场上最优秀的人才"。

在过去的一年中,史密斯发现公司的"家庭友好氛围"受到了破坏,对公司不满意员工的数量逐渐增加。仅仅过去一个星期就有三条与薪酬相关的抱怨/投诉,史密斯猜测这只是冰山一角。第一条投诉来自一名在西格玛工作了五年的软件开发工程师。近期一位新雇用的软件开发工程师的工资比他高 15%,这使他感到很不舒服。史密斯解释说这样高的起薪是为了在人才紧缺的劳动力市场上从其他公司吸引高端的、有经验的程序编制员。第二条投诉来自一名软件工程师,他感觉西格玛最优秀的技术人才(可以说是生物技术公司的生命线)在薪酬上受到不公平对待,因为一线主管(用他的话来说,通常是"失败的工程师")的工资比他们高30%。第三个投诉者是一位从西格玛创立起就在公司工作的秘书长。她对车间清洁工的工资比她高感到非常恼火，也对史密斯的解释很不满意。而史密斯认为，很难招到可靠又愿意清理和处理那些危险化学品的工人。

另外，一位49岁的老工程师由于业绩不好被公司解雇了。他投诉公司存在年龄歧视，声称公司使用那些拥有短期签证并愿意以更低工资工作的印度员工替代年长的、工资较高的员工。

管理者视角

西格玛公司的经历提出了管理者和人力资源经理在设计与管理薪酬体系时必须面临的几大问题：

- 谁应该负责做出薪酬决策？
- 公司的薪酬要受到其他公司薪酬的影响吗？
- 什么样的活动应该给予较高的工资奖励？
- 确定工资水平应遵循什么标准？
- 当对有限的薪酬资源进行分配时，哪个员工群体应该获得特殊的待遇？
- 公司在提高员工福利和节约劳动成本力之间应如何权衡？

薪酬体系是公司和管理者用来吸引、保留与激励有能力的员工以实现组织目标的最重要的机制之一。薪酬体系同样会直接影响劳动力成本对公司经营目标和盈利能力做出多大程度的损害或者贡献。同时，薪酬对员工福利的重要性及薪酬系统管理的公平性也是人力资源管理的重要目标。

在本章，我们对薪酬的组成进行了界定，探讨了开发薪酬计划的九大标准；我们还讨论了薪酬计划的设计过程，以及法律法规对薪酬的影响。

✪ 知识点学习

如果教师布置该项作业，请登录 www.mymanagementlab.com 查阅你应该特别关注的知识点，并预习第10章。

10.1　什么是薪酬

如图表10.1所示，员工的**总薪酬**（total compensation）有三个部分。这三个部分在每家公司、不同部门的相对比例（所谓的薪酬组合）存在很大的差异。[1]在绝大多数公司中，总薪酬中第一个也是最大比例的构成是**基本薪酬**（base compensation），这是员工定期获得的固定薪酬，可能是以薪水（如每个月或每个礼拜进行的支付）或小时工资的方式支付。总薪酬中第二个内容是**激励薪酬**（pay incentives），这是奖励员工高绩效的计划。这类计划有许多不同的形式(包括奖金和利润分享),第 11 章将针对这个主题予以说明。总薪酬的最后一个部分是福利,也称**间接薪酬**(indirect compensation)。福利包括各种不同的计划(例如健康医疗保险、休假、失业补贴),这方面的成本达到员工总薪酬的 42%。[2] 福利中一个特殊项目叫作额外津贴(perquisites,又称 perks),只有特殊地位的人士才有资格获得,通常是高层管理人员,第 12 章会详细讨论这些福利计划。

图表 10.1　总薪酬的构成

薪酬是大多数企业最重要的成本支出。2014 年,私营企业支付员工的小时工资达到 29.67 美元;而同期,在全美和地方政府部门工作的员工总薪酬平均为每小时 41.73 美元。[3] 在一些制造业,人力成本高达总成本的 60%;在某些服务型企业中,这个比例甚至更高。这就意味着薪酬分配的有效性可以显著地影响公司是获得还是失去竞争优势。因此,付多少和付给谁都是公司的关键性战略问题。[4]

研究显示,员工们严重低估了公司在非直接报酬或福利方面的付出(据估计,2014 年人均接近 21 500 美元)[5],因此他们经常认为公司给予的福利是理所应当的。[6] 随着越来越多的公司(包括通用汽车、IBM、波音、朗讯科技及其他一些公司)把这些成本的很大一部分转嫁给员工,这种情况可能会有所改变。[7] 公司在解释这些福利成本数额时也更有经验,福利的增多使得公司没钱给员工增加工资。[8] 根据近期一项针对 350 家大公司的调查,85% 的公司增加了在福利方面与员工的沟通。[9] 这意味着,员工会更清楚地认识到基本薪酬、薪酬激励和非直接薪酬/福利是同一块蛋糕的组成部分,公司不可能在不减少其他部分的条件下增加其中一块。

10.2　薪酬体系的设计

员工的薪酬对他的购买力来说当然非常重要。在很多社会,一个人的收入可以表明他所拥有的权力和声望,并与自我价值感有关。换句话说,薪酬会从经济、社会和心理上影响一个人。[10] 因此,薪酬问题处理不好可能会对员工产生较强的负面影响,最终影响到企业的绩效。[11]

薪酬政策和程序的多样化让经理同时面临两大挑战:薪酬体系的设计一方面要能够让公司实现战略目标,另一方面还要适应公司的独特条件和环境。[12] 我们接下来讨论设计薪酬计划的标准,并在图表 10.2 简要总结这些标准。为简洁起见,我们以二选一的形式说明,不过大多数公司实行的政策是介于两者之间。

图表 10.2　制订薪酬计划的九个标准

1. **内部公平还是外部公平**：薪酬计划在公司内被认为是公平，还是与其他从事同样工作的员工相比算是公平的？
2. **固定薪酬还是变动薪酬**：薪酬是每月支付固定金额（以基本薪酬的方式），还是以事先设定的标准随着绩效和公司利润的变动而波动？
3. **绩效薪酬还是成员资格薪酬**：薪酬强调绩效并与个人或团队的贡献有关，还是强调员工是公司的成员，只要按期完成预先约定的工作时数就能沿着公司的生涯通道晋升？
4. **职位薪酬还是个体薪酬**：薪酬是否根据公司对特定工作职位的重视程度而定，还是根据员工对职位贡献多少技能和知识而定？
5. **平均主义还是精英主义**：公司的薪酬计划是否让大多数员工接受同样的薪酬体系（平均主义），还是依据组织的层级或者员工群体（精英主义）制定？
6. **低于市场水平还是高于市场水平**：员工薪酬是低于市场水平、等于市场水平还是高于市场水平？
7. **货币奖励还是非货币奖励**：薪酬计划是强调以薪酬和股票期权之类的货币奖励激励员工，还是强调有趣的工作和工作保障之类的非货币奖励？
8. **公开薪酬还是保密薪酬**：员工可以知道同事薪酬水平以及薪酬决定的依据（公开薪酬）吗？这方面的信息必须保密（保密薪酬）吗？
9. **集权化薪酬决策还是分权化薪酬决策**：薪酬决策是由高层集中决定，还是授权给各部门的管理者决定？

10.2.1　内部公平还是外部公平

公平薪酬（fair pay）可以让员工感受到公平，分为内部公平和外部公平两种形态。**内部公平**（internal equity）是指员工对公司内部薪酬结构是否公平的感知；**外部公平**（external equity）是指相对于其他从事相同类型岗位的员工所得，员工对薪酬是否公平的感知。

在考虑内部公平和外部公平时，管理者可以采用分配公平模型和劳动力市场模型两个基本模型。

分配公平模型

薪酬的分配公平模型是指员工对公司做出贡献或投入（技能、努力、时间等），以获得公司的回报。在这些回报中，薪酬是最常见的一种，不过诸如公司配车之类的非货币奖励也很重要。这种社会心理视角认为员工不断地比较他们对公司的投入和产出，并将这种投入和产出之比与公司其他员工进行比较。如果投入和产出之比与从事类似工作的同事相当，那么员工就会觉得自己获得了公平的薪酬。

劳动力市场模型

根据薪酬公平的劳动力市场模型（见图表 10.3），不管是什么职业，薪酬水平都是由劳动力市场上供需相等的水平所决定。一般来说，雇主愿意支付的薪酬越少（劳动力需求水平低），以及劳动力愿意接受的薪酬越少（劳动供给水平高），工资率就越低。[13]

不过实际情况要比这种基本模型复杂得多。人们愿不愿意接受某个工作是基于很多因素，而不仅仅考虑薪酬。此外，员工薪酬的决定因素也不只是考虑有多少人具备所需技能。针对这个问题的深入探讨超出了本书的范围。不过，劳动力市场模型的基本出发点是，如果公司按照市场现行工资水平付给承担特定类型工作的员工，那么就实现了外部公平。[14] 由于管理职位、专业职位和技术职位的增加，市场现行工资水平不仅由当地和国内的因素决定，还受到全球因素的影响。[15]

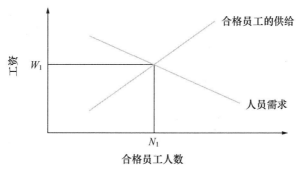

图表 10.3　劳动力市场模型

总之，工资差距随着职业等级的提高和地理区域的扩大而增大。例如，根据 Salary.com 网站的统计，2013 年美国各大公司的首席财务总监的薪酬范围在 179 820 美元（最低的 10%）和 466 341 美元（最高的 10%）之间。相比之下，行政助理的薪酬范围在 33 217 美元（最低的 10%）和 56 607 美元（最高的 10%）之间。[16]

各种公平之间的平衡

在理想的情况下，企业应该同时考虑内部公平和外部公平，可是这两个目标往往彼此冲突。例如，有些大学新进助理教授的薪酬会超过服务年限已达十年以上的教授[17]，有些新进工程专业毕业生的薪酬比在公司服务多年的工程师还多[18]。

许多企业也必须决定哪些群体员工的薪酬应该向上调整以达到（甚至超过）市场水平，哪些群体员工的薪酬则应该维持甚至低于市场水平。这样的决定通常是根据各个群体员工对公司的相对贡献而定。例如，如果公司希望提升市场占有率，营销人员的薪酬通常就会比较高；但如果公司历史比较悠久，产品已有相当的基础，并且享有高度的品牌认可，那么营销人员的薪酬就会比较低。

一旦决定要调高哪个群体员工的工资水平，公司就会遇到一个挑战：如何对待这些"超级明星"。有些情况下，这些人会要求比同岗位平均水平更高的工资。例如，美国的大学都在扩大商学院的教师队伍，从而提高了商学院教师的工资水平，其 2014 年平均年收入为 155 150 美元，使得商学院教师成为公务员系列中（government tracks）收入最高的职位。[19] 不过，即使在一所名校的商学院，商学院一位顶尖教授的薪水可能是同系、同级别同事的两倍多。一些薪酬专业人士把这种类型的薪酬称为个人公平（individual equity），因为它是基于特定群体的价值而不是工作群体、职位名称或所属阶层对组织的贡献。个人公平的决策对于那些核心人才可以产生很大贡献以及业绩差异较大的职业来说非常重要。一般来说，这些职业包括高层管理者、销售人员、科学家、工程师和软件开发人员等。个人公平决策经常备受争议，因为判断一名员工对组织的价值经常是很主观的。如果没有明确的标准，这种明显的偏向会破坏整个过程的公平。

一般来说，处于瞬息万变的市场，对于新的、规模较小的公司强调外部公平是比较合适的。这些公司为了维持竞争力，对于创新的需求通常很高，并且依靠少数关键人物实现经营目标。[20]

当需要在内部公平和外部公平之间做出选择时，越来越多的公司选择向新员工提供大笔的签约奖（sing-on bonuses），以便在不破坏现有工资制度的条件下吸引优秀人才。一项针对348家使用签约奖的大型公司和小型公司的调查显示：80％的公司针对专业人员和高层管理人才使用，70％的公司针对中层管理者和信息技术专业人才使用，60％的公司针对销售人员、基层管理者和技术人才使用，20％的公司针对办公室职员使用。从某种意义上说，新员工提前获得了一大笔加薪——通常情况下是年薪的25％或更多，这样公司也无须担心在公布资深员工和初级员工的工资差距时会有什么问题。[21]

近年来，为了解决公平难题，一些财务状况并不稳定的公司为核心员工提供留任奖金（retention bonuses）。这样做是为了留住所需的人才而又避免全面加薪，但这种做法可能加速公司的死亡。例如，几年前，当Kmart公司申请破产保护时，花费9 200万美元用于9 700名核心员工的留任。其他知名度很高的公司也是这么操作的，如安然公司、宝丽来公司、Bradlees公司和Aerovox电容公司等。[22] 2008—2011年，一些通过联邦政府的扶助脱离困境的金融机构为核心员工提供了留任奖金，人们认为这一举措等于奖励那些为危机负责的员工。2013年的一项调查显示，59.1％的公司非常关心优秀员工的流失状况，多数利用奖励来减少人员流失。[23]

公司可以同时提供附加津贴（adds ons）或最高补贴（caps），这些都是以个人为基础，是可以谈判的。我们重新回到商学院教师那个例子，很多大学应对个人公平挑战的一个方法就是把所有教授的工资建立在九个月（通常8月中旬至次年5月中旬）的学术年度上，那些有特殊贡献的人士可以获得一份暑期津贴，加起来通常接近九个月工资的1/3。他们还可以获得其他补贴，如长途旅行补贴、研究支持及秘书服务等。这些通常被称作席位（chairs）或学术伙伴（fellowships），每个固定周期后可以重新协商。

最后，越来越多的公司制定出明确的"议价"制。这意味着公司提供的薪酬与员工可能从竞争对手那里得到的薪酬相匹配，当然必须达到特定标准（例如这个薪酬是由市场领先的公司开出的）。根据近期的一项调查，55％的公司实行"议价"制，但只针对那些关键岗位的员工和出类拔萃的员工。[24]

10.2.2 固定薪酬还是可变薪酬

公司可以采用基本薪酬的形式支付大部分的薪酬（例如每个月可以预期的薪水），也可以采用可变薪酬的形式，后者会随着预先设定的标准变动。平均而言，大约75％的公司会提供某种形式的可变薪酬，而且近年来这一比例一直在持续上升。[25]

不同公司在确定固定薪酬与可变薪酬的比例方面具有很大差异。平均而言，在美国员工薪酬的10％是可变部分，而在日本是20％。不过，这两个国家可变薪酬的变化幅度都很大——从 0 到 70%。对于一些特定员工群体(如销售人员),可变薪酬可以高达 100%。[26] 一般来讲,员工薪酬水平越高,可变薪酬所占的比例就越大,说明职位高的人可以赚得更多,但他们的总体薪酬更容易受到风险的影响。据最新估算,对于那些每年能挣到 95 万美元的人来讲,可变薪酬要占到 90%;而对于那些每年挣到 3.5 万美元的人来说,可变薪酬的比例会低于 5%。[27]

由于固定薪酬有助于降低雇主和员工的风险,美国大多数公司选择采取这种形式。但是对于规模较小的公司而言,可变薪酬则比较有利。这类公司的产品没有那么高的知名度,公司的专业人员愿意牺牲眼前的利益以赢得更好的未来。另外,由于风险资本、现金紧缺及企业收入波动大,可能要进行裁员的公司也适合采用可变薪酬的形式。管理者笔记"有保障的薪酬正在消失"介绍了员工在工资方面所承受的风险。

 管理者笔记:新趋势

有保障的薪酬正在消失

不久以前,雇主将薪酬分为固定薪酬(薪水)、可变薪酬(激励)和福利。除了占员工总薪酬小部分的激励薪酬,员工通过工作每月可以拿到的包括固定薪酬和福利。但这种情况正在迅速改变。

可变薪酬比例增大

在最近的一次调查中,佩兰沃森咨询公司发现 82% 的企业为非高管员工制订了浮动工资计划,49% 的企业为全体员工制订了浮动工资计划,46% 的企业正在提高员工期望获得奖金所要达到的标准。

逐底竞争:墨西哥以低工资引入国际汽车生产商

显然,工资减让是说服福特汽车公司在墨西哥的奥蒂特兰为嘉年华系列汽车建立工厂的关键,这家工厂会产生 4 500 个岗位。新聘员工的工资将削减至标准工资(每小时 4.5 美元)的一半。这么低的劳动力成本使得墨西哥在与中国竞争时处于有利的地位,因为在中国一家外资企业或合资企业员工的基本工资为每小时 2—6 美元。在美国,为了提高利润,通用汽车、克莱斯勒和福特等公司已经把非工会员工的工资尽最大可能地降低了 28%。

航空公司的工资减让

美国边疆航空公司,拥有近 6 000 名飞行专业人士。2009—2011 年,该公司把高管团队的工资和福利削减了 20%,并且要求所有员工在未来几年同意削减工资和福利。同样,美国联合航空公司将飞行员的工资削减了 12%,空乘人员的工资削减了 9.5%,员工福利也有所削减。联合航空已经加入美国航空、大陆航空(后来与联合航空合并)、达美航空、全美航空(后来与美国航空合并)的行列,削减工资和福利。航空业的合并浪潮使得这个问题更为严重,选择越来越少,员工很难在其他航空公司找到工作。

养老金化为乌有

在过去,尤其是在公共部门,养老金往往是不容置疑的制度。员工的薪水很低,但可以获得丰厚的养老金。但是,员工逐渐对原本以为确定的事情越来越感到诧异。最近的一个例子就是底特律市,以市政府的破产来与员工谈判降低养老金。另外一个新近的案例是加利福尼亚州斯托克顿市,积欠了州公务员退休基金（CalPERS,加利福尼亚州政府退休金管理中心）9亿美元,正打算放弃对员工的养老金承诺。

医生收入被榨干

不久前,医生还是所有行业中收入最高的。然而,这一令人羡慕的位置近几年也每况愈下,因为私营保险公司削减支付比例,政府医疗补助及医疗保险对病人的补偿也逐渐减少,以及越来越高的医疗事故保险,最终导致越来越多的医生申请破产。最近的一个例子来自美国康涅狄格州恩菲尔德市的肿瘤科医生 Dennis Morgan。他说:"因为政府对肿瘤手术治疗和药物的报销比例逐渐削减,我的收入开始下降,我削减了自己的开支,但还是入不敷出,最近债务也开始增多。化疗药物和医疗用品的购买已经把我压垮了。"

记录全球工资削减

在撰写本书时（2015年）,作者在 Google 上简单地搜索了一下,发现无数的网站记录了美国及全球成百上千的企业都在削减工资。

资料来源：Fisher, D. (2013). Municipal bankruptcies set up war between pensioners and bondholders. www. forbes. com; Kavilaz, P. (2013). Doctors driven to bankruptcies. www. money. cnn. com; Hellerman, M., and Kochanski, J. (2011). Society for Human Resource Management. Reducing the sense of entitlement, www. shrm. org; Vlasic, B., and Bunkley, N. (2009, January 6). Automakers fear a new normal of low sales. *New York Times*, B-1; Evans, K., and Mathews, R. G. (2009, January 3). Manufacturing tumbles globally. *Wall Street Journal*, A-1; Laise, E. (2009, January 3). Mutual fund fought off bears but now is clawed. *Wall Street Journal*, B-1; Sorkin, A. R. (2009, January 6). Eating crow at a dinner for Wall Street. *New York Times*, B-1.

苹果计算机公司（Apple Computer）就是个很好的例子,充分说明变动薪酬如何为公司本身和员工带来好处。在公司成立初期,员工为了获得公司股票,愿意多年以低薪工作;当苹果公司股价在20世纪80年代高涨时,许多员工因此而变成百万富翁。软件制造商赛门铁克在股价2003—2005年上升了150%,很多拥有股票期权的员工获得了丰厚的回报。[28]

从2006年度开始新的税收规则对股票期权的使用进行了限制,我们在第11章讨论。但这并不能阻止公司采取其他可变薪酬的形式。例如,Nordstrom 公司近期为那些一年工作超过1000小时的员工提供一笔利润分享奖金,额度是以往年度的3倍。[29] Pella,一家拥有8000名员工的门窗制造公司,明文规定在员工正常工资之外将税前利润的25%分配给员工。Network Appliance,一家硬件和软件提供商,为员工获批的每项专利奖励为5000—10000美元。

不过,并不是所有的变动薪酬方案适合员工。近年,安然和环球电讯的员工眼睁睁地看着公司股价在几个月的时间之内从每股90美元一路跌至50美分,主要原因在于公司的管理失误和高层腐败。[30] 2008—2009年,在一年的时间里,受到住房危机的影响,员工眼睁睁地看着所持有的股票期权大跌,包括现在已破产的雷曼兄弟公司（下跌95%）、美林证券（下跌

69%)、美国国际集团(AIG,下跌 90%)等。事实上,2009—2011 年,很多公司中约 10%的受薪员工发现,他们过去几年辛苦工作攒下来的钱都蒸发了,有些人还有一大笔税收账单要付。[31] 另一方面,2012—2014 年,大部分员工持有股票的价值大幅提高,说明高风险确实存在,但对应的就是潜在的高收益。不过很明显,固定薪酬在总薪酬中的占比在持续下降,公司要求员工共同承担风险。[32] 那些公平对待员工并清晰地解释薪酬风险的积极和消极方面的公司,更有可能在巨大压力下避免员工士气的恶化。例如,埃米斯广播公司(Emmis communications),近期在面临利润紧缩时削减了 10%的薪酬。但奇怪的是,几乎没人离开,员工与公司预期的一样接受了这个坏消息。[33]

10.2.3 绩效薪酬还是成员资格薪酬

固定薪酬还是可变薪酬的选择涉及公司强调的是绩效还是成员资格。[34] 如果员工薪酬的大部分是根据个人或团队贡献确定,而且每个人或每个团队的收入差距非常大,那么这家公司重视的就是绩效。绩效薪酬(performance-contingent compensation)的最极端形式是传统的计件制(piece-rate plans)和销售佣金。另外,给予员工的成本节约建议奖、全勤奖或基于主管评估的绩效加薪属于绩效薪酬。除个人基本薪酬之外,公司还可以选择这些方案(参阅第 11 章)。

如果对从事特定工作的员工而言,只要员工绩效基本令人满意,他们的薪酬相同或相差不远,那么公司强调的是成员资格薪酬(membership contingent compensation)。员工薪酬是根据他们每个星期在公司完成预先约定的工作时数(通常是 40 个小时),薪酬会随着他们在公司的晋升而增加,而不是根据绩效。

绩效和成员资格哪个相对更重要,在很大程度上取决于组织的文化及高层管理者或公司创始人的信念。许多强调绩效的企业往往管理层级较少、成长迅速、企业内部人员和团队之间存在竞争、绩效评价指标较完备(参阅第 7 章)并存在强大的竞争压力等。[35] 在美国还有其他很多国家,似乎有种趋势,公司无论规模大小都不再使用成员资格薪酬。[36] 进入 21 世纪的第二个十年之际,全球化竞争更加剧了这种趋势。[37] 这就引出了另外一个重要的问题:一家跨国公司衡量绩效应该是从工厂的视角还是从全国或全球的视角进行呢?IBM 公司为了实现让所有员工关注世界范围的绩效这个目标,决定衡量公司的整体利润率。不过,其他公司认为,如果把奖励建立在部门利润率的基础上,员工行为和绩效之间的联系就会更加直接。

很多公司在员工绩效评价指标方面也是多次权衡。比如,有些公司(如英特尔)会把社区服务作为绩效评价标准。再如,美国许多地区的教师,如果学生的学习成绩好及学生福利能够得到保障,他们就会被认为尽到了责任。在选择绩效评价指标时还面临一个挑战,那就是员工对这个指标具有多大的控制权。管理者笔记"根据学生获益水平支付教师薪酬"讨论了从善意的角度出发制定绩效评价标准可能会带来不公平控诉。

管理者笔记：伦理/社会责任

根据学生获益水平支付教师薪酬

近年来出现了这样一股风气：根据学生获益水平的提高情况确定教师的奖励。例如，在美国中西部的一个州，如果教师确保学生达到该州规定的身体素质教育目标，他们就可以得到一笔奖金。这个目标是，"能够持续平稳地、有节奏地展示正确的跳跃技能，以及能够持续精确地、有技巧地用球拍将球击进目标区域"。在美国许多地区，中小学教师的绩效薪酬与学生测试分数的提高直接挂钩。人们对这种评价标准的抱怨是，这会引导教师教学生如何在考试中取得高分，但可能会以牺牲批判性思维和基本知识学习为代价。而且，让教师对他们无法控制的因素负责（诸如学生的社会经济地位、学校资助及家庭生活等），这种评价体系也是不公平的。

资料来源：Will, G. F. (2013). In Chicago, a battle over schools' future. www.washingtonpost.com; Gates, B. (2013). A fairer way to evaluate teachers. www.washingtonpost.com; Munnell, A. H., and Fraenkel, R.C. (2013). Compensation matters: the case of teachers, Center for research of Boston college, 28, 1—10.

10.3 职位薪酬还是个体薪酬

大多数传统的薪酬体系假设，企业在设定基本薪酬时应该对每个工作职位（岗位）的价值或贡献进行评估，而不是依据员工完成工作的效果。[38] 这意味着，各个工作的最高价值和最低价值不受个体员工的影响，员工薪酬必须在工作的价值范围之内。

在知识薪酬或技能薪酬（knowledge-based pay or skill-based pay）体系中，员工薪酬根据他们能够从事的工作或可以成功应用在各种工作和情境的技能决定。[39] 所以，个人才能越高，薪酬也就越高。当他们有能力有效地承担更大的职责时，基础薪酬也会相应增加。

尽管传统的职位薪酬体系仍然是主流，但越来越多的企业选择知识薪酬方案。原因在于，知识薪酬有助于激发员工的工作动机，便于企业将员工安排到最需要他们的岗位上，并且能够减少离职和缺勤成本，因为其他员工可以承担缺勤者的工作任务，也方便管理者灵活地进行人员配置。不过，有学者批评说技能薪酬可能增加劳动力成本，使劳动专业化缺失，而且因为任职资格缺乏专业性而使得甄选活动的难度提高，形成"左手不知道右手在干什么"的混乱场面。[40]

那么，管理者面对职位薪酬和个体薪酬方案应该如何选择呢？职位薪酬方案通常适合以下情形：

- 技术稳定；
- 岗位不会经常变动；
- 员工无须经常帮别的同事处理工作；

- 在特定的岗位工作需要大量培训；
- 员工离职率相对较低；
- 员工会随着工作年限的提高而沿着公司层级逐渐晋升；
- 行业内各岗位是相对标准化的。

汽车行业符合上述大多数的条件。个体薪酬方案比较适合以下情形：

- 公司员工的教育背景相对较高，而且有能力、有意愿学习不同的工作内容；
- 公司的技术和组织结构经常变化；
- 公司鼓励员工参与团队合作；
- 向上晋升的机会有限；
- 员工有学习新技能的机会；
- 员工离职和缺勤导致生产力的损失会给公司带来很高的成本[41]；
- 个体薪酬方案在依靠流水线技术的制造业很常见[42]。

薪酬方面还有一个问题，公司和员工应如何分享由员工的创意与发明所带来的经济收益。在美国，这种做法并不常见，因为员工完成具体的岗位任务已经得到薪酬补偿，任何给个人的额外奖励都是可选择的、自由决定的。然而在其他国家，情况并非如此，这就给跨国公司带来了挑战（尤其是高科技公司），它们需要招聘来自世界各地的高技能员工，管理者笔记"谁有权享有利润：是产生创意并给公司带来利润的员工还是支付他/她薪水的公司"对此展开了讨论。

 管理者笔记：全球化

谁有权享有利润：是产生创意并给公司带来利润的员工还是支付他/她薪水的公司

员工常常会产生一些好的创意和发明，这些创意和发明能给公司带来高额利润。美国法律规定，负责支付员工薪酬的公司有权享有该员工所带来的收益，只要他在公司的工资名册上。公司也许会和员工分享部分收益，但这并不是强制性的。然而，其他国家的情况并非如此，这就给跨国公司在收购、合并以及/或者放弃国外子公司方面带来了挑战。因为国外的员工可能会要求公司为他们的创意和发明支付薪酬，即使这家国外公司在最近已经成为美国公司的一部分。我们来看看下面这个例子。

Andreas Paul Schueppen 博士是 Atmel 德国控股公司的前雇员，他声称公司应该给他"专利发明者津贴"4 200 万欧元（约合 6 000 万美元）。1993 年，Schueppen 加入位于德国乌尔姆市的戴姆勒-奔驰研究中心，他负责硅锗技术研究，并在 1994 年改进了这一技术（达到了当时国际硅晶体管技术的世界纪录：振荡的最大频率达到 160 千兆赫）。1995—1996 年，他把在乌尔姆市戴姆勒-奔驰研究中心的硅锗技术转让给位于德国海尔布隆市的 TEMIC 电子公司。其他的主要半导体公司也开始研究硅锗技术，如今这项科技已经广泛应用于移动设备中，如手机、无线局域网、GPS 接收器、停车距离控制系统和防撞雷达。Schueppen 在德国提起上诉，声称 TEMIC 公司能够在德国海尔布隆市将这项科技投入生产完全是得益于他的专利和发明。戴姆勒已经把 TEMIC 公司的一部分出售给 Atmel 公司，而这家公司的总部设在美国，如今它已经成为起诉的目标公司。

资料来源：www.faqs.org/patents.(2013). System and method for distributing mobile compensation and incentives for inventors; www.electronics-eetimes.com.(2011). Engineer seeks $60 million bonus from Atmel; www.Atmel.com.(2011); www.patentstorm.us; www.spoke.com.(2011), Atmel Germany GmbH.

10.3.1 精英主义还是平均主义

公司必须决定是让大多数员工接受同样的薪酬体系——**平均主义薪酬体系**（egalitarian pay system），还是根据组织层级或员工群体建立不同的薪酬方案——**精英主义薪酬体系**（elitist pay system）。例如，有些公司只给 CEO 提供股票期权[43]，但有些公司即便是最低薪酬水平的员工也有资格获得股票期权。有些公司只为特定的员工群体[44]（例如销售人员）提供各种奖励方案，而有些公司大多数的员工享有这些方案权益。Ben & Jerry's 控股公司是一家位于佛蒙特州的冰激凌制造商，其薪酬体系与公司盈利状况紧密相关。当公司盈利状况非常好时，每个人都能拿到高薪。利润分享计划针对公司从最高层到最底层的所有员工给予平均额度的奖励。[45]

近来一些高层经理试图使他们的薪酬与员工保持一致以加强平均主义。例如，Synovus 金融服务公司拥有 12 000 名员工，为了给员工提供较高的薪水，高管们放弃了奖金。[46] 在 SEI 投资公司，接近 2 000 名员工拥有公司约 50% 的股权。全食超市公司限制任何个人（包括高层经理人员）所能够获得的最高薪酬是全职员工平均薪酬的 14 倍（在美国不同的组织中，这个比率范围是 1—300 倍以上）。正如我们将在第 11 章讨论的，这些平均主义政策可能是例外而不是常规；过去 25 年里，高层和低层员工之间的薪酬差异在稳步增大。全球化促使薪酬实践相互传播的另一个标志是，美国公司的内部薪酬差异变得与其他西方国家更加相似。

很多薪酬专家认同这样一个观点——两种体系各有优缺点。平均主义薪酬体系给公司带来更多的灵活性，可以在不需要改变薪酬水平的情况下将员工安排到不同的领域，而且可以弱化在一起工作员工之间的隔阂。而精英主义薪酬体系可能会使员工队伍的稳定性更强，因为员工只有通过晋升才能赚到更多的钱。

精英主义薪酬体系在那些历史悠久、声望较高的公司中应用得更广泛，这些公司拥有成熟的产品、相对不变的市场份额，面临的竞争也非常有限。而平均主义薪酬体系在那些高度竞争的环境中更常见，公司在这样的环境中经常进行商业冒险，持续投资新技术、新企业和新产品以扩大市场占有率。

10.3.2 低于市场水平还是高于市场水平的薪酬

员工在其他就业机会中可能获得的薪酬水平会直接影响公司对人才的吸引力。薪酬满意度和薪酬水平有着非常强的关系，而对薪酬不满则是员工离职最常见的原因之一。对全体员工支付高于市场水平的薪酬决策能够帮助企业吸引到精英，把员工自愿离职率降到最低限度,而且创造出一种氛围使全体员工感觉自己是精英企业的一部分。[47]这一直是 IBM、微软和宝洁这类蓝筹股企业的传统。但是,没有几家企业负担得起这样的薪酬支出。因此,大多数企业认识到特定员工群体的重要性,会对他们支付高于市场水平的薪酬,而对其他员工群体支付低于市场水平的薪酬。例如,许多高科技企业研发人员的待遇非常好,但是生产部门人员的薪酬则低于市场水平。

处于紧俏的劳动力市场、力图快速成长的公司必须考虑支付高于市场水平的薪酬。例如,高盛在 20 世纪末的两年期间内对员工加薪 42%,其薪酬水平在同行业中属于最高水平,例如行政秘书的年薪就有 5 万美元。[48]工会(第 15 章将详细讨论的主题)也会促使公司支付高于市场水平的薪酬。组织中有工会的员工薪酬水平大约比没有工会的高出 9%—14%。[49]

> **伦理问题**
>
> 一些人认为 CEO 每年挣得数百万美元的薪水而员工中的很多人仅挣得最低工资或被解雇,这样是不对的。另一些人则认为企业高管的收入不能超过基层员工收入的 20 倍。你怎么看待这个问题?

近期的一个趋势就是,那些传统高薪的企业也只提供市场平均水平的基本薪酬,并辅以幅度较大的激励薪酬。正如一位专家所言,"当公司很难降低基本薪酬水平之时,基本薪酬水平可以固定几年不变,直到市场竞争程度足够强"。[50]同时,企业给予更多的激励薪酬,这样总薪酬就可以使企业在劳动力市场上获得较大的优势。

需要明确的一点是,即便有地区、全国或全球大部分岗位薪酬水平的调查数据,公司在是否根据市场薪酬水平支付特定员工薪酬方面也有着非常大的自由度。正如前面所提到的,专业技能岗位和管理岗位的薪酬差距相对比较大,在确定特定岗位员工薪酬方面给了公司较大的自由度。举例来说,假设一家公司正打算给一位人力资源经理设定工资。2015 年,这个岗位的工资调查数据是 5 万—50 万美元。在如此大的范围内,公司要给这位人力资源经理支付多少薪酬取决于这个职位对公司的重要性,以及员工个人特质(过去的经历、教育背景、绩效考核结果等)。

10.3.3 货币性奖励还是非货币性奖励

究竟采取货币还是非货币形态的奖励是长期以来的薪酬争议之一。不同于现金或未来可以折现的付款形式(例如股票或退休计划),非货币形态的奖励是无形的。这样的奖励方式包括有趣的工作、挑战性的任务以及公众的认可。[51]

许多调查表明,员工将薪酬排在了次要的位置。例如,一项大规模的调查发现,仅有 2%的美国人宣称薪酬是工作的一个非常重要的方面。[52]不过,我们对这个调查结果还是有点怀疑。大多数人可能受到文化背景的影响,不喜欢强调金钱的重要性。两位知名的评论家表示,"人们对于薪酬的实际重视程度可能比他们愿意对他人(或自己)承认的水平要高得多。事实上,比较老套的丰厚现金支付方式和其他的任何一种奖励方式相比都不差"。[53]

货币性奖励与非货币性奖励的相对重要性在《财富》杂志针对 1 000 多家大中型企业的年度研究中予以了说明。该杂志列举了 100 个最佳雇主及其实践做法。例如,过去三年内的最佳雇主包括:

- **eBay** 公司提供的额外津贴包括高尔夫课程、自行车修理、牙科服务、祷告冥想室,以及每五年提供四星期的带薪休假。
- **谷歌** 公司允许工程师花 20% 的时间在项目选择上,还提供幼儿看护、健身中心、健身房会员津贴和远程办公。
- **通用磨坊** 公司允许女性产假后以兼职的形式投入工作,还提供带薪休假、幼儿看护和健身中心。

我们注意到,在《财富》杂志"最佳雇主"榜单中的一些公司,有一种非货币性奖励如今已变得越来越普遍,就是"家庭亲善政策"或"工作—生活平衡计划",包括弹性工作时间、私人时间(不同于病假)、健身中心、日托、孩子生病时的护理等。例如,爱德华兹(A. G. Edwards)证券公司为员工提供室内步行道、瑜伽课程、跑步俱乐部等。第一地平线全国银行(原第一田纳西银行)允许身为学龄儿童家长的员工请假到学校看望孩子。[54]

一般来说,强调货币性奖励方式的企业希望强化个人的成就和责任,而重视非货币性奖励方式的企业则比较希望强化员工对公司的承诺。所以,市场变化大、工作保障度低、重视销售业绩而不是客户服务、试图促进内部竞争氛围而不是员工长期承诺的公司,通常比较重视货币形态的奖励。至于人员相对较为稳定、强调客户服务和忠诚而不是销售业绩的快速成长、希望强化内部合作氛围的公司,则比较依赖非货币形态的奖励方式。[55]管理者笔记"用非货币性薪酬奖励员工"列举了近期一些公司强调非货币性薪酬的例子。这里的一个重要问题是,应该实事求是地反映员工对非货币性薪酬的态度如何。近期一项针对 1 400 家公司的调查显示,当公司预算紧张时,非货币性奖励(如休假或者部门庆典)是对员工工作认可的最有价值的方式;但同时,员工还是很希望对他们的努力工作给予经济补偿。[56]

 管理者笔记:新趋势

用非货币性薪酬奖励员工

金钱并非一切,尤其是当公司正处于削减开支的艰难时期之时,公司很难再以常规的加薪、奖金及其他形式的货币性薪酬奖励员工。不过,许多公司发现,员工在工作中并没有那么注重货币性奖励,他们对其他形式的奖励往往也有不错的反应。例如,公众认可度有助于建立员工忠诚度,对员工的优秀绩效产生积极影响。

近来一项民意调查针对加拿大的高管,询问他们如何在没有额外支出的情形下对员工的工作表示认可,10 个人中有 9 个说他们会运用鼓舞士气的策略。"人们都想得到重视。"滑铁卢大学的一位管理学教授这样说。其他经理建议使用的策略还有诸如与当地商户协商给员工优惠折扣,酒店和餐厅的折扣对员工计划家庭旅行很有帮助。一些小的奖励(如礼品卡)也能够让员工很开心。一家信贷联盟的会员资格也是一种激励。这些机构鼓励存款,还提供比其他银行更低的贷款利率。弹性工作时间、远程办公、轮班及家庭友好政策都很受欢迎。时间(无论是带薪假期还是与经理有更多的视频时间)对员工而言都很好,而且几乎不花公司什么钱。Epcor 公共事业公司在加拿大和美国建立了发电厂,每个月会给予 3 000 名员工一个额外的星期五休假,员工可以自由地做自己想做的事。一些公司会给员工的志愿工作和社区工作提供带薪休假。

但是,即使是最慷慨的非货币性薪酬也不能补偿不公平或者不具竞争性的薪酬,也不能以此期待员工以长时间、不合理的工作负荷来"偿还"这样的福利。正如一家公司的薪酬主管所说:"每个人都需要给予公平的薪酬。你必须保证员工的工资与市场平均水平的差距在5%以内;不然,他们就会因这些事情而很烦躁。"

资料来源: Aguinis, H., Joo, H., Gottfredson, R. K. (2013). What monetary rewards can and cannot do: How to show employees the money. *Business Horizons*, 56(2), 241—249; Sowanane, P. (2013). Non-Monetary rewards: employee choices and organizational practice. *Indian Journal of Industrial Relations*, 44(2), 256—272; www. writeforhr. com. (2011). Compensation solutions; Grant, T. (2009, March 21). "Thanking staff without a fistful of dollars," Globe and Mail, http://business. theglobeandmail. com; Bergfelf, G., and Calabrese, P. (2009, February 1). Recession-friendly employee perks. Portfolio. com, www. portfolio. com, February 1, 2009; Paul B. Brown, "Making Hard Times Work for Your Business," New York Times,www. nytimes. com.

还有一个趋势是给高绩效员工提供有形的激励而不是现金。例如,每个地方的四季酒店会给"年度最佳员工"提供一个星期的双人免费旅游假期。Recreational 设备公司每年会给高绩效员工提供最高 300 美元的旅行奖励。[57]

还有一个重要的非货币性奖励(尤其是对那些有家庭的员工来说)是允许员工在家中工作。近年来,科技的运用已经使员工可以远程工作。也许正是出于这个原因远程工作者的薪酬不再低于其他在办公室工作的员工,这是管理者笔记"远程工作者不再处于薪酬劣势"所讨论的。

管理者笔记:科技/社交媒体

远程工作者不再处于薪酬劣势

过去,在家工作的员工与在办公室工作的员工相比总是处于很大的劣势。然而,科技提供了一个公平竞争环境,因为公司意识到,允许员工远程工作不仅可以节约不动产成本,还提供了一种大家都很重视的奖励。最近的一项调查显示,在为人父母的员工中,10 个有 9 个认为工作场所的弹性比高薪酬更重要。幸运的是,远程工作者现在的薪酬与办公室员工的薪酬是相当的,因此员工"不必在居家工作的便利性和低薪酬之间进行两难选择"。最重要的是,远程工作者能够在交通、服装、清洁费用、饮食及幼儿看护等方面节约很多开支。

资料来源: Fell, S. S. (2013). Do work-at-home jobs pay less than office jobs? www. salary. com; https://mobileworkexcahnge. com. (2013). The telework revolution; http://telework2013. com. (2013). Working from home.

10.3.4 公开薪酬还是保密薪酬

公司对员工薪酬水平和公司薪酬政策的公开程度存在很大差别。一个极端情况是,有些公司要求员工签约保证不会对同事透露自己的薪酬,如果违背这项规定就会遭到解雇。另外一种极端的做法是,每个员工的薪酬都是公开的(如美国全食超市公司)。在公立大学,这方面的信息甚至会在校办报纸上公开。大多数企业走中间道路,它们不会公开个人的薪酬资料,但会提供有关薪酬和工资区间的信息。

与薪酬保密的做法相比,公开薪酬有两个优点[58]:第一,限制员工获取薪酬信息常常会导致更大的薪酬不满意度,因为员工往往会高估同事和主管的薪水;第二,公开薪酬信息迫使管理者更加公平、有效地管理薪酬,因为不好的决策无法隐藏,好的决策则有助于激励最优秀的员工。

不过,公开薪酬会迫使管理者和主管公开为薪酬决策辩护。不论企业费了多少口舌解释这方面的决定,也无法让每一个人都感到满意,即便是薪酬已经很不错的人仍可能觉得可以更好。为了避免浪费时间和精力与员工争辩,管理者可能索性消除下属员工之间的薪酬差异,统一付薪,而不管个别员工之间绩效水平的差异。结果可能是,绩效较好的人才因薪酬过低而离职。

最近的研究显示,在员工广泛参与、重视平等、促进信赖和承诺的公司里,公开薪酬的做法会比较容易成功。[59]这是因为在重视员工关系的氛围里,公开薪酬的做法才能让人觉得公平并带来更大的动力。在竞争相对激烈的环境里,公开薪酬的做法反而可能导致冲突和充满敌意的毁灭性循环,而且难以制止。

10.3.5 集权化薪酬决策还是分权化薪酬决策

在集权化的体系里,薪酬决策被中心权力部门牢牢地掌握,通常是公司总部的人力资源部门。在分权化的体系里,薪酬决策则授权给各单位的管理者。

如果可以在一个固定地点招募到薪酬专业人员,就让他们负责薪酬调查、福利管理和记录等工作。这样比较节约成本,也很有效率,适合使用集权式的薪酬决策。[60]如果公司经常面临法律方面的挑战,那么由专业人员集中进行重大薪酬的决策应该是比较明智的。

集权化体系能够实现内部公平的最大化,但是对于外部公平(市场)则处理得不是很好。所以,大规模、多样化的企业最好采取分权化薪酬体系。例如,糖果制造业全球龙头玛氏(Mars)公司年销售额估计达110亿美元,拥有30 000名员工,但公司总部的人力资源人员只有2名。玛氏公司让每个经营单位负责自己的薪酬决策。[61]

10.3.6 小结

薪酬是个复杂的问题,对企业的成功与否具有重大影响。好在并没有九项薪酬标准所说的那么多种独立的薪酬体系;不过,在九项薪酬选择标准中没有一项是简单的决策,它们只是定义了两种极端的情况,而在两个极端之间有着很多的可能性。

最后需要指出的一点是,在有工会组织的工作环境里,薪酬政策必须经过谈判和协议,所以这类企业的管理者在薪酬方面能做或不能做些什么往往受到严格的限制。

10.4 薪酬工具

根据薪酬决策所采用的分析单位,可以把薪酬工具分为两大类:以职位为基础的方式和以技能为基础的方式。

以职位为基础的方法包括最传统、使用最为普及的薪酬计划。[62]这些薪酬计划假定只要支付了薪酬,人们就可以完成那些内容明确的工作(如秘书、记账员)。每种工作的设计是为了完成具体的任务(如打字、记账),通常是由好几个人完成。由于每种工作对公司的重要性并不相同,而且有些工作在劳动力市场上具有比较高的价值,因此薪酬体系首要目的是分配薪酬,让最重要的职位得到最高的薪酬。

图表10.4是一个典型的职位薪酬结构的例子,假定一家大型餐厅雇用了87名员工从事18种岗位,表中是不同职位的薪酬。这18种职位被分为六个薪酬等级,最低等级的薪酬水平为每小时8.5美元,最高等级(主厨)的薪酬水平为每小时34美元。员工薪酬根据所属职位等级支付。所以,洗碗工人或打杂工(等级1)的薪酬为每小时8.50—9.25美元。

图表10.4 一家采取职位薪酬制的大型餐厅的薪酬结构

职位等级	工作	职位人数	薪酬(美元/小时)
6	主厨	2	23.50—34.00
5	经理	1	14.50—24.00
	副主厨	1	
4	经理助理	2	10.50—15.00
	大厨	2	
	办公室经理	1	
3	一般厨师	5	9.50—11.00
	快餐厨师	2	
	大厨助理	1	
	职员	1	
2	服务员	45	9.00—10.00
	女服务生	4	
	收银员	4	
1	厨房帮手	2	8.50—9.25
	洗碗工人	3	
	清洁人员	2	
	打杂工人	6	
	保安	2	

技能薪酬方案则不太常见。这种方法假设,员工薪酬的支付不是根据职位,而是根据执行多种任务的弹性和能力。在这种薪酬计划下,员工具备与工作相关的技能越多,获得的薪

酬水平就越高。图表10.5提供一个简单的例子说明以技能基础的方法。掌握第一项技能模块(模块1)的员工每小时挣9美元,学习了第二项模块技能(在掌握了第一项模块之后)的员工则可以获得每小时10.5美元的工资,获取第三项模块技能(在掌握了第一项和第二项模块之后)的员工则可以获得每小时13.5美元,以此类推。

图表10.5 一家采取技能薪酬制的大型餐厅的薪酬结构

技能模块	技能	薪酬(美元/小时)
5	• 为菜单开发新的品种 • 为剩菜(例如热门菜、自助餐)找出不同的用途 • 当主管不在时能够协调和控制全体员工的工作	26.00
4	• 根据菜谱烹调菜单上的菜品 • 监督厨房运转 • 准备工资名册 • 保证食品的质量并坚持标准	20.00
3	• 安排服务人员的时间表和指派工作地点 • 盘点存货 • 组织餐厅所在楼层的工作流程	13.50
2	• 招呼顾客和安排座位 • 帮顾客点菜 • 为顾客上菜 • 在厨房协助准备食品 • 进行安全检查 • 协助送货	10.50
1	• 使用洗碗设备 • 使用化学药品/消毒剂清洁环境 • 使用吸尘器、拖把、打蜡机和其他清洁设备 • 清洁和摆设餐桌 • 完成日常的厨房工作(例如煮咖啡)	9.00

在下面的内容中,我们将深入探讨这两种薪酬计划。不过,由于薪酬工具和薪酬计划极为复杂,我们避开经营过程中很多的细节,集中于这些计划的用途以及相对的优缺点。至于如何一步步执行这些方案,可以在其他文献中找到详细的资料。[63]

10.4.1 职位薪酬方案

建立以工作职位为基础的薪酬计划有三个要素,即实现内部公平、外部公平及个人公平,美国大型企业大多采取这种或类似的薪酬计划。[64]图表10.6简要说明这些要素之间的关系和相关的步骤。

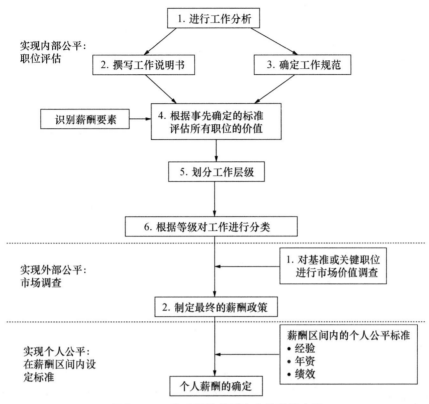

图表 10.6 构建职位薪酬方案的关键步骤

实现内部公平：职位评估

职位薪酬方案要求评估各个职位（而非个别员工）对公司的相对价值或贡献。这个流程的第一个部分就是**职位评估**（job evaluation），包括六个步骤，目的是为公司提供一个对每个职位重要程度的合理、有序和系统化的判断。职位评估的最终目的在于实现薪酬结构的内部公平。

步骤一：进行工作分析

正如我们在第 2 章所讨论的，工作分析是收集和组织有关特定工作的任务、职责与责任的信息。职位评估流程的第一个步骤是针对所有待评估工作收集相关职责、任务责任的信息。工作分析可以根据与员工进行的个别访谈、由员工或主管填写问卷和经营记录（例如，被操作设备的成本及年度预算），研究哪些不同的任务组成该项工作、如何组合以及为什么这么组合。图表 10.7 展示了常见的工作分析问卷——职位分析问卷（PAQ）。在进行工作分析时，问卷填写者需要在每个问题五种不同的阐述中挑选最适合的答案。

图表 10.7 职位分析问卷（PAQ）部分题目示例

思考过程
决策的制定、推理及计划/安排
36. 决策的制定 　　根据以下量表，说明工作中通常需要决策的程度；需要纳入考虑的因素的数量和复杂性、其他方案的种类、决策的重要性和后果、所要求的背景经验、教育和培训、可作为指引的前例，以及其他相关的考虑事项。 • 决策水平 1. 非常有限的 　例如，常规组装工作选择零件、仓库物品上架、清洁家具或处理自动化机械之类的决策 2. 有限的 　例如，操作自动刨木机、调遣出租车、为汽车上润滑油之类的决策 3. 适中的 　例如，安装机械及操作、诊断飞机机械故障、报道新闻或监督汽车服务员之类的决策 4. 大量的 　例如，拟订生产配额、晋升或解雇等决策 5. 非常大量的 　例如，公司年度预算的支持权、针对主要问题的诊断提出建议、选择新工厂的地点等决策 37. 解决问题的推理 　　根据以下量表，说明在解决问题时应用知识、经验和判断力所需的推理水平。 • 解决问题的推理水平 1. 非常有限的 　以常识进行简单或参与度较低的指示，例如手工装配工或混合机械操作员 2. 有限的 　利用一些培训或经验从有限数量的解决方案中选出最适合的行动方案或程序以完成工作，例如销售职员、电工学徒或图书馆助理 3. 中等的 　利用相关原则解决实际的问题以及处理工作中各种具体的变量，标准化程度有限，例如主管或技师所面临的情况 4. 大量的 　使用逻辑或科学思维界定问题、收集信息、确立事实和形成有效的结论，例如石油工程师、人事主管或连锁店店长 5. 非常大量的 　以逻辑或科学思维解决各种有关智能和实际的问题，例如化学家、核物理学家、企业总裁、大型分公司或工厂的经理

步骤二：撰写工作说明书

职位评估流程的第二个步骤是把工作分析数据形成书面文件，识别、界定并说明每项工作的职责、责任、工作条件及规范。这份文件被称为工作说明书（参阅第2章）。

步骤三：确定工作规范

工作规范包括员工有效完成职位要求所需的特征。这些先决条件是从工作分析而来，不过有些则是法律规定（例如，管道工必须具备相关职业资格）。工作规范通常对所需工作经验的年限和类型、教育水平和背景、证书、职业培训等方面做出非常具体的要求，这些内容通常包含在工作说明书中。

步骤四：根据事先确定的标准评估所有职位的价值

在确定工作说明书和工作规范之后,我们可以利用它们判断不同职位对公司的相对价值或贡献。职位评估通常是由三到七人组成的委员会进行,委员会成员可能包括主管、经理、人力资源部门人员和外部顾问。一些知名的职位评估流程要花上几年的时间。不过,大多数公司采取要素计点法(point factor system)。[65]

要素计点法采用薪酬要素(compensable factors)进行职位评估。薪酬要素是公司在评估各种工作的相对价值时,认为最重要的、与工作相关的标准。知识是常见的薪酬要素。需要较多知识(通过正式教育或非正式经历获得的)的工作能获得较高的评价,所以薪酬也较高。虽然每家公司能够自行决定薪酬要素,甚至创造出适合各种职业族或工作族(例如秘书类、技术类、管理类等职务)的薪酬要素,不过大多数公司是直接从已经建好的职位评估系统中选取薪酬要素。两种被广泛接受的要素计点法是海氏指示图表法(Hay Guide Chart-Profile Method)和美国管理协会(Management Association of America,MAA)的国家职位评估计划(National Position Evaluation Plan,即先前的 NMTA 因素计点体系)。图表 10.8 简要说明了海氏法,这是以三个薪酬要素评估工作,即技术诀窍、解决问题的能力和责任。MAA(NMTA)计划有三个独立的模块:模块一是针对领取小时工资的蓝领工作;模块二是针对不可豁免的秘书类、技术类及服务类的职位;模块三是针对可豁免的主管、专业人员及管理层级的职位。MAA(NMTA)计划包括 11 个要素,分为技能、努力程度、责任和工作条件四个类别。[66]

图表 10.8　海氏薪酬要素

技术诀窍
技术诀窍是实现可接受工作绩效所需的各种技能的总和,包括三个维度: 1. 关于实际程序、专门技术及各种规章制度方面的知识;   2. 整合、协调各种管理情况(运营、支持和管理)的能力,可能是以咨询或执行的方式运用到工作中,涉及组织、规划、执行、控制和评估等工作内容的整合;   3. 人际关系领域主动的、操作型技巧
解决问题的能力
问题的解决是进行职位分析、评估、创新、推理和形成结论所需的原始"自发性"思考。在这种思考受到标准限制、有先例参考的情形下,解决问题的能力要求会下降,而相应地强调技术诀窍。   解决问题包括两个维度: 1. 思考所发生的环境;   2. 思考所面临的挑战
责任
责任是任职者对行动及其产生的后果的承担能力,可以分为三个维度: 1. 行动的自由度,即个人或程序控制和指导的程度;   2. 工作对最终结果的影响;   3. 影响范围,即工作明显或主要影响的领域,一般可以按美元计算(以年度为基础)

资料来源:Courtesy of The Hay Group © 2011 Hay Group.

在这两种方法里,每个薪酬要素被设计成按照数字和重要程度进行选择的量表。薪酬要素越重要,计点价值就越高;薪酬要素越不重要,计点价值就越低。例如,以 MAA(NATA)系统里最高的点值来说,经验是每个等级 22 点;另外两项 MAA(NMTA)技能要素的价值为每等级 14 点;其他要素的价值是每等级 5 点或 10 点(见图表 10.9)。

图表 10.9　MAA 国家职位评估方案:要素等级的点数

要素	分配给要素等级的点数				
	第一等级	第二等级	第三等级	第四等级	第五等级
技能					
1. 知识	14	28	42	56	70
2. 经验	22	44	66	88	110
3. 创造力与才智	14	28	42	56	70
努力程度					
4. 体力要求	10	20	30	40	50
5. 注意力集中程度	5	10	15	20	25
责任					
6. 设备或流程	5	10	15	20	25
7. 原材料或产品	5	10	15	20	25
8. 对他人安全的责任	5	10	15	20	25
9. 对他人工作的责任	5	10	15	20	25
工作条件					
10. 工作状况	10	20	30	40	50
11. 工作危险性	5	10	15	20	25

资料来源:《人力资源管理》(第五版),张正堂、蒋建武、刘宁译,北京大学出版社,2011,第 317 页。本版删减了表格,但结合上下文内容,译者认为这张表格有助于读者的理解,由此予以保留。

这个量表可以让职位评估与薪酬委员会判断每个职位各项薪酬要素的点数。例如,假设工作 X 被评为第五等级的要素包括体力要求(50 点)、设备或流程(25 点)、原材料或产品(25 点)、对他人安全的责任(25 点)和对他人工作的责任(25 点);第四等级的要素包括注意力集中程度(20 点)、工作状况(40 点)和工作危险性(20 点);第二等级的要素是经验(44 点);第一等级的要素是知识(14 点)以及创造力与才智(14 点)。因此,这份工作在十一项 MAA(NMTA)薪酬要素的总点数为 302 点。

步骤五:划分工作层级

在步骤四的基础上可以划分**工作层级**(job hierarchy),就是根据工作对公司的重要性,从最高到最低排列的工作清单。图表 10.10 示例了某个典型大企业界定的工作层级。从高到低排列每个工作的总点数,最高的是客服代表的 300 点,最低的是接待员的 60 点。

步骤六:根据等级对工作进行分类

基于简单起见,多数大型公司在职位评估流程的最后步骤是把工作分为不同的等级。一般而言,公司会把工作层级降到方便管理的数目,而各项工作的点数则作为层级划分的标准。

图表10.10显示了18个办公室职员的工作是如何被划分为五个等级的。每个等级职位的点数非常接近,同一个等级的职位对公司的重要性是一样的。

图表10.10　某办公室职员的工作层级、薪酬等级和周薪区间

工作	1 点数	2 等级	3 周薪区间(美元)
客服代表	300	5	600—750
行政秘书/行政助理	298		
高级秘书	290		
秘书	230	4	550—650
高级文员	225		
信用及催收职员	220		
会计人员	175	3	525—575
一般文员	170		
法律秘书/助理	165		
高级文字处理员	160		
文字处理员	125	2	490—530
采购人员	120		
工资结算员	120		
打字员	115		
档案管理员	95	1	450—500
收发员	80		
人事管理员	80		
接待员	60		

其他的职位评估体系还有排序法(ranking system),评估委员会根据对价值的整体判断将工作说明书从最高到最低排列;分类法(classification system),委员会不使用要素计点法,把工作说明分类到不同的等级,如联邦公务员的工作分类系统;要素比较法(factor comparison),一种复杂且少见的计点法和排序法相结合的变形方法;政策捕捉法(policy capturing),基于公司当前的做法,运用数学分析估计每个工作的相对价值。

上述讨论中有两个方面应予以关注:第一,职位评估是内部进行的,并没有考虑市场上的薪酬水平或其他公司的做法;第二,职位评估关注的是每个工作中各项任务的价值,而不是执行工作的人。MAA(NMTA)的评估手册里清楚地说明:"这项计划根据薪酬要素评估每个工作对组织的贡献,而不是评估个人的绩效。"[67]

实现外部公平:市场调查

为了实现外部公平,企业通常会进行市场调查。这些调查的目的在于确定每个等级的薪酬区间。企业可以自行组织进行薪酬调查,不过大多数企业购买现成的调查结果。咨询公司每年会针对各种类型的工作和地区进行上百个这类的市场调查。用户可以使用简单的下拉菜单和点击技术获取关于职位、工作家庭、地区、行业类别与组织规模等方面的定制化的数据报告。网络上还有更多的提供给人力资源专业人员和直线经理的用户友好型、快速型的工资数据调查,请参阅管理者笔记"职位的市场价值",你可以尝试在线录入州、城市的名称甚至邮政编码来查看你感兴趣工作的薪酬范围。

 管理者笔记:客户导向的人力资源

职位的市场价值

工资调查数据通常是由人力资源部门获取的,但是科技的发展已经使这个过程变得有些过时。直线经理也可以检索工作地点、所处行业和工作经验等内容,随时获得成百上千个职位的工资数据。在线薪酬调查就是获取工资数据的一种方式,有三个这样的数据库:Comp Quest Online、Global Directory of Salary Surveys 和 Survey Finder。

Comp Quest Online(www.towerswatson.com)

韬睿惠悦(Towers Watson)公司的 Comp Quest Online 是一个强大的互联网服务工具,可以帮助经理和人力资源专员在网络上开展竞争性的薪酬评估(包括国内和国际),还允许用户生成定制性的报告。例如,用户可以:

- 通过搜索公司名称、所属行业、规模和业绩评价方式等生成自己的同行公司群;
- 随时获得一年之中数据的更新;
- 定制报告的格式和内容,例如选择百分位和货币类型、是否显示在任者的资料、修改报告的名称和标签等。

Global Directory of Salary Surveys(http://jobmob.co.il)

这家网站可以提供全球100多项薪资调查结果。你可以点击公司主页上各经济体的名称(如印度、菲律宾、英国或南非),就能获得关于该经济体薪资调查的相关数据。

Survey Finder(hrcom.salary.com)

Survey Finder 允许人力资源专员及直线经理在一个拥有成百上千的最新薪酬调查的数据库中进行搜索。这些调查来自100多家独立公司,包括主要的人力资源咨询公司、薪酬咨询公司、调查公司及行业协会等。为了方便搜索,Survey Finder 根据行业、地区和员工人数对调查进行了归类。

资料来源:Comp Quest Online(tm)(www.towerswatson.com),Global Directory of Salary Surveys(http://jobmob.co.il), and Survey Finder (hrcom.salary.com/surveyfinder).

同样,美国联邦政府也定期针对大约800种职业开展地区性和全国性的薪酬调查。调查结果目前在网络上免费提供(参见美国劳工统计局,《不同职业与行业的全国就业与工资估

计》,2014,www.bls.gov/bls/blswage.htm)。

既然市场数据可以用来判断工作的价值,又何必花费时间和金钱进行内部的职位评估呢?第一,大多数企业具有一些独特的工作,很难用市场数据进行评估。[68]例如,Y公司"行政助理"岗位可能包括协助高层管理者处理重要事务(例如,当高层管理者不在时代其公开露面),而Z公司同样的职位则可能只需处理例行的文秘职责;第二,同样工作的重要性在不同的公司是不一样的。例如,"科学家"的工作在高科技公司(新产品开发是保持竞争优势的关键)通常要比在制造业公司(科学家只需完成一些常规性的实验)重要得多。

通过薪酬市场调查把职位评估的结果和外部薪酬/工资数据进行整合通常需要两个步骤:确定基准和制定薪酬政策。

步骤一:确定基准或关键职位

在把内部的职位评估层级或等级分类与市场薪酬数据进行整合时,大多数公司会找出**基准或关键职位**(benchmark or key jobs),这是各个公司都类似或可比较的职位,并核查薪酬调查结果,判断这些职位在其他公司里的价值如何。然后,公司会根据关键职位所处的等级,对属于同等级的非关键职位(市场数据没有提供的部分)设定同样的薪酬区间。

举个例子,假设从图表10.10中找出五个关键职位(见图表10.11)。该公司购买了办公室职员的市场薪酬调查结果,调查结果显示这些关键职位的平均周薪水平,以及处于25点、50点以及75点的周薪水平。例如,图表10.12显示在调查的公司中,25%客服代表的周薪为500美元或以下,50%客服代表的周薪为600美元或以下,75%客服代表的周薪为750美元或以下,平均周薪为595美元。该公司根据这些市场数据,为和客服代表这个关键职位处于相同等级的所有职位(本例中,指行政秘书和高级秘书)设定薪酬区间。但是,公司首先要制定薪酬政策。

图表10.11 办公室职员的基准工作示例

- **客服代表**:建立和维持良好的客户关系,为客户的问题提供建议和协助。
- **信用及催收职员**:执行与信用和催收相关的任务;执行例行的信用查核、获取补充信息、调查过期未付编制账户,以邮件或电话追踪到期未付的客户。
- **会计人员**:根据规定的程序或详细的指示,执行各种常规性的会计事务性工作,例如记账、登记明细分类账簿及编制相关报表。
- **文字处理员**:操作文字处理设备,输入或搜寻、选择以及从储存设备或内部记忆合并文档内容,用于重复性、持续性的复制。
- **打字员**:完成常规性的事务及打字工作;遵循规定的程序、详细的书面或口头指示;能够操作简单的办公室机器和设备。

资料来源:AMS Foundation. *Office, Secretarial, Professional, Data Processing and Management Salary Report*, AMS Foundation, 550 W. Jackson Blvd., Suite 360, Chicago, IL 60661. See also Salary Wizard (2006). Salary report for administrative support, and clerical job categories. www.sw2.salary.com.

图表 10.12　办公室基准职位的市场薪酬数据

基准工作	周薪的百分位（美元）			
	25%	50%	75%	平均周薪
客服代表	500	600	750	595
信用及催收职员	500	550	650	555
会计人员	470	525	575	523
文字处理员	480	490	530	494
打字员	430	450	500	443

步骤二：制定薪酬政策

由于市场工资和薪酬水平的差别很大（见图表10.12），企业必须决定是领先、落后还是支付现行工资率，通常界定为调查数据中工资/薪资的中点。公司的**薪酬政策**（pay policy）反映了在薪酬市场上预计处于什么样的位置。在图表10.12中，假定公司决定把每个工作等级的最低薪酬水平定位为市场上的第50分位，最高薪酬水平则定位为第75分位。有些公司则采用更为复杂的方法以达到同样的目的。

实现个人公平：在薪酬区间内设定标准

公司在确定每个工作的薪酬区间并形成薪酬结构后，必须进行最后一项任务：根据薪酬区间设定每个员工的薪酬水平。通常，公司根据以前的工作经验、工作年限及绩效评估结果，决定员工在该职位的薪酬区间内应该得到的薪酬水平。最后一步是为了实现个人公平。个人公平是指对从事同样工作的员工在薪酬决策方面的公平性。

对职位薪酬方案的评价

职位薪酬方案是合理的、客观的和系统性的，有助于减少员工的抱怨；而且，这种体系也相对容易建立和管理。然而，这一体系也有一些明显的缺陷：

- 职位薪酬方案并没有考虑经营特性及其特有的问题。例如，与更稳定的大型公司相比（例如保险行业中的大公司），在规模小、快速成长的公司里，工作岗位比较难以定义，而且变化得比较快。
- 建立职位薪酬方案的过程比支持者所说的更主观化、更随意化。
- 职位薪酬方案不太适合公司的高层职位，因为很难把高层职位的个人贡献和工作本身分开，强制要求人们遵守定义狭隘的工作说明书会失去更为需要的创造力。
- 随着服务业的发展、制造业的逐渐萎缩，工作的界定也相应地越来越宽泛。所以，工作说明往往是笼统的，这样会使得职位相对重要性的评价变得更为困难。
- 职位薪酬方案往往趋于官僚化、机械化和僵化。因此，公司无法通过调整薪酬结构来适应经济环境的快速变化。而且，每个组织层级都有固定薪酬和福利，在经济不景气时，企业往往倾向于裁员节省成本。日本公司的员工薪酬中通常有20%—30%的变动薪酬，使得公司相对有弹性消化经济的上下波动。

- 职位评估流程往往对那些由女性从事的职业（文秘性的职位、小学教师、护士等）存在偏见。尽管这方面的实证研究不够系统，不过批评者往往能找到相当鲜明的例子支持其论点，例如纽约市市政清洁工在职位评估中比教师职位的价值还高。
- 市场调查的工资和薪酬数据不够精确。在限定了工作内容、公司规模、公司绩效和地理位置之后，同一行业里同一职位的薪酬有35％—300％的差异也不是什么奇怪的事情。[69]
- 在决定内部公平和外部公平时，员工对公平的感知更重要，而不是职位评估委员和外部顾问的评估。职位薪酬方案假设雇主可以为员工决定什么才是公平的。因为公平与否只有当事人才能评判，所以这种方法可能只是为了使雇主的薪酬政策更加合理，而不是根据员工的贡献提供薪酬。
- 在知识经济时代，员工特别是那些科技领域的工作者，在一个开放的市场中展开竞争。这样，他们就不会被某一个特定的企业束缚，不受职位评估程序所确定的工资水平的约束。他们对职业的忠诚要远远高于对企业的忠诚。因此，他们可能把自己当作"自由职业者"（freelancers），对企业控制他们的薪酬表示不满。

尽管存在这些批评，职位薪酬方案还是得到了广泛应用，可能是因为其他方案缺乏成本效益和普遍的适应性。

实践建议

与其完全淘汰职位薪酬方案，不如尽量减少可能出现的问题，这也是比较实际的做法：

- **战略性地思考薪酬政策的制定。** 例如，公司最好将某些工作设计得相当宽泛且具有灵活性。另外，对于关系到企业使命的重要职位，公司可以支付处于市场高端的薪酬水平，比较不重要的职位则可以支付处于市场低端的薪酬水平。简单来说，公司的业务和人力资源战略应该引导薪酬工具的使用，而不是反过来。
- **确保员工的投入。** 员工对薪酬方案的设计和管理发表意见能够减少他们的不满。计算机辅助的职位评估系统让员工可以描述自己的工作，这些资料可以整合、呈现、重新安排并易于比较。这往往有助于提高职位评估结果的接受度，提供一种并不昂贵的方式定期更新工作说明。
- **扩展工作职责范围的同时增大各项工作的薪酬区间。** 这种做法一般称作**工作宽带**（job banding），就是用较广的职位类别取代定义狭窄的工作说明。[70] 例如，消费产品制造商Fine Products公司将13个不同工厂、区域和生产经理的职位名称压缩为四个职位，增大了每个职位的职责。在每个宽带的薪酬区间，最高薪酬水平大约比最低薪酬水平高90％，例如"宽带C"为28 500—54 500美元。[71]

工作宽带使得员工无须更换工作或得到晋升也有机会大幅提升薪酬。工作宽带有三个潜在的好处：第一，因为工作内容较广，使得公司更有灵活性；第二，在公司成长缓慢时，晋升就能奖励高绩效的员工；第三，工作宽带减少了公司人数和管理层级，从而节省了管理成本。不过，需要对宽带形成过程进行监督，因为经理可以自由决定在一个较大范围的薪酬变动范围内将员工排入哪一个等级，这种灵活性可能产生不同单位和不同员工之间不合理的薪酬。

- **定期检查统计数据以确保职位评估达到预期目的。** 例如，如果公司员工离职率居高不下,或者有些职位层级难以招募到员工,这可能是职位评估有问题的先兆。

- **提高员工变动薪酬(奖金、股权计划等)的比重**。变动薪酬计划可以给公司降低成本带来更大的弹性,而无须裁员。
- **制定针对知识员工的政策**,详细说明在完成本职工作的同时可以寻求的外部挣钱机会的类型。例如,很多大学规定教师可以每周花八小时从事外部咨询活动,不过他们必须提交一份报告,列出所服务的外单位名称。
- **为不同类型的员工建立双重职业生涯阶梯**,让他们无须晋升到管理序列或在公司里晋升也能获得大幅度的加薪。在某些情境下,如在具有许多业务单位和多个管理层级的大型企业,职位等级存在很多层级是正常的。但在其他组织中,扁平的层级可以给予薪酬较大的调整幅度(例如根据绩效和工作年限调整)。图表10.13是一个双重职业生涯阶梯的例子。管理者笔记"遵循适合自己的职业发展路径"探讨了为什么越来越多的公司采取这样的做法。

图表 10.13 双重职业生涯阶梯示例

工作宽带	管理序列	个人序列
13	总裁	
12	执行副总裁	研发副总裁
11	副总裁	行政顾问
10	助理副总裁	高级顾问
9	董事	顾问
8	高级经理	高级咨询师
7	经理	咨询师
6		高级专业人员
5		专业人员
4		高级技师
3		高级行政主管/技师
2		行政主管/高级生产工程师
1		行政职员/生产部门人员

资料来源:LeBlanc, P. Banding the new pay structure for the transformed organization. *Perspectives in Total Compensation*, 2014, 3(8). WorldatWork. Scottsdale, AZ. Used with permission of WorldatWork.

 管理者笔记:新趋势

遵循适合自己的职业发展路径

尽管经理的头衔听起来响亮,薪酬也较高,但并不是每个人都想做经理。不过多年来,公司几乎没有给高度熟练的技术工人甚至明星员工提供其他的发展路径。

相比管理他人,不少员工更加热爱自己的工作。这些有价值的员工如今拥有了更多的选择机会。公司正在开发新的正式和非正式的职业途径,以帮助这些员工继续实现、改进并获得认可。员工无须承担他们并不感兴趣的管理角色,而且他们在管理方面不一定能够做好。公司发现,这样的计划同样能够留住核心人才。

举例来说,在雅培实验室,Dale Kempf 是药物研发部门的一名化学研究工程师。几年来,他的工作层级不断提升,经理提名他为雅培 200 名顶级科学家荣誉社团成员,在那里他可以继续赢得认可和奖励。

在普华永道会计师事务所,Tania Chebli 担任受到高度重视且待遇优厚的常务董事一职。在这个职位上,她处理风险及信贷质量方面的专业技能突出,备受尊敬。她以导师的身份指导员工,而且不用向上级管理层报告。她在公司能够取得如此的地位需要老板和其他员工的支持,同样需要向委员会提出正式陈述。"这个过程比较麻烦。"Chebli 说,"但我觉得很值得,感觉自己获得了认可。"

江森自控公司向技术部门员工提供技术序列的发展通道,在不影响员工在原序列继续发展的前提下,也会给技术工人提供尝试管理角色的机会。"他们也许会说'我没有百分百的把握,但是我想试一试。'"江森自控公司的首席信息官说道,"以后,他们就会认为至少尝试过了。我们提供这样的自由。"为了确保这些技术工人能够成功,公司每 30 天会对他们作为管理者的工作表现进行一次考察。如果工作不适合,他们就会回到技术序列的发展通道,技术序列每个岗位的薪资有三个级别,而且都有晋升的空间。

像这样给技术部门员工提供非管理序列发展通道的公司还有微软、雪弗兰、诺德斯特龙及医学中心等。

资料来源:www.careerladdersproject.org.(2014); Different science careers.(2011). www.nature.com; Bersin & Associates.(2009, March 9). Succession management for non-management roles. www.bersin.com/blog; White, E.(2008, April 14). Go your own way. *Wall Street Journal*, http://online.wsj.com; Plus, J. V.(2008, January 7). Nonmanagement career tracks need not derail tech careers. *WTN News*, http://wistechnology.

10.4.2 技能薪酬方案

不同于职位薪酬方案,技能薪酬方案以技能作为薪酬的基础。[72]员工起薪都是一样的,每增加一项新的技能,就能提高一个薪酬水平。[73]

公司奖励三种技能。深度技能(depth skills)是指员工在专门领域的学习更为精深,或者成为某个领域的专家。水平或广度技能(horizontal or breadth skills)是指员工在公司学习处理越来越多的工作或任务。垂直技能(vertical skills)是指员工获得"自我管理"的能力,例如计划、协调、培训和领导力。许多行业采用技能薪酬方案,例如电信产业(AT&T 公司、Northern Telecom 电信)、保险业(Shenandoah 人寿保险)、餐饮业(Embassy Suites)和零售业(Target)。[74]

技能薪酬方案对公司可能有几点潜在的好处[75]:第一,创造了更加灵活的员工队伍,不会被特定岗位的工作说明书所束缚;第二,有助于交叉培训,可以避免因员工缺勤和离职而导致公司延误交货;第三,需要的监督人员比较少,可以减少管理层级,让组织变得更为精简;第四,有助于增加员工对薪酬的控制,因为他们事前就知道怎样(学习新的技能)才能得到加薪。

技能薪酬方案也可能给公司带来一些风险,这也是采用这种体系的公司相对较少(5%—7%)的原因。[76]第一,它可能导致公司的薪酬和培训成本过高,这些成本无法通过提升生产率或节约成本来抵消。当许多员工逐渐学会更多甚至所有的技能时,薪酬水平就会远远超过职位薪酬方案下的薪酬水平。第二,员工如果没有机会运用所有习得的技能,这些技能就可能会变得生疏。第三,当达到薪酬结构的最高层级时,员工可能会觉得薪酬没有继续增加的机会,由此气馁而离开公司。第四,除非可以获得外部可供比较的薪酬数据,否则技能的薪酬价值可能只是主观的判断。第五,技能薪酬方案的目的在于降低官僚化及僵化的程度,可是如果需要周密、耗时的流程监督与认证员工的技能,这种体系可能反而加重这种问题。

有关技能薪酬体系的最后一个关注点是:许多新兴、小型公司都是自发地采用这种薪酬方案。因为灵活性对于公司的持续成长极为重要,所以拥有灵活技能的员工会比较受到重视,薪酬也会比较高。当然,公司在成立初期还没有正式的体系具体地设定技能的薪酬价值。当发展到某个程度,公司必须系统化薪酬结构。之前讨论的薪酬设计这个话题就变得非常关键了。

10.4.3 小企业特殊的薪酬问题

小企业很少使用本章所讨论的那些详细的薪酬方案。第一,它们可能并没有那么多职位,能够支撑起一个像图表10.4所假定的餐厅那样的薪酬结构;第二,它们可能没有足够的时间和员工去完成与管理复杂的薪酬计划;第三,在许多小企业,对职位的定义较为广泛,员工要执行多项任务,因而做工作描述的意义不大。这就是说,企业主要考虑员工的贡献而不是职位头衔或工作内容。虽然存在这种差异,但小企业仍然会面对本章所讨论的大部分问题,并且需要寻求有效途径去解决。一名员工如果觉得自己受到不公平的薪酬对待,就很有可能会辞职。一名优秀的求职者,如果薪酬远低于其他公司提供的水平也不可能会接受这份工作的。如果员工认为工资薪酬及加薪都很主观,并未考虑工作职责和绩效,那么员工的士气就会很低落。总而言之,小企业必须制定积极的激励措施,以培养合格的、积极的员工队伍。即使是以非正式的形式,也要确定一套薪酬体制,让员工相信企业的薪酬决策考虑了分配公平和程序公平。

小企业可以任命委员会以接受员工的建议,这样经理或老板就能够基于员工的反馈采取正确的行动。同样,对于小企业来说,了解本社区其他类似企业如何支付员工薪酬也是很重要的。为了"节约成本"而雇用不合格的求职者或者流失核心员工,对这些企业来说都是特别危险的。在线薪酬调查可能会有所帮助,尽管(正如前面所讨论的)大部分调查所显示的各种职位的薪资范围较大,企业仍然要选择最适合的报酬水平。同时,这也取决于公司的战略需要,公司可以使有些职位的工资高于市场水平(为了吸引"精英员工")、有些职位的工资低于市场水平。例如,一些刚刚起步的高科技企业给予核心岗位的工程师和科学家的薪酬会高于市场水平。小企业通常依靠非货币性薪酬,代替企业无法承担的高薪报酬(参见本章课后案例"帮助员工兼顾家庭")。在一些成长性部门,给员工提供股票而不是高额薪酬较为常见。

更为常见的是,小企业会根据年度盈利的多少确定是否给员工提供丰厚奖金。给员工支付较低的确定的薪酬(通常以固定工资的形式),企业伴随着可能会得到奖金和股票奖励的潜在机会,员工会觉得这样比较公平。

许多小企业是家族所有和管理的。与家族员工一起工作的非家族员工有时会觉得不公平。对家族员工的偏袒不利于鼓舞员工的士气。为了避免这个问题,家族企业需要寻求中立的、外部薪酬顾问的帮助。如果能够负担得起,企业可以聘请一些专业性的管理人才和非家族的人员担任主管,这也有助于保证薪酬体制的客观性。为所有员工(包括家族员工和非家族员工)建立明确的期望值,例如在工作时间、工作量及任务等方面,有助于营造一种公平、公正的氛围。

10.5 法律环境和薪酬体系的管理

法律体系对于薪酬体系的设计和管理具有极大的影响。管理薪酬标准和程序的有关法律主要包括《公平劳动标准法案》《同工同酬法案》和《国内税收法》。除此之外,各州还有各自的规定。《劳工法》也可能约束管理层对设定薪酬水平的判断。

10.5.1 《公平劳动标准法案》

1938 年的**《公平劳动标准法案》**(Fair Labor Standards Act,FLSA)是规范薪酬的法律,美国大多数的薪酬结构受此影响。根据《公平劳动标准法案》,雇主必须对全体员工的工作时数和收入保持正确的记录,并将这些信息提交给美国劳工部的工资与工时司。大多数企业必须遵守《公平劳动标准法案》,不过只有一名员工或年营业收入不到 50 万美元的企业则不受此限制。

《公平劳动标准法案》将员工分为两类:**豁免员工**(exempt employees)是指不受《公平劳动标准法案》影响的员工,大多数的专业人士、管理人员、执行主管及外部业务工作属于这种。**非豁免员工**(nonexempt employees)是指受《公平劳动标准法案》影响的员工。劳工部提供了如何判断是属于可豁免还是不可豁免的原则。为了避免非豁免员工相关的成本(主要是最低工资和加班费),管理者通常会尽量把工作归类为可豁免。不过,如果把不可豁免的工作归类为可豁免,雇主就将面临严重的处罚。

这意味着企业必须及时了解《公平劳动标准法案》的最新解读,因为这些解读总是在不断地更新。例如,《公平劳动标准法案》副会长(deputy administrator)最近宣布,抵押贷款部门员工不再是豁免员工,而应受到《公平劳工标准法案》的保护,因此有权享有加班费。这个声明扭转了长久以来对抵押贷款部门员工的政策,要求银行和其他金融机构修改其薪酬办法,相应地履行承诺。

最低工资

目前《公平劳动标准法案》设定的最低工资为 7.25 美元/小时,有些州和城市的标准偏高一些。例如,在康涅狄格州和伊利诺伊州,最低工资(8.25美元/小时)比联邦政府规定的最低工资高近14%,而华盛顿州的最低工资(9美元/小时)则高24%。最低工资的立法备受争议。支持者认为这有助于提升贫穷社区的生活标准。反对者则认为这会导致企业不愿雇用或留住员工,使得低技能劳动力失业和贫穷的问题更加严重。反对者还指出,最低工资促使美国企业在低薪酬国家(例如墨西哥和菲律宾)开设海外工厂,导致国内失业问题恶化。这方面的争议至今尚未结束,可能是因为最低工资远低于美国大多数企业愿意支付的水平。不过,由于越来越多的地方政府通过"生活保障工资"(为了确保基本生活保障而给付的工资)的相关立法,调高最低工资水平,远远高于联邦政府规定的7.25美元/小时。例如,加利福尼亚州的圣克鲁斯市通过了一项规定,承包或分包县级公共部门业务的雇主需支付员工13.08美元/小时的"生活保障工资",若不提供福利则为14.27美元/小时。在撰写本书时,国会正在审议将最低工资提高到10.10美元/小时的法案。

加班费

《公平劳动标准法案》规定,当非豁免员工每周工时超过40个小时后,小时工资应该为标准工资的1.5倍。这项条款的目的在于鼓励雇主聘用员工,因为这样一来,雇主使用现有员工增加产量,成本反而会比较高。不过事实上,许多公司为了规避聘用新员工的相关成本(招募、培训、福利等),宁可支付加班费。

美国劳工部要求雇主保证为年薪在23 600万美元以上的员工支付加班工资,上限在1975年是8 660美元。这一规定的覆盖对象包括手工劳动者、其他蓝领工作者及年薪低于23 660万美元的管理者,无论他们是领取月薪还是时薪。雇主对年薪超过23 660万美元的白领员工可以不支付加班费,只要他们从事的是"专业的、管理的或者行政的"职能工作,或者是"团队领导者",无论他们是不是基层主管。[77]

加班费对员工的工资收入具有很大的影响,同样会使雇主在削减成本方面的努力前功尽弃。请看下面的例子。Nellie Larot是监狱的一名护士,与加利福尼亚州其他政府部门的员工一样,她被强制休假,导致收入减少了10 000美元,只有92 000美元。但是,她通过加班来弥补。根据该州的记录,她通过加班在一年内迅速获得177 512美元,年收入达到270 000美元,使得同年收入225 000万美元的监狱主管Matthew Cate相形见绌。为了节约资金,加利福尼亚州前州长阿诺德·施瓦辛格(Arnold Schwarzenegger)决定每个月强制给工人放三天假。然而讽刺的是,为了弥补因休假而减少的工资,保持最低的服务水平,很多员工都通过加班来提高自己的收入——一个年度就超过10亿美元。[78]

10.5.2 《同工同酬法案》

1963年通过的《同工同酬法案》(EPA)是《公平劳动标准法案》的补充条款。正如第3章所介绍的,《同工同酬法案》规定男女如果从事在技能、努力、责任和工作条件方面"大体相似"的工作,那么他们的薪酬水平也应该相当。《同工同酬法案》有四项例外:(1)工作年限更长;(2)工作绩效更优;(3)生产数量更多、质量更好;(4)某些其他要素,例如支付夜班员工额外的补贴。在这些情形下,雇主可以支付某一性别更高的薪酬。如果从事类似工作的男女员工的薪酬存在差异,那么主管应该确定在《同工同酬法案》四项例外当中至少符合一项。如果没有一项符合,那么公司就可能面临严重的处罚,不仅需要负担法律成本,日后还得对受到影响的员工给予补偿。

同值同酬

同工同酬不能与同值同酬(comparable worth)混淆,同值同酬是更为严谨的立法,在美国某些地区及其他一些国家均有相关的应用。**同值同酬**(comparable worth)是指即使工作内容不同,但是如果工作需要相似的技能、努力和责任及具备相似的工作条件,那么薪酬也应该相似。例如,如果公司采取之前讨论的要素计点法,应该会发现行政助理的职位(大都由女性担任)与每个轮班主管人员的职位(大都由男性担任)的点数一样,同值同酬相关立法规定雇主就必须支付这些员工同等薪酬,即使他们可能具备不同的技能和责任。

同值同酬相关立法的主要争议在于如何执行,而不是其主张的性别同等薪酬。支持同值同酬的人主张以职位评估工具增强薪酬平等的程度,并指出许多民营企业已经采用这些工具设定薪酬水平。反对者则认为评估过程本身过于主观,并没有考虑工作的市场价值。例如,同值同酬的支持者以护士为例说明她们受到了不公平的对待,因为社会将这份职业与妇女在家庭中无偿的养育角色联系在了一起。尽管在执行方面还有诸多问题,但许多国家已经采取同值同酬,包括英国、加拿大和澳大利亚。[79]

联邦合同合规项目办公室的作用

联邦合同合规项目办公室(OFCCP)为了监督企业是否遵守平等就业机会的规定,对它们的薪酬水平进行评估。该机构拥有强大的权力,可以撤回联邦政府对承包商的合约——这一行动会给许多企业造成巨大的损失。

在过去四十多年里,联邦合同合规项目办公室主要致力于执行平权行动(参阅第3章)。不过近年来,它们的重点似乎已发生转变,侧重于歧视索赔,有时还包括那些被认为是不受保护阶层(参阅第3章)。例如,最近530多名非裔美国人和高加索人被一家位于得克萨斯州弗农市的泰森冷冻肉质加工厂辞退,他们获得了56万美元补发工资和利息,这是因为该公司和联邦合同合规项目办公室签订了调解协议。其中,59名员工会得到一份工作,因为培根加工厂有一些工作职位空缺。"劳工部旨在为所有工人提供一个公平竞争的环境。"联邦合同合规项目办公室主任Patricia A. Shiu说,"一个从纳税人那儿获得利润的公司不能够歧视员工,就应该这样!"这种解决方式,也就是调解协议,让联邦合同合规项目办公室决定调查该公司的员工招聘环节,结果显示在应聘工作时与同等处境的西班牙裔美国人相比,非裔美国人和高加索人被录取的可能性要小。作为联邦承包商,政府禁止泰森公司因性别、种族、性取向、宗教、民族、残疾或者类似退伍军人等而歧视员工。[80]近年来,联邦合同合规项目办公室协调处理的工资歧视案还包括善意工业国际公司、贝图西承包公司和运输业巨头联邦快递公司。[81]

10.5.3 《国内税收法》

《国内税收法》(Internal Revenue Code, IRC)影响到员工可以留存多少盈余,会影响到如何对福利征税。我们在第12章讨论这个问题。《国内税收法》要求公司扣除员工的一部分收入来向联邦政府纳税。

税收法律总是不断地发生变化,这些变化影响到员工到底能拿多少钱回家,以及哪些类型的薪酬可以达到避税的目的。企业如果利用不好《国内税收法》的规则就会导致支出增加。例如,当前税收法律将卖出股票所得的资本收益(利润)等同于普通收入。这就削弱了股票作为一项长期激励工具的激励效果,因为比起现金收益,员工要承担更多的风险。不过,将资本收益税设定得低于普通收入的税率,可以使股票作为一项激励措施对员工变得更有吸引力。

本章小结

什么是薪酬

总薪酬有三个部分:(1)基本薪酬,是定期领取的固定薪酬;(2)激励薪酬,是为了鼓励良好的绩效而设计的计划;(3)福利或间接薪酬,包括健康医疗保险、休假及各项津贴。

薪酬体系的设计

有效的薪酬计划让公司能够实现战略性目标,而且适应公司的特征和环境。在设计薪酬体系时需要考虑的薪酬选择包括:(1)内部公平还是外部公平;(2)固定薪酬还是变动薪酬;(3)绩效薪酬还是成员资格薪酬;(4)职位薪酬还是个体薪酬;(5)精英主义还是平均主义;(6)低于市场水平还是高于市场水平的薪酬;(7)货币性奖励还是非货币性奖励;(8)公开薪酬还是保密薪酬;(9)集权化薪酬决策还是分权化薪酬决策。这些方案的选择必须与经营目标和个体组织相"匹配"。

薪酬工具

薪酬工具可以分为两大类:职位薪酬方式和技能薪酬方式。典型的职位薪酬方案有三个要素:(1)为了实现内部公平,公司通过职位评估程序对所有工作的相对价值进行评估;(2)为了实现外部公平,公司根据以基准工作的薪酬数据或从市场调查取得关键工作的薪酬水平制定薪酬政策;(3)为了实现个人公平,公司综合利用工作经验、工作年限及绩效确定个人在他/她的工作所处薪酬区间的位置。

技能薪酬方案成本比较高昂,而且应用有限。技能薪酬方案鼓励员工取得深度技能(在专门领域加强学习)、水平或广度技能(学会处理更多领域的工作)以及垂直技能(自我管理的能力)。

法律环境和薪酬体系的管理

管理薪酬实践的联邦法律主要包括《公平劳动标准法案》(管理最低工资和加班,并对豁免和非豁免员工的区分提供原则)、《同工同酬法案》(禁止按性别提供差别薪酬的歧视行为)及《国内税收法》(具体说明各种类型的员工薪酬应该如何纳税)。有些国家和政府也对同值同酬做出立法规范,这些法律规定即使工作内容不同,但如果工作需要相当的技能、努力和责任并具备相应的工作条件,那么薪酬也应该相当。

关键术语

基本薪酬(base compensation)
基准或关键职位(benchmark or key jobs)
同值同酬(comparable worth)
薪酬要素(compensable factors)
平均主义薪酬体系(egalitarian pay system)
精英主义薪酬体系(elitist pay system)
豁免员工(exempt employee)
外部公平(external equity)
《公平劳动标准法案》(Fair Labor Standards Act,FLSA)
个人公平(individual equity)
内部公平(internal equity)

《国内税收法》(Internal Revenue Code,IRC)
工作宽带(job banding)
职位评估(job evaluation)
工作层级(job hierarchy)
知识薪酬或技能薪酬(knowledge-based pay or skill-based pay)
非豁免员工(nonexempt employee)
薪酬等级(pay grades)
薪酬激励(pay incentive)
薪酬政策(pay policy)
总薪酬(total compensation)

★ 视频案例

Joie de Vivre 医院:绩效薪酬与货币激励。如果教师布置了这项作业,请访问 www.mymanagementlab.com 观看视频案例并回答问题。

问题与讨论

10-1 根据经济学家 Angus Deaton、诺贝尔奖获得者和心理学家 Daniel Kahnerman 2010 年的一项研究,"高收入不一定能带来幸福……一个人的家庭收入低于 7.5 万美元的幅度越大,他/她就会越不幸福。但是人们挣的钱一旦达到 7.5 万美元,无论超过多少,都不会给他们带来更多的幸福感"。[82] 你如何解释这些结果呢?你赞同他们的结论吗?你是否赞同课后案例"金钱买不到幸福,但再一想……"的结论呢?请解释。

10-2 针对评论家指责沃尔玛公司给员工仅提供贫困线收入(大约平均 9.68 美元/小时)及

微薄的福利,沃尔玛公司董事长 H. Lee Scott 做出了积极的回应:沃尔玛给员工提供的工作职位好且稳定。沃尔玛每开一家新店,都会有 3 000 多人来争取 300 个职位。"人们辛辛苦苦排队申请一份比在其他地方还差的工作——一份福利少、发展机会也少的工作。"Scott 先生说,"这不合理啊!"[83] 基于你在本章所学的知识,你是否赞同 Scott 先生的评价呢?请解释。

10-3 管理者笔记"职位的市场价值"提供了许多薪酬调查资源,请查阅其中任何一份调查,然后研究你所选择的四五种职位的薪酬范围。假设你正打算每个职位招聘五名员工,你会如何将薪酬调查数据运用到具体的工作中呢?请解释。

10-4 在一篇由哈佛大学的 Hannah Riley Bowless 教授和卡耐基梅隆大学的 Linda Babcock 教授合作的文章中,他们指出:"政策制定者、学者及媒体报告均指出女性可以通过有效的薪酬协商,缩小男女间的收入差距,提高自身收入水平。然而参与薪酬协商的女性面临这样一个困境:她们必须在协商带来的薪酬利益和随之而来的社会不良影响之间进行权衡。研究显示,通过协商增加薪酬,女性会比男性受到更多的社会谴责。"[84] 你是否赞同这个观点?请解释。

10-5 正如管理者笔记"有保障的薪酬正在消失"所指出的,固定或者稳定的薪酬变得越来越少。这对员工前景有何影响呢?这种趋势有何利弊呢?请解释。

10-6 根据人力资源管理协会最近的一项报告,"许多职位评估方法的主观性很强。评估者对工作价值的判断有时很个人化和情绪化。如果评估团队熟悉从事某项工作的职员,他们可能把员工的个人品质作为工作因素考虑到评价当中"。(http://www.shrm.org)基于你在本章所学的知识,如何才能使职位评估更为客观呢?请解释。

10-7 一些人认为最近给员工非货币性报酬的趋势仅仅是为了节约资金,使用更便宜的方式保留、吸引并激励员工。你是否赞同?这种薪酬方式是否公平?请解释。

10-8 一些人认为,公司的 CEO 可以获得数百万美元计的工资,而员工则只能拿到最低工资甚至被解雇,这样是不对的。因此,一些人建议公司收入最高员工的工资不能超过最低级别员工工资的 20 倍。你怎么看待这个问题?请解释。

我的管理实验室

请根据教师要求,登录 www.mymanagementlab.com 完成写作题,系统将自动给出分数;也可以完成下列问题,分数由教师给出:

10-9 一些公司倾向于以非货币性薪酬取代高水平的基本工资(参阅管理者笔记"用非货币性薪酬奖励员工"),为什么会出现这种现象?这对公司和员工来说是一件好事吗?请解释。

10-10 一名观察者认为,外部公平应该是薪酬管理的首要问题,因为它可以吸引最优秀的员工并防止绩效最好的员工离开公司。你是否赞同?请解释。

10-11 一家公司是否应该秘密地支付薪酬,并要求所有员工不得告诉同事各自的工资收入?为什么?

你来解决！全球化　案例10.1

金钱买不到幸福，但再一想……

如果金钱买不到爱，它是否也买不到幸福呢？1974年一项著名的研究似乎表明答案是"不"。美国经济学家、宾夕法尼亚大学的Richard Easterlin比较分析了中等富裕国家和非常富裕国家的数据并得出结论：尽管富人比穷人更幸福，但是富裕的国家并没有比贫困的国家更幸福，而且幸福指数也不会随着财富的积累而变得更高。关于这个明显的悖论，Easterlin的解释是：只有相对收入（与你的同辈和邻近的人相比的收入水平）对幸福具有影响，而不是绝对收入。

不过，沃顿商学院的Betsey Stevenson和Justin Wolfers两位教授最近指出，所谓的Easterlin悖论其实根本就不存在。基于新的调查研究，他们说事实其实非常简单："一是富有的人比贫穷的人更幸福；二是富裕的国家比贫困的国家更幸福；三是国家越富裕，人们的生活越幸福。"

Stevenson和Wolfers指出，Easterlin在四十多年前可用的调查数据相对较少，而他们的结论是从更多国家（包括更多的贫困国家）、更长时间段的数据中得出的。民意调查和其他研究显示，富裕国家的生活满意度是最高的。例如，在美国，家庭年收入25万美元以上的盖洛普调查被访者中，10家有9家认为自己"非常幸福"；而与此相对，家庭年收入在3万美元以下的被访者中，10家只有4家这样认为。Stevenson和Wolfers总结道："总而言之，国内生产总值和幸福感是同步的。"他们认为，绝对收入是最重要的。

这些新的发现在实践中意味着什么？两位英国经济学家建议，政府的政策目标不应该过多地集中于国内生产总值，而应该完善能够直接影响幸福指数的举措。

Easterlin可能会赞同这一做法。他现在承认富裕国家的人民确实比贫困国家的人民更幸福，但是仍然怀疑金钱是不是唯一的因素。例如，在比较丹麦和津巴布韦两个国家后，他指出："丹麦政府提供了一系列的社会福利政策，旨在解决家庭中最关键的问题——健康、养老及儿童保育方面。如果你问为什么丹麦人更幸福，还有一个原因可能是该国拥有一套能够更及时地解决人们基本关注点的公共政策。"

位于喜马拉雅山脉的不丹王国就提出了一个"国民幸福总值"的概念，取代了国内生产总值。

关键思考题

10-12　金钱在一个人的工作满意度及生活满意度方面扮演着怎样的角色？公司应该担忧这个问题吗？请解释。

10-13　正如本章所讨论的，不同公司对于金钱作为激励手段的重要性持不同观点。强调货币性激励手段是好还是坏呢？请解释。

10-14　在过去的九十多年，职位评估作为薪酬工具是用来评估职位的价值而不是职位上工作的人，这导致同一个工作岗位的所有员工的薪酬差距不大。一些人力资源专家认为,最新趋势是薪酬不公平变得"正常化"。雇主们使用多种不同的薪酬方式给最有价值的员工奖赏,由此形成一种公司明星系统。"你如何与一个不公平对待员工的工作团体沟通呢?你如何使员工队伍中每个人的薪酬水平不一样呢?"总部设在洛杉矶的 Schuster-Zingheim & Associates 公司的薪酬顾问 Jay Schuster 问道。如果有人提出这些问题,你会如何回答呢?考虑本案例研究所讨论的问题,你认为薪酬不平等加大这一趋势对员工的薪酬、工作和总体生活满意度会有什么影响。请解释。

小组练习

10-15　一家大型制造工厂的人力资源总监组织几个部门经理召开了一个会议,讨论如何向员工解释他们当年的年度现金奖将降为0,而上年他们的平均奖金是1万美元。人力资源总监对这个问题非常担心,因为10%的员工当年得到了一笔丰厚的现金奖励——相当于基本工资的25%,而余下的员工则没有得到奖金。此外,许多员工认为,可变薪酬的上下变动对他们造成了不利影响,而大部分高管并没有承受这种风险,一些高管甚至获得了特殊津贴。请学生组成五人小组,围绕这个情境进行角色扮演。首先,学生应该讨论这种情况给员工对薪酬、工作和总体生活的满意度带来了什么影响;其次,他们应该讨论薪酬不平等会给公司带来何种影响;最后,每个小组拟订一个方案,说明如何向员工解释这种情况。

实践练习:小组

10-16　由一个学生扮演一名45岁的客运航空飞行员,由于公司预算削减,他的实得薪资下降了15%,而医疗保险费则上升了20%。尽管每年的工资超过6位数,但是该飞行员仍然觉得为一些员工无法控制的东西埋单很不公平。另外一个学生则扮演一名航空公司执行总监,他/她要站在航空公司的立场为自己辩护。双方在班级同学面前进行角色扮演,时长大约15分钟。教师随后组织全班讨论。

实践练习:个人

10-17　一家给员工提供更高薪酬的公司能够提高员工对薪酬、工作和总体生活的满意度吗?回顾 Easterlin、Stevenson 和 Wolfers 的文章,这两种立场你更认可哪一种?这对薪酬有何启示?

资料来源:Rowley, L. (2011). Money & Happiness, www.moneyandhappiness.com; Investing Strategy. (2009, March 4). Does money make you happier? www.fool.co.uk; Vendantam, S. (2008, June 23). Financial hardship and the happiness paradox. The Washington Post, www.washingtonpost.com; Wolfers, J. (2008, April 16). The Economics of happiness, part 1: Reassessing the Easterlin paradox. *New York Times*, http://freakonomics.blogs.nytimes.com; Leonhardt, D. (2008, April 16). Maybe money does buy happiness after all. *New York Times*, www.nytimes.com; Caulkin, S. (2008, March 9). Cutting the payroll means unhappy dividends, *The Guardian*, www.guardian.com.uk; Casey, E. (2008). *Empowering Women*, 3(1), 26—29.

你来解决！伦理/社会责任　案例 10.2

帮助员工兼顾家庭

最近有这样一种趋势，公司积极帮助员工改善家庭生活，许多公司声称这是它们对员工承担社会责任的一种形式，员工有时也被称作"内部利益相关者"。根据加利福尼亚州大学洛杉矶分校管理学教授 David Lewis 的观点，这一趋势代表着"美国很多公司正利用时间和平和的心态去努力回报员工，而不是传统的货币性手段，如股票和奖金"。请参考下面的例子：

- Evernote，一家软件公司，250 名员工（从前台接待员到高管）提供每月两次的家庭清洁服务。
- 脸书公司给刚刚成为新父母的员工 4 000 美元的补贴。
- 斯坦福大学医学院给医生们不仅提供家庭清洁服务，还提供家庭送餐。
- Genentech 公司给员工提供带回家的晚餐、家庭清洁服务，以及小孩生病时的临时保姆看护服务。
- 德勤咨询公司给员工提供大量的家庭支持服务，包括帮助员工照顾生病家人，提供个人培训师、营养师以及 24 小时的家庭问题（如婚姻冲突和不孕）咨询。
- Patagonia，位于加利福尼亚州文图拉市的一家服装公司，在注重环保方面非常知名。这家公司深受员工喜爱，因为他们享有相当大的自主权和灵活性。根据公司总裁 Yvon Chouinard 的观点，Patagonia 公司每个职位空缺平均有 900 个申请者。由于女性占比较大，该公司正努力为她们提供额外津贴，这对职业女性非常具有吸引力。Chouinard 说："即使员工怀孕，我也不能失去她。替换一名员工的平均损失是 5 万美元，包括猎头费用、生产率损失、培训费用等。所以我提出，把孩子放到公司的儿童看护中心，给员工灵活的时间，让她们过去哺乳。在没有儿童看护中心之前，员工带着小孩来上班，然后把小孩放在办公桌旁的硬纸板盒子里。"

关键思考题

10-18 公司提供以家庭为导向的激励是出于利他主义的原因吗？这是不是一种趋势？

10-19 享受家庭帮助支持的员工是否看重这些服务？他们是否更想要一份与这些服务等值的薪资呢？

10-20 如果可以选择，你愿意为一家提供更高薪水但家庭支持服务方面较少的公司工作吗？还是更愿意为一家薪酬不高但家庭支持服务好的公司工作呢？你会选择哪家公司？请解释。

小组练习

10-21 组成 5 人小组，每个小组提交一份提案。针对一家在零售、接待、交通或制造行业的中等规模公司，提出如何给员工提供家庭支持服务。小组成员应该考虑本案例所提到的一些激励方式，并且决定是支持还是反对这种激励方式。小组围绕讨论结果向全班做汇报，教师组织讨论。

实践练习：小组

10-22 角色扮演：人力资源经理要说服公司 CEO 和两名高管相信引入本案例所提到的一些激励方式有利于公司的发展。CEO 和两名高管要深入询问人力资源经理关于引进这类计划的相关知识。可以由教师扮演 CEO。

实践练习：个人

10-23 针对本案例讨论的那些实施家庭支持计划的一些公司做一项调查。这些公司有何共同点？是否有足够的理由把这种激励员工的方式推荐给其他公司？请说明。

资料来源：www.dss.gov.au；www.man4soft.com/evernote.（2013）；www.gene.com.（2013）；www.deloitte.com.（2013）；Rithtel, M., 2012. Housecleaning, then dinner? Silicon Valley perks come home. www.nytimes.com；Best small business workplaces.（2013）．www.entrepreneur.com；Giving back as a company.（2011）．www.inc.com；A little enlightened self-interest.（2011）．www.inc.com；Special financial report：Employee compensation.（2011）．www.inc.com.

你来解决！讨论　案例 10.3

一所大学遇到的难题

芒廷州立大学（Mountain States University）是一所拥有 21 000 名学生和 1 200 名教职工的中等规模的公办大学。工商管理学院是最大的学院，拥有 8 000 名学生和 180 名教职工。在过去的几年中，院长不得不面对大量教职工的不满，抱怨新进教职工的收入要高出很多。大部分的抱怨来自拥有终身教职的教授，他们感觉自己受到了不公平的对待。这些教授对学院活动的参与度没有达到最低要求，几乎不在办公室驻留。经常每周教 6 个学时的课程，在办公室待 2 个小时，然后就从校园消失了。最近，学院教职工理事会主席整理了一些数据并发给了院长，要求学院"立刻采取行动，确保教职工薪酬结构更加公平"。年度薪酬数据如图表 10.14 所示。

院长回复他别无选择，为了在人才市场保持竞争力，他必须提供有竞争性的薪酬，学校也没有提供足够的资金以确保新进教职工和在职教职工之间以及高级职称与低级职称之间的薪酬公平。

图表 10.14　某工商管理学院年度薪酬　　　　　　　　　　　　　　　　　　　　单位：美元

职称	1997 年		2004 年	
	新进教职工	在职教职工	新进教职工	在职教职工
正教授	68 000	56 000	79 000	62 000
副教授	62 000	51 000	73 000	61 000
助理教授	52 000	48 000	61 000	59 000

(续表)

职称	2011 年		现在	
	新进教职工	在职教职工	新进教职工	在职教职工
正教授	99 935	76 217	120 000	85 000
副教授	92 435	70 797	108 000	77 000
助理教授	80 644	69 443	98 000	71 000

关键思考题

10-24 根据教职工理事会提供的数据，指出芒廷州立大学薪酬中存在的三个问题。

10-25 院长对由职称和资历引起的薪酬差距在逐渐缩小所做出的解释合理吗？

10-26 针对那些认为自己薪酬水平过低的高级职称教职工，院长应该怎么做？

小组练习

10-27 一个由 6 名教职工组成的群体去见院长，表达他们对于薪酬密集（在高级职称和低级职称之间的薪酬差距在逐渐缩小）的不满。6 人都是在职教职工，其中 2 名是助理教授，2 名是副教授，2 名是正教授。将学生分成 7 人小组，模拟这个情境。院长应尽力处理由教职工提出的薪酬问题。院长没有足够的经费解决薪酬密集的问题，但也不能不理会教职工的意见。

实践练习：小组

10-28 一名学生扮演系主任，刚刚从另一家机构聘用了一名正教授，开出的薪资比这所大学从教 20 年的正教授的薪资要高很多。另一名学生扮演从教 20 年的正教授，打算到系主任那里去理论。总体而言，两位教授拥有同等数量的期刊成果，发表的期刊级别也很相似，教学效果也很接近。但在过去的两年中，外部招聘的教授则在顶级期刊发表了一系列的文章，而从教 20 年的教授没有做到这一点。进行 10 分钟左右的角色扮演，并由教师组织全班讨论。

实践练习：个人

10-29 选择多位教授或讲师展开访谈，探讨他们是否认为薪酬密集是一个问题。如果是，为什么会出现这种情况？后果会如何？如何解决这些问题？分析他们的答案，然后结合本章内容给出建议。

你来解决！新趋势 案例 10.4

加班费的起诉在逐渐增加

近年来，违反《公平劳动标准法》的事件在逐渐增加。有这样一些数据：

- 超过 31 000 件起诉是针对雇主的；

- 超过 342 000 名员工拿到了补偿工资；
- 补偿工资总额（不包括罚款）超过了 2 亿美元；
- 70% 起诉的原告是员工。

另一项报告提到了下面几个近期的案件和裁决，在案件里，企业声称错误地把员工划入豁免员工，因此没有给员工支付加班费。

- Caribou Coffee 三名前员工对公司提起上诉，声称公司把零售咖啡店经理划为豁免员工是错误的决定。Caribou Coffee 最终同意支付 270 万美元的赔偿。
- 星巴克因为咖啡店经理没有支付加班费，按照裁决向起诉员工支付了 1 800 万美元的赔偿；
- Farmers 保险公司因为没有支付加班费，按照裁决为起诉员工支付了 2 亿美元的赔偿；
- Eckerd 因为错误地把员工划为豁免员工而扣除加班工资，被裁定支付 800 万美元的赔偿；
- Cingular Wireless 向应该享受加班费的呼叫中心客服代表支付了 510 万美元的赔偿。

这份报告同时指出，涉及《公平劳动标准法案》的案件数量甚至超过了雇佣歧视类案件。

一个具体的例子

太平洋软件出版公司，位于华盛顿州贝尔维尤市，主要业务是把英文软件翻译成日文，并聘请 Hidetomo Morimoto 作为翻译。Morimoto 声称，他每周工作 60 个小时，有时甚至工作到凌晨 1:00，但从未得到任何加班费。他在网络上抱怨日资企业利用了员工较强的职业道德，后来就丢掉了工作。他起诉太平洋软件公司应该支付给他加班费。公司争辩说 Morimoto 在公司额外工作的时间是在忙个人的私事，并反诉他诽谤。

无独有偶，在另一起案件中，几名前销售人员起诉甲骨文公司为避免支付加班费，从不准确记录他们的工作时间。IBM 公司的一名前工程师 Ray Wheeler 也声称，经理随意更改他的工作时间记录表，当他表示不满后马上被解雇了。

类似的加班费起诉逐渐波及科技型企业，从初创企业到成熟企业均有类似案件。几家企业的代表律师 Lynne Hermle 声称，"工资与工时集体控诉案件波及硅谷的高科技企业"。

这种工资—工时案件以前被认为是传统行业（如零售、酒店业等）才会有的，"然而现实却并非如此。"加利福尼亚州奥林达市的一名劳资关系律师 Harvey Sohnen 指出，"很多技术员工是网奴，投入了大量的时间，最后什么也没有得到……现在，他们只是想获得补偿。"

关键思考题

10-30 你为什么会认为违反《公平劳动标准法案》的案件数量在不断增加？请解释。

10-31 如果你是被起诉公司的经理，你如何确保公司在使用 Morimoto 之类的员工时能够遵守《公平劳动标准法案》的规定？请解释。

10-32 那些起诉公司违反《公平劳动标准法案》规定的员工对再次求职会不会有不良影响？其他公司可能会因此拒绝录用他吗？如果你是 Morimoto，你会怎么做？请解释。

小组练习

10-33 一位观察家声称,不久前专业技术员工还"吹嘘他们较长的工作时间,认为那些打卡上下班的人就是在混时间"。将全班分成若干 5 人小组,每个小组分析员工近期对加班费态度的一些变化,以及对于公司违反《公平劳动标准法案》的行为,他们是否愿意起诉。截至目前,还没有专业技术员工这么做。

实践练习:小组

10-34 一家公司邀请你帮忙撰写员工手册的一部分,列出员工在按照法律规定领取加班费之前必须达到的一些要求。教师根据各小组的成果选取一些优秀的例子与全班分享,并以此展开讨论。

实践练习:个人

10-35 根据一名劳资关系律师费,《公平劳动标准法案》"对'工作'并没有严格的界定……哪些属于应该支付加班费的'工作时间'是《公平劳动标准法案》最容易引起争议的热点话题"。例如,包括下班后的工作内容或者在家做的准备工作吗?如果你是一家小企业的老板,为了遵守《公平劳动标准法案》的规定,你会如何界定"工作时间"?

资料来源:McKay, D. R. (2014). Exempt employee. http://careerplanning.about.com; Woodman, C. (2014). Exempt versus non-exempt salaried employees. www.ehow.com; Unpaid overtime lawsuits (2011). www.overtime.com; Fair Labor Standards Act (FLSA) compliance. (2011). www.workforcesofficial.com; Alper, D. E., and Gerard, D. (2005, March). FLSA update. *Workspan*, 38—41; Andrews, J. M. (2008, May 7). FLSA update. Presented at the Annual meeting of the Labor and Employment Section of the Utah State Bar. Salt Lake City, UT; Pui-Wing, T., and Wingfield, N. (2005, February 24). As tech matures, workers file a spate of salary complaints. *Wall Street Journal*, A-1.

你来解决! 客户导向的人力资源 案例 10.5

Antle 公司的挑战

Antle(化名)是一家总部在美国东海岸的大型电子和计算机公司,拥有超过 10 万名员工。该公司成立于 1912 年,从 20 世纪 40 年代末到 80 年代末逐渐被业界认为是世界排名第一的计算机设备设计和制造商。在公司发展的鼎盛时期,市场占有率达约 80%。

Antle 公司的薪酬体系也在不断地发展变革,无论是高层管理者还是员工都表现出较高的满意度,其薪酬体系的核心内容如下:

- 每 10 年使用要素计点法对所有岗位进行一次评估,在评估中为纠正不公平因素进行了一些小的调整。
- 公司聘请一家咨询公司每年对基准职位进行一次薪酬调查,公司的薪酬政策是达到市场水平的 75%。
- 公司有 25 个薪酬级别,员工主要必须不断晋升才能提高工资水平。通常,员工在晋升到下一个级别之前在原岗位上待三年左右。所有的员工从入门水平开始由公司逐渐培养。尽管从表面上看晋升仅仅取决于绩效水平，但实际上在某级别上所待的时间是非常重要的因素。

- 其他津贴和特殊福利都与所处的级别紧密相关。例如股票期权，仅给予那些处在17—25级薪酬水平的员工。
- 薪酬和晋升决策是高度集权化的。
- 唯一可变的薪酬来自收益分享计划，公司根据以前年度的获利能力为每位员工拨出专款存入退休计划账户。
- 尽管公司的官方政策是"根据绩效付薪"，但很多员工把工作安全性和持续晋升当作主要的奖励措施。
- 公司执行的是保密薪酬制度。

在过去的十多年中，Antle 公司的市场占有率以年均 2% 的速度下降。董事会决定让公司 CEO Alan Steven 提前退休，他已经在这个岗位上待了近二十年了，取代他的是从一家规模较小但快速发展的竞争对手那里挖来的 Peter Merton。Merton 的任务是促进成长和提高灵活性，以彻底改变公司不断下滑的市场份额。

由于公司的劳动力成本占总成本近 70%，Merton 的第一项措施就是组成一个委员会以考察公司的薪酬实践。委员会的组成人员包括人力资源副总裁、审计主管及两名外部人力资源顾问。四个月后，委员会提交了一份报告，指出了 Antle 公司的薪酬体系和相关的人力资源管理活动中存在的一些核心问题。报告称，这些问题的存在提高了生产成本，降低了公司的灵活性和市场应变能力。委员会报告的结论如下：

- 公司层级过多，从而增加了成本并使沟通变得缓慢。
- 很多员工已经形成一种权利的观念，认为给他们进行定期的加薪和晋升是应当的。这种观念不利于激励作用的发挥。
- 内部晋升制度意味着一旦被雇用，很少有员工会被解雇，即便他们没有达到工作标准。这样一来，很多员工就受制于 Antle 公司，因为到别的公司赚不到同样的薪水。
- 对工作的定义很窄，从而增加了劳动力成本，使人们无法发挥出最大潜能。
- 公司的一些员工过了职业最佳期但仍拿着高薪，并且离退休的日子还很远，这给公司带来了沉重的负担。
- 公司传统的工作保障制度，现在却成了不利因素。因此，这样的体制无法削减员工队伍，保持公司竞争力。
- 公司为了保持员工忠诚没有将业务外包给国外的公司，但这意味着在中国和印度的竞争对手可以拥有非常大的薪酬优势，从而提高了它们的底线。

阅读这份报告后，Merton 必须想办法解决这些问题。

关键思考题

10-36 根据案例材料，你同意委员会提出的结论吗？如果不同意，你还发现了其他什么问题？

10-37 Antle 公司薪酬政策的优势和劣势有哪些？新的战略是促进发展、提高市场占有率、增强应对竞争对手的灵活性，那么公司的薪酬政策能否与新战略保持一致？

10-38 Merton 如何重新设计 Antle 公司的薪酬体系？

小组练习

10-39 Merton 成立了一个由人力资源董事、2 位总经理、2 位资深员工和 1 位外部人力资源顾问组成的委员会。教师扮演 Merton，6 名学生组成这个委员会，针对报告中列出的问题应该如何处理向 Merton 提出建议。根据班级的大小，组成若干小组，每个小组 6 人。每个小组进行 15 分钟的汇报，教师带领全班同学进行讨论。

实践练习：小组

10-40 学生扮演各个不同的角色（人力资源董事、总经理、资深员工和外部人力资源顾问），每个人从自己扮演的角色出发提出观点。角色扮演过程持续约 15 分钟，然后进行公开课堂讨论。角色包括 Merton、人力资源董事、在公司工作超过 20 年的一位资深员工、一名工会成员代表工人利益和一位独立的外部顾问。

实践练习：个人

10-41 如果你被类似 Antle 的公司雇用，你能接受现行的薪酬体系吗？为什么？根据你的回答，说明你倾向于什么样的薪酬体系。

第 10 章注释内容
请扫码参阅

第 11 章 绩效薪酬

> **我的管理实验室®** ★ 当你看到这个图标时,请访问 www.mymanagementlab.com 以获取配套练习题,并及时反馈练习结果。

> **▶▶▶ 挑战**
>
> 阅读本章之后,你能更有效地应对以下挑战:
> 1. **掌握**绩效薪酬体系面临的主要挑战。
> 2. **开发**应对绩效薪酬体系潜在问题的能力。
> 3. **熟悉**各类绩效薪酬计划及其优势和劣势。
> 4. **培养**为高管和销售人员设计绩效薪酬计划的能力。
> 5. **学会**如何奖励提供优质客户服务的员工。
> 6. **了解**小企业绩效薪酬体系的特殊问题。

世纪电话公司(Century Telephone Company)员工年度工资增长基于其履行工作职责的好坏。过去十多年来,工资增长已经占到基本薪酬的 4.5%。大约两年前,人力资源部门开展了员工态度调查,最令人震惊的结论之一是:75% 以上的员工感觉工资增长和绩效不相关。作为回应,高层管理者要求人力资源部门确定工资增长是基于绩效(如政策规定的那样)还是基于其他不相关的因素。结果令人惊讶,数据显示,员工是对的。主管将 80% 以上的员工评为优秀,而且员工在工资增长上只有细微差别。

公司高管最后认为,主管在绩效评价和工资增长方面过于平均化,在基于员工绩效付酬上回避了应尽的责任。

作为补救,世纪电话公司一年前出台了新措施,主管必须按以下比例评估绩效:优秀的占 15%,很好的占 20%,好的占 20%,满意的占 35%,基本满意或不满意的占 10%。工资增长根据绩效情况进行分类,即最优秀的员工得到10%的工资增长,最差的则不增长。

新机制实施后,遇到了很多问题。许多员工不理解为什么他们的绩效与上年相比差了很多。许多人认为,决定谁得到工资增长受到个人偏好的影响。愤怒的员工向主管抱怨,而主管又抱怨这些紧张关系损害了人际关系并妨碍了绩效。

管理者视角

正如世纪电话公司(真实公司的化名)所经历的一样,试图用工资激励员工会出现一些意外。然而,工资激励仍日益被广泛使用。1988年,为全部有薪员工提供绩效薪酬(主要以红利的形式)的美国公司数量占到47%。到2014年,专家估计,近95%的公司正在这样做,并且这种做法正在世界各地迅速蔓延。一个更戏剧性的变化是所观察的高层管理人员行列,其中与股票相关的薪酬从20世纪70年代的约占总薪酬的1%增长到现在的超过70%。[1]

这些数字没有告诉我们的是,各种创新的激励计划正欣欣向荣地快速发展。例如,几乎所有在财富榜上公开列出的最佳公司正在尝试各种各样的货币性激励和非货币性激励。位于佛罗里达州的JM家族企业为优秀的绩效者提供免费的理发、指甲修剪、乘坐公司游艇到巴拿马旅游等福利。当该公司的创始人Jim Moran在2007年去世时,他将股票留给一个信托基金以继续资助这些"员工友好型"政策。在金士顿公司(Kingston Technology Co.),除了提供免费的月度午餐,还提供基于绩效的季度奖金,这些奖金有时超过员工全年的薪水。[2]

在拥有大约10 000名员工的Men's Wearhouse 公司为表现优秀者提供到夏威夷旅游的机会。五年之后,优秀员工可获得三周的带薪休假。[3]

本章将讨论绩效薪酬体系的设计和实施。首先,我们探讨经理们在试图将工资与绩效联系起来时面临的主要挑战。然后,我们提供一系列应对这些挑战的建议。接下来,我们描述特定的绩效薪酬方案以及每种方案的优点和缺点。最后,我们讨论针对两个重要的员工群体——高管和销售人员的绩效薪酬计划。

✪ 知识点学习

如果教师布置该项作业,请登录 www.mymanagementlab.com 查阅你应该特别关注的知识点,并预习第11章。

11.1 绩效薪酬体系面临的挑战

大多数员工相信,工作越努力、产出越多者获得的回报应该越多。如果员工认为工资不是基于绩效,他们就更可能对组织缺乏承诺,降低努力程度,并且到他处寻找就业机会。[4]

绩效薪酬体系(pay-for-performance systems)或**激励体系**(incentive systems),是基于以下三个假设奖励员工的[5]:

- 单个员工和工作团队对公司的贡献存在差别；
- 公司整体绩效在很大程度上依赖于公司内部单个员工和团队的绩效；
- 为了吸引、保留、激励高绩效者，并且公平地对待所有员工，公司需要基于员工的相对绩效进行奖励。

在谈到具体的绩效薪酬方案之前，我们讨论期望实行激励体系的组织所面临的九大挑战。

11.1.1 "只做有报酬的事"综合征

为了避免工资是基于主观判断或偏爱而定的指控，绩效薪酬体系倾向于依赖客观的绩效指标，这可能会导致管理者使用尽可能多的客观指标进行工资决策。[6]不幸的是，工资与特定绩效指标的联系越紧密，员工对这些指标的关注度越集中，从而忽视了其他重要但更难以衡量的工作职责。考虑以下例子：

- 部分学校将教师的工资与学生在标准测试上的分数相联，教师花在帮助学生应付考试的时间比帮助学生理解课程重要性上的时间更多。据教师反映，如果不基于考试教学，他们担心给自己和学校带来负面评价。[7]
- 很多人将上个十年末美国金融体系的崩塌归咎于一些公司的高管奖励系统，如雷曼兄弟、美林及贝尔斯登等公司。这些奖励系统将高管和金融分析师的报酬与其实现的挑战性财务目标挂钩，诱使他们进行高风险、投机性的投资以及从事创造性的金融交易（所谓的"衍生品"），这些工作只是导致"账面财富"的增长，而在商品和服务方面没有太多的实际价值。这导致公司高管们获得了巨额奖金，然而公司的债务被社会化，美国联邦政府成为"最后的投资者"。尽管有充分的证据表明设计糟糕的奖励系统激发了高管的大胆冒险，屡见不鲜的是，为了获得高额回报而追求高风险的做法仍然存在并发展良好。例如，2013年全球最大的银行之一——英国巴克莱银行（British bank Barclays），在高管被发现代表银行客户冒不良风险之后，仍然同意支付4.5亿美元费用。原因在于"银行奖励制度鼓励冒险，而非为客户服务"。[8]
- 有关安达信公司（Arthur Andersen，有着85 000名员工的"五大"会计师事务所之一）的丑闻和后续法律问题的部分原因是：管理者从咨询费和做账费中得到收益，由于担心客户流失，管理者对客户监督不力，甚至有时会纵容公然欺诈。[9]由于会计师事务所依靠良好的信誉赢得业务，有着传奇般经历的安达信公司再也不能从丑闻中恢复过来，在成立近一个世纪后以倒闭而告终。

11.1.2 不道德行为

通过制造压力来产生和保持考核得分，会促使员工从事不良行为、偷工减料、欺骗、误导、隐瞒负面信息、承担更多债务等。与此相反，经理却能从领导一个"达到或超过"目标的业务单位中获得好处。以解释和善意的谎言开始，最后可能演变成不道德或非法的结果。近年来，在多个行业都出现了这样的例子。正如管理者笔记"医疗领域的奖励：它们加剧了医生的不道德行为吗"中谈到的：这些例子只是冰山一角，更多的例子则从来没有被报道。因此，很难知道问题到底有多严重。

不幸的是,员工对公司伦理和高管们的不信任也在增强。2005年的一项调查显示,只有50%的员工相信高层管理人员正直,大约同样比例的员工对组织有着相似的知觉。[10]结果,员工可能会无意识地把一些为实现激励目标而做出的不良行为或者违反伦理的行为归咎于雇主,而不是对自己的行为承担全部责任,认为"这是他们要我这样做的""这是在这里做事的方法"。

 管理者笔记:伦理/社会责任

医疗领域的奖励:它们加剧了医生的不道德行为吗

病人所不知晓的是,医生经常收到来自药厂、私人保险公司,甚至联邦政府和州政府的报酬。据估计,一半以上的卫生保健组织(HMOs)——占在美国注册的卫生保健组织的80%,向医生支付类似的报酬。激励机制正在联邦医疗计划中出现,并已在一半以上的国有医疗补助计划(为低收入者提供医疗保健)中实施。英国国有的初级护理系统也有对医生按绩效付酬的薪酬体系。

激励机制会妨碍医生的判断吗?诱使他们把经济利益置于病人福利之前吗?以下是针对内科医生激励机制所出现的一些争议。

对医院优质服务的奖励

美国联邦政府及英国医疗服务组织正试图基于医疗质量的好坏对医院进行补贴,而这些补贴反过来又将影响医院医生的收入。虽然这在理论上听起来很好,然而大多数医生认为,准确地衡量医疗质量困难重重。正如一位医生所指出:"(医疗服务质量)结果研究需要对如此多的从遗传到饮食以及发病前身体锻炼水平的患病因素进行控制,这几乎不可能在大规模的人群中做到。这就像评价一件艺术作品的质量,是随着时间的推移,根据画作的色彩的保持能力和明亮程度进行判断的。"

为医生提供的收益分享

因为医生可能会被诱惑而使用一些不必要的更昂贵的治疗程序,有些保险公司正在提供奖励以尽量减少医生的这种行为。此时,收益分享制度被采用。该制度的构想很简单:保险公司基于医生所接待病人的数量,每年向医生提供一笔总额明确的费用。年终时,如果医生没有全部用完该笔金额,节约下来的部分会以奖金的形式返还到医生手中。有什么问题吗?虽然收益分享可能对不必要的治疗行为有所约束,但是想要知道患者在多大程度上接受了不是最理想的治疗是很难的,因为医生可能会偷工减料以使总费用最低。

奖励开普通药物的医生

一些医疗保险计划奖励医生100美元,鼓励他们开一些普通药物而不是名牌药。其背后的理由是:普通药物为病人、雇主和保险公司节省了金钱。一些医生认为,决定哪种药物对于一个特定病人的健康效果会更好是需要时间的,他们应该为这方面的努力而得到补偿。

外科医生报告卡

一些州为执行相关医疗程序的外科医生发行手术报告卡，以此提高冠状动脉搭桥手术的质量，未达到标准的医院或医生会被要求整改。这种努力的一个意想不到的结果是，很多心脏病专家现在反映，很难找到愿意为重症患者实施手术的外科医生。例如，一项调查发现，纽约州大约2/3的心脏外科医生基于接受相对健康的心脏搭桥手术的患者填报手术报告卡。

医生没有披露的信息

最近，杜克大学研究人员惊讶地发现，在已发表的有关心脏支架方面的五篇论文中，四篇缺少很多医学期刊所需的一个重要细节——研究者是否获得咨询费用。经确认资助这些研究的公司，为支架患者销售药物的支架制造商强生、波士顿科学和美敦力以及Medtronic最经常被提及。只有1/4的描述临床试验的论文确认了是谁为这些测试付款。一些期刊编辑反映难以监督论文的实际贡献者。"我不是警察，也不是联邦调查局探员。"*Journal of the American Medical Association* 的主编说。

骨科器材的使用

当骨科器材（如髋关节置换器和膝关节假肢）进入市场时，其制造商经常会聘请医生培训其他医生和医药销售代表如何使用它们。这些医生往往是那些已经担任顾问以帮助开发这些器材的同一批医生。有些公司每年花费超过100万美元以补偿那些使用该公司器材而非其他厂商器材的医生，即使这些器材在性能上非常相似。

资料来源：Andorno, N. B., and Lee, T. H. (2013, March). Ethical physician incentives-from carrots and sticks to shared purpose. *New England Journal of Medicine*, 980—982; Schmidt, H., Asch, D., and Halpern, S. D. (2013). Fairness and wellness incentives: What is the relevance of the process-outcome distinction? *Preventive Medicine*, 55(1), 118—123; www.pbs.org. (2011). As Medicare moves toward pay-for-performance, study highlights need for better data; www.sciencedaily.com. (2011). Pay for performance programs may worsen medical disparities; Rangel, D. (2011). When pay for performance does not work and may impair patient care. www.kevinmed.com; Gemmil, M. (2008). Pay-forperformance in the US: What lessons for Europe? *Eurohealth*, 13(4), 21—23; Fuhrmans, V. (2008, January 24). Doctors paid to prescribe generic pills. *Wall Street Journal*, B-4; Jauhar, S. (2008, September 9). The pitfalls of linking doctor's pay to performance. *New York Times*, D-5-D-6; Weintraub, A. (2008, May 26). What the doctor's aren't disclosing. *BusinessWeek*, 56; Feder, B. (2008, March 22). New focus of inquiry into bribes: Doctors. *New York Times*, B-1.

11.1.3 对合作精神的负面影响

世纪电话公司的故事清晰地表明：如果使用不当，绩效薪酬体系可能会带来冲突和竞争。[11]例如，员工如果认为有些信息会使其他同事超过自己，就会向同事隐瞒信息。认为自己应该得到更多奖励的员工将会报复那些得到更多激励的员工，也许会故意破坏一个项目、传播谣言。内部竞争可能引发对抗，导致质量问题，甚至欺骗。

11.1.4 缺乏控制

员工不能控制的因素包括主管、其他工作群体的绩效、员工工作中所使用材料的质量、工作条件,以及来自管理层的支持和环境因素。[12]

例如,许多医生现在的收入中很大一部分来自奖金。正如我们在管理者笔记"医疗领域的奖励:它们加剧了医生的不道德行为吗"中看到的,这些计划受到了极大的争议。然而,医生普遍抱怨,随着医疗管理费用增加,医疗当局试图砍掉一些福利待遇。结果,医疗当局强迫医生在更少的时间之内接诊更多的病人,意味着护士和药剂师从事一些本来应由医生才有权完成的工作。[13]许多人认为这影响了医生的积极性,导致不公平,因此加入工会的医生急剧增加。[14]

11.1.5 绩效衡量的困难

如第7章所言,评价员工绩效是经理所面对的最棘手的工作之一,特别是当评价结果被用来分配报酬的时候。[15]在员工层面,考评者在将员工的贡献从所在的工作群体中区分时,要避免个性偏差(严格或仁慈)、个人喜恶、政治事件等因素的影响。在团队层面,当所有团队相互依赖时,考评者必须尽力区分某一既定小组的特定贡献。[16]评价者在尝试决定工厂或单元以及与公司总部相互关联的某一工厂或单元的绩效时,也面对同样的困难。简而言之,准确的绩效衡量是不容易实现的,试图为不准确的度量付酬很可能产生问题。教师的绩效薪酬计划因集中于关注学生成绩(如考试成绩)的狭隘标准而被批评,忽视了那些限制学生学习的更普遍的问题,如拥挤的教室、缺乏最新的设备及不健全的家庭。

11.1.6 心理契约

一旦执行,绩效薪酬体系在员工和公司之间就会产生心理契约。[17]心理契约是一系列基于以前经历的预期,很难改变。

打破心理契约会产生危害。例如,当一家计算机产品制造商在两年内三次改变了绩效薪酬制度时,结果是导致大量员工抗议,管理骨干辞职,员工士气普遍下降。

与心理契约相关的另外两个问题也会产生。首先,根据按绩效薪酬计划,员工觉得有权获得报酬,当外部条件需要改变时,绩效薪酬计划却很难改变;其次,有时难以及时制订对多个员工群体都公平的薪酬计算方案。

11.1.7 信任鸿沟

员工经常不相信绩效薪酬计划是公平的,或者不相信它们与绩效相关,这种现象被称为信任鸿沟(credibility gap)。[18]一些研究指出,75%公司的员工怀疑绩效薪酬计划的公正性。[19]如果员工不认可这些系统,对员工的行为就会产生消极而非积极的影响。一个重要的问题是,为了维护自尊,获得更低绩效相关薪酬的员工比其他人更倾向于归咎于管理而非自己。除非存在有效的绩效评价和反馈体系(有第7章),否则奖励体系不可能产生期待的结果。

回到之前提到的教师案例,英国政府尝试奖励优秀的教学活动,优秀校长能够获得高达年14万英镑的奖励,这相对于以前教师每年只有4.6万英镑的收入来说变化很大。工资"增长"与考试结果、旷课率低及数学能力和语文能力的改善相联系。虽然没有教师的工资会降低(工资只升不降),但是教师工会强烈反对该项计划。他们认为如果学生表现不好,不应该责怪老师,而且奖金会更加依赖于运气而不是绩效。[20]

11.1.8　工作不满意和压力

　　绩效薪酬体系可以激发更高的生产率,但是降低工作满意度。[21]一些研究者指出,工资与绩效的联系越紧密,工作单元越可能解散,员工越不开心。[22]例如,Lanteeh,一家位于肯德基的小型机械设备制造公司,试验了各种不同的激励方案;然而,公司CEO和创始人Pat Lancaster得出结论:对奖金的竞争意味着管理者要在解决冲突上花费更多的时间。最终,该公司放弃了所有这些方案。[23]

11.1.9　内在动机的潜在降低

> **伦理问题**
> 当设计绩效薪酬体系时,组织应该如何考虑员工的心理健康?

　　绩效薪酬会将员工置于只做那些能得到货币奖励的事情,在完成工作的过程中,会扼杀他们的才华和创意。因此,在试图影响员工的行为时过于强调工资,可能会降低员工的内在动机。有专家主张,公司越强调对于薪酬作为高绩效的奖励,员工从事使公司获益的行为(例如,加班、额外的特别服务等)的可能性就越低,除非给他们承诺明显的回报。[24]示例说明了当引进奖励机制时,外在动机是如何挤出内在动机的。

示例　奖励的意外效果:挤出内在动机

　　故事讲的是:一个男人很不高兴,因为邻居家的孩子总是在他的草坪上玩耍并且破坏草坪。因此他决定向每个在草坪上玩耍的孩子付钱,惊讶的孩子欣然地接受了。几天之后,这个人告诉那些孩子他只能负担最初所给钱的一半金额。孩子们虽然接受了这个减了一半的"报酬",但是没有当初那么热情了。再过几天之后,这个人把付给孩子的钱减至几乎为零。孩子们如此的沮丧,接着就离开了,并且发誓说再也不在他的草坪上玩耍,除非增加"报酬"。问题就这样解决了。这个故事的寓意是,给孩子们支付报酬从而降低孩子们在草坪上玩耍的内在动机(这个活动的唯一理由是享受自由和乐趣)。

　　最近发表在 *The British Medicine Journal* 上的一项研究证实了类似的排斥效应。该研究是基于Kaiser Permanente Northern California健康护理系统成员的2 000 000名成人。医生们被给予奖励去筛选糖尿病、视网膜病变的病人和子宫颈癌的病人。在给予奖励的五年期间,筛选速度大幅上升。但是当奖励被撤销时,筛选速度大幅度降至低于奖励计划开始前的速度。该研究者得出结论:一旦给予医生外在奖励去执行所需的任务,它将成为一把双刃剑,即取消经济奖励,意味着任务完成数量会降至奖励实施之前的水平。

　　这是另外一个说明依赖经济奖励的结果是多么地违反直觉和适得其反的例子。有人可能会认为,绩效会随着回报的增加而提高;但是在很多情况下,研究者发现了相反的效果。其原因是：外部的奖励或者惩罚（除了基本工资）具有如此大的降低内部动机（基于自主性、动机和目的）的作用，以至于它会减弱甚至逆转一个人的外部动机（获得更多的驱使）的积极作用。因此，个人的总体动机驱动和她/他的绩效会降低。另一方面，最近的调查表明，这种两难的困境并不是像它所表现出来的黑或白那样简单。一种可能性是外在和内在的奖励可能共同起作用，此时员工相信做正确的事情会被管理层注意到。公正地看，管理层更认可那些被内部动机激励的员工。

资料来源：Baumann, O., and Stieglitz, N. (2014). Rewarding value-creating ideas in organizations: The power of lowpowered incentives. *Strategic Management Journal*, available online as doi: 1002/SMJ.02093; Speckbacher, G. (2013). The use of incentives in non-profit organizations. *Nonprofit and Voluntary Sector Quarterly*, available online in http://nvs.sagepub.com; Rangel, C. (2011). Why pay for performance does not work and may impair patient care, www.kevinmed.com; Feder-Ostroy, B. (2011). At Kaiser Permanente, seeing how financial incentives affect healthcare. www.reportingonhealth.org; Lester, H., Schmittdiel, J., Selby, J., Fireman, B., Campbell, S., Lee, J., Whippy, A., and Madvig, P. (2010). *British Medical Journal* (open access). www.bmj.com.

11.2 迎接绩效薪酬体系的挑战

适当设计的绩效薪酬体系给管理人员一个机会，使员工利益与组织利益保持一致。下列建议有助于绩效政策的成功实施，避免出现上面所讨论的错误。

11.2.1 完善外在奖励和内在奖励之间的互补关系

最近的心理学研究表明，混合的内在的和外在的奖励可能是有效的激励因素，一种类型的奖励未必能与另外一种类型的奖励相抗衡，但是它们可以作为彼此的补充。[25]例如，"3M公司提供增强自尊和增加个人银行存款的回报，而谷歌公司拥有一个授予丰富思想的员工以丰厚奖励的政策……谷歌公司设立了'创始人奖'计划，将限制性的股票期权季度性地授予那些提出最好想法以提高盈利能力的团队"。[26]

11.2.2 适当地将工资和绩效联系起来

在一些案例中，经理根据预定的计算公式和工具，合理地给工人付酬。传统的根据单位生产率获得工资的**计件工资制**（piece-rate systems）代表工资和绩效之间最紧密的联系。许多计件工资制已被取消，因为它们容易产生上面所讨论的一些问题，但是计件工资在某些场合是适用的。例如，在员工能够完全控制工作的速度和质量时。有趣的是，互联网正在创建一种新型的计件系统，员工能够完全控制工作的速度和质量（因为该系统是一天24小时可用的，并且可以容易地跟踪这个人做了什么）。互联网使得许多公司，尤其是高科技公司，允许员工在别处（包括家里）工作，这可以节约办公场地费用、管理成本以及节省管理时间。许多员工基于合同工作,使得公司可以节约成本。

11.2.3 将绩效薪酬作为更广泛的人力资源管理系统的一部分

除非绩效薪酬政策配套其他人力资源管理政策,否则不可能达到既定的效果。例如,绩效评价和管理培训通常在绩效薪酬计划的实施过程中扮演着重要角色。如第 7 章所言,绩效评价经常受到绩效以外因素的影响。因为有缺陷的评价过程会损害经过详细构思的工资计划,主管们应该接受关于如何正确进行评价的严格培训。

不良的员工招聘实践也会危害绩效薪酬政策的可信度。例如,如果员工出于一些政治原因而非技能被公司雇用,其他员工会认为好的绩效对组织并不重要。

员工也应该得到培训,以便提高生产率,从而获得更多。例如,瑞士罗氏集团(Roche)在美国印第安纳波利斯的分部,将所有员工纳入一项为期 10 个月的潜在领导力的培训开发项目。[27]

11.2.4 建立员工信任

如果经理们不了解劳工关系的历史,或者组织拥有竞争性的企业文化,即使考虑周全的绩效薪酬政策也会失败。在这样的条件下,员工可能认为回报不是基于好的绩效,而是机会和在主管面前树立良好的形象。绩效薪酬政策要成功实施,经理们就必须建立员工信任,这要求在组织氛围上进行大的变革。[28]

经理们应该从员工的视角回答以下问题:"是基于我更长期、更努力还是更聪明的工作而付酬?有人注意到我的额外付出了吗?"

如果回答是"没有",经理们必须走出去向员工表明,他们关心员工并且知道他们所做的工作。更重要的是,在管理或薪酬政策发生变化时,他们应该让员工知道并且参与。[29]

11.2.5 营造"绩效至上"信念

出于上面讨论的一些问题,经理们可能不愿意采用绩效薪酬政策。[30]然而,除非组织营造了"绩效至上"的信念和氛围,否则将产生低成效的组织文化。在某种意义上,绩效薪酬是两害中较轻的一方,因为若缺失则绩效将变得更低。[31]管理者笔记"使用奖励激励员工和客户",显示了一些组织如何做到这一点。

管理者笔记:客户导向的人力资源

使用奖励激励员工和客户

公司每年要花费大约 460 亿美元用于发放奖励。一些专家认为,无论总体经济情况如何,公司都应该保持这点。奖励市场协会(Incentive Marketing Association)的执行董事认为:"在好的或者坏的时期,组织都应该创造一种认可员工和客户的文化。"奖励市场协会的总裁也认可这一点:"奖励计划使公司关注员工所做的产生财务成果的活动和任务,有助于将员工个人所做的和公司期望他们所做的联系在一起,奖励计划也是对员工的一种投资,有利于员工的知识创造。"

一些公司正在使用像5美元的地铁礼物卡这样简单的奖励措施。在最近的一年中,该措施帮助美国空调公司提高了7%的销售额。另外一个极端例子是,在一家只有5名员工的公司里,老板奖励给一名长期员工一件毛皮大衣,却因该员工不太热情的反应而感到失望。"我已经成为你的员工25年了,你却从来没有注意到我是一名素食主义者。"该员工解释说,"我从来不穿毛皮大衣。"

比毛皮大衣风险小而又花费少的奖励是名牌消费类电子产品,如数码相机被认为是最受欢迎的。据佳能美国特殊市场的经理说:"它们为每个人所渴望,无论男女老幼。对于正在努力寻找合适的奖励物品的决策者来说,这类产品使挑选过程更为简单。"

另一种方式是给员工尽可能多的选择。在美国 T-Mobile 公司,所有员工均有资格获得积分购买在公司的最高评级激励计划中的商品。最高得分的员工在宴会上被高级管理人员授予荣誉,而且充满异域风情的旅行将奖励给团队中的最优秀者。

资料来源: Fortune. (2014). The best companies to work for. www.fortune.com; McLoone, S. (2008, December 10). How do I offer employee incentives? Washington Post, B-1; Gallo, C. (2008, April 11). A simple employee incentive. BusinessWeek, 21—26.

11.2.6 使用多层级的回报

因为绩效薪酬体系都有积极和消极的特征,为不同工作场所提供不同类型的薪酬激励可能比依赖单一类型的薪酬激励的效果更好。利用基于多层级的回报体系,在将消极效果最小化后,组织能认识到每一激励政策的优点。例如,在美国 AT&T 公司,以奖金形式发放的变动薪酬基于同时反映地区团队和整个业务单位绩效的12项指标。要得到变动薪酬,团队成员必须实现个人绩效指标。[32]

11.2.7 增强员工参与

在薪酬实践人士中流传着这样一种说法:"可接受性是所有薪酬计划成功的最终决定因素。"当员工不认为薪酬政策合法时,他们通常会做一些破坏该系统的事情,从为自己设计最大的生产配额到疏远那些取得最高回报的同事。提高可接受性最好的办法是让员工参与薪酬计划的设计中。[33] 员工参与有助于更好地理解薪酬计划背后的缘由,同时获得更强的承诺,以及在个人需要和薪酬计划设计之间实现更好的匹配。[34]

员工参与薪酬计划不同于员工奖金分配计划。因为员工不可能将自我利益与有效的工资管理分开,经理人员仍然应该控制并且分配奖金。但是,经理人员应该制定允许员工投诉的申诉机制,鼓励员工参与。尤其是当没有利益关系的第三方作为仲裁并且被授权采取纠正行动时,这样的机制可以增强对系统公正性的感知。[35]

11.2.8 强调伦理的重要性

一旦开始实施绩效薪酬计划,员工可能会被诱使操纵一些可获取奖金的标准。即使最严密的监控系统也无法发现所有的违规行为。因此,如果员工能够自我监督,组织就会更省心一点。为了实现这个目的,作为公司价值的伦理无论如何强调都不为过,提供灰色或者不道德行为例子的培训课程,有助于员工为达到绩效预期而更好地决定何时以合适的方式完成任务。

11.2.9 使用动机和非财务奖励

动机最基本的事实之一是人们被驱动获取他们所需的东西。虽然薪酬是强烈的驱动因素,但对每个人不一定都有效。一些人对工作中的非财务因素更感兴趣。正如管理者笔记"奖励健康的生活方式"提到的,越来越多的公司提供财务奖励去获得他们认为值得的目标,但这些并不是直接与绩效目标相关的。在这个意义上,公司是在使用货币性(奖金)和非货币性(改善健康的机会)的混合奖励激励员工。公司也可能获得一些间接的财务效益(例如,更低的医疗保险费用和更少的病假),使之形成双赢的局面。

 管理者笔记:伦理/社会责任

奖励健康的生活方式

在最近一项针对450多家公司的调查中,一半的公司使用奖励方式,促使员工戒烟或者减肥以提升他们的健康。调查也显示,近3/4的其他公司很快就会有这样的计划到位。虽然隐私专家警告,公司必须严谨设计以避免歧视,但是这种奖励越来越受欢迎,而且似乎很奏效。"日常生活习惯的小改变会导致健康状况的大幅改善。"Humana公司的医疗人员说,"我们需要投资于预防计划,以保持员工的健康并激励他们做正确的事情。"在Humana公司,这意味着建立一个奖励计划,为那些接受健康评估和辅导并进行预防性护理的员工提供积分兑换礼品卡与商品。那些符合既定目标的员工在公司的医疗和牙科保险计划上将获得折扣。

据估计,美国公司的年肥胖成本为130亿美元。在佛罗里达州的 CFI Westgate Resorts 有一个全公司范围的员工减肥竞赛,该方案的推出源自公司总裁超过20磅的成功减肥经历。竞赛获胜者将得到现金奖励和豪华假期。一些员工已经减掉60磅。Pepsi Bottling 公司的员工因采取健康风险评估而获得75美元的礼品卡,如果他们加入一个生活方式管理计划就会获得100美元。该公司还免费提供尼古丁替代疗法,将其列为年度体检和其他基本医疗保健服务项目。

Aetna 是一家医疗保险公司,该公司在以激励为基础的健康计划中覆盖了近60%的员工,最近还扩大到包括配偶和家庭成员。只要获证明经常锻炼,配偶就有资格每年获得与员工相同的 600 美元现金。

阿拉巴马州的员工只要正在努力降低他们的高血压、胆固醇、肥胖和糖尿病风险,就可以不支付医疗保险费。Affinia 集团患有糖尿病的员工,只要保持药物治疗方案、定期就医并进行血糖监测,就可以减少高达年 600 美元的医疗费用,并有资格享受免费处方。加拿大的新斯科舍州(Nova Scotia)于 2013 年通过了健康生活税方案,为在获得批准的有组织的运动或体育娱乐计划中注册的孩子提供每人高达 500 美元的税收抵免。

资料来源:DTE Energy. (2013). Healthy living program. www.dteenergy.com;Government of Nova Scotia. (2013). Healthy living tax incentives. http://www.novascotia.ca/finance/en/home/taxation/tax101/personalincometax/healthyliving.aspx;Ganster,K. (2011). Incentives for healthy habits. http://chamberpost.com;Kavilanz,P. B. (2009,March 26). Unhealthy habits cost you more at work. CNN Money.com,www.cnnmoney.com;Business Wire. (2009,February 27). Healthy rewards:New health incentive program rewards employees and employers for healthy decision making;Appleby,J. (2009,January 19). Firms offer bigger incentives for healthy living. USA Today,A-1;Knowledge@ Wharton. (2008,January 9). From incentives to penalties:How far should employers go to reduce workplace obesity? http://knowledge.wharton.upenn.edu.

非货币性奖励包括公开和非公开的表扬、荣誉称号、承担更多的责任、带薪或不带薪的假期、指导课程以及全额学费报销等。[36] 即使无法为工作很出色的员工提供货币性奖励,公司也可以公开表彰他们。然而,正如第 10 章所讨论的,组织需要注意的是,不要让员工将非财务回报视为组织用来节省薪酬的一种策略。

11.3 绩效薪酬计划类型

如图表 11.1 所示,绩效薪酬计划可以用于奖励个人、团队、事业分部、整个组织或者它们的结合。这些计划都存在优缺点,各自在特定场合下更有效。大多数组织采用多个方案的组合。

图表 11.1 绩效薪酬计划

分析单元			
微观层面		宏观层面	
个体	团队	事业分部/工厂	组织
业绩工资	奖金	收益分享	利润分享
奖金	荣誉	奖金	股票计划
荣誉		荣誉	
计件工资			

11.3.1 个体薪酬计划

在微观层面,公司试图识别单个员工的贡献并给予奖励。个体薪酬计划是使用最广泛的绩效薪酬计划。[37]

作为较常使用的个体薪酬计划,绩效加薪是迄今为止最受欢迎的,也是最普及的。[38] **绩效加薪**(merit pay)一般每年在基本工资的基础上有所提高。主管对员工的绩效评价主要被用来决定绩效加薪的多少。如果下属的绩效被评为"低于预期""刚好完成""超过预期"和"远远超出预期",他们的绩效加薪将相应地不增长、增长3%、6%和9%。一旦员工得到绩效加薪,只要他们继续在公司工作,绩效加薪就永远是员工总薪酬的一部分,除非公司普遍减薪或员工被降级等极端情况。

个人奖金计划(bonus programs)(有时被称为**一次性支付**,lump-Sum payments)与绩效加薪相似,但存在关键的不同。奖金是一次性的,并不会导致员工总薪酬一直增长。奖金比绩效加薪的增长要多,因为奖金对雇主而言没有风险(雇主不必长期承诺支付奖金)。例如,Devon Energy公司,一个独立的石油和天然气生产商,最近颁发了每名员工平均21 332美元的奖金。[39]当员工达到某一特定要求或提出有价值的节约成本建议时,奖金也可以在考核周期以外支付(例如,与全美航空合并的大陆航空规定,每个月在准点到达指标上排列前五位的员工将得到至少65美元的支票);或者简单地"走额外的一英里"(例如,洛斯阿拉莫斯国家实验室允许主管提供一项高达75美元的奖励证书,当一名员工显示出"在紧张的最后期限下具有非常高质量的工作"时)。[40] 一项调查显示,92%的公司提供特定的一次性现场奖励,28%的公司给员工提供一次性支付奖励。这些类型的奖金额经常超过年度薪酬的5%。[41]

奖励(awards)类似于奖金,是一次性的报酬,但会以有形的奖励形式给予,如一次带薪休假、一台电视机,或者在优雅餐厅的双人就餐券等。例如,耐克公司一年一度地邀请顶级的、长期的员工以公司付费享受一个奢华的"全能晚餐"。[42]

个体绩效薪酬计划的优点

个体薪酬计划具有以下四项优点:

- **获得回报的绩效会被不断重复**。广为人知的激励理论,如**期望理论**(expectancy theory),解释了为什么高工资导致高绩效,因为人们倾向于从事有回报的事情。对于大多数人而言,金钱是重要的回报,当存在强烈的绩效—薪酬联系时,个人倾向于改善工作绩效。[43]
- **员工是目标导向的,财务激励能够形成个人的目标**。工资激励计划能够促使员工行为与组织目标达成一致。[44]例如,如果汽车销售商拥有一名销售许多汽车的销售员,但是顾客很少重复购买,经销商可以采取工资激励计划,向将汽车销售给重复购买顾客的员工支付更高的销售佣金。这项计划将鼓励销售员让顾客满意而不只是为了卖出汽车。
- **对每个员工进行绩效评价有助于公司达到个人公平**。组织必须将回报与个人努力挂钩,而基于个人的计划可以做到这一点。如果个人没有回报,绩优者就会离开公司,或者降低其绩效水平,使之与他们得到的回报一致。

- **个体薪酬计划与个人主义文化相匹配**。国家文化在个人成就和集体成就的强调上存在差异(参阅第 17 章)。美国是一个极其崇尚个人主义的国家,美国的工人期望根据个人的成就和贡献付酬。

和美国公司比较,日本公司较少对个人绩效进行奖励,但迫于经济压力,日本公司正朝着美国模式转变。近来的调研显示,70%的日本企业领导者正计划减薪,只有绩效最优者能够保持或者超过他们以前的收益。[45]

个体绩效薪酬计划的缺点

绩效薪酬计划的许多缺陷在个人层面最明显,它会带来两个明显的危害:一是个人计划会导致竞争并且破坏同事之间的合作;二是影响下属和主管之间的工作关系。因为许多经理相信低于平均水平的工资增长会打击员工的士气并降低绩效,所以他们会无视员工的个人绩效而试图在员工中达成平衡。当然,这有违激励计划的初衷。

个体绩效薪酬计划的其他缺点还有:

- **将工资与目标联系可能导致思维狭隘**。将财务奖励与目标实现联系起来可能导致只关注事情本身并逃避重要任务,或者因为目标难以设定,或者因为任务成果在个人层面难以测量。例如,如果一个杂货店将顾客满意和开心作为目标,就很难把这个目标与单个员工联系起来。
- **许多员工不相信工资和绩效有联系**。虽然实践中所有组织宣称回报个人绩效,但员工很难确定组织在多大程度上真正这样做。所以毫不奇怪,过去三十多年的一些调查发现,高达 80%的员工认为个人贡献和工资增长之间没有关系。[46]图表 11.2 归纳了这种感知背后的观点,其中的一些被证明很难改变。

图表 11.2　个体绩效薪酬计划失败的普遍原因

- 绩效评价是主观的,主管会根据自己预先形成的偏差评价下属。
- 主管无视所使用的评价表格而人为操纵评分。
- 基于业绩的评价系统强调个人而非团队目标,因此会导致组织的功能性冲突。
- 为了和所有下属保持有效的工作关系并防止团队中的人际冲突,主管不情愿挑出那些表现好的员工。
- 在绩效评价中采用特定的时间间隔,鼓励了短期行为却牺牲了长期目标。
- 员工会试图忽视负面的绩效反馈以维护自尊心。
- 主管和员工很少在评价上达成一致,导致人际关系冲突。
- 主管经常不知道如何决定给员工加薪。
- 增加物质奖励强化员工工作行为的价值存在问题。例如,当员工必须等待一年后才产生绩效评价时,工作产出提高两倍对工资几乎没有影响。
- 个人绩效加薪计划在服务业中不太适用。在美国,很多人在服务行业工作。在基于知识的工作中(如管理助理),难以明确到底需要什么产品。
- 主管能控制的薪酬总量相当有限,所以绩效加薪在员工中的差异很小,并且存在争议。
- 大量的组织结构因素影响绩效加薪的多少和频次(例如,薪酬等级中的位置、部门内和部门间的工资关系及预算限制等),而这些组织结构因素与员工绩效无关。
- 绩效评价被用于多个目标(例如,培训和开发、员工选拔、工作规划、薪酬等)。当薪酬体系被用于多个目标时,它是否能够满足所有目标是具有争议的。主管难以同时承担顾问和评价者的角色。

- **个体薪酬计划会阻碍质量目标的实现**。完成产量目标而获得回报的个人经常会牺牲产品的质量。个体薪酬计划也会影响强调团队工作的质量项目,因为它们一般不会奖励帮助其他工人或与其他部门进行协调的员工。

- **个体薪酬计划在一些组织中会降低灵活性**。因为主管控制着回报的分配,所以个体绩效薪酬计划会增大员工对主管的依赖性。它们促进了传统组织结构,使得绩效薪酬计划在公司试图采用团队方式工作时变得特别无效。

个体绩效薪酬计划什么时候最有可能成功

尽管个体薪酬计划给管理者带来上述挑战,但在以下条件下能达到良好的激励效果:

- **当能准确区分每个员工的贡献时**。对于有些工作而言,识别某个人的贡献很容易。例如,强烈的个人激励体系对销售人员很适用,因为他们的绩效相对容易衡量。比较而言,科研工作一般不会采取基于个人的绩效激励,因为他们的工作联系紧密,难以识别个人贡献。
- **当工作要求自主管理时**。员工工作越独立,评价、回报每个员工的绩效越有意义。类似 Gap 公司这样的大型零售连锁店中每个门店经理的绩效相对容易评价;相反,大公司人力资源经理的绩效很难评价。
- **当高绩效不需要更多的合作时或者鼓励竞争时**。实践中,所有工作都需要一定程度的合作,但是需要的合作越少,基于个人的工资计划越容易成功。例如,股票经理人比美国空军中队飞行员在工作时所要求的合作会少一些。

11.3.2 团队薪酬计划

越来越多的公司正重新设计工作,允许拥有独特技能和背景的员工共同承担项目或处理问题。例如,在康柏计算机公司(现在是 Hewlett-Packard 的一部分),全部 16 000 多名员工的 25% 隶属于某一团队,开发新产品并将它们推向市场。[47] 新系统中的员工要在团队中跨工作边界,并且对他们以前未从事的工作领域做出贡献。其他把团队运用到岗位和工作设计中的公司还有 Clairol(现为宝洁公司的一部分)、Bristol-Myers Squibb、Hershey Chocolate、Newsday/Times Mirror、Pratt & Whitney/United Technologies、General Motors、TRW、Digital Equipment、Shell Oil 和 Honeywell 等。[48] 团队薪酬计划能为有效的团队运作提供重要支持。

团队薪酬计划根据团队绩效公平地回报所有团队成员。这些绩效既可以被客观地衡量(例如,及时或在截止时间内完成既定数量的团队项目),也可以被主观衡量。定义一个理想的绩效标准既可以很宽泛(例如,与其他成员有效合作),也可以很狭窄(例如,发明具有商业价值的专利)。与个体薪酬计划类似,支付给团队成员的薪酬可以采用现金分红或者非现金奖励的形式,如旅游、奢侈品消费或带薪假期。

一些公司允许团队决定奖金如何在团队中进行分配,另一些公司将团队奖励与团队建设结合起来。例如,几年前入选《财富》100 强的孟山都公司在很大程度上是因为雪鞋垒球等活动致力于增强团队的凝聚力。在几个孟山都分厂,员工中的"群众团队"负责设计员工的联谊活动。[49]

团队绩效薪酬计划的优点

设计良好的团队薪酬计划具有以下两个优点:

- **培育团队凝聚力**。团队成员拥有同样的目标,在工作当中紧密联系,为了团队的整体绩效而相互依赖,基于团队的奖励能够激励团队成员以一个群体而不是竞争性的个人进行思考和行动。在这种情况下,每个员工更可能以有利于整体团队的方式行动。[50]
- **有助于绩效评价**。大量研究发现,以团队方式评价绩效比个人方式更准确、更可信。[51] 原因在于,当个人绩效不需要相对于团队的其他成员进行识别和评价时,绩效评价不需要过于精准。

团队绩效薪酬计划的缺点

管理人员应该了解团队薪酬计划的潜在缺陷。与个体激励计划一样,大约 1/3 的公司使用团队激励计划。[52] 团队绩效薪酬计划的缺点包括:

- **可能与个人主义文化不匹配**。一方面,因为大多数美国工人希望自己的个人贡献被认同,他们对于个人努力相对于团队努力来说不重要的奖励体系持保留意见;另一方面,个人奖励在集体主义导向的社会中可能失败。缺乏文化敏感性的表现是,许多美国公司将高风险的个人奖励引入它们的日本子公司中,但这些计划普遍失败了。[53]
- **搭便车效应**。在许多团体中,有些人比其他人付出更多。另外,人与人之间的能力存在差异。因为努力程度不够或者能力有限,对团队贡献少的员工就是搭便车者。[54]

当团队成员(包括搭便车者)都公平地得到奖励时,很可能有人抱怨不公平。这种结局与基于团队的奖励计划的初衷相冲突,主管不得不去判断每个人的贡献。[55]

为了尽可能地避免搭便车效应,许多公司调整了薪酬奖励以鼓励团队中的个人绩效。Gore-Tex 纺织公司创始人 W. L. Gore 拥有 4 000 多人的员工队伍,每年对团队成员进行评价,从而产生个性化的基于团队的奖励——每名团队成员根据同事评价的个人贡献得到工资。[56]

- **限制绩效的社会压力**。虽然团队凝聚力可以激励所有团队成员加强个人努力并且全力投入,但也会降低团队生产率。例如,商业航空公司飞行员在表达不满时,有时集体采取照本飞行的做法,这意味着他们毫无例外地、机械式地遵守规则,导致整体工作效率的降低。群体动力也会鼓励团队成员尽力争胜,如以欺骗手段获得奖励,从而形成了上有政策、下有对策的局面。[57]
- **难以识别有意义的团队**。在决定如何基于团队分配奖励之前,经理人员必须定义团队。因为不同的群体可能相互联系,要真正定义团队很难,从而难以识别谁做了什么。另外,个人可能隶属于多个团队,且团队成员可能经常变动。
- **群体间的竞争导致整体绩效降低**。团队会变得更关注绩效的最大化,从而与其他团队产生竞争。这种结局是人们所不希望出现的。例如,生产团队会生产出比营销团队所能售出的更多的产品,或者营销团队会做出生产团队难以实现的销售承诺。[58]

什么条件下团队薪酬计划更有可能成功

虽然经理们需要对团队薪酬计划的潜在缺点有所认识,但是他们也应该清楚什么情况下这些计划能够成功应用。

- **当工作任务交叉、难以识别每个人的贡献时**。研发实验室就属于这种情况,科学家和工程师在团队中工作。消防员和警察也是如此,他们经常自认为是一个不可分割的整体。
- **当公司情境便于实施团队薪酬计划时**。这些情境包括:

(1) 公司组织结构层级较少,同一层级上的单个团队完成其大多数工作不需要太多地依赖主管和上级领导。通过裁员来维持效率和利润的公共组织与私人组织发现必须采取团队的形式。例如,弗吉尼亚州汉普顿市经历了一场规模缩减和重组,去掉了几个管理层级,重新设计工作流程。该市建立了自我管理型团队并且将基于团队的工资与多层级的绩效薪酬计划相结合。[59]前面提到的Gore公司使用了大量的以团队为基础的激励机制,公司文化高度支持该做法。美国科学家Bill Gore和妻子Vievi在1958年创立了这家公司,他们相信非层级制度的环境能够促使有创造力的人才得到蓬勃发展和协同工作。因此,近六十年以来,公司采用团队激励方式,没有工作说明书、职位名称等传统管理制度,公司没有管理者,只有领导者。[60]

(2) 技术可以把工作分解成相对自我控制的或独立的团队。在服务性单位(如电话维修)比在制造运营性单位(如传统的汽车装配线人员)更容易做到这点。

(3) 员工对工作高承诺,受到工作的内在激励。这些员工较少以团队为代价逃避责任,搭便车行为较少。内在激励经常在非营利性组织中存在,其员工经常是从情感上对组织事业具有高度承诺。

(4) 组织应该坚持团队目标。在某些组织中,这是首要的任务。例如,高科技公司经常发现科学家都有自己的研究日程和职业目标,这些日程和目标经常与公司或同事不一致。基于团队的奖励能够将这些具有独立精神的员工的努力聚集在共同的目标上。[61]

(5) 基于团队的奖励有助于融合拥有多样化背景和视野的员工,将他们的努力聚集在对组织重要的目标上。例如在英特尔公司,"以客户为导向的团队工作"在公司深入人心!那些原先强势的硬件工程师正在学习与市场人员和软件工程师更加紧密地工作,所获得的奖励和他们与其他人的合作情况直接联系。[62]

- **当公司的目标是培育自我管理型团队的创业精神时**。有时为了鼓励创新和承担风险,公司会鼓励广泛的员工自治行为以完成或实现某些目标。这种做法通常被称为内部创业。[63]在内部创业的环境中,管理层经常以基于团队的奖励为控制机制,使得每个团队能够像创业者那样预期成功或失败的风险。

图表11.3归纳了个体和团队绩效薪酬计划的优缺点。

图表11.3 个体和团队绩效薪酬计划的优缺点

	个体绩效薪酬计划	团队绩效薪酬计划
优点	• 获得回报的绩效可以重复 • 物质奖励可以形成个人目标 • 有助于公司实现个人平等 • 适合个人主义文化	• 培育团队凝聚力 • 有助于绩效的衡量

(续表)

	个体绩效薪酬计划	团队绩效薪酬计划
缺点	• 导致思维狭隘 • 不认为工资与绩效有关联 • 为实现定性目标而工作 • 会降低灵活性	• 可能与个人主义文化不匹配 • 可能导致搭便车行为 • 团队会给成员施加压力从而抑制绩效 • 难以明确定义团队 • 团队间产生竞争

11.3.3 工厂绩效薪酬计划

工厂绩效薪酬计划基于整个工厂和部门的绩效回报工厂内与事业分部的所有工人。因为利润和股票价格是公司整体绩效的结果,所以它们不适用于衡量工厂或事业分部的绩效。大多数公司拥有多个工厂和事业分部,因而很难将财务损益归结于某一部门。因此,在工厂层面用来分配报酬的关键绩效指标是工厂或事业分部的效率,一般是通过与历年相比劳动力或材料成本的节约来衡量。

工厂绩效薪酬方案通常也称**收益分享**(gainsharing)政策,因为它将成本节约的一部分以年终奖金的形式返还给工人。经常使用的收益分享政策有三种。最早使用的是 20 世纪 30 年代出现的斯坎伦计划,基于员工委员会、工会领导者和高层管理者提出的并且评价成本节约的想法。如果在约定的期限内(一般为一年内),实际劳动力成本低于预期,其中的差额在工人(通常得到成本节约的 75%)和公司(通常得到成本节约的 25%)之间进行分享。一部分成本节约也可能留下来作为"雨天"基金。

第二个收益分享方案是拉克计划,基于工人和管理层组成的委员会推销和筛选的想法。相对于斯坎伦计划,拉克计划中委员的参与程度较低,结构更简单。但是在拉克计划中,成本节约的计算更复杂,原因在于计算公式不仅包括劳动力成本,还包括生产过程所涉及的其他费用。

第三个收益分享方案是改善分享计划,通过分享来改善生产率。该计划相对较新但已被实践证明容易操作和交流。基于某一工业工程群体的调查或某一基期经验数据设定标准,从而确定要求生产一个可接受水平产出的时间。任何基于该计划的产出所实现的成本节约在公司和工人之间分享。

工厂绩效薪酬计划的优点

收益分享计划的初始推理可追溯至道格拉斯·麦格雷戈的早期工作[64],他是约瑟夫·斯坎伦的合作者。在麦格雷戈看来,公司如果采用某一特定的方法实施管理将能提高生产率。这种特定方法假设工人是内在激励的,工人如果有机会,并且也乐于以团队方式工作,将以更好的方式完成工作。

相比个体薪酬计划,收益分享的指导思想不是以奖励来激励员工生产更多的产品,而是假设成本节约来自更好地对待员工,并且让他们参与公司的管理。其背后的假设是:应该避免个人和团队的竞争,鼓励所有工人为公司的共同利益发挥各自的才能,员工情愿并且能够贡献好的想法,当这些想法得到实现时,产生的财务收益应该和员工分享。

收益分享计划能够引导主动性强的员工努力投入,并且改进生产过程。给每位员工树立共同目标,收益分享计划能够提高工人之间、团队之间的合作程度。另外,收益分享计划比基于个人和团队的计划较少遇到绩效衡量的困难。因为收益分享计划不要求管理者明确单个员工或相互依赖团体的特定贡献,更容易计算奖励,并且工人更容易接受。[65]

工厂绩效薪酬计划的缺点

类似于其他绩效薪酬计划,工厂绩效薪酬计划也会遇到一些困难。

- **保护低绩效者**。搭便车问题在一些将奖励发放给许多员工的工厂中会非常严重。因为很多人在同一工厂一起工作,不太可能使用同事压力将低绩效者排除在外。

- **奖励的标准问题**。虽然在收益分享计划中用于计算奖金的公式一般很直接,但可能会出现四个问题。第一,一旦公式确定下来,员工就可能预期它将一成不变。过于严厉的公式可能成为管理的桎梏,但是管理者不愿冒改变公式而使员工产生不安定情绪的风险。第二,改善的成本节约不一定会增加利润,因为后者依赖于许多不可控的因素,如顾客需求。例如,汽车生产商能够以高效率方式生产,但是如果生产出来的汽车的需求不足,工厂的财务绩效就不会好。第三,当初次采用收益分享时,低效工厂比高效工厂或事业分部更容易实现收益,因为大量的节约劳动力的机会存在于低效部门中。[66]所以,收益分享计划似乎会惩罚已经有效的部门,这将打击这些部门内员工的士气。第四,工厂中节约劳动力的机会可能不太多。如果这些机很快用完,未来的收益就很难实现。

- **管理层和劳动者之间的冲突**。许多管理者感觉员工参与会给他们带来威胁。当收益分享计划实施后,管理者可能不情愿放弃他们的权威,导致冲突并且损害计划的公信力。另外,如果收益分享计划只针对计时工人,领取固定薪水的员工就可能产生抵触情绪。

有利于实施工厂绩效薪酬计划的条件

许多因素影响收益分享计划的成功实施。[67]

- **公司规模**。收益分享在小中型企业中更可能良好运行。在这些企业中,员工能够看见个人努力和部门绩效之间的联系。

- **技术**。当技术限制效率的改善时,收益分享更难成功。

- **历年绩效**。如果公司拥有多个不同效率水平的工厂,收益分享计划必须考虑这些效率差异,保证高效的工厂不会受到惩罚、低效的工厂不会得到奖励。当历史记录不足时,这样做的可能性就很小。在这种情况下,过去的数据不足以建立可信的未来绩效标准,从而很难实施收益分享计划。

- **公司文化**。在传统的层级官僚结构、依赖主管监督、反对员工参与的公司中,收益分享计划较难获得成功。而在从集权式向参与式的管理风格转变的企业中,收益分享计划的效果更好,但需要其他的配套措施予以支持。

- **产品市场的稳定性**。在公司的产品和业务的需求相对稳定的情况下,适合采用收益分享计划。在这种情况下,历史数据可以用来有效预测未来的销售情况。当需求不稳定时,奖金计算方法会缺乏一致性,而且强迫管理层改变计算方法,从而导致员工不满意。

11.3.4 公司绩效薪酬计划

最宏观的激励方案是全公司绩效薪酬计划,基于公司的整体绩效回报员工。最广泛使用的全公司绩效薪酬计划是**利润分享**(profit sharing),它在许多方面与收益分享存在差别[68]:

- 在利润分享计划中,不是基于生产率的改善回报工人。影响利润的许多因素与生产率无关,如运气、法规改变、经济条件等;而且,员工得到的报酬与这些因素都有关系。
- 利润分享计划非常机械。该计划利用公式分配一部分已公布利润给员工,一般以季度或年度为基础,并且不会引导员工参与。
- 在典型的利润分享计划中,利润分配是用来资助员工退休金计划的。结果,员工很少以现金形式得到利润分配,出于税收原因,一般采用延期支付的方式支付利润分享。通过退休计划分配利润分享一般被认为是福利而不是奖励。然而,有些公司具有真正的奖励性质的利润分享政策,一个有名的例子是位于明尼苏达州的门窗生产商安德森公司。员工在年终奖中,利润分享奖励最多可达到年度薪水的84%。[69]

类似于利润分享,**员工持股计划**(employee stock ownership plan,ESOP)基于整个公司的绩效,以公司的股票价格衡量。员工持股计划利用公司股票回报员工,可以是完全授予股票,也可以是以低于市场价值的价格授予。[70]由于公司的股票赠与在公司回购股票之前是免税的,雇主经常采用员工持股计划当作针对员工的低成本退休福利。[71]在适当的条件下,员工持股计划可以使员工一夜暴富。例如,《财富》100强公司的股票价格在过去的二十多年大幅度上涨。[72]但是,因为公司股票价格会因整个股票市场交易活动或公司管理不当而波动,员工拥有基于员工持股计划的退休计划是存在一定风险的。

在20世纪90年代及其随后的十多年——股票市场猛涨时,大多数持股员工没有感觉到任何风险。为员工提供持股计划的企业如安进、奥特克、惠普、英特尔、朗讯科技、万豪集团、默克、微太阳系统等,员工所持股票价值在该时期至少上涨了3倍。[73]然而,有些员工也会惊讶地发现,在2008—2011年的经济衰退期间,他们所持股票价值在一年、几个月甚至几天之内就缩水了1/3甚至更多。这一情况在2013年开始好转!鉴于经济的周期性,提供员工持股计划的公司应告诫员工不要想当然地认为所持股票价值已定,或者认为这些股票在未来几年内能迅速升值。这一告诫非常重要!

美国企业实施员工持股计划走在了世界前列,特别是在高科技行业中。现在,跨国企业和外国企业正准备让母国与海外的员工都拥有持股的机会。提供股票期权的企业包括德国的西门子和思爱普、英国的马可尼和英国电信、法国的苏伊士里昂水务和阿尔卡特。[74]许多政府也在法律上允许采用员工持股计划。许多美国企业惊奇地发现,许多国家的员工持股计划不同于美国企业的实践[75]:

- 期权收益包括在强制的离职费中。
- 产假期间暂停计算退休金是非法的。

- 不将兼职员工纳入持股计划的做法是不被允许的。
- 收集并向美国数据库报送决定期权授予所需的信息之前,必须征得员工同意或者通知政府机构。
- 公司必须为所有员工提供股票期权,不管他们是普通员工还是管理者,具体数量则以资历而定。

美国国内收入署要求所有企业列支基于股票政策的成本,这意味着即使股票价格在将来才能确定,企业也必须估计派发给员工和高管的股票价值。

公司绩效薪酬计划的优点

公司绩效薪酬计划具有明显的优点,其中一些不是体现在激励方面,而是体现在经济方面。

- **公司具有更大的财务灵活性**。利润分享和员工持股计划都是变动薪酬计划,其成本在经济下滑时自动减少,这种特点允许公司在经济衰退时留住更多的劳动力。另外,这些计划允许雇主提供更低的基本薪酬,交换条件是公司股票或利润分享计划,这种特点使得公司可以在需要的时候灵活运用稀缺的现金。员工持股计划也可以用来拯救因现金不足或者面临敌意收购而濒临失败的公司。出于这样的目的,威尔顿(Weirton)钢铁、凯悦-克拉克(Hyatt Clark)、拍立得相机(Polaroid)及雪佛龙(Chevron)等公司有效地使用过员工持股计划。[76]
- **员工承诺增强**。可以享受利润分享和员工持股计划的员工更可能认同公司,并且增强对公司的承诺。许多人认为公司所有者和工人之间的利润分享是资本主义社会的收入分配机制。
- **税收优势**。利润分享和员工持股计划具有特定的税收优势。本质上,这些计划允许公司提供一些福利,部分福利可以得到美国联邦政府的税收减免。虽然这些计划有时因税收的损失而受到谴责,但它们使得不能给员工支付高薪水的企业实现了成长与发展。因此,从长期来看,这创造了更多的工作和税收。苹果公司、太阳微系统公司(现是甲骨文公司的一部分)、昆腾公司、微软公司等,当初如果没有税收减免的员工持股计划和利润分享计划,就不可能有今天的成就。

公司绩效薪酬计划的缺点

与其他绩效薪酬方案一样,全公司计划也有一些缺点:

- **员工承担大量的风险**。在利润分享或员工持股计划中,工人最终得到的福利会受到不可控因素的影响。工人经常并不完全知道他们面临多大的风险,因为影响利润或股票价格的因素很复杂。员工越依赖这些方案实现长期收益,他们与公司的命运越休戚相关。

许多《财富》500强公司的员工发现,随着2008年年末道琼斯指数下跌超过30%,他们一生的积蓄也在股市由牛市变成熊市的时候减少了很多。2013年市场回升,一些人也赚得盆满钵满!正如安然事件及其后来的法律程序所表明的,当雇主限制员工出售或分散投资公司股票时,或者当雇主允许雇员将长期的储蓄押在公司股票上时,会给员工带来极大的财务风险。在创业型的企业中,风险将会很大:许多公司过去五年中没能存活下来,以至于员工拥有的股票一文不值。[77] 不幸的是，许多员工完全没有意识到风险，或者他们不想认识到这些项目中的风险，而是专注于高回报的可能性。基于道德义务，雇主有必要坦诚这一事实：当员工持这公司股票时，损失是完全可能的（虽然可能很难做到，因为大多数建立以股票为基础的计划的公司相信，这对员工和公司都有好处）。

- **受到宏观经济的影响**。如前所述，大多数公司将固定养老金的年份转换到 401(k) 账户，这在很大程度上是通过利润共享来实现的（参阅第 12 章）。由于这些是无担保投资，退休人员和那些接近退休年龄的人员，冒着在一天的交易就能失去大部分积蓄的风险。许多人在近几年已经经历这一情况。[78]
- **对生产率的作用有限**。因为个人目标实现和公司绩效之间的联系很小，并且难以衡量，全公司方案不可能改善生产率。然而，如果资历对该计划下员工所能获取的持股数量具有显著影响，那么全公司方案应该能够降低流失率。
- **长期财务困难**。利润分享和员工持股计划在短期内对公司没有坏处，或者因为资金要到退休时才支付给员工，或者因为只是以公司股票权证的方式支付给员工。如前文所述，虽然公司现在被要求支出这笔权证，但是公司可能通过多种途径更改期权费用。这种情况可能诱使现在的管理者比他们所应该的更慷慨大方，从而使得未来的管理者缺乏手头的可用现金，从而减少了分配给投资者的利润，降低了公司价值。

有利于公司绩效薪酬计划的条件

大量的因素影响公司绩效薪酬计划的成功实施。

- **公司规模**。虽然利润分享计划和员工持股计划可以在任何规模的公司中使用，但在不适合采用收益分享计划的大规模公司中更适用。[79]
- **企业不同部门之间相互依赖**。拥有相互依赖的工厂和事业分部的公司通常发现全公司计划最适合，原因在于难以分割任何部门的财务绩效。
- **市场条件**。收益分享要求相对稳定的销售水平，但与此不同的是，利润分享和员工持股对面临产品需求呈高度周期性上升与下降的公司更具有吸引力。这些激励计划有助于公司在萧条时降低成本，这就是这些政策经常被称为"减震器"的原因。由于大多数利润分享福利延期至退休支付，员工（除了即将退休的员工）的短期收益不会立即受到这些波动的影响。
- **其他激励措施的出现**。因为公司绩效薪酬计划不可能对个人和团队具有很强的激励效果，它们不应该被单独使用。当与其他激励措施（如个人和团队奖金）共同使用时，通过建立共同目标和管理者与工人之间的合作意识，全公司方案能够提升员工对组织的承诺。

图表 11.4 归纳了有利于个人、团队、全工厂、全公司的绩效薪酬计划的适用条件。

图表 11.4 不同绩效薪酬计划的适用条件

计划类型	适用条件
个体绩效薪酬计划	• 可以准确分离单个员工的贡献 • 工作需要自我管理 • 成功的绩效不依赖于合作，而依赖于鼓励竞争

(续表)

计划类型	适用条件
团队绩效薪酬计划	• 工作任务相互交织,难以区分每个人的工作 • 公司组织结构支持实施基于团队的奖励 • 公司目标旨在在自我管理型工作团队中培育企业家精神
工厂绩效薪酬计划	• 公司处于小型或中型的规模 • 技术不会限制效率的提升 • 历史绩效存在清晰的记录 • 公司文化支持参与型管理 • 具有稳定的产品市场
公司绩效薪酬计划	• 公司规模大 • 公司不同部门之间相互依赖 • 相对不稳定的(周期性的)产品市场 • 具有其他奖励

11.4 为公司高管和营销人员设计绩效薪酬计划

在绩效薪酬计划中,公司高管和营销人员与其他类型的员工有所差别。因为工资奖励是公司高管和营销人员总薪酬中很重要的一部分,所以更详细地审视他们的特别薪酬政策是非常有用的;而且,为客户提供优质服务是当今组织竞争优势的重要来源,因此审视组织如何回报这些优秀服务行为的意义是重大的。

11.4.1 公司高管

近期的数据显示,公司年收入在 50 亿美元以上的美国公司 CEO 的年收入中位数达到 1 400 万美元,有些 CEO 的年收入甚至高达 1 亿美元以上。[80] 每年,CEO 的薪酬一经发布,总是引起诸多争议,参阅管理者笔记"高收入的 CEO:他们的付出与回报一致吗"。CEO 们的薪酬中,大约 38% 是现金薪酬(工资和奖金),其他来自股权收益(这也是新闻媒体所报道的 CEO 们最常见的收益)。

管理者笔记:新趋势

高收入的 CEO:他们的付出与回报一致吗

美国的上市公司每年都要发布 CEO 薪酬数据。往往发布不久,人们可能会看到一系列的文章声称,CEO 薪酬是失控的;但也有一些评论家(通常是少数人)认为,这些高管应该得到高薪,因为他们有能力为公司创造价值。2013 年的薪酬数据显示,获得高薪的 CEO 的例子包括迪士尼公司的 Bob Iger(4 020 万美元)、Direct 电视公司的 Michael White(1 800 万美元)、惠普公司的 Meg Whittman(1 540 万美元),以及 37 岁的 Marissa Mayer(她在雅虎公司五年的合同期内将得到 1.17 亿美元的收入)。正如本章所述,这些薪酬大都以股票期权形式出现。据哈佛大学 Mihir Desai 教授所言："不幸的是，以市场为基础的薪酬（通过股票期权）的想法既非常诱人却又缺陷重重。金融市场不能依赖于简单方法进行评估并以此为基础对个人付酬，因为它不容易将技能从运气中剥离出来……（结果是）这些奖励措施为那些自认为有权获得这些奖励的个人提供了巨大的意外之财。"相反，为《商业周刊》撰文的 Larry Popelka 顾问驳斥道："CEO 的薪酬正在上升，因为更多的公司正在意识到一位优秀 CEO 的价值，且他们的薪酬如同一流的专业运动员所获得的回报，正在越来越被抬高……当然，公司里的每个人都很重要，都应该得到公平的付酬。但是由一位糟糕 CEO 带领的好公司，将会群龙无首并注定失败。"

资料来源：http://money.cnn-com. (2013). 20 top-paid CEOs; www.nytimes.com. (2013). The infinity pool of executive pay; Bruce, S. (2013). Where is the public's breaking point on exec pay? http://hrdailyadvisor.blr.com; Joshi, P. (2013). Out of spotlight, a lucrative payday. www.nytimes.com; Murphy, T. (2013). CVS Caremark CEO compensation climbs 51 percent. www.boston.com; www.washingtonpost.com. (2013). Departing Wellpoint CEO's compensation ballooned to 20.6 M last year, as insurer's shares fell; Kerber, R., and Rothacker, R. (2013). Exclusive: BofA's Moynihan to hold stock longer in new pay policy. www.reuters.com; www.bloomberg.com. (2013). Verizon retirees win 2013 executive compensation change; Desai, M. (2012, March). The incentive bubble. *Harvard Business Review*, 2—11; Popelka, L. (2013). More companies need high-priced CEOs. http://businessweek.com.

据估计，《财富》500 强公司中任何一家的 CEO 只需省下一年的收入，就足够自己花到 95 岁了。实际上，只有 2% 的美国人能如此长寿。处于收入末端的 CEO 和年收入也高达 120 万美元，一年收入即可保障一生的开支。[81] 美国 CEO 的收入大约是普通员工的 500 倍，相比 1980 年提高了 42 倍，无论是在绝对水平还是相对水平上，都远远超过其他任何一个工业化国家，即美国 CEO 比其他国家 CEO 的收入更多。而且，相对于其他国家 CEO 与普通员工的收入差距，美国 CEO 与普通员工的差距也最大。在日本，CEO 收入是普通工人收入的 33 倍。[82] 然而，近期的证据表明，CEO 收入（无论是绝对收入还是与相对较低级别员工的收入差距）在国际上的差距正在缩小，这可能是全球化的一个反映——无论国家背景，优秀 CEO 总是供不应求，CEO 群体的劳动力市场在世界范围内正日趋融合。[83]

过去二十多年的基本趋势是：以薪水方式支付给 CEO 的收入越来越少，而以长期股票方式则越来越多。这种倾向是多种力量作用的结果，包括：(1) 长期收入的税收优惠（对于 CEO，股票所得可以延期纳税，当股票套现时是以资本所得计算税率，这低于工资和奖金所得的税率）；(2) 股票赠与在资产负债表中不作为费用项（2006 年开始有所改变）；(3) 在过去的大部分时间内，股票市场得到快速增长，当然也有短期的例外（如在 2008—2012 年）；(4) 投资者呼吁加强 CEO 的责任等（不同于薪水，长期收入没有保障，并且反映了股东价值的增长）。

具有讽刺意义的是，更加注重以长期收入回报高管的倾向出现了一些人们不希望看到的结果。第一，牛市可以使 CEO 的收入猛涨，人们担心 CEO 的收入失去控制。在 1991—2001 年的十年间，这些高管精英发现他们的平均工资增长了 5.5 倍，这几乎是普通工人工资增长的 20 倍。[84] 除了短暂的 2008—2012 年股市低迷期间，CEO 看到了以股权为基础的财富一年又一年的快速扩张。评论家认为这是不公平的，因为他们获得了来自高市场增长的收益。

第二，因为 CEO 随时可以决定套现早期被授予的股票期权，所以很难看到 CEO 工资与公司绩效之间的联系。例如，甲骨文公司2001年遇到了巨大灾难（当年公司股东回报降低了57%），但公司CEO Lawrence J. Ellison仍然获得了7.06亿美元的"意外之财"。Ellison的巨额所得来自对长期持有的股票期权的行权，他在2001年将股票期权套现，与甲骨文公司当年的不良业绩没有任何关系。到了2013年，Ellison再次目睹了其薪酬在一年内增长了24%，达到9620万美元，其中9070万美元来自其在牛市期间的股票期权套现。换句话说，由于获得和套现股票期权的时点不同，难以看到基于股票的薪酬与公司绩效之间的因果关系。学术界设计了许多复杂方法以估计CEO长期收益和公司绩效之间的关系，但是这些方法鲜为人知，常常备受争议且结果并不一致。[85]

第三，当股票市场从牛市转向熊市时，公司面临如何解决高管们的"水下"股票的问题。也就是说，当前股票市场价格低于高管们获得股票时的市场价格，此时期权变得一文不值。许多公司认为"水下"期权会使高管们失去动力，并且让竞争对手趁机挖走高管人员。21世纪初华尔街金融危机之后，类似情形屡见不鲜。为了应对这种可能性，一些公司采用新的额外授予，补偿高管人员以前被授予股票的损失，取消并且重新发行股票期权，以此保证股票权证不会成为"水下"期权。公司也可以用现金买进"水下"股票。[86]这种策略会强化这种信念：由于在经济衰退时员工更可能失业并且奖励减少，员工被要求承担就业和薪酬风险，而高管人员几乎无须承担收入风险。[87]

公司采用诸多计划将高管收入与公司绩效相联系，但对于何者最优尚没有形成一致结论。金额巨大以及高管收益和公司绩效之间的弱相关性使得这种不一致性更加突出。[88]人们普遍认为，无畏的冒险应该对近期的金融危机负有部分责任，CEO奖励机制在危机中具有推波助澜的作用。在本书写作之时（2014年），有一种共识主张，在设计高管薪酬方案时，薪酬应该比奖励扮演更重要的角色。

薪酬和短期激励

高管人员的基本工资随着公司的发展而提高[89]，特别是《财富》500强公司的CEO们获得了至少年50万美元的基本工资。基于2011年的数据估计，他们平均获得年310万美元的现金。[90]高管人员的奖金通常与公司特定的年度目标相联系。2014年，大公司高管平均年度奖金约为200万美元。超过90%的美国公司以年终奖回报员工，但是用于决定这些奖励的标准的差异较大。

关于高管人员年度奖金通常涉及两个问题。首先，因为高管可能最大化那些用来决定奖金的标准，他们可能会以损害长期绩效为代价来决定短期回报。例如，在研发上的长期投资对于公司成功开发新产品是非常关键的，然而如果计算奖金时将这些投资作为减少净收入的成本，高管们就可能会削减研发费用。其次，许多奖金计划代表的是除绩效工资外CEO所能期望得到的附加薪酬。例如，《华尔街》杂志每年针对高管人员薪酬而发布的调查显示，上年大约3/4的受调查CEO获得了巨额奖励。一项早期研究发现，如果我们考察那些股东回报跌幅达40%或更大的公司，就会看到许多公司（例如，大陆航空公司、波音公司）CEO在同期获得的奖金超过了50万美元。[91]

几乎毫无节制地给高管发放奖金的做法已经导致许多中层管理者产生怨恨。某家大银行副总裁讲述了中层管理者遇到的颇具代表性的挫折：某位高层管理者规定不论你如何努力工作、你做什么，都只能得到6％的薪酬增长；如果你不喜欢，可以选择离开。这种情况很令人恼火。然而，他们给自己设定的薪酬增长比例（10％、20％或30％）却与其他员工有所不同。尽管纯属推测但可以预料的是：政治压力对21世纪初金融危机的反应，以及很多CEO的负面公众形象和庞大的联邦政府"注资救市"的必要性，可能迫使董事会在可预见的未来对CEO薪酬进行更多限制。

长期激励

大多数高管也能获得以公司权益或者以现金回报和股票相结合的长期奖励。2014年，美国最大型公司高管的平均奖励额度高达600万美元。图表11.5列出了最常用的高管长期奖励计划。

图表11.5　高管长期奖励计划

基于股权的方案

- **股票期权**。允许高管在规定的期限内（可长达10年）以某一优惠的价格获得预定数量的公司股权。
- **股票购买计划**。允许高管在短期内（通常1个月或2个月）以某一价格选择购买股票，这一价格可以低于或等于公允市场价值。股票购买计划通常适应于公司所有员工。
- **限制性股票计划**。授予高管股票，这些股票要求很少的个人投资。作为回报，高管必须为公司服务一定年限（如4年）。如果高管在规定的最低年限前离开，即丧失享有这些股票的权利。
- **股票奖励计划**。为高管提供免费的公司股票，通常没有附加条件，经常作为退休时只可享受一次的记名奖金。
- **基于定价的股票**。授予或者以某一规定的价格提供给高管。不像其他基于股票的计划，当高管希望赎回时，该股票的价值不是市场价格，而是根据预定的定价公式计算的价格（通常是账面价值，即资产减去负债除以已发行股票数量）。当董事会认为公司股票的市场价格受到许多高层管理团队不能控制的因素的影响时，该方案经常被采用。
- **非优先股票**。该股票的价值比普通股的价格低，所以高管在得到股票时所花费的现金更少。不像普通股拥有者，非优先股拥有者只有限的投票权和分红权。然而，当达到一定的绩效目标后，非优先股可以转换为普通股。
- **折价股票期权**。该股票的行权价格大大低于股票被授予时的市场价值。该计划在近几年的熊市期间（2001—2003年）被引进，这些股票的市场价值出现缓慢回升或降低的可能性很大。
- **跟踪股票期权**。该类股票与母公司的某一特定部门和事业分部的绩效相联系，而不是与整个公司绩效相联系。

结合现金回报和股票的方案

- **股票增值权**。公司给予激励对象一种权利：经营者可以在规定时间内获得规定数量股票的股价上升所带来的收益。因此，虽然公司实际并没有授予股票，但只要股票价格上升，高管就会获得回报而不需要投资。该计划可以单独使用，也可以与股票期权结合使用。
- **绩效计划单位**。在该计划下，每股的价值与财务绩效指标（如每股收益）挂钩。例如，每股收益每上涨5个百分点，公司为高管所拥有股票提供每股1 000美元的奖励。因此，如果每股收益上涨15个百分点，高管将得到每股3 000美元的奖励。这些奖励可以采用现金或普通股的形式支付。
- **绩效股权计划**。该计划基于盈利数据，使用预设的定价公式为高管提供大量股票。每股的实际薪酬取决于绩效末期或授予期每股的市场价格。
- **虚拟股票**。以公司股票价格而非盈利指标变化的一定比例作为支付给高管的奖金。虚拟股票只是一个记账用的术语，因为高管并没有得到任何真正的股票。高管获得大量的虚拟股票，当实现了公司的绩效目标时就能获得相应的现金奖励。该奖励可以等于虚拟股票的价格或增值。

对长期奖励最主要的批评意见是它们与高管的绩效关系不大。第一,高管自己很少知道他们在公司中的权益的真正价值,原因在于这些权益的价值依赖于股票赎回时的价格。第二,因为股票价格易波动,高管对公司股票价值(高管长期收入的价值)几乎没有控制力。如前所述,由于时间不同,1995—2007年,高管们获益很大;而2008—2012年,高管们则损失惨重;或者使高管再次富有,就像在2013年开始的牛市中一样。这是许多批评者认为不公平的一个原因——市场有自己的逻辑,他们声称CEO对股票价格的影响非常小,甚至对他们自己公司的影响都很小。[92]第三,设计长期奖励计划涉及许多的主观判断,这些判断并不总是与公司长期战略目标的实现相一致。在设计高管的长期激励计划时,公司应该处理的主要问题如图表11.6所示。

图表 11.6　设计高管长期激励计划的几个关键问题

1. 分配奖金的时间跨度应该有多长?
2. 在决定奖金数量时是否应该考虑服务年限?
3. 是否应该要求高管负担部分成本,从而增大其个人风险?
4. 分配奖金的标准是什么?
5. 是否应该限制高管获得的奖金的数额?是否需要定价以防止高管得到大量的预期外收入?
6. 获得奖金的频次应该是多少?
7. 高管将奖金转换成现金的难易程度如何?

资料来源:Gomez-Mejia, L. R., Berrone, P., and Franco-Santos, M. (2010). Compensation and organizational performance. New York: M. E. Sharpe Inc; Makri, M. (2008). Incentives to stimulate innovation in global context. In GómezMejía, L. R., and Werner, S. (Eds.), Global compensation: Foundations and perspectives. London: Routledge, 72—85;Berrone, P., and Gómez-Mejía, L. R. (2008). Beyond financial performance: Is there something missing in executive compensation schemes? In Gómez-Mejía, L. R., and Werner, S. (Eds.), Global compensation: Foundations and perspectives. London: Routledge, 205—218; Makri, M., and Gómez-Mejía, L. R. (2007). Executive compensation: Something old, something new. In Wemer, S. (ed.) Current Issues in Human Resource Management. London: Routledge.

金色降落伞

近年来,随着大型金融投资和抵押贷款公司的兼并,CEO的报酬屡受非议的一个方面是所谓的"金色降落伞"。如果解雇CEO,公司就必须一次性支付一笔巨款。这些"降落伞"代表了公司对CEO的部分契约义务,即便CEO因绩效差而被解雇。2013年一项关于美国大公司的研究发现,92%的CEO有"金色降落伞",87%的CEO有额外的失业遣散金协议。[93] 2014年,200家大公司给CEO们(如果这些CEO被解雇)的平均支付款项将近4 500万美元。

社会责任奖励

近期,一些公司开始依据公司的社会责任履行情况对高管进行奖惩。例如,除了盈利能力,污染行业高管的奖金和长期收入可能与公司的污染排放水平相关联。2013年,雪佛龙公司由于上年的意外事故,减少了CEO John S. Watson 13%的奖金(52万美元)。这些事故包括公司发生在巴西的水下石油泄漏、在尼日利亚的钻井平台火灾和在加利福尼亚州Richmond一家炼油厂的火灾。[94]

补贴

除了现金奖励,许多高管还有大量**津贴**(perquisites)或**补贴**(perks)。2013年的一份报告显示了这些补贴内容,如体检、财务咨询、俱乐部会员资格、公司飞机、航空公司VIP会员、专职司机服务、礼宾服务等。[95]高管乐意接受这些补贴,但很少将补贴与公司目标联系起来。[96]这些补贴也容易成为他人批评的矛头。批评者认为,高管的薪酬已经过高了,补贴更是一种隐性财富,是高管增加薪酬的一种办法。[97]为了使CEO的工资更加透明,美国国内收入署和证券交易委员会通过了新法令,从2007年开始更全面地披露CEO的工资和补贴。但是,公众依然很难理解整个薪酬方案是由什么组成的。[98]

回应这些批评并不容易。高管薪酬可能更多的是一门艺术而不是科学,因为考虑的因素太多且每家公司的情况不尽相同。因此,较为妥当的说法是,高管薪酬计划在以下情境中更可能有效:(1)它在奖励高管的短期成就和激励高管考虑公司长期绩效之间达到充分的平衡;(2)激励与公司的总体战略相联系,例如快速增长或风险投资与适度增长和较低的经营风险;(3)董事会能够明确地判断高管如何完成工作;(4)高管能较好地控制用于计算奖金的因素。[99]

作为权益伙伴的董事和股东

董事会负责确定高管的薪酬。传统上,董事的薪酬以现金支付。然而近年来,董事的薪酬发生了根本性的转变,转向将董事的财务利益与公司的财务绩效相联系的股票和股票期权。这种方式增强了董事密切监管高管的动机。目前,绝大部分公司将股票作为董事年度薪酬的一部分,平均每位董事有6万美元的股票。[100]

虽然董事薪酬的这种变化在理论上是个好主意,但两位知名的研究者告诫我们,这种办法可能类似于"照看小鸡的狐狸"。换句话说,在大多数情况下,董事们会设定自己的薪酬,他们可能会谋取私利。[101]例如,董事可能为了得到股票期权而设定更低的绩效目标;并且,即使董事也想保持其利益与股东的最佳利益一致,但利益冲突还是可能出现。[102]

在过去,董事会只是象征性地发挥着作用,一年开几小时会议,并且很少质疑CEO。然而在最近几年,大量公司丑闻以及在2008—2009年华尔街巨头的财务困境,针对CEO不合理的高额薪酬,《萨班斯-奥克斯利法案》强制要求董事会更加主动地行使监管职能。[103]《商业周刊》的一篇封面故事概述了正在发生的一些主要变化:"董事由于过去在高尔夫障碍赛或其他领域拥有专长而被雇用。他们阅读管理层提交的报告,偶尔提出一些建议,通过CEO已经做出的决策。"[104]《华尔街日报》最近一份关于高管薪酬的报告指出:"董事会正收紧高管们的钱袋。面对来自投资者、立法者和监管者的前所未有的压力,董事们……正在约见律师、举行频繁的高管会议,并严格地评估管理工作。"[105]继2008—2012年的"大萧条"之后,董事会正在创建专门的风险管理委员会,以"预估企业危机,加大审查风险和规避灾害的努力"。[106]显然,美国并不是唯一这样做的国家。日本在历经十多年令人失望的公司绩效后,由大量外部董事组成的委员会正在监控高管们从招聘员工到薪酬制定等一系列的管理事务。[107]然而,董事会过度控制的一个危险是,管理人员会尝试取悦由不同背景、观点和利益的人士组成的董事会,而不是运用自己的最佳判断。相比决策(CEO的主要作用),董事会可能更擅长于建议。[108]

营销人员

与销售人员一起工作的营销专家为公司的收入负责。营销人员的薪酬政策不同于其他类型的员工,其中的原因包括[109]:

- 工资最低和最高的营销人员的收入分布通常几倍于公司中的其他员工。
- 营销人员的回报系统扮演着监督的角色,原因在于这些员工通常在外面工作,并且可能数周无须向主管汇报工作。
- 很少有营销部门之外的员工知道销售奖金和收入,营销部门员工所感知的工资不公平更少。
- 销售薪酬与企业目标和战略目标紧密联系。
- 营销人员之间的绩效差异可能较大。许多公司依赖相对较少的明星员工实现销售额。
- 营销人员通常单独工作,并且个人对结果负责。
- 准确的关于营销人员工资水平的市场数据极难找到,商业薪酬调查通常是不可信的。
- 薪酬计划设计的积极激励效果在很大程度上基于销售目标和预测的准确程度。[110]

营销专家的工资支付形式可以是直接薪酬(没有奖金)、直接佣金(所有的收入均为奖金形式),或者两者的结合。当维持良好的客户关系并且服务好现有客户是主要目标而销售增长是次要目标时,直接薪酬是最适合的。当主要目标是通过更多的新客户来实现销售量更快的增长时,直接佣金是最适合的。只有 1/4 的企业要么使用直接薪酬,要么使用直接佣金。虽然薪酬和奖金的相对比例因企业而异,但 3/4 的企业将两者结合起来使用。目前的发展趋势是不断加大佣金的占比。[111]

如图表 11.7 所示,所有三种营销人员薪酬方法均有利有弊。决定薪酬计划类型的主要标准是基于公司战略的营销哲学。[112]如果主要目标是增加销售、交易方式是一次性的、不期望保持持续的关系,那么混合工资中奖金的比例就可以更大。如果客户服务很关键,并且希望营销代表长期响应客户的需求,那么应该提高直接薪酬的比例。例如,经常对二手车销售人员采用直接佣金的形式,而对销售高科技产品(经常要求广泛的客户服务)的营销代表采用直接薪酬的形式。

图表 11.7 薪酬、佣金还是两者都有?

直接佣金计划	
优点	缺点
- 产生更多的客户 - 激励营销人员销售更多的产品 - 培育创新精神 - 减少监管费用 - 减少固定成本 - 吸引乐于冒险的员工	- 服务质量会受到影响 - 销售代表对产品的性能夸大其词 - 销售代表对客户紧追不舍,回头客减少

(续表)

直接薪酬计划	
优点	缺点
• 销售人员愿意在客户身上花更多时间 • 减少销售人员的压力,降低流失率 • 促进销售人员的合作	• 削弱销售动机 • 增加固定工资成本 • 流失最优秀的销售人员 • 需要对销售人员进行更多的监督

薪酬与佣金结合	
优点	缺点
• 促进员工的组织公民行为,提供鼓励销售更多的奖励 • 有效解决了为客户花费更多时间与为更多客户服务两者之间的冲突 • 支持更多样化的营销目标	• 计划的设计和执行更复杂 • 销售人员可能不清楚哪些目标和对象是最重要的 • 优秀销售人员更有机会跳槽以赚取更多的报酬

11.4.2 回报优秀的客户服务

越来越多的企业正在使用奖金系统来回报和鼓励更好的客户服务行为。一项针对1 400名员工的调查显示,35%的回答者将客户满意度作为奖金的决定因素,另外1/3的回答者正在考虑实施。决定奖金的客户满意度的常用衡量指标是客户调查问卷、产品和服务的及时交付记录以及收到的客户投诉次数。[113]

回报客户服务可以基于个人、团队或工厂。例如,位于科罗拉多州路易斯维尔的存储技术公司将客户服务作为分配收益分享奖金的因素之一。为了保证营销代表和管理者不会为了增加销售与短期利润而欺骗客户,IBM公司引进一项将40%的奖金与客户满意度相联系的计划。IBM公司使用问卷调查来确定客户是否满意当地的销售团队。[114] AT&T公司为那些有效处理客户电话投诉的员工提供200美元的奖金。为了实现该目的,所有电话均被随机监控。[115]

11.5 为小企业设计绩效薪酬计划

如前所述,当涉及通过付酬来吸引、保留和激励员工时(例如,确保公平感知和准确评估劳动力市场中各种职位的薪资水平),小企业面临一些与大公司相同的薪酬问题。而当目标是基于员工绩效进行奖励时,小企业面临以下一些独特的挑战:

• 小企业很少拥有受过专门训练的员工,以设计和管理复杂的绩效薪酬体系。
• 小企业很少具有一个申诉程序以处理员工的不公平感。在小团队的背景下,秘密地处理委屈几乎是不可能的,更不用说匿名处理了。这往往意味着,不公平感会更难以通过一个公正的、照顾员工呼声的流程来予以审视和解决。
• 由于信息在小团体中传播得很快,大多数员工相互关联,一个或多个不满的员工会对整个组织的士气产生重大影响。

- 在大型组织中，一些不快乐员工的负面影响更可能被稀释，后果不会那样糟糕。小企业通常没有折中的方式处理那些对工作有破坏性影响的冲突。正如一位观察者所指出的，"我们每个人都有自己独特的事件版本。公司所有者和管理者倾向于以一种方式看待事情，而员工则倾向于另一种，尤其是当它涉及个人绩效不足以用来证明一个人比另一个人的薪酬奖励较低的时候。我们每个人都建立了一个自我形象，并且积极的自我形象对我们的幸福感是至关重要的。"换句话说，在小团体内基于绩效（基于公司所有者和管理人员的判断）进行工资分配可能伤害那些回报较少的员工的自尊，引发可能损害公司的人际冲突。小企业很少在员工、事业分部或部门之间具有足够的、防止冲突迅速蔓延的缓冲区。

- 不像大公司，小企业内工作和个人之间关系的界线是模糊的。在这些小组织中，情感距离往往较短，因为所有者、经理和员工都很了解对方，并可能在正常工作时间以外发生其他的社交活动。差异化分配奖励的绩效薪酬计划可能让那些回报较少的员工产生很深的怨恨，而那些回报较多的员工也许是种尴尬。当一些员工获得比别人更多的奖励时，其他人产生背叛和失望的感觉最有可能在小企业出现。由于管理者没有很好的方式应对这些情绪反应（例如，通过申诉程序或将员工调岗），上述问题变得更加复杂。

- 小企业的工作往往以团队形式开展，工作在个体之间很难进行切割，此时将薪酬奖励机制与团队绩效相关联是困难的。小企业的员工经常执行多项任务，团队可能随时组建或解散，员工之间在需要时互相帮助。

- 在大多数小企业中，晋升机会相当有限。随之而来的挑战是，如何让优秀员工在不改变工作头衔或影响组织运作的方式下挣得额外收入。

如果小企业希望在个人层面或团队层面实施绩效薪酬体系，上述问题是难以逾越的。正如图表11.1所显示的，这些缺陷将抵消那些潜在的优势。以下建议特别适合于小企业：

- 如果员工积极参与绩效薪酬方案的设计中，将产生更多的组织承诺，公平感更强烈。小企业更容易让更多的人参与进来，从而具有优势。

- 由于公司规模小，每个员工能够更容易地识别个人对实现组织目标所做的贡献。鉴于个人贡献和组织绩效之间的关系更清晰，与整体组织绩效相联系的绩效薪酬计划具有两个重要的优势：第一，鼓励员工更努力地工作以提高整体组织绩效；第二，使员工关系更紧密，有利于员工相互合作，从而实现组织目标。

- 鉴于大多数小企业的人际关系紧密，员工、管理者和公司所有者之间频繁互动，因此可以经常使用非正式反馈，以此帮助员工提高绩效而不是证明奖励分配差异化的合理性。

- 小企业应该慷慨地与员工分享利润。这不仅可以激励员工，更可以为公司提供吸引和留住优秀员工同时降低固定成本的机会。原因在于虽然公司提供低收入，但员工更有意愿通过努力工作来赚取未来更多收入。

- 小企业应该慷慨地向员工提供股票期权。股票期权让员工成为部分所有者，可以增强员工的组织认同感。正如利润分享一样，员工可能愿意接受较低的工资以换取公司的股权参与。

本章小结

绩效薪酬体系面临的挑战

绩效薪酬(奖金)方案能够改善生产率,但是管理者在设计和实施时需要考虑几个挑战。员工可能只会做那些能获得回报的工作,而忽视工作当中不能获得明显回报的无形部分。如果过于强调基于个人绩效的工资,合作和团队精神就会受到损害。基于个人绩效的工资假设员工能够控制影响其工作产出的主要因素,但这种假设不一定正确。个人绩效难以衡量,试图支付不能准确衡量的绩效很可能产生问题。工资激励体系可以被理解为员工的权利,并且难以适应组织需求的变化。许多员工不相信好的绩效会带来回报(信任鸿沟)。强调绩效会给员工带来极大的压力并导致工作不满意。最后,基于绩效的薪酬会降低员工的内在动机。

迎接绩效薪酬体系的挑战

为了避免与绩效薪酬体系相关的问题,管理者应该:(1)将工资与绩效适当地联系;(2)将绩效薪酬作为更广泛的人力资源管理系统的一部分;(3)建立员工信任;(4)提升绩效产生差别的信念;(5)使用多层级的回报;(6)增强员工参与;(7)考虑使用非财务奖励。员工参与薪酬体系的设计会增强系统的可信度、加大长期成功的可能性。

绩效薪酬计划类型

有四种类型的激励方案。在员工个人层面,由主管评价而决定的绩效加薪(基本薪酬的一部分)和奖金、奖励(一次性给予)最为普遍。在第二层面,基于团队绩效的计划采用奖金和非现金奖励的形式回报在合作项目与任务中一起工作的团队成员。在工厂和事业分部层面,收益分享是一种选择。收益分享基于成本节约,通常以年度奖励的方式回报工人。在第四层面,即组织的最高层级,利润分享和员工持股计划将公司绩效与员工的财务回报相联系,通常用来资助退休金计划。

为公司高管和营销人员设计绩效薪酬计划

高管和营销人员在绩效薪酬计划中通常被以不同于其他工人的方式对待。短期年度奖、长期奖励和补贴可以用来激励高管制定有助于公司实现长期战略目标的决策。营销人员是销售收入的创造者,他们的薪酬体系通常用来强化生产性行为。当维持客户关系并且服务好现有客户是公司的主要目标时,更多地强调直接薪酬最为合适。如果公司尽力实现销售增长,更多地强调直接佣金则最为合适。大多数公司将两者结合起来使用。在当今全球竞争的市场环境下,许多公司还使用奖金政策回报客户服务。

为小企业设计绩效薪酬计划

在设计绩效薪酬体系时,小企业面临一些特殊挑战,因为它们不太可能具备开发和管理这些计划所必要的专业支持。对分配奖励真实的或者感知的错误对小企业的影响很大。信息传播很快、个人生活和工作的界线模糊、成员之间合作密切等原因，使得小企业绩效薪酬计划要取得成功，务必做到：绩效薪酬计划开发过程中有员工的积极参与、将奖励与组织目标实现相关联、向员工提供频繁的非正式反馈。此外，在设计这些计划时，大多数小企业发现为员工提供慷慨的利润分享和公平的薪酬大有裨益。

关键术语

奖励（award）
奖金计划或一次性支付（bonus programs or lump-Sum payments）
员工持股计划（employee stock ownership plan，ESOP）
期望理论（expectancy theory）
收益分享（gainsharing）

绩效加薪（merit pay）
绩效薪酬体系或激励体系（pay-for-performance systems or incentive systems）
津贴或补贴（perquisites or perks）
计件工资制（piece-rate systems）
利润分享（profit sharing）

问题与讨论

11-1 本章讨论了绩效薪酬计划所隐含的三个假设。这些假设是否合理？

11-2 有观察者认为，"将工资作为奖励的问题在于工资的激励效应太强，以致管理者容易失去对其的控制"。你认同这种说法吗？为什么？

11-3 重读管理者笔记"医疗领域的奖励：它们加剧了医生的不道德行为吗"，为那些有效治愈病人的医生提供奖励是一个好主意吗？缺点是什么？这些问题可以避免吗？请解释。

11-4 一些绩效计划的批评者警告说，激励工资可能会促进员工之间的不道德行为。你同意吗？为什么？如果有的话，你会实施什么样的体系以防止这种情况发生？请解释。

11-5 根据你的经验，在以小组方式完成任务时（例如，完成一个课程项目），小组作为一个团队被奖励（例如，基于已完成课题的质量为整个团队打分）。此时，你会发现什么问题？可以做些什么以减少这些问题？如果你的建议被实施，会有什么可能的错误？请解释。

11-6 阅读管理者笔记"奖励健康的生活方式"，你相信大多数员工认为这些形式比现金更有价值吗？这些激励措施能够改变员工的不健康习惯吗？请解释。

11-7 阅读管理者笔记"高收入的CEO：他们的付出与回报一致吗"，制定一份支持Desai教授的论据（即CEO的薪酬是不合理的）和一份支持Popelka顾问的论据（即CEO的薪酬是合理的）。两组论据中的哪个对你来说是最有意义的？请解释。

11-8 John Mackey是全食公司CEO，他将自己的工资定在低位水平以保持员工的士气，还将自己工资的一半捐赠给慈善机构。其大部分工资是基于全食公司绩效而定。Mackey 在博客上说,过高的 CEO 薪酬对公司是有害的,因为它使员工产生不满,降低员工的忠诚度,导致最优秀的员工离职。[116] 你同意 Mackey 的观点吗?更多的 CEO 应该以他为榜样吗?请解释。

⭐ 11-9 对 Landmark 公司消费者的一项调查显示,人们不相信销售代表对公司产品的介绍。你该如何使用薪酬体系以改变消费者这种负面的印象?

我的管理实验室

请根据教师要求,登录 www.mymanagementlab.com 完成写作题,系统将自动给出分数;也可以完成下列问题,分数由教师给出。

11-10 如果你被要求设计一个绩效薪酬体系,该系统应该包括哪些内容?基于本章的知识,解释为什么应该包括这些内容。

11-11 近年来,大部分公司严重依赖于使用以股票为基础的薪酬计划奖励高管,这些奖励方案的优势和劣势是什么?小部分公司也引进适用于所有员工的员工持股计划,这种奖励方案的优势和劣势是什么?

11-12 有些学者认为,使用外在奖励往往会降低内在动机。他们为什么会得出这样的结论?请解释。

你来解决!全球化 案例 11.1

精英主义也有不足吗

绩效薪酬计划背后是这样一种假设:基于员工贡献为其付酬不但是公平的,而且对于吸引、保留和激励优秀者是至关重要的。这种观点在美国被广泛认同,并且大部分美国公司投入巨额酬金以实现所谓的"个体公平"。然而,其他国家的批评者经常注意到,太多的精英可能会产生管理盲点,因为组织可能会将不充足的资源分配到雇佣关系的其他方面。

病假。 与大多数西方国家不同的是,美国没有强制性的病假政策。这一政策虽然在《健康家庭法案》中有明确要求,国会在过去 10 年中也提出,但因强大的商业组织反对而一直未能通过。美国劳工部统计,超过 1/3 的美国文职人员并没有得到病假。《健康家庭法案》支持者认为,这会对员工和公众健康带来危害,因为低收入的工人即使生病也不得不去工作。

儿童照顾。 与大多数欧洲国家不同,美国公司很少为员工子女提供照看服务,也没有政府政策支持这项举措。美国儿童健康发展研究中心估计,只有 10% 的照看中心具有较高的质量,照看中心工作人员的平均年薪低于停车场服务人员的平均年薪;同时,许多低收入工人要花费收入的 40% 用于子女照看支出。而法国投入子女照看的国内生产总值总额是美国的两倍多,法国的父母都可以获得子女照看服务,而且费用绑定在父母的个人收入中。

"孤独之星"的神话。 大多数美国公司相信,有针对性的激励可以抢得和留住顶级人才,他们被称为关键贡献者。中国和韩国等集体主义国家则认为,团队整体比明星个人(所谓的"孤独之星")更重要。哈佛商学院的教授们警告美国公司对识别和奖励"孤独之星"的痴迷:"通过一个或者两个顶级员工就能将公司带入'超级联盟'的想法是一个神话……事实上,在缺乏同样有才华同事的协助下,明星们并不一定能取得优秀的成绩,或者持续保持这种成绩。"

关键思考题

11-13 为关键贡献者提供奖励能激励他们及其他员工更好地工作吗?为什么?如果不能,你能提出什么可选择的方式?请解释。

11-14 投入大部分的薪酬奖励精英员工有没有潜在的问题,即使这种方法忽视了所有员工的其他福利(例如,子女照看或者带薪病假)?如果被问及薪酬的多少比例应该被用于直接奖励个体贡献者,多少比例应该直接投资于提高所有员工的福利,你将如何选择?请说明理由。

11-15 Sibson咨询公司的薪酬顾问Jim Kochanski认为,将稀缺资金用于奖励关键绩效者有四个理由:大多数员工认为这是"公平"的;它能激励努力、关注和协作;它能吸引和保留明星员工;全员普惠性的其他方案效果欠佳。你是否同意?请解释。

小组练习

11-16 全班同学以五人为一个小组。一些小组主张大部分的财务奖励应该用于关键绩效者,其他组支持相反的观点,即将大部分的财务资源投入所有员工的福利。每两队(正方和反方)辩论15分钟,教师主持,全班同学参与讨论。

实践练习:小组

11-17 全班同学以五人为一个小组。假设一家有5 000名员工的公司,每年投入5 000万美元的资金奖励个人贡献者和提高所有员工福利的相关活动(例如,子女照看或带薪病假)。每个组要求把5 000万美元按比例在这两种用途中进行分配。教师故意提出相反的主张,要求每组解释分配依据。

实践练习:个人

11-18 研究个体绩效薪酬体系的成功(或失败)案例。基于你的研究,你会建议扩展、限制或完全取消这些系统吗?请说明理由。

资料来源:Plumer, B. (2013). Five shocking facts about child care in the United States. www.washingtonpost.com; McGregor, J. (2013). Should paid sick leave be mandated for all employees? www.washingtonpost.com; Groysberg, B., Lee, L., and Abrahams, R. (2013). The myth of the lone star: Why one top performer may not shine as brightly as you hope. http://online.wsj.com; Bruce, S. (2013). News flash—30% do pay for performance well! Do you? http://hrdailyadvisor.blr.com(note: interview with Jim Kochanski at Sibson reported in this article).

你来解决！讨论 案例 11.2

湖畔公共事业公司的懒人

湖畔公共事业公司为有 5 000 户居民的县城供应电力。约翰逊是负责所有修理和安装工人团队的经理。每个团队由紧密联系的约七名工人组成，这些工人接到关于突然停电、电路故障引起的火灾以及安装新设备或电线的电话时就开始工作。14 个月以前，约翰逊决定施行基于团队的激励体系，对那些达到一定绩效标准的团队提供年度奖金。绩效指标包括修复电力的平均时间长度、顾客满意度的调查结果、成功完成日常安装任务的小时数等。第一年年末，五个小组平均得到 12 000 美元的现金奖励，所有奖金在小组中平均分配。

在约翰逊宣布获得现金奖励的名单后不久，他接到很多投诉。没有获得奖励的团队通过团队负责人表达不满。两个最普遍的投诉是被分配到最困难的工作的团队受到惩罚，原因在于这些工作难度更大，评价时难以得到高分；另外一个投诉是不愿意帮助其他团队的小组得到了奖励。

具有讽刺意味的是，得到奖励的团队成员也不满意。大量来自获奖团队成员的不公开的信件显示，奖励系统不公平，因为奖金在小组所有成员中平均分配。信件提到，几个自封为"懒人"的员工的奖金太多了，因为他们经常迟到、故意延长午餐时间、经常外出抽烟且缺乏主动性。下一步该如何走？约翰逊对此一筹莫展。

关键思考题

11-19 在设计和实施绩效薪酬体系时，有哪些主要的注意事项和问题？

11-20 基于团队的奖励是否适合于该公司小组？

11-21 在湖畔公共事业公司使用基于团队和个人相结合的激励体系是否合适？应该如何设计？

小组练习

11-22 学生两人一个小组。一名学生扮演约翰逊，另一名学生扮演约翰逊请来帮助决定下一步工作的人力资源管理咨询师。两个人开展角色模拟会面。约翰逊解释现状，咨询师做出回应。

全班同学以五人为一个小组。其中一名学生扮演约翰逊请来的人力资源管理咨询师，余下四名学生扮演生产线工人，每个人来自不同的小组。咨询师从小组中收集关于组员如何评价目前的奖励系统以及希望如何改变的资料。

实践练习：小组

11-23 以六名学生为一个小组。一名学生是经理，另外五名学生是过去一年在工作中有紧密联系的团队成员。12 000 美元奖金在五名团队成员中分配。基于 1—5 分量表的同事评价结果显示，安娜、罗伯特、史蒂文、彼得和汤姆分别得到 4.4 分、4.1 分、3.7 分、3.2 分和 3.0 分。经理负责分配奖金，必须向每一个团队成员解释奖金分配理由。

实践练习：个人

11-24 上网搜索最近发表或出版的基于团队的奖励在行业中应用的案例。基于这些信息，你会建议使用基于团队的奖励吗？为什么？基于团队的奖励在特定情况下更合适吗？是否有任何政策使基于团队的奖励更有效？请说明理由。

你来解决！讨论　案例 11.3

如何分配奖励资金

Aetna Communications 是一家从事通信设备安装的小企业，现有员工 90 人。某咨询公司建议公司所有者引进激励方案，将年度利润增长分为以下两部分：20% 奖励给员工，80% 分配给公司所有者、留存资本或进行未来资本投资。其中，员工奖励部分的一半分配给那些得到最高评价评级（在公司的评级等级中是 5 级）的员工，1/3 分配给那些得到次高评价评级（在公司的评级等级中是 4 级）的员工，余下的 17% 分配给那些被评为中等规模（在公司的评级等级中是 3 级）的员工，那些被评为最低两个级别（2 级或 1 级）的员工不获得任何奖金。

假设，该公司年度利润增加了 90 万美元。根据上述规则，员工奖励为 18 万美元，其中 9 万美元将分配给被评为 5 级的员工，6 万美元分配给那些被评为 4 级的员工，其余 3 万美元分配给那些被评为 3 级的员工。

关键思考题

11-25 你同意咨询公司提出的方案吗？为什么？请解释。

11-26 你认为该方案的优点和缺点是什么？请解释。

11-27 作为小企业的所有者，在董事会和所有员工中分配利润是一个好主意吗？你更愿意根据个人的贡献分配利润吗？请解释。

小组练习

11-28 全班同学五人为一个小组。某些组主张该方案公平合理的，其他组主张该方案存在危险，将引发大范围的员工冲突，致使未来整体业绩下滑。教师主持，每个小组讨论约 15 分钟，双方在课堂上陈述各自的立场。

实践练习：小组

11-29 全班同学五人为一个小组。每组被要求评估已经提出的方案，并做出是否应该接受或修改（若需要修改，则如何修改）该方案。每组向全班同学展示结论。教师主持各小组之间的讨论，并提供本人对该问题的看法。

实践练习：个人

11-30 关于收益分享和利润分享的文献很多，所涉及的关键问题是用于激励的奖金在何种程度上应该平均分配给员工，或者基于某些标准（如个人绩效、资历、职称、组织结构中的层级）进行差异化分配。根据你整理的文献资料，用来分配激励奖金的最佳标准是什么？请说明理由。

你来解决！伦理/社会责任 案例 11.4

绩效工资和绩效薪酬的陷阱

绩效工资？为谁而制定？

最近三项研究表明，工资与绩效之间的联系可能并不总是体现在女性和少数族裔的工资单上。英国 University of Exeter 大学和荷兰 Tilburg 大学针对近 200 名英国管理人员的研究发现，当男性和女性具有类似的绩效进步时，女性所获回报少得多。在绩效不佳但开始改善的公司中，对男性的奖金增长超过 250%，然而对女性的奖金平均只增长 4%。麻省理工学院针对一家有近 9000 名非信息技术人员的美国公司的研究发现，在排除诸如职位名称、起始工资和教育水平等变量的影响之后，少数族裔员工的加薪更少。另一项由国家安全人员机构（NSPS）针对美国五角大楼（Pentagon）的绩效薪酬体系评估后得出的结论是：高级别、高薪酬职位的员工比低级别、低薪酬职位的员工得到了更高的绩效评定结果。该报告进一步发现，在一般情况下，少数族裔身份对评级结果具有负面影响，而黑人比其他族裔群体身份的负面影响更大。

绩效薪酬

在利用奖励机制激励优秀员工时，在一些特别行业中出现了以下情况：

• 在 2008—2012 年金融危机前，银行和证券公司被指控给员工发放与交易额相关联的奖金，从而纵容了轻率的冒险行为。2008 年后，大型金融公司试图限制这些做法，以化解公众的愤怒和政治报复。但据《华尔街日报》近期的报道，美国银行和花旗银行允许员工在几个月之内出售股票，这比通常允许的要快得多。其他大型金融机构，包括高盛、摩根斯坦利、苏格兰皇家银行允许某些员工借钱缓解个人的现金危机。一些英国银行考虑提高基本工资或现金薪酬，这样的收入不必征收 50% 的奖金税。

• 近期几家大型银行因在售楼止赎行为上存在欺诈而被起诉。诉讼内容包括"银行存在违反一般法欺诈、虚假陈述及违反消费者欺诈法"等行为。这些行为的部分原因是：银行对那些加快处理抵押品赎回权的员工进行奖励。银行坦承了这些问题，有证据表明"员工存在不仔细核实文件却签名的行为"。

• 绿巨人公司有一项激励计划，奖励那些彻底清理豌豆的员工。但现在不得不取消这一计划。原因在于：员工们开始把昆虫带到工厂并丢在豌豆上，去除它们以获得奖励工资的资格。

• 与绿巨人公司类似的情况是，一家软件开发公司发现程序员故意编写错误代码，以便在对这些错误代码进行清除时可以获得回报。

- 1996年年底,不景气的阳光公司高薪聘请的CEO Dunlap不辱使命,扭转了公司的不利局面,实现了股价飙升。到了1998年,阳光公司股价急剧下跌,从每股53美元跌至4美元不到。美国证券交易委员会开始对该公司财务进行调查;Dunlap提高了阳光公司的短期绩效,但他未能找到一家公司愿意收购阳光公司。最后的结果是阳光公司董事会解雇了他。

关键思考题

11-31 本案例给出的各类例子中,"绩效工资"和"绩效薪酬"的共同点是什么?

11-32 将工资与对组织至关重要的一些客观标准(例如,质量控制措施、盈利能力和低周转率)相关联的优点和缺点分别是什么?

11-33 组织能采取什么措施确保绩效工资和其他奖励措施是公平的?你会收集什么数据以确保绩效薪酬体系不偏向任何一个特定群体?请解释。

11-34 你将如何防止绿巨人公司、软件开发公司和阳光公司出现的问题?请解释。

11-35 假设你是绿巨人公司或软件开发公司的高管,你会惩罚那些从事不道德行为的员工或者惩罚设计该激励计划的管理人员吗?还是两者都惩罚?

11-36 有些人认为,大多数员工即使有机会通过不恰当行为、利用激励体系获得好处,他们仍会依照伦理道德行事。你同意这种说法吗?

小组练习

11-37 全班同学3—5人为一个小组。一些小组主张,奖励可以强化所要求的行为,从而有利于公司;其他小组则主张,在大多数情况下,奖励机制促使员工形成"让我们击败游戏"(上有政策下有对策)的态度,反而妨碍公司绩效的实现。

实践练习:小组

11-38 在中西部一个经常出现严重暴风雪的州,美国交通运输部提出一项方案,将扫雪机运营商与当班期间里程表显示的公里数相关联,对其提供奖励。激励计划原定于2014—2015年冬季试行,旨在激励扫雪机运营商覆盖更多的地面、更快地清理道路。一名学生扮演薪酬顾问的角色,为该方案提出建议;另一名学生扮演交通运输部的领导。角色扮演持续10—15分钟,之后,教师主持全班的开放式讨论。

实践练习:个人

11-39 很多人谴责2008—2012年的华尔街金融危机。《华尔街日报》称之为"自20世纪30年代以来最严重的危机",并归咎于对大型金融巨头高管薪酬激励的不当使用。如果公司利润增加的话,高管们将获得高额奖金,这诱使他们"用别人的钱"冒轻率的风险并积极从事投机活动(特别是在房地产市场)。

虽然对打击工资滥用的言论非常激烈,但许多人认为,银行和证券公司正在寻求方法以减轻应该对危机负最大责任的员工的损失,尽管这些机构现在获得了联邦政府的大量资金(有些人认为是救助资金)。研究这个问题并提出一套建议,以一种不会强化不良行为的方式奖励高层管理人员。

资料来源：Davidson, J. (2011). Lessons learned from pay-forperformance. www.washingtonpost.com; Enrich, D., Munoz, S. S., and Lucchetti, A. (2010, January 28). Banks see past pay limits. *Wall Street Journal*, A-1; Ng, S. (2010, Jan. 19). AIG tries to defuse bonus pay showdown. *Wall Street Journal*, C-3; Benoit, D. (2010, Nov. 10). Investors sue J. P. Morgan. *Wall Street Journal*, C-2; McGregor, J. (2008, September 22). Merit pay? Not exactly. *BusinessWeek*, 17; Bloom, M. (1999). The art and context of the deal: A balanced view of executive incentives. *Compensation and Benefits Review*, 31(1), 25—31; Hilsenrath, J., Serena, N. G., and Paletta, D. (2008, September 18). Worst crisis since'30s, with no end yet in sight. *Wall Street Journal*, A-1.

参考文献

Buchanan, L. (2014). Opening the books and motivating workers. www.inc.com.

Cooper, J. (2010). Best Small-Business Places 2010. www.entrepreneur.com.

CNNMoney.com. (2014). 100 best companies to work for. http://money.cnn.com/magazines/fortune.

CNNMoney.com. (2014). Top things to know about stock options. http://money.cnn.com.

Festing, M., and Sahakiants, I. (2010). Compensation practices in Central and Eastern European EU member states. *Thunderbird International Business Review*, 52(3), 201—216.

Fowler, D., and Edquist, P. M. (2011). Tips for managing compensation in the family firm. www.bizjournals.com.

Ganster, K. (2011). Incentives for healthy habits. http://chamberpost.com.

Martochio, J. J. (2014). *Strategic compensation*. Upper Saddle River, NJ: Prentice-Hall.

Robbins, S. (2011). How to set salaries. www.entrepreneur.com. www.sciencedaily.com. (Accessed 2014). Pay for performance programs may worsen medical disparities, study finds.

第 11 章注释内容
请扫码参阅

第 12 章 员工福利规划和管理

我的管理实验室® ★ 当你看到这个图标时,请访问 www.mymanagementlab.com 以获取配套练习题,并及时反馈练习结果。

> ▶▶▶ **挑战**
>
> 阅读本章之后,你能更有效地应对以下挑战:
> 1. 掌握福利的基本内容。
> 2. 制定福利管理战略。
> 3. 了解法定福利。
> 4. 熟悉自愿福利。
> 5. 学习福利管理实践。

　　21世纪的员工福利设计日趋复杂,医疗保险、退休计划和休假时间为公司所广泛采用。Steven E. Gross,Mercer 人力资源咨询公司的一位高级咨询师认为,世界上最大的搜索引擎公司(谷歌)因为提供一系列的福利措施,使其有别于那些想雇用有同样才华的员工的竞争对手。[1] 在谷歌公司,最令人瞩目的一项福利是食品供应。公司在加利福尼亚州的山景城社区里提供11处充满各式各样国际食品的免费美食餐厅,有西班牙风格的小吃吧及印度、中国、意大利、泰国和墨西哥餐馆。[2] 公司提供24小时的健身中心,并配备私人教练、内设医生、营养师、干洗店和按摩师。公司还配备一辆有Wi-Fi信号的生物柴油班车接送员工上下班。对于那些希望开车上班的员工来说,公司提供洗车和汽车保养服务。此外,公司为员工提供5 000美元补贴以购买一辆混合动力汽车。[3] 谷歌公司的慷慨是纯粹的利他主义吗?当然不是!公司利用福利实现以下目标:吸引最优秀的知识工作者,这些员工能够在激烈的竞争环境下取得高成就;现场提供美食和处理其他耗时的家务工作,有助于员工可以长时间地工作;让员工有价值感;提高员工作为"谷歌人"的认同感。谷歌公司提供的福利向员工传递的信息:"来为我们工作吧!努力地工作吧!我们会尽可能地在日常生活上帮助你。"提供交通工具是一种福利,其他福利还包括遍布谷歌社区的各种服务。[4] 在员工福利方面的领先做法,谷歌公司获得了优秀工作场所的认可。在2012—2013年《财富》杂志"愿意效力的100强企业"名单中,谷歌排名第一。[5] 当然,并不是所有公司拥有资源提供谷歌所采用的福利计划。当前管理者和人力资源管理人士共同面临的挑战是:(1) 提供满足员工需求的有意义的福利选择;(2) 控制福利成本;(3) 确保员工充分了解福利选择。

管理者视角

与大多数发达国家不同,在美国,雇主承担员工大部分的保险金。这种福利旨在维护员工及其家人的利益,解决疾病、意外事故或退休所带来的问题,而这只是一整套福利方案的一部分。本章主要阐述人力资源工作者如何管理福利。出于以下几个原因,管理者必须对福利有充分的了解:

- 福利对员工来说很重要,管理者必须帮助员工理解和充分利用他们的福利。例如,对于需要紧急医疗护理的怀孕员工,上司应该能够解释公司的医疗福利,以确保该员工获得所有的应得利益。
- 福利是一种有力的招聘工具,管理者可以提供诱人的福利以吸引高素质的应聘者。
- 福利可以留住优秀的员工。公司能够提供一套诱人的福利计划是管理者的福音,因为这一系列的福利往往有助于降低员工流失率。
- 某些福利对管理决策具有一定的影响,如休假、探亲和医疗休假、病假,员工可以灵活安排休假时间。管理者必须意识到这些福利对公司的影响,进而合理地安排工作进度。
- 福利对管理者而言很重要。管理者需要知道自己的福利计划,特别是那些涉及退休计划的福利方案的影响是长久的,在该方面的良好决策对职业生涯结束后的生活质量具有显著影响。

然而,理解福利方案设计也非易事。本章将要述及,成本控制、吸引和保留员工、新的法律法规等因素会导致福利方案设计发生改变。

本章对福利进行详细解释。首先是福利概述以及福利与薪酬系统的关系,接下来分析福利设计战略,然后描述两种类型的员工福利方案(法定福利和自愿福利)的范围与意义,最后讨论福利管理实践中的一些重要问题。

★ 知识点学习

如果教师布置该项作业,请登录 www.mymanagementlab.com 查阅你应该特别关注的知识点,并预习第12章。

12.1 福利概述

员工福利(employee benefits)是一种保障员工及其家属安全的群体奖励,有时被称为**间接薪酬**(indirect compensation),因为它们是以计划(如医疗保险)而不是以现金的方式提供给员工的。根据美国劳工统计局的统计,美国公司花费在员工福利上的成本年均为 947 美元。[6]图表 12.1 显示了福利在公司中的分配份额。

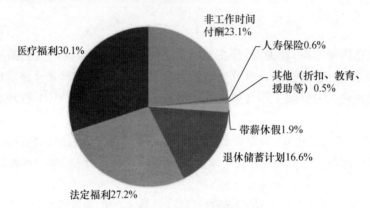

图表 12.1　福利支出的构成

资料来源:U.S. Bureau of Labor Statistics (2013). Employer costs for employee compensation.

员工福利可以保障员工远离可能危及健康和经济安全的风险,可以提供疾病、受伤、失业、养老和死亡的保障范围,也可以提供许多员工认为有价值的服务或设施,如儿童看护服务或健身中心。

在美国,福利主要来自雇主。这种形式不同于其他国家,它们的许多福利是由政府发起且资金来自税收。在美国,雇主自愿向员工提供医疗保险;而在加拿大,医疗保险是国家医疗系统赋予所有公民的一项权利。有关加拿大医疗保险政策的内容,可参见示例"跨越边界的福利:审视加拿大的医疗保险制度"。

公司提供的一整套福利能够为管理者吸引员工提供支持。当一名潜在的员工面临多项工作的选择而这些工作提供同等的薪金时,一个能够提供诱人的整套福利的公司将稳操胜券。例如,瑞典医疗中心在科罗拉多州丹佛市的一家医院,利用所拥有的儿童看护中心作为招聘工具吸引高素质的员工。[7]它是该地区提供这项福利的仅有的几个组织之一。

福利还可以帮助管理者留住员工。福利随工作年限而增加,从而有助于提升员工的归属感。例如,许多公司为员工提供退休基金,但这些资金只适用于留在公司一定年限的员工。出于这个原因,福利有时被称作"金手铐"。一个很好的关于福利留住员工的影响力的例子是美国军队向那些为军队服务 20 年的人提供提前退役福利。"20 年及以上"退休规定允许退休军人在拥有终身退休收入保障的同时,在年纪尚轻时开展第二职业以增加收入。这些慷慨的福利帮助武装部队留住有价值的军官和专才,否则这些人会被社会上的高薪职位吸引。[8]

> **示例　跨越边界的福利：审视加拿大的医疗保险制度**
>
> 　　来自美国阿肯色州的汤米·贝蒂斯(Tommy Bettis)在帮助居住在加拿大安大略省的朋友克里斯托弗·戈林(Kristopher Goering)修理车库时弄伤了手臂和头部，贝蒂斯出示戈林的健康卡，并得到加拿大医院的紧急护理。虽然这个案件涉及的紧急情况发生在加拿大，但数以千计的美国人经常可以借到加拿大的保险卡以得到医疗护理。
>
> 　　为什么美国人生病要到另一个国家，并且用非法手段获得医疗保险呢？因为在加拿大，医疗保险是免费的。在医疗改革的讨论中，美国媒体将加拿大的国家医疗保险制度或者描绘为医疗奇迹，或者描绘为官僚主义者的恐惧。事实似乎介于两者之间。
>
> 　　加拿大的国家制度接纳所有居民的医疗和住院账单，资金来自所得税(最高税率级次为年收入超过50 000美元，缴纳48%的所得税)和雇主的工资税。医生和医院根据收费清单直接向省府报销，而患者无须支付任何费用，除了比美国公民更高的税额。加拿大的人均保险支出比美国少40%，雇主的负担也有所减轻。但是加拿大从医疗系统中得到的是更多还是更少呢？统计资料告诉我们：加拿大人的平均寿命为77.03岁，世界排名第8，美国人为75.22岁，排名第33。加拿大的婴儿死亡率为7.9‰，是婴儿死亡率最低的10个国家之一，而美国的婴儿死亡率为10‰，排名第21。加拿大将医疗保险视为必须合理分配给每位公民的权利，而不是作为商品出售给出价最高的人。
>
> 　　加拿大的医疗系统是否存在问题呢？加拿大人有时不得不为一些无关紧要的程序而花费时间。
>
> 　　资料来源：Reid, T. (2009, September 21). No country for sick men. *Newsweek*, 42—45; Krauss, C. (2005, June 10). In blow to Canada's health system, Quebec law is voided. *New York Times*, A-3; Krauss, C. (2003, February 13). Long lines mar Canada's low-cost health care. *New York Times*, A-3; Farnsworth, C. H. (1993, December 20). Americans filching free health care in Canada. *New York Times*, A-1; Crossette, B. (2001, October 11). Canada's health care shows strains. *New York Times*, A-12.

12.1.1　基本术语

在开始之前，我们了解一些本章用到的基本术语。

- **出资方**(contributions)。所有的福利资金来自雇主、员工或两者共同出资。举例来说，休假是雇主提供的福利，员工在休假期间的薪水或工资完全由雇主承担。医疗保险费支付往往是由雇主和员工共同承担。
- **共同保险**(coinsurance)。医疗保险费用的支付分别由雇主保险公司和雇员承担。例如，根据80/20保险计划，雇主保险公司支付80%的员工医疗保险成本，雇员支付其余的20%。
- **共同付费**(copayment)。小额费用由员工支付，通常是15—30美元。在健康计划下，一名医生为一个办公室的员工服务。健康计划中超过共同付费的额外医疗费用对员工免费。

- **免赔额**(deductible)。保险投保人在保险计划做出任何补偿之前每年必须支付的现金。例如,前面提到的 80/20 计划可能有 500 美元的免赔额,在这种情况下,员工在保险公司为由 80% 的共同保险付款之前,承担最初的 500 美元的医疗费用。
- **弹性福利计划**,也称**自助餐福利计划**。它允许员工对自己的福利组合进行选择,而不是由雇主设计一套一刀切的福利。提供弹性福利计划的雇主认识到,雇员有不同的需求,需要不同的福利套餐。一名 30 岁的已婚女性员工及其配偶可能需要儿童看护福利,并可能愿意放弃额外的带薪休假以换取这一福利;一名 50 岁的已婚男性员工及其成年子女可能更倾向于更丰富的退休计划。

12.1.2　美国的福利成本

在美国,员工福利成本在最近几十年大幅增加,公司提供越来越多的福利。员工福利成本占员工工资的百分比从 1929 年的 3% 升至 2013 年的 30.9%。[9] 这一增长是综合因素所导致的,包括美国联邦税收政策、联邦立法、工会影响及节约成本组合计划。

联邦税收政策

自 20 世纪 20 年代以来,联邦政府为群体福利计划提供了有利的税收政策,以满足一些标准。[10] 符合这种税收政策的雇主可以为福利支出减税。

员工在这种税收政策下可以得到良好的对待,因为他们在免税基础上得到了许多福利。例如,员工可以得到雇主提供的医疗保险免税计划。与此相反,个体经营者必须从税后收入中付出医疗保险金。其他福利则建立在延税的基础上。例如,符合退休计划要求的保险金额(上限为最高金额)可以延税,直到员工退休,届时他可能会被课以较低税率的税金。联邦政府在福利方面的税收政策鼓励员工要求额外福利,因为公司的福利分配每增加 1 美元所创造的价值超过 1 美元作为现金薪酬的价值,后者要按照普通收入纳税。

联邦立法

1935 年的联邦立法规定,所有雇主必须为员工提供社会保障和失业保险福利。在这一方面,我们只想提出关键的问题:联邦法律要求的一些福利及联邦立法很可能继续导致福利成本的显著性增长。

工会影响

在最近半个世纪,工会在增加员工福利方面一直起着领头羊的作用。20 世纪 40 年代,许多强大的工会组织(如美国汽车工人联合会和美国矿工联合会)从雇主那里争取到养老金和医疗保险计划。近年来,工会一直在寻求牙科保健的涵盖、休假时间的延长和超出联邦立法所要求的失业救济金补助。一旦一家企业中的工会建立了福利模式,同样的福利往往就会蔓延到那些没有工会的企业,后者通常希望以此避免工会组织促进相关活动。

成本节约组合计划

雇主提供的福利支出比员工自己去购买的花费要少得多。当保险公司可以通过大量的人分散风险时,就可以降低每个人的福利成本。这一事实导致员工要求雇主提供一定的福利,从而雇主带来相当大的压力。

12.1.3 福利的类型

福利可分为六大类,分别如下:
- **法定福利**。美国法律要求雇主向所有雇员(除少数特例外)提供四项福利:(1) 社会保险;(2) 员工赔偿;(3) 失业保险;(4) 家庭和医疗休假。此外,自2015开始,法律规定有50名或以上员工的雇主必须向员工提供医疗保险,其他福利(包括少于50名员工小企业的医疗保险)由雇主自愿提供。
- **医疗保险**。医疗保险涵盖住院费、就医费及其他医疗服务费用。鉴于其重要性,医疗保险通常被人们从其他类型的保险中分离。
- **退休福利**。退休福利在员工退休后提供。
- **保险**。保险计划保障员工及其家人从伤残或死亡而导致的财务困难中解脱出来。
- **带薪休假**。员工休假期间是有薪还是无薪取决于带薪休假计划。
- **员工服务**。员工服务是免税或减税服务,可以提高员工的工作或生活质量。

图表12.2显示了美国雇主为全职员工提供的福利计划的选择比例。数据表明,大型和中型私人公司(雇用员工超过100人)以及州政府与地方政府提供的福利比小型私人公司更多。

图表12.2 雇主提供的福利计划的选择比例

	大中型私人公司*	小型私人公司**	州政府与地方政府
医疗保险	85	57	89
退休计划	82	49	79
保险计划			
人寿保险	78	39	82
长期伤残保险	45	25	35
带薪补休计划			
带薪休假	86	69	100
带薪节假	87	68	100
带薪病假	72	51	91
弹性福利计划	12	4	34

注:* 雇用100名或更多员工的公司;** 雇用少于100名员工的公司。
资料来源:U. S. Department of Labor, Bureau of Labor Statistics (2013).

过去几年福利的发展加上福利成本的增加,使得雇主在业务扩大时愿意雇用更多的兼职或临时员工。企业往往不为兼职员工和临时员工提供福利；然而，星巴克和 UPS 认识到要为兼职员工提供良好的福利，正如管理者笔记"星巴克和 UPS 为兼职员工提供丰厚的福利"所描述的那样。

 管理者笔记：伦理/社会责任

星巴克和 UPS 为兼职员工提供丰厚的福利

星巴克和 UPS 的服务大多是由兼职员工提供的。两家公司为兼职员工提供一系列的福利，这与大多数公司对待兼职员工的做法相反。星巴克和 UPS 认识到为兼职员工提供良好福利是一种很好的商业实践，我们讨论两家公司提供的一些福利。

星巴克数目众多的咖啡店雇用了许多兼职员工，被称为"师"，以便在高峰时段为顾客提供服务。兼职员工（工作 20—40 小时的员工）可以获得以下福利：

- 医疗健康福利（如医疗、处方药品、牙科和视力保健）；
- 退休储蓄计划；
- 人寿保险、伤残保险；
- 援助计划；
- 家庭伴侣福利；
- 推荐计划和支持资源，用于儿童和老人；
- 星巴克商品优惠；
- 股票分享计划。

UPS 雇用了许多兼职员工（其中大多是大学生）在包裹分配中心进行包裹分类。航运业需要在一天的高峰期和空闲期轮班，要要发挥兼职员工的高效能。在 UPS 每周工作 15 小时以上的兼职员工有机会获得以下福利：

- 员工及其家人的综合医疗保险和人寿保险；
- 401(k)退休计划；
- 学费资助资金；
- UPS 勤工助学贷款的可用资金；
- 带薪休假和节假日；
- 股票优惠购买计划。

资料来源：Starbucks Web site. (2014). Working at Starbucks. www.starbucks.com/careers/working-at-starbucks；UPS Web site. (2014). Working at UPS-Benefits. https://ups.managehr.com/benefits.htm；Clark, J. (2004, August). Steppingstone jobs for recent grads：These employers offer health insurance and more, even for part-timers. *Kiplinger's*, 107—108.

12.2 福利战略

为了设计一套有效的福利方案，公司必须调整福利战略，使其与公司总体薪酬战略保持一致。福利战略在以下三个方面做出选择:(1)福利组合;(2)福利总额;(3)弹性福利。这些选择为福利方案的设计提供了蓝图。

12.2.1 福利组合

福利组合(benefits mix)是公司提供给员工的一系列完整的福利。福利组合至少应该考虑三个问题:整体薪酬战略、组织目标和员工特点。[11]

整体薪酬战略问题相当于"低于行业水平还是高于行业水平"的决策,这在第10章讨论过。公司必须与对手争夺员工,为市场上的员工提供一个有吸引力的福利组合。换言之,管理者试图回答问题:"谁是与我争夺员工的竞争对手?他们能够提供什么类型的福利?"

例如,一家高科技公司可能想引起风险承担者和创新者的注意,公司管理层可以不提供退休福利,因为高科技公司通常被认为是20多岁的人向往的地方,年轻人通常不关心退休以后的事项。作为IBM公司的新挑战者,苹果公司开始时选择不提供退休福利,因为管理者认为这种福利并不利于吸引他们想要的员工。[12]之后,当劳动力逐渐老龄化、员工表示需要退休福利时,苹果公司就设计了福利组合并提供给有退休福利需求的员工。

组织目标同样影响福利组合。例如,如果某公司的文化是尽量减少基层人员和高层管理人员的差别,那么它就应该为所有员工提供相同的福利组合。如果组织正在日益成长和需要留住现有员工,就需确保能够提供满足员工需求的福利。

最后,选择福利组合时必须考虑员工特点。如果某公司的员工主要由有年幼子女的父母组成,那么儿童看护和其他家庭福利很可能更加重要。一名拥有专业技能的员工可能更想参与退休福利的决策,而一名工会员工可能需要有保障的退休计划。

12.2.2 福利总额

福利总额是指薪酬总额中用于支付员工福利的额度。福利总额决策类似于第10章提到的"固定薪酬与变动薪酬"比例的决策。一旦管理层确定了所有福利可获得的资金总额,公司就可以建立福利预算并决定福利计划每部分的预算水平。管理层可以知道每一份福利的分配金额,以及员工需要为福利支付的金额。大型公司通常是由专人进行核算,而规模较小的公司往往聘请福利顾问进行核算。

专注于提供就业安全和长期就业机会的公司很可能会为福利提供大量资金。宝洁公司向来以优异的员工福利为骄傲,其利润分享计划(美国最早期的持续运作计划)始于1887年。宝洁还是第一家为所有员工提供综合疾病保险、伤残保险和人寿保险的公司。[13]

12.2.3 弹性福利

福利选择上的弹性考虑到员工调整其福利组合以满足自身需求的自由,类似于第10章关于"集权化与分权化薪酬"的决定。一些组织存在一种相对标准化的福利组合,这种组合使得员工的选择性很小。只有当组织中有大量工作性质相同的劳动力时,这种相对标准化的福利系统才是合理的。在这些公司,标准化的福利方案专门为"典型"员工设计。然而统计显示,美国劳动力不断变化:更多的全职妇女、更多的双职工家庭和单亲家庭,使得员工需求不断多样化。对于不能设计一个"典型"员工福利套餐的组织,强调选择的重要性的弹性福利可能更为有效。

12.3 法定福利

美国法律要求雇主为员工提供社会保障、工伤保险和失业保险,只有少数公司例外。这种福利设计旨在使员工拥有一个基本的安全保障水平。雇主在员工收入的基础上为以上三种福利付税。对于社会保障,员工还需支付一笔税金,以便为该福利筹资。最近几年又新增了第四种法定福利:在一定的家庭条件和医疗水平条件下,雇主必须为员工提供无薪假期。

12.3.1 社会保障

社会保障(social security):(1) 提供退休金、伤残补贴和遗属抚恤金;(2) 通过医疗保险计划提供老年卫生保健。《社会保障法案》于1935年颁布,雇主和员工通过薪资税支付同等数额的社会保障金。2014年,一名年薪117 000美元的员工的社会保障税占收入的7.65%,意味着,雇主和员工均需支付员工收入的7.65%的税。社会保障税实际上有两个组成部分:税收的6.2%用于退休者、残疾人和死难者家属的福利,1.45%用于医疗保险。收入在117 000美元以上的员工还要支付超出基本收入(117 000美元)部分1.45%的医疗保险税,雇主同样要支付1.45%的税。

一个人必须工作满40个季度(相当于工作10年)并创造出至少每季度1 200美元的利润,才有资格充分享有社会保障福利。图表12.3介绍了四种社会保障福利:退休金、伤残补贴、医疗保险和遗属抚恤金,以及享有各种福利的条件。

图表12.3 社会保障福利

福利	资格	规定
退休金	• 年龄在65—67岁(享受全部福利) • 年龄在62—64岁(福利减少20%)	退休后开始支付每月生活费,退休福利金为退休前收入的28%—54%(取决于收入的等级)
伤残补贴	• 完全且持续伤残5个月 • 预计伤残将持续至少12个月或可能导致死亡	如果完全残疾,月支付费相当于退休收入,补贴将提供给家属
医疗保险	• 年龄65岁 • 领取社会保障残疾抚恤金持续24个月	包括医院、疗养院和家庭医疗机构的费用,但不包括可扣除款项。医疗费用包含在内,但不包括月保险费
遗属抚恤金	死者家属包括60岁及以上的寡妇或鳏夫、未满18岁的子女或孙子女,或者62岁及以上的遗属父母	根据遇难员工的首次社会保障退休福利提供月抚恤金

资料来源:The 2010 Social Security online Web site, www.ssa.gov.

退休金

社会保障为 65—67 岁（取决于在哪一年出生）的退休人员提供退休金。员工最早可以 62 岁退休，得到的福利会减少 20%。

社会保障提供的退休金平均为低收入者退休前最后一年（65 岁）收入的 54%，高收入者最后一年收入的 28%。也就是说，如果想保持退休前的生活水平，就要挖掘其他的退休后收入来源。这些来源可能包括公司提供的养老金计划、个人储蓄或再就业。社会保障局的数据显示：2010 年在 66 岁退休的人的月社会保障支票金额有望从 744 美元提高到 2 346 美元，取决于退休前收入。今后，享受社会保障福利的最低年龄将提高。对于 1943—1959 年出生的人，享受全部社会保障福利的最低退休年龄为 66 岁；对于出生于 1960 年或以后的人，最低退休年龄为 67 岁。社会保障提供的平均每月退休收入，2013 年单身为 1 221 美元，退休夫妇为 1 978 美元。社会保障退休金每年会根据生活成本自动调整，由社会保障管理局的经济学家以保护退休人员生活水准为目标计算（欲了解更多相关信息，参阅第 15 章）。

伤残补贴

伤残补贴为那些伤残者以及至少 12 个月不能工作人员提供相当于退休福利的社会保障。由于伤残补贴平均只有员工工作收入的约 30%，因此员工还需要从其他来源获得伤残收入。这些来源包括短期伤残保险和长期伤残保险，以及个人储蓄和投资。2014 年，提供给受益者的社会保障伤残补贴为伤残保险月均 1 148 美元。

医疗保险

医疗保险（medicare）覆盖范围是 65 岁及以上的老年人。医疗保险有两个部分：A 部分包括医院费用，缴纳年度免赔额（2014 年为 1 216 美元）的个人可获得最多 60 天的住院费；B 部分是指缴纳月费（2014 年为 104.90 美元）的个人可获得医疗费用，如就医费和医疗用品费。医疗保险的免赔额和月费会随着医疗保险费用的增加而调整。C 部分即所谓的医疗保险＋选择，可以替代原来的方案（A 部分和 B 部分），并提供不同医疗保险的选择，如管理式医疗保险或私人收费服务计划。D 部分提供包括处方药的服务。2013 年退休的人支付 325 美元的免赔额，超过免赔额后医疗保险支付 75% 的药品费用，上限为 2 970 美元；2 970—6 733 美元部分，医疗保险受益人要支付 100% 的药品费用；高于 6 733 美元部分，医疗保险支付 95% 的药品费用。[14]

遗属抚恤金

如果条件符合的话，已故员工的家庭成员每月可以得到一些补偿。遗属抚恤金相当于遇难员工的首笔退休金。符合以下资格者可以获得遗属抚恤金：(1) 60 岁及以上寡妇和鳏夫；(2) 照顾 16 岁或更小儿童的寡妇和鳏夫，年龄小于 18 岁的未婚子女或孙子，62 岁及以上的受供养父母。

12.3.2 工伤补偿

工伤补偿（workers'compensation）为那些因工受伤或致残的员工提供医疗补助、延续收入和康复费用。工伤保险还为那些因工死亡员工的家属提供收入。

工伤补偿的设计旨在给那些因工受伤的员工一些慰藉。这意味着，即使是那些员工过失所造成事故的情况仍可获得福利。这样为员工提供赔偿的雇主才不会被受伤工人控告。

工伤补偿由州政府监督管理。全美50个州中的48个州的所有员工（包括非兼职员工）均享有工伤赔偿福利；而在得克萨斯州和新泽西州，工伤补偿是有选择性的。工伤补偿主要来自薪资税，其收益转移到州内的工伤补偿基金或私人保险公司，由雇主支付工伤补偿金。虽然平均工伤补偿成本占总税收不到1%，但那些易发事故行业的公司对工人的赔偿金可能会超过员工工资总额的25%。[15]

雇主支付工伤补偿金的比例基于以下三个因素：(1) 职业的受伤风险；(2) 公司员工的受伤频率和严重程度（该公司的工伤经验费率）；(3) 公司所在州提供的针对特定伤残的福利水平。由于公司的工伤经验费率的确定基于其安全记录，因此管理者有激励去设计和促进安全的工作环境：一个更好的安全记录可以直接降低工资税率。一些州为伤残员工提供更好的福利，从而导致这些州的雇主需要缴纳更高的工伤补偿税。全国工伤补偿费用最高的分别是加利福尼亚州、俄克拉荷马州、路易斯安那州、罗德岛州、得克萨斯州、佛罗里达州。[16]

建筑业和餐饮服务业等行业的小企业在处理因工伤补偿税增加而带来的成本上升问题上存在很大的困难。

- 威廉·苏伯格（William Solburg），佛罗里达州塔拉哈西附近一家小建筑公司的老板认为，工伤补偿费用早已飞涨，超过人工成本总额的25%用来支付员工的工伤补偿，并预计在不久的将来还会大幅增加。随着工伤保险成本的上升，苏伯格目前尚不能确定其公司能否长期生存。[17]

- 位于纽约韦斯特伯里地区的奥斯顿是一家临时雇员服务公司，工伤补偿费用在最近四年间翻了三番，其中一些费用的增加是由于某些奥斯顿员工涉嫌欺诈以谋求长期伤残补贴。奥斯顿聘请了一家侦探机构去探查一个残疾工人的背伤，相机抓拍到他能更换汽车轮胎——需要弯腰和负重的工作。[18]

一些小企业正在联合起来形成自助保险基金以克服上述困难。梅森公司，一家波士顿地区的照明设备和其他建筑材料制造商，加入了自助保险团体，因为该自助保险基金的保险利率低于同样保险品种利率的40%。以下是自助保险的运作方式：同行业的成员公司组建基金并聘用管理员。管理员与精算师、投资经理、医疗保险供应商及其他使保险公司正常运作的必要人员签订合同。基金成员彼此承担风险，支付保险损失和投资回报。一个典型基金的成员有60—100名员工，并支付年5万—10万美元的费用。到2005年，已有49个州允许成立自助保险基金，北达科他州例外。

自助补偿基金不是所有公司解决问题的法宝。在公司内部，人力资源管理人员可以在以下几个重要方面帮助管理者控制工人的赔偿费用：

- 人力资源部门应加强员工对安全重要性的认识,强调安全工作程序(参阅第 16 章)。许多事故是由于疏忽、对安全技术的无知、个人问题或滥用酒精或药物造成的。人力资源管理人员应对管理人员和主管进行培训,以便沟通和执行公司的安全计划。无视安全工作规范的员工会遭到惩罚。[19]

- 人力资源部门应对员工的赔偿要求进行审查。全美保险犯罪机构估计,美国工人的赔偿欺诈每年花费保险公司 50 亿美元。这些成本被转嫁给雇主,他们必须支付更高的保费以确保雇员有工人赔偿。管理人员应质疑任何疑似欺诈或与工作无关的要求。例如,经理可以要求受伤工人接受药物检查,由此产生的一个积极结果是,从药物检测中可以得到一个拒绝索赔的理由。或者在发生严重事故后,安全专家可以调查事故现场,调查中采集到的信息可能会揭示该员工涉嫌欺诈的事实。[20]

- 当员工遭受工伤时,人力资源部门应如何管理好员工赔偿福利与雇主医疗保险福利之间的配合关系?人力资源部门应建立控制系统,以避免重复为员工支付医疗保险。

- 人力资源工作人员应该进行工作设计和工作任务分配,从而减少如背部拉伤和重复动作受伤的风险。例如,员工可以有自己的视频显示终端,每天进行调整练习,以避免手臂和手腕的拉伤。[21]

- 人力资源部门可以在工作职责计划修订版中鼓励局部残疾的员工返回工作岗位。根据这一计划,当受伤员工准备回去处理日常工作时,经理或人力资源管理人员与受伤员工应制订工作修改方案,使他们有能力履行相关职责。例如,一个有背伤的维修工人可能被分配去安排工作订单。改进工作计划可以帮公司节省福利资金,而这些资金原本是要为故意推迟返工期的员工提供续薪的。

12.3.3 失业保险

1935 年的《社会保障法案》规定,**失业保险**(unemployment insurance)提供给非自愿人员在失业期间的临时收入,是国家工资稳定政策的组成部分,旨在经济衰退时期稳定经济。这一政策的基本逻辑相当简单:如果失业工人有足够的收入维持基本的商品和服务消费,对这些产品的需求就会持续下去,最终会避免许多在职员工加入失业者队伍。

失业保险金来自雇主基于所有员工薪水的纳税,平均税率为员工年收入的 6.2%。员工收入应纳税额从亚利桑那州的 7 000 美元到华盛顿州的 39 000 美元不等。[22] 税收分为州政府税和联邦政府税,两者为失业人员提供不同的服务。联邦政府对所有雇主按 0.8% 的税率征收。而州税率则在 0—10%(平均为 5.4%)。一段时间内,各州比较雇主缴纳的失业保险金与员工获取的保险金,以此为基础评估雇主的应纳税率。这样,解聘率低的雇主适用低税率,解聘(包括下岗)率高的雇主适用高税率。

员工必须满足一些条件才有资格享受失业保险。首先,员工必须有能力并积极寻求就业;其次,他们必须在过去的五个季度内至少工作四个季度(即一年)且赚取至少 1 000 美元;最后,他们必须是非自愿地离开工作岗位。

员工可能会被取消享有失业保险待遇的资格,以下员工没有资格享受失业保险:
- 自愿离职的员工;
- 有严重不当行为的员工(例如,在药物测试中发现问题);
- 拒绝接受合适工作的员工;
- 参加罢工的员工(50个州中有48个州拒绝为罢工者提供福利);
- 个人职业者。[23]

失业补助金的目的是用于支付员工的基本生活费用,而不是抑制积极寻找就业机会。出于这个原因,失业补助金很少支付收入的50%以上,离开高薪岗位的人一般只能获得其损失的部分收入。不同的州制订了失业补贴计划并规定了失业福利的最高水平(从密西西比州的每周230美元到马萨诸塞州的942美元不等)。[24]失业补助金持续提供26周,但在具有持续高失业率的州,可能会延长13周的补助。此外,一些公司提供**补充失业津贴**(supplemental unemployment benefits,SUB)给下岗职工。这些福利往往会写入工会合同。

美国失业保险福利水平与其他国家失业保险福利水平的比较如下[25]:
- 美国提供6个月50%的工资;
- 意大利提供6个月80%的工资;
- 日本提供10个月80%的工资;
- 法国提供60个月75%的工资;
- 德国提供12个月60%的工资;
- 瑞典提供15个月80%的工资。

与其他国家的失业补助金相比,美国提供的金额和期限均比较低。在美国,政府政策的目的是鼓励失业人员积极寻找就业机会,并认为提供慷慨的福利会抑制员工寻找新工作的积极性。

控制失业保险成本是重要的优先管理项目。人力资源部门可以通过建立低于公司经验定额的计划来做出一些重要贡献。以下是人力资源在这方面的一些有效实践:
- 人力资源规划能够告诉管理层,公司工作量的增加应归因于短期还是长期。如果是短期工作量的增加,那么就应当聘用临时员工或顾问而不是提供全职岗位。临时员工或顾问均不能申请失业补助金,这样当工作量减少时,公司就没有任何义务。如果是长期工作量的增加,公司就可能要雇用更多的全职员工。
- 员工福利管理人员应当审核前雇员提出的所有失业索赔。雇主有提出上诉的权利,并有50%的机会取胜。[26]
- 管理人员或人力资源管理部门员工应与所有离开公司的员工进行离职面谈,以便就合同终止取得充分理解,忠告他们公司将打击没有充分理由的失业索赔。例如,如果一个因盗窃而被开除的员工提出失业救济金索赔,公司就会予以制止。

12.3.4 无薪假期

员工有时需要较长的时间以照顾家庭或处理自己的健康问题。直到最近,大多数雇主仍拒绝给予工人除生育外的任何理由的无薪假期。1993年的《家庭与医疗休假法案》(FMLA) 在克林顿政府时期颁布，现在要求多数雇主提供长达12周的无薪假期给符合以下条件的员工[27]：

- 孩子出生；
- 领养孩子；
- 为了照顾生病的配偶、子女或父母；
- 自身存在影响工作的严重健康问题。

《家庭与医疗休假法案》只适用于那些拥有50名或以上员工以及在半径75英里范围内有50名工人操作多样化设备的企业，法律要求雇主给予员工在休假之前的同样工作或同等工作。当雇员符合《家庭与医疗休假法案》的条件时，雇主必须为员工提供医疗保险及其他员工福利。[28] 累计为雇主服务一年的员工符合《家庭与医疗休假法案》。在薪资等级前10%，且往往是公司高层管理人员的"高赔偿"员工不符合《家庭与医疗休假法案》，因为在12周内找到可以取代他们的人员对于雇主来说绝非易事。

2008年修正的《家庭与医疗休假法案》规定，当军人(包括国民警卫队成员和预备役成员)正在接受医疗治理、康复或心理治疗、门诊治疗，或者其他因严重损伤或疾病而在临时残疾退役名单上时，允许其配偶、子女、父母或近亲占用26个工作周的休假进行照顾。[29]

《家庭与医疗休假法案》要求公司制订应急计划，最小化员工离职后的成本和危机，以保持业务正常运行。管理者可以考虑：(1)对员工进行交叉培训以顶替一些休假的员工；(2)雇用临时员工。[30]

强制性的无薪休假迫使公司面对一些棘手的问题：

- 员工的累计病假可以替代无薪休假吗？
- 什么样的疾病才严重到足以证明可以请假？[31]
- 如何才能使《家庭与医疗休假法案》与其他法规，如《美国残疾人法》相结合？
- 当休假者重返工作岗位时，什么是"同等"工作？

最后一个问题是在《家庭与医疗休假法案》颁布之前，威斯康星州案件的诉讼成功。伊丽莎白·马奎特休完产假回到总部位于密尔沃基的凯利公司，发现公司在重组时取消了她信贷经理的职位。凯利公司给了马奎特一份同样薪资和福利的新职位。然而，新岗位只需管理一名员工而不是之前的四名，还包括约25%的文职工作。马奎特第二天就辞职了。凯利公司称，调动是为了回避马奎特长期存在的与客户之间的问题。不过，威斯康星州上诉法院裁决认为职位不匹配，因为马奎特"在新职位上的权力和责任大大减少了"。人力资源管理人员和一线管理人员必须一起协作以避免这种案件的发生。[32] 管理者笔记"当员工结束FMLA休假返岗后，雇主应该做些什么"详细地说明了雇主的责任和义务。

调查表明，已经使用《家庭与医疗休假法案》维护权益的员工80%以上是因员工生病或照顾生病家人休假而返回工作岗位，每年超过40%的员工有条件地使用《家庭与医疗休假法案》。据就业政策基金会调查，35%的休假者被炒鱿鱼不止一次。雇主最有可能使用的方法是用别的员工顶替采用《家庭与医疗休假法案》的员工，把他们指派到临时工作上；其次是聘用外部的临时员工进行代替。[33]

管理者笔记：伦理/社会责任

当员工结束 FMLA 休假返岗后，雇主应该做些什么

当员工结束 FMLA 休假返岗后，雇主需要考虑以下关键要素：

- 虽然雇主没有被要求在一个无限期的时间内保留员工的特定岗位，但雇员有权要求一个与他之前"同等"的工作。《家庭与医疗休假法案》规定，同等职位是指就工资、福利和工作条件而言与之前岗位相等，也必须具有相同或大致相同的义务和责任。从《家庭与医疗休假法案》休假回来的员工有权获得一份同等工作，即便在休假期间该员工已经被替代或者原有岗位已经被重组。

- 在结束 FMLA 休假返回工作岗位后，员工必须无条件地得到在离开期间公司为其他员工提供的任何加薪，如生活费用的增加。员工也必须得到在离开工作岗位期间公司对其他员工提高的所有福利，如带薪休假、病假或事假，除非这些情况被《家庭与医疗休假法案》的休假代替。

- 除非雇主的政策是将员工的无薪休假都计入工龄，否则雇主无须将《家庭与医疗休假法案》的休假时间算到工龄或服务年限中。这些工龄或服务年限用于决定员工的提薪、晋升或其他回报。

- 如果员工在休假期间下岗或者轮岗被取消，雇主无须提供同等的位置给采用《家庭与医疗休假法案》返回工作岗位的员工。同样，如果员工在休假之前发生不当行为或不胜任，雇主无须恢复休假员工的职位。

资料来源：United States Department of Labor. (2013). *Family and medical leave act advisor*. www. webapps. dol. gov；Flynn, G. (1999, April). What to do after an FMLA leave. *Workforce*, 104—107；Kuhn, B. (2008). Rights and responsibilities under the FMLA. www. employment. findlaw. com.

12.4 自愿福利

由雇主自愿提供的福利包括医疗保险、退休福利、其他类型的保险计划、休假以及员工服务。自 2015 年开始，法律要求有 50 名或以上员工的公司必须为员工购买医疗保险，而员工人数不到 50 名的公司可以自主决定提供与否。这是医疗保险被归类为自愿福利的原因。以后的法律可能会将一些自愿福利划入法定福利的范围内。

12.4.1 医疗保险

医疗保险提供给员工及其家人，保护他们免遭因严重疾病而造成的经济困境。因为单个员工购买医疗保险的成本远远高于雇主为员工购买的团体险，如果雇主不提供医疗保险，很多人就会买不起。如图表 12.2 显示，美国 85% 的大中型私人企业为员工提供医疗保险，但只有 57% 的小企业（员工少于 100 名的企业）这样做。据估计，美国约 4 500 万人没有参与任何医疗保险。[34]

20世纪90年代初,美国医疗保险费用年增长10%—20%;到2014年,医疗保险开支占到美国国内生产总值(GDP)大约18%,这在世界上是最高的。例如,美国人均医疗开支超过加拿大的58%、德国的57%、英国的88%。但和美国不同,这些国家提供的医疗保险覆盖所有公民。图表12.4比较了2011年经济合作与发展组织(OECD)24个成员的医疗保险支出。

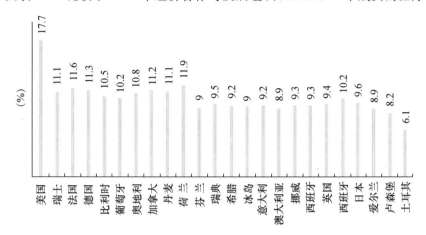

图表12.4　2011年医疗支出在国家总支出中的占比

资料来源:OECD health data(2013),www.oecd.org.

显然,如何控制健康费用将是一些公司和国家的重要问题。人力资源福利专家能够为医疗保险开支的控制做出重要贡献。例如,许多公司现在要求员工在医疗保险成本控制方面做出更大贡献。

公司根据1985年颁布的**《统一综合预算协调法案》**(COBRA)提供具有影响力的医疗保险福利,使员工在就业终止后有权继续享有医疗保险。《统一综合预算协调法案》适用于拥有20名以上员工的雇主。员工及其家属有权自员工离职之后享有18—36个月的集体医疗保险计划。根据《统一综合预算协调法案》,离职或被辞退的员工有权享有18个月的延续性集体医疗保险,而与员工离异的配偶或死难者家属可享有长达36个月的延续,集体医疗保险。前员工(或家属)必须支付企业医疗保险标准的全部费用,再加上2%的管理费。然而,这个数额仍然大大低于个人从医疗保险公司购买的保险费。企业医疗保险计划涵盖的所有员工也在《统一综合预算协调法案》的法定保护范围之内。

对于既有病况,员工改变医疗保险计划的能力受到美国政府1996年颁布的《医疗保险流通与责任法案》(HIPAA)的保护。**既有病况**(preexisting condition)是指员工在前雇主的医疗保险计划下治疗后,在新雇主不同的医疗保险计划下需要进一步治疗的医疗状况。根据《医疗保险流通与责任法案》的规定,前任雇主为员工购买的医疗计划现在仍然有效。只要前任雇主购买了12个月的医疗保险计划,他或她就可以立即享有现任雇主的医疗保险计划,不能因既有病况的存在而被排除在外。[35] 2004年,《医疗保险流通与责任法案》的新规定要求,除非员工本人同意,否则雇主应该保护员工有关个人健康的隐私信息,使之不会影响员工以后的就业。雇主被要求对员工个人健康的隐私信息保密。例如,如果一名雇员已被诊断出癌症,除非员工个人允许,否则此信息不得披露给管理者。[36]

《患者保护与平价医疗法案》(PACA)于 2010 年以联邦法律的形式通过。该法案保证美国公民能负担得起医疗保险,还对医疗保险行业做出规范,要求行业提供更一致的医疗保险方案。员工生病或身患某种疾病也能享受医疗保险计划。此外,即使医疗费用超过保险条款所能承担的保险额度,员工也不能被拒绝获得医疗救治。法律规定,从 2015 开始拥有超过 50 名全职员工(或 50 名相当于每周工作至少 30 小时的兼职员工)的雇主必须为员工提供医疗保险,否则就要为每名员工支付 2 000 美元的税务处罚。2014 年,没有包括在雇主支付计划中的雇员将被要求购买医疗保险政策,或者支付 95 美元罚款或收入的 1%(两者更大的为准),到 2016 年升至 695 美元或收入的 2.5%。2014 年,员工和少于 100 人的小企业能够从各州的年医疗保险交易所购买医疗保险政策。该法律还要求拥有 50 名或以上员工的雇主至少要承担员工总医疗费用的 60%。[37] 截至 2019 年,医疗保险将覆盖 3 200 万未投保人。[38]

雇主提供的医疗保险计划有三种常见类型:(1) 传统的医疗保险;(2) 卫生维护组织(HMO);(3) 优先提供者组织(PPO)。图表 12.5 概述了这些计划的不同。

图表 12.5　雇主提供的医疗保险计划

问题	传统的医疗保险	卫生维护组织	优先提供者组织
福利覆盖机构在哪里?	可能在任何地方	可能要求居住在 HMO 指定服务地区	可能在任何地方
谁是医疗保险的提供者?	医生及患者选定的医疗保险机构	必须为 HMO 指定的医生和机构	可能为与 PPO 相关的医生和机构;如果没有,则需另付共同费用或扣除款项
常规医疗或预防医疗费用是多少?	不包含常规检查和其他预防服务,就诊费用可能全部或部分包含在福利中	每次就医包含一些低费用或免费的常规检查和就诊项目以及其他预防服务	如果医生和机构在许可清单之内,则与 HMO 的服务相同;如果不在,医生和机构费用就会更高
包括哪些医疗费用?	包括医院及就医费用	包括就医费用及 HMO 指定医院的费用	包括 PPO 指定的医生和医院费用

资料来源:Milkovich, G., and Newman, J. (2009). *Compensation* (9th ed.). New York:McGraw-Hill, 473. Reprinted with permission by The McGraw-Hill Companies, Inc.

传统的医疗保险

作为患者和医疗保险供应商中间人的保险公司提供的传统医疗保险计划(也称收费服务计划),基于某一特定区域内的医疗服务成本确定收费明细,然后将这些费用纳入保险费用范围。传统医疗保险计划最著名的案例是"蓝十字"(Blue Cross)和"蓝盾组织"(Blue Shield)。传统医疗保险包含住院和手术费用、医生护理费用,以及很大一部分重病开支。2012 年,大约 17% 的拥有医疗保险的员工选择传统医疗保险计划。[39]

传统的医疗保险计划具有几个重要的特点。第一,免赔额的规定。第二,要求每月支付给保险公司**保费**(premium)。保费由员工和雇主分别支付一部分。第三,提供共同保险。典型的共同保险分配原则是 80/20(80% 的费用由保险计划涵盖,20% 的费用由员工支付)。免赔额、保费和共同保险可以调整,因此雇主和员工的医疗保险费用取决于各方同意支付的金额。一种日益受欢迎的传统医疗计划是高免赔额医疗计划(HDHP),旨在帮助雇主控制员工医疗保健计划成本在范围内。高免赔额医疗计划有一个高免赔额,这是员工被要求在该计划提供任何覆盖医疗费用之前每年必须支付的。该计划只覆盖昂贵的医疗流程,并保护员工避免因意外的医疗费用而负债。员工预计在高免赔额医疗计划下会支付定期的经常性健康护理的全部费用。

传统的医疗保险计划使员工在选择内科医生和医院时拥有更多的机会。然而,这些计划也有些缺点:首先,它们常常不包括常规检查和其他预防性服务;其次,计算免税额和共同保险分配额需要大量的证明文件。每次就医,员工必须填写索赔表格,并且取得很长的逐一列出服务项目的清单。这可能会使患者非常沮丧,并且员工往往需要雇文员处理一些表格,从而提高了就医成本。

卫生维护组织

卫生维护组织(HMO)是一个在支付固定年费后为员工及其家属提供全面医疗服务的卫生保健计划。卫生维护组织为人们提供无限的医疗服务,旨在鼓励预防性的卫生保健以减少最终成本。卫生维护组织的成员每月支付保险费,以及少部分的共付医疗费和应扣除保险额。一些卫生维护组织没有共付医疗费和应扣除保险额。卫生维护组织的固定年费做法防止了医生的逐利动机,否则他们可能会让病人接受不必要的医疗检查或选择收费昂贵的医疗专家。2012年,17%的拥有医疗保险的员工选择了卫生维护组织。[40]

卫生维护组织具有两个主要优势:第一,收费相对固定,人们通过卫生维护组织获得的大部分医疗服务(包括预防保健)不产生共同保险或应扣除保险额,也无须填写索赔表格;第二,卫生维护组织鼓励预防保健和健康的生活方式。

卫生维护组织的主要缺点是限制人们选择接受医疗服务的医生和医院的权利。卫生维护组织可能只服务于有限的区域,这对加入该计划的人有所限制;可能会迫使人们离开现有的医生,而从列表中选择那些属于卫生维护组织的医生。在遇到严重疾病时,人们必须向属于卫生维护组织的专家咨询,即使该地区有声誉更好、资质更优的医生。此外,一些消费者群体批评卫生维护组织为了节省医疗成本,降低对患者的护理质量。

为了解决在卫生维护组织中病人得不到医疗保险服务的问题,美国政府立法者提出了"患者权利法案",目的是保护患者权益不受成本控制政策的损害。虽然美国政府立法者还在讨论该问题,但已经有38个州的法律允许患者向由独立专家组成的外部审查委员会提出上诉。此外,得克萨斯州牵头的10个州通过了相关法律,允许患者起诉卫生维护组织,超过23个州正在考虑实施该项法律。[41]

优先提供者组织

优先提供者组织(PPO)是指由雇主或保险公司在医生和医院之间建立医疗网络,为缴纳固定年费的会员提供广泛医疗服务的健康保健计划。由于是会员制服务,优先提供者组织的收费低于医生和医院对普通患者的收费标准,而且月保险费低于传统医疗保险计划中同等服务的收费。以较低的医疗费为代价,加入优先提供者组织的医生和医院希望可以获得更多的患者。优先提供者组织的会员可以进行预防保健(如体检)而无须向医生支付常规服务费。优先提供者组织收集医疗服务的相关使用信息,使雇主可以定期改善计划,进而降低成本。2012年,63%的拥有医疗保险的员工选择了优先提供者组织。[42]

优先提供者组织将一些最好的卫生维护组织(经营医疗保障和各种各样的固定收费制医疗服务)的灵活性与传统的医疗保险计划相结合,允许会员到优先提供者组织以外的另付费的医生和医院就医。选择非优先提供者组织的医生和医院的人要支付优先提供者组织规定的额外的共付医疗费和应扣除保险额。因为优先提供者组织不存传统医疗保险计划或卫生维护组织的劣势,它们将继续快速成长。

有些雇主不仅为员工提供不同类型的医疗保险福利,还在工作现场开设医疗诊所,以便员工享受医疗保健服务。管理者笔记"公司的现场医疗诊所降低了医疗费用",解释了丰田公司决定在得克萨斯州圣安东尼奥市的卡车工厂为员工提供现场医疗服务。

管理者笔记:客户导向的人力资源

公司的现场医疗诊所降低了医疗费用

员工对于丰田公司在得克萨斯州圣安东尼奥市卡车工厂建立现场医疗中心一事非常热情。一名生产线工人 Louis Aguillon 因使人不得安宁的背部疼痛而前往该诊所,仅仅支付了5美元却得到了20分钟的就诊时间。Aguillon 说:"在这里,你得到了公司的认真对待。"

丰田将医疗中心视为一种商业投资。2007年,公司花费900万美元建立该设施,但预计未来十年将节省数百万美元的医疗费用支付。通过对医疗保健系统(运行诊所)的管理,该诊所帮助丰田公司削减了高价的医疗项目支出,包括高薪专家出诊费、急诊费用及昂贵的药物使用费。此外,丰田公司发现员工的生产率提高了,因为工人不必离开工厂就可以得到常规的医疗护理。

由于医疗保险计划成本的不断上升,丰田公司建立了现场医疗诊所,代表着一种趋势。提供现场医疗服务的公司还包括日产、哈利士娱乐、谷歌、迪士尼和胜地集团。Watson Wyatt Worldwide 福利咨询公司近期的一项调查发现,在拥有1000名以上工人的雇主中,32%或者已经拥有现场医疗中心,或者准备建设现场医疗中心。

在丰田公司,一名员工每看一次医生花费5美元,而如果该员工去外面诊所看病则需要15美元。在圣安东尼奥市的丰田工厂,已经签署使用现场诊所的工人往往看不到寻求外部医护的理由。该医疗中心包括由三名医生组成的团队再加上牙医、理疗等医生,可以做X射线检查、治疗骨折并处理各种紧急状况。医生所提供的服务只收取医疗专家或当地医院所收取费用的一半。在圣安东尼奥市的丰田工厂,60%的员工签署了使用现场医疗设施的协议。

资料来源:Welch, D. (2008, August 11). The company doctor is back. *BusinessWeek*, 48—49; LaPenna, A. (2009, March-April). Workplace medical clinics: The employer-redesigned "company doctor". *Journal of Healthcare Management*. www.entrepreneur.com.

员工同居伴侣的医疗保险计划

传统意义上,医疗保险福利只提供给员工及其配偶或家属。但现在,雇主被要求为员工的同居伴侣提供同样的医疗保险福利,无论是未婚的异性伴侣还是同性伴侣。

据全美最大的同性恋权益组织人权运动报告,包括那些在美国商界最负盛名的公司,如微软、维亚康姆、苹果、华纳兄弟等,超过一半的《财富》500强公司为员工的同居伴侣提供医疗保险福利。[43]为未婚异性同居伴侣提供福利的公司还有班杰瑞、李维斯和房利美等。

研究表明,同性伴侣和未婚异性伴侣的医疗保险费用往往低于已婚夫妇。此外,许多同性恋员工出于隐私考虑,不会申请这项福利。为了避免员工滥用医疗保险福利,雇主可以要求符合条件的员工签订"同居人证明",以此说明同居和财产共享状况。不久的将来,为了规避因歧视员工而导致的诉讼压力,雇主可能会向所有的同居伴侣提供医疗保险福利,异性恋员工和同性恋员工之间的界限会日益模糊。[44]

医疗储蓄账户

2004年,一种被称为**医疗储蓄账户**(HSA)的新型医疗计划开始为员工服务,可以为个人节省税前所得的医疗保险费用。雇主提供账号连同具有较高免赔额的医疗保险计划——至少1 250美元的单身保险和2 500美元的家庭保险。2014年,单身保险最高达到3 300美元,家庭保险最高达到6 550美元。[45]该账户的收入无须缴税,也无须用来支付医疗费用。医疗储蓄账户允许未动用的资金转到下一年结算,无形中形成了一个免税储蓄库。为了换取更高的免赔额,医疗储蓄账户的保险费低于其他医疗保险政策,对那些无须大量的日常保健和预防服务的、相对健康的家庭更具吸引力。

医疗储蓄账户背后的逻辑是:客户在医疗保险服务方面的个人花费越多,就越有可能在经济方面做出负责任的决策,例如不会为小病去看急诊,或者选择普通药品而不是品牌药品。[46]

健康医护成本控制

根据恺撒家庭基金会的一项调查,2012年的医疗保险费用为单身员工5 615美元、家庭15 745美元。[47]员工个人缴费占总保费的比例为单身18%、家庭24%,雇主承担其余的医疗保险保费成本。公司人力资源部门的福利管理者可以设计(或修改)医疗保险计划以控制成本。医疗保险计划在鼓励员工选择更健康的生活方式方面意义重大。具体来说,人力资源管理人员可以:

- **成立医疗保险自筹基金**。公司自筹基金就是把另行支付的保险费纳入某个基金,用以支付员工的医疗保险费用。这种计划鼓励雇主承担员工健康安全方面的部分责任。自筹基金计划可以提供与传统医疗保险计划同样的服务,提高管理效率以降低成本。[48]
- **协调双职工家庭的医疗保险计划**。人力资源管理人员应鼓励在两种不同保险计划下拥有双重保险的配偶采用费用分摊的方法。许多公司(如通用电气公司),要求配偶(在职)削减了雇主医疗保险的员工相比配偶无工作或者没有其他保险来源的员工支付高得多的保费。[49]

- **为员工建立健身计划。** 健身计划用来评估员工可能发生严重疾病（如心脏病或癌症）的风险，再告之如何改变一些习惯（如饮食、运动，避免酒精、烟草和咖啡因等有害物质）以降低这种风险。[50] 位于科罗拉多州的啤酒生产商 Adolph Coors 公司的健身计划由六部分组成：健康危险评估、运动、戒烟、营养吸收和体重下降、体检和心血管康复、压力和愤怒控制。据估计，Coors 公司的健身计划每花费 1 美元会带来 3.37 美元的利益。[51]

- **为员工提供高免赔额健康计划。** 高免赔额健康计划（high-deductible health plan, HDHP）是一种雇主可以管理员工健康计划成本的方式，每个员工须自行支付免赔额以内的医疗费用。高免赔额医疗计划只在员工有重大医疗问题时才启动。有时被称为灾难性的健康计划，因为它只能用于严重的医疗事件。高免赔额健康计划可以关联健康储蓄账户。高免赔额健康计划背后的思路是，当员工的医疗保健面临更大的财务风险时，他们可以做出更合理、更经济的医疗保健决策。由于免赔额较高，这些医疗保健计划可以降低雇主的成本和员工的保费成本。[52]《患者保护与平价医疗法案》对高免赔额健康计划计划的使用做出了一些限制，规定医疗保险计划必须承担至少 60% 的年医疗费用，并且单身者每年最多只需支付 6 350 美元，家庭每年最多支付 12 700 美元的医疗费用。

管理者笔记"健身实践改善员工健康，降低公司健康医护成本"，给出了一些多样性的健身实践想法，公司正在使用这些做法以改善员工健康和降低医疗费用。

管理者笔记：伦理/社会责任

健身实践改善员工健康，降低公司健康医护成本

一些公司用来支持员工在工作场所开展健身活动的例子如下：

- **给员工更灵活的工作时间安排，使他们能够经常锻炼。** 通信技术公司 Bandwidth 给予员工更长的午餐时间，以便他们餐后可以在健身房锻炼。该公司还赞助运动比赛项目，鼓励员工参与体育活动。

- **为员工提供健康食品。** Scripps 医院设置了自助小卖亭售卖健康食品；还提供补贴，用于补助员工购买健康食品。

- **为参与健身活动的员工提供财务激励。** 全美财务公司给予员工近 300 美元，以完成健康风险评估及随后的健康改善活动。全美财务公司对健康的关注有助于减少医疗保健福利成本。

- **倡导竞争意识。** 制造商 Ashcroft 公司建立一项专注于友好竞争的健身计划，员工以团队或者个人名义参加公司组织的健身比赛。一年后，公司 68% 的员工自愿参加比赛。

资料来源：Lucas, S. (2013, May 6). Wellness programs that work for small businesses. Inc., www.inc.com; Mannino, B. (2012, June 14). Wellness programs finally catching on with companies. *Fox Business*. www.foxbusiness.com; Lorenz, M. (2010, July 8). 7 habits of highly successful corporate wellness programs. *The Hiring Site*. www.thehiringsite.careerbuilder.com.

12.4.2 退休福利

退休后,人们有三个主要的收入来源:社会保障、个人储蓄和退休福利。因为社会保障预计只提供大约退休前25%—50%的收入,退休人员必须依靠额外的、由雇主提供的退休金和个人储蓄以保持原有的生活水平。退休福利为员工实现保持退休前收入水平的长期经济目标而提供保障。

人力资源部门的一个重要服务项目是为接近退休年龄的员工提供退休前咨询。退休前咨询让员工了解他们的退休福利,能够有计划地安排退休生活。[53]福利专家应回答以下问题:

- 有了社会保障后,退休后的总收入是多少?
- 一次付清和按年发放(每年固定数额的收入)退休金,哪种退休福利更适合呢?
- 如果退休后从事兼职工作赚取额外收入,对退休收入有哪些税收方面的影响?

国内收入署认为,退休福利计划是在税收法下最受欢迎的税收待遇。合格的退休计划必须为员工提供众多可供选择的类型,不能偏向高薪员工而忽视收入较低员工。在一个合格的退休计划下,员工在没有获得退休金之前不必缴存额纳税。此外,投资的累积收益不必每年纳税。雇主为退休计划每年缴存的款项在纳税时可以扣除。

《雇员退休收入保障法案》

在美国,退休福利管理的主要法律是《雇员退休收入保障法案》(ERISA)。1974年通过的《雇员退休收入保障法案》保护员工的退休福利免受管理不善的影响。[54]《雇员退休收入保障法案》的关键条款规定了拥有退休福利的资格、退休金保留权及资金要求。

- **拥有退休福利的资格**。《雇员退休收入保障法案》要求参与退休计划员工的年龄不得低于21岁。然而,雇主可能会要求只有在公司工作超过一年的员工才可以参加退休计划。
- **退休金保留权**(vesting)。当退休计划参与者退休或离开雇主时,会收到累积退休金,称为退休金保留权。目前的《雇员退休收入保障法案》规定,员工要想拥有退休金保留权,必须满足以下两点:(1)工作五年以上拥有完全的退休金保留权;(2)工作三年拥有20%的退休金,之后每工作一年多拥有20%的退休金,直至工作满六年即拥有完全的退休金保留权。如果雇主愿意,他们可以提供更快的退休金增长方式。退休金保留权仅与雇主提供的退休福利计划有关。员工参与的任何福利计划始终是员工资金与福利累积资金的结合。员工提供的资金加上雇主提供的福利是既定的,也可以说是便携式福利(portable benefits)的,它们随着员工从一家公司换到另一家公司而转移。
- **资金要求和义务**。除了设立最低资金要求的退休计划指南,《雇员退休收入保障法案》还规定,退休计划管理机构在利用参与者的资金投资时应慎重行事,不符合《雇员退休收入保障法案》规定的计划会受到国内收入署的经济处罚。

为了保护员工不受雇主可能发生的经营失败的影响,《雇员退休收入保障法案》要求雇主提供计划终止保险,即使该计划终止(无论是因为失败的投资决策还是公司停业)仍保证退休员工可以得到福利。养老金固定收益计划（接下来会讨论）由政府机构**养老金福利担保公司（PBGC）提供**。

养老金固定收益计划

养老金固定收益计划（defined benefit plan）称**退休金**（pension），是一个承诺支付固定金额的退休收入的退休计划，该收入基于员工退休前最后3—5年的平均收入计算。养老金固定收益计划提供的年收益随着为雇主提供的服务年限而增长。例如，根据提前五年退休的平均年薪50 000美元，柯达公司的退休金计划每年向服务30年以上、65岁退休的员工支付20 523美元；制药巨头默克公司每年向服务30年的65岁员工支付24 000美元。[55]

根据养老金固定收益计划，雇主向退休人员提供固定收入，承担所有风险，并有可能为该计划提供所有的财务资助。养老金固定收益计划最适合那些为员工提供有保障且可预测的退休金的公司。密歇根州的道氏化学就是这样一家公司。[56] 该计划不太适合那些要求员工分担和承担退休资产管理风险责任的公司。

大多数公司的养老金固定收益计划只有当员工在公司度过整个职业生涯中的30—35年时间才提供最高退休金，那些在不同公司间不断变动工作的员工所获得的退休收入则会少很多。如果员工经常在劳动力市场上更换工作和雇主，那么养老金固定收益计划对这些员工的吸引力就很小，因为很少有人会付出整个职业生涯在一家公司。因此，为员工提供养老金固定收益计划的公司数量已经在减少。[57]

养老金固定缴款计划

养老金固定缴款计划（defined contribution plan）是一个雇主承诺为计划的每个参与者投入确定数额资金的退休计划。例如，养老金固定缴款计划可能要求雇主在每次发薪时缴纳员工工资的6%。一些养老金固定缴款计划还允许或要求员工缴纳额外的款项。参与者领取到的退休收入取决于计划投资的成功与否，因此是不可预知的。[58] 重视员工承担风险和参与的公司有可能提供养老金固定缴款计划。根据该计划，雇主和员工共同分担养老金的风险与责任。员工可能需要从代表不同程度风险的不同投资选择中决定如何分配退休金。因为与固定收益计划相比，该计划要求雇主承担的责任更少，近年来新建立的退休计划大多为养老金固定缴款计划。

养老金固定缴款计划也有缺点。受过良好教育和领取高薪的员工可能受益于这种风险计划，然而对低薪员工则可能不利。美国参议院劳工和人力资源委员会的一份报告称，到2020年，美国将有超过5 000万临近退休年龄的男性和女性，但许多人因低薪而无法退休。他们买不起雇主提供的养老金固定缴款计划，其中大多是低薪员工和女性。[59]

图表12.6总结了最常见的养老金固定缴款计划：401(k)计划、个人退休账户（爱尔兰）计划、员工简易退休计划和基欧利润分享计划。从长远来看，这些计划都是非常有价值的征税福利。

图表 12.6 养老金固定缴款计划的组成

计划	提供对象	提供者	最高福利	福利/收入减税
401(k)计划	盈利性企业的员工	有资格的任何人	2014年为工资的15%，最高达17 500美元	是/是
个人退休账户计划	赚取薪水的任何人	没有参加公司退休金计划或参加公司退休金计划投保最高额的员工	工资的100%，高达5 500美元，如果配偶也参加，可达11 000美元。	有时/是
员工简易退休计划	个人职业者及小企业员工	独资企业主	个人纯收入的25%或52 000美元，两者中数额较少的一种	是/是
基欧利润分享计划	个人职业者及非法人企业	为自己和员工建立退休金计划的小企业主	同员工简易退休计划	是/是

资料来源：Internal Revenue Service Web site(2014)，www.irs.gov.

401(k)计划

要了解401(k)计划及其他延税退休计划的特点和优势，请考虑以下情况：假设你要储存月退休金中的100美元，你处在28%的美国联邦所得税等级，你的投资每年将获得8%左右的收益。如果你要从薪水中存钱并放进个人储蓄账户，假设每年放入1 200美元，实际上因税收而减至864美元(见图表12.7)，加上一年的利息而增至891美元。每年的投资收益也将被征收28%的税率。如果你继续每年存入个人储蓄账户1 200美元，30年后退休基金将增至67 514美元。

	个人储蓄户(美元)	延期补偿金(美元)
每年预留工资(100美元/月)	1 200	1 200
减税额（28%）	336	0
每年净投资额	864	1 200

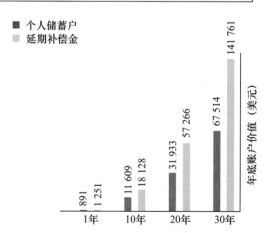

图表 12.7 个人储蓄账户与延期补偿金

资料来源：State of Tennessee. Introduction to the deferred compensation programs.

如果使用类似401(k)计划的延税退休计划,即可节省月税收额。另外,如果你每年存入退休账户1 200美元,一年后,账户金额将是1 251美元(对比个人储蓄账户的864美元);30年后,存款将增加到141 761美元,是个人储蓄账户存款的两倍以上。当你退休后要提取这笔存款时,将以退休税率征税。

任何在营利性企业工作的人都有资格参与401(k)计划。[60]多数成立401(k)计划的公司提取高达6%的员工薪水作为25%—100%的员工福利。[61]2014年,401(k)计划提供了相当于工资15%的福利,最多不超过17 500美元。在非营利性组织的员工还可以通过403(b)退休计划为退休生活存款,该计划具有与401(k)计划相同的功能。在403(b)计划中,非营利性组织的员工具有与401(k)计划中营利性组织的员工相同的储蓄机会。

401(k)计划的匹配功能同时吸引了雇主和员工。员工由于积累延税退休金而受益,雇主由于风险降低而受益,当员工离职或退休时没有支付义务。通常,员工可以自主决定如何投资,有两种基本的投资策略选择:一是高回报、高风险;二是低回报、低风险。第一种策略类似于投资于股票市场,第二种策略类似于投资于储蓄。

有争议的是,许多大公司以股票形式提供给员工401(k)计划对应的福利金额。例如,宝洁、辉瑞制药、通用电气和麦当劳均以公司股份的形式与员工401(k)计划相匹配。[62]一名员工将大部分退休储蓄投资到一家公司的股票中具有相当大的风险。这种风险在2001年破产的安然公司身上显露无遗,其股价的崩溃使得成千上万的安然员工退休金荡然无存。[63]更糟糕的是,安然公司限制员工出售股票,直至接近退休年龄。

2006年《养老金保护法案》(Pension Protection Act)颁布后,在促进401(k)计划多样化上,员工拥有更大的灵活性,不只是公司股票,还包括低风险的投资(如共同基金)。雇主必须允许员工在三年内将公司股票套现,以使401(k)投资多样化。现在,许多公司允许员工在任何时候均可以进行转换。[64]

翰威特咨询公司(Hewitt Associates)的数据显示,最近401(k)计划的自动注册功能已被59%的公司采用。此功能旨在提高没有加入401(k)计划的25%员工的注册率,因为他们在初入职场时可能不知道如何在福利方面做出决策。有了自动注册功能,员工被雇用后会及时加入401(k)计划,并且如果不想参与,他们有退出的权利。得克萨斯州一家炼油厂ALON实行自动注册的401(k)计划后,员工参与率从40%增至80%。[65]

个人退休账户计划

2014年,个人退休账户(IRA)允许人们每年有最高5 500美元(或每年与配偶一起有11 000美元)的免税缴款额。与其他固定缴款计划不同,个人退休账户是个人的储蓄计划,也就是说雇主不会参与。与401(k)计划一样,个人退休账户的利息税延至员工退休后才兑现。和雇主一起参与退休计划的员工或者调整后收入达70 000美元(单身)或116 000美元(合并报税的已婚者)以上的员工不享受这项免税福利。[66]然而,对于个人退休账户的延税收入则没有这种限制。无论是那些没有公司养老金计划的员工,还是已经在公司养老金计划中缴纳了最高限额的员工,都可以参与个人退休账户。

1998年,一个新版本的个人退休账户(被称为罗斯个人退休账户)开始使用。罗斯个人退休账户允许人们从年税后收入中交纳高达5 500美元的福利金,放入退休后累计利息和收入分配不征税的储蓄计划中。罗斯个人退休账户(类似于常规的个人退休账户)要求,个人收入可以从储蓄账户中顺利提取的最低年龄为59.5岁。罗斯个人退休账户只局限于调整后收入低于129 000美元的单身员工或191 000美元的合并报税已婚者。罗斯个人退休账户对那些预计将来税率更高的人是有利的,因为当一个人跨入更高的税率级次时,传统的个人退休账户下可能节省的税额将被退休收入的免税缴款额抵消。[67]

员工简易退休计划

员工简易退休计划(SEP)与个人退休账户类似,但个人退休账户允许通过雇主参加退休计划的员工参与(服从于前文所述的限额),而员工简易退休计划仅限个人职业者或没有退休计划的小企业员工参与。有资格参与员工简易退休计划的人可在延税的基础上投资最高达25%的年收入或52 000美元(以两者中较低者为准)。

基欧利润分享计划

基欧利润分享计划的缴款上限与员工简易退休计划相同,但允许雇主在公司绩效(以利润衡量)的基础上,向员工的退休账户供款。基欧利润分享计划允许公司在利润微薄时提供较少的供款,在利润较高时提供较多的供款。基欧利润分享计划有三个主要优点:第一,让员工分享公司绩效,从而树立了团队意识;第二,允许雇主根据支付能力为退休计划供款;第三,在税收优惠方面,与员工简易退休计划类似。

混合型养老金计划

混合型养老金计划解决了养老金固定收益计划和养老金固定缴款计划的问题。在员工流动率日益上升的环境下,养老金固定收益计划为那些忠诚度高的员工提供了奖赏。虽然养老金固定缴款计划比养老金固定收益计划更加方便,但关注更多的是投资回报而不是工作绩效。因此,高流动的员工可能会就此止步,因为经常变换工作可能会得到比在一家公司工作所得的传统养老金计划更少的退休收入。其中,最通用的混合型养老金计划建立在上述两种退休金计划之上,被称为现金余额计划。该计划的运作方式如下:员工每年根据年薪,为延税退休收入账户贷一定数额的资金。这些资金按共同协商的利率(如五年期国库券利率)计算复利。当员工变换工作时取走账户现金余额。现金余额计划的一个缺点是为个人账户保存记录既费时又费钱。另一个棘手的问题是当一家公司决定取消传统的养老金计划、采用现金余额退休金计划时会影响员工。在某些情况下,现金余额退休金计划为资深员工提供的养老金低于传统计划。IBM公司员工从法律上质疑公司的决定,将传统的养老金计划转换为基于所谓的年龄歧视的现金余额计划。然而,美国联邦上诉法院裁决支持IBM公司的权力以转换传统的养老金计划为现金余额计划,这项2006年法院对现金余额计划的裁决为其他公司的转换开了绿灯。[68]

尽管存在这些潜在的缺点,但现金余额计划仍然广受欢迎,因为它有效地留住了年轻员工。金霸王国际和美国银行是采用现金余额计划的两家公司。[69]

12.4.3 保险计划

各种各样的保险计划可以为员工及其家属提供经济担保。保险公司提供的两个最有价值的保险福利是人寿保险和长期伤残保险。

人寿保险

基本定期人寿保险为已故员工的家属提供福利。典型的福利金为该员工年收入的1—2倍。例如,花旗集团和AT&T公司提供的人寿保险金为员工的年收入。在大多数情况下,公司仅针对雇员提供定期人寿保险,而实施弹性福利政策的公司可能允许雇员购买基本保险以外的保险。例如,一个有无业配偶的员工,可能需要为家属准备相当于3—5年收入的福利金。大约78%的大中型企业为全职员工提供人寿保险福利。

长期伤残保险

美国社会保障管理局(Social Security Administration)的研究显示,大约有1/3的当今20岁的工人在到达退休年龄(67岁)之前就已残疾。根据生命与医疗保险基金会(Life and Health Insurance Foundation)的研究,残疾的主要原因是慢性疾病——心血管问题、肌肉骨骼问题和癌症是主要的诊断,而不是与工作有关的事故。[70]当发生意外或者终身残疾时,这些员工需要替代收入以弥补损失。工伤保险不为那些下班后发生意外的员工提供伤残收入,而社会保障只提供一定的伤残收入以满足最基本的需求。

长期的残疾可以很快耗尽一个人的财力资源。除了日常的生活费,许多残疾人还面临医疗费用和其他费用,如从残疾到康复的康复费用。许多康复服务不包括在医疗保险内。[71]

长期伤残保险为那些不能承担必要工作职责的伤残员工提供替代收入。只有被鉴定为6个月以上伤残的员工才有资格领取伤残补贴,这些福利为员工薪水的50%—67%。[72]例如,施乐公司根据长期伤残保险计划提供60%的替代收入,而IBM公司提供67%的替代收入。[73]低于6个月伤残的员工有可能根据病假政策(第13章讨论)得到一定的替代收入。员工还可以购买短期伤残保险,它提供的保险范围小于长期伤残保险。

如果把社会保障福利加入长期伤残保险福利,员工的总替代收入就可能是工资的70%—80%。长期伤残保险计划通常把社会保障考虑在内,提供给伤残员工不超过工资80%的福利,因为较高的伤残福利可能阻碍员工返回工作岗位。大约45%的大中型企业为员工提供长期伤残保险福利(见图表12.2)。

12.4.4 带薪休假

带薪休假是让员工在规定的工作时间以外,能够有时间开展休闲活动,做一些私事或履行公民义务。带薪休假包括病假、休假、离职金和节假日。对于雇主来说,带薪休假是最昂贵的福利之一。美国的带薪休假成本占工资总额的7.0%。[74]

病假

病假福利是指雇主为短期内因疾病和伤残而无法工作的员工提供全天薪水。长期为公司服务的员工往往会被奖励更多的病假。美国劳工统计局统计,在公司服务满一年的员工,雇主平均提供 15 天病假。许多雇主允许员工累积未使用的病假。例如，工作 10 年的员工，如果他或她没有休过病假，就可以累积 150 天病假(10 年中每年 15 天的病假总数为 150 天)。这种积累的福利足以让员工在一场大病后获得全额替代收入，超过 6 个月之后则会得到长期伤残保险福利。

有些公司给那些未使用病假和休假的退休员工以经济补偿。例如，惠普公司首席执行官约翰·杨(John Young)在退休时获得了 937 225 美元，以补偿他为公司服务 34 年累积的未使用病假和假期。[75]

人力资源福利专家必须对病假福利进行监测和控制，防范员工利用病假经营个人企业或作为自己的"精神健康日"。生产力咨询公司 Kronos 的一项调查显示，57％的受薪员工请病假的时候并没有真的生病。[76] 人力资源部门应考虑制定以下政策：

- 成立"健身支付"奖励计划，对不使用任何病假的员工给予物质奖励。健身计划也会鼓励员工采取健康的生活方式和申请更少的医疗福利。例如，Quaker Oats 公司针对那些经常运动、不吸烟或有系安全带习惯的员工提供 500 美元的奖金。[77]
- 实施弹性工作时间，使员工有时间处理私事，从而减少出于这方面的原因而申请病假。
- 鼓励员工在离职或退休时以一次性支付现金替代未使用的病假。另外，让员工有机会积累休假天数。
- 允许雇员每年有一两天以处理个人事情，这有助于防止员工在即使没有生病的时候也休假。就业网站 CareerBuilder 进行的一项民意调查显示，29％的员工在最近一年休了病假，即使他们不是真的病了。[78]
- 建立带薪休假(PTO)银行，将员工的正常假期、病假、个人休假及浮动假日累积起来。带薪休假计划允许员工选择如何利用休息时间而不会感到压力。在带薪休假下，只要和主管领导沟通好，员工就可以以任何理由休假。出于计划外的原因也可以休假，例如疾病和紧急事件。[79]

年休假

带薪年休假使员工远离压力和例行的、紧张的日常工作。年休假让员工为自己的心理和情感充电，并有可能改进工作绩效。[80] 为了奖励服务年限长的员工，许多公司为他们提供更长的年休假时间。例如，在惠普公司工作满一年的员工有资格获得 15 天的年休假；服务满 30 年后，他们有权享受 30 天的年休假。带薪休假福利的一个新发展是：一些公司正使用无限制的带薪休假政策，希望减轻员工压力并降低离职率。带薪休假政策信任那些需要从工作中放松的员工，使公司不必将员工的带薪休假时间记录在案。硅谷的网飞、Zynga、印象笔记等公司正采用无限制休假政策以帮助招聘工程技术人才。[81]

图表 12.8 是各国员工平均享受带薪年休假天数的比较。美国员工平均每年约为 10 天(2 周)；日本和美国一样，但远远低于大多数欧盟国家。例如，法国员工每年有 35 天(7 周)的带薪年休假，英国员工每年有 25 天(5 周)的带薪年休假。许多欧洲国家员工享受法定的带薪年休假天数，但美国没有这样的法律。

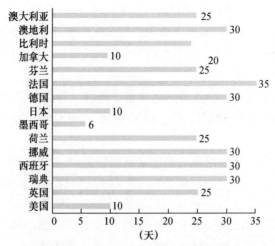

图表 12.8　各国员工平均享受带薪年休假天数

资料来源：Galvan, S. (2004, July 6). Wake up and smell the beach, Americans. *Denver Post*, B-6; Minimum vacation time around the world. (2010). www.nationmaster.com.

一些美国公司已经开始为员工提供公休假，这是带薪年休假的延伸。公休假可以看作一种有目的的休假，帮助员工提升技能从而为公司提供服务。公休假在大学和大学教师中非常普遍，已经是一个惯例。在商界，公休假最有可能出现在新兴产业、高科技产业，以及员工的技能迅速过时并需要更新的企业。例如在英特尔，工作了七年的工程师和技术人员拥有除带薪年休假以外的 8 周的带薪公休假。员工利用公休假继续学习，或者在公立学校或学院任教，或者开展非营利性的志愿者工作。[82] 在英特尔公司，约 4 350 名工人（约占总数的 1/20）在给定年度有公休假。人力资源管理协会报告，美国 23% 的企业为员工提供带薪或无薪休假。另一家采取员工公休假计划的公司是麦当劳，其全职员工除了年休假，每 10 年还可以获得 8 周的带薪休假。[83]

离职金

尽管与通常所认为的福利不同，给被裁员工的离职金也是某种形式的带薪假。离职金的类型大相径庭。一些组织的做法是，员工每为公司工作一年就可获得一个月的薪资作为离职金，但总额通常以年薪资为限。离职金可以减轻失业的冲击，并为员工寻找新工作提供帮助。

带薪育婴假

在美国，《家庭与医疗休假法案》(FMLA) 规定，作为新生婴儿的父母可以享受长达 12 周的无薪假期，只有加利福尼亚和新泽西两个州的法律规定向员工提供长达 6 周的带薪育婴假。在加利福尼亚州，育婴假期间可以享受 55% 的周薪，在新泽西州，则可以享受 67% 的周薪。[84] 除美国以外，许多国家制定了带薪育婴假的相关法律法规。在瑞典，职场父母在每个新生婴儿出生后，可以获得长达 16 个月且享受原工资 80% 的带薪假，相关成本由雇主与国家共同分担。德国则提供长达 14 个月且享受原工资 65% 的带薪假，日本提供 14 周且享受原工资 60% 的带薪假。[85]

节假日与其他带薪休假

许多雇主让员工享有带薪节假日,或者支付额外的报酬给那些自愿或被要求在节假日工作的员工。在美国,雇主平均每年提供 10 天的带薪节假日。其他国家为员工提供类似的或更多的带薪节假日天数。英国每年有 10 天的带薪节假日,巴西有 13 天,日本有 14 天,法国有 11 天。[86] 即使没人要求,许多雇主也会出于义务而提供带薪假期。在制造业,员工的工作时间安排紧凑,许多雇主提供(自愿或通过工会协议)时间让员工就餐、清洗、更换衣服。一些工会协议(特别是在铁路和其他运输公司)还规定,在预定工作时间内即使没有工作可做,雇主也要支付薪水。

12.4.5　员工服务

最后一种员工福利是员工服务。雇主在免税或税收优惠的基础上提供员工服务,可以提高员工工作质量或个人生活质量。图表 12.9 列出了一些众所周知的员工服务,包括儿童看护、健身俱乐部会员资格、公司餐饮补贴、停车位和公司的折扣产品。

图表 12.9　作为福利的员工服务

1. 慈善捐款	13. 工作接送
2. 咨询	14. 旅行费用
• 金融	• 租车补贴
• 法律	• 通行费和停车费
• 精神/心理	• 食品和娱乐补贴
3. 税务筹划	15. 服装补贴
4. 教育补贴	16. 工具补贴
5. 儿童看护	17. 搬迁费用
6. 儿童领养	18. 紧急贷款
7. 老人护理	19. 信贷俱乐部
8. 餐饮补贴服务	20. 住房
9. 折扣产品	21. 员工援助计划
10. 健身意识和减肥计划	22. 现场医疗卫生服务
11. 社交和娱乐机会	23. 便携式电脑
12. 停车位	24. 礼宾服务

资料来源:*HR Focus*. (2000, June). What benefits are companies offering now? 5—7; 100 best companies to work for (2010). www.cnnmoney.com.

公司正在重新审视员工服务及其对员工的价值。多年来,雇主提供的是暂时性和试验性的员工服务,往往作为健康和医疗保险计划与养老金计划的补充。但是今天,公司提供各种各样的服务以吸引和留住员工,尤其是在不能提供有竞争力的薪酬或晋升时。位于波士顿的 John Hancock 共同人寿保险公司揽才的重点放在各种福利上,包括灵活的调度、保健服务、健身中心,以及可以从公司食堂带回家的食品。[87] 信息技术咨询公司埃森哲为长时间远离故乡从事咨询项目的顾问提供礼宾服务,包括汽车服务、洗衣店取衣服、买礼物及购买机票。这种支持可以减少忙碌的员工花在私事上的时间,从而减轻员工压力。[88]

如今,最有价值的员工服务是儿童看护。[89] 目前,约 7% 的美国雇主提供一些儿童看护福利,这一比例很可能会由于有小孩的单亲家庭和双职工家庭的增加而上升。[90]

公司提供的儿童看护服务有多种选择,其中最昂贵的是儿童保育中心。其他儿童看护方案包括儿童保育中心的员工育儿补贴,并为在职父母提供儿童保育咨询服务。[91]由于儿童看护成本很高,雇主通常补贴50%—75%的费用,员工支付其余费用。[92]

除了儿童看护福利,许多员工还急需老年人护理的福利需要,以照顾年迈的父母。最近在员工福利方面的趋势是提供一个组合的儿童和老年护理福利,被称为"援助性护理",作为一个安全网络为员工的孩子和老年家庭成员提供受信任的、负担得起的临时照看,使他们能保持工作,适用于意外疾病、手术后恢复或学校关闭等原因使得定期的护理安排不可行。[93]

在全球范围内做生意的跨国公司发现,员工对福利的偏好是高度多样化的,正如管理者笔记"员工福利的全球视角"所解释的那样。

管理者笔记:全球化

员工福利的全球视角

当跨国公司在全球范围内开展业务时,员工的福利需求更为多样化。例如,拉丁美洲一些国家的员工对401(k)退休计划毫无兴趣,而它在美国却是如此流行。许多拉丁美洲国家经历过金融危机,这些国家的雇员不希望他们的资金捆绑在可能会迅速失去价值的股票和债券上。

以下是在一些经济体流行但在美国则较为罕见的福利:

- **印度**。在印度,一个流行的福利是为员工年老的父母提供健康医疗福利。印度员工更可能与父母生活在一个多代同堂的家庭中。
- **中国香港**。香港地区的员工经常将中医作为定期健康医疗保险的补充。
- **菲律宾**。菲律宾人通常收到来自雇主的大袋大米的福利;现在,企业把大米实物改成以现金支付的"大米补贴"。企业还提供"弹性"福利,以便那些追求潮流的员工可以用现金交换免费移动电话。
- **巴西**。为了防止被绑架,巴西的高管们经常配有防弹车及专职司机和保镖。与其说这是一项福利,不如说是一项安全预防措施。
- **俄罗斯**。由于俄罗斯的消费者难以获得贷款,加之生活成本高,公司抵押贷款被视为有吸引力的福利。
- **法国**。一些法国雇主将公司拥有的滑雪小屋和海景房提供给员工使用,员工只需象征性地支付费用。这一福利也被一些德国公司采用。欧洲雇员在山区或海边的度假时间更长。
- **瑞典**。新生婴儿的父母有权获得从婴儿出生日开始的为期16个月的假期,期间享受80%的工资。父母双方各自享有60天的假期,其余假期可以由父母决定如何在双方间分配。

资料来源:McGregor, J. (2008, January 28). The right perks: Global hiring means how different cultures view salaries, taxes, and benefits. *BusinessWeek*, 42—43. Working in Sweden-employee guide. (2010). www.investsweden.se.

12.5 福利管理

本节研究员工福利管理工作中的两个关键问题:(1)弹性福利的应用;(2)员工福利沟通的重要性。人力资源部门通常在福利管理方面占主导地位,但管理者应该与员工沟通,帮助员工进行选择,偶尔提供咨询意见,记录休假时间和病假天数,并在出现争端时及时通知人力资源部门。

12.5.1 弹性福利

员工有不同的福利需求,这取决于年龄、婚姻状况、员工的配偶是否工作及所享福利重复、家庭中的儿童年龄等因素。弹性福利计划允许员工在雇主所提供的福利中做出选择,如视力保健、牙科保健、家属医疗保险、补充人寿保险、长期伤残保险、儿童看护、老年护理、更长的带薪休假、法律服务,以及401(k)退休计划福利。[94]

图表12.2显示,美国12%的大中型企业具有弹性福利计划,包括美国天合汽车安全系统有限公司、美国教育测试服务中心、克莱斯勒公司及Verizon电信公司。[95]今后,随着劳动力的多样化,可能会有越来越多的公司实施弹性福利计划。

弹性福利计划的类型

最为普遍的弹性福利计划是模块计划、核心加选择计划、弹性开支账户。[96]

模块计划包括一系列不同组合的福利,或者为不同员工群体提供不同程度的福利。例如,模块A可能是基本保险,由雇主完全缴纳保险金,可能只包括必不可少的福利,只针对单身员工设计。模块B可能包括模块A的所有福利,再加上额外的福利,如家庭条件下的医疗保险计划、牙科保健和儿童看护。模块B可用于有孩子的已婚员工,并可能需要雇主和雇员共同支付保险金。

核心加选择计划包括一个核心的基本福利和可以添加到核心福利中的其他福利选择。核心福利旨在为员工提供最低限度的经济保障,通常包括基本医疗保险、人寿保险、长期伤残保险、退休福利、休假。核心加选择计划为员工提供"福利信贷",让他们有资格"购买"想要的额外福利。在大多数情况下,所有员工得到相同数目的信贷,并可能使用它们购买更高级别的核心福利计划或额外福利,如牙科护理或儿童看护。

弹性开支账户是员工的个人账户,由雇主、员工(税前金额)或两者共同投资。员工从账户中支付福利。弹性开支账户可以增加实得工资,因为员工在弹性开支账户上的投资不必纳税。员工福利的管理者必须设计符合美国《国内税收条例》第125条规定的弹性支出账户,该条例主要鉴定福利是否免缴税项。例如,教育福利和班车福利不能列入弹性开支账户,因为它们是应纳税福利。

弹性福利的挑战

弹性福利为员工提供量身定制福利方案的机会,在合理控制公司成本方面也有重要意义。然而,它也会对管理者构成以下挑战:

- **逆向选择**。逆向选择问题会在员工对特殊福利的需求远远大于对基本福利的需求时发生。福利使用率的上升能推动福利成本的增加,并迫使雇主要么增加福利支出、要么减少福利数量。例如,需要昂贵的牙科治疗的员工可能会选择牙科保健而不是其他福利,或者知道自己有很高的早期死亡(由于健康状况,如高血压,甚至是绝症,如癌症)概率的员工可能会选择额外的人寿保险福利。在这两种情况下,保险福利成本最终将被抬高。

  福利管理者可以约束那些可能导致逆向选择问题的福利,以应对逆向选择问题。例如,员工体检合格的公司可能会申请更高的人寿保险金,还可以将很多福利组合成各种福利模块,以确保福利计划更平衡。[97]

- **做出不当福利选择的员工**。员工有时做出不当的福利选择后会后悔。例如,选择额外的休假日而非长期伤残保险的员工在得了一场超过累积病假的长期疾病后,可能会后悔自己的选择。福利管理者可以采取以下措施控制这种问题:(1)提供最大限度降低员工风险的核心福利;(2)对福利选择进行有效的沟通,使员工做出适当的选择。

- **管理的复杂性**。弹性福利计划比较难以管理和控制。员工必然会随时了解福利成本的变化、福利的覆盖范围及福利的利用率,也必然会定期借机改变自己的福利选择。此外,潜在的错误福利记录也比较高。幸运的是,计算机软件可以帮助人力资源管理部门管理福利记录,而福利顾问可以帮助人力资源管理人员选择并安装这些软件程序。

12.5.2 福利沟通

福利沟通是管理员工福利计划的一个重要环节。许多公司具有很好的福利套餐,但从来没有告知员工这些福利的价值,因此员工可能会低估其价值。[98]有效福利沟通的两大障碍是:(1)日益复杂的福利套餐;(2)雇主不愿投入足够的资源为员工解释这些复杂的福利套餐。传统上,福利已经在员工手册或福利手册中对各种福利及其覆盖程度给出了说明。今天,员工福利不断更新变化,更先进的传播媒体也正在推广应用。以下是雇主通知员工增补或变更福利的几种方法:

- 通用电气公司利用福利网页24小时为员工提供信息。通用电气公司的福利网页每月为福利部门减少25 000个咨询电话,从而节约高达175 000美元的费用。据公司统计,每个福利咨询电话要花费8美元,而在线咨询的成本仅为1.00美元。[99]

- 在15分30秒颇具创新性的录像中,洛杉矶市员工退休协会采用侦探特技对退休计划进行分析。在视频分享课上,以动画形式出现的侦探解释诸如"非付费退休金计划"和"养老金固定收益计划"等容易引起混淆的术语,该退休协会通过这种方式使每月新增的500名成员理解相关知识。[100]

图表12.10列出一些公司在员工福利沟通方面的方法。

图表 12.10　员工福利沟通的可选择方法

福利网页
使员工在家中、酒店或其他任何可以上网的地方即可了解相关的福利信息。员工也可以参与不同的卫生保健组织的医疗保险计划,例如不必去公司办公室,在网络上就可以约请一名福利专家

各式各样的传单或简讯
可以邮寄到员工的家中,便于他们在休闲时间阅读这些内容

海报
制作吸引眼球的海报是宣传福利计划的好方式。海报务必设计得简洁、引人入胜

音像资料
目前流行的幻灯片和视频方式可以确保员工在不同地点收到相同的信息

免费电话
员工可以打电话申请福利计划,并可以 24 小时听取关于这些计划的自动语音信息

计算机软件
员工可以通过计算机软件对福利给出"假设"。例如,如果参加 A 医疗计划而不参加 B 计划的话,他们可以计算从工资中扣除的金额;如果每年为 401(k) 计划支付 6% 的话,他们在 60 岁之前可以节省多少钱

资料来源:Hope Health. (2012). *Employee benefits communications*: *New approaches for a new environment*. Florence, SC: Hope Health; Wojcik, J. (2004, December 6). As workers' benefit needs change, so do methods of communication. *Business Insurance*, 10—11; Cohen, A., and Cohen, S. (1998, November/December). Benefits Web sites: Controlling costs while enhancing communication. *Journal of Compensation and Benefits*, 11—18.

本章小结

福利概述

福利是为员工及其家属提供保障的群体奖励。公司每年平均为员工支出大约 19 947 美元的福利成本。近年来,员工福利成本急剧上升。虽然组织通常集中控制福利计划,但管理者仍需要熟悉它们,以便为员工、求职者提供咨询意见,进而做出有效的管理决策。

福利战略

设计一套符合企业要求的整体薪酬战略的福利,需要在以下三个方面做出选择:(1) 福利组合;(2) 福利总额;(3) 弹性福利。

法定福利

几乎所有的雇主必须提供四种福利:社会保障、工伤补偿、失业保险、无薪假期和医疗休假。这些福利组成员工福利的核心。雇主提供的其他福利是对法定福利的补充或增加。

自愿福利

企业通常为员工提供五种类型的自愿福利:(1) 为员工及其家属提供医疗服务的医疗保

险。医疗保险计划的主要类型有传统的医疗保险、卫生维护组织和优先提供者组织。(2) 由员工退休金延期补偿组成的退休福利。退休福利金可以来自雇主、员工或两者兼有。《雇员退休收入保障法案》是管理退休福利的主要法规。主要有两种类型的退休福利计划:养老金固定收益计划和养老金固定缴款计划。在养老金固定收益计划中,雇主承诺为员工提供一定数额的退休收入。养老金固定缴款计划要求员工与雇主一起分担风险和责任,以管理退休资产。最常用的养老金固定缴款计划有401(k)计划、个人退休账户计划、员工简易退休计划和基欧利润分享计划。(3) 保险计划为那些因过早去世、事故造成残疾或严重疾病造成经济困难的员工及其家属提供保障。保险计划包括人寿保险和长期伤残保险。(4) 带薪休假。带薪休假允许员工在规律的工作时间以外,有时间进行开展活动,做一些私事或履行公民义务,包括病假、休假、离职金、节假日和其他带薪休假。(5) 员工服务包括雇主在免税或税收优惠的基础上提供的、以提高员工工作质量或个人生活质量为目的的一系列服务,其中最有价值的是儿童看护福利。

福利管理

福利管理涉及的两个重要问题是弹性福利和员工福利沟通。虽然可能主要由人力资源福利专家实施福利管理,但管理者仍须了解公司的福利,进行员工福利沟通和福利记录存档。

关键术语

福利组合(benefits mix)
共同保险(coinsurance)
《统一综合预算协调法案》(Consolidated Omnibus Budget Reconciliation Act, COBRA)
出资方(contributions)
共同付费(copayment)
免赔额(deductible)
养老金固定收益计划或退休金(defined benefit plan or pension)
养老金固定缴款计划(defined contribution plan)
员工福利或间接薪酬(employee benefits or indirect compensation)
《雇员退休收入保障法案》(Employee Retirement Income Security Act, ERISA)
《家庭与医疗休假法案》(Family and Medical Leave Act, FMLA)
弹性或自助餐福利计划(flexible or cafeteria benefits program)
《医疗保险流通与责任法案》(Health Insurance Portability and Accountability Act, HIPAA)
卫生维护组织(health maintenance organization, HMO)
医疗储蓄账户(health savings account, HSA)
医疗保险(medicare)
养老金福利担保公司(Pension Benefit Guaranty Corporation, PBGC)
便携式福利(portable benefits)
优先提供者组织(preferred provider organization, PPO)
保费(premium)

社会保障(social security)
补充失业津贴(supplemental unemployment benefits，SUB)
失业保险(unemployment insurance)
退休金保留权(vesting)
工伤补偿(workers' compensation)
《患者保护与平价医疗法案》(Patient and Affordable Care ACT，PACA)

★ 视频案例

Elm 市场的福利开发与管理。如果你的老师布置了这项作业，请访问 www.mymanagementlab.com 观看视频案例并回答问题。

问题与讨论

12-1 在大型公司，日益多样化的劳动力如何影响员工福利设计？

12-2 带薪假包括年假、病假、事假和浮动的节日假，员工可以根据个人需要使用这些假期。通常情况下，使用任何假期都要提前通知主管。然而，带薪假还适用于计划外的原因，如疾病和突发事件。假设一个员工觉得自己某一天需要调整心情，于是以享受带薪假的名义给主管打电话请病假，以此逃避当天的正常工作。以这种方式带薪休假的伦理后果是什么？如果你是管理者，将如何应对？

12-3 为什么年轻员工（年龄在20—30多岁的员工）关心退休福利？

12-4 在美国接受医疗保险和退休福利的兼职与临时员工与全职员工相比只占一小部分。哪些人最有可能受到福利不足的影响？对于这种情况应该做些什么？

12-5 一些福利专家称，失业保险和工伤补偿福利遏制了雇员的工作积极性。他们为什么这么说？你是否同意这一立场？

我的管理实验室

请根据教师要求，登录 www.mymanagementlab.com 完成写作题，系统将自动给出分数；也可以完成下列问题，分数由教师给出。

12-6 健康保障计划(HMO 和 PPO)与传统的收费医疗保险计划有何不同？雇主和员工的成本与收益各是什么？

12-7 美国只有四项法定福利，但雇主自愿提供了许多其他福利，如医疗保险、退休福利、带薪休假等。法律上没有要求，为什么这么多的雇主提供这些福利？

12-8 成本控制是员工福利计划的一个重要问题。对有些福利而言，成本控制甚至是至关重要的。请至少列出三种这样的福利，并解释如何控制每种福利的成本。

你来解决！全球化　案例 12.1

澳大利亚的"超级"退休计划是国家自豪感的来源

澳大利亚目前拥有世界上最为推崇的退休制度之一,强制性地要求员工向退休基金投资。该退休制度被称为超级养老金计划,类似于美国的退休计划 401(k) 的功能。澳大利亚的雇主必须将员工工资的 9% 投入超级养老金计划中。该计划提供不同种类的投资基金,允许员工根据不同的风险投资选择如何分配其退休基金。员工的投入和投资收益适用 15% 的税率,低于普通所得税率。大约 20% 的员工将额外的收入存入退休基金,而且雇主与员工投入退休基金的贡献相匹配。超过 90% 的澳大利亚员工使用超级养老金计划,相比之下,只有 40% 的美国员工参加雇主的退休计划。

超级养老金计划扩大了由税收资助的澳大利亚全国养老金系统,类似于美国的社会保障退休计划。目前,超级养老金计划已发展到 1.5 万亿美元,相当于美国人存入 401(k) 账户数额的 50% 以上,而美国人口数量是澳大利亚人口数量的 14 倍以上。因此,专家估计,投资于超级养老金计划超过 30 年的澳大利亚员工可以获得相当于退休前收入 70% 的退休收入。这也是金融专家建议的退休收入百分比。

超级养老金计划始于 1992 年,最初强制性地要求员工将工资的 3% 进行投资。多年来,澳大利亚已投票决定增大对超级养老金强制性投入的数额,目前员工投资占到其薪酬的 9%。然而,最近澳大利亚政府批准逐年增加退休金的投资数额,2019 年要达到 12%,因为未来几代人有可能需要更大数额的退休基金以覆盖更长的预期寿命;相比之下,美国员工平均将其工资的 6% 投入 401(k) 退休基金中。因此,许多美国人担心在决定退休时没有足够的退休收入。由于超级养老金计划的成功,每当澳大利亚人想起退休生活,无不喜形于色。

关键思考题

12-9　美国的退休福利专家可以从澳大利亚养老金退休计划的成功经验中学习什么？如果一项法案要求员工将收入的 9% 投入 401(k) 退休基金中,美国公民会支持吗？请解释。

12-10　虽然澳大利亚的超级养老金计划很成功,但是有专家指出其中的缺陷:它不为大多数退休者提供年金选择权。年金提供了一个维持退休生活的稳定收入,并且是在个人自愿将退休基金积累到年金时产生的。专家为什么认为超级养老金计划中的年金选择权缺陷对澳大利亚退休者来说是一个问题？

小组练习

12-11　澳大利亚的超级养老金计划是针对员工收入按确定的投入比例而设计的,但是许多国家的退休福利是将退休计划基于一个确定的员工福利而设计的。例如,法国的退休计划具有以下几个特征:(a) 退休人员必须达到 65 岁且累计工作满 40 年才能领取全额退休福利;(b) 退休工资基于 20 个最佳工资年份的平均工资的 70% 而定;(c) 由法国工作人口的收入所得税资助,并且资金直接转移给退休人口。与同组内的4—5人一起,基于固定收益福利计划,比较法国退休制度及澳大利亚退休制度的优点和缺点。你的小组更喜欢哪种制度?与全班同学分享你们的发现。

实践练习:个人

12-12 这次练习的目的是要求你反映美国员工福利的理念(哲学),正如在本章开头所解释的,雇主是福利的主要来源。当澳大利亚员工需要将收入的9%投资到超级养老金计划中时,同等的美国401(k)退休计划是在员工自愿(法律未规定)的基础上,如果愿意,员工就有选择退出的权利,并且在401(k)退休计划中不投入任何自己的收入。你同意美国自愿福利的方式吗?为什么世界上的大多数国家要求员工对退休福利做出贡献?请解释。

资料来源:Summers, N. (2013, June 3). Retirement saving done right. *loomberg Businessweek*, 44—45; Greenhouse, S. (2013, May 15). Retirement: ow they do it elsewhere. *New York Times*, F1, F7; Australian Securities & nvestments Commission. (2013). How super works. *MoneySmart*. www.moneysmart.gov.au; White, J. (2013, March 21). 11 things about 401(k) plans e need to fix now. *CNBC Personal Finance*. www.cnbc.com; Francoz, K. 2010, September 23). Retirement reform in France 2010. Peter G. Peterson oundation. www.pgpf.org.

你来解决!伦理/社会责任 案例12.2

雇主应该惩罚没有健康生活习惯的员工吗

在激励员工改掉不健康生活习惯的努力中,美国公司正在击打员工的痛点(钱包)。提供医疗保险的雇主经常使用财务奖励(如对医疗保险保费的投入)鼓励工人参加健身计划、戒烟或营养改善课程。例如,现在一些公司正在惩罚肥胖、吸烟或有高胆固醇但不参与补充健身方案的员工。对不参加健身方案的处罚是员工必须支付较高的医疗保险费用。以至于在极端情况下,员工的保险免赔额每年可能增加2 000美元。

虽然公司政策背后的动机是鼓励员工采取更健康的生活方式以降低医疗保险成本,但是使用财务处罚可能使公司陷入诉讼的风险中。美国平等就业机会委员会表示正在认真审查健身方案政策,以判断其中一些要求是否违反《美国残疾人法案》。

在芝加哥和其他城市拥有报纸业务的Tribune公司,每月向吸烟的员工或其家属的家庭卡特彼勒保险收取100美元的附加费。沃尔玛公司向吸烟的员工每年收取2 000美元的额外费用。一家总部位于印第安纳波利斯市的Clarion健康连锁医院对吸烟的员工扣除5美元的薪水。雇佣法律专家建议,一家公司不应该要求支付更高的保险费,因为这涉嫌歧视吸烟者,除非更高的费用是为帮助吸烟者戒烟而制定的。

雇主干预雇员的健康生活习惯的另一种方式是,公司内部不再提供不健康的零食或膳食。最近位于旧金山的一家法律公司Littler Mendelson撤掉员工食用的高碳水化合物和含糖早餐食品,如Krispy Kreme甜甜圈、蜜糖甜卷、大松饼等,而换成酸奶、煮鸡蛋、脱脂奶酪和新鲜水果。其他公司,如雅马哈(美国)和卡特彼勒,则将更多的健康食品放入休息室、自助餐厅和自动售货机,而不再提供甜甜圈和其他不健康食品。佛罗里达州动力公司、道康宁公司和斯普林特公司则提高不健康食品的价格,而以便宜价格销售健康食品。例如,卡特彼勒公司食堂提供1美元的田园汉堡,致使销售量迅速增长5倍。

田纳西州 Johnson 市的 Crown 实验室要求员工做年度健康评估,以迫使员工过上更健康的生活。根据包括血压、体重、体力活动和胆固醇水平在内的一系列指标,员工被给出一个最高达24分的"健康分数"。那些一年至少提高3分或保持20分或以上分数的员工,将获得500美元的奖金和额外的休息日。Crown Laboratories 实验室有超过2/3的员工被诊断为肥胖,那些苗条而非超重的员工才会得到奖金。即使是在下班时间,吸烟也是对公司政策的违背!健康评估将测量尼古丁水平。吸烟的员工被处以约六个月的停工,如果不停工,员工就要自己支付医疗保险保费。

关键思考题

12-13 雇主为什么实施要求员工采取更健康生活方式的政策?雇主惩罚那些喜欢吃垃圾食品、体重增加或吸烟的员工是道德的吗?

12-14 此处描述的健身政策往往由人力资源人员实施。此时,他们可能被员工视为"健康警察"。这种执行者的角色将如何削弱人力资源人员在其他工作领域(如平等就业机会委员会工作、培训工作和薪酬工作)的信誉?因为这些领域的工作需要管理者和员工之间相互理解与合作。

小组练习

12-15 四或五人为一个小组,讨论对不采用健康生活习惯的员工进行惩罚所涉及的法律问题。例如,超重的员工因雇主要求支付更高的医疗保险保费而受到歧视,他们能够寻求《美国残疾人法案》的保护吗?雇主因员工肥胖而取消奖金呢?当吸烟的员工只能离开工作和被处以较高的医疗保险保费时,他可以依据法律声称自己歧视的受害者吗?事实上,美国多个州通过了吸烟者在州内使用烟草产品的权利的权益保护法。这些法律会保护那些为吸烟违反了员工健康政策而被雇主确定为支付更高的医疗保险保费的员工吗?根据教师的要求,在课堂上展示你们的发现。

实践练习:个人

12-16 本次练习目的是思考美国员工福利的理念。如本章开篇所述,在美国,雇主是福利支出的主要来源。澳大利亚员工需要贡献9%的收入给超级养老基金,但是美国的401(k)退休计划在自愿(非法律要求)的基础上由员工投入,且雇员有权选择退出。只要愿意,他们可以不必向401(k)退休计划投入任何收入。你认可美国这种自愿福利方式吗?为什么世界上大多数国家要求员工投资于退休福利?

资料来源:Tozi, J. (2013, May 20). The doctor will see you now. And now. *Bloomberg Businessweek*, 27—28; *The Economist*. (2011, July 30). Keeping employees healthy: Trim staff, fat profits, 58—59; Abelson, R. (2011, November 17). The smokers' surcharge. *New York Times*, B1, B4; Conlin, M. (2008, April 28). Hide the Doritos! Here comes HR: With an eve on soaring health care costs, companies are getting pushy about employees'eating habits. *BusinessWeek*, 94—96; Knight, V. (2007, December 4). Employers tell workers to get healthy or pay up. *Wall Street Journal*, D4; Gill, D. (2006, April). Get healthy or else. *Inc.*, 35—37.

你来解决！伦理/社会责任　案例12.3

谷歌公司的现场儿童看护政策引发争议

谷歌公司为员工提供了最好的福利，这也是公司在2012—2013年《财富》100强关于员工最向往的企业中排名第一的重要原因。尽管谷歌公司被认为是一个非常好的职场，但是当它决定将现场儿童看护费用（针对有孩子并接受现场看护计划的员工）从每月1 425美元提高到2 500美元时，遇到了很大的阻碍。这意味着儿童看护费用提高了75%，那些有两个孩子并接受儿童看护计划的员工，每年应支付的费用将从33 000美元上升为57 000美元。

谷歌公司成立了三个焦点小组，在讨论提高儿童看护费用方案时，家长们当众哭泣了！消息泄露之后，谷歌公司为人的父母们开始反击。他们想出了省钱的办法，并在每周一次的与管理人员的开放会议上提出诉求。他们用数据表明，大部分参加儿童看护计划的家长们将不得不放弃并转而寻求更便宜的儿童看护服务。

作为父母们努力的结果，谷歌公司决定略微降低儿童看护服务价格的增长，并在五个季度后分阶段地逐步提升价格，但提高价格的决定基本保持不变。据几名参加会议的人士说，在一次周会上，谷歌公司一位创始人Sergey Brin表示并不对父母们感到同情，他厌倦了那些自认为有资格享受诸如瓶装水及M&M食品的公司员工。

谷歌公司为员工提供的现场儿童看护设施是全美最好的。这些设施致力于鼓励孩子们的创造性思维，鼓励孩子们动手形成学习路径和学习习惯。看护中心有最优秀的教师，拥有最先进的教学理念，所提供的玩具是高创造性的。为了保证看护中心的正常运作，谷歌公司每年补贴每个孩子37 000美元，与硅谷的其他公司每年补贴12 000美元相比，谷歌公司对员工的福利投入更多。此外，还有700名员工正在排队名单中，等待未来两年内进入看护中心。谷歌公司管理者收集的数据预计，如果提高看护儿童的价格，员工将不再继续排队等待了。此时，价格机制有助于将儿童看护服务提供给那些真正需要的孩子。这是一个经济上有效的解决方案，但它是一个公平公正的解决方案吗？

谷歌公司可能正在提供最好的儿童看护服务，但那又怎样呢？当只有最富有的员工可以使用看护计划时，看护质量的好坏就不重要了！重新设计这种针对富有父母和有潜力孩子的儿童看护计划，使其能为所有员工提供儿童看护服务，这难道不是更好吗?！难道谷歌公司不应该重新考虑对儿童看护的态度，把它当作一种提供给每个家长的福利，而不是一种只提供给那些支付得起的员工的奢侈品吗？

关键思考题

12-17 你如何评价谷歌公司要求父母为儿童看护计划增加付出的政策?为什么谷歌公司对儿童看护服务涨价?当一家公司提供了一种福利,然后提高价格从而威胁到员工对该福利的可用性时,将会发生什么?你从中学到了什么?

12-18 等待进入儿童看护中心的排队者很多。谷歌公司的解决方案是运用价格机制(提高价格)使家长们自动退出。这是一个好主意吗?谷歌公司在决定谁能获得儿童看护福利时的原则是什么?你同意吗?如果不同意,你会用什么原则决定谁的孩子能够进入儿童看护中心?

12-19 谷歌公司的儿童看护中心使用昂贵的学习设施和高薪的教师,专为那些有智力天赋的孩子而设计。你如何看待这一事实?

小组练习

12-20 四或五人为一个小组。假设你们是谷歌公司请来的顾问,研究因儿童看护计划费用改变而引起父母情绪反应所带来的争议。首先,小组成员阅读本章内容并访问介绍谷歌公司儿童看护服务和其他福利的网站(http://computer.howstuffworks.com/googleplex4.htm),收集一些有关谷歌公司提供给员工其他福利的背景信息。然后,讨论儿童看护政策是否应该保持不变,或者进行修改以便与谷歌公司其他的员工福利相一致。如果需要修改,你们小组建议如何修改?理由是什么?根据教师的要求,在课堂上展示你们的发现。

实践练习:个人

12-21 假设你有一个孩子享受了公司提供的现场儿童看护服务。这一政策让你每天都和孩子一起吃午饭,还可以到现场观看孩子们玩耍的情形。当公司决定把你所负担的费用提高75%(类似于在谷歌公司发生的)且费用的增加使你的预算紧张时,你的反应是什么?你将会做什么?你对公司感受是什么?你将采取什么措施说服管理层这是一个歧视低收入员工而偏爱高收入员工的不公平决策?根据教师的要求,在课堂上展示你们的发现。

资料来源:Nocera, J. (2008, July 5). On day care, Google makes a rare fumble. *New York Times*, A1, A12; Thomas, O. (2008, June 13). Google daycare now a luxury for Larry and Sergey's inner circle. www.valleywag.com; *The HR Capitalist*. (2008, July 16). Comparing the cost of Google daycare with the rest of the free world. www.hrcapitalist.com.

第12章注释内容
请扫码参阅

第6篇 治理

第 13 章　发展员工关系

第 14 章　员工权利和纪律管理

第 15 章　工会组织

第 16 章　员工安全与健康管理

第 17 章　国际人力资源管理面临的挑战

第 13 章　发展员工关系

> **我的管理实验室®**　★ 当你看到这个图标时,请访问 www.mymanagementlab.com 以获取配套练习题,并及时反馈练习结果。

> ▶▶▶ **挑战**
>
> 阅读本章之后,你能更有效地应对以下挑战:
> 1. **了解**管理者与员工关系专家的角色。
> 2. **理解**促进员工沟通的重要性。
> 3. **学习**鼓励有效沟通的实践。
> 4. **描述**员工认可项目。

　　企业用以维护积极的员工关系和鼓舞员工士气的一种方式是重视工作场所乐趣的价值。这一趋势在美国热门电视剧 *The Office* 中得以呈现,该剧塑造了一个名为 Michael Scott 的经理的角色。Scott 喜欢对员工搞恶作剧,同时也鼓励员工彼此之间或者对他玩恶作剧。其中有这样一个片段,Scott 邀请办公室同事到当地一家餐厅。在那里,他模仿奥斯卡颁奖典礼,基于每名员工在当年内做过的幽默事情给他们颁发"认可奖"。在获得 Scott 颁发的奖项后,每个员工都试图用幽默语言感谢同事们或多或少的支持。比如,一位女性人物得到了"最干净网球鞋"奖,然后她感谢了一长串的人,感谢他们让她的成就成为可能。

　　年营业额为 3 500 万美元的 Blazer 工业位于俄勒冈州 Aumsville 地区,从事模块化建筑业务,对工作场所娱乐实施制度化管理。公司创始人兼 CEO Marv Shetler 指定性格外向的项目经理 Kendra Cox 为"首席乐趣总监",这个职位类似于邮轮上的巡游总监。Kendra 组织相关乐趣活动,比如假期派对、披萨之夜等,并负责偷拍同事开心时的照片。每一次活动她都亲自邀请所有 220 名员工参加。

Paul Spiegelman 是一家位于得克萨斯州 Bedford 地区的呼叫中心（呼叫行业是出名的低斗志、高消耗行业）Beryl 公司的首席执行官，为了减轻员工压力和工作乏味感，他专门设计有趣的活动。有一次，他在呼叫中心的办公区上设计了一场神秘的谋杀案，各团队花了 8 周的时间去破解。每年 8 月会有才艺表演，员工或唱歌或演奏乐器或表演脱口秀。公司定期开展类似的活动。首席执行官经常让自己处于玩笑状态，让员工看到自己其实没那么严肃。有一次，他穿着斗牛士的衣服滑旱冰，还在公司的一次聚会上扮演一名快餐厨师。[1]

管理者视角

案例中的经理们在工作场所制造乐趣，努力营造积极的员工关系环境，这也是本章的主题。拥有较好员工关系的企业将从中受益，因为员工受到激励会努力工作。同样，员工也期待着能被公平对待、成就能得到认可。为了发展这种关系，雇主必须保证员工知晓企业的政策和战略。由此，员工可以学到更多企业所需要并认可的行为和技能。此外，雇主必须制定一些措施，促进员工讨论问题或交流重要信息。

管理者在员工关系中的角色至关重要。你必须认真聆听员工的抱怨和感受，观察他们的经历，保证员工知晓企业的变化及其带来的影响。

人力资源专家也很重要。如果他们制定了沟通政策和程序并及时采用合理的沟通工具，员工就可以接触到更丰富的高质量信息，并能与管理层进行高效率的交流。管理者与人力资源专家以合作者的身份，共同确保沟通政策和程序能够提升公司的员工关系。

首先，本章探讨管理者与员工关系专家如何合作以完成员工关系项目；其次，展示一个沟通模型，并探讨员工接触重要信息的具体政策；最后，检验哪些项目有利于个体或团队对组织目标的达成做出贡献。

★ 知识点学习

如果教师布置该项作业，请登录 www.mymanagementlab.com 查阅你应该特别关注的知识点，并预习第 13 章。

13.1 管理者和员工关系专家的角色

拥有良好员工关系意味着公平一致地对待所有的员工，员工由此会全身心地投入工作。[2] 拥有良好员工关系的公司更可能制定将员工视为利益相关者的人力资源战略；而被视为利益相关者的员工在组织中拥有一定的权限，并获得尊严与尊重。例如，强生公司遵循一种尊重个体的哲学理念，以良好的员工关系而著称。为了培养良好的员工关系，管理者必须认真倾听并理解员工的言行，确保他们知晓管理层的计划，以及计划实施后对工作的影响。同时，管理层必须赋予员工批评管理层决策的自由，可能有适当的理由不去改变决定，但至少要倾听员工的申诉。

有效的员工关系需要管理者与**员工关系代表**(employee relations representatives)协调合作。员工关系代表是人力资源管理部门的成员,通常被当作内部咨询师。他们试图确保公司政策和程序能得到有效落实,并就特定的员工关系问题向高层管理者与一般员工提供建议。**员工关系政策**(employee relations policies)为解决此类问题提供了渠道。

例如,某员工的上级拒绝了他关于两周假期的申请(在员工手册里,明文规定了他享有这个假期权利),那么他就可以请求员工关系代表直接与其上级进行通话,要求上级解释为什么拒绝这项申请。或者,一名领导者可以因下属的酗酒行为影响工作绩效而寻求帮助。在这两种情况下,员工关系代表可以使用信件或者合适的雇佣政策解决该问题,并平衡上层管理者、一般员工与公司的权益。

员工关系代表也能够制定一些帮助公司维持公平、高效环境的新政策。在这种情况下,顾客可能是一名高层管理者,员工关系代表需要起草一个关于工作场所吸烟或者招聘员工的亲戚朋友等方面问题的新制度。

13.2 促进员工沟通

很多公司发现,建立良好员工关系的关键在于:拥有一条沟通渠道以确保员工可以接触到公司的重要信息,并给予他们表达自己想法和感受的机会。如果管理者熟悉雇佣政策,而员工也意识到自己的权利,那么产生误解或者生产率下降的可能性就会很低。

因为公司非常复杂,管理层必须建立很多的沟通渠道,以确保信息的上传下达及横向流通。例如,英特尔公司提供了很多的沟通渠道,使管理层与基层员工能够分享资讯。管理者到处走动,与员工进行非正式的交流,设立消息栏,提供网站,宣传雇佣政策。员工通过电子邮件、备忘录、会议或者其他当面沟通的方式进行信息反馈。随着现代的公司赋予员工越来越多的责任感和决策权,为员工提供更多的信息变得越来越重要。[3]

13.2.1 信息的种类

在沟通的过程中,事实和感受两种类型的信息被传递。事实是可以被客观描述和测量的信息,例如一台电脑的成本、生产车间的日消耗量,以及健康福利保险的免赔率。现代科技的发展使得真实的信息比以前更容易从更多的员工那里获得。事实可以储存在数据库里,并通过网络得到广泛传播。

感受是员工因为管理层的决策或其他员工的行为而引起的情绪反应。管理者参与了决策的制定过程,就必须考虑到与该决策相关的员工的感受。如果没有顾及,决策就会失败。例如,一所公共学校没有和相关员工商谈就改变医疗保险的覆盖范围,当员工知晓该事情之后,反应是如此的负面,以至于员工福利主管被撤职了。但实际上,修改后的员工医疗保险政策更符合员工的实际利益。

一家公司在重组组织、缩小规模或者大量裁员前,必须特别注意员工的感受。一名在东海岸制造企业的生产工人仍然记得高层是如何发布备忘录的,"他一直向员工发布'我们做得很好,我们做得很好',最后却突然宣布大量裁员"。[4]

组织需要设计沟通渠道,以利于员工传递事实或者感受。在很多事例中,这些渠道用于面对面的沟通,因为感受的传递常常是非语言的。[5]员工不可能在小纸条或网络上记录面对某项决定而产生的复杂情感,因为担心失去工作。

13.2.2 沟通的运作机理

图表13.1是一个简单的组织内信息传递流程。信息始于某个发送者,他拥有信息并发送给接收者。发送者必须先进行信息编码,并选择一个能有效将信息传送给接收者的信息传递渠道。在传递事实时,信息一般被编码成字词、数字或符号;在传递感受时,信息一般被编码成身体语言或声音。

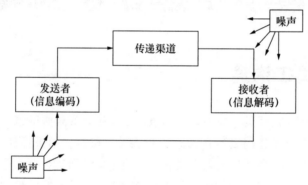

图表13.1 组织内信息传递流程

一些沟通渠道比其他渠道更适合发送特定的信息。例如,如果要传送包含大量情感因素的信息,备忘录的效率就是非常低的,有效的方式应该是会议或者面对面沟通。

如果接收者无法对信息进行正确的解码并理解信息的真正含义,这种沟通就是无效的。接收者可能出于种种原因而对信息产生误解。例如,信息可能包含太多的技术成分而导致解码很困难。接收者可能误解发送者的动机,或者发送者自己输出的信息是多重含义的。

考虑到信息被误解的可能性比较大,一般重要的沟通要求一个反馈的过程。通过反馈过程,发送者在发现真实信息没有被接受时,可以重新诠释信息。此外,发送或接收环境里产生的噪声可能阻碍或扰乱信息。任何的扰乱信息都属于噪声,例如发送者不准确的表达、接收者疲惫或精力分散,或者现实中影响信息传递的噪声。通常,噪声导致真正的信息超负荷。例如,如果一个接收者一天内收到100封邮件,可能就不会细心地阅读重要的信息,因为其他信件耗费太多的精力。

我们通常将提供反馈的沟通称为双向沟通,因为它允许发送者和接收者相互交流;相反,我们不提供反馈的沟通称为单向沟通。一般来说,尽管沟通应该是双向的,但在大企业里基本上是不可能的,特别是在有大量的信息需要通知下属时。例如,一家大公司的高层不可能经常有时间向所有员工宣布即将推出新产品,会使用备忘录、报告、电子邮件等方式传递信息。相反,一家小企业的高层要与公司里的所有员工进行沟通就会容易些。管理者笔记"如何向员工进行有效的反馈"认为,管理者要想进行有效的沟通,最好就是提供或接受反馈。

管理者笔记:客户导向的人力资源

如何向员工进行有效的反馈

与下属或员工进行有效反馈的技巧包括:

- **聚焦于具体的行为**。提供反馈让员工知道,哪些特定的行为是有效的、哪些需要改进。通过这种方式,能促使员工改变不适当的行为,或者将有效的行为发扬光大。在沟通过程中,避免使用"你的态度非常糟糕"这类言辞,而最好使用关于某件事情的具体反馈,例如"当客户需要服务时,你忽略了他的请求"。

- **确保反馈信息的客观性**。保证反馈信息侧重于描述而非判断和评价。要做到这些,反馈信息必须聚焦于与工作相关的行为,而不是对员工的动机做出价值判断。与其对员工说"你对这份工作不胜任",还不如说"在你将产品展示给销售团队时,我发现你对产品的了解程度不够"。

- **在适当的时间和地点给予反馈**。给予反馈的最佳时间是当这名员工需要反馈信息以修正其行为时。如果绩效评价过了几个月后,经理才提供反馈,那就错过了帮助并激励员工改善其被观察到的行为的最佳时机。同样,提供重要反馈信息的最佳地点是私下,公开地提供负面反馈意见会伤害被反馈者,甚至引起极大的愤怒,这种结果将远远超过反馈实质上想达到的结果。而在公众场合提供正面反馈,可以激励受表扬者,同时能激励其他在场人员,让他们意识到哪些行为是被组织认可的。

- **聚焦于员工可控行为的负面反馈**。当需要给员工提供负面反馈时,你应当聚焦于员工可以控制的行为。例如,管理者批评员工在团队会议上迟到,这是合适的。但是,如果他批评员工是因为该员工延迟完成任务,而这项任务确实要比先前预料的更费时间,那么这种批评就是不恰当的。

资料来源:Gomez-Mejia, L., and Balkin, D. (2012). *Management*. Upper Saddle River, NJ: Prentice-Hall; Robbins, S. P., and Hunsaker P. L. (2009). *Training in interpersonal skills* (5th ed.). Upper Saddle River, NJ: Prentice Hall.

自上而下、自下而上的沟通方式

员工关系专家有助于组织实现自上而下和自下而上两种沟通。**自上而下的沟通**(downward communication)方式可以让管理者更好地实施决策,并对基层员工产生影响,也有利于高层公布信息。**自下而上的沟通**(upward communication)方式有利于员工向决策层传达他们的观点或感受,但不幸的是,很多公司在自下而上的沟通渠道上设立了很多障碍。例如,在一些公司里,员工向更高一层的上级反映问题被认为是不忠诚的表现。

关于沟通的最后一点也是最重要的一点是:美国由工业经济向信息经济转变。这种转变就像一百多年前,农业经济向工业经济转变一样重要。在工业经济中,生产过程是关注的焦点;在信息经济里,信息交换(包括信息的生产和传递)是关注的焦点。内在信息和外在信息是如何被传递交流的,已经成为组织能否成功的关键。这种转变最明显的标志就是软件巨人微软公司的出现。软件传递的是纯信息,不包括可见的方面。比尔·盖茨是微软公司的创始人和CEO,发明了操作系统(电脑上具体的运作程序)和应用系统(控制电脑的操作和引导程序的运行)。

13.3 鼓励有效的沟通

员工关系代表与上级和管理者一起工作,建立或维持三种类型的项目进行有效的沟通。

13.3.1 信息传播项目

信息是组织最重要的资源。在传统的上下级层中,高层对公司的专有技术严加看管,然而,信息时代要求很多企业制定新的规则。目前,越来越多的企业依赖于知识工作者创造产品和提供服务。**知识工作者**(knowledge workers,例如项目经理、作家、教育家)将信息转化为产品或服务,其工作需要大量的有效信息。对于知识工作者而言,通过组织来传播信息,对于提供高质量的产品和服务是非常重要的。

信息传播(information dissemination)项目涉及将信息提供给决策者而不论决策者身处何方。拥有大量信息的员工感觉更有权势,也更适合参与决策。同时,信息传播也更有利于帮助管理者采取参与式领导风格,鼓励员工参与,最终形成更好的员工关系。

将信息传递给员工的方式有员工手册、书面备忘录、视频、电子沟通、会议、集体休假和非正式沟通等。

13.3.2 员工手册

员工手册可能是人力资源部门可以提供的最重要的信息来源,它为整个公司的员工关系理念奠定了一种基调[6],也规定了员工与主管的雇佣政策,传达了公司员工的权利与责任。员工手册让员工明白,当公司侵犯其工作与地位时,员工有权要求公平一致的待遇;同时,员工手册让高管明白,如何考核、奖励、处罚员工,并帮助管理者或公司避免因武断的决策而影响员工士气或因员工的愤怒而引发诉讼。

员工手册的内容包括员工福利、绩效评估、着装要求、家庭成员工作情况、吸烟规定、试用期、药物测试程序、事假、性取向、规章制度和安全措施等。[7]员工手册每年需要更新,以便适应目前所处的环境,与公司员工关系理论保持一致。尽管企业每年会打印员工手册并分发给员工,但更多的企业趋向于将员工手册放在公司网页上,以电子版的形式储存(这样便于更新)。电子版的员工手册可以节省开支,员工只需打印他们所需的部分。[8]

虽然员工手册被认为是适合大公司的一种工具,但小企业使用员工手册也可以获益匪浅。例如,一位餐厅老板最近因一名员工未付餐费而解雇了他,尽管没有任何的规章制度规定餐饮项目,甚至先前老板还允许其他一些员工在餐厅里吃饭而不用付费。这个误解使员工将其告上法庭,餐厅老板花了近7000美元维护解雇该名员工的决定。如果员工手册对餐饮做了具体规定,那么这种情况是完全可以避免的。[9]

某些州法院的判决意味着员工手册是雇主与员工之间隐含的合同,它限制了雇主可以自由辞退员工的权利,为了避免法院严格解读员工手册,雇主在员工手册的末尾应该注明"雇主可以无理由地解雇员工",并申明员工手册与其说是一份指导手册还不如说是雇佣合同的延续。[10]一些企业要求员工收到员工手册就必须在一份员工手册确认表上签名。毫无疑问,这种表是存在争议的,因为针对员工的法律程序不认可员工签字确认员工手册时处于良好状态。[11]

此外,员工手册可以帮助避免或解决工作场所中的问题,图表13.2是一家公司运用员工手册阐明裙带关系政策的例子。**裙带关系**(nepotism)是指在工作场所偏袒亲戚而忽视其他员工。图表13.2的规定保护了家族成员的权利,平衡了公司与这些权利之间的关系,从而避免了影响企业效率的利益冲突。

图表 13.2　员工手册中关于裙带关系的规定

关于裙带关系的规定
第一部分:雇用家族成员。公司规定,雇用与家族有关的成员或为本公司工作的人员,是一种非法的就业实践:
A. 拒绝招聘或雇用此类人员;
B. 禁止或终止与此类人员的员工关系;
C. 歧视那些提出个人赔偿的条款,或提出条件和特权的就业人员。
第二部分:利益冲突。如果出现以下情况,公司将不会雇用此类人员或者不再续签合同:
A. 那些处于行使监督、任命权力的人,对公司权力的调整产生不满的家族成员,或者在个人家族活动中有能力却没正确处理的人员;
B. 影响公司业务的发展,无视正当的合理的职业要求的人员。
第三部分:家族成员雇员。家族成员包括妻子、丈夫、儿子、女儿、父亲、母亲、兄弟姐妹、公婆、叔叔阿姨、姑姑婶婶、外孙子女、侄子侄女等。

资料来源:Decker, K. H. (1989). *A Manager's Guide to Employee Privacy*: *Policies and Procedures*, 231—232. New York: Wiley; Thiname, H. (2010). How to establish a workers nepotism policy. www.ehow.com; Sample nepotism policies. (2010). www.mrsc.org.

在家族企业里,所有者通常会考虑由儿子、女儿或其他家族成员接管公司,裙带关系认为是理所当然的。裙带关系到底如何呢?对于公司所有者来说,拒绝经验丰富的公司员工,而将后代放在一个显著的职位并给予高工资、职位、特权,这种现象是很常见的。显然,这将激怒非家族员工。家族企业顾问Craig Aronoff和John Ward认为,可以考虑满足以下三个条件的家族成员作为家族企业的继任者:

- 寻找工作中获得了适当的教导。
- 在家族企业之外的公司至少工作5年以上。
- 在家族企业内部,从一份自己喜欢的工作做起,并因杰出表现和高绩效而得到继任资格。[12]

书面沟通方式:备忘录、财务报表、公告栏、新闻报

除了员工手册,还有其他很多的书面沟通方式。备忘录是传达公司政策或程序改变的有用方式。例如,当公司的医疗保险覆盖范围发生变化时,与此相关的员工会通过备忘录了解到这一事实。此外,公司可以公布财务报表,让员工了解绩效状况,对股东通常是这样做的,对员工也可以,因为财务报表是员工了解公司绩效状况的重要信息来源之一。[13]很多公司选择发布一份三重财务报告(triple bottom line),告知股东和利益相关者公司在社会、环境和经济绩效等方面的目标实现情况。三重财务报告列举的社会绩效目标可能包括过去一年中公司是如何有效地提高员工满意度,或者基于员工健康目标预先编制包括戒烟、减肥、胆固醇控制之类的有关员工健康状态的报告。[14]

人力资源部门愿意直接承担责任的一项活动是制作并分发员工新闻报,这种新闻报通常是月报或者季报,内容一般是公司的重要事情、会议,或者一些个人或团体对公司做出重要贡献的激励性、倡导性的故事。[15]在一个组织或团队里,新闻报有助于建立团队精神。个人电脑的广泛使用,使得新闻资料的生产与传递变得更容易。有些管理者使用简单的小黑板公告反映团队绩效的数字,或者与外部竞争者和本公司其他团队做比较。更常见的是,在公司网页的电子公告栏发布人们感兴趣的一些通知,不论员工身在何处都可以快速地阅读。例如,某员工被安排参与一个为期一年的国际派遣,可能就会在电子公告栏上发布转租房屋的公告。

视频沟通

新技术的发展使得信息的传递不再依赖于书面材料。**远程会议**(teleconferencing)帮助人们能够在繁忙的时间里,参加千里之外的会议。通过电子摄像头和其他电子设备,远程会议使分隔两地的员工可以像坐在同一间会议室一样进行正常的交流沟通。一个四小时的会议可以帮助公司节省五名员工的机票费、餐饮费、住宿费至少5 000美元。

远程会议的价格大概为10 000—40 000美元,高昂的成本使得很多公司难以购买相应设备。一个解决方式是租用设备,例如联邦快递在很多地方租用的办公室均配备了远程会议设施。

13.3.3 电子沟通

电子通信设备的发展使得信息发送者和信息接收者即使有时间与空间限制,也可以进行畅通的信息交流。通过**语音邮件**(voice mail),员工可以不用打扰忙碌中的上级,只需留下一份详细的信息就行。发送者也可以将已经编码的语音邮件传送给在公司电话网络系统里的成员。例如,一位管理者可以向所有员工传送节日的问候。此外,通过创造信息菜单,接收者可以采用不同的方式留下不同的语音邮件。

正如其他技术一样,语音邮件也存在缺陷,很多人都不乐意对着机器说话,而且机器还存在被误用的可能。人们经常利用语音邮件过滤一些不愿意接听的电话。对于私人生活来说,这未尝不可,但是在办公室,太多的这种情况就可能会出现麻烦。以下建议可以指导管理者

如何避免滥用语音系统[16]：

- **留下简短消息**。将语音邮件的长度控制在 30 秒以内。
- **明确接电话时间**。在语音留言时，告知对方你何时有空接电话。
- **提供备选沟通途径**。语音邮件系统有时会因电话过多而没有多余空间接收其他信息，这时你可以给对方留下手机号码或邮件地址，以便其能联系到你。
- **为语音邮件信息提供合适的情境**。告知接听者你发送消息的目的，并选择合适的方式让接收者知道你是谁，比如说出你们共同的朋友的名字。

电子邮件（e-mail）是电子信息通过网络链接的个人电脑终端使员工相互沟通交流。此外，电子邮件还可以给组织内部任何人提供反馈意见，而不论他们处于哪一个层级。电子邮件是快速向大量员工传递公司重要的商业成果及关键事件的一种沟通方式。[17] 同时，它也允许员工及非同一组织成员分享信息资料库。在世界上的大学中，电子邮件帮助教授在所研究领域、论文初稿、数据共享方面进行合作，就像他们位于同一所大学的隔壁办公室一样。在未来几年，组织间的电子沟通方式将变得越来越重要。

电子邮件的另一优点是，当需要将紧急信息传送给某些人时，它允许低层员工直接与主管和高管沟通。例如，当负责人还没有意识到危机时，位于其他区域的团队可以倡导更换供应商或针对竞争对手的阴谋提出警告。当工厂的基层员工发现管理者辱骂虐待员工，或者管理者对上级决策者隐瞒绩效信息时，他们可以要求管理者下台。[18]

尽管电子邮件有很多优点，但也给管理者带来很多问题。一个问题是，因为电子邮件易于使用，会导致信息过载。一些发送者将文档发送给许多人，而实际上该文档只需被少数目标人群读取。另一个问题是，智能手机和平板电脑等移动设备在方便经理在非工作时间、非办公地点与员工沟通工作相关的电子邮件的同时，也侵犯了员工的个人时间。这种易于访问的移动设备会增加额外的工作时间。2012 年，《哈佛商业评论》发起的一项在美国、英国和南非对 2 600 名员工做的关于电子邮件使用情况的调查发现，40% 的受访者表示在非工作时间回复邮件。[19] 这项调查还发现，员工每年平均花 111 个工作日回复电子邮件。

以提高生产率为目的而实施电子邮件系统的公司时常感到沮丧，因为事实上，公司的生产率不升反降。以下是一些有效使用电子邮件的建议：

- 建立电子邮件改进团队。
- 为存储资料建立电子文档并加以组织管理，使其能快速被查阅。
- 建立一个常见的打开文档或电子公告栏，常见的信息传递采用常规的报告形式或备注形式，而电子公告栏可以节省大量的空间和时间。[20]
- 关掉电脑里提醒接收者收到邮件信息的哗哗声，避免其打扰到工作的正常进行。
- 确保你与工作有关的邮件可以到达管理层，私人的或有争论性的信息采用其他的沟通方式。
- 使用加密软件，保护重要的、敏感的文件，这样私人信息就难以被黑客或不怀好意者获取。
- 如果你好几天都不能回复电子邮件，请告诉对方你已经收到邮件和回复的可能时间。[21]

- 人力资源部门或其他管理层可以制定政策,规定在非工作时间使用电子邮件的特定时间段(比如在早上8:00和下午6:00之间),这样就可以防止员工的个人时间被工作侵犯。

管理者遇到有关电子邮件的棘手问题通常需要与人力资源部门进行协商。例如,员工将邮件信息当作私人财产,不允许雇主查看,这会导致员工使用电子邮件讨论个人问题、散布流言飞语,甚至是对组织的埋怨。让管理者更震惊的是,有些满腹牢骚的员工竟然建立了申诉网站,鼓励员工使用电子邮件破坏管理层的计划。[22]考虑到这个原因,雇主有时会监视员工的电子邮件,而员工通常反对这种行为,认为是对个人隐私的侵犯。[23]美国管理协会对435名雇主进行了调查,发现62%的雇主会采用合法的手段监视员工的电子邮件。[24]

例如,在建立爱普生公司美国电子邮件系统时,邮件管理者Alana Shoars对700多名员工很是放心。当Shoars发现他的上级复制并阅读员工的电子邮件信息时,她抱怨并因此而丢掉了工作。于是她申诉,但法官认同公司的做法,认为州关于隐私的法条并没有具体规定工作场所中的电子邮件问题。也就是说,法律并不保护工作场所的电子邮件。爱普生也提醒员工,它不能保证电子邮件的隐私,原因是公司要保护自身远离计算机犯罪。除非人力资源工作人员的电子邮件政策是明确的和合理的,否则员工关系将受到影响。[25]如果公司进入网页或内部网络,获取了员工电子邮件的资料并出售给营销人员,公司就可能会侵犯员工的隐私权。这些营销人员可能通过电子邮件、电话、垃圾邮件向适合其目标市场的人员发送大量的垃圾信息。[26]

在很多的工作场所,电子邮件通常被当作私人之间的沟通方式,与同事、顾客或供应商进行交流。过度依赖电子邮件可能导致误解,并引发冲突及紧张的员工关系,因为电子邮件无法在接收者与发送者之间有效地传递情感性内容。通过电子邮件而不是面对面的沟通方式,发送者失去了展示非语言信息(如声调、面部表情、姿势、眨眼等)的机会,而接收者只有基于这些非语言行为才可以更好地理解发送者的意图。[27]不论是从发送者还是从接收者的角度,信息包含潜在的情感性内容,因此会议或走动式管理等面对面的信息交流效果会更好。[28]

让员工远离电子邮件的一个不寻常做法是制定规则,严格限制其使用。位于佐治亚州阿法乐特的服务商PBD Worldwide的首席执行官怀疑275名员工因过度依赖电子邮件而影响到销售和生产率。他制定了一个"周五不用电子邮件"的规定,要求员工在每周五要么用电话沟通、要么直接面对面解决问题,以减少电子邮件的使用时间。尽管这个规定在部门员工中推行得不顺利,但四个月后,首席执行官观察到很多问题得到了迅速解决、团队工作效率更高,而且客户满意度在限制电子邮件使用的情况下更高。[29]

领英和脸书等社交网站的在线服务促进了人们间社会关系网络的构建。这些网站使得人们通过互联网互动,并且分享彼此的信息、照片和视频等。**社交网络**(social networking)允许员工与现及前同事保持联系。员工加入一个社交网络,然后树立一个公众形象,包括他们的职业、工作经历、兴趣爱好和活动等。他们还会呈现一份好友列表,以便访问人可以查看信息。若一个人与另一个网络成员拥有共同的朋友,则可以提请朋友介绍,这样更易于获得商业合作机会。

社交网络在人力资源管理中有许多用途。例如,它可以用来在社交网络中发送消息给所有好友,以便询问关于一份特定工作的信息。社交网络也可以帮助雇主考察应聘者,以询问熟悉的前同事的方式了解这个人的工作习惯,以及喜欢和怎样的同事一起工作等。这些信息在推荐信一般不太可能出现。跨国管理咨询公司埃森哲的一位负责全球招聘的主管说,未来几年内约40%的员工是通过社交网络渠道(如领英)招聘进来的。[30]

社交媒体可以缩小权力距离,使得管理者与许多员工形成更紧密的情感纽带。例如,特百惠公司开发了内部兼职销售顾问的一个社交媒体社区,以便销售经理能够更好地了解某些地区较高人员流动率较高的原因,并基于在社交网络上交流所得到的新想法,实行新的管理实践,最终使得人员流动率得以改善。[31]管理者笔记"通过社交媒体构建企业同事网络"解释了企业的同事网络在适当的时候可以维持员工和组织之间的关系并相互获益,即便员工已离开企业。

管理者笔记:科技/社交媒体

通过社交媒体构建企业同事网络

即使一名员工为了新工作而离开组织,其与组织之间的关系仍没有结束。企业创建企业同事网络的目的是与有价值的前雇员保持长期联系,以多种方式受益于同事网络。例如,前雇员可以推荐同事填补高技能要求的空缺职位,还可以共享竞争信息、有效的商业行为或新的行业趋势。同事网络上的员工还可以提供一些难以获取的信息。例如,一名同事正在我的前雇主那儿寻求工作,但同事的工作习惯很可能不符合该公司的组织文化,此时我可以告诉同事这一现实。

社交媒体技术的应用一直是企业同事网络的推动者,使得从前的雇员保持联系并且互相学习专业经验。在线企业同事网络可以凭密码登录,内容包括留言板、高管博客、杰出校友资料以及内外部招聘信息等。社交网站领英,目前赞助了数以千计的企业同事群体,包括《财富》500强98%的企业。许多企业使用内部网创建更加个性化和安全的同事网络,甚至还有那些已经不存在的企业的非正式同事组织,比如雷曼兄弟和安达信。

在管理咨询行业,企业同事网络无处不在。著名的战略咨询公司麦肯锡,拥有成员达24 000名的同事网络,包括200多家大公司的首席执行官等。对于麦肯锡而言,从关系密切的前同事那儿获得新咨询项目是很平常的事。专业服务公司也是企业同事网络的用户,包括德勤、普华永道、安永等。

资料来源:Hoffman, R., Casnocha, B., and Yeh, C. (2013, June). Tours of duty: The new employer-employee compact. *Harvard Business Review*, 48—58; Lambert, L. (2012, September). After the breakup: The business case for corporate alumni networks. *Gibbs & Soell Newsletter*. www.gibbs-soell.com; Korn, M. (2011, October 24). Boomerang employees: More companies tap into alumni networks to re-recruit best of former workers. *Wall Street Journal*. www.online.wsj.com; *The Economist*. (2001, November 29). Corporate alumni networks. www.economist.com.

多媒体技术(multimedia technology)包含声音、视频,所有内容将以数字化的形式编码,并通过网络设备进行传送,分布在全美甚至世界各地的员工都可以像在同一房间一样进行声音、图像等的沟通交流。

多媒体技术应用广泛,其中之一就是员工培训(参阅第8章)。例如,飞行员在一个不会发生事故的多媒体飞行模拟空间练习飞行技术。很多教材也为学生提供了多媒体界面,帮助学生练习在课本上所学的技术。[32]这种多媒体项目包括声音和视频,要求学生从一系列可能的选项中选择正确答案,做出选择后,学生很快就能够在视频上看到结果。

多媒体技术的另一个应用是远程办公。远程办公改变了人们对工作的理解。[33]越来越多的员工使用公司的网络系统和传真设备在家里办公。[34]远程研究网络项目组的研究发现,一名典型的远程工作者年龄在47岁左右,在公司工作了12年,一般从事服务行业,如管理咨询、销售人员或保险理赔人等职业。[35]

管理者笔记"远程办公的要点"介绍了这种新的工作场所包含的管理意义。

 管理者笔记:科技/社交媒体

远程办公的要点

公司必须小心实施远程办公。以下建议可以帮助公司更好地实施远程办公:

- 认真挑选远程办公人员,全面考虑其工作习惯及工作投入状况。那些自我激励不强的人,不适合在家工作,因为他们无法管好自己的时间。
- 遵守时间安排表,并确保他们在最后期限来临前能完成工作。当需要超时完成时,而公司也确实需要他们时,远程办公人员应与公司协商一致。
- 建议远程工作者定期以电话或电子邮件进行报告,以便同事了解其工作进展。
- 确保技术运转正常,如果员工与远程办公系统没有同步时,就会导致信息传送出现阻塞,从而延迟正常的交流。
- 在家办公人员应在规定的时间返回办公室,这样才能参加会议并与管理层沟通,如此才能既保持员工的正常流动,又能避免他们被孤立的感觉。
- 精心制订远程工作者的工作计划,确定预期的绩效以及可测量的结果。远程办公的管理人员应学习新技术,并学着从管理员工的行为和时间转变到关注结果。
- 不要将远程办公当作一成不变的雇佣安排。公司应该在合约计划里声明:可以根据业务需要调整远程办公安排。

资料来源:Elsbach, K., and Cable, D. (2012, Summer). Why showing your face at work matters, *MIT Sloan Management Review*, 10—12;HR Focus. (2008, April). Planning enhances the potential of telecommuting success, 51—54;Fisher, A. (2005, May 30). How telecommuters can stay connected. *Fortune*, 142;*HR Focus*. (2002, May). Time to take another look at telecommuting, 6—7.

会议

正式会议是在固定的日期、两个或两个以上的员工进行面对面的交流沟通。正式会议提供了对话和改善私人关系的机会,特别是对于那些因部门不同或地理限制而平时联系较少的人而言。在正式会议中,信息是非常重要的,团队成员应抛开私人恩怨,建立互相的信任,为高绩效而发展协同作业的关系。

组织的不同层级都会召开会议。例如,员工会议是经理在部门内为员工安排工作的会议。部门或公司会议是为了解决与公司各个部门的管理者与员工有重大关联的问题。[36]例如,每当微软公司推出一种新产品,就会组织召开大型会议,宣布此事。工作任务会议是为了讨论某项具体的任务而召开的,例如调整市场战略或福利政策等。

据估计,高层管理者及经理大概有75%的时间在开会。[37]很多无效的会议不仅浪费时间,还会降低工作效率。计算一下这将花费的成本:几名高薪的管理者花费三个小时却没有达成目标,然后乘以每年260个工作日。然而,会议并非都是无所事事的。以下是使会议更有效的一些指导:

- 考虑会议是否有必要,如果通过电话或者备忘录可以处理就无须召开会议。
- 考虑与会者是否需要参加这个会议。例如,如果是分享信息的会议,那么大型会议是必要的;但如果只是解决问题的会议,那么小型会议更合适。
- 提供详细的会议日程表,可以让参会者更关注所讨论的主题,并且引导他们在参会前做好相关的准备。
- 选择合适的时间和地点。如果让大量的人挤进会议室、踮着脚尖才能听会,那么会议的效果就很难保证;相反,如果会议室过于宽敞、参会者过于分散,则不利于达成一致意见。时间同样很重要。在午饭前一个小时开会的话,与其说在听会,不如说是在听自己的肚子叫。有些管理者将会议安排在早上,因为此时人们更清醒。为了促进参会者更准时,时间不一定要精确到时点,例如用10:10代替10:00。
- 在问题解决或制度制定会议上,确定好行动计划并记录会议的谈话内容、步骤及程序是必要的。[38]

与会者必须掌握灵活的管理技巧,有些与会者试图用消极的信息主导整个会议进程,这种情况是不可避免的,因此会议主持者必须营造一个让所有与会者感觉轻松的会议氛围。持不同意见的人是应该被鼓励并受到尊重的。

笼罩会议室的另一层阴云是性别差异。很多女性报怨,她们要获得与男同事一样的平台是非常难的事情。社会语言学家德伯勒·坦南(Deborah Tannen)发现,女性与男性具有不同的沟通风格,导致他们在家里或在公司里时常出现误会。[39]文化差异也在会议室弥漫。对此美国商业会议倾向于采取行动;相反,日本商业会议的目的是在采取行动前的信息收集和数据分析;意大利商业会议则是管理者用来显示权威的一种工具。[40]

此外,带着具体的与工作相关的目的安排正式会议。管理者可以使用非正式会议与员工建立私人关系。周五的社交时间已经成为像思科、太阳微等科技企业中常见的一部分。在周五的社交时间里,技术人员之间互相讨论,或者与管理者讨论市场项目或者分享信息,而这些通常不能从正式的沟通渠道获得。很多其他类型的企业也开始广泛采用这种方式。

集体休假

公司集体休假是一种有目的的会议形式,公司将员工带到山上或海滨等休闲区,并夹杂高尔夫、乒乓球或航海类的休闲活动。一些公司的集体休假是为了激发关于长期规划或者战略转变的想法。其他的集体休假，例如 Outward Bound 公司组织的户外冒险活动，则是鼓励员工参与爬山、漂流等不得不互相合作的项目，以期提高他们的社交技巧。通过这种紧张的共同经历，合作者之间互相赏识对方。[41] 公司集体休假在改善员工关系方面也具有显著的效果。例如，丹佛市的一家中型法律事务所就采用集体休假的方式改善伙伴和搭档之间的关系。公司所有的员工被分成几个小组，在山上待了两天，共同讨论改善彼此之间关系的方法。这种讨论可以将那些隐藏的、尚未爆发的棘手问题公开化，而员工也可以建设性地处理此类问题。

很多家族企业也意识到集体休假的重要价值。史蒂文和埃利奥特·德恩(Steve and Elliott Dean)兄弟将父亲在得克萨斯州吉尔默(Gilmer)的德恩木材公司股票全买了下来。三年后，史蒂文发现，他为日常事务而忙得焦头烂额，根本没有空闲的时间与家族成员讨论公司的未来发展规划。解决办法就是：在得克萨斯州贝勒大学的家族企业协会的帮助下开展家族集体休假活动。德恩家族的 15 名成员花两天的时间聚在一起，讨论史蒂文关于德恩木材公司的未来愿景。这个家族集体休假活动，包括餐具、用餐服务及特邀嘉宾费用在内，总共花费 5 000 美元。

大多数的家族企业顾问建议，在开展第一次家族集体休假时使用非家族成员担任协助者，安插在家族成员之间，可以保证过程的正常进行而避免过于激烈的情绪。例如，为了帮助德恩家族很好地把握继承权的问题，协助者应询问各位成员：假设史蒂文和埃利奥特在一场飞机失事中遇难，你们会怎么办？对于两兄弟来说，这是非常令人震惊的。因为这使他们意识到对于短期或长期安排，他们做得还远远不够。[42] 除了使用集体休假形式讨论重要问题，很多家族企业还利用集体休假召开家族会议。这种会议由战略规划团队进行组织实施，他们也经常碰头讨论公司价值观、公司政策和发展方向等问题。[43]

非正式沟通

有时，**非正式沟通**(informal communications)也称秘密情报网，发生在非计划安排内的员工非正式信息交换过程。非正式沟通通常发生在朋友群或互相帮助形成的网络交际群，有时在公司的水吧、过道、咖啡屋、办公室或候车室。非正式沟通的信息通常是在正式沟通渠道中难以获取的。例如，工资上涨的幅度、谁会被快速提升、谁会收到兼职邀请、谁得到了较差的绩效评价并为此而忐忑不安。

非正式沟通是创新想法的源泉。跨国通信公司 Qwest 设计了一种能使用非正式沟通有效信息的新设备，相当于"工作间"和走廊，可以最大限度地让技术专家和学者自发地沟通。这种非正式团队进行头脑风暴式的讨论，从而解决技术上的问题并产生一些创新性的想法。

管理者和人力资源工作者必须留意员工之间非正式团体所形成的小集团，这种小集团可能阻碍信息交流，使非集团成员难以打入集团内部。小集团成员通常在某些方面具有极高的相似性，并排斥那些在年龄、民族、性别或种族等方面不一致的人员。例如，加利福尼亚州 Adams-Blake 公司的一名高管注意到，公司的软件开发部门形成了一个小集团，该集团阻止两名非集团成员的员工获取信息。团队绩效受到小集团及非集团内部员工的社会压力的负面影响。这名高管强硬表态,将解雇集团内部扣留信息的成员,以便在短期内改善团队绩效。[44]长期来说,避免小集团带来的负面影响的更好方式是,采取岗位轮换的方式,让组织内不同类型的员工共同工作以建立良好的关系。公司组织的社会活动也为更多的非正式信息的分享提供了新通道,还可以减弱小集团带来的负面影响。

当组织希望更多的信息通过非正式渠道传递时,很容易产生信息的扭曲、流言飞语、讥讽等,这将影响员工的士气并有损于员工关系。为了避免这种情况,管理者与人力资源管理部门在需要的时候应监控非正式沟通渠道所传递的信息,并通过正式渠道来辟谣。一种有效的监控方式是**走动式管理**(management by walking around,MBWA),由汤姆·彼得和罗伯·华特曼在《追求卓越》中首先提出。走动式管理是管理者在公司里随意走动,各个层级的员工都有机会向管理者提供建议或者抱怨的一种管理技术。这种管理风格被IBM公司及其他许多公司应用于建立良好的员工关系、观察员工士气。[45]在工作场所中,管理者的行为可以传递对员工的信任度。管理者笔记"增进互信的管理行为"为与他人的沟通交流建立信任提供了行为方面的建议。

 管理者笔记:伦理/社会责任

增进互信的管理行为

以下是管理者参与建立人际信任关系的管理行为的例子:

- **慎重行动并保守机密**。保守机密意味着不要向其他员工显示你的脆弱。泄露他人的隐私会让人感觉到可恶且违反行业规则。
- **言行一致**。言行一致的人,被认为是关心他人的,而且有足够的能力完成某件事。当参与某件事项时,管理者应该怀着一种现实主义的期待。
- **参与协商式的交流**。人们更愿意信任那些乐于倾听并分享的人,也更愿意参与他们的讨论。相反,人们会谨防那些自闭的或者只回答明知故问的问题、讨论结构性的解决措施的人。对于管理者来说,与那些已经初步形成一致观点的人一起工作是非常重要的。
- **确保决策的公平与透明**。人们从大环境里获得线索。同样,管理者以何种方式对待其他人,员工也会以同样的方式对待其他人。因此,那种决策程序和结果向所有人披露的公开且透明的决策,可以为所有员工营造一个相互信任的大环境。
- **对其他员工表示忠诚**。管理者对员工展示忠诚的一种方式是承认他们的贡献,并且夸赞其成功的行为。通过这种方式,管理者支持建设一个更加真诚且人们愿意随时分享想法的工作环境,从而有利于职场创新。

资料来源:Abrams,L.,Cross,R.,Lesser,E.,and Levin,D.(2003,November). Nurturing interpersonal trust in knowledge-sharing networks. *Academy of Management Executive*,67. Covey,S. M. R. (2006). *The speed of trust*. New York:Free Press;Sutton,R. (2010). *Good boss,bad boss*. New York:Business Plus.

流言飞语对组织有时也有价值,这意味着管理者在阻止员工交换八卦信息时务必慎重判断。研究表明,员工可以从流言中获得一些有价值的信息,从中知晓哪些员工是不受雇主欢迎的"搭便车"者、哪些老板有欺凌员工的行为、哪些员工不好相处。这些都是人们在承担新任务或成为高绩效团队新成员时需要知道的有价值信息,而这些信息不太可能通过正式沟通渠道获取。[46]

13.3.4 员工反馈项目

为了提供员工与管理层之间自下而上的沟通渠道,很多组织建立了**员工反馈项目**(employee feedback programs)。这个项目主要让员工在决策制定和政策形成时发表不同见解,并确保员工能够经由合法渠道表达与管理层不同的意见,以此改善管理层与员工之间的关系。人力资源管理部门不仅设立和维持员工反馈项目,同时期待能增强员工在处理敏感人际问题时的信心。人力资源部门还要保证员工免于遭到经理层的报复。

最常见的员工反馈项目包括员工态度调查、申诉程序、员工援助计划。这里只讨论前面两种涉及解决工作相关问题的项目,后面的章节将讨论员工援助计划。员工援助计划是帮助员工解决影响其工作绩效的个人私事。

员工态度调查

员工态度调查(employee attitude surveys)是设计用以衡量员工对工作各个方面的态度的一种典型的正式且匿名的调查,了解员工关于工作、上级、工作环境、提升机会、所接受培训的质量、公司对待少数族裔或妇女的政策、公司的薪酬制度等方面所持的态度。这种对各种各样的下属团队展开调查的问卷,可以与总体情况进行对比,从而帮助管理者找出员工关系不够理想的部门。

对员工关系采取一些具体的改善措施可以改变那些因紧张的员工关系而导致的怠工、懒工(如罢工、旷工、迟到)现象。例如,在分析态度调查问卷数据的过程中,位于美国中西部的一家零售公司发现,其中一个店铺的员工比其他店铺的员工的满意度更差。

这家公司的高层马上意识到,该店铺里存在严重的怠工行为。公司管理层采用培训和调解的方式解决了该管理问题,而不是报复员工。

为了有效地实施员工态度调查,管理者必须遵守以下几点:第一,必须告诉员工收集这些资料的目的和调查结果。除非管理层有使用调查结果的意图,否则单纯的态度调查是毫无意义的。第二,管理者应该在遵守伦理的基础上使用这些调查数据,以便监控全公司或者下属团队(例如妇女、会计或者新雇用人员)的员工关系状况,并在工作场所做出积极的改变。数据不应该从解雇某人(例如一个拥有不满意员工的管理者)或者取消某人特权中获得。第三,为了帮助员工保密同时确保信息的完整性,员工态度调查应该由第三方(例如咨询公司)实施。

顾客定制网络软件的应用提供了及时的员工态度反馈程序。例如,密歇根州的安娜堡公司为顾客提供了关于工作满意度及其他工作态度的测度周报,通过电子邮件的方式衡量各类员工群体的情绪变化。基于网络的态度调查比传统的纸笔测验能够帮助管理者更快地辨别使员工态度变恶劣的因素。[47]

零售连锁店百思买允许员工在名为蓝衣国度的内部网络上分享与讨论想法和经验,该内部网络由员工维护运作。员工可以为解决工作相关的问题提供建议,或者坦诚地反馈对公司特定项目的想法。通过这些未加工处理的信息,管理者可以真正了解员工对公司项目的态度,识别出员工真正信赖的最佳实践。例如,蓝衣国度举办了一场比赛,要求员工提交一份关于如何实施401(k)退休计划的想法或方案,带来的结果是,加入401(k)计划的员工数量增加了30%。[48]

在哪些国家和地区,员工对工作及雇主是最满意的?调查显示,瑞士的员工是最幸福的,而日本的员工感到最不幸福。美国同以开明的管理方法而著称的法国和德国一样,员工满意度都排在中间。[49]员工关系专家对于提高员工工作满意度和幸福感提出以下几点建议:(1)保证员工得到公平待遇、安全和认可;(2)选择与组织和工作相匹配的员工;(3)确保组织的各个层级具有足够胜任的主管。[50]

申诉程序

申诉程序(appeals procedure)是指为员工建立一个表达他们对管理者行为的反应并对管理决策提出质疑的机制,能够强化员工关于组织拥有公平、公正的员工政策的意识。组织里缺少有效的申诉程序将增加被起诉的风险,浪费律师费和向申诉员工支付补薪处罚等。[51]有效的申诉程序将赋予员工一些与其有关的决策的控制权,并帮助其辨别无效或不公正的管理者。

员工最为青睐的常见管理方式有:加班分配;对安全违规的警告;加大救济金覆盖范围;细化工作职责;报销医疗费用;绩效评估。

管理人员可以选择几种不同形式、不同类型的申诉处理方式,最不正式的方式当属"大门一开,随时欢迎"式。[52]尽管各个公司在这种开放方式的细节上有所不同,但都有一个共同的主题,那就是员工可以直接向组织中的任何管理者和执行者反馈。IBM公司的"开放办公室政策"广受赞誉。任何一位IBM公司的员工都可以进入公司高层(包括首席执行官)的办公室,就某一不满情况或担心的事情发表意见。相应地,管理者必须对情况所涉及的双方开展公平的调查,并在某一确定时限内给出结果。比如,一位员工对绩效评估结果不满,他也许就能够从另外一个上级那里获取不同的评价。办公室开放政策有两个主要优点:可以增强员工的安全感,使他们对公司更加忠诚;限制管理者的专断决策权。

与办公室开放政策一样,"大声讲出来"同样具有非正式和灵活性的特点,但员工向管理者反馈问题的过程和步骤可能不同。CIGNA是一家金融保险公司,拥有一种类似的管理方式,名为"畅所欲言"。通过这种方式,员工可以同管理高层直接沟通,但条件是他们的问题必须引起顶头上司的注意。

公司也可以使用中立第三方的热线电话接收员工的匿名投诉。工人可以24小时拨打免费电话，训练有素的接听者会将谈话内容写成书面报告向雇主反馈。拨打电话者会得到一个号码，便于其查看投诉进展。2002年的《萨班斯－奥克斯利法案》要求上市公司必须设立员工可以匿名报告可疑会计事项的渠道，此后，提供热线电话的雇主数量迅速增加。部分企业将热线电话的应用拓展到举报欺诈或违反道德行为。内布拉斯加州Sidney户外运动产品连锁企业Cabela通过热线电话调查员工的满意度，要求在48小时内给予回复。[53]

监察员负责处理员工投诉以及协调各方的争端，其角色是中立的。员工可以放心地向监察员匿名举报而不必担心遭到报复。通用电气公司将监察员系统作为员工建言渠道，员工可以就公司的廉正或道德方面的问题匿名举报。根据所反映问题的性质，监察员可以直接调解或寻找金融、法律或人力资源相关工作人员进行调查。[54]

投诉应对小组和工会投诉程序是组织处理员工投诉最为正式的管理机制。没有设立工会组织的公司可以采用投诉应对小组，小组成员不能由投诉员工的上级担任，而应由其同事和其他管理者担任。小组对投诉事宜开展调查，这通常是投诉过程的最后一步。例如，霍尼韦尔公司的投诉应对小组名为投诉管理委员会，仅处理此前一直没有解决的、兼顾管理层和员工代表的投诉。

工会申诉程序适用于加入工会的员工。与投诉应对小组类似，处理投诉涉及多个步骤，由中立者作为仲裁员，做出最后的有约束力的决策。工会申诉程序是劳动合同的重要特征，我们在第15章进行详尽的解释。

组织应该使用多种不同的申诉处理方式。例如，一家公司可以利用办公室开放政策处理那些可以快速解决的问题（如判断某一员工是否违反安全规定）；也可以采用员工援助计划处理那些涉及员工隐私的敏感问题（如身患绝症）；还可以建立一个投诉应对小组，专门处理团队或部门内的复杂问题。

13.3.5 员工援助计划

员工援助计划（employee assistance programs，EAP）用于处理那些对员工绩效有影响的私人问题，包括酗酒、吸毒、家庭暴力、老年保健、艾滋病及其他疾病、进食障碍、强迫性赌博等。[55]有员工援助计划的组织向员工公布该计划，并承诺在处理问题时会注意保密事宜。当私人问题影响了工作绩效，该员工就会被视为问题员工。[56]在典型的公司中，大约10%的员工属于此类。

图表13.3罗列了问题员工的一些特征。总体上，问题员工的出勤率、工作质量、对细节的注意力、对外表的关注表现出不协调。[57]他的精力都用来对付那些公司不知情、棘手的个人问题。除非问题解决了，不然他会一直疲于应对，公司也一直不能充分地利用其知识技能。考虑到双方的利益，这类问题应得到妥善解决。

图表 13.3　问题员工的各种特征

1. 过度旷工；周一周五及其他假前假后的日子
2. 无故旷工
3. 频繁旷工
4. 延期或提前离职
5. 与同事发生口角
6. 因粗心大意而导致其他员工负伤
7. 判断力下降，决策频繁失误
8. 非正常工伤
9. 因疏忽而致使设备频繁出故障
10. 违规违法，如酒后驾车并发生口角争执
11. 不注意个人形象
12. 具有不适当的强迫性行为，如不依不饶地与客户争论一些个人问题
13. 高事故率

资料来源：Filipowicz, C. A. (1979, June). The troubled employee: Whose responsibility? *Personnel Administrator*, 8; Identifying the troubled employee. (2010). Employee Assistance Network. www.eannc.com; Posey, B. (2010, September 22). Five tips for working with a troubled em-ployee. www.blogs.techrepublic.com.

员工援助计划包括四个步骤，如图表 13.4 所示。

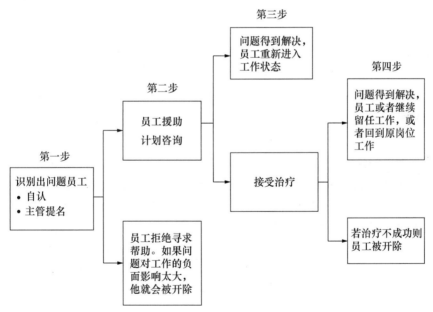

图表 13.4　员工援助计划

第一步是识别出问题员工，并向他们提供咨询服务。约半数的员工会主动站出来，他们感觉自己焦头烂额，需要帮助，但又希望问题得到保密处理。另半数的员工由主管提名，因为主管注意到他们身上有问题员工的征兆。当员工工作绩效低下，员工援助计划通常与公司的纪律处分相联系，而这是开除员工前的最后一步了。员工有权拒绝参与员工援助计划，但如果问题对其工作有极大的消极影响，拒绝就意味着结束工作。然而事实上，很多员工对员工

援助计划能够帮助他们解决问题心存感激。

第二步是与同员工援助计划的咨询员一起与员工面谈，以发现问题。在一些比较棘手的个人问题上，比如酗酒，员工坚持说他不酗酒。作为咨询员，需要技巧性地确认问题并安排治疗。员工援助计划可以实地工作，成员由公司内部人员担任；或者非实地工作，通过800热线电话，咨询员24小时在线提供咨询服务。然而，由于员工援助计划以劳资关系为动力机制，支持系统咨询公司的一项调查发现，非实地的员工援助计划的使用量比实地的员工援助计划少1/3。[58]

第三步是解决问题。有时，员工援助计划咨询员能在短时间内帮助员工解决问题（三个阶段或更少就足够了）。例如，一名有资金问题的员工仅需要关于理财的短期咨询。但一些问题需要花费很长的时间，员工援助计划咨询员通常会利用外部专业机构解决这类问题，兼顾员工的需求和成本。例如，一名员工援助计划咨询员认为某员工需要接受酗酒治疗，那么他还要考虑是住院治疗、门诊治疗还是参加戒酒互助协会的戒酒会议。[59]住院治疗需要30天住院期，花费约8 000—12 000美元，其他两个选择的费用就比较少。

第四步也是最后一步，则要视治疗结果而定。如果员工脱岗治疗很成功，那么他就可以回到原来的岗位上工作。某些情况下，员工不必脱岗治疗，可以一边工作一边接受治疗，并在治疗成功后进入稳定的工作状态。如果治疗不成功，员工仍然受到困扰不能专心工作，他就会被辞退。

员工援助计划能够帮助那些在重组或裁员条件下焦虑过度、压力过大的员工。计划在Rdon&ltans公司（一家专业化学公司，总部设在洛杉矶），员工援助计划有效地缓解了裁减生产员工的影响。从800人裁减到550人，公司与项目组相应人员就同时提供办公室咨询和工厂咨询的实地心理专家展开了协商。在GTE公司，与辞退或转岗的员工直接打交道的经理也采用员工援助计划方式。[60]

在美国，有超过12 000个员工援助计划，74％的大公司使用它们[61]解决各种各样的问题。在新泽西州大西洋城的赌场，人们利用它解决一些同酒精、毒品有关的高突发性问题。代表19条航线的空乘人员协会员工援助计划，经常收到大量的关于减肥的救助申请。[62]在Harmon国际公司（一家位于加利福尼亚州的制造商），员工援助计划已经发展出许多不同的管理计划以应对家庭暴力。据家庭暴力预防基金会的资料，家庭暴力对美国生产率的影响每年高达7亿美元。员工援助计划向管理人员提供敏感性培训，教导他们如何发现家庭暴力的苗头、怎样引导受害者接受咨询。该计划帮助Harmon公司一位受家庭暴力伤害的员工——玛莎·罗德里格斯获得了自控力，其丈夫、孩子和自己一起参加精神医疗。[63]

员工援助计划对员工关系的作用也是不可忽视的，因为它体现了管理层积极支持、帮助员工的意向。如果没有该计划，这些员工就会被辞退。员工援助计划每年花在每位员工身上的成本为20—30美元。[64]考虑到员工流失率、旷工、医疗成本、失业保险率、事故成本及残疾人保险等因素，管理层获得的收益远远大于成本。一项研究表明，员工援助计划的问题解决率达到78％。[65]普华永道估计，在员工援助计划中每投入1美元，就能获得4—7倍的回报。[66]

除了员工援助计划，另一种帮助员工解决个人问题的方式是使用心灵导师（workplace chaplains）。这些心灵导师往往是在教堂任职的牧师，为员工提供咨询服务。他们会主动与员工沟通,而不是在员工通过电话热线投诉后再进行干预。员工会定期收到来自心灵导师的书面报告,该报告列出困扰员工的一些常见问题及解决之道。目前采用心灵导师模式的公司有 R. J. Reynolds Tobacco、Tyson Foods 和麦当劳等。Marketplace Chaplains 是一家拥有 2 700 名心灵导师的公司,专门为企业提供心灵导师服务。[67]

13.4 员工认可项目

公司在开拓国际市场时要求员工持续地改进工作,以保证公司竞争力。只有管理者对员工做出的贡献给予认可,员工才会分享改进工作的想法和经验。**员工认可项目**(employee recognition programs)通过向员工传递这样一个信号:组织看重员工的想法并愿意为此奖励他们,以强化员工关系。[68]人力资源部门的工作是开发和维护正式的员工认可项目,例如建言系统和表彰奖励系统。

13.4.1 建言系统

建言系统用以收集、评估、推广从员工那里获得的建议,并对有价值的创意予以奖励。[69]尽管奖励多为奖金,但并不局限于这种单一方式,还可以是获得公认、假期、停车位或者其他福利。建议系统在不同的组织中得到了成功的应用,包括医院、学校、邮局和政府的其他附属机构,以及英国石油阿莫科、柯达、百得、西蒙-舒斯特、林肯电气等私人企业。[70]美国采用建言系统的企业平均每 100 名员工中产生 10 条建议,虽然产量一般,但管理专家表示,工作中取得的持续进步,通常来自正式沟通渠道外的员工建言系统。[71]

管理者在设计建言系统时,应该坚持以下原则:

- 提供简易的建言提交程序。[72]
- 采用建言评估。委员会公平地评价每条建议,并向员工解释其建言未被采纳的原因。
- 被采纳的建言应该立即付诸实践,并对建议的原创者给予奖励。公司内部的新闻板块可以公开地报道那些提出改善建议的员工。
- 对员工的奖励要与所提建议对公司的贡献相当。例如,美国某银行的贷款经理提出的建议每年为银行节省了 363 520 美元,那么她应该为此得到 36 000 美元的奖励。[73]根据员工参与协会的一项调查,企业对每条员工建议平均付出 235 美元,而雇主从员工建议中获得的价值大约是这个数额的 10 倍。[74]
- 人力资源部门应发挥协调者的作用,跟踪、管理建言项目,以确保员工参与项目中去。[75]

长期以来一直盛行于美国商业界的建言系统,近年来在全球范围内广为流行。例如日本丰田、本田、松下公司从员工那里收集了大量的建言,大大促进了产品(包括手机)改良。在本田公司,如果员工所提建议被证明改善了质量,就能赢得积分,最终获得一辆本田雅阁或两张国际机票的奖励。[76]以创新为核心的企业应该大方地对员工建言给予奖励,请参阅管理者笔记"对优秀的员工建言应该给予丰厚奖励"。

 管理者笔记:客户导向的人力资源

对优秀的员工建言应该给予丰厚奖励

对创新建言进行实质性奖励的企业在工作创新方面也会表现出色。然而,常见的是由于奖励幅度不大,建言奖励并没有促使员工乐意与公司分享他们的想法。

旧金山的一家咨询公司 Iinterminds 对员工建言给予丰厚奖励。当一名员工想出一个既省钱又能提升公司愿景的主意时,就能获得第一年所节约成本的一半作为奖励。该奖励制度源于一位年收入为3.8万美元的行政助理提出的一项建言。她建议设立自动化系统,跟踪900名现场工人的行为以促进流程优化,她首先在财务部门证明了此建议的有效性,然后在全公司范围推广。公司采纳这项建议后的第一年就节省了30.4万美元,她也因此获得了所节约费用的一半(15.2万美元)的奖金。通过在公司内部宣传这个成功故事,Iinterminds 公司收到的可行性建议增加了20%—40%。

资料来源:Carini, G., and Townsend, B. (2007, April). $152 000 for your thoughts. *Harvard Business Review*, 23; Conlin, M. (2009, March 23). The case for unequal perks. *BusinessWeek*, 54—55; *The Economist*. (2009, September 19). A market for ideas, 75—76.

13.4.2 表彰奖励

表彰奖励是指对为组织做出巨大贡献的人或团队进行通报表扬。这个人或团队会被树为典范,以便向他人传递什么样的行为和成就是公司所重视的。麦当劳员工的月奖包括在就餐区域张贴宣传报,员工和客人都看得到。做出贡献的 IBM 公司员工则通过许多不同的方式获得认可,从分部管理者处得到的奖赏的差异也很大,从一封简单致谢信到价值15万美元的支票(考虑公司的科学家所获得的诺贝尔奖金)都有。

对于团队和个人的表彰认可既可以是货币形式的,也可以是非货币形式的,例如联邦快递允许管理者即刻对员工进行现金奖励。[77]联邦快递赢得了马尔科姆·鲍德里奇国家质量奖,这是美国企业所能获得的最高奖励。

表彰奖励员工也可以是一声简单的谢谢。KeySpan 是美国一家大型的天然气分销商,其首席执行官鲍勃·凯特(Bob Catell)以个人名义向那些被评选出来的公司的无名英雄发送感谢信。行政助理伊丽莎白·欧赛德(Elizabeth Kousidis)表示,当凯特承认她是无名英雄的时候,她十分惊讶,但非常高兴。[78]

表彰既可以由管理者提议,也可以由作为公司内部客户的个人或团队提议,提名者须经过表彰奖励委员会评估选取。为了强调质量管理应该具有持续性,对个人或团队获得奖励的次数不做限制。全球快餐品牌商百胜餐饮公司对员工或团队做出即时且个性化的表彰。例如,必胜客(百胜餐饮旗下的连锁品牌)的员工会因为某天工作出色而被奖励一个圆头帽(类似奶酪形状),帽子上面还有留言。[79]

表彰的原因既可以是团队共同认可的,也可以是具有带动效应的个人成就。[80]重点强调团队或个人成就的表彰包括:

- 公司埋单的野餐,邀请团队成员及其家人参与。
- 印有团队标志的T恤衫、咖啡杯、棒球帽,用以加强团队承诺。
- 公司付款,为员工及其伴侣提供在乡间休闲度假的机会(例如在一家不错的饭店就餐、音乐会或比赛的门票等)。[81]
- 刻有做出贡献的个人名字或团队名称的徽章。
- 以员工名义,向慈善机构捐赠。

表彰项目除可以向员工提供积极的反馈外,还有其他用处。[82]例如,凤凰城酒店奖励其员工在酒店免费过夜。这不仅是一个有价值的奖励,还可以让员工有机会从顾客的角度看待自己的组织。管理层希望这种经历能产生一些新建议,以便更好地服务顾客。

尽管通报表彰是维持员工和团队积极性的一个有力工具,但管理者笔记"公开表彰的原则"也提到,管理者应该避免这些表彰所带来的问题。例如,当表彰出于徇私或者成为轮流坐庄而不是奖励优秀绩效时,它不但不能提升公司士气,反而会让人倍感沮丧。[83]

 管理者笔记:客户导向的人力资源

公开表彰的原则

如果用得好,公开表彰就能够极大地激发员工和团队的动力。许多员工认为,在同事面前获认可和被表扬的意义是非凡的。然而,如果这个过程中存在徇私或者轮流坐庄,就会打击员工的积极性,受表彰的人也会很尴尬。开展公开表彰应牢记以下要点:

- **具有清晰的奖励标准。** 奖励表彰应该清晰明了,而且事先与员工进行充分沟通的表彰更容易使员工产生公平感和价值感。
- **确保评价者与提名人没有个人关系。** 委员会内的评价者与提名人不应有直接的工作关系。例如,某员工的上级或同事在评价委员会内任评委,该评委就必须回避表决,以避免他人产生任人唯亲的看法。
- **奖励仪式的举办应坚持和体现真诚。** 颁奖者在颁奖的时候,应该重点向受表彰员工传递诚挚的谢意,避免做出使受奖者感到尴尬的那些戏剧化的、夸张的动作。
- **如果可以,尝试个性化的奖励。** 基于个人需求而设计的个性化奖励的效果是最明显的。对喜爱体育的员工来说,棒球比赛门票比交响乐音乐会门票更让他高兴。通过仪式颁发的个性勋章比金钱更有持久的记忆价值,因为现金很快就会花光了,而勋章会在他的办公室或家里保存着。
- **同时奖励多名优秀员工。** 如果好几名员工都做出了值得奖励的贡献,就应该避免只奖励一个人。

资料来源：Buchanan, L. (2011, July). And the award goes to... Rethinking annual honors. *Inc.*, 108—110; Wiscombe, J. (2002, April). Rewards get results. *Workforce*, 42—48; Ginther, C. (2000, August). Incentive programs that really work. *HRMagazine*, 117—120; Demos, T. (2010, April 12). Motivate without spending millions. *Fortune*, 37—38.

本章小结

管理者和员工关系专家的角色

良好的员工关系能够对所有员工一视同仁，因此员工的组织承诺较高。建立有效员工关系的关键在于管理者，他们根据公司员工关系的哲学理念，评价、奖励、约束员工。人力资源部门的员工关系代表应确保公司内的雇佣哲学理念被公平、一致地贯彻下去。他们经常就具体的员工关系问题，征询管理者和员工的建议。

促进员工沟通

为了建立有效的员工关系，企业应开发多种沟通渠道，以自上而下或自下而上的方式在公司内部传送信息。组织内的有效沟通包括：(1) 信息发送者编码；(2) 通过沟通渠道传递信息；(3) 信息接收者解码；(4) 由于环境噪声会扭曲信息的真实含义，还要提供信息反馈。

鼓励有效的沟通

员工关系代表和管理者在开展工作时，可以采用三种类型的项目促进有效沟通：(1) 信息传播项目；(2) 员工反馈项目；(3) 员工援助计划项目。

信息传播项目涉及向决策者提供信息，员工手册、各种书面备忘录、财务分析报告、公告栏、新闻报、电子沟通（语音邮件、电子邮件、多媒体应用）、会议和非正式沟通都是向员工传递信息的手段。

员工反馈项目赋予员工在决策和制定政策过程中的发言权以提高沟通效果，并且保证他们对管理者的抱怨得到处理。人力资源部门为了获取员工反馈，常用的两个项目是员工态度调查和申诉程序。

一些员工因情感上或心理上的困扰影响了工作绩效，员工援助计划项目为这些员工服务，使员工有机会和资源去解决问题。个人困扰的解除能够使劳资双方都受益。

员工认可项目

员工认可项目识别并奖励对组织成功做出巨大贡献的人以加强沟通，增强和改善员工关系。认可项目经常采用建言系统和公开表彰两种方式，对个人或团队的奖励既可以是货币形式的，也可以是非货币形式的。

关键术语

申诉程序(appeals procedure)
自上而下的沟通(downward communication)
电子邮件(e-mail)
员工援助计划(employee assistance program, EAP)
员工态度调查(employee attitude survey)
员工反馈项目(employee feedback program)
员工认可项目(employee recognition program)
员工关系政策(employee relations policy)
员工关系代表(employee relations representative)
非正式沟通(informal communications)
信息传播(information dissemination)
知识工作者(knowledge worker)
走动式管理(management by walking around)
多媒体技术(multimedia technology)
裙带关系(nepotism)
社交网络(social networking)
远程会议(teleconferencing)
自下而上的沟通(upward communication)
语音邮件(voice mail)

视频案例

Gawker 媒体：管理者与沟通。如果你的老师布置了这项作业，请访问 www.mymanagementlab.com 观看视频案例并回答问题。

问题与讨论

13-1　员工隐私被称为"当今最重要的工作焦点"。对此，新技术带来了怎样的两难问题？在员工关系和沟通上，新技术带来了什么问题？管理者又是怎样处理的？

13-2　Shelly Wexler 告诉她的上级罗勃·利文，她早退是为了照顾年迈的母亲，最近她越来越感到筋疲力尽。罗勃提名她参加公司的员工援助计划，但也试图说服她将母亲送到老人之家，甚至提供给她一些养老院的信息。罗勃只是普通地关心员工还是超出了管理界限？讨论上级在实施员工援助计划中的角色。管理者需要分析员工的个人问题吗？为什么？

13-3　大部分员工会对申诉程序(如办公室开放政策)持保守态度吗？为了使员工相信申诉程序公平有效，管理者需要做些什么？

13-4　一些沟通专家声称，男性和女性具有不同的沟通风格，因此性别相异的人在沟通时会产生信息编码障碍。在工作环境下，男性和女性彼此沟通的最主要区别在哪里？从有效的员工关系角度出发，不同性别的不同沟通方式暗示了什么？

13-5　少部分员工由于在同事面前得到公开表彰而情绪低落，一些员工因在公开仪式上受表彰而不安的原因是什么？这同职场的多样性有关吗？假设你是一名管理者，你意识到一名员工不喜欢被公开表彰，你该怎样做才能认可该员工的工作绩效呢？

我的管理实验室

请根据教师要求，登录 www.mymanagementlab.com 完成写作题，系统将自动给出分数；也可以完成下列问题，分数由教师给出。

13-6 列出公司人力资源部门采用的三种促进员工关系的方法。

13-7 公司和管理者与另谋他就的前雇员保持联系是好事吗？请列举与前雇员保持联系的两点优势和两点劣势。

13-8 数以百万计的人在 Facebook 和 MySpace 这样的社交网络上与朋友分享个人信息，如照片、视频等。企业可以使用社交媒体作为建立员工关系网络的渠道吗？对员工来说，使用社交媒体作为非正式沟通渠道的两点优势和两点劣势是什么？

你来解决！伦理/社会责任 案例 13.1

有坏消息需要沟通时，员工一般不说出来

如本章所述，公司建立反馈系统，如建言系统、开放政策、申诉程序或公司监察员，以便给员工提供投诉或表达他们认为不公待遇的渠道。这些系统旨在发现导致员工不满意的原因，避免成本高昂的员工流失率，并使高级管理层了解员工与管理层和公司政策的关系。尽管存在反馈系统，但员工并不总是使用这些自下而上的沟通渠道，因为他们缺乏安全感，担心管理者的报复。管理者可以查看使用反馈程序的员工，以确认谁是举报者或缺乏团队精神的人。例如，一个认为其主管在分配工作任务或加薪时不公平的员工，可能不会进行建言反馈。因为这涉及与主管一起解决争议，员工可能害怕建言使得双方的关系更加紧张，导致在找到下一份工作之前就被解雇。

一些员工在使用反馈系统反映问题时有所担忧，这是有现实基础的。当员工寻求人力资源管理代表或公司监察员（其应该是公正的，能帮助解决员工的问题）的帮助时，如果了解到这些人也是由公司支付酬劳，就会认为他们可能站在公司一方而非站在员工的立场。因此，员工可能不愿使用反馈系统，因为问题的解决者与管理层可能有着一致的利益关系。

关键思考题

13-9 假设你在一家公司工作，你认为主管给你的加薪与你应得的不一致，存在不公平；而且，这种情况不是第一次发生，你确信他对你的表现的评价也不公平。你正在考虑使用公司反馈系统中的一种方式抱怨这不公平的加薪。公司具有开放式的反馈政策、公司监察员制度和建言制度，你会使用哪一种？你会避免使用哪一种？请解释。

13-10 一家公司有建言反馈系统，但不幸的是，很少有员工使用它。管理者只有在员工离职面谈时才了解存在已久的问题。请为改进反馈系统提出一些建议，以加大员工使用它的可能性。

小组练习

13-11 在很多大学,考试作弊屡见不鲜,但大多数学生不会举报作弊的学生,也不会使用学校的反馈渠道让学校行政部门知道谁在作弊。4—5名同学组成一个小组,编制一份列表,指出大学生为什么不使用学校的反馈渠道让行政部门知道作弊现象。设计一个怎样的反馈渠道才能使之被更多的学生使用?根据教师要求,与班级同学分享你们的建议。

实践练习:个人

13-12 在实践练习中,思考如何针对以下情况做出反应。在大学毕业后从事的第一份工作的头几个月里,你发现你的主管是一个很难相处的人,对你也不好。例如:(1)在团队会议上,主管直接给你取了个外号"傻瓜"(Booby),而不是称呼你的名字Bob,以此在其他员工面前羞辱你;(2)主管在Facebook上指出你在新工作岗位上犯的几个错误,同事们因此而取笑你并在工作场所似乎对你存有敌意;(3)主管喜欢对员工讲笑话,而你经常是这些恶作剧的目标人物。你想让主管不再如此不尊重地对待你,但又不知道如何改变他对你的态度。你正在考虑使用公司反馈系统中的一种:公开反馈政策、建言系统或公司监察员政策。你会使用哪一种?理由是什么?你应该辞职吗?你要考虑到在辞职之后,这份只有几个月的工作经历会使你的简历不被,以至于很难获得一份新工作。当教师提问时,请解释你的决定。

资料来源:Klaas, B. S., Olson-Buchanan, J. B., and Ward A. (2012). The determinants of alternative forms of workplace voice: An integrative perspective. *Journal of Management*, 38, 314—345; Bies, R. J. (2013). The delivery of bad news in organizations: A framework for analysis. *Journal of Management*, 39, 136—162; Burris, E. R. (2012). The risks and rewards of speaking up: Managerial responses to employee voice. *Academy of Management Journal*, 55, 851—875.

你来解决!客户导向的人力资源 案例13.2

应该把乐趣当作工作要求吗

在工作场所创造乐趣的趋势影响了很多公司的员工关系。加利福尼亚州硅谷的几家软件公司在接待室安装攀岩墙,并在办公室放置充气动物。TD银行是加拿大多伦多Dominion银行在美国的子公司,专门成立一个"WOW"部门,身穿节日盛装的小组为优秀员工制造惊喜和愉悦。红牛饮料公司在伦敦的办事处设立了一条滑道。谷歌公司费尽心思在工作场所创造乐趣,其办公园区有排球场、自行车道、黄砖路、恐龙模型、滚轴曲棍球的常规游戏以及几名专业按摩师。

在线鞋类零售商Zappos公司将使工作场所变得"有趣和有点怪异"作为核心价值观,要求在工作中创造乐趣。在Zappos公司,一些人被分配的工作任务就是让员工变得快乐,许多员工在呼叫中心工作,日常工作就是接收购鞋订单。传统上,呼叫中心工作具有较高的员工流失率,但 Zappos 的乐趣文化帮助公司以超过行业标准的速度留住员工。Zappos 公司的一些有趣的活动包括游行、睡衣派对和欢乐时光。公司位于拉斯维加斯,员工下班后经常去酒吧。Zappos 公司的独特政策在于,管理者需要花费 10%—20% 的时间与其管理的下属员工交往,包括在办公之外花费的时间。这些社交活动可以直至深夜,因为拉斯维加斯是一个酒吧和俱乐部整夜营业的城市。

在工作中创造乐趣这一发展趋势背后的理由是:感到快乐的员工对工作投入得更多,并更有创造力。然而,当在工作中创造乐趣逐渐成为正式的政策并变成工作要求时,乐趣就可能会戛然而止。员工会对公司不满,因为公司只是将乐趣作为提高生产率的商业策略。

Zappos 公司的大多数年轻员工为二十多岁,而首席执行官 Tony Hsieh 却已四十多岁。Zappos 公司员工的年龄日益增长,曾经被视为有趣的游戏和酒吧活动似乎更像是不必要的任务。管理者可能更喜欢工作—生活平衡,以便可以专注于 Zappos 公司以外的家庭和朋友的需求。Zappos 的乐趣文化是否可以持续?

关键思考题

13-13 当 Zappos 公司管理者的年龄逐渐增长时,他们可能愿意花更多的时间与家人在一起,而花更少的时间与下属聚会。什么样的人力资源管理政策可以使 Zappos 公司继续保持建立在员工和上级有效交往上的乐趣文化?

13-14 为什么像谷歌这样的公司允许员工在工作场所打排球、玩曲棍球和其他游戏?有什么商业理由可以允许员工在工作场所玩游戏?在工作场所外与朋友而非同事玩游戏岂不是更有趣?

实践练习:小组

13-15 假设你已被一家主营呼叫中心业务的公司聘请为顾问,该公司希望鼓励员工和主管在非工作时间开展社交活动,以此提高员工的参与度和创造力。3—4 名同学组成一个小组,制定一些指导管理者在工作之外与下属交往的参考指南。指南中应考虑以下内容:管理者是否应该为员工购买饮料?管理者应该让员工为自己购买饮料吗?管理者是否可以对员工在酒吧活动中的任何不良行为负责?这些员工身上可能发生的不良行为包括恶意八卦不在场的同事、同事之间有过度喝酒的活动、亵渎和不尊重地谈论公司及一些争议性的政策。与教师和其他同学分享你们的观点。

实践练习:个人

13-16 在某些情况下,享受乐趣可能是一项工作要求,此时你会如何反应?你在这种情况下会玩得开心吗?如果不是,你还愿意在热衷于乐趣文化的公司参与这些活动吗?你觉得自己融入公司文化了吗?

  a. 下班后和同事在酒吧里交流,并在同事面前唱卡拉 OK。这是公司对每一名员工的期待。

  b. 装扮成名人,如 Elvis 或 Dolly Parton,并在公司化妆节这一天穿着盛装去工作。

  c. 定期与团队成员在下班后外出喝酒,其中包括某个你不是特别喜欢的同事。

d. 作为一名管理者,在每个下属过生日时都要订购生日蛋糕并唱生日快乐歌。

e. 下班后,与同事一起参加每周一次的扑克游戏。

上述哪些活动你不想参加?因为同事的群体压力,你还不得不参加。怎么向老板和同事解释你不想参加某项活动并避免影响你们之间的关系?

资料来源:*The Economist*. (2010, September 18). Down with fun: The depressing vogue for having fun at work, 82; O'Brien, J. (2009, February 9). Zappos knows how to kick it. *Fortune*, 55—60; Chafkin, M. (2009, May). Get happy: How Tony Hsieh uses relentless innovation, stellar service, and a staff of believers to make Zappos.com an e-commerce juggernaut—and one of the most blissed-out businesses in America. *Inc.*, 67—73.

你来解决!伦理/社会责任 案例13.3

绿色管理使新比利时酿造公司健康发展

Kim Jordan 和 Jeff Lebesch 是一对夫妻,也是新比利时酿造公司的创始人。他们想创建一个世界级的啤酒品牌,同时尽量减少对地球的不良影响。近二十年来,他们建立了一家员工热情参与并支持环保事业的公司,目前有320名员工,年销售收入约9600万美元。

公司成功的秘诀之一是寻找员工可以广泛参与的有趣的集体活动,秘诀之二是打破层级森严的自上而下的管理方式。首席执行官 Jordan 说:"我认为非常重要的一点是,不要过于管控,而是树立一个员工可以效仿的示范,如果他们愿意的话。"

新比利时酿造公司为员工提供良好的工作环境和空闲时间,它还将鼓励自行车出行与其特色啤酒 Fat Tire 联系起来。每个新员工在工作一年后都会获得一辆自行车,在科罗拉多州科林斯堡地区,大约一半的员工在夏季骑自行车上下班。更重要的是,每年夏天公司都会举办一个跨越11个城市的活动,名为 Tour de Fat。在活动中,员工穿着统一的服装,带领当地居民开展自行车旅行。当然,自行车出行只是相关政策的一部分,公司还会租赁丰田的普锐斯混合动力汽车,方便销售团队参加会议。

新比利时酿造公司还努力在工作场所倡导环境可持续性理念。现场回收中心向员工回收旧汽车电池和机油等物品。该公司还将1%的利润捐赠给全球慈善网络组织"1% For The Planet"。1999年以来,该公司一直使用清洁的风力发电作为能源,原因在于员工投票选择使用风力发电而不是当地煤电公司的电力。员工还投票赞成从公司的利润分红中对风力发电进行补贴,以便取代便宜的煤炭发电。

公司迅速成长,并在科林斯堡总部之外的其他城市招募员工。公司面临的一个挑战是:持续保持一种紧密团结的氛围。该公司每个月都会面向所有员工举行一次视频会议,共同讨论新的发展方向。此外,每名员工都会被邀请参加公司年会。在公司工作五年以上的员工都会得到为期一周的比利时免费旅行,了解比利时的啤酒文化。

Jordan 说,雇员的所有权有助于提高参与度。员工通过员工持股计划拥有约32%的公司股份,公司实施开放式账户管理,每个月都会举行会议,让员工了解公司的财务状况。

自认为是公司"活动福音传播者"的 Chris Winn 表示,公司让员工自主管理,不对员工设置严格的管理规则,工作环境将变得有趣和协调。

关键思考题

13-17　新比利时酿造公司的绿色商业实践是如何作用于积极的员工关系的?

13-18　新比利时酿造公司运用什么样的沟通方式和人力资源管理实践使员工感受到自己是公司与社区的一部分,并一直处于参与的状态中?

13-19　新比利时酿造公司如何在工作场所创造乐趣?又如何让乐趣使得员工对工作和公司充满热情?

小组练习

13-20　正如新比利时酿造公司的案例所述,企业正在思考使用创造性的方式制造工作场所的乐趣,以鼓励员工对工作更加投入,并在工作场所产生积极的情绪(如幸福、喜悦、激情等)。四或五名学生组成一个小组,讨论在最近的工作(实习)经历中,雇主是否试图有意识地在工作场所开展一些有趣的活动?它们有效果吗?或者说,它们是否起到吸引员工、提高员工工作参与程度的作用?它们实际上是干扰了员工的工作吗?在教师提问时,准备好与其他同学分享你们的想法。

实践练习:个人

13-21　访问新比利时酿造公司的网址(www.newbelgium.com),了解有关该公司更多的信息。该公司非常重视环境的可持续性,下面是它的核心价值观。

我们相信,作为环境管理者,我们需要:

a. 爱护供养我们的地球。

b. 减少废弃物排放,管理自然资源。

c. 最大限度地减少啤酒运输对环境的影响。

d. 减少对燃煤电力的依赖。

e. 保护珍贵的落基山的水资源。

f. 将我们的努力集中于保护和效率。

g. 支持创新技术

h. 实现对关系、持续改进、友情和啤酒酿造的承诺,打造快乐的环保精神。

上述核心价值观如何与案例中描述的员工关系活动相匹配?这些价值观与你工作过的其他公司的价值观有何不同?新比利时酿造公司的价值观与你的个人价值观有差异吗?你能够适应新比利时酿造公司的员工社区吗?例如,你愿意牺牲奖金的一部分以支持较高的港口风力发电成本,就像新比利时酿造公司所有员工所做的那样吗?在教师提问时,准备好解释你对这些问题的看法。

资料来源:New Belgium Brewing Company Web site.(2008). www.newbelgium.com;Spors, K.(2008,October 13). Top small workplaces,2008. *Wall Street Journal*,R8;New Belgium Brewery:Four principles of sustainable business.(2008,June 7). www.triplepundit.com.

你来解决！全球化 案例13.4

任人唯亲值得称赞吗

任人唯亲是一项全球性的人力资源管理实践，是指在做出雇用、晋升和薪酬等决策时优先考虑组织成员的亲属和朋友。在中国和非洲，任人唯亲是指偏爱某人的亲属团体或部落成员而不是其他人。在西欧和美国，任人唯亲是指优先支持家庭成员或某一社会阶层。

任人唯亲对美国职场中的一些核心价值观（例如品德原则和平等机会原则）造成挑战。在美国，任人唯亲仍应用于商业、公共生活和创意艺术等领域。福特汽车公司创始人亨利·福特的重孙比尔·福特是公司首席执行官，他能够获得福特公司的最高职位与福特家族拥有的有特殊表决权的股份有关，这使他们在公司决策上有强大的权力。美国总统肯尼迪选择其34岁的兄弟罗伯特·肯尼迪为总检察长，美国前总统小布什是前总统老布什的儿子。这些政治领导人中的任何一个如果没有得到其美国总统亲戚的帮助，是不可能得到相应的职位的。芝加哥前市长Richard Daley和他的父亲做同样的工作。在电影行业，演员们为孩子或亲戚提供在娱乐行业中工作的机会，如Goldie Hawn（女儿Kate Hudson）、Kirk Douglas（儿子Michael Douglas）和Rosemary Clooney（侄子George Clooney），没有家庭背景的人很难获得这些机会。

正如《令人称赞的任人唯亲：一部自然史》的作者Adam Bellow所说，任人唯亲有利有弊。Bellow指出任人唯亲到底是好是坏，其表现在私人领域和公共领域有所不同。

- Jim Collins在畅销书《基业长青》中发现，在长期股东回报率上的表现优于同行业的公司与其CEO是否创始人的后代无关。
- 近年来，一些宣传甚广的CEO失败案例很多是公司创始人的后代，如摩托罗拉（Chris Galvin）和施格兰（Edgar Bronfman, Jr.）。
- 印度尼西亚前总统苏哈托在商业垄断上滥用权力，其六个孩子的财富估计超过400亿美元，将商业垄断的任人唯亲和"裙带资本主义"发挥到极致。这种公然偏袒家庭成员的行为对1998年印度尼西亚民众推翻他的政府有着重大影响。
- 在美国的一些顶尖大学，校友的孩子（称为"遗产"）可以优先得到10%—15%的新生名额。例如，哈佛大学招生办公室主任William Fitzsimmons承认，40%校友孩子的入学申请被接受，而普通申请人的录取率只有11%。即使在好的公立大学，如弗吉尼亚大学，校友孩子也是普通申请者的入学率的2—4倍。

Adam Bellow认为，当家族成员参与业务运营时，任人唯亲可以创建家族王朝，如Rothschilds（银行业）、Rockefellers（金融和慈善事业）和Hiltons（酒店业）等家喻户晓的商业品牌均是如此。他认为，为了维护家族声誉和商业声誉，家族企业中的家庭成员可能比他人表现得更好，为企业做出更大的牺牲。

关键思考题

13-22 为什么人们易接受私人企业中的任人唯亲，而不接受拥有很多股东的公众企业中的任人唯亲？为什么很难容忍政府中存在任人唯亲现象（例如一个城市的市长把朋友和家庭成员安排在辖区内工作）？

13-23 在什么条件下，公共组织（如联邦政府）或公众企业（如通用汽车公司）雇用员工或行政人员的亲属是合理的？

13-24 你是否赞同 Bellow 的论点，即认为公司所有者的亲属为了维护家族声誉而具有更大的动力去努力工作并为企业做出牺牲。请说明理由。

小组练习

13-25 四或五名学生组成一个小组，去了解为什么一些组织反对任人唯亲并限制组织雇用组织成员的亲属。各小组寻找一两个反对任人唯亲的例子与同学分享。例如，这种政策在城市政府单位（如警察或消防部门）是相当常见的。针对每个反对任人唯亲的例子，指明不允许雇用哪些亲属（亲家关系、隔代关系还是祖孙关系等）？想出一种理论或解释，说明各组织反对任人唯亲的原因。你们是否同意组织的这种做法呢？

实践练习：小组

13-26 找到一个同伴，轮流分享你们对于精英大学某些实践的看法。该实践是指如哈佛、耶鲁和普林斯顿等大学每年预留10%—15%的新生指标给与校友有关系的申请者。有些人批评这类做法为"对富人的肯定行动"。这是一个公平的评论吗？为什么那些可以广泛选择学生的学校依然保留这种做法？如果许多帮助校友子女入学的学校同时也为符合入学标准的经济困难学生提供全额奖学金，你的看法会有所改变吗？两人在分享意见后，总结出关键点，并与其他同学分享。

资料来源：Jaskiewicz, P., Uhlenbruck, K., Balkin, D., and Reay, T. (2013). Is nepotism good or bad? Types of nepotism and implications for knowledge management. *Family Business Review*, 26, 121—139; Ciulla, J. (2005, January). In praise of nepotism? Business Ethics Quarterly, 153—160; *The Economist*. (2004, January 10). The curse of nepotism, 27; Bellow, A. (2003, August 5). When in doubt, hire your kin. *Wall Street Journal*, B-2.

第13章注释内容
请扫码参阅

第14章 员工权利和纪律管理

我的管理实验室® ★ 当你看到这个图标时,请访问 www.mymanagementlab.com 以获取配套练习题,并及时反馈练习结果。

▶▶▶ **挑战**

阅读本章之后,你能更有效地应对以下挑战:
1. **理解**员工权利。
2. **理解**管理者权利。
3. **知晓**员工权利面临的挑战。
4. **学会**纪律管理实践。
5. **开发**管理问题员工的能力。
6. **知晓**通过人力资源管理实现纪律管理的必要性。

所有员工享有法律、就业政策及社会传统所赋予的各项权利。雇主也拥有维护权威和期待员工付出的权利。有时,这两种权利相互冲突。考虑以下情况:

- Aligo 是一家位于加利福尼亚州的移动业务生产商,销售一种名为"工作追踪器"的产品。该产品使雇主能够电子监控员工的位置及其工作情况。该公司的主要客户是制热和空调行业的雇主。工人配备装有 GPS 全球定位系统芯片的移动电话,它可以将工人的位置传输到后台计算机上,比较工人所处的位置与其应该在的位置。如果工人不在正确的位置上,将被认为没有工作,并且被通告到员工管理办公室。该系统也可以跟踪员工开车的速度,所以雇主可以向保险公司证明没有人超速。雇主有权监督员工,该监控措施是合法的。但是,当员工持续受到雇主的监督时,这种做法侵犯了员工有权在工作场所被合乎伦理地对待的权利。[1]

- Verified Person 公司为雇主调查新员工的背景,并且就员工活动每两周提供一次更新报告，提醒企业该员工有无任何新的不端行为发生。这样的持续监视过程对某些特定行业很有价值，比如金融行业。这些行业禁止雇用有犯罪历史的人员。但是，这样的监视可能会使白领员工感到困扰，因为他们不想让雇主发现自己违规吸食大麻或醉酒驾驶。[2]

• Hearsay Social 是为大公司提供服务的企业，帮助监控公司员工在 Facebook 和其他社交媒体上与客户的互动情况。Hearsay Social 可以为客户提供 24 小时健身情况监控服务，也可以监控员工在 Facebook、LinkedIn 和 Twitter 等社交媒体上的使用情况，还可以帮助查询员工和客户之间的违规行为，比如银行家商讨未经授权的交易等。[3]

管理者视角

开篇例子表明，在所有的就业关系中，雇主和雇员的权利都应该予以清晰地说明。人力资源部门能够在以下方面发挥作用：

- 开发并实施让员工了解其权利和责任的政策。
- 让管理者知晓员工的权利，并且了解管理者对员工的义务。
- 站在员工一方，尤其是在主管误解或者忽视纪律政策的时候。

管理者在此中起着重要的作用。尊重员工权利的管理者比忽视员工权利的管理者更可能让员工的士气和工作满意度更高。尊重员工权利降低了成本高昂的申诉过程和法律诉讼的可能性。因此，管理者必须知晓员工享有哪些权利，通过全面调查来了解有怨言员工的呼声，并且学会将纪律作为纠正非生产性行为和习惯的方法，而不是作为一项惩罚。

在本章，我们考察员工权利及纪律制度。这两个主题与员工关系质量密切相关（在第13章已讨论）。拥有和谐员工关系的组织保证管理者尊重员工权利，并且采用公平一致的纪律制度。

首先，我们了解员工权利和管理者权利的概念，以及在许多非工会雇主中广泛应用的雇佣自由原则；其次，我们分析管理者在平衡员工权利和管理者权利时遇到的挑战；再次，我们讨论纪律管理，并且为如何管理问题员工提供一些建议；最后，我们考察人力资源部门如何主动运用政策来支持管理者，从而尽可能少地使用纪律惩罚制度。

知识点学习

如果教师布置该项作业，请登录 www.mymanagementlab.com 查阅你应该特别关注的知识点，并预习第 14 章。

14.1 员工权利

权利（right）是在法律和社会的认可下，不受他人（如雇主）干扰地从事某一活动的能力。例如，员工有权成立工会。雇主克扣支持工会的员工的工资、打击员工行使其权利成立工会的做法是违法的。

随着美国联邦和州政府颁布给予员工特定保护的法律,员工权利的范围在过去五十多年间更加广泛。另外,过去十多年间,法院比以往更加愿意保护员工免遭错误的辞退。许多人认为法庭在保护员工权利方面更加积极,原因在于受工会合同保护的劳动力占比在降低。

图表14.1列出了管理者必须考虑的三种不同类别的员工权利:法定权利、合同权利和其他权利。

图表 14.1 员工权利分类

法定权利	合同权利	其他权利
• 不被歧视 • 安全工作条件 • 建立工会的权利	• 就业合同 • 工会合同 • 隐性合同/就业政策	• 合乎伦理的对待 • 隐私(有限的) • 言论自由(有限的)

14.1.1 法定权利

员工的**法定权利**(statutory rights)受到政府颁布的特别法律的保护。员工主要的法定权利包括在种族、性别、宗教、国籍、年龄、不因残疾被歧视,以及1964颁布的《民权法案》第七章和其他平等就业机会法律所规定的法定权利(参阅第3章)。平等就业机会委员会规定雇主的行为,确保员工不被歧视。

另一项重要的员工法定权利则保护员工不从事危险、不健康的工作。《职业安全和健康法案》要求雇主为员工提供安全的工作条件,并且建立职业安全和健康管理机构管理企业的健康与安全实践(参阅第16章)。

员工还拥有成立工会和参加工会活动的法定权利。美国劳动关系委员会规定雇员和雇主的行为,确保公平劳动实践。

14.1.2 合同权利

合同权利(contractual rights)基于合同法。合同(contract)是指法律上两个或两个以上有能力的主体达成的允诺。[4]违反合同是指如果任意一方不遵守对另外一方的承诺,就要受到法律的制裁。

当雇主和员工签订合同后,彼此双方就具有权利和义务。就业合同(employment contract)明确了雇主和员工双方的雇佣关系。一般看来,就业合同注明员工在规定时间内完成工作,并且雇主在该时间内提供双方一致认可的工资和特定的工作条件。[5]就业合同所覆盖的员工包括未参加工会的公立学校教师、大学足球教练、电影电视演员、高层管理者以及中层管理者。[6]只有极低比例的劳动者受到就业合同的约束。

就业合同条款保证员工的工作安全,并且至少在理论上是个人单独签约。我们之所以说"理论上",是因为有些合同很相似。例如,许多没有参加工会的公立学校老师每年签订一次合同。理论上,每位老师单独与学校签约。但实践中,因为合同量太多,这些合同会按照统一的格式签订。

一些行业具有标准化的合同条款以保护行业利益。例如,竞争激烈的技术和服务业经常有禁止员工以下行为的合同条款:(1) 在雇佣期间和辞职后泄露企业机密;(2) 向以前的客户推销业务或产品;(3) 辞职后招聘以前的同事。[7]对于一些重要的岗位如高管,合同将不遵循标准格式,而是个别谈判。[8]签订合同的员工可能会出于非绩效的原因被解雇,但有权在合同期限内获得报酬。

在美国劳动力市场,大量员工(11%左右)签订了工会合同,这些合同保护工会会员的利益。工会合同不像单个谈判签订的合同那样保护员工的工作安全,而是通过工作资历和工会申诉制度保障工作安全。工作资历条款按照"后进先出"的裁员标准保障工作资历较长员工的工作安全,这些标准一般会写进工会合同中(参阅第 6 章)。工会申诉制度保证所有的纪律处罚行为符合正当程序(due process),要求公平调查,对于没有达到预期绩效员工的处罚必须说明理由。决定纪律处罚的仲裁员有权恢复那些被错误辞退员工的工作权利,并且要求雇主补付其工资。错误辞退(wrongful discharge)是指以非法或不适当理由辞退,例如年龄或者拒绝从事非法活动。

有时,虽然没有正式的合同,但雇主和员工会达成事实上的合同关系。在这种情况下,雇主和员工相当于签订了默示合同。一些就业政策和实践可能无意地建立了默示合同。法院会把面试考官和经理给出的如"只要完成了工作任务,你总会有一份工作"等陈述理解为提供工作安全保障的承诺。[9]当这些承诺存在时,因裁员而失去工作的员工可以依法得到补偿。

如果员工手册提供工作安全保障,就是另一种默示合同形式。有些法院会做出特别说明,如"除非有正当理由,否则不可以解雇员工",这些做法要求企业在做出解雇决策时承担举证责任。[10]另外,当员工手册或就业政策对试用期员工和永久性员工给出区别时,如果员工完成试用期并且正式转正,那么法院就会认为雇主给了员工永久性的就业承诺。直至目前,至少 38 个州的高级法院规定员工手册可以作为具有强制约束力的合同。[11]

14.1.3 其他权利

除了法定权利和合同权利,员工经常期望其他一些权利,包括被合乎伦理对待的权利以及有限的言论自由权利和隐私权利。这些权利与法定权利、合同权利存在重要的不同:虽然员工可以期望得到这些权利,但觉得这些权利没有合法的来源。虽然法律没有要求雇主必须给予员工这些权利,但如果雇主愿意这样做,员工的满意度就会更高,更愿意与企业共同成长。

合乎伦理对待的权利

当员工为雇主努力工作时,他们也希望被公正、合乎伦理地对待。这种预期被称为心理契约。[12]建立心理契约的雇主一般拥有更高效的员工。比较而言,侵犯心理契约的雇主会引起员工辞职或成立工会。因为员工流失成本高昂,成立工会将导致控制权的流失,管理者应该明白心理契约的重要性。[13]建立心理契约的一种方法是发展并宣传伦理准则。[14]人力资源把伦理准则融入就业政策、新员工入职培训及正式培训项目中,可以营造合乎伦理的环境。[15]

管理者和主管在工作单位中确定基调,能够影响公司的公正氛围和伦理行为。[16]管理者和主管尤其应该做到:

- 采取行动以建立信任,例如分享有用信息、建立承诺;
- 确保行为一致,使员工对意外的管理行为或决定不感到惊奇;
- 真诚,并且避免展示错误印象以操纵其他人的善良谎言和行为;
- 树立信心,并且关心他人树立正直形象;
- 和员工见面,讨论并明确对员工的期望;
- 保证员工得到公正对待,对于绩效相似的员工给予相当的回报,避免明显的个人喜好;
- 坚持公正合理的清晰标准,例如,既不要不合适地赞扬成就,也不要不恰当地强加处罚;
- 尊重员工,公开表明关心员工,并且认识员工的长处和贡献。[17]

有限的隐私权

隐私权保护人们的个人事项免受无故的侵犯。虽然该权利在美国宪法中没有明确列出,但高等法院在1965年裁决该权利已隐含在宪法的规定中。例如,宪法明确禁止无故搜查和没收,并且该禁止与更广泛的隐私权相一致。

隐私权有另外两项法律基础。第一,一些州(包括亚利桑那和加利福尼亚)的法律对隐私权做了明确规定。第二,几部联邦法律保护员工隐私的某些特定方面。例如,1968年的《犯罪控制与街道安全法案》(Crime Control and Safe Streets Act)的一项条款规定:没有提前征得员工同意,雇主不能查看或偷听员工的私人通信。

美国政府的权力是有限的,因此联邦政府和州政府员工的隐私权受到保护,尽管不是绝对的。例如,国会授权的一项方案要求,其工作与安全有关的美国航空业员工必须定期接受酒精检测。[18]

涉及员工隐私权的一个敏感问题是人事档案的维护。每位员工的人事档案(personnel file)包括一些关键文件,如绩效评价、薪酬历史、惩罚情况、职业发展等。除了因工作需要的管理者,任何人无权接近这些文件。员工可以定期查看人事档案中的信息,保证其准确性。如果人事档案保存在人力资源信息系统中,为了保护员工的隐私权,就应该使用密码或专用密钥才能接近这些私人信息。

美国联邦政府员工的人事档案受到《1974年隐私法案》(Privacy Act)的保护。法案要求联邦机构允许员工检查、复制、纠正或修改做出档案中的个人信息。如果对于做出档案中信息的准确性及其应该包括的内容有争论,该法案对上诉程序也做出了规定。[19]

雇主可能从社交网站(例如Twitter和Facebook)发现员工的个人信息,因为员工会通过社交网站向朋友描述他们的非工作活动并晒出照片。为了符合传统的道德伦理或产生一个正确的判断,个人应该谨慎决定是否在社交网站上晒出不雅照片或不良故事,因为这些照片或故事可能会损害他们的声誉。越来越多的雇主将社交网站运用到非正式招聘上,通过社交网络信息减少应聘者数量,并在面试前淘汰部分人。[20] 例如,一名年轻女士就因为其雇主看到她在社交网站上晒出的一次聚会照片而失去了教师工作。详情如管理者笔记"在网络上晒照:三思而后行"。

 管理者笔记:科技/社交媒体

在网络上晒照:三思而后行

就员工在网络上发布非工作活动的照片或信息而言,员工的隐私是不受保护的。在网络上用词不雅或者发布休闲时拍摄的照片,很可能使员工职业生涯发生改变。Stacy Snyder 是宾夕法尼亚州米勒斯维尔地区米勒斯维尔大学的高年级学生,她的例子非常典型和具有意义。Snyder 在大学附近一所高中学校担任教学任务。因为高中学校工作人员在 MySpace 个人资料上发现她的照片,Snyder 被该校解雇并取消了教学实践学分。Snyder 向联邦法院提起诉讼,辩解说根据"第一修正案"她的言论自由权受到侵犯。到目前为止,该案件尚未确定具体的开庭日期。

的确出乎意料,Snyder 保存在高等教育网站"有线校园"博客上的照片看起来非常无辜。照片拍摄的是在一个化装舞会上,Snyder 头戴一顶海盗帽子,被从一个大塑料杯射出的东西击中头部,但看不到杯子里面的东西。她将晒出的这张自画像命名为"醉酒的海盗",尽管不能通过照片看到她是否受伤严重。

米勒斯维尔大学要求法院撤销该案件,声称 Snyder 对学生的教学出于多种原因一直很不理想。高中学校确认她被解雇,并在发现她的 MySpace 照片后禁止其重新入职学校。大学支持高中的观点,认为 Snyder 不够专业,并且可能导致未成年人饮酒,还引用教师手册中的一段话,即工作人员应穿着恰当。

虽然社交网站(如 MySpace)可以设置隐私访问权限,但 Snyder 并未设置。她知道其个人资料页面也许会被学校当局看到,但依然坚持,因为她认为一名 21 岁以上的成年人是没有什么需要隐瞒的。

资料来源:Stross, R. (2007, December 30). How to lose your job on your own time. *New York Times*, Business, 3; Grasz, J. (2009, August 24). 45% employers use Facebook-Twitter to screen job candidates. *The Oregon Biz Report—Business News from Oregon*. www.oregonbusinessreport.com; Finder, A. (2006, June 11). For some, online persona undermines a résumé. *New York Times*. www.nytimes.com.

有限的言论自由权利

《美国宪法第一修正案》保证所有美国公民拥有言论自由,因此该权利比隐私权更加明确。可是,它也受到限制。[21] 政府雇员比那些为私人企业工作的员工受到更多的保护。例如,不同意目前总统税收政策的国内收入署机构完全可以公开发表言论而不用担心官方的报复。然而,如果西尔斯百货的经理公开不同意公司的定价战略,公司可以处罚或者解雇他。因此,私人部门的管理者可以合法地惩罚那些对公司或公司声誉造成损害的员工。类似地,公司能够并且应该处罚那些基于种族和性别而使用有辱人格的语言侮辱他人的员工。德士古公司因为没有处罚侮辱非裔美国人的管理者，致使公司受到代价惨重的种族歧视起诉。[22]然而，也有一些例外。当员工指认管理者对外部公众的不法行为时，他们是在检举揭发公司。美国联邦和一些州的法律保护这种行为。我们在本章后续详细讨论检举揭发行为。

对于隐私权，管理者应该尽可能不干预员工的自由言论行为，原因在于该权利在美国文化中根深蒂固。管理者必须平衡给予或不给予隐私权与言论权的成本和好处。例如，我们在第13章中看到，电子邮件在交流中广泛运用。公司是否应该制定政策，从而允许管理者查看员工电子通信的所有内容呢？例如，雇主可以要求员工签署同意公司查看其电子邮件的声明。[23]得知管理者正在查看其通信内容的员工可能会在一定程度上对管理者怀有敌意，并且坦诚的缺失可能导致次优决策。此外，这样的政策将伤害员工和雇主之间的信任关系。因此，公司从该政策中可能得到的任何好处（如防范犯罪活动），可能被与工作相关的成本抵消。

14.2 管理者权利

雇主的权利通常被称为**管理者权利**（management rights），可以归纳为经营企业和获取利润的权利。在美国，管理者权利受到产权法、普通法（传统的法律原则，大多数起源于英格兰）、认可私人财产和利润动机的社会价值观的保护。[24]通过产权控制企业的股东和所有者，将运营企业的权利授予管理者。

管理者权利包括管理劳动力的权利，雇用、晋升、安排工作、处罚及解雇员工的权利。管理者权利受到员工（至少对于那些没有签订就业合同的员工）可以随时辞职的权利的调节。因此，公正地对待员工符合管理者的利益。

管理者权利受到那些与相关决策存在利益关系的团体的影响。例如，管理者有权雇佣他们希望雇佣的员工，但是该权利受到平等就业机会委员会法律的影响。平等就业机会委员会法律禁止雇主基于申请者某些特征（如年龄、种族、性别等）的歧视。而且，管理者有权制定工资基准，但是带有工资条款的工会合同要求管理者根据合同条款支付员工工资。

管理者权利也经常被称为剩余权，因为剩余权没有受到代表员工或其他利益方（如工会）的利益的合同和法律的影响。[25]根据剩余权的观点，除了法律和合同条款另有限制，管理者有权制定那些影响企业和员工的决策。

最重要的雇主权利之一是雇佣自由权。

雇佣自由

雇主一直使用**雇佣自由**（employment at will）的习惯法则展示在任何时候与员工终止雇佣关系的权利。美国法院在19世纪使用该法则，认可员工和雇主之间的对等关系以提升就业市场的灵活性。因为员工可以随意和雇主终止就业关系，法院认为雇主在需要的时候和员工终止就业关系也是公平的。雇佣自由在小企业更是一项特别重要的管理权利，因为在小企业中低绩效员工对利润具有很大的影响。

虽然法院最初假设雇佣自由给予了劳资双方在就业关系中的平等权利,但很明显,雇佣自由偏向于保护雇主。由于雇佣自由法则,每年许多被错误辞退的员工没有获得法律的庇护。[26]一位劳动关系专家估计,每年大约15万员工被错误地开除。[27]实际上,这些错误开除发生在70%没有受到工会合同或《公务员事务条例》保护的员工身上。《公务员事务条例》保证政府雇员在解除雇佣关系时有权运用正当、合法的司法程序。雇佣自由在其他国家或地区(例如日本、欧盟)没有被接受。这些国家或地区颁布法律,使得雇主没有适当理由就难以解雇员工。在法国、比利时和英国,直接辞退员工是违法行为。[28]在很多国家,雇主如果出于非犯罪原因解雇员工,就要面临高额的强制性遣散费要求,需支付许多的周薪。例如,根据各国的就业法,法国雇主应支付被解雇员工32周的工资,英国为34周工资,墨西哥为75周工资,印度为78周工资,中国为90周工资和巴西为165周工资。相比之下,在美国,尽管一些公司自愿提供适量的遣散费,但法律没有要求雇主向已解雇员工提供遣散费。[29]

雇佣自由的法律限制

过去35年间,州法院规定自由雇佣在某些场合受到限制。[30]不同于联邦政府,每个州的情况差异较大,但雇佣自由限制一般可以分为三类:公共政策免责条款、隐性合同,以及缺乏良好的信用和公平交易。在一些州,原告会由于处罚伤害和拖欠工资而得到大量的补偿。虽然陪审团会裁决那些被错误解雇的员工可以得到平均50万美元的补偿,但近来的案例是华尔街投资银行的一位经理从前任雇主那里得到了190万美元的补偿。[31]

公共政策免责条款

法院规定,禁止解雇从事受到法律保护的活动的员工。这些活动包括起草合法的工人薪酬要求、运用合法的责任(如陪审责任)、拒绝违背职业伦理、拒绝为那些雇主偏爱的政治候选人游说等。[32]

隐性合同

如前所述,法院决定,当雇主对员工做出关于就业安全的口头或书面承诺时,即存在隐性合同。例如,当员工手册为那些优秀绩效的员工承诺就业安全时,或者当不知晓隐性合同规定的经理在招聘时承诺"在我们公司,绩效优秀者总会有机会"时,即存在隐性合同。为了防止隐性合同诉讼,雇主应该仔细地修改员工手册,删除可能会被理解为隐性合同的语言。另外,雇主必须培训管理者,避免他们在与新员工、老员工沟通时不小心承诺了就业安全。

缺乏良好的信用和公平交易

在一些司法判决中,法院期望雇佣双方互信。如果一方有恶意行为,法院就可能向受害方提供帮助。例如,如果员工在即将可享受退休金计划前遭到解雇,法院就可能会质疑该雇主。在此情形下,为了证明解雇合理,举证责任在雇主一方。

下面的案例说明了雇主恶意解雇员工需要付出的代价:

1987年,新泽西州一家房地产管理公司的两名雇员休产假。一名员工在重返工作岗位后被解雇,另一名员工在计划返回的七周之前被解雇。这两名妇女选择起诉。1992年,陪审团裁定公司向她们分别赔偿21万美元和22.5万美元的损失,每人还另外获得25万美元的惩罚性损害赔偿。除此之外,法官又增加了37.4万美元的利息和法律费用。所以,雇主的总成本是130万美元。[33]

为了使基于隐性合同的诉讼风险最小化,许多雇主起草了雇佣自由声明,要求所有员工必须签署,表明他们知晓雇主可以在任何时候、基于任何理由解雇员工。[34]

14.3 员工权利面临的挑战:法令的平衡

五个问题特别使人力资源从业者和管理者受到挑战,因为他们必须在员工权利和管理者权利之间达成平衡。这五个问题是:(1)随机毒品检测;(2)电子监控;(3)检举揭发;(4)兼职;(5)办公室恋情。

14.3.1 随意毒品检测

虽然随机毒品检测保护了员工和顾客的安全,但忽略了员工的隐私权。随机毒品检测是指没有原委地随机检查员工是否使用毒品,通常包括分析员工提供的尿液样本。

许多员工认为随机毒品检测是不合理的,非法地侵犯了个人隐私。[35]虽然随机毒品检测在安全非常重要的特定职业中受到法律的强制要求,如飞行员和军人,但是在一些雇主有其他方法来保证工作环境远离毒品时,随机毒品检测受到挑战。例如,国际消防员协会在劳动合同中有条款允许基于可能原因而进行的毒品检测,但是不同意随机进行毒品检测。很多雇主也在雇用前进行毒品测试,以此作为雇佣的条件。[36]

因为员工在美国宪法下阻止毒品检测时从来没有成功,员工隐私和雇主强制的毒品检测之间的法律纠纷在每个州均层出不穷。[37]每个州保护员工隐私的法律存在差异,例如新泽西和加利福尼亚州在州法中添加了员工隐私条款,而犹他州和得克萨斯州则没有[38],而且法院对这些保护条款的解释前后也不一致。例如,加利福尼亚州高级法院审理了被认为是对1990年制定的随机毒品检测法令致命一击的案子,即雇主必须具有确凿的理由保证员工只有在不影响安全的情况下进行随机毒品测试。[39]待业群体欢呼这些规定的出台,但是四年之后,加利福尼亚州高级法院允许美国大学生运动协会对学生运动员进行随机毒品检测。法院认为,私人行业与政府一样,也必须遵守州法律规定的隐私权,但是私人行业可以按照法律要求而触犯隐私。[40]

每个专业运动联盟都会对运动员进行药物检测,包括机能增强药物,如类固醇药品和兴奋剂。大多数职业体育联盟需要随机药物检测以防止运动员使用药物,如下例所示[41]:

- 美国职业棒球联盟(MLB)要求每个球员每季进行两次药物检测,一次是在春季训练的前五天,另一次是随机选择日期。此外,每年还随机选择600名运动员进行第三次检测。对于药物检测结果呈阳性的运动员,在未来一年内还要进行三次额外的检测,按照禁赛50

场、禁赛 100 场、永久禁赛进行递增惩罚。2013 年 8 月,12 名职业棒球运动员承认使用可提高机能的药物,并被禁止参加当年棒球赛季的 50 场比赛。

- 美国足球联盟(NFL)每年至少对所有球员进行一次药物检测,以此作为体能训练的一部分。此外,还在常规赛期间每周随机选择 10 名球员进行额外药物检测。在休赛期间,运动员会被随机选择参加药物检测多达 6 次。
- 美国职业篮球联盟(NBA)要求球员每个赛季进行不超过四次的随机药物检测。检测结果呈阳性的球员将受到惩罚。惩罚规则按照暂停 10 场比赛、暂停 25 场比赛、暂停一年比赛、永久禁赛的方式递增。
- 全美赛车联合会(NASCAR)将随机药物检测作为禁药物滥用政策的一部分。药物检测与每年 2 月开始的 Daytona 500 比赛同时进行。随机检测对象包括所有司机、队员和 NASCAR 官员。被发现服用违规药物的成员将立即禁止参赛,第三次违规时则终身禁赛。

设计随机毒品检测政策面临很多挑战。人力资源从业者可以就如何处理以下问题向管理者提供建议:

- 如何对待毒品检测呈阳性的员工?管理者应该解雇还是改造他们?
- 如果阳性的毒品检测结果是合法的,如服用处方药或者吃了罂粟子面包圈(罂粟子是鸦片的原料),雇主如何保证员工不会因使用违法药品而被指控?雇主如何避免员工得到错误的检测结果?
- 为了保证用于毒品检测的尿液样本的安全性,避免为了改变检测结果而对尿液样本进行掺假,管理者可以做些什么?当员工提供尿样时,为了保证其真实性,管理者应该监控他们吗?或者这种监控侵犯了员工的隐私吗?

摩托罗拉公司开发了专门的随机毒品检测政策来处理上述问题。摩托罗拉在估计了员工因使用毒品而造成的成本(如时间损失、生产率降低、每年 1.9 亿美元的卫生保健和工人索赔)后,决定实施随机毒品检测。1.9 亿美元可是达到公司净利润的 40%。[42] 对于随机毒品检测的收益是否大于该政策所带来的怨恨和不信任,陪审团仍然不明晰。在全美规模最大的铁路工人中的调查显示,174 名受调查者中,只有 57 名支持定期的毒品检测。回答者都认为只有为了安全才是可以接受的。许多人认为,毒品检测降低了他们对企业的忠诚。一位工人写道:

> 我是一名忠心耿耿的员工,但感觉像一名罪犯,我甚至没有犯过错。当时我碰巧没有排尿感。第一次毒品检测时,在提供尿样之前我花了三个小时喝水和咖啡。不用说,我很恼火、生气,感觉受到羞辱,很抵触这种事情。[43]

随机毒品检测不可避免地加重了员工的气愤和羞辱感。1991 年,美国联邦铁路管理局的报告发现,只有 3.2% 的员工卷入了毒品检测呈阳性的铁路事故中。[44]

为了避免这些问题,没有从事交通或安全要求很高岗位的管理者可以决定使用雇用前的毒品检测,或者基于可能原因而进行毒品检测。[45] 每个求职者在求职过程中进行雇用前的毒品检测。例如,雇用前的毒品检测可以作为同意录用求职者之前进行的身体检查的一部分,不雇用没有通过毒品检测的员工。[46] 基于可能原因而进行毒品检测是指对那些犯了事故、从事不安全活动或者具有使用毒品迹象(如判断力下降、言语不清)的员工进行检测。应当注意,不是可以随意进行雇用前的毒品检测或基于可能原因而进行毒品检测,而是应该在决定之前(如招聘员工时)或某一关键时刻(如发生了事故或工作中有不安全的行为)。2004年由美国管理协会进行的调查显示,62%的美国企业报告使用了不同形式的毒品检测。[47]

还有一种既不侵犯员工隐私,还能有效决定员工和工作是否匹配的更可信的测试方法,即绩效测试。例如,一种基于计算机的绩效测试通过检测工人的手眼协调性来衡量他们完成工作的能力。在硅谷的 Ion 移植服务公司,送货驾驶员每天早上在计算机操纵台前排队玩视频游戏。除非机器吐出纸条证明他们通过了测试,否则驾驶员不能驾驶车辆送货。没有通过绩效测试的司机会怎样呢?一些公司把他们交给主管处理,另外一些公司则将他们交由员工援助计划进行指导。除更可信并且较少侵犯员工隐私之外,绩效测试相对于随机毒品检测的优点是费用低。相较而言,最便宜的毒品检测每位员工也要花费10美元,而绩效测试每位员工只需 0.6—1 美元。[48]

许多公司基于使用毒品违法这一理由,认为随机毒品检测是合理的。但近年来,一些公司开始检测那些合法的行为,如吸烟等。示例呈现了关于"雇主可以拒绝吸烟的求职者"这一政策的争议。

示例 雇主可以拒绝吸烟的求职者吗

在首次处理将"非工作场所吸烟"作为求职筛选条件的相关法庭案件中,美国最高法院拒绝听取求职者的申诉,这些求职者因吸烟而被拒绝在北迈阿密市和佛罗里达州的就业机会。该判决促使佛罗里达州最高法院做出了有利于城市管理的决定,要求所有求职申请人签署宣誓书,保证他们在求职之前的一年内没有使用任何烟草制品。[a]

Arlene Kurtz 是一名正在寻找一份打字员工作的吸烟者,她提出诉讼,声称城市的该项行动侵犯了她在非工作时间的隐私权。Kurtz 表示,她愿意遵守任何合理的在职禁烟规定,但是她的烟龄已有三十多年,也尝试过戒烟但没有成功。佛罗里达州政府表示,制定该政策是因为雇员每年的吸烟花费比非吸烟者高 4 611 美元。法院则指出,该规定是尽可能地保证城市利益并且对相关群体造成的影响最小的方式,因为它仅仅影响求职者,而未影响当前的在职员工。[b]

密歇根州中部的一家保险福利管理公司 Weyco 制定了更为严格的员工禁烟规定,对所有在职员工提出警告:公司将每年随机抽查员工吸烟与否情况,未通过检测的员工将被解雇。[c]一些公司对吸烟员工的惩罚是收取医疗保险附加费。保险公司 Direct General 对吸烟员工的处罚是 480 美元的医疗保险附加费。[d]

其他公司则采取较为温和的方法控制吸烟行为。出于安全考虑,它们制定的禁烟政策仅限制在工作中的吸烟行为,并保护非吸烟员工免受二手烟伤害。例如,联邦快递公司有一项禁烟政策,禁止在公司所有的建筑物、设施、车辆和飞机上使用烟草制品,但没有限制员工在非工作时间的吸烟行为。[e]

> 在佛罗里达州以外，一些州最近也颁布相关法律，以保护雇员在工作之外的合法活动权利，如吸烟或滑雪（雇主可能因高保险费而反对这类高风险的休闲活动）。这些州的法律禁止雇主因求职者的非工作吸烟行为而拒绝雇用或继续雇佣关系。[f]
>
> 资料来源：[a] Barlow, W., Hatch, D., and Murphy, B. (1996, April). Employer denies jobs to smoker applicants. *Personnel Journal*, 142; [b] *Ibid.*; [c] Peters, J. (2005, February 8). Company's smoking ban means off-hours, too. *New York Times*, C5; [d] Wieczner, J. (2013, March 5). Companies make smokers pay. MarketWatch. www. marketwatch. com; [e] Grensing-Pophal, L. (1999, May). Smokin'in the workplace. *Workforce*, 58—66; [f] Barlow et al., 1996.

14.3.2 电子监控

专家估计,每年因员工偷窃而给企业造成的损失超过4 000亿美元。[49]所谓的"偷窃"包括偷窃商品、贪污、行业间谍、计算机犯罪、怠工,以及在工作时间内从事与工作不相关的事情。银行每年因贪污而遭受的损失平均达4.2万美元,而计算机犯罪的平均损失达40万美元。[50]一家零售店因入店行窃行为(顾客偷窃店内商品)平均损失达213美元,但是因员工偷盗行为则损失10 587美元。[51]盗窃率最高的国家(商店偷窃和员工盗窃损失)是印度,盗窃率最低的国家是德国。[52]窃取竞争对手机密(如软件代码或微处理芯片技术)的行业间谍则可能威胁企业的存活。员工故意怠工的成本也很高昂。员工故意怠工包括午餐时间过长、使用办公电话进行私人交流、滥用病假或者出于个人目的浏览互联网等。

企业一直试图使用电子监督设备,通过监控员工来避免这些成本。[53]像电子通信业、银行业和保险业,80%的员工受到某种形式的电子监控。[54]为了监听员工,企业把麦克风和发射器置于电话的隐蔽位置,并且把极细的鱼眼视频镜头以针孔的方式安装在墙壁或天花板上。《宏观世界》杂志公布过一个调查数据,超过21%的回答者承认有搜索员工电脑文件、语音邮件、电子邮件或其他网络交流的行为,大多数的回答者声称正在对工作流程进行监控,或者调查偷窃行为或间谍行为。[55]

计算机和电话技术的日趋成熟,使得雇主可以采用电子手段追踪员工的工作绩效。例如,计算员工在计算机终端上的击键次数,或者确定在某一时间段内旅行社预定了多少订单。[56]如本章开篇例子所述,开车上门服务的空调服务员工可以采用含特定芯片的手机进行监控。全球定位卫星可以跟踪这些芯片,所以雇主在任何时候都可以定位员工所处位置,并且与预定位置进行比较。[57]电子监控的使用不仅引发了人们对员工隐私的担忧,许多人还担心这些冷冰冰的监控手段会产生非人性化的后果。[58]工作受到电子监控的员工感觉监控使得工作中没有了人性化因素,并且导致压力过大。对受监控和没有受监控的文职人员的比较表明,50%的受监控员工感觉焦虑,而只有33%的未受监控员工感到焦虑。34%的受监控员工因焦虑而引发疾病,从而损失了工作时间;而未受监控员工的这一比例只有20%。[59]一些研究发现,受监控员工的头痛、腰疼、腕关节疼痛的情况更多。[60]

当管理层使用电子监控控制偷窃行为时,员工更可能认为电子监控合法。但即使这样,有些管理者也会滥用电子监控。专家估计,2000 年有 3 000 万美国工人受到秘密的电子监控。[61]有这样一个案件,马里兰州银泉市圣十字医院的护士发现,悬挂在寄存柜上方的银色盒子是医院安全主管用来监视她们的录像设备时,从而变得相当心烦。因为该安全主管是一位男士![62]

一些雇主使用电子监控设备控制员工在上班时打发时间的行为。员工会在工作时间内玩游戏,或者浏览黄色网站。雇主通过监控来杜绝这种浪费时间的行为。零售行业使用与视频监视器同步的数据挖掘程序监视员工的盗窃行为,以便更全面地了解在收银机上的活动。一点击按钮,管理者就可以在计算机上重点观察不规范的交易,并调出相应的视频,使公司能够发现收银员为其朋友的交易打折或者为自己提供现金退款。[63]为了在不危害或侵犯诚实员工(这类员工占大多数)隐私权的情况下使用电子监控设置控制偷窃行为,管理者应该做到:

- 除非管理者有证据认为某些员工有偷窃行为,否则应避免秘密监控。当实施秘密监控时,管理者应该得到法院的许可。
- 如果公司决定监控员工电子邮件和互联网的使用,管理层应该为员工提供关于电子邮件交流或网址使用的指南。这些指南可以注明,员工不可以访问与赌博、聊天、在线游戏或与暴力和色情有关的网址。[64]
- 利用电子监控有益的一面,这样雇主和员工都可以从中获益。例如,Avis 租车公司采用电子监控设备向员工提供绩效反馈,这种做法已被认为是一种有价值的培训工具。
- 制定一套系统的防偷盗政策和配套措施以打击偷盗行为,例如背景调查、纸笔诚实测试。通过这些政策,公司可以找出那些可能发生不诚实行为的员工。此外,公司还可以开发内部控制系统。实现对现金(会计控制)、商品(存货控制)、计算机和数据库(计算机安全控制)及交易机密(安全标志和清算过程)的控制。

雇主在招聘过程中监测求职者的信用记录并且淘汰那些有不良信用记录的人,这是一项具有争议的侵犯个人隐私权的实践。管理者笔记"雇主在招聘过程中检查信用记录"阐述了雇用过程中信用记录的使用情况,以及为什么有些人认为这种雇佣实践是不公平的。

 管理者笔记:科技/社交媒体

雇主在招聘过程中检查信用记录

根据人力资源管理协会 2012 年的一项调查,47%的雇主在做出聘用决定时会检查求职者的信用记录。作为招聘筛选的一部分,检查信用记录是公司收集关于潜在员工可靠性证据的一种简单方式。尽管大多数公司仅针对特定工作岗位使用信用记录检查,但调查发现,17%的公司每次招聘都会检查应聘者的信用记录。隐私权和民权倡导者认为,雇主根据历史信用记录淘汰收入处于底层的失业人群或其他少数群体是不公平的。当一个人失业时,他们很难支付得起账单,导致他们产生一些不良信用记录,继而更难找到工作和改善信用记录。此外,信用检查存在一定的失误。在美国联邦贸易委员会的一项研究中,25%的消费者发现信用报告的失误可能会影响他们的信用记录。

一些立法者认为,在招聘过程中检查信用记录具有歧视性并侵犯隐私权。25 个州提出了正在讨论的提案,目的是限制在招聘过程中检查信用记录。目前,已有9个州通过在考察应聘者是否适合录用时限制使用信用记录检查的相关法律。

资料来源:Rivlin, G. (2013, May 12). *New York Times*, *Sunday Business*, 1, 4; Emple, H. (2013, May 14). Putting the kibosh on using credit checks in hiring decisions. *New America Foundation*. www.assets.newamerica.net; Acohido, B. (2011, April 8). Limits sought to employers' use of credit reports. USA Today. www.usatoday30.usatoday.com.

14.3.3 检举揭发

检举揭发(whistle-blowing)指员工揭露雇主违法的、不道德的及非法的行为,从而促使雇主采取纠正行动。[65]检举揭发具有风险,原因在于管理者和其他员工有时会冷酷地对待检举者。[66]虽然检举者经常是无私的,但他们可能会因检举而被排挤,甚至遭解雇。[67]举例如下:

- 2005年,沃尔玛公司执行官Jared Bowen在调查副主席Thomas Coughlin所做的费用账户滥用和虚假发票案件中提供信息,导致董事会要求Coughlin辞职。不久后,沃尔玛公司也解雇了Bowen,理由是他在大学成绩单上虚报了绩点和学分数。Bowen向美国劳工部投诉,认为沃尔玛解雇他的行为侵犯了联邦检举法规。2006年,Bowen决定放弃对沃尔玛的投诉。[68]

- 在多次警告西南航空公司执行安全规则的漏洞后,美国联邦航空局(FAA)的两名检查员成为公众关注的焦点。西南航空公司在飞的46架喷气式飞机没有接受过关于机身裂缝的必要安全检查。其中一名检查员Douglas Peters证实了一位主管对他们的隐晦威胁:该主管拿着Peters挂在办公室同妻子(也是一名FAA雇员)的一张合照,威胁说如果Peters继续举报安全问题的话,他和妻子的职业生涯都将危险。交通运输部调查了这起事故,并就安全问题对西南航空公司罚款1 020万美元,但威胁举报人的主管仅被转到另一个工作地点,并没有对他采取纪律行动。[69]

- 陆军二等兵Bradley Manning在维基解密网站上公开了数万页来自美国国防部和国务院的敏感分类文件。这些文件披露了美国如何对伊拉克和阿富汗发动战争,包括违反国际法和美国军队规则的行为。Manning认为他对秘密文件进行披露是一种爱国行为。然而,Manning将秘密文件泄露到互联网的行为违反了军规和《反间谍法》,军队和政府将他视为叛徒,而不是英勇的举报人。在军事监狱关押了三年之后,2013年,Manning因泄露军队秘密信息而受到军方的指控,不仅被解职还被判处35年监禁。[70]

处理检举揭发行为要求在员工言论自由权利和雇主防止员工蔑视管理权威或泄露公司敏感信息之间达成平衡。虽然针对联邦政府、州和当地政府工作的检举者受到一定的法律保护,但是针对为私营组织工作的员工的法律保护则少得多,除了一些州颁布了检举法。很多时候,检举者受到雇佣自由原则的约束,并且可能因将公司违法或者不道德行为公之于众而遭到解雇的报复。检举者在揭露组织违法行为前应该详细记录这些行为的证据。检举者也应该针对雇主的报复准备好紧急应对措施,包括在最差情况发生时寻找新的工作。

尽管存在这些风险,仍有许多员工使用检举揭发来追究雇主责任。例如,2001年安然公司执行官莎朗·沃特金斯(Sherron Watkins)直言不讳地写备忘录给CEO肯尼斯·雷(Kenneth Lay),警告他公司可能会爆发会计丑闻。然而,管理层非但没有感谢她,还试图压制坏消息,并且威胁她不要参与此事。金融丑闻爆发后,沃特金斯成为知名人物,人们赞扬她的勇气,她也因此成为检举者的积极典范。[71]为此,许多公司认识到制定鼓励员工在组织内部揭露而不是向外部揭露不端行为的检举揭发政策对公司非常有用。通过这种方式,公司可以避免负面公共形象,以及与此相联系的具有调查性质的、管理的及法律的行为。[72]图表14.2列举了一些最重要的有效的检举揭发政策的要素,其中最重要的可能是得到包括CEO在内的高层管理者的支持。检举揭发政策的其他关键要素是检举者应该匿名,并且受到不被报复的保护。拥有有效的检举揭发政策的公司包括美国银行、太平洋石油电器公司、麦当劳及通用电气等。[73]

图表14.2　制定有效的检举揭发政策

1. 在制定政策并获得最终版本的批准时,获得高层管理人员的同意。
2. 制定一份书面政策并通过多种方式传达给员工,如员工手册、电子邮件、公司内部网站、部门会议和培训会议。书面沟通政策表明公司承诺揭露不当行为。
3. 使员工可以匿名提交初步诉讼。
4. 开发一个简化的流程,使员工能够轻松报告不当行为;指定一名特殊代表听取最初的员工投诉,以便员工不必先向主管报告。
5. 对真诚举报不当行为的员工实施保护,防止其被报复。
6. 制定正式的调查流程,向员工传达将如何处理他们的报告,并在所有情况下始终遵循此过程。
7. 如果调查发现员工的指控准确,应及时采取行动予以纠正错误。无论调查的结果如何,都应迅速传达给举报人。
8. 为不满初步调查结果的员工制定申诉程序,提供指导者(可能来自人力资源部门)协助希望对不利结果提出上诉的员工。
9. 为了确保检举揭发政策的成功,在组织中,从高管人员到基层员工都必须致力于创造一个合乎道德的工作环境。

资料来源：Dworkin, T., and Baucus, M. (1998). Internal vs. external whistleblowers: A comparison of whistleblowing processes. *Journal of Business Ethics*, 17, 1281—1298; Barrett, T., and Cochran, D. (1991). Making room for the whistleblower. *HRMagazine*, 36(1), 59; Eaton, T., and Akers, M. (2007, June). Whistleblowing and good governance: Policies for universities, government entities, and nonprofit organizations. *The CPA Journal*. www.nysscpa.org.

2002年安然公司和世通公司的财务丑闻促使政府出台《萨班斯-奥克斯利法案》。该法案中的检举者条款保护检举者不会受到公司或员工的报复,并且规定那些违反该法案的人员必须负民事责任和刑事责任。2010年颁布的《多德-弗兰克华尔街改革和消费者保护法案》加强了举报人的权利,既延长了针对管理层财务不当行为进行调查的时间,又提出了雇员赢得案件所需承担的法律责任。赢得官司的举报人不仅可以收回薪资、损害赔偿和律师费,还可以恢复之前的工作。美国国内收入署对向代理机构提供有关富有美国人的信息的举报人给付报酬,这些人在缴纳税款时隐匿资产或对收入披露有所欺瞒,举报人可以得到相当于骗税漏税30%的奖励。2012财政年度,美国国内收入署发出了128份告发奖励,其中12份的未缴税款超过200万美元。[74]

14.3.4 对兼职的限制

兼职(moonlighting)是指在正常工作时间以外从事第二份工作。[75] 员工兼职的原因不一，一些是为了赚取额外收入。当经济陷入衰退，员工受到工资冻结、工作时间减少或减薪的影响时，他们可能会从事第二份工作以维持生活水平。有些员工是因享受工作而从事第二份工作，例如晚间在当地大学教授会计学课程的公司会计师。在美国，约5%的全职工作者拥有第二份工作。当雇主意识到某位员工正在兼职时，该员工的直接上级可能会试图阻止其兼职活动。在某些情况下，对员工兼职活动的限制能够适当地保护雇主的利益；在其他情况下，这类限制则可能侵犯员工的权利。考虑以下情况：

- 一名销售主管在工作时间通过手机和笔记本电脑从事作为励志演讲者的兼职工作。
- 一名警察在当地夜总会当保镖，每周工作好几个晚上。
- 一名卡车司机在下班时间为本地一家披萨餐厅提供送餐服务。

兼职需要平衡好雇主和雇员的权利。雇主期望员工上班时全身心地参与工作；而雇员则期望可以用任何想要的方式自由地利用下班时间，包括从事第二份工作。

管理人员处理兼职的最好办法是根据具体情况，而不是制定限制所有员工进行兼职的政策。管理层应该依据工作绩效和利益冲突政策管理兼职情况。[76] 对于上述例子中兼职的销售主管，雇主可以要求他减少在工作时间内使用手机和笔记本电脑从事励志演讲的业务，从而将其兼职工作限制在非工作时间。为了第二份工作而与客户进行电话沟通和在笔记本电脑上安排演讲方案，会减损作为一名销售主管的工作绩效。因此，这种情况可以作为绩效管理问题来解决。全职卡车司机每天的驾驶时间由联邦交通部(DOT)的法律规定。第二份需要额外驾驶时间的工作可能会增大卡车公司对司机发生驾驶事故的法律责任，超过允许驾驶时间从事驾驶工作的卡车司机将违反联邦交通部规则。在这种情况下，货运公司为了遵守法律，可以禁止卡车司机的兼职行为。对于警察兼职夜总会保镖的情况，只要该警察能够以预期的绩效水平履行警察的工作职责，包括工作警报和良好休息，则其兼职是被允许的。

当第二个雇主是直接竞争对手并且存在利益冲突时，雇主可能有必要限制特定雇员进行兼职。一家视频游戏公司的工程师和艺术家只要事先获得管理者的同意、不是为竞争对手工作，其兼职就可以得到批准。[77]

14.3.5 办公室恋情

办公室是诱人的恋爱场所。因为长时间共处，并且可以遇到具有相似兴趣的人，人们在工作过程中常常会坠入爱河。一些引起争议的名人的办公室恋情，例如前总统克林顿和年轻的前白宫实习生莱温斯基之间的丑闻，使得许多公司以挑剔的眼光看待办公室恋情。处理办公室恋情的挑战使得管理层必须在两种需要(保护公司没有性骚扰行为的需要和保护员工在非工作时间的隐私的需要)之间实现平衡，使得员工能够自由地和他们选择的对象发展浪漫关系。当上级和下属约会时，麻烦就出现了。如果当事人之间的浪漫故事变糟，下属可能会宣称当初是老板强迫所致，这可能导致性骚扰案件。[78] 近来由人力资源管理协会进行的一项调查发现,在接受调查的雇主中,24%的回答者报告因员工的办公室恋情而遭到性骚扰起诉。[79]

如何处理办公室恋情取决于组织的目标和文化。美国军队不允许长官和士兵发生个人关系,因为这种关系会损害指挥链的效力。在军队中,高度的纪律性和紧密团结是战斗成功的关键。少数公司制定了严禁约会的政策,试图消除发生在工作场所的员工之间的浪漫关系。强制实施严禁约会的政策很难。近年来,办公用品供应商 Staples 公司的高管被要求辞职,原因在于他和秘书产生了两相情愿的恋情。该公司失去了一位优秀的高管,而他也因违反公司制度而失去了一份薪水可观的工作,即使他并没有违反法律。[80]

由于办公室恋情可能会形成婚姻,有些公司也认识到它对员工士气的促进作用,并以更积极的态度看待办公室恋情。例如,微软公司 CEO 比尔·盖茨就是在公司遇到妻子美琳达·弗伦奇(Melinda French),当时美琳达是一名营销高管。不干涉办公室恋情的公司代表还有达美航空,该公司对员工之间的约会没有任何规定。达美航空公司希望员工保持职业化的工作方式,包括所有与工作相关的关系,唯一的例外是公司不允许员工的直接主管是配偶或恋爱对象。如果发生这种情况,其中的一方将被安排到另一个部门。[81]有些公司不仅容忍还认可办公室恋情。在纽约著名的 Princeton Review 公司,10 位高管中有 6 位(包括 CEO 和总裁)是和同事结婚,40 多对夫妻是在公司认识并结婚的。直至现在,在这些婚姻中出生的小孩共有 20 多个,而且没有离婚和诉讼。一家在线鞋类零售商 Zappos 公司的 CEO 则鼓励员工之间进行约会,并作为工作与生活的一种融合。[82]在美国,由于工作时间的延长,越来越多的员工将会在工作中发展恋爱关系。美国管理协会组织的关于员工对办公室恋情态度的一项调查显示,67%的受调查者认同在办公室约会,30%表示曾有过办公室约会行为。[83]可以预见的是,在保护员工隐私权和防止性骚扰责任之间努力寻求平衡时,管理者应该从人力资源专家处学习如何处理办公室恋情。

下面是职业顾问和作家 Andrea Kay 提出的一些建议,可以作为员工处理办公室恋情的基本准则。[84]

- 在向大家披露你们的关系之前多加考虑。与伙伴讨论如何告知大家你与同事的恋爱关系。向谁告知这些信息也很重要,其中可能包括人力资源部门、主管或同事。
- 了解公司关于办公室恋情的规则。根据人力资源管理协会近期的一项调查,只有 28%的公司对于在工作场所的约会具有正式的书面政策。那些有政策的公司会明确说明,如果两名员工发展关系,那么谁需要被告知。
- 建议发展办公室恋情的双方在工作场所对彼此关系表现得含蓄些,不要过于炫耀,尽可能不要公开秀恩爱。此外,双方应避免在公司的电子邮件上相互发送情书。

14.4 对员工的纪律约束

员工纪律是一种工具,管理者依靠它向员工传递他们的行为需要改变的信息。例如,有些员工习惯性迟到、忽视安全制度、忽视工作细节要求、粗鲁对待顾客,或者与同事从事非职业化的活动。员工纪律告诉员工这些行为的不可接受性,并且警告员工,如果不改变这些行为就会受到处罚。[85]

通常由主管执行纪律,但是在一个自我管理型团队中,员工纪律是整个团队的责任。例如,位于纽约州奥尔巴尼地区的食品配送中心 Hannaford 连锁店,120 名仓库员工被分成 5 组,每组成立一个指导委员会。指导委员会处理员工纪律事项并且提交管理建议,包括协商甚至终止雇佣关系。管理者通常采纳这些建议。在处理纪律问题时,委员会一般会开发创新的解决方案。事实证明,几乎没有必要解雇员工。[86]

在员工纪律问题上,员工和雇主的权利可能会产生冲突。有时候,员工认为他们受到不公正的处罚。在这种情况下,公司的人力资源人员可以找出那些存在争议的权利。人力资源的贡献特别有价值,因为它可以使员工和主管保持有效的工作关系。

两种类型的员工纪律被广泛使用:渐进式纪律和积极式纪律。在这两种纪委类型下,主管必须和员工讨论存在问题的行为。管理者经常发现在纪律处罚时难以面对员工。让管理者不舒服的原因很多,包括不想成为坏消息的发布人,不知道如何开始讨论以及害怕讨论过程失控。管理者笔记"有效纪律处罚的五个步骤"提供了一些指南,管理者可以依此更容易地处理这类公认的不愉快工作。

 管理者笔记:伦理/社会责任

有效纪律处罚的五个步骤

决定是否需要纪律处罚。 该问题只是孤立的违规事件还是普遍的行为模式的一部分?在做出纪律处罚决定之前咨询人力资源专家并且得到他们的反馈。[a]

在开场白中为讨论确立明晰的目标。 不要拐弯抹角,应该让员工知道你期望他们改善的清晰想法。[b]

保证双向交流。 最有帮助的纪律处罚会议是讨论的而不是冗长的训斥或谴责。总之,会议的目标是设计可行的解决方案,而非严厉责备员工。[c]

建立跟进计划。 跟进计划的协议在渐进式纪律制度和积极式纪律制度中都非常关键,对于确定员工行为得到改善的时间框架是特别重要的。[d]

以积极的观点结束。 你可以强调员工的长处,使其在讨论结束后相信你和公司都希望他成功。[e]

资料来源:[a] Cottringer, W. (2003, April). The abc's of employee discipline. *Supervision*, 5—7; [b] Ibid; [c] Day, D. (1993, May). Training 101. Help for discipline dodgers. *Training & Development*, 19—22; [d] Ibid; [e] Ibid.

14.4.1 渐进式纪律制度

渐进式纪律(progressive discipline)是最常用的纪律形式,包括一系列的管理干预,使员工在被开除前有纠正的机会。渐进式纪律制度包括告诫性的步骤,每一步涉及一些处罚,并且处罚随着不良行为的持续而逐步加重。[87]如果员工对渐进式的警告置之不理,雇主就有理由开除他。[88]

渐进式纪律系统通常有3—5个步骤,而四步系统是最常见的。程度很轻的违反公司制度的行为涉及所有步骤的使用。严重的违反公司制度的行为(有时被称为重大失职),则会越过某些步骤,甚至直接采用最后一步惩罚,即开除。重大失职的例子包括侵犯主管的人身安全、伪造就业记录等。然而,大多数纪律处罚只涉及轻微的制度违反,例如违反着装规定、在不恰当的时间或地点吸烟,或者习惯性迟到等。图表14.3列出了更多的轻微和严重违纪的例子。

图表 14.3　员工不当行为分类

轻微违规	严重违规
• 旷工 • 违反着装规范 • 违反吸烟规定 • 不能胜任工作 • 违反安全规定 • 工作时睡觉 • 大声喧哗 • 迟到	• 工作时使用毒品 • 偷窃 • 不诚实 • 对主管进行人身攻击 • 蓄意破坏公司经营

四步渐进式纪律制度包括以下步骤[89]:

• **口头警告**。轻微违纪的员工会受到主管的口头警告:如果问题在某一时间内继续存在,接下来就是更严厉的处罚。主管应针对改善行为提供清晰的要求。

• **书面警告**。员工在某一时间内违反同样的规定将受到主管的书面警告,该警告进入员工的档案记录。主管应该告诉员工,如果在特定的时间内不能纠正违纪行为,就会遭到更加严厉的处罚。

• **停职**。如果员工对书面警告仍然熟视无睹,并且再次违反工作要求,此时就可以对员工在某个时间段内进行无薪停职。主管对员工发出最后的警告,表明如果在某一特定的期限内再次违反制度就会对其进行开除。

• **开除**。如果员工在规定时间内再次违反制度就会被开除。

对于介于轻微违规和严重违规之间的行为,可以越过该过程中的一两个步骤。这些违规行为通常由主管负责处理,主管可以在开除员工之前给予其纠正行为的机会。例如,两名员工在工作中发生斗殴,但事出有因(一名员工辱骂了另一名员工)。在此情形下,可以对两名员工进行无薪停职,并且警告如果再次违规就会被开除。

14.4.2　积极式纪律制度

在渐进式纪律制度中强调惩罚可能会纵容员工欺骗主管,而不是纠正他们的行为。为了避免这种情况,有些公司以**积极式纪律**(positive discipline)代替渐进式纪律,鼓励员工监督自己的行为,并且为自己的行为承担责任。

积极式纪律和渐进式纪律相似,因为它也有一系列的步骤,每一步骤在紧迫性和严重性上有所增强,直至最后开除。然而,积极式纪律以员工和主管之间的协商会议代替了渐进式纪律中的惩罚。这些会议强调让员工从过去的错误中学习,并且制订保证行为能有积极改变的计划。[90]主管不是依赖威胁和处罚,而是采用协商技巧来激励员工改变。主管不是责备员工,而是强调以合作的方式解决问题。简而言之,积极式纪律使主管的角色从对手转向了顾问。

为了保证主管在发挥顾问作用时做好充分准备,使用积极式纪律制度的公司必须保证主管从内部的人力资源部门或外部的专业培训者处得到适当的培训。[91]

在积极式纪律约束过程的四个步骤中,第一步是由员工和主管举行会议讨论,直至达成双方均可接受的口头解决方案。如果该解决方案无效,主管和员工就会再次开会讨论失败的原因,并且制订新计划和时间表以解决问题,而且,第二步,新的协商解决方案应书面备案。

如果绩效仍未改善,第三步就是警告员工面临被开除的风险。不是让员工无薪停职,第三步是给员工一些时间来评价其所处状态,并且想出新的解决方案。这种做法可以鼓励员工审视早期改善绩效的努力失败的原因。一些公司甚至给员工带薪的"决策休息日",以便制订改善绩效的计划。[92]

管理者经常抵触积极式纪律约束,原因在于他们感觉该纪律纵容了那些低绩效的员工。有些人怀疑员工为了获得一天的假期而故意表现差。根据采用带薪决策休息日作为纪律制度的联合碳化公司的员工关系总监的观点,现实情况不是这样。公司相信带薪休息日比无薪停职更有效,原因在于:(1)从无薪停职正常回到工作岗位的员工经常产生抱怨或积极性不高,这可能导致工作效能的降低或者难以察觉的故意破坏行为;(2)在决策休息日给员工付酬,可以避免那些员工成为同事眼中的受难者;(3)在决策休息日给员工付酬,可以强化管理者对员工的诚意,并且如果员工最终被开除,就可能降低员工赢得错误开除诉讼的可能性。[93]

如果最后警告后绩效仍然没有改善就会导致开除,这就是积极式纪律约束的第四步。严重违纪事件(如偷窃)在积极式纪律制度和渐进式纪律制度下的处理方式是一样的。在两种制度下,窃贼很可能被立即开除。除了对管理者和主管的协商技能与方法进行培训需要成本,积极式纪律制度还有一个缺点,即有效的协商会议耗费时间长,在会议期间,主管和员工均不能从事其他工作。不过,积极式纪律制度对员工和管理者都有好处。员工选择它,是因为他们喜欢被主管有尊严地对待。一般而言,协商比纪律处罚使员工更愿意改变不良行为。主管选择它,是因为积极式纪律制度不要求他们扮演严格执行纪律者的角色。协商比纪律处罚能让员工和主管形成更好的工作关系。此外,在积极式纪律制度下,管理者更可能较早地进行干预,从而纠正问题。

积极式纪律制度对公司的盈亏平衡也有积极的影响。在联合碳化公司的五个车间开展的研究显示,从惩罚转为积极式纪律制度以来,公司的旷工率平均降低5.5个百分点。而且,在有工会的车间里,纪律申诉一年之内从36件降至8件。公司高管估计,按照申诉程度处理员工抱怨要花费大约400美元,而采用纪律制度则为公司每年节约1.1万美元。[94]宾州石油公司、通用电气公司、宝洁公司采用积极式纪律制度,并且成效显著。[95]另外,许多城市的警察和大学也在使用积极式纪律制度。例如,某大学对那些批评、怒斥并且贬低回答错误或不积极参与课堂的学生的教授采用积极式纪律制度,系主任和教授一起制订计划控制教授在课堂上的脾气。系主任看到了课堂上的积极变化。如果没有变化,系主任就会采取冲突性更强的纪律处罚形式,如渐进式纪律制度。

14.5 纪律管理

管理者必须保证员工的纪律处罚程序是公正的。在进行纪律处罚时,程序公正意味着公平且一致。如果员工在平等就业机会法律下或工会申诉程序下质疑一项纪律处罚,雇主必须证明员工从事了不法行为并且所受的处罚合适。因此,主管应当接受如何进行纪律管理的培训。[96] 程序公正有两个关键要素:(1) 用于决定员工是否得到公正对待的纪律处罚标准;(2) 员工是否有权对处罚行为提起申诉。

纪律处罚的基本标准

无论是轻微违规还是严重违规,必须遵循一些基本的处罚标准。所有的处罚行为最少应该包括以下标准:

- **对规则和绩效标准进行沟通**。员工应该知晓公司的制度、标准以及违反的后果。每位员工和主管应该充分理解公司的纪律处罚制度与程序,违反制度或没有达到绩效标准的员工应该有机会改过自新。
- **用文档记录事实**。管理者应该收集令人信服的证据,以保证纪律处罚的合理性。证据应该有详细的书面记录,使得受罚者难以辩驳。例如,可以用时间卡记录迟到,用录像记录员工的偷窃行为,目击证人的书面证词能够证实员工不服从管理。员工应该有机会反驳这些证据,并且在证明自己清白时提供证据。
- **对违规的处理方式一致**。员工相信纪律处罚一致、与预期相符并且没有受歧视是很重要的。如果他们所感知的相反,就更可能质疑纪律处罚决定。这并不意味着每一次违规的处理都应该完全一致。例如,一位资历很深并且工作绩效优异的员工违反了纪律,对他的处罚可能轻于对一位新雇用的违反同样纪律的员工,而违反同样纪律的两位新员工受到的处罚应该一致。

热炉法则(hot-stove rule)为如何管理纪律处罚行为提供了一个模板。该法则认为处罚过程与接触热炉相似:(1) 接触热炉会导致直接的后果——烫伤,而一旦违反制度,就应该紧跟着执行纪律处罚;(2) 热炉提供了警告——如果有人接触它就会被烫伤,而纪律制度应该让员工知晓违反规定的后果;(3) 热炉对所有接触它的人所造成的伤痛是一致的,而纪律制度应该对所有人一视同仁。[97]

14.5.1 纪律处罚的正当理由标准

在涉及法制权力的错误开除或雇佣自由的例外行为的案件中,美国法院要求雇主证明开除员工是基于正当理由的。具体的标准被写进工会合同及一些非工会的公司就业政策和员工手册中,包括七个问题,在陈述正当理由时必须回答这些问题。[98]一旦某个问题或多个问题没有得到肯定答复,就意味着纪律处罚可能是主观的或者无理的。

- **通知**。对员工行为所造成的后果是否预先发出警告?除非违规行为很明显,例如偷窃或伤害,否则雇主应该采取口头或书面的方式让员工知晓其违反了规定。
- **制度合理**。员工违反的制度是否合理地与安全和高效工作相关?不管如何,制度不应该对员工的安全或自尊造成伤害。
- **纪律处罚前的调查**。管理者在实施纪律处罚前是否对违规行为进行了调查?如果要求马上行动,那么可以对员工停职,等待调查结果。如果调查发现没有违规行为,就应该恢复员工的所有权利。
- **公正的调查**。调查是否公正、没有偏见?公正的调查允许员工为自己辩护。作为纪律调查对象的员工基于联邦法律,有权要求其他员工在场予以支持,或者有权咨询他人,或者只是要求他人作证。[99]
- **有罪证明**。调查是否提供了实质性的证据或有罪证明?管理层可能需要证据中较有利的部分证明严重违规的严厉指控,以及较不严厉但仍具有实质性的证据证明轻微违规的指控。
- **没有歧视**。制度、命令及违纪行为的处罚是否公平且未被歧视地应用?没有通知员工,管理者就从松散执行制度变为突然严格执行制度,这样的行为是不可接受的。
- **处罚合理**。违纪处罚是否与违反制度的严重性相关?在决定处罚的严厉程度时,雇主应该考虑相关的事实,例如员工的工作记录。根据员工服务记录的数量和质量的不同,对某一违规行为的处罚可以存在差别。

因为在一些要求立即处理的轻微违规案件中,正当理由的标准相当严格并且难以操作,那些相信雇佣自由原则、不承认工会的雇主可以选择一个较不苛刻的纪律标准。[100]

14.5.2 申诉纪律处罚的权利

有时候员工认为对他们的纪律处罚不公正,或者因为主管滥用权利,或者因为主管对待员工有喜恶之分。为了使纪律系统有效,员工必须有申诉渠道,让其他人评判事实。如我们在第13章所讨论的,良好的雇佣关系要求建立申诉机制,使员工能够表达对管理者行为的不同意见。在这方面,最有用的两类申诉机制是开放政策和雇佣关系代表。这两类方法由于灵活性强,并且可以快速解决问题,很受企业欢迎。管理者笔记"纪律管理应避免的错误",列出了在处罚员工时可能遇到的陷阱和避免方法。

管理者笔记:客户导向的人力资源

纪律管理应避免的错误

发火。在发火的时候,你可能会说出一些损害你与员工关系的话,事后感到后悔。缺乏自我控制也会纵容员工失去控制,并且反过来对你叫骂。理想的做法是,无论你多么生气,后退一步,在开始与违规员工的谈话前深呼吸。一旦冷静下来,你与员工的沟通就会更富建设性。

完全回避与纪律约束。许多主管完全回避纪律约束,原因在于他们将之与惩罚联系起来,并且担心伤害与员工的关系。主管需要理解纪律约束的目的是纠正行为,而不一定是惩罚个人。实际上,回避纪律约束行为会伤害员工,因为该员工被剥夺了学习如何纠正其行为的机会。

扮演心理咨询师的角色。试图找到行为的根本原因和动机可能会把错误的信息传递给员工。除非主管受过专门的心理咨询师培训,否则员工可能将主管的个人问题理解为爱管闲事或过于较真,这样就不可能达到改变行为的目的。如果主管果断,能够指出员工的不恰当行为,并且清晰地交流对员工所期望的绩效,员工的反应就会更加积极。

员工找借口。员工经常找理由解释他们的错误。有些员工在讲述一些家庭或个人苦难以获取别人同情方面是行家里手。当主管对此信以为真时,就意味着剥夺了员工承担错误的机会,并且使员工继续为绩效缺陷寻找借口。员工如果确实存在严重的个人问题并且影响工作绩效,就应该寻求员工援助计划的帮助。

非渐进式地实施纪律管理。有些管理者只有在员工的行为难以忍受、到了必须立即处理的程度时才对员工实施纪律管理。此时,管理者认为需要施加严厉的制裁,因为不当行为已经变得不可容忍。这种对长期存在但未经处理的问题进行突然处罚,往往让被处罚者(有时包括其同事)产生不公平感,认为处罚过于严厉。一种解决方案是在问题出现伊始便以较温和的方式干预员工的不当行为,不让事情变得更糟。

资料来源:Bielous, G. A. (1998, August). Five worst disciplinary mistakes (and how to avoid them). *Supervision*, 11—13; Lisoski, E. (1998, October). Nine common mistakes made when disciplining employees. *Supervision*, 12—14. Bacal, R. (2010). Five sins of discipline. www.conflict911.com.

14.6 管理问题员工

到目前为止,我们关注了纪律管理的挑战,现在转向管理者可能遇到的一些普遍问题。我们此处所讨论的问题,如出勤率低、绩效差、不服从管理、职场欺凌、药物滥用等,经常导致纪律处罚行动。管理对问题员工的处罚需要良好的判断和常识。

14.6.1 出勤率低

出勤率低的问题包括旷工和迟到,问题严重时会导致企业以正当理由开除员工。如果出勤率低的问题没有得到有效的管理,生产率就会降低;并且,随着积极出勤的员工被迫付出更多的努力以弥补那些偷懒、逃避责任的员工的不足,团队士气将持续低落。

有时,员工出于某些正当理由而缺勤或迟到,例如生病、照看孩子、恶劣天气或宗教信仰等。管理者应该证实这些具有合理原因的员工,并且将他们与那些经常缺勤或迟到的其他人区别对待。

当员工由于出勤率低而受到纪律处分时,管理者需要考虑以下一些因素:

- **出勤制度是否合理?** 出勤制度应该足够灵活,允许大多数员工在遇到紧急情况或不可预见的情况时灵活请假,例如宗教或某些文化所特有的节假日。当员工告知其生病或遇到紧急情况时,大多数公司会宽恕这些行为。
- **员工是否受到出勤率低所造成后果的警告?** 尤其当员工不知道其工作有多大的时间灵活度时,这显得特别重要。
- **是否有一些可以减轻处罚的因素需要考虑?** 有时需要考虑一些特别情况,包括工作历史、服务时长、缺勤原因,以及出勤得到改善的可能性。[101]

管理者应该了解某一部门出勤率低的特点。员工逃避工作可能是因为同事不好相处、工作没有挑战性、家庭和工作发生冲突,或者主管水平低下等。纪律不是处理这类原因所导致缺勤的最好工具,可能的解决办法是重新设计工作,或者当问题变得普遍时重构组织。

对于家庭原因导致缺勤的员工,灵活的工作安排或者允许在家工作可能是一种解决办法。灵活的工作安排越来越受到公司的欢迎。施乐公司进行了10个月的灵活工作安排的试验,缺勤现象减少了1/3,团队工作得到改善,员工士气也在提高。[102]

14.6.2 绩效差

每一位管理者必须处理绩效表现差和对指导、反馈无动于衷的员工。大多数情况下,可以采用绩效评价帮助绩效差者开发改善方案。但是,有时候员工的绩效实在很差,管理者必须立即干预。考虑以下情况:

- 餐馆经理每天接到愤怒的顾客对某个服务员的投诉。
- 某位同事的人际关系技能很差,影响了与其他两位同事的工作关系。这位员工的煽动所导致的严重的冲突和分裂,使得公司没有实现预期目标。

上述例子说明特别需要渐进式或积极式的纪律制度。如果这些员工在得到警告或指导后仍然不能改善绩效,公司就有理由开除他们。

管理者在对低绩效者采取纪律处罚时,应该遵循以下三点指南:

(1)合理制定绩效标准,并与员工沟通。

(2)差的绩效应该有文档证明,并且低绩效员工应该知道他们未能达到预定标准。在一段时间内,员工的绩效评价结果可以作为文档证明材料之一。

(3)管理者应该在纪律处罚员工前,善意地提供改善绩效的机会。

有时,绩效低下来自员工无法控制的某些因素。在此情形下,除非不得以,否则管理者应该避免使用纪律处罚。例如,员工由于能力不足,不能达到预定的绩效标准。不要解雇那些不能胜任工作的员工,而进行培训(参阅第8章),或者调动至另一个要求低的工作岗位。不能胜任工作的员工的低绩效可能是由于组织选拔系统存在问题,导致员工技能和工作要求的不匹配。

有些组织采用试用期来筛除不能胜任的员工(在试用期内,雇主可以随意辞退员工)。试用期一般持续1—3个月。在欧洲,永久就业很普遍,许多公司坚持把6个月的试用期作为就业合同的一部分。然而,在招聘高级管理者时,该政策会出现问题。出于可理解的原因,高级管理者希望在从现有工作岗位跳槽前能有一个永久就业的保障。

当员工有身体或精神缺陷时,使用纪律处罚纠正员工绩效不但不合适而且违法。[103]《美国残疾人法案》要求雇主给那些不能有效完成工作的残疾员工提供合理的安置。安置工作可能包括重新设计工作,或者修改政策或制度。例如,患有晚期疾病的员工可以要求从全职工作转向兼职工作,或者更加灵活的工作安排。负责监管雇主如何对待残疾员工要求的平等就业机会委员会认为这是合理的。如果雇主不能合理安置残疾员工,就会受到政府的制裁。

不幸的是,许多误区阻碍了公司遵守《美国残疾人法案》。一个误区是合理的安置总是涉及大量的成本。实际上,安置不一定成本高昂,甚至没有成本,花费在安置残疾员工身上的成本相比遭遇起诉的成本要更少。位于丹佛市的一家行李箱制造公司新秀丽许多年来雇用了耳聋的生产工人,唯一必要的措施是除喇叭外,在生产车间使用灯光告知员工铲车的运行状态。[104]

14.6.3 不服从管理

员工执行管理者指令的意愿对于企业的有效运营是关键的。例如,考虑一个拒绝将每周活动报告上交给经理的销售代表的案例。[105]销售经理应该如何应对销售代表的行为?

不服从管理(insubordination)是指员工拒绝遵守主管的直接指令,这是对运营企业的管理权力的直接挑战。员工口头辱骂管理者也是一种不服从管理的表现。根据行为的严重性和是否有其他减免因素,对不服从管理的处罚的差异很大。减免因素包括员工的工作历史、服务年限,以及是否由主管辱骂所引起。

为了使不服从管理的处罚合理,管理者应该保有以下证明:(1)主管通过书面或口头方式直接向下属下命令;(2)员工以口头表示或者不完成工作的方式拒绝遵守命令。对于首次不服从管理的处罚可以是渐进式纪律制度的第一步,也可以是直接停职或开除。

两个例外允许员工不服从直接命令,即非法活动和安全考虑。例如,加利福尼亚州法院发现,当雇主解雇一名拒绝作伪证的员工时,雇主侵犯了公共政策。员工可以拒绝的其他非法命令是参与价格操纵及会计作假。[106]一些州的检举揭发法规为那些因拒绝违法而被解雇的员工提供了保护。《职业安全和健康法案》为那些拒绝从事严重安全隐患工作的员工提供保护。对于可接受的不服从管理的行为,员工对安全的担忧应该有合理的原因,例如工人被命令驾驶一台刹车有问题的卡车。

由于对不服从管理的处罚非常严厉,企业应该建立内部系统和文化(开放政策和申诉系统),使得员工可以针对不服从管理行为提出申诉。对于拒绝听取员工不服从管理的理由的企业,法律和罚款是非常严厉的。管理者应该保证不服从管理的指控不是用来保护非法或不道德的行为。例如,指控员工不服从管理的主管可能是试图赶走反对主管非法行为的员工。忽视这些问题的企业会发现,小问题将逐步升级为非常困难且代价高昂的大难题。

14.6.4 职场欺凌

员工有权维护自己的尊严,并获得他人的尊重。不幸的是,有时候并非如此。他们早晨醒来并且满怀忧虑地去上班,担心受到虐待。[107] 有这种感觉的员工可能经历了**职场欺凌**(workplace bullying),这也是一种骚扰行为,给员工带来精神压力、身体疾病、生产率下降以及更高的离职意愿。[108] 职场欺凌包括固执偏见、冒犯、滥用、恐吓、恶意或者侮辱的行为,滥用权力或者不公平的处罚,这些都使被骚扰者感到烦恼、受到威胁、被侮辱、感觉脆弱,损害了他们的自信,并且使他们遭受精神压力。[109] 欺凌可能是在同事面前训斥下属的老板,或者散布谣言损害员工名声的同事,或者在危机来临时不支持老板的下属。

虽然法律对性骚扰有规定,但是其他形式的反社会行为(如职场欺凌)还没有被认为是非法的,而这些行为会对员工造成伤害。因此,组织应该在人力资源管理者的帮助下,为被骚扰员工提供帮助。

媒体已经注意到一些场合,在这些场合中,有些人认为严厉地对待员工是被允许的。媒体发现事实并非如此:

> 迈克尔·罗兹(Michael G. Rhoades)是位于肯塔基州诺克斯堡军事基地的一名教官,他采用辱骂的方法训练战士,包括以羞辱性的语言称呼战士为"讨厌的肥猪",殴打新兵腹部等。罗兹被移交军事法庭,受到残忍对待士兵、粗暴对待新兵等指控。[110]
>
> 2005年,由于近几年来一系列的高管离职影响了公司的绩效,董事会要求菲利普·珀塞尔(Philip J. Purcell)辞去摩根士丹利公司CEO职务。许多前员工提出,珀塞尔无情地对待员工,并且绝不容忍不同意见。他打击其他的能力强的高管,并且喜欢身边的员工都支持他。[111]

职场欺凌的一些例子如图表14.4所示。虽然偶尔发生一次图表14.4所示的情形不可能被认为是职场欺凌,但是对某个员工持续地做出这些行为会打击员工的自信和士气,使得工作环境压力过大。

图表14.4 职场欺凌示例

• 咒骂员工	• 揭露隐私或公布尴尬信息来威胁他人
• 粗暴或者不尊重地对待员工	• 意见不一致时勃然大怒
• 对员工做出下流或敌意的手势	• 批评员工的私生活和个人行为
• 对员工搞恶作剧	• 加强给员工不需要的亲密关系
• 以贬损的方式称呼员工	• 以施舍或侮辱的方式对待他人
• 散布谣言或流言飞语,伤害其他员工	

资料来源:Neuman, J., and Keashly, L. (2005, August 9). Reducing aggression and bullying: A long-term intervention project in the U.S. Department of Veterans Affairs. In J. Raver (chair), *Workplace bullying: International perspectives on moving from research to practice*. Symposium conducted at the meeting of the Academy of Management, Honolulu, Hawaii; Roscigno, V., Lopez, S., and Hodson, R. (2009). Supervisory bullying, status inequalities and organizational context. Social Forces, 87(3), 1561—1589; *Workplace Bullying: What everyone needs to know*. (2008, April). Safety & Health Assessment & Research for Prevention Report #87-2-2008.

除非组织有沟通的渠道，例如鼓励报告工作中的职场欺凌，并且提供解决办法的开放政策，员工将不得不默默忍受，直至辞职。两位社会科学家，Christine Pearson 和 Christine Porath 对受到职场欺凌的员工进行调查，来揭示降低员工之间无礼行为的做法。他们研究的一项建议是制定对职场欺凌和其他形式员工之间粗鲁行为的零容忍政策。为了支持这种想法，组织需要有和 AT&T 公司相似的价值主张，即"我们应以尊重、有尊严的方式相互对待"。[112] 这些主张为什么是可接受的行为定了基调，并且表明，职场欺凌是不可容忍的。一旦对员工应以尊重、有尊严的方式相互对待达成了共识，职场欺凌就可以被看作要受到纪律处罚的问题。

斯坦福大学管理学教授 Robert Sutton 提出另一种处理职场欺凌的方法，为那些寻求在雇用和解雇员工时实施"拒绝混蛋准则"的公司提供建议。Sutton 将"混蛋"定义为压迫、羞辱、打击或贬低下属或同事的人，区分了"临时型混蛋"与"惯犯型混蛋"。"临时性混蛋"是指偶尔判断失误然后粗暴行事的人，"惯犯型混蛋"是指习惯性地粗鲁对待他人。Sutton 说，"惯犯型混蛋"是对组织文化构成最大威胁的员工，也是"拒绝混蛋准则"的目标。运用"拒绝混蛋准则"的一种方式是在招聘过程中将求职者分组以便进行筛选。另外，他建议寻找求职者前同事（该前同事未作为求职者的推荐人）的方式，收集该名求职者有关人际行为方面的信息。当有证据表明求职者是"惯犯型混蛋"时，公司应立即将其淘汰。[113]

14.6.5 与饮酒相关的不当行为

员工饮酒对管理者提出两大挑战：第一，管理酗酒成瘾的员工的挑战；第二，管理在工作中饮酒或者喝醉的员工的挑战。在上述两种情况下，对员工的纪律处罚方式是不同的。

酗酒成瘾的员工一般被认为是值得同情的，因为酗酒成瘾是一种疾病并且需要进行医疗诊治。然而，正如我们在第 13 章所提及的，一些酗酒成瘾的员工怀有强烈的自我保护意识，回避承认自己是酗酒成瘾者。其他人可能不会将他们看作酗酒成瘾者，因为出勤率低等行为掩盖了酒精上瘾症状。因此，主管可能会把酗酒成瘾者当作出勤或者绩效问题而非酒精问题来处理，并且据此做出纪律处罚。有员工援助计划的企业对绩效有问题的员工给予寻求顾问帮助的机会，在开除员工前将此作为渐进式纪律制度的最后一步。正是在这个阶段，员工的酗酒成瘾问题得以被发现，并被介绍至戒酒康复中心进行矫正。

有时，员工宣称自己是饮酒成瘾，以此作为不当行为的借口。如果员工援助中心的顾问认为员工没有酒精上瘾，员工就会受到纪律处罚。

在工作中饮酒和喝醉了去上班，都被认为是严重的不当行为，并且会受到严厉处罚。可以用与工作相关的理由限制在工作中饮酒的组织应该明确地做出规定，并且制定合理的制度。例如，限制在建筑工地上操作重型设备的工人在工作或非工作时间饮酒，这种规定是合理的。难以禁止的是，销售代表在和可能的客户共进午餐时饮酒。

证明员工喝醉了来上班的最好办法是检测血液中的酒精含量。如果有理由怀疑员工喝醉了，主管可以要求员工进行此项检测。如果某位员工的行为不正常（大声喧哗或破口乱骂）、言语含糊或者呼吸时带有酒气，主管可以怀疑其喝醉了。

视其可能造成的潜在危害,首次喝醉行为可能导致停职或开除。因饮酒而对组织造成损失的极端案例是1989年埃克森石油公司位于瓦尔迪兹的油罐的石油溢出到阿拉斯加海岸。血液酒精含量检测发现,船长在石油溢出时喝醉了,由此导致埃克森石油公司花费10多亿美元清理油污。

14.6.6 非法使用与滥用毒品

员工使用和滥用毒品对管理者而言也是一个严重挑战。非法使用毒品是指使用任何形式的禁止药物(如大麻、海洛因、可卡因),以及非法使用处方药(如安定药)。与毒品使用相关的问题类似于与饮酒相关的问题,最大的差别是非法使用毒品是不被社会接受的,而饮酒在一定程度上是被社会接受的。

本章前面部分详细地介绍了毒品使用监测系统,第16章将介绍处理使用毒品所造成的健康问题。现在我们只说明,疏忽和没有理由的缺勤等行为经常会掩盖使用毒品的症状。如果管理者怀疑使用毒品或沉溺于毒品是员工绩效问题的根源,他就应该将员工交给员工援助计划(如果企业有这样的计划)去处理;同时,他应该用文档记录绩效问题并且启动纪律处罚制度。如果经过帮助和纠正后员工仍然不能克服毒品滥用问题,企业就不得不开除员工,这些措施将被证明是有价值的。

将与绩效没有严格相关关系的问题员工交给员工援助计划的管理者可能会给公司带来风险,我们将在第16章讨论。

14.7　运用人力资源管理,避免纪律惩罚

采用战略的、主动的方法设计人力资源管理系统,管理者可以免除大量的员工纪律处罚的需要。有效利用员工才能的人力资源政策,降低了求助于纪律处罚以规范员工行为的需要。在本节,我们简要介绍前面章节讨论过的人力资源主要职能,这些职能可以用来防范问题员工。[114]

14.7.1 招聘和选拔

如果在招聘和选拔中付出更多的时间与资源,管理者就能够更好地实现个人和组织的匹配。

- 工人既可以和组织也可以和工作匹配。选择有职业发展潜力的求职者能降低员工出现绩效问题的可能性。
- 在同意入职之前进行背景调查并收集员工工作习惯和个性的背景信息是非常有用的。
- 使用来自多元化员工群体中的多个面试者,可以避免形成低效雇用决策的偏见。面试过程中有女性、少数族裔、同事、下属及资历较深的人员参与,组织可以拥有更好的机会全面了解求职者。

- 可以对求职者进行个性测试或诚实测试。测试结果显示有不当行为倾向或不诚实倾向的求职者,必须予以淘汰。[115]

14.7.2 培训与开发

投资于员工的培训和开发,公司可以不必担心如何处理不能胜任工作和技能过时的员工。

- 有效的员工入职培训项目可以向员工传递对组织而言很重要的价值观。这也让员工明白,作为组织的一员,组织希望从他们身上得到什么。在组织中树立这种观念,可以帮助员工更好地管理自己的行为。例如,联邦快递公司有一个广泛的入职培训项目,以此向员工传递公司的价值观。[116]
- 新员工培训项目可以缩小技能差距,提高胜任能力。
- 继续培训项目可以对那些技能已经过时的员工进行再培训。例如,随着技术的发展以及功能更加强大的软件的出现,员工在文字处理软件方面可能需要定期的再培训。
- 对主管开展如何对员工进行指导和提供反馈的培训,鼓励主管在问题出现早期就以顾问而非纪律处罚者的身份进行干预。
- 开发职业发展计划,激励员工形成对组织目标的长期承诺。当员工知道组织对他们的贡献有长期的需要时,就更可能对同事和顾客表现出优秀的作为。

14.7.3 人力资源规划

工作、工作家庭以及组织中的单位都可以激励并挑战员工。受到高度激励的员工很少因绩效而受到纪律处罚。

- 设计工作,使每位员工的最佳才能可以得到发挥。有必要在工作设计中加入一些弹性,这样可以发挥员工的长处。工作更富弹性的方法之一是设计宽带工作。第10章讨论过,该系统用更宽泛的分类(或宽带或相互联系的工作)代替传统上狭窄定义的工作描述。员工经常会感觉工作不再具有挑战性或者出现"审美疲劳",因此会以旷工或迟到逃避工作,而宽带工作设计使工作更加多样化,从而降低这种可能性。工作宽带已在一些公司(如安泰保险公司、通用电气公司和哈利-戴维森公司)得到成功应用。[117]
- 开发工作描述和工作规划,并与员工沟通,确保他们清晰地知道个人应该达到的绩效标准。

14.7.4 绩效评估

有效的绩效评估系统可以避免许多绩效问题,可以让员工知晓公司对他们的期望、他们达到这些期望的获益,以及如何克服自身的缺点。

- 绩效评价标准应该合理,使员工理解并且可控。
- 应该鼓励主管为下属提供持续反馈,通过早期干预来避免许多问题。
- 对主管进行绩效评估应该更加强调他们在提供反馈和发展下属的有效性上。

- 员工评估应该适当地进行文档记录，以此保护雇主不受到错误开除或歧视的起诉。
- 绩效评估标准不仅要衡量绩效结果，还要衡量员工行为，以便员工获得实现预期绩效目标的行为反馈。这种行为反馈让管理者能够纠正那些选择不恰当和不可取手段达到目标的员工的行为。[118]

14.7.5 薪酬

认为报酬不公正（可能是基于个人喜恶）的员工可能对组织失去敬意。更糟糕的是，认为薪酬政策没有认可其价值的员工更可能减少未来的贡献。

员工都应该认为其政策公平、公正，员工做出贡献就应该得到回报。因此，向员工解释薪酬级别的确定程序是非常重要的。

组织应该建立员工有权挑战薪酬决策的申诉机制，以便员工通过合法渠道表达对薪酬决策的意见。这样，员工在和主管、同事及客户进行交流时，怨言会更少。

本章小结

员工权利

在就业关系中，员工和雇主拥有各自的权利。员工权利可分成三类：法定权利（不受歧视、安全工作条件、组成工会的权利）、合同权利（由就业合同、工会合同和就业政策提供的权利）和其他权利（受到合乎伦理对待的权利、隐私权和言论自由权）。

管理者权利

雇主拥有经营企业并获取利润的权利。这些权利受到产权法、普通法、认可私人财产和利润动机的社会价值观的支持。管理者权利包括有权管理员工，有权雇用、晋升、安排工作、处罚及解雇员工。另外一项重要的管理者权利是雇佣自由权，允许雇主在任何时候以任何理由解雇员工。但雇佣自由原则有三个例外：公正政策免责条款、隐性合同，以及缺乏良好的信用和公平交易。

员工权利面临的挑战：法令的平衡

有时，雇主权利和员工权利相互冲突。例如，随机毒品检测政策会在管理者提供劳动力安全的责任和员工的隐私权之间产生冲突。在处理工作场所事项时，人力资源专家应该在员工权利和雇主权利之间达成平衡。这些工作场所事项包括随机毒品检测、电子监控、检举揭发、兼职及办公室恋情。

对员工的纪律约束

管理者运用纪律制度要求员工改变行为。有两种纪律制度。渐进式纪律制度不断地加重处罚直至开除。积极式纪律制度使用主管和下属之间的协商会议，鼓励员工实现自我监督。两种方法都可以用来处理可纠正的不当行为。

纪律管理

为了避免冲突和起诉，管理者必须恰当地管理纪律，保证受到纪律处分的员工的处理过程是公正的。管理者必须知道决定员工是否被公正对待的标准，并且员工是否有权申诉纪律处罚行为。有效的纪律处罚系统包括一套申诉机制。

管理问题员工

有必要对那些有出勤率低、绩效差、不服从管理、职场欺凌、药物滥用等问题的员工进行纪律管理。纪律管理过程要求具备良好的判断力和常识。纪律处罚在任何时候都不是最好的解决方案。

运用人力资源管理，避免纪律惩罚

战略的、主动的人力资源管理方法使组织可以免除纪律处罚的需要。为现有职位及未来招聘和选拔正确的员工、培训和开发员工、设计员工才能得到最佳发挥的工作和职业通道、开发有效的绩效评估系统，并且对员工的贡献给予奖励，由此公司可以避免纪律处罚行为。

关键术语

合同（contract）
合同权利（contractual rights）
正当程序（due process）
雇佣自由（employment at will）
就业合同（employment contract）
热炉法则（hot-stove rule）
不服从管理（insubordination）
管理者权利（management rights）
兼职（moonlighting）

人事档案（personnel file）
积极式纪律（positive discipline）
《1974年隐私法案》（Privacy Act of 1974）
渐进式纪律（progressive discipline）
权利（right）
法定权利（statutory rights）
检举揭发（whistle-blowing）
职场欺凌（workplace bullying）
错误辞退（wrongful discharge）

✪ 视频案例

Patagonia：伦理与社会责任。如果你的老师布置了这项作业，请访问 www.mymanagementlab.com 观看视频案例并回答问题。

问题与讨论

14-1 为什么近几年来管理人员尤其需要关注员工权利?

14-2 雇主拥有权利吗?如果有,那么是哪些?

14-3 全美医疗集团是一家价值40亿美元的负责医院和精神病治疗中心的运营商,曾面临刑事调查,例如以过度医疗和欺诈诊断延长患者的住院时间。调查人员发现全美医疗集团的高层管理者迫使医院管理人员采取目标管理手段,先让患者住院,然后进行冗长的、不必要的治疗,还纵容医院工作人员将接受检查的一半病人转入住院治疗。假设全美医疗集团的工作人员拒绝接纳她认为不必治疗的患者,她的拒绝可以被视为不服从管理吗?如果该工作人员考虑将医院的欺诈诊断行为透露给外部机构,在公开案件之前她应该明智地考虑采取什么样的预防措施呢?

14-4 当举报人揭露经理犯下的腐败或不当行为时,公司如何从中受益?人力资源管理者和管理层要做什么以减少员工作为举报人所面临的恐惧与风险?

14-5 你能否想到一个与工作相关的理由,解释公司决定限制内部员工恋爱并且制定禁止恋爱政策?你认为雇主有权限制员工在非工作时间内的下列行为吗?(1)吸烟;(2)从事高风险的休闲活动,如滑雪、赛车、攀岩、跳伞等;(3)积极支持某位激进的政治候选人;(4)婚外情;(5)加入憎恨少数族裔的异教。

我的管理实验室

请根据教师要求,登录www.mymanagementlab.com完成写作题,系统将自动给出分数;也可以完成下列问题,分数由教师给出。

14-6 许多美国公司将诸如制造业等活动外包给亚洲和拉丁美洲的工厂。例如,耐克公司在印度尼西亚生产鞋子,惠普公司使用中国工厂生产的电器零件组装电脑。这些海外工厂中属于美国公司全球供应链一部分的工人与美国员工享有同等的权利吗?例如,在海外工厂为耐克公司制鞋的工人是否享有与在美国工作的耐克公司员工一样的工作条件?请举出在全球范围内提供一致的员工权利政策的至少三个优点和三个缺点。

14-7 比较渐进式纪律制度和积极式纪律制度,并列举它们的相同和不同之处。

14-8 纪律管理通常发生在管理者和下属员工之间。请说出人力资源管理者在纪律管理中发挥作用的三种途径,并列举人力资源管理者对降低员工纪律处罚所发挥的作用的三种方式。

你来解决！客户导向的人力资源　案例 14.1

工作中的不文明行为是一个日益增长的问题

研究人员在最近的美国心理学会会议上发表的一项研究表明，工作场所的不文明行为正在日益增多。2011年度美国公民调查发现，43%的美国人报告称在工作中遇到不文明行为。人力资源管理协会将不文明行为定义为看似无关紧要的、不受重视的、违反工作场所常规行为准则的言行。换句话说，不文明行为包括粗鲁的、侮辱性的和不礼貌的行为。

研究不文明行为的专家表示，由于管理者对员工的绩效要求越来越高，员工承受着更多的压力，导致不文明行为日益增多。影响员工工作压力的因素包括工作时间长、工作量大、资源少等。裁员对留下来的员工造成了高强度的压力，因为他们要满足更高的生产率要求，还要关注工作的稳定性保障。承受压力的员工更有可能陷入困境，并对团队成员所犯的轻微错误感到愤怒，或者对他们认为不尽责的同事说出伤人的话。

当不文明行为未得到及时制止时，它可能增加企业在生产力损失方面的巨大成本。研究人员 Christine Porath 和 Christine Pearson 调查了 17 个行业的 800 名经理和员工，询问了员工在遇到不文明行为时如何应对。调查发现，遭受不文明行为的员工会有以下反应：

- 48% 的人的工作努力程度降低；
- 47% 的人有意减少工作时间；
- 38% 的人的工作质量下降；
- 80% 的人在工作时间担心不文明行为事件的发生；
- 63% 的人为躲避有不文明行为的人而损失了工作时间。

采取一定措施减少工作场所的不文明行为的组织可以得到更高效的生产力。问题在于，组织应该如何去做？其中，人力资源部门又将扮演什么角色？

关键思考题

14-9 比较工作场所的不文明行为和职场欺凌之间的差异与相似之处。职场欺凌和不文明行为之间有关系吗？如果有，是什么？

14-10 当与处于高度压力环境（如急诊室或手术室）下工作的医生一起时，护士经常遭遇医生的不文明行为。这些不文明行为对在医院接受医疗服务的病人有什么影响？医院管理员在意识到这个问题之后，应该采取哪些措施减少医院经常发生的不文明行为？

小组练习

14-11 假设一个大城市（如芝加哥）的大型律师事务所的人力资源管理部门发现，根据匿名调查结果，律师事务所存在不可接受的、高度的不文明行为。调查表明，律师事务所的一些高级法律合伙人使用亵渎言辞、不尊重在高级合伙人的指导下处理法律案件的法律助理和法律支持人员。4 或 5 名学生组成一个小组，运用所掌握的人力资源管理实践知识，代表律师事务所的人力资源管理部门设计一种方法，以减轻律师事务所的不文明程度。哪些人力资源管理实践最有可能纠正这种情况,以便律师事务所的员工可以被高级律师平等、礼貌地对待?准备好向教师推荐和证明最有效的人力资源管理实践方法。

实践练习:个人

14-12 下面是许多大学毕业生经常遇到的情况!假如你刚刚被一家大型会计师事务所聘用。作为会计师团队的成员,你需要和他们一道为一家在不同城市有业务的大型公司实施财务审计工作,你需要与审计团队一起过夜旅行并在客户公司现场与团队成员密切交流。因为你是该团队的最新成员,其他团队成员会挑逗你,让你成为他们取笑的对象,以便在高压工作环境中释放压力。例如,一个团队成员给你起了个听起来很搞笑的绰号,你告诉他你并不喜欢这个绰号,但其他人仍然坚持叫这个绰号。过了一段时间,你回到事务所办公室上班,却被告知部分团队成员一直在散布关于你下班后行为的不真实的谣言。你想制止这些谣言。你应该做些什么来提高审计团队成员的文明水平?

资料来源:Porath, C., and Pearson, C. (2013, January-February). The price of incivility: Lack of respect hurts morale—and the bottom line. *Harvard Business Review*, 114—121; Vulcan, N. (2013). What causes incivility in the workplace? *GlobalPost*. www.everydaylife.globalpost.com; Woodward, M. (2012, July 16). How to stop incivility in the workplace. *Fox Business*. www.foxbusiness.com; Jayson, S. (2011, August 8). Incivility a growing problem at work, psychologists say. *USA Today*. www.usatoday.com; Pearson, C., and Porath, C. (2005). On the nature, consequences and remedies of workplace incivility: No time for"nice"? Think again. *Academy of Management Executive*, 19(1), 7—18.

你来解决!伦理/社会责任 案例14.2

背景调查可能出错,员工的职业前景由此受损

2006年11月,沃尔格林连锁药房拒绝了Theodore Pendergrass应聘门店主管的求职申请,这使他感到震惊。该公司告诉他,一家名为ChoicePoint的背景调查公司报告称,前雇主指控他欺诈并盗窃价值7 313美元的商品。"我欲哭无泪。"Pendergrass说。

价值40亿美元的背景调查行业正在蓬勃发展。无论企业大小,背景调查大多针对中低职位的求职者,调查信息主要来自ChoicePoint公司,以及其他同等规模竞争对手和数百家较小竞争对手所提供的情报。自2001年9月11日恐怖袭击以来,一些雇主对招聘工作非常谨慎。雇主越来越依赖于大量的背景调查报告,而这些报告的内容往往采用匿名方式获得,这使得报告内容有时不准确或有失公允。

Pendergrass的困境来自以前在药店公司Rite Aid的工作。2005年年底,25岁的Pendergrass在费城的Rite Aid商店担任班组长,这是他首次成为管理者。老板信任他,让他负责监督收银员、银行存款及商品交货。2006年1月,一名商店员工指控Pendergrass窃取商品和不支付DVD的钱。他否认该指控,但商店员工声称如果他不承认,警察就会在外面等待

并逮捕他。Pendergrass 写了一份声明,但没有承认盗窃。不论怎样,他还是很快就被解雇了。

后来,在失业补偿的听证会上,Pendergrass 被证实没有犯罪。美国劳工裁判员裁定 Rite Aid 无法证明其指控正确,并给予 Pendergrass 近 1 000 美元的补偿。然而,Rite Aid 已经将 Pendergrass 的盗窃报告提交给有 70 多个零售商使用的数据库,该数据库由全美最大的员工背景调查公司 ChoicePoint 运营。ChoicePoint 公司说,它为全美 100 多家规模最大公司中的一半以上的求职者进行背景调查,包括美国银行、联合健康集团和联合包裹公司等。由于 Pendergrass 在 ChoicePoint 公司的数据库中有污点,零售商西维斯公司和塔吉特色司拒绝了他的求职申请。

现年 27 岁的 Pendergrass 在费城的星巴克咖啡店做拿铁咖啡。这家连锁咖啡店没有通过背景调查公司调查入职的员工。Pendergrass 的现年收入为 17 000 美元,比在 Rite Ader 低 30%,他对于未的来职业生涯发展方向很迷茫。"我在那家商店努力工作,没有一件(指控)是真的。"他说,"如果我偷了 7 000 美元就会被监禁起来。"

Rite Aid 拒绝对 Pendergrass 事件发表评论。ChoicePoint 发言人说,公司的背景调查报告只是传递了前雇主提供的信息。

关键思考题

14-13 在该案例中,雇主保护财产的权利与雇员的个人就业信息方面的隐私权以及被尊重和公平地对待的权利相抵触。为什么在这些有冲突的权利之间似乎存在不平衡?雇主权利总是优先于员工权利吗?雇主的财产权比员工的隐私权和被尊重和公平地对待的权利更重要吗?说明你的理由。

14-14 在价值 40 亿美元的背景调查行业中,ChoicePoint 是规模最大的公司。作为行业领导者,ChoicePoint 在向雇主传递信息时,应做些什么以尊重员工的隐私权?你有什么建议?你的建议如何影响 ChoicePoint 的运营成本?

小组练习

14-15 《联邦公平信用报告法案》对背景调查有相关的规定,但没有被有效地执行。法律规定调查者必须使用"合理的程序"以确保"最大可能的准确性",还要求雇主向被拒绝的申请人提供背景调查报告的副本。申请人可以对报告中的信息提出异议。但联邦贸易委员会说,雇主只需在雇用他人之前等待五个工作日,这意味着员工的反对意见往往变得毫无意义。4 或 5 名学生组成一个小组,并根据联邦法规拟订一种方法,以更有力地保护员工在个人就业信息方面的权利。记住,背景调查行业可以在维持《联邦公平信用报告法案》的宽松执行的标准下最灵活地追求自己的利益。准备好向教师推荐和分享你们的建议。

实践练习:个人

14-16 思考如何对以下情境做出反应:假设你与经理在你的差旅费用方面产生争议。经理指控你以个人开支向公司支取公费,你强烈否认经理的指控。然后,你很快就找到一份新工作,在争议尚未有效解决时就离开了该公司。在了解背景调查现状的基础上,你可以采取哪些预防措施来保护个人的声誉和信息隐私权,以便免遭背景调查公司提供的潜在错误信息的伤害?举出你将采取的具体的预防措施,并准备与教师和同学分享你的想法。

资料来源:Terhune, C. (2008, June 9). The trouble with background checks. *BusinessWeek*, 54—58; McGregor, J. (2006, March 20). Background checks that never end. *BusinessWeek*, 40; Balle, J. (2010). Problems with a background check. www.smallbusiness.chron.com.

你来解决!伦理/社会责任 案例14.3

员工在试图揭发前应该意识到其中的风险

负责执行保护上市公司举报人法规的美国劳工部已经驳回关于子公司工人不在法律适用范围内的指控。根据劳工部的记录,政府在2002—2008年收到的1 273起上诉中,只有17次裁决对举报人有利,另有841宗个案被驳回。根据内布拉斯加大学法学教授Robert Moberly的说法,许多案件被驳回是因为员工是为子公司而工作。伦理资源中心提供的《2011年全美商业伦理调查报告》显示,31%的受访者表示因举报不法行为而遭到报复,这些报复威胁到他们的人身安全或财产安全。

除了上述联邦法律不支持举报事件,组织还可能报复举报员工。公司报复的一种方式是质疑举报人的心理健康。被称为"疯子与荡妇"的应对策略,其本质就是怀疑信息传播者。国家燃料公司位于纽约布法罗附近,主要业务是公用事业总裁,公司高薪聘请的律师Curtis Lee指控行政长官和总裁命令他在提交给安全和交易委员会的表格上退还股票期权以便于股价上涨。公司解雇了他!国家燃料公司不仅成功地起诉Lee,收回可能提供证据的文件,还说服当地法院禁止他再次上诉。此外,法院裁定Lee接受精神治疗。此项裁决在随后的上诉中被撤销,理由为它是非法的,但在Lee"被治疗"之前可不是这样的结果。官方调查的解释是:由于公司薪酬委员会主席英年早逝,Lee觉得沮丧,进而出现精神问题。

根据自由雇佣原则,美国公司不必向员工说明解雇他们的理由。举报倡议者认为,对举报人最大的保护是要求公司说明解雇一名员工的理由。《举报人保护法案》1989年开始生效,2002年《萨班斯-奥克斯利法案》为公司举报人提供了额外保护。然而,这些法律仍存在漏洞,公司可以利用这些漏洞保护自身的利益,并逃避报复举报人的惩罚。

内华达大学刑法学教授Terrance Miethe在审查了数以百计的保护举报人的法律后认为,"大多数保护举报人的法律是无效的,也很少有举报人受到法律保护而免遭报复。原因在于这些法律存在许多漏洞和特殊条款,再加上原告往往是个人而被告却是公司"。相对于个体举报人而言,公司拥有资源调动和法律人才方面的优势。

关键思考题

14-17 为什么公司内的一名员工会举报另一个人或事项？举报人能从检举中获得什么？员工举报雇主可能面临的潜在风险是什么？

14-18 在员工举报公司之后，雇主如何利用雇佣自由原则反击该名员工？

小组练习

14-19 四或五名学生组成一个小组，编制一份综合因素列表，列举在组织内举报的障碍因素。举报的障碍有三个来源：(1) 组织本身；(2) 雇员的主管；(3) 与雇员有关的个人因素。小组应该确定各因素的来源，确定减少来自不同来源的举报障碍的方法，并做好讨论的准备。

实践练习：个人

14-20 考虑以下假设情境，并回答问题。你注意到，在大学课程的期末考试中，尽管教授事先声明考试是闭卷式的，意味着使用预先准备的笔记是被禁止的，但仍有一名学生查看课堂笔记。看到这个作弊现象让你很不满，因为你遵守规则并花了很多时间准备期末考试。你认为有人依赖作弊获得成绩是不公平的。你会举报这个作弊的学生并告诉教授你所看到的事实吗？如果决定举报，你的动机是什么？对于向教授举报作弊事情，你担心什么？你将如何处理这些问题？为什么很少有学生报告他们看到作弊事件？学校可以做些什么以鼓励举报作弊行为？准备好与教师和同学分享你的意见。

资料来源：Tugend, A. (2013, September 21). Opting to blow the whistle or choosing to walk away. *New York Times*, B4; Levitz, J. (2008, September 4). Whistleblowers are left dangling. *Wall Street Journal*, A3; The Economist. (2006, March 25). Tales from the back office, 67—68; McKinney, H. (2010, November 20). The hazards of whistleblowing. www.ehow.com.

你来解决！全球化 案例 14.4

非法移民劳动力：机会还是挑战

非法移民劳动力是全球性的人力资源管理问题。非法移民从较不发达国家非法进入较富裕国家寻找工作。非法移民的工资不但比本国公民低，而且经常以现金支付，规避免收入的纳税问题。这导致那些遵守法规并纳税的人员以及以合法形式排队移民该国的人员感觉不公平。

非法移民的大部分收入会返回原籍国家，提高了其家庭生活水平，对原籍国家的经济稳定做出了贡献，降低了对外国经济援助的需要。非法移民经常受到不道德雇主的剥削。这些雇主没有给他们提供安全的工作条件，或者强迫他们，超过东道国劳动法所规定的工作时间。非法移民也不拥有东道国公民所拥有的同等合法权利，或者不知道自己的权利。因此，使用这些非法移民是有好处的。

人口多样化的国家，如西班牙、波兰、意大利和美国，非法移民的数量庞大。在西班牙蓬勃发展的旅游业和建筑业，活跃着许多罗马尼亚人、摩洛哥人、厄瓜多尔人和哥伦比亚人。波兰有成千上万的非法移民，主要来自乌克兰。在意大利，许多非法移民的阿尔巴尼亚人从事地下经济活动。美国拥有世界上最多的非法移民劳动力，据估计，美国边境地区有高达1 000万的非法移民在低工资的行业中工作。这些行业包括农业、禽类及肉类制品加工业、草坪护理业、餐饮业、石膏板预制业及室内装修业等。

在美国，大量的非法移民已形成一个重要的细分市场。经美国政府同意，墨西哥领事馆给来自墨西哥的上百万非法移民颁发了"准入证明"，允许持证者开设银行账户并取得驾驶执照。富国银行为持证者开立银行账户，Sprint电信公司允许持证者办理移动电话业务，Kraft公司针对非法移民的消费需求开发新的饮料品种。在一些地方，整个产业都依赖非法移民劳动力。据美国劳工部统计，在加利福尼亚州，最重要的水果和蔬菜生产商中90%的农场劳动力是非法移民。在得克萨斯州，餐馆严重依赖非法移民从事打扫餐桌和清洗餐盘的工作。

通过外包，上百万的高薪工作被转移到中国和印度。数量庞大且日益增多的低薪非法移民劳动力的出现，使得美国公民对自身的工作安全和下一代的工作机会感受到更多的不确定性。依赖于管理方式，非法移民劳动力既可以被看作新的市场机会，也可以被认为需要得到控制，使得遵守经济规律、照章纳税且守法的公民不会感觉自己受到政府的不公正对待。

关键思考题

14-21 与劳动力群体中的非法移民相关的主要机会是什么？请阐明理由。

14-22 与劳动力群体中的非法移民相关的主要挑战是什么？请阐明理由。

14-23 如果需要改变非法移民的现状，找到可接受解决方案的困难是什么？

小组练习

14-24 四或五名学生组成一个小组，决定非法移民员工和合法员工可分享的工作场所权利或福利有哪些？哪些权利或福利是公民或合法居民可以享有而非法移民不可享有的？以下是你可以考虑的一些权利或福利的例子：社会保障、薪酬、失业保险、政府安全标准、加班费、最低工资、工会身份、为美国政府工作的机会。哪些是雇主更愿意雇用非法移民的理由？和全班同学分享你们的结论。

实践练习

14-25 针对下列问题，谈谈你对劳动力中非法移民的态度。

a. 你会为赞同雇用非法移民的雇主工作吗？为什么？

b. 你会消费那些你知道故意雇用非法移民的企业所生产的商品吗？为什么？

c. 如果你在餐馆工作并且发现一些员工是非法移民，你会向餐馆经理报告吗？为什么？

d. 如果你是部门经理并且发现一位有前途的技能型员工雇用一名非法移民照看孩子，你会继续给他提供工作机会吗？为什么？

当教师提问时，与班级同学分享你的观点。

资料来源：Grow，B.(2005，July 18). Embracing illegals. *BusinessWeek*，42—49；Justich，R.，and Ng，B.(2005). The underground labor force is rising to the surface. New York：Bear Stearns Asset Management Inc.；*The Economist*.(2005，September 10). The grapes of wrath，again，50；Colvin，G.(2005，September 5). On immigration policy，we've got it backward. *Fortune*，44；*The Economist*.(2010，December 18). Field of tears：They came to America illegally，for the best of reasons，39—41.

第 14 章注释内容
请扫码参阅

第 15 章 工会组织

我的管理实验室® ★ 当你看到这个图标时,请访问 www.mymanagementlab.com 以获取配套练习题,并及时反馈练习结果。

▶▶▶ **挑战**

阅读本章之后,你能更有效地应对以下这些挑战:

1. 理解员工加入工会的缘由。
2. 描述劳资关系和法律环境。
3. 理解美国的劳资关系。
4. 知晓其他国家的劳资关系。
5. 熟悉劳资关系战略。
6. 学习劳资关系管理实践。
7. 认识工会对人力资源管理的影响。

与有组织的劳动力一起工作具有很大的挑战性。管理者遇到的巨大挑战之一就是当工会代表与管理层在员工工资、时间和工作条件上无法达成一致时,工会行使罢工的权利。2007年9月24日早晨,74 000名美国汽车工人联合会(UAW)会员放下在通用汽车公司的工作,在工厂附近的公共区域举行罢工。37年里,工会第一次发动全美范围的罢工。对于未能达成一致协议,工会领导人 Ron Gettelfinger 表示很难过。[1]

在新的劳资协议达成之前,美国汽车工人联合会和通用汽车公司之间的罢工仅仅持续了两天。医疗健康费用问题是导致谈判破裂的大症结。成立独立信托基金,接管通用汽车公司现有员工和超过28万退休员工约510亿美元的医疗健康责任是工会领导人批准的协议的核心。医疗健康费用给通用每辆汽车增加了多达1 600美元的成本,找到减少这些成本的方法对管理层来说是至关重要的。在亚洲和欧洲汽车行业的竞争对手不会面对如此昂贵的医疗费用,因为其他国家的政府通常会支付医疗保险费用。罢工前的多年以来,通用汽车公司在美国的市场份额已经输给了竞争对手,如丰田公司、本田公司和现代公司,它们员工的医疗费用比通用汽车公司员工要低得多。

独立信托基金的规模约为 350 亿美元,使通用汽车公司可以在资产负债表外为大量退休人员提供医疗健康基金。[2]这项医疗费用协议对工会有利,因为万一通用汽车公司无法为退休工会会员提供医疗保险费用,该项协议提供了保障。[3]

管理者视角

在工会组织中,管理者和员工的关系发生了变化。法律要求管理者在制定有关薪酬、劳动时间、工作环境等方面的决策时与工会代表面谈并达成一致意见。当拥有工会会员年份的员工对薪酬或其他工作要素产生不满情绪时,公司将面临员工的罢工活动或者其他有组织的集会,活动或集会的目的在于向公司施加压力,希望公司尽快做出反应和调整。因此,管理者应当对劳资管理有所了解并掌握劳动法等知识,以便有效地处理日常劳资关系中出现的问题。

工会组织的出现,使得管理者需要更多的人力资源方面的服务。劳资关系方面的人力资源专家能够帮助管理者制定策略和战略方针,以便管理者能够以一种建设性的方式与工会及其代表共事,例如就一项新的劳动合同磋商并达成共识或者接受员工的申诉。密切关注劳资关系问题的管理者能够清楚地知道何时求教人力资源专家以及咨询哪些方面的问题。

在本章,我们主要探讨公司和工会层面的劳资关系问题。首先,我们举例说明了员工为什么加入工会,为什么有些雇主偏好无工会组织的机构;其次,我们概述了美国有关劳资问题的法律条文,详细描述了美国和其他国家当前劳资关系的大环境;再次,我们考察了不同的劳资关系战略,并就工会活动问题给出规则和程序性的建议;最后,我们阐述了工会对人力资源管理实践的影响。

★ 知识点学习

如果教师布置该项作业,请登录 www.mymanagementlab.com 查阅你应该特别关注的知识点,并预习第 15 章。

15.1 员工为什么加入工会

工会(union)是代表员工利益的组织,它对有关薪酬、工作时间、工作环境等方面的管理问题投以热切的关注。员工参与工会的管理工作,并以交纳会费(工会服务费的形式)的方式支持工会的活动。法律保障员工参加工会的权利,同时要求雇主在特定的、影响工会会员利益的就业议题上与工会磋商并达成共识。

员工参加工会的原因各有不同。例如,在以色列,员工参加工会是因为他们相信工会代表了社会公正。[4]在美国,员工寻求工会作为代表,主要基于以下几种考虑:(1) 对工作的某些方面不满意;(2) 意识到自己对管理层缺乏影响力,需要改变现状;(3) 认为自己的工资和福利不具有竞争力;(4) 把工会当作解决问题的渠道。[5]工会的最佳盟友是"管理不善"。如果管理层能够倾听员工的声音,在某些对员工产生影响的政策制定上给予他们发言权,并且能够公正地对待员工,员工就不会产生组织工会的需要。忽视员工利益且不关心员工的管理者往往最终需要与工会面谈以解决问题。

公司通常偏爱没有加入工会的员工,原因是工会会员的工资水平偏高,使得有工会的公司在与无工会的公司的竞争中处于劣势。此外,工会还约束管理层的行为,尤其是对特定员工的管理。例如,工作表现良好的、未加入工会的员工,通常得不到绩效加薪,或者在晋升时被论资排辈。此外,有些劳动协议对某些员工应承担的特殊责任做出免责规定,从而降低了工作任务安排的灵活性。当然,不少存在工会组织的公司繁荣发展,工会也有一些积极的社会贡献。例如,有研究指出,与无工会的医院相比,有工会的医院的效率高16%。[6]但是如果有机会选择,绝大多数的管理者还是倾向于无工会的环境。

15.1.1 美国工会的起源

正如我们今天所了解的,工会组织直到1935年才得到美国法律的保护。1935年以前,美国工会组织的运作方式很简单。在自由市场经济的环境下,雇佣关系基本上是个体行为的结果,员工与雇主均可以自由地选择接受或终止双方的雇佣关系(查阅第14章)。

这种理念认为,员工与雇主之间在力量对比上是均等的。员工如果发现不公平的薪酬或者不合理的工作环境,那么可以自由地寻找其他工作;而雇主如果不满意员工的工作表现,那么也可以解雇他。当然,在实践中,雇主与个体员工相比拥有较多的权利。一家大型的钢铁制造企业在面对个体员工辞职时是毫不犹豫的,因为常常有大量的求职者补充该职位的空缺。然而,如果某个规模较大的雇主掌控了一个社区、城市或地区,员工基本上就没有选择其他工作的机会。匹兹堡的大型钢铁厂、底特律的汽车制造厂、阿巴拉契亚的煤矿勘探企业以及阿克伦的轮胎制造企业都是这类雇主的代表,一个产业掌控着它所代表的地区。

在20世纪30年代的经济大萧条时期,雇主们在巨大的压力下,努力削减生产成本,使得数以万计的员工失去工作。这种人员削减给劳动阶层带来更大的压力。在这种大环境下,工会活动受到《瓦格纳法案》(1935年)的保护,并且工会致力于平衡雇主和雇员之间的力量对比。实际上,这得益于政府和社会对大萧条时期及第二次世界大战之后若干年工会活动的理解。工会受到广泛支持的原因在于公众普遍认为劳动阶层势单力薄。

然而到20世纪末期,公众意识发生了变化。1981年8月5日,时任美国总统里根下令要求解雇参与罢工的空中交通管制员;两天之后,空中交通管制员工会发动非法的罢工活动。最终,这些员工并没有得到社会的同情,可能是因为人们普遍认为工会组织的势力太强大了。此次罢工活动发生的时间,正处于美国的罢工次数急剧减少的时期;从罢工次数最多的1974

年的 424 次降至 2012 年的 19 次。[7] 然而,正如前文所述,在一些领域(如医药行业),工会得到了进一步的发展。由于工会要应对新的问题、要代表新兴领域员工的利益,公众对工会的认识也在发生变化。

15.1.2 管理层在劳资关系中的角色

当代表某个群体员工的工会出现时,企业需要雇用一批专业人员以企业利益为出发点与工会交涉。这些**劳资关系专家**(labor relations specialist)主要来自人力资源部门,他们的任务是协助处理因劳动合同变更而产生的申诉以及与工会的协商工作。此外,他们也会针对劳资关系战略的制定为高层管理者提供建议。

企业的普通管理者也要承担处理日常劳资关系问题的责任,因此这些管理者应该对所在工作部门的工会有所了解。首先,如前所述,工会往往产生于那些员工对工作极其不满的企业,以及管理者在很大程度上影响员工如何感知工作环境的企业;其次,在一些企业中,普通管理层负责日常劳动协议的执行,他们对工作责任的有效承担会节省耗费在劳资纠纷上的时间;再次,普通管理层必须了解劳动法,以避免因无意的行为而使企业承担法律责任;最后,企业要求管理者个人履行倾听工会会员提出的申诉,管理者如果对一般的劳资问题有所了解,就能对倾听和解决问题有所帮助。

由于工会的功能和性质对立法具有较强的依赖型,我们接下来具体了解有关的法律。

15.2 劳资关系与法律环境

在美国,与劳资关系有关的法律主要由三部 20 世纪 30—50 年代制定的法律组成,分别是《瓦格纳法案》(1935 年)、《塔夫特-哈特利法案》(1947 年)和《兰德拉姆-格里芬法案》(1959 年)。这些法律规定了私人部门的劳资关系,而公共部门的劳资关系是由之后产生的联邦和州立法规定的。

在劳资关系法律产生的历史中,美国政府一直致力于平衡以下几类权利间的关系:(1)雇主自主经营的权利,避免其受到不必要的干扰;(2)工会组织成员集会及代表成员谈判的权利;(3)个体员工选择职业及决定是否需要工会代表其利益的权利。1935 年以前,雇主的权利不受制于联邦法律;在《瓦格纳法案》颁布之后,社会大众发现相对于雇主与个体员工而言,工会被给予过多的保护。在这种大氛围的影响下,为了在三者之间取得平衡,美国议会通过了《塔夫特-哈特利法案》和《兰德拉姆-格里芬法案》两部法律。

15.2.1 《瓦格纳法案》

《**瓦格纳法案**》(Wagner Act)也叫《**国家劳资关系法案**》(National Labor Relations Act),颁布于经济大萧条时期的 1935 年,旨在保障员工组织和参加工会的权利,以及员工参与类似罢工、纠察和集体谈判的权利。《瓦格纳法案》促使**国家劳资关系委员会**(National Labor Relations Board,NLRB)得以产生,这是一个独立的机构,主要负责美国劳资关系法律的管理。

国家劳资关系委员会的主要职责为：(1) 管理选举认证及无记名选举，以决定哪些员工能成为工会组织的代表；(2) 防止和纠正非法的、不公正的劳动实践。国家劳资关系委员会发布制止性法令以纠正不公正的劳资关系实践活动，并要求有过错的组织停止非法的劳动实践活动。《瓦格纳法案》定义了五种非法的劳资关系实践活动，国家劳资关系委员会能够纠正这些活动。这些非法的劳资关系实践活动如下：

(1) 干扰、限制或胁迫员工，使他们无法行使应有的权利，如组织工会、集体谈判，或者从事以相互保护为目的的协调活动。

(2) 操控或干扰工会的组织和管理活动，或者为这样的活动提供资金支持。

(3) 歧视工会员工以阻止员工加入工会。歧视的方式包括不雇用工会支持者、对工会员工或工会代表采取不提升甚至解雇或者不涨工资的方式。

(4) 歧视那些依照法律指控企业或为指控提供证据的员工。

(5) 拒绝与员工选举的代表其利益的工会进行集体谈判。

由于大公司经常使用复杂的策略来避免工会，导致国家劳资关系委员会在执行不公平的劳动实践管制时存在困难，这在管理者笔记"沃尔玛的避免工会策略"中有所描述。

 管理者笔记：伦理/社会责任

沃尔玛的避免工会策略

2000年夏天，位于亚利桑那州Kingman的沃尔玛门店，轮胎和润滑油运输部门的员工联系美国食品和商业工人联盟，寻求成立工会组织。他们在8月28日提出申请意见。两天后，来自沃尔玛总部的劳资关系团队到达该门店。在成立工会组织的过程中，劳资关系团队成员做了许多事情，包括在合同谈判中通过推迟提高绩效工资来威胁员工、监视员工的工会活动、发放福利和改善工作条件，从而打消员工加入工会的念头，分化打击积极加入工会的员工，拒绝积极加入工会的员工享受健康福利计划等。

工会指控沃尔玛违反国家劳资关系委员会制定的不公平劳动管理实践，仅对沃尔玛在2000年以不公平的方式对待亲近工会的员工。国家劳资关系委员会在近八年之后的2008年6月做出最终裁决和纠正方案。为什么需要这么长的时间？沃尔玛的法务人员在遵循法律以及向联邦法院上诉的过程中，使用了拖延战术。沃尔玛不遗余力地应对各种诉讼，一晃近八年就过去了！一些原来支持工会的轮胎和润滑油运输部门的员工，只有为数不多的人员仍然在沃尔玛工作。未来，沃尔玛可以毫不困难地宣称大部分员工不再需要工会组织，并且鼓励员工请求国家劳资关系委员会进行选举以撤销工会。

资料来源：Hyman, J. (2008, July 10). A lesson in union avoidance. www.ohioemploymentlaw.blogspot.com/2008/07/lesson-in-union-avoidance.html; Wal-Mart Stores Inc., 352 NLRB No. 103 (2008); Kucera, B. (2008, October 26). Wal-Mart has perfected the art of union-busting, researcher says. *Workday Minnesota*. www.truth-out.org; Brooks, M. (2010, July 1). What else you should know about Walmart. *Chicago Reader*. www.chicagoreader.com.

15.2.2 《塔夫特-哈特利法案》

《塔夫特-哈特利法案》(Taft-Hartley Act)是在1947年颁布的，主要用于限制在过去为《瓦格纳法案》所允许的工会势力，同时加强保障管理层和员工的权利。尽管《塔夫特-哈特利法案》偏向于管理层的利益，但其目标是平衡自由竞争的劳资关系双方的力量。

《塔夫特-哈特利法案》略作修改国家劳资关系委员会对不公平的工会劳动实践活动的定义：

(1) 在法律赋予的应有权利方面，限制或强迫员工；强迫员工选择参加集体谈判的工会代表。

(2) 除了未交纳工会会费(工会统一征收的费用，作为取得和保持工会会籍的依据)，以任何理由造成或试图造成雇主对非工会会籍员工的歧视。

(3) 在大多数员工选举工会作为他们的代表之后，拒绝以坦诚的方式与雇主谈判。

(4) 要求自己的成员抵制与其他工会正处于纠纷状态的公司的产品，即二次抵制。然而，工会可以对自己会员所在公司的产品实施抵制，即首次抵制。

(5) 在工会条款(union shop clause)中对工会会员过分征收会费或采取会费歧视政策，要求员工从失业之日起30—60天加入工会。

(6) 使雇主为不必要的服务支付费用，在实践中将这种现象称为额外雇工。从法律上讲，这是违法的。然而这种不必要且无效果的工作的定义却非常模糊。例如，铁路工会直至今天仍然要求配备消防员和工程师，这些人的工作是防止蒸汽动力引发的火灾；然而，在柴油发动机替代蒸汽机之后，他们的工作基本上就消失了。

十二年后的《兰德拉姆-格里芬法案》增加了工会在劳资关系实践方面的第七种非法行为：工会恶意对雇主进行侦查，被称为故意性侦查。

在《塔夫特-哈特利法案》中最具争议的条款也许是第14b，允许各州制定工作权利法律。**工作权利法律**(right-to-work law)使得州内的工会在合约中加入工会条款是非法的。工会将工会条款加入劳动合约中，为工会会员的员工提供了更多的保障，而将那些非工会会员的员工排除在外。限制较少的协议被称为代理条款(agency shop clause)，它要求员工支付会员服务费(相当于工会会费)，但是不要求他们加入工会。目前有24个州制定了工作权利法律，从而在这些州组织和运行工会更加困难。[8]这些州大多位于美国的北部或西部，均远离主要的工业中心，印第安纳州和密歇根州作为美国中西部的工业州，在2012年批准成为有工作权利立法的州。

《塔夫特-哈特利法案》中其他值得注意的地方是：首先，该法案有限制性很强的条款，它要求受雇员工必须都是工会会员，这是非法的。《兰德拉姆-格里芬法案》中该条款被废除，这种苛刻条款仅仅适用于建筑行业。其次，《塔夫特-哈特利法案》允许员工离开工会，如果他们认为所在工会进行的是非认证选举或者缺乏国家劳资关系委员会管制的非认证选举。最后，《塔夫特-哈特利法案》产生了一个新的组织机构——联邦调停和调解服务机构，帮助调解劳资关系纠纷，以避免因罢工或其他与劳资关系有关的动乱而导致经济混乱。

15.2.3 《兰德拉姆-格里芬法案》

《兰德拉姆-格里芬法案》(Landrum-Griffin Act)颁布于1959年,旨在保障工会会员,以及工会事务中涉及的其他参与方。它要求政府通过劳动部门对工会活动进行管理约束。《兰德拉姆-格里芬法案》包括以下几方面的内容:

(1) 每个工会都应当给予内部成员决策权,以保障工会内部最低限度的民主。

(2) 每个工会必须制定一部规章,并向劳动部门提供副本。

(3) 每个工会必须向劳动部门汇报财务活动状况及其领导人的财务收益情况。

(4) 工会应按照政府要求进行选举活动,并且工会会员拥有参加不记名选举的权利。

(5) 工会领导人应履行信托责任,使用工会的财产为工会会员的利益服务,而不是为自己谋利。如果工会会员发现领导人没有履行信托责任,他们就可以提起诉讼并向领导人追讨损害赔偿。

其他影响劳资关系的法律有《铁路劳动法案》(1926年,最后一次修订于1970年)、《诺斯-拉瓜迪亚法案》(1932年)、《伯恩斯反罢工法案》(1938年)。当然,第3章介绍的平等就业机会相关法案同样适用于工会会籍的员工。这些法案中最具意义的是**《铁路劳动法案》**(Railway Labor Act),涉及交通运输产业的劳资关系,涵盖铁路、航空、公路运输等行业,对维持商业稳定具有重要的意义。如果劳资双方无法就劳动协议达成一致意见,它就可以提供争端解决程序。《铁路劳动法案》规定,如果劳资纠纷扰乱了州际贸易,国会和总统就会参与调解纠纷。例如,总统曾参与航空产业的劳资纠纷的调解,当时由于谈判破裂,一家主要的航空公司迫使工会罢工活动持续进行。[9]

尽管美国的劳资关系法制存在了五十多年,但是认为不再有新情况发生的想法是错误的。国家劳资关系委员会正在考虑制定新的规则,减少安排工会选举所需的时间,使管理层更难以组织与工会抗衡的运动。[10]此外,国会已经审议了对《瓦格纳法案》的修正案,拟消除雇主在罢工或停工期间雇用其他工人的权利。[11]在加拿大,一些省份已经立法限制雇主在经济萧条时期使用替代员工的做法。[12]很显然,寻求雇主、工会和雇员之间权利真正平衡的斗争仍在继续。

我们现在谈谈美国劳资关系的现况。

15.3 美国的劳资关系

从美国劳资运动哲学中提炼的劳资关系受到国家金融经济结构的影响,并在其中运行。[13]美国工会正在改变永远从属于一个政党的现状,并致力于直接与会员雇佣企业交涉,改善会员的福利水平。美国劳资关系的主要特征表现为:(1) 经济工会主义;(2) 根据工作类型组织工会;(3) 聚焦于集体谈判;(4) 劳动合同;(5) 对抗性的劳资关系与工会会员数量的锐减;(6) 公共部门工会数量的增加。

15.3.1 经济工会主义

经济工会主义（business unionism）是指工会主要关注"面包和黄油"问题，如薪酬、福利和工作安全等，从而在经济大饼中为员工争取更多的份额。美国工会实践经济工会主义，避免对公司经营活动产生影响，不会向公司战略制定提供建议。这些战略涉及如何销售产品或应当进入哪些商业领域。很少看到美国工会会员担任公司高层管理职位。[14]美国劳资法律的制定也秉承这种传统，关注工资制定、工作时间确定以及工作条件中强制性内容的谈判。这意味着管理层必须关注这些问题的谈判，并抱以坦诚的态度。

15.3.2 根据工作类型组织工会

与其他国家工会组织不同的是，美国工会是根据不同的工作类型组织的。例如，卡车司机往往是交通运输工会的成员，许多公立学校的教师是联邦教育协会的成员，除外国工厂以外的大多数汽车工人是美国汽车工人协会的成员，而无论是哪种类型的汽车制造企业。由于大多数工会组织所代表的员工来自不同雇主，它们被设置在由国家机构管制的地方部门。每个由工会成员组成的地方部门位于特殊的地理位置，拥有自己的办公场所，所关注的是日常劳资关系实践和纠纷。联邦组织致力于将这些地方性机构组织起来，管理地方组织的设立和运作，更重要的是为劳动合同谈判提供政策指导。

劳联-产联是由原来的美国劳动联合会和产业工业联合会合并后成立的，它是各地工会组织的联合代表。由于它代表的员工数量之多（接近1 160万），劳联-产联对联邦劳资政策的制定具有重要的影响力。[15]它同样为单个州的工会提供支持，为有利于劳动者的法律提供积极的支持。最后，劳联-产联调解州工会之间的纠纷进行。[16]

2005年，代表400万员工的四大工会通过投票的方式从劳联-产联中脱离，成为独立机构。离开劳联-产联的这几个工会分别是服务业员工联合工会、卡车司机兄弟联合会、美国食品和商业工人联合会及团结会（酒店和服装工人工会），这些工会希望通过有组织的劳资运动，在招募新成员上花更多的时间和金钱。[17]不久之后，劳动者联盟、木匠联盟和农场工人联盟加入到了这一独立工会群体，并新成立"改变制胜"联盟。目前，"改变制胜"联盟代表了七个工会组织，拥有550万名成员。[18]

15.3.3 聚焦于集体谈判

在美国劳资关系系统中，工会和管理层扮演着主要的角色。一般而言，美国政府扮演的是中立的角色，允许双方在各自的工作领域制定规则。为制定规则而实行的选择机制就是集体谈判。在**集体谈判**（collective bargaining）系统中，工会和管理层针对工作规则的制定而谈判，员工在指定的时间内按照工作规则的要求提供劳动，这个时间一般为2—3年。**工作规则**（work rules）的内容包括各种雇佣形式及其条件，主要有薪酬、工休和午餐时间、假日、工作任务和申诉程序。

在美国，经过合法程序、由员工选举产生的工会组织是代表员工与管理层磋商的唯一代表。然而，工会之间也存在竞争，当个体认定某个工会组织时，其他工会组织就不能作为其代表。

15.3.4 劳动合同

劳动合同(labor contract)是集体谈判的产物,工会代表员工参与讨论雇佣条件及工作规则方面的事宜。由于双方谈判是自愿的,因此如果一方没有履行义务,另一方就可以利用法律体系来保障谈判的顺利进行。

劳动合同是美国劳资关系体系的重要特征。在其他许多国家,如德国和瑞士,工作条件和员工福利是由劳动法所规定的;但是在美国,员工与管理层建立的经济利益关系历来不受政府干涉。

15.3.5 对抗性的劳资关系与工会会员数量的锐减

美国劳动法认为劳动者和管理者是天生对立的关系,他们在关于公司利益的分配上总是存在分歧。正因为如此,需要规则进行规范,以保证蛋糕可以得到公平的分配。

源于这样的理念,美国劳资关系体系是构建在美国司法体系基础上的。在司法中,"公正"是一系列对立产生的原因,检察官代表原告的利益而辩方律师代表被告的利益。与此类似,"经济利益公平"是工会(主张员工的利益)和管理层(主张公司所有者的利益)谈判的缘由。尽管这种对立模式多年来相安无事,但是近来却成为工会与管理层合作的障碍,而这种合作在劳动力市场和产品市场竞争日益全球化的背景下显得更加重要。

如图表15.1所示,11%的美国劳动力是工会会员[19],与1945年的最高点35%相比大幅下降。此外,在美国私营企业中,只有6.6%的劳动力是工会会员。比例下降的原因有以下几个:由于自动化和国外竞争,从事工业(这是工会的传统领域)工作的蓝领工作者的数量锐减;就业立法的完善,能够为员工提供生活保障以满足他们的需求;企业提出强烈对立的劳资关系战略,使得工会员工参与变得更加困难。其他导致工会会员数量减少的原因还有高学历员工数量的增加,以及一些工会领导人违法事件频繁。

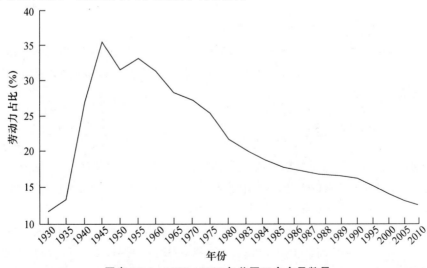

图表 15.1　1930—2013 年美国工会会员数量

资料来源:美国劳工部劳动统计局。

尽管工会会员数量锐减,但工会依然是美国劳资关系体系中重要的组成部分,这是由于工会确立的薪酬和福利模式会影响非工会会籍的员工。在这方面,工会间接地影响美国40%—50%的劳动力。实际上,非工会组织企业的员工从雇主为避免工会组织员工集体行动而提升工资和福利的行为中获利。工会还率先在员工安全问题上采取措施,并且在劳动实践中反对歧视。除非导致工会产生的根本原因(低薪酬、不安全的工作条件、健康威胁、随意解雇及裁员)消失,否则谁也不敢说工会组织会消失。

15.3.6 公共部门工会数量的增加

在私营企业工会会籍员工占比减少的同时,公共部门工会会籍员工数量占比却在持续增长。增长的部分原因在于 20 世纪 80 年代期间地方政府部门数量的增加,更重要的原因在于公共部门和服务部门员工数量的增加。[20]

目前,公共部门(联邦政府、州政府和地方政府)员工是工会会员的比例为 36%,是私营部门会员率的 5 倍以上。此外,自 2010 年以来,公共部门的工会工人占美国所有工会工人的绝大多数。[21]

从某种程度上,公共部门中的工会组织是劳资关系问题特例,因为尽管公共部门的员工与私营企业的员工相比更易于组织起来,但谈判力较弱。差异的产生原因有以下两点:

第一,政府的势力在减弱。私营企业典型的组织结构是官僚制的,谁掌权谁就处于高层。然而,美国政府的组织机构被有意地分解为立法、行政、司法三部分。由于雇主代表仅拥有有限的权力,使得公共部门员工工会组织的集体谈判和协商较为困难。例如,一个城市的工会组织可以与市长就提升工资问题进行谈判,但是用于支付高工资的钱必须经过市议会的审批,而市议会可能会否决市长的决定。

第二,公共部门的工会组织没有什么势力,政府对员工的罢工权利做出严格的限制。原因在于,政府垄断提供基本服务,如警察保护、垃圾处理、高速公路的养护,如果政府雇员参加罢工活动,就没有人为这些基础服务项目工作。各州在这方面的限制各有不同。例如,科罗拉多州禁止任何州地方员工参与罢工,包括教师在内;相反,纽约州、密歇根州、威斯康星州和其他一些州在某些前提下给予员工一定的罢工权利。

由于罢工权受到限制,公共部门工会的主要任务是实施和尝试新的谈判方法,包括授权仲裁和调解。由于受到经济方面的限制,公共部门的工会不像私营部门的工会那样,很少将付费项目放在议事日程上。例如,教师工会主要关注课程数量、工作安全及学术自由等,而不是直接的薪酬问题。

尽管将政府比作雇主是工会会籍员工很难接受的,但还是会带来便利。一个优势是,工会会员事实上是选民,是雇主的政治支持力量。在美国,选民很少参加非联邦选举,而具有良好组织性的公共部门工会是地方政治强有力的支持者。事实上,法院等公共部门支持的是本州的候选人。另一个优势是,如前所述来自权利的下降。这就使得工会在某些情况下能够在与其他方交涉时扮演政府部门的角色。例如,工会能够取得谈判的成功是由于它得到某位市议会议员的支持,而市长需要议员对一些无关议题进行表决。

15.4 其他国家的劳资关系

不同国家的劳资关系体系有所不同,这是因为工会对于不同的国家的意义有所不同。在美国,劳资关系涉及集体谈判和劳资协议;但是在瑞士和丹麦,关注的是国家薪酬体系;在日本,则侧重于与企业管理层密切合作的企业工会;在英国,表现为附属于工党的工会;而在德国,工会是企业管理者的代表。[22]进一步地,工会会籍私营企业员工的数量发生锐减的现象仅仅出现在美国,而不是整个世界的趋势。在很多其他工业国家,工会不仅仅是广大劳动者的代表;但有一点是相同的,工会是许多国家劳资关系体系中的重要因素。

图表15.2列举了包括美国在内的13个工业国家中工会会籍员工数量占总体劳动者数量的百分比。工会会员数量占总体劳动者数量的百分比在欧洲国家相对较高,以意大利和瑞典为代表,2010年这两个国家工会会籍员工的占比分别是35%和68%。尽管工会主义倾向在20世纪80年代的英国有所下降,在2001年英国工会会籍员工的数量仍占总体劳动者数量的27%,是美国的两倍多。而在日本,很多企业为了规避工会而将工厂搬迁到美国,然而仍有18%的员工是工会会籍的,这个比例显然高于美国。[23]

图表15.2 工会联盟成员国的工会会员占比

	工会会籍员工数量占总体劳动者数量的百分比												
年份	美国	加拿大	奥地利	澳大利亚	日本	丹麦	法国	德国	意大利	荷兰	瑞典	瑞士	英国
1965	28	28	46	—	36	63	20	38	33	40	68	32	45
1970	30	31	43	—	35	64	22	37	43	38	75	31	50
1975	29	34	48	—	35	72	23	39	56	42	83	35	53
1980	25	35	47	—	31	86	19	40	62	41	88	35	56
1985	17	36	47	—	29	92	17	40	61	34	95	32	51
1990	16	36	43	34	25	88	—	—	—	28	95	31	46
1995	14	37	39	35	24	78	9	26	32	23	87	23	32
2001	13	30	40	28	20	88	9	30	35	27	79	24	29
2010	11	27	29	19	18	69	8	19	35	19	68	17	27

资料来源:*OECD StatExtracts*. (2013). Trade union density. www.stats.oecd.org;Visser, J. (2006, January). Union membership statistics in 24 countries. *Monthly Labor Review*, 45;European Foundation for the Improvement of Living and Working Conditions (2002);*The Economist* (2003, June 7). Special report:Trade unions, 60;International Labor Organization (1997);and Chang, C., and Sorrentino, C. (1991, December). Union membership statistics in 12 countries. *Monthly Labor Review*, 48.

15.4.1 工会的跨国差异程度

一份关于全球范围内工会的分析报告显示,工会在不同国家拥有不同的特权。[24]正如我们所知,在美国,工会对薪酬、福利和工作安全等经济类问题具有重要的影响。例如,近年来,外包成为美国工会关注的主要问题,这是由于第一类被分包出去的工作(蓝领工作)是工会的支柱性力量。[25]与其他国家的工会组织相比,美国工会较少关注政治问题,政治参与仅仅作为解决经济问题的手段。

作为另一个极端现象,在法国,工会主要涉足政治领域而很少关注经济问题。在法国,两大联合会都有各自的政治组织,其中一个甚至是宗教导向的。在法国,罢工倾向于关注政策的改变,谋求以最好的方式保护和改善工会会员的生活与工作状况。2010年,法国工会领导多达300万人在法兰西大街上游行抗议,反对一项将法定最低退休年龄从60岁提高到62岁的法律。[26]在西班牙,工会还使用政治策略以实现目标。例如,2002年,西班牙工会联合举行为期一天的罢工,目的是说服政治领导人拒绝政府关于降低西班牙员工失业津贴的提案。该罢工是有组织的员工在事先约定的时间内的短期停业,目的是影响政府,使其支持代表员工利益的特定的政治目标。[27]

在中国,罢工状况也在发生改变。中国本田工厂的工人在2010年成功地利用罢工实现工资上涨。中国近期考虑出台一项关于罢工的法律。[28]最后,瑞典工会在经济和政治上参与程度较高。瑞典的贸易工会在经济事务中除积极代表员工利益之外,还代表政府委员会。[29]管理者笔记"中国员工抗议富士康的工作条件",描述了员工在富士康工会中获得更大代表性的原因,即员工工作条件差的负面报道吸引了全球媒体的关注。

管理者笔记:全球化

中国员工抗议富士康的工作条件

富士康是世界上最大的合同制造商,在中国雇用超过140万员工为全球企业(例如苹果、惠普、三星)生产电子设备。公司在2010年屡遭非议。当年公司的10名员工相继自杀,以此抗议苛刻的工作条件,包括长时间加班、工资低、员工无法向管理者反映以便改善等。在富士康,员工每天工作16个小时,且全程禁言,工作期间只有几分钟的如厕时间。自杀事件发生后,几个由工人活动家领导的抗议行动进一步恶化了富士康的负面形象。在这些大规模的抗议行动后,富士康最大客户之一的苹果公司要求公平劳动协会审核富士康的劳动力实践情况。

富士康的员工应该为中华全国总工会(ACFTU)这一官方工会所代表,但在富士康的地方性工会中,员工代表较少。富士康决定改善员工的就业实践和工作条件,以挽回公司名声。在抗议事件发生后,公司名声已经受到很大影响。最终,员工工资提高了25%,加班时间也减少了,但最具意义的是:公司在2013年决定在工会委员会中增加员工代表人数,以此代表员工的利益诉求。富士康工会对员工利益的反应,可能最终会对中华全国总工会内的其他工会产生影响,使员工在未来拥有更大的发言权。

资料来源:Standing, J. (2013, February 4). Foxconn says to boost China worker participation in union. *Reuters*. www.reuters.com; Zhang, L. (2012, March 2). China's marginalized workers are waking up to their rights. *The Guardian*. www.theguardian.com; *The Economist*. (2012, December 15). When workers dream of a life beyond the factory gates, 63—64.

我们将注意力转向能够取得更高工作效率并促使工会和管理层达成更好合作的两种劳资关系上：德国和日本的劳资关系。

15.4.2 德国的劳资关系

德国法律涵盖了涉及员工的所有决定，无论是工厂级的还是公司级的，有时被称为产业民主制。在德国的劳资关系实践中，产业民主制意味着工厂级的员工代表与公司级的代表在工作委员会上共同决议。

工作委员会（works councils）是由员工代表与负责管理企业的管理层共同参与的机构。他们共同参与经营决策的制定，如加班时间安排、员工管理规则、雇用新员工及员工培训。[30] 在工厂级层面，工作委员会所做决策的内容与美国工会和管理层谈判的内容相近。在德国，工会是以行业为基础成立的，分别代表冶金工人、化工工人、公共部门员工等。近年来，一些德国工会开始合并，最大的工会（如金属行业工会）代表了多个行业。在工资等问题上，德国工会侧重于跨行业谈判，而不是在单个行业内谈判（这是美国的典型做法）。然而，要统一管理德国西部的高工资与东部的低工资就需要在劳动协议中制定更加灵活的薪酬政策。现实是，德国大多数的薪酬协议制定是在公司层面进行。[31] 不仅德国采用工作委员会的形式，其他一些国家也在采用，例如澳大利亚、法国、比利时、荷兰和瑞典等均已立法要求大型企业成立工作委员会以代表员工利益。[32]

共同决议（codetermination）使员工代表加入公司管理层，德国有1/3或1/2的管理者（其他的成员代表的是利益相关者）代表员工利益，公司为满足员工的需求给予了更多的特权。[33] 毫无疑问，共同决议这种方式向员工和管理者传递了一种合作的精神。对于德国公司而言，共同决议的结果是更少的罢工和更高的劳动生产率。对于员工而言，共同决议的结果是更多的责任和更好的保障。例如，德国最大的工会组织（金属行业工会）率先提出一些重要的提议，而不仅仅是对公司的提议做出反应。经过二十多年的研究和实践最终形成的工会的集体工作政策，目的是保障员工，使其远离裁员或低工作报酬的危险。

15.4.3 日本的劳资关系

日本成功地发展了以工会和管理层的高水平合作为特点的劳资关系体系，其成功的关键在于日本的企业工会组织。企业工会（enterprise union）代表的是日本某个大型企业（如丰田、东芝还有日立）的员工利益，并且仅仅组织单个企业的员工。这种做法保证了工会的忠诚性，而不会为不同的公司所分割。企业工会与公司管理层商讨的问题是关于公司长远发展的规划。这种劳资关系体系由于大型日本企业提供的终身雇佣制而变得长久且坚固，使日本员工感到安全和稳定，不会因为技术或工作角色的变化而面临威胁。[34]

传统的终身雇佣制有利于促进企业工会与管理层的合作。许多日本高层管理者在刚刚毕业时就已经是工会会员了，并在工会中获得领导地位，之后被提升到公司管理层，整个过程都是在同一家公司进行的。由于企业工会的合法性不会受到管理层的质疑，日本的工会与管理层之间的信任和尊重程度在美国是不可想象的。这样的事实有助于解释日本高层管理者的行为,在日本与工会合作,而在美国的工厂却不惜代价地回避工会组织。

不幸的是,有迹象表明德国和日本的劳资关系体系都存在危机。在德国,企业为每位工人支付高额工资(美国每小时35美元,德国每小时47美元),再加上德统一提高了经济成本,迫使公司与工会进行艰难的谈判。[35]全球市场的竞争压力迫使德国大型企业裁员以缩减规模,从而使劳资关系受到损害。例如,德国最大的工业企业戴姆勒-奔驰裁减了约7万个工作岗位,并且在阿拉巴马州建立新的汽车制造工厂,因为那里的劳动成本远远低于德国的水平。[36]而在日本,人们进一步考察终身雇佣制发现,该制度通常只限于大型企业的55岁以下男性员工,裁员也使得维持终身雇佣制的政策异常困难。日本最大的移动通信企业NTT缩减了45 000个工作岗位,相当于员工总数的1/4。日产汽车在1999—2002年裁掉了21 000名员工,关闭了5家汽车装配厂。[37]

15.5 劳资关系战略

劳资关系战略(labor relations strategy)是公司应对工会组织的总体规划。是与工会公开冲突还是追求工会—管理层的合作?这样的问题由劳资关系战略确定。选择接受还是拒绝工会组织,直接影响公司劳资关系战略的制定。[38]

15.5.1 接受工会战略

坚持**接受工会战略**(union acceptance strategy)的企业选择接受工会组织作为员工的合法代表,并认可集体谈判是建立工厂秩序的有效机制。管理层尽力保证与工会展开劳动协商,并且根据协议内容对员工实施管理。图表15.3所示的劳资关系政策是接受工会战略的一个实例。

图表15.3 接受工会战略的劳资关系政策

我们目标是建立一套具有一致性和公平性的劳动政策,目的是发展一种在维护全部管理权利的同时工会能认同的工作关系。劳资关系政策追求的是一致、可信且公平地对待工会代表和工会会员工人。为了使政策有效,公司将:
- 只要工会代表了大多数员工就会接受拥有信念的员工作为工会代表。
- 保留管理层的管理权利。
- 在执行公司的政策和实践时,高层管理者持续支持工会代表。
- 以公正、严格、持续的态度强调纪律。
- 除了那些在劳动合同中规定在某些条件下可以免责的条款,工会代表遵守公司的制度。
- 公正、严格、没有偏见地处理所有员工的投诉。
- 审查每位管理层代表以最大的努力公正、持续地遵循公司政策。
- 审查与当前契约有关的所有决策和协议有文档备案。

资料来源:Management Resources, Inc., *The Company Policy Manual*, 1st Edition, © 1992, p.332. Reprinted by permission of Pearson Education, Inc., Upper Saddle River, NJ.

接受工会战略可以在劳方和资方之间形成和谐的劳资关系。1990—2007年,通用汽车公司在田纳西州的土星工厂和汽车工人联合会的互动就是该战略的一个实例。工会组织以灵活的方式与该工厂的管理层协商劳动合同和员工劳动安全等问题。管理层能够重新设计工作、改变技术水平并精简工作规则,这在通用汽车公司的其他工厂是闻所未闻的。[39]相应地,员工可以参与决策,这在其他公司中也是非常罕见的。由5—15名员工组成一个小组,共同完成诸如雇用员工这样的管理任务。员工们也会选出代表组成更高水平的团队,参与从汽车设计到营销再到定价等各个方面的管理决策的制定过程。[40]用于营造工会与管理层之间合作氛围的其他策略是组建由工会和管理层代表共同参与的委员会,解决公司长期发展中遇到的、具有较高潜在威胁的问题。在施乐公司,管理层和联合工会代表组成委员会,共同致力于解决工厂安全的完善、工作和生产流程的完善、申诉数量的减少,以及与工作相关的其他问题。[41]西南航空是美国盈利最多的航空公司,自1971年成立以来就实施接受工会战略。Lamar Muse和Herb Kelleher是西南航空公司的创始人,他们认为航空公司员工需要发出声音并成为组织的合作伙伴,而工会是将员工的呼声传递给管理层的有效机制。[42]

有时,工会和管理层之间的团队合作是因为两个组织的高层领导人具有远见卓识。在包括佛罗里达州的坦帕市和圣彼得堡市范围的希尔斯伯勒学区,学校董事会主席和美国教师联合会(AFT)地方分会主席促成了两个组织的合作。他们能够在学校开展对优秀教师按绩效付酬、向绩效不佳教师提供辅导以及超过8小时的工作时间等方面的改革。[43]

不幸的是,工会与管理层之间的合作道路不总是平坦的。事实上,特别是在国家劳资关系委员会认为工会成员参与由管理层主导的团队建设违反了《瓦格纳法案》以来,员工对工会与管理层合作的不信任会对团队合作构成威胁,这一情况在不少企业已经出现。[44]有关该领域的管理指南,可以参考管理者笔记"何时团体不再是团体?员工参与委员会指南"。

 管理者笔记:新趋势

何时团体不再是团体?员工参与委员会指南

企业员工参与团体活动是否会破坏《瓦格纳法案》由两项条件决定。法律规定,如果某一团体既由雇主控制同时又是劳工组织,那么该团体就是非法的。

- 决定员工参与团体所提出的问题是否雇用条件之一。如果法律没有发生什么变更,那么专家认为应该将员工参与团体的活动限定于确定生产、质量以及安全等问题的解决。[a]
- 当任何一个选举产生的、具有代表全体员工与管理层谈判权利的员工团体存在时,强调雇主主导是可以理解的。要警惕员工参与团体中因定期员工轮换而产生的冲击。[b]
- 保证任何员工团体履行职能的方式免受管理层的影响。如果通过员工与雇主的协商方式解决了冲突,雇主主导往往很容易确立。但是,如果管理层在处理申诉中掌握特权,而员工团体用自己的方式解决问题,那么该员工团体就是合理的,尽管事实上管理层在问题的解决中发挥了积极的作用。[c]
- 在存在工会组织的情况下,将工会纳入员工参与委员会中,这绝对是避免诉讼的好方式。[d]如果企业没有工会,情况就会很严峻。因此,企业应该争取员工的参与,并形成一个合作和自愿的组织结构。[e]此外,企业还可以采取员工提名的方式,而不是由管理层进行筛选。[f]

- 工会组织的运动从不采用员工参与团体这种方式,它被认为是对工会组织的破坏。[g]

资料来源:[a] *Management Review Forum*, February 1994, © 1994. American Management Association, New York. All rights reserved. [b] *Ibid.*; [c] *Ibid.*; [d] *Ibid.*; [e] *Ibid.*; [f] LeRoy, M. H. (1999). Are employers constrained in the use of employee participation groups by Section 8(a)(2) of the NLRA? *Journal of Labor Research* 22(1), 63—71; [g] *Management Review Forum*, 1994.

劳资关系学者发现,合作型劳资关系多存在于那些合同条款中鼓励工会与管理层相互合作的行业中,如汽车行业、通信行业、钢铁行业及建筑行业。[45] 一个有关合同条款的例子是成立劳资联合委员会,定期召开会议,并就一些互利项目达成共识。这些项目包括:(1)工作场所免费药品;(2)职业安全规则;(3)收益共享计划;(4)残障员工的平等就业机会;(5)禁止任何工作场合的性骚扰政策。[46] 支持接受工会战略的企业领导者可以将工会视为资产,而不是达成商业目标的障碍。AT&T公司的劳资关系执行副总裁Mark Royse说:"AT&T及其客户受益于业务部门员工的技能和专业精神。我们公司以和代表员工利益的工会保持长期的合作与尊重关系而感到自豪。"[47]

尽管许多小规模企业的所有者和员工也保持着密切的关系,但是他们倾向于认为员工—管理层团体只是大规模企业的管理游戏。根据美国国家劳资关系委员会的调查,2/3不公平的劳资纠纷案件发生在员工人数不足100的企业中。由于大量的小规模经营单位是非工会成员,工会有必要在扩大小企业会员人数上多做努力。近年来,工会在50人以上企业获得支持的成功率是500人以上企业的两倍。[48] 为了规避工会会籍所带来的管理约束,许多小型经营单位倾向于选择避免工会战略。

15.5.2 避免工会战略

管理层选择**避免工会战略**(union avoidance strategy)是出于这样的考虑:担心工会对员工造成破坏性的影响,或者担忧公司会丧失对员工的控制力。选择避免工会战略的公司在很大程度上与工会间曾发生武力的或公开的冲突。有两种避免工会的方法,即工会替代和工会抑制。[49] 公司究竟采取哪种方式取决于高层管理者的价值判断。

工会替代

人们称**工会替代**(union substitution)为**主动的人力资源管理**(proactive human resource management approach),管理层对员工的需求做出反应,从而消除工会产生的必要性。IBM、惠普、礼来和柯达等公司采用这种方式消除了工会的存在,同时营造了一个有良好声誉的工作场所。采用工会替代方式的策略性问题包括:

- 就业保障政策,保障全日制员工的工作。这项政策中重要的一点是,长期合同员工在解雇时享有特权,应先解雇派遣、短期和临时的员工才能解雇长期员工。
- 内部提升政策,鼓励培训和发展内部员工。
- 利润分享和员工持股计划(参阅第11章),和员工一起分享公司的成功。

- 高度管理参与政策,鼓励员工参与政策制定。
- 开放政策和申诉程序,争取给予员工与工会协议中规定的同等的权利。[50]

工会抑制

当管理层不惜一切代价避免员工成立工会时,就会采取**工会抑制**(union suppression)方式。采取这种方式的公司,往往会采用强硬的手段(可能合法也可能违法)摆脱工会并阻止工会组织员工开展活动。[51]

例如,在20世纪80年代中期,大陆航空公司CEO弗兰克·罗伦佐(Frank Lorenzo)通过美国破产法庭对大陆航空公司进行重组,并且逃避之前与工会协商达成的劳动协议中对员工应承担的责任。当航空公司从破产中恢复过来后,非工会会员员工的工资水平比原先工会协议中规定的工资降低了40%。在同一时期的另一个案例中,芝加哥论坛报社与工会举行了激烈的谈判,当工会会员员工罢工示威时,报社将长期雇用的员工全部替换。其结果是,报社的员工最终全是非工会会员。2002年,沃尔玛采用工会抑制策略来减少与美国食品与商业工人联合会下属工会的接触,因为该工会试图兜售其绞肉机。沃尔玛的应对措施是重构供应链,并且为美国的店铺购进包装好的肉类,避免在全美范围内使用处理肉类的柜台。[52]卡特彼勒公司(Caterpillar)是世界上最大的建筑和矿业设备制造商,在与工会的劳资谈判中采取咄咄逼人的姿态,以便从工厂中榨取更多的利润。在2012年伊利诺伊州Joliet液压件厂的合同谈判期间,卡特彼勒公司管理层坚持削减员工的医疗保健和其他福利,导致国际机械师联合会领导雇员开展了罢工。经过三个月的对抗,工会宣布接受公司冻结工资和减少福利的结算条件。虽然工会在罢工中幸存下来,并继续代表位于Joliet的卡特彼勒公司员工,但员工的支持可能会因它无法保护工会会员免于补偿损失而受到影响。[53]

有时,工会抑制方式会带来适得其反的结果,管理层获得的仅仅是愤怒的工会、激愤的员工以及糟糕的公共关系。1990年,纽约《每日新闻》(属于芝加哥论坛报社)的管理层试图采用员工替代方式威胁工会罢工,但是由于媒体及公众同情工会而以失败告终。纺织品制造商J. P. Stevens在美国南部拥有种植场,在工会公开选举前夕,企图使用非法的方式开除工会组织者。

一般而言,工会抑制与工会替代相比是一种高风险性的战略,出于这个原因,企业往往很少考虑。强硬的策略不仅涉及法律风险,还会给人力资源管理带来不好的影响。弗兰克·罗伦佐通过破产法院破坏了组织内工会的做法看起来非常成功,但是在1994年,罗伦佐提出的有关廉价航空的报价遭到了交通部门的否定,这是由于罗伦佐在经营东部航空公司和大陆航空公司期间存在安全及遵守法则方面的问题。交通部门认为历史上的经营问题、维护问题和劳资关系问题是影响航空公司的重要因素。[54]

15.6 劳资关系的管理过程

到目前为止,我们已经对有关劳资关系的历史和相关法律有了一定的了解,同时对劳资关系的现状和劳资合作策略也有了一定的掌握；接下来，我们开始逐一分析劳资关系中的具体组成因素。如图表 15.4 所示，劳资关系流程由三个阶段构成，这是管理者和劳资关系专家所关注的。(1) 工会组织，员工行使权利组织工会；(2) 集体谈判，工会和管理层代表协商劳动合同；(3) 合同管理，劳动合同应用于日常的特定工作。

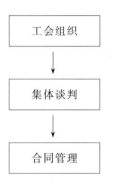

图表 15.4　劳资关系流程的三个阶段

15.6.1　工会组织

工会组织是员工以工会的形式一起工作而形成的一种有凝聚力的组织。管理者面临的关键议题在于，工会活动是通过工会征召、初选和资格选举产生的。

工会征召

在举行工会资格选举前，美国国家劳资关系委员会要求工会证明组织中的员工对成立工会具有浓厚的兴趣。为了满足这项要求，要求至少 30% 的、与工会工作相关的员工填写授权表，申明需要工会代表他们进行集体谈判。

最初，工会通常在私人住所或公共场所开展征召活动，以避开管理层。直到符合人数比例要求的员工签订了授权书后，管理层才会知晓。然而，有时工会认为有必要收集公司财务信息，这会引起管理层的警觉并采取应对措施。

工会有自己的网站，在那里组织者可以和现在的及潜在的成员沟通。[55] 为了组织位于科罗拉多州的 IBM 公司员工，美国通信工人工会提醒工会会员关注意网站发布的信息，指导员工如何在 IBM 公司组织工会。[56] AFL-CIO 网站（www.aflcio.org）提供有关组织工会及其他方面的指导，例如对美国上市公司中高层管理者的工资水平与员工的平均工资水平和工作生活条件的比较。网站为有需要的员工提供求助于工会相关部门的方式，并通过 AFL-CIO 网站获得社会和经济方面的公正对待。

管理层选择的劳资关系战略对公司应对工会征召活动具有指导作用。实行避免工会战略的企业往往采用"不允许征召"政策，将所有征召活动限制在非工作区域（例如，征召活动只能在餐厅而不能在办公室进行）。"不允许征召"政策增大了工会影响员工加入工会组织并签署授权书的难度。当然，采用"不允许征召"政策的企业必须注重强制执行的一致性，只有这样所有的征召活动（包括慈善活动在内）才能得到控制。只是单独限制工会组织的活动是一种不公平的劳动实践,国家劳资关系委员会禁止此类歧视。

位于 Connecticut 州 Newington 市的 Lechmere 公司一贯实施"不允许征召"政策,这使得高等法院做出了有利于该公司的裁决。该公司禁止工会的做法未违反《瓦格纳法案》,很大程度上是因为公司对所有组织一贯实施"不允许征召"做法,即便对于女童子军组织和救世军组织也是如此。法院还发现,该公司的 200 名员工有其他途径加入非本公司的工会组织。美国国家劳资关系委员会将通过电子邮件发起征召的做法也纳入"不允许征召"一贯性政策。它规定,如果一家公司允许员工用电子邮件处理个人事务,那么该公司则不能禁止员工通过电子邮件处理与工会活动相关的事务。[57]

初选活动

如果工会能够证明有足够多的员工愿意成立工会组织,国家劳资关系委员会将安排资格选举。在选举开始之前,管理层和工会领导人应当允许员工自由地行使投票赞成或反对工会代表的权利。国家劳资关系委员会的政策会提供良好的环境,保证员工能够对工会谈判代表进行无干扰的选择。换言之,任何工会都不能剥夺无干扰选择的权利。

在初选期间,管理者必须避免对员工做出可能被理解为利用职权影响选举结果的行为。国家劳资关系委员会的"员工提示"如图表 15.5 所示,明确说明了哪些行为在选举之前是要避免的。管理者不能使用解雇和降低薪酬福利的方式威胁员工对工会的支持,同样不能使用向员工承诺利益(如提高薪酬或职位晋升)的方式诱使员工投票反对工会。从管理层的角度出发,工会也应当避免以伤害的方式威胁员工,使其不会投票赞成无工会组织。国家劳资关系委员会对工会选举期间所允许行为的规定是相当复杂的,并且经常发生变化,然而仍存在一些普遍使用的准则为管理提供指导。

- **威胁**。威胁员工,例如工会赢得选举员工将面临可怕的后果,这种方式是违法的。
- **恐吓**。法律规定,雇主不得采用恐吓或胁迫的手段迫使员工投票反对工会。
- **承诺**。管理层不得以承诺给员工福利或回报的方式诱使其投票反对工会。
- **监视**。秘密或公开地监视工会组织会议是违法的。[58]

法律规定,允许管理者在工会代表选举前对员工进行劝说,向他们说明没有工会情况会更好。[59]

- 可以向员工解释他们为什么不需要工会,这在选举前 24 小时是合法的。
- 聘请劳资关系顾问以帮助制定应对政策。
- 以个人身份向员工发送邮件。
- 张贴标语,用简洁的方式告知员工雇主能为他们带来的好处。

在美国,公司可以聘请专业顾问,帮助管理层维持一个非工会化的员工队伍的。有研究表明,雇主在工会选举活动期间花费在每个员工身上的顾问费平均为 500 美元。[60]

资格选举

国家劳资关系委员会监督资格选举的过程,并保证投票和计票人员的合法性。选举采用不记名投票的方式,最终的结果要得到参与投票人的确认。如果工会得到大多数投票的支

图表 15.5　美国国家劳资关系委员会的"员工提示"

持,它就成为全体工会会员认证的谈判代表。这意味着,在与雇主进行的集体谈判中,工会是工会会员和非工会会员员工的排他性代表。工会代表全体员工与雇主展开集体谈判。

如果大多数投票者投票反对工会,那么国家劳资关系委员会规定在未来 12 个月内不得举行其他代表选举。近年来,在美国只有稍多于半数的工会赢得了代表选举。2011 年,举行了 1 189 次代表选举,而工会赢得了 69% 的资格选举。[61] 示例 15.1"优先发展的工会运动"展示了一些成功的美国工会运动。

示例 15.1　优先发展的工会运动

近年来，许多工会开始将大量的资源投入活动组织中，这里列举一些近年来成功的工会组织活动的实例。

- 美国联邦政府雇员联合会在 2011 年举行的资格选举中赢得了代表交通安全管理局（TSA）44 000 名员工的权利，这是联邦政府员工历史上规模最大的工会选举。工会代表的 TSA 员工在机场从事乘客安检工作。[a]

- 承担教学任务、评阅试卷、做实验和从事其他活动的研究生，工作时间往往很长而且工资低微。他们的年平均工资介于 11 000 美元和 15 000 美元之间。在纽约大学，研究生试图加入工会组织，但在法庭上受到大学管理层的质疑。大学管理层认为学生与学校之间的集体谈判损害了学术自由，而且研究生所承担的这些工作是完成大学学业的必要组成部分，工资低微具有合理性。国家劳资关系委员会不赞同大学管理者的主张，并允许全美汽车工人联合会在学校内成立工会组织。因此，2013 年纽约大学成为第一所拥有研究生工会的私立大学。此外，包括马萨诸塞大学、加利福尼亚大学伯克利分校、佛罗里达大学、俄勒冈大学和威斯康星大学密尔沃基分校等公立大学也成立了工会组织。[b]

- 近半个世纪以来，规模最大的一次工会运动是服务行业员工国际联盟（SEIU）运动，该联盟代表洛杉矶县 74 000 名家庭护理人员主张权利。这些护理人员主要负责照顾老人和残障人士的饮食、洗浴及卫生工作。许多人说，他们投票加入工会是因为想提高现行的每小时 5.75 美元的工资水平，以及获得一直被否决的两项福利——医疗保险和带薪休假。[c]

资料来源：[a] *New York Times*. (2011, June 23). Screeners for T.S.A. select union. www.nytimes.com；[b] Brooks, R. (2013, December 12). Graduate students at NYU become the first graduate-student union at a private school (again). *The Village Voice Blogs*. Blogs.villagevoice.com/runninscared/2013/12/nyu_graduate_students_unionize.php; Greenhouse, S. (2001, May 15). Graduate students push for union membership. *New York Times*, A-19；[c] Greenhouse, S. (1999, February 26). In biggest drive since 1937, union gains a victory, *New York Times*, A-1, A-15.

不满意工会代表其利益的工会员工有权通过取消资格选举来解除该工会。国家劳资关系委员会使用类似于资格选举的规则来规范取消资格选举。如果大多数选民投票取消认证，那么工会就会失去代表雇员与雇主讨论雇员工资和工作条件的权利。

美国国会正在考虑制定"员工自由选择法案"（EFCA），允许员工无须通过无记名投票方式就可以决定是否组建工会。该法案也被称为"工会签名卡"，允许工会组织者形成一个联盟，加入该联盟只需大多数员工简单签署"工会卡"表示愿意加入即可。它还规定要大幅增加对不公平劳资实践的经济处罚，如果当事方在 100 天内无法达成协议，将赋予仲裁员强制执行合同的权力。工会迫使这项法律通过，因为无记名投票的资格选举使工会很难攻破企业管理层的复杂战术，而且无法应对在近一半的资格选举过程中出现的情况（企业雇用擅长说服员工投票反对工会代表的专业顾问)。在大多数情况下,管理层和企业所有者反对"工会签名卡"做法。他们预计,如果该法案获得通过,就会使工会更容易组织劳动者并且具有合法性。拟议的"工会签名卡"法案在 2009 年未获得国会通过。[62] 2013 年,站在管理层和企业所有者这一方的代表,主张继续保留无记名投票方式,并向国会提出"秘密投票保护法案",但并未成功地提交到被民主党控制的参议院。因此,目前的工会资格选举程序似乎仍然保持不变,尽管我们正在从不同的方面做出改变。[63]

15.6.2 集体谈判

如果工会组织得到认证,接下来就会进入劳资关系流程的集体谈判阶段,其产物是劳动合同。大多数劳动合同的最终取得一般要经历 2—3 年的时间,在此之后,双方再进行新的谈判。

与集体谈判有关的四项重要因素是谈判行为、议价能力、谈判主题和谈判僵局。在这些要素中,管理者必须关注谈判行为。

谈判行为

一旦国家劳资关系委员会认证工会可以作为一个组织单位员工的谈判代表,管理层和工会就有义务以"善意的"方式进行谈判。拒绝善意的方式会遭到国家劳资关系委员会的制止,这一点在法律中得到了强化。集体谈判中的善意行为包括:

- 谈判双方在合适的时间和地点友好地会面与磋商。
- 谈判双方友好地就雇用工资、雇用时间和工作条件等问题举行友好的谈判。
- 双方签署文本协议,使达成的统一意见正式化,并且双方要在实践中认真履行。
- 双方有 60 天的解约时间,或者在此期间修改劳动合同。

一般而言,善意的谈判意味着在存在分歧的情况下理性地对待对方。为了更好地表达善意,在与工会的谈判中,管理层应该提出不同的方案和建议,而不是简单地拒绝所有工会提出的方案。例如,20 世纪 60 年代早期,通用电气公司只针对单一的有关工会接管和放弃的提案进行谈判,而对工会的回报议题避而不提。国家劳资关系委员会将这种避重就轻的谈判方式定义为不公平的劳资实践,这种行为不能体现善意!有关工会和管理层代表如何表现才能保持善意的谈判的讨论,请参阅管理者笔记"谈判礼仪"。

 管理者笔记:伦理/社会责任

谈判礼仪

下文是为管理层和工会谈判团队提供的礼仪指导,可以帮助他们在集体谈判中保持善意的形象。

- **对其他谈判小组以礼相待。** 当管理层由于要对工会的提议做出进一步的反馈而需要登门造访时,管理层应当电话告知工会,确认工会是否做好继续谈判的准备,而不是直接登门并打扰工会成员间的交谈。

- **在与其他谈判小组交流时确定友好的基调。** 在与其他谈判小组进行谈判时，一方可以挥动手臂、交流眼神、向谈判对方表示关注。
- **保持团队的一致性。** 如果团队成员在会议进行中到达和离开会干扰到谈判的顺利进行，则要注意保证团队成员在统一时间到达和离开。
- **为解决不同的谈判问题确立基本的规则。** 这些规则包括参会人员的休息时间、会议的持续时间、会议的召开地点，以及谈判会议是否在晚上（这有助于避免谈判到深夜，人们因感到疲惫而产生不文明的行为）举行等问题。
- **控制负面情绪。** 如果某些事务讨论过热就可以安排适当的休息，并重组团队成员以保持冷静，这样可以避免对谈判对方的人身攻击。在谈判桌上不应当发生负面的事项。
- **保持沉默。** "沉默是金"的说法同样适用于谈判桌上。如果你的谈判团队不喜欢对方的提议或者在等待对方的回应，那么最佳方式可能是坐下来等待，而不是批评对方。为了打破沉默，对方往往会重申主张及理由，此后的折中方案可能更接近于你方的谈判目标。

资料来源：Tyler, K. (2005, January). Good-faith bargaining. *HRMagazine*, 49—53; Friedman, S. (2009). Top ten negotiating tactics every meeting manager should know. www.marketingsource.com; Dolan, J. (2011). How to overcome the top ten negotiating tactics. www.myarticlearchive.com.

议价能力

在集体谈判的过程中，谈判双方倾向于保持鲜明的立场，偏向于自己的目标，但还是会为这些问题留下一定的谈判空间。例如，有关薪酬提升问题的讨论，工会最初可能会要求提高8%，但是有可能会降低到5%；管理层最初可能会表示愿意提高2%，但是有升到6%的可能。

那么谈判会在哪种水平上达成一致，是5%还是6%？一方只能掌握如何使用议价能力，才能在谈判中取得与最初定位最接近的结果。议价能力是谈判一方就己方议题与对方达成一致意见的能力。如果管理层与工会相比拥有较强的议价能力，他们就有可能使工会接受5%的工资提升幅度。

影响一方议价能力的重要因素是对方议价能力的水平。谈判双方要做的最重要的事情就是影响对方的观点和态度。管理层在谈判中采用强势和胁迫的方式，会对工会产生影响，使其做出更多的让步；如果管理层摆出积极的姿态，反而会得到相反的结果，工会只会做出较少的让步。

在谈判中，双方都会采取一些策略性战术。谈判双方的策略——分配型谈判和整合型谈判，往往用于增强议价能力。[64]

分配型谈判

分配型谈判（distributive bargaining）注重向谈判对方证明，与所处组织产生冲突所带来的成本将会很高。在集体谈判中，分歧冲突带来的成本主要是罢工。在美国，当原有的劳动协议已经到期而劳资双方还未达成新的一致性意见时，罢工往往就会发生。在争夺非常有限的资源时，谈判双方往往倾向于使用分配型谈判策略。

劳方使用分配型策略是为了向管理层证明，如果继续保持长期的罢工状态会对公司的利益造成不小的损害,并且会削弱公司的竞争优势。例如,在 1993 年卡车司机工会与联合包裹公司的谈判过程中,工会向公司提出一些重要的谈判条件,包括持续地提升薪酬和福利、提高工作安全、将兼职工作转变为全职工作、稍稍放宽的生产标准。当经过激烈的合同谈判和漫长的合同延期之后,联合包裹公司给予卡车司机工会的协议并没有满足工会提出的要求,使得卡车司机工会提出暂停谈判及罢工议程。针对联合包裹公司的全国性罢工大大地削弱了公司的竞争力,尤其是面对来自非工会企业的激励竞争,如联邦快递公司和公路包裹服务公司。然而,在此之前,卡车司机工会的改革派主席曾敲定一项协议,协议内容包括提供一套较好的经济一揽子计划,并且终止那些工会员工长期以来不满的严苛的工作规程。[65] 2007 年,通用汽车公司和全美汽车工人联合会未能在医疗保健费用问题上达成一致,导致罢工出现。

管理层使用分配型谈判是为了向工会表明:如果罢工能为员工带来更多的利益并且员工不需要薪酬就能生存的话就尽情地罢工吧。例如,1975 年《华盛顿邮报》的管理层试图向报业工会表明,他们可以继续罢工,但是报纸依旧在销售,这是因为报社拥有训练有素的管理人员,他们能够完成工会会员员工丢下的工作。在这种状况下,管理层可以将这些工会员工清除出公司。

工会领导人同样可以采用分配型谈判策略,他们认为工会会员能够承受罢工带来的成本损失,并且可能会给脆弱的公司带来巨大的经济损失。例如,1998 年美国汽车工人联合会针对通用汽车公司将工会会员的工作外包而发生冲突。通用汽车公司外包业务的动机是降低人工成本。随之而来是持续两个月的罢工,而彼时适逢通用汽车公司一款新品牌汽车供不应求。长期的罢工迫使管理层做出让步,此次罢工给通用汽车公司带来了 22 亿美元的损失。[66]

整合型谈判

整合型谈判(integrative bargaining)是为了在谈判中向对手表明,对我方提出的议题表示赞同会带来多大的好处。整合型谈判类似于问题解决会议,谈判双方在其中寻求互惠互利的选择。固特异公司与美国钢铁工人联合会达成的协议表明了整合型谈判的好处。由于渴望获得全球竞争力,固特异公司致力于削减成本。为了达成三年内削减劳动力成本 11.5 亿美元和裁减 3 000 个工作岗位的目标,公司与工会协商并同意对位于美国的两个工厂保持和加大投资,限制进口巴西和亚洲工厂的产品。工会同意接受 2003 年合同的相关条款,寄希望在复苏年份尽可能地保留 19 000 个工会会员的工作岗位。[67] 管理者笔记"整合型谈判指南",展示了谈判双方如何才能获得整合型谈判的效果。

 管理者笔记:客户导向的人力资源

整合型谈判指南

整合型谈判是识别出共同、共享或联合目标并形成解决思路的整体过程,强调"整合"就意味着工会和资方的合作以及双方实现互惠的可能。因此,为了实现整合过程,双方应该:

- **试图理解对方的真实需求和目标。**当事人应该参与对话,在对话中表达各自的倾向和优先排序,而不是掩盖或操纵。[a]

- **创造信息的自由流动**。谈判双方必须有意愿认真听取彼此的意见,接受并包容当事人双方各自需求的联合解决方案。[b]
- **强调共性,最小化彼此之间的差异**。针对特定目标应该考虑重构,使之成为更大的协作目标的一部分。例如,安全的工作环境有可能成为工会和资方都认可的一个目标,尽管双方在具体实现此目标的路径选择上可能不同。[c]
- **寻求能同时满足双方目标的解决方案**。当双方形成对立或竞争关系时,他们更可能只关注自己的利益而忽视对方的诉求。而整合型谈判要想获得成功,有赖于双方的需求同时得到满足。[d]
- **针对谈判一方的提议,另一方应形成柔性的反应机制**。当事任何一方应尽力修改自身提议以适应对方的需求变化,避免双方陷入难以驾驭的困境以至无法找到折中方案。通过实施这种柔性策略,谈判一方能够激励对手方做出类似的安排,从而共同推动互惠解决方案的形成。[e]

资料来源:[a] Lewicki, R., Saunders, D., and Barry, B. (2010). *Negotiation*(6th ed.). Burr Ridge, IL: McGraw-Hill Irwin; [b] *Ibid*.; [c] *Ibid*.; [d] *Ibid*.; [e] Das, T. K., and Teng, B. (1998). Between trust and control: Developing confidence in partner cooperation and alliances. *Academy of Management Review*, 23, 491—512.

对于当事双方而言,在集体谈判中,分配型谈判和整合型谈判都很常见。一般而言,公司的总体劳资关系战略决定其采用何种谈判形式。[68] 采用接受工会战略的公司更可能混合使用这两种谈判形式,而采用避免工会战略的公司则可能专注于分配型谈判。另外,工会所选择使用的战略也会影响公司在谈判策略和战术上的选择,毕竟,集体谈判是一个动态的过程。

谈判主题

国家劳资关系委员会和法院把谈判主题分为强制型、容许型和非法型三类。正如早先提到的,强制型谈判主题涉及工资,工作时间和雇用条件。工会和资方均认为此类主题构成组织内部劳资关系的根本。与强制型主题有关的例子如图表 15.6 所示。

图表 15.6 强制型主题

工资	时间	雇用条件
基本工资	加班	解雇
加班工资	假日	晋升
退休福利	休假	年资条款
健康福利	轮换	安全规则
出差津贴	弹性时间	工作条例
激励薪酬	产假	申诉程序
		工会条款
		工作描述

国家劳资关系委员会和法院对工资、工作时间和雇用条件的解读相当宽泛。"工资"可以指任何类型的薪酬,包括基本工资、激励薪酬、健康福利及退休福利等;"时间"可以指与工作有关的任何日程安排,包括加班与准许休假时间的分配;"雇用条件"可以指任何影响工会所代表的员工的工作条例,包括申诉程序、安全规则、工作描述及晋升基础等。

如果当事双方在集体谈判中都同意就某些议题进行谈判,但是没有一方对此负有必然义务,容许型谈判主题就可能被提出来供讨论。这类主题涉及工会会员加入董事会的相关条款和为退休工会会员谋求福利等方面。20世纪90年代初期,由于经济衰退,一些工会组织在工资方面做出让步,作为交换以获取分享公司权益以及在公司运营中拥有更多的发言权。

航空业的劳资协议采用了一些新颖的手段,以拯救深陷困境、步履蹒跚的整个行业和挽回工作机会。例如,1994年,在联合航空公司,代表飞行员和机械技师的工会组织自降15%的工资,以此获得公司55%的股权,并在12个董事席位中占据3个。截至1996年,联合航空公司的股票价格翻了一倍不止,这家员工持股公司的表现超过大多数竞争对手。[69]然而,历经2001年的恐怖袭击后,联合航空31%的航班停止运营,20 000名员工被解雇,其股票也跌入低谷。公司命运的逆转也使得工会计划进一步削减工资以帮助克服财务困境的努力大打折扣。[70]

允许讨价还价主题的其他例子还包括允许公司在产品上贴工会标签、解决不公平劳资实践纠纷、监管劳动合同等。

集体谈判中很少涉及非法的谈判主题,一些例子包括特定工会会员雇用协议、限产超雇、歧视性雇用等,美国国家劳资委员会将非法的谈判主题认定为不公正的劳资管理实践。

谈判僵局

只有谈判双方代表获得各自组织对方案的一致认可后,劳动合同才能最终成文并确定下来。比较典型的是,工会方将让会员对拟议的合同方案投票,多数工会要求大部分工会会员同意才批准方案。而资方谈判小组也需要获得公司高层的首肯。如果当事双方不能就某一个或更多的强制型主题达成一致,就会陷入谈判僵局。一直纠缠于谈判僵局中问题的一方,其行为涉及不当劳动行为。

如果僵局因当事双方都采取强硬姿态而持续下去,罢工就有可能上演。在正式罢工之前,任何一方都会寻求调解员协调解决当前僵局。调解员是一个试图帮助争端各方达成自愿协议的中立的第三方,但无权要求双方强制性地接受方案。调解员通常受过冲突解决技巧的训练,有时可以改善当事双方沟通交流的困难,进而破解僵局。根据《塔夫特-哈特利法案》成立的联邦仲裁调解服务机构(FMCS),主要负责监管劳资纠纷并在特定情况下调解争议。另外,该机构拥有一批足够专业、客观公正的调解员协助解决劳资合同纠纷。

如果劳资合同临近到期日,双方仍旧深陷僵局,工会就可能会要求会员就罢工进行投票。如果得到工会会员批准,罢工就会在当前劳动合同终止后第二天启动。罢工的工会会员将拒绝为雇主工作,而且经常在雇主的建筑物前聚众示威,使争端公开化。罢工给双方都带来成本,工会会员员工在罢工期间拿不到任何工资,尽管他们可能会从罢工基金中获得一些津贴以弥补基本生活支出,然而持久的罢工可能会消耗罢工基金。为了使工会会员能够重返工作岗位,工会本身就会内生出妥协的压力。

罢工中的工人也会面临工作被永久替代的风险。卡特彼勒公司——最大的建筑设备制造商,用雇用永久性替代工人相威胁而赢得了与美国汽车工人联合会的激烈斗争。这家公司设定截止期限,并警告罢工工人"返回工作,否则将失掉工作"。工人害怕从而放弃罢工,遵循要求重返工作岗位。[71]对永久性替代工人的使用非常有争议,劳工组织也正尽力游说美国国会通过法案限制这一行为。[72]更多的讨论可以参见示例15.2"永久性替代工人:打击劳工之矛还是经济必需品"

示例15.2　永久性替代工人:打击劳工之矛还是经济必需品

在1989年针对灰狗巴士公司一场声势浩大的罢工中,超过6 300名驾驶员参与罢运,公司手头上只有700名新员工可用,另外还有900多名新员工仍在培训中。与此类似,国际纸业公司、东部航空公司和大陆航空公司在经历了持续旷久的严重罢工后,大多数新雇员工留在了岗位上。

七十多年以来,招聘新员工替代罢工员工一直是雇主们的一项法定权利。但是直到1981年,时任总统里根解雇了罢工的空管人员,使用替代人员维持空中交通管制体系的运转。此时,该做法才被雇主们广泛采用。

有时候,当工会员工罢工时,管理层雇用临时人员从事临时性工作。如果工会和管理层无法就新的劳动合同达成协议,那么这些临时人员就可能转为永久性员工。2012年,在得克萨斯州沃斯堡的洛克希德·马丁公司的战斗机工厂,由于工会拒绝管理层提出的减少医疗保险项目以及将慷慨的养老金计划变更为普通的401(k)计划的退休福利建议,3 300名加入工会的机械师举行了为期10周的罢工。在工会员工罢工期间,洛克希德·马丁公司雇用了500名临时工人,以维持战斗机组装线的顺利运营。当工会和管理层最终达成和解时,那些临时工人随即被解职。

对有组织的工会而言,招聘新员工代替罢工者的做法削弱了《瓦格纳法案》(该法案保障员工罢工的权利)赋予工会的谈判优势。曾经是工会手中王牌的罢工,如今已变成许多工会害怕打出的一张牌,因为罢工者害怕失去工作。劳工支持者争辩道,招聘新员工替代罢工者如同解雇罢工员工,应视为非法。

当前与替代工人有关的法律来自1938年的一个判例。该案例当事双方是国家劳资关系委员会和Mackay广播电视公司。在该案件中,法院宣布Mackay公司解雇罢工者违法;而在其他案件中,此类行为被视为合法。当罢工人员想回到工作岗位时,公司不会解雇替代工人而重新雇用罢工者。劳工支持者坚持认为"不雇回"等同于"解雇"。雇主们则争辩道,保持雇用替代工人的能力对于确保公司的生存是非常必要的。全美茶叶公司(位于新奥尔良)的劳工辩护律师杰克·舒瓦茨也对诸多雇主的观点表示认同,指出关于禁止替代工人的法案将鼓励公司向"墨西哥或其他国家迁移,因为在那里显然不必担心这种风险"。

资料来源：Brown, A. (2012, June 28). Lockheed machinists OK new labor deal, end strike. *Bloomberg Businessweek*. www.businessweek.com; Drew, C. (2012, June 16). Lockheed is replacing strikers at fighter plane plant. *New York Times*, B2; Singh, P., and Harish, J. (2001). Striker replacements in the United States and Mexico: A review of the law and empirical research. *Industrial Relations*, 40, 22—53; Budd, J. (1996). Canadian strike replacement legislation and collective bargaining: Lessons for the United States. *Industrial Relations*, 3b, 245—260; *BNA's Employee Relations Weekly*. (1994, January 24). Negotiators for management and labor gauge impact of striker replacements, 12 (4), 87—88; Bernstein, A. (1991, August 5). You can't bargain with a striker whose job is no more. *BusinessWeek*, 27; Kilborn, P. T. (1990, March 13). Replacement workers. Management's big gun. *New York Times*. A24.

有时，工会之间必须相互呼应以支持彼此的罢工示威，这也是工会合同涉及并被法律认可的行为，但是它将使公司雇用替代工人更为艰难。例如，在一场针对美国三大电视网络公司的编剧罢工中，其他电视制作人员也离开工作岗位进行"同情"式罢工。工会的团结导致所有电视制作商陷入瘫痪状态，直到与编剧工会达成解决方案。[73]

资方也面临大量的罢工成本。罢工将使公司不得不关闭生产线以致流失顾客。在高度竞争的市场中，这样的行为会使公司陷入破产境地，这正是发生在东部航空公司的真实一幕。1989 年，国际机械师和航空航天工人联合会（IAM）因劳动合同纠纷罢工，对公司造成沉重打击。同样，在高度竞争的市场上，罢工也给公司带来市场份额向竞争对手流失的威胁。2000 年，美国历史上最大规模的白领员工大罢工发生在处于竞争激烈的商用航空业的波音公司，当时，航空航天专业工程员工协会（SPEEA）的 18 000 名工程师和技师罢工 6 周。最后，波音公司与工会敲定一份有利于工会的劳资合同，合同条款要求公司继续支付所有员工的医疗保险福利并在未来三年给予员工 5％的年工资增长。[74]

尽管罢工会伴随一些负面的结果，但它仍是集体谈判过程的一个重要特色。罢工截止日期的迫近和压力会促使工会与管理层双方做出妥协来解决分歧。在美国，因罢工而造成的时间损失占工作时间的比例不到 0.2％，比起普通感冒损失的工作时间，罢工造成的损失相对更少。[75]

迄今为止，我们一直探讨在集体谈判中，协议无法达成而导致的罢工类型，这被称为经济式罢工（economic strike）。另外一种被称为自发式罢工（wildcat strike），是指在合同有效的情形下自发地停止工作，通常不为工会领导层所支持。自发式罢工一般发生在员工为资方针对某一同事采取纪律惩治行动所激怒的情况，有些劳动合同禁止自发式罢工并惩治参与罢工的工人，有时则直接开除。在诸多解决工会员工和资方之间争端的方法中，申诉程序备受青睐。雇主用来对付工人的手段之一就是**主动停工**（lockout），也就是雇主在劳动争议解决之前或进行中就停止工厂的运行。雇主们可能在谈判陷入僵局时使用停产来保护自己免于陷入经济困境，因为罢工时间的选择可能会使关键性原料受到损害。例如，一个啤酒商必须在特定日期前把啤酒装瓶完毕，一旦罢工，整批啤酒就会遭受损失。但是，雇主们可以运用其他办法来影响工会做出让步，例如使用替代工人，所以很少使用主动停工的方式。当美国曲棍球队（NHL）的股东们和代表曲棍球球员利益的球员联盟未能就股东要求各球队工资账单封顶达成一致时,长达 10 个月的罢工发生了,共造成上一年度 2.73 亿美元的损失,停工也导致整个 2004—2005 年度美国曲棍球赛季被取消,球员联盟最终屈服,同意各球队工资封顶于 3 900 万美元并接受 24% 的薪资削减。[76]

15.6.3 合同管理

劳资关系过程的最后阶段就是合同管理,包括确保合同在工作中的确保实施等。争端偶尔会在劳方和资方之间发生,主要涉及谁应该晋升或者雇员是否滥用病假特权等,解决此类争端的步骤在劳动合同中有清晰的说明。

受到大多数工会和资方偏好的争端解决机制是申诉程序(grievance procedure)。[77]申诉程序依照劳动合同条款,一步一步地系统解决劳资争议。

尽管员工可能尝试通过公开反馈政策或者与人力资源部门的劳资关系代表商谈争议的解决方案(参阅第 13 章),但劳动合同申诉程序对员工而言仍具备两个显著优势,这是其他人力资源管理方案所无法提供的。

- 申诉程序为员工提供一名(辩护)律师,代表员工与资方沟通协调。该名(辩护)律师被称为工会干事(union steward)。而在其他的争议解决机制中,员工的意见由管理人员或者资方代理人代表,这些人显然无法完全站在员工的立场行事。
- 申诉程序的最后一步是仲裁(arbitration),这是一个约束当事双方的准司法过程。作为中立第三方的仲裁者来自公司外部,所需费用由工会和资方分摊。与由公司内部员工组成的申诉委员会不同,仲裁者在裁决结果上没有个人利益,因此可以做出强硬决议而不必担心对自身职业的影响。[78]

申诉程序的步骤

大多数工会申诉程序得经历 3—4 步才会到达最后的仲裁阶段。图表 15.7 描述了一个四阶段的工会申诉程序。通常而言,每一阶段的申诉过程都设定了时间限制,这个过程之后的步骤都比前面的步骤需要更长的时间;与此同时,程序的繁复程度也相应加大。申诉程序消耗时间,通常使得相关人员偏离其正常的工作职责。因此对公司而言,争议越早解决越早越好,越有利于公司发展。

申诉程序要发挥作用,关键是向主管提供劳动合同知识及如何与工会干事合作的培训。人力资源部门负责劳资关系的人员为主管进行培训与咨询,从而发挥重要作用。

当员工向工会干事抱怨不平时,申诉程序的第一步就启动了。图表 15.7 说明了这一点,员工必须在争议发生的五个工作日内告知工会干事或监管人员,干事根据劳动合同决定申诉是否属实,如果确认合理就协同监管人员致力解决。申诉不一定形成书面文件,大多数申诉(约 75%)在第一步即可得到解决。

如果争议在第一步搁浅,申诉就会被书面呈文,进入第二步。部门经理或车间主管和工会官员(如工会的商务代表)在未来的五个工作日内予以解决,通常会举行正式会议讨论此问题。

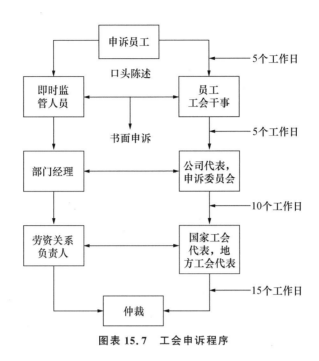

图表15.7　工会申诉程序

如果第二步未能解决申诉,当事各方将进入申诉程序的第三步。此步骤通常涉及公司管理者(例如公司劳资关系负责人)和当地工会及全国工会代表。在我们的例子中,劳动协议给这些人10天时间做出反应并解决问题。那些有可能影响雇佣政策的、从未发生过的申诉通常会发展到这一步,原因在于车间主管不合适处理这些申诉。例如,如果公司范围内通用的劳动合同有效,与生产标准有关的申诉就可能对所有工人具有深远意义。第三步是仲裁前的最后一步,也是资方与工会协商拟定解决方案的最后机会,所以在这一步,资方通常会尽力谋求与工会达成相关和解安排。

申诉程序的最后一步是仲裁,仅约1%的申诉会走到这一步,其余的申诉会在前面的步骤中得以解决。当事双方(工会和资方)选择仲裁人,并各自在准司法形式的听证会上陈述案情和展示证据,仲裁人审查证据的可信度并做出规定。大多数仲裁人将书面陈述自己的观点,概述自己的推理逻辑并援引相关的劳动合同条文,其观点可能为将来处理类似问题提供指导。仲裁人的决议具有决定性,对当事双方均有约束力。

申诉的类型

员工的申诉一般有两类。第一类是劳动合同解读申诉,主要依据劳动合同维护工会会员的权益。如果合同语言表述模棱两可,这类申诉可以诉诸仲裁澄清。例如,如果劳动合同允许员工每天有两次10分钟的茶歇,而管理层私自认定取消茶歇会提高效率,员工就可以申诉以维护自身权益。

第二类申诉与员工纪律有关,在这种情况下,申诉程序审查员工是否合理地遵守规章,管理层同时负有举证责任。这些申诉案例的一个重要特点就是决定违纪员工的处分是否合乎应有程序。对于轻度违纪现象,管理层应该通过渐进(口头警告、书面警告、停职和解雇)的合规程序给予员工改正的机会;对于情节严重的(如盗窃),管理层必须提供其指控正当的有力证据。

工会申诉程序的益处

工会申诉程序为员工和管理层(资方)都提供了益处:

- 申诉程序保护工会员工免于受到管理层随意决断的侵害,是从组织架构上确保公正的一种机制。
- 申诉程序帮助管理层快速、有效地解决冲突,避免可能导致双方对簿公堂、罢工等不利情形的出现。
- 管理层可以使用申诉程序作为自下而上的沟通渠道,有利于识别员工对工作及公司政策不满的根源,并相应地加以完善。

15.7 工会对人力资源管理的影响

在工会缺位的情况下,资方更可能根据效率原则制定人力资源管理政策。例如,一个无工会的公司更可能采用与市场接轨的工资水准,因为工资市场化是分配劳动力成本最有效的方式(参阅第 10 章)。一旦工会介入,资方就必须制定政策,以反映工会所代表的大多数员工的利益。[79] 接下来,我们关注工会化下有关人员配置、员工发展、薪酬、员工关系实践等方面出现的一些新变化。

15.7.1 人员配置

在劳动合同中,工作机会以年资为基础安排。年资(seniority)是指员工为雇主工作的时间长短。[80] 在工会化的企业,员工晋升、工作安排及调岗等实践会优先照顾年资最老的员工,企业解雇员工也根据后进先出的原则(参阅第 6 章)。[81]

在工会化的情形下,工作规则倾向于缺少秉性,因为这些规则很可能在劳动合同中被确立。当劳资关系对立时,工会更可能将缺乏柔性的工作规则写入劳动合同。当劳资双方合作良好时,相关工作规则的要求可能会故意从合同中被剔除,这给管理层(资方)适应产品生产所需快速变化的技术要求提供了灵活性。例如,企业在实施提升组织竞争力的高绩效工作实践时会遇到一些障碍,而与管理层合作良好的工会在帮助企业克服这些障碍方面能够发挥重要作用。工会可以与管理层合作,倡导为员工和管理层提供互利结果的变革,克服员工对变革的抵制。[82]

在工会缺位的情形下,雇主更可能依据员工创造的价值分配工作机会。[83] 在大多数案例中,该价值取决于监管人员对于员工表现的综合评价。与有工会公司相比,无工会公司中的监管人员拥有更大的权力和影响力,因为他们授权对员工的表现予以考核,并以晋升、诱人的岗位分配和工作安排以示奖励。此外,无工会公司在裁员时更可能综合考虑年资和价值。最后,工作规则通常在无工会公司中更为灵活、更有柔性,因为雇主不被合同束缚,也不负有向雇员解释与工作相关任何变化的义务。总之,在无工会公司中,管理层可自主决定采取最有效的方法生产产品并与消费者建立联系。

15.7.2 员工发展

在工会化的公司中,绩效评估的运用是非常有限的。因为评估数据通常来自监管人员,众多工会认为其中问题颇大,所以倾向于在依据绩效评估支付薪酬和安排人事方面设置障碍。即使绩效评估明确针对所有员工实行,那也仅仅是对员工表现提供简单的反馈。然而,在非工会化的公司中,绩效评估被用于决定加薪、职位晋升、岗位分配、职业规划、培训需求以及解雇或辞退员工等。[84]

和非工会化的公司相比,工会化公司倾向于长时间保留雇员。[85]首先,工会化的公司员工更可能通过申诉程序来表达不满,这条渠道可能成为辞职的替代选择。其次,工会化公司向员工支付的平均薪酬较高,对于员工而言,如果选择离开,那么再找到同样高工资的工作会更加困难。此外,工会化公司的员工保留率很高,这使得为工会员工提供更多的培训投入在经济上变得更加可行,因为公司可以期望长时间地留住训练有素的员工,以获得培训投资的积极回报。[86]

工会更多地关注工人的培训和发展。例如,通用汽车公司和美国汽车工人联合会1990年达成的劳动合同中,明确规定公司为工会工人兴办技能培训中心(成人教育机构),公司的36家工厂都设置了培训中心。随着工会力量不断增强,许多工会还主动兴办培训项目。例如在纽约州,当地的联合劳工组织和纺织工人工会、国际女装工人工会和其他大型工会组织,与一个工人教育中心一起,向工会会员和组织打算吸纳的工人提供英语培训及等同于高中程度的课程教育。[87]

15.7.3 薪酬

当公司成立工会时,薪酬支付成本的增加不可避免。平均而言,工会员工的工资要比非工会员工高10%—20%。[88]

工会的存在也影响到公司的加薪政策。工会化的公司避免使用员工价值付酬计划,而更可能基于市场考虑全体员工加薪计划。[89]全体员工加薪计划通常以修正生活成本为基础,与通货膨胀指标(如CPI)等挂钩,据统计,大约23%的美国工会员工在2002年获得修正成本。[90]因为工会认为员工价值付酬计划会鼓励员工之间的竞争以赢得加薪,从而削弱工会实力,所以更青睐全体员工加薪计划。另外,也因为可能形成对监管人员过分有利的安排,工会怀疑员工价值付酬的公平性是否可以得到保障(参阅第7章)。源于同样的逻辑,工会对个人工资激励(如大额分红)的实行也不感兴趣。与此相反,非工会化的公司倾向于运用价值付酬和分红等手段鼓励竞争,以此认可员工的卓越表现。最近,科罗拉多州丹佛市为教师实施绩效工资制度,打破了工会历来对待教师薪酬问题的态度。教师工会和学区密切合作,制订了一项奖励高绩效教师的计划,完全克服了工会对基于绩效为教师付酬会破坏教师之间合作的恐惧。[91]

然而,工会很少反对团队工资激励计划,因为团队计划(如收入或利润分享)倾向于加强团队凝聚力,例如美国前三大汽车制造商都与美国汽车工人联合会签署了利润分享协议。福特公司的工会员工在 2010 年获得 5 000 美元的利润分享奖励,2011 年获得 6 200 美元,2012 年则达到 8 300 美元。然而,福特员工在 2005—2007 年的三年内没有获得任何分红,当时公司报告这些年份一直在亏损。[92] 我们不难发现,工会化和非工会化的公司都存在利润分享计划。[93] 然而,一般来讲,非工会化的公司在具体选择使用个人还是团体工资激励计划时具有更大的灵活性。

总体而言,工会使得雇主们向每名员工提供更加丰厚的福利计划。[94] 通过集体谈判,工会员工比非工会员工获得更广泛的福利安排。

在工会化的公司中,雇主为员工支付大多数的福利支出;而在非工会化的公司中,雇主和员工分担福利支出。[95] 结果就是,工会化公司员工相比非工会化公司员工享有更好的健康福利。随着美国卫生保健成本的飙升,非工会化公司开始要求员工增加月度奖金和抵扣额,以分担更多的成本。尽管工会化公司的雇主也面临同样的问题,但是工会利用集体谈判使得雇主采用其他的替代性节省成本方法,譬如可控卫生保健、第二选择权及审计等。[96]

至于退休福利条款,工会能够对雇主施加影响,使之采用明确的福利计划为员工谋取更多的保障,员工一旦退休,凭此即可获取固定收入来源。而非工会化公司的雇主更可能采用明确的贡献计划,此方案仅要求雇主拨备每名员工目前月收入的固定比例,满足《员工退休收入保障法案》(ERISA)即可。在明确的贡献计划中,员工要直到最终退休才能知道的到手的退休福利数额(参阅第 12 章)。

工会在监管贯彻法定福利的执行方面发挥重要作用,例如工人薪酬和失业保险。[97] 在工会化公司中,员工更可能收到自身薪资和失业保险,因为工会代表会提供给员工如何使用相关劳动条款的信息。进而,工会化公司的员工不会因害怕被雇主惩罚或威胁而放弃诉求。[98] 对比而言,非工会化公司的管理层则不会使员工意识到能够使用政府法定劳动权利获取自身福利,因为随着员工的增多,公司需要支付的福利基金也随之成比例地增加(参阅第 12 章)。

15.7.4 员工关系

工会实际上是一种授权机制,可以让员工在公司制定对员工工作造成影响的制度和规则时有权表达自己的想法。劳动合同赋予员工某些特定的权利。例如,如果合同中规定员工有权升迁,在晋升中被忽视的员工就可以申诉以获得重新考虑。

非工会化公司的雇主倾向于在员工手册中记录员工的基本权利(参阅第 13 章),但员工手册相比劳动合同赋予员工更少的权益。事实上,许多员工手册仅包括概述性的指南,而且明确规定主管拥有不定时对成文条款做出例外更改的权利。

非工会公司的雇主可能采用的申诉机制就是门户开放政策。[99] 与由工会和资方共同实施的申诉程序不同,门户开放政策由管理层控制,并给予管理层解决员工抱怨的机会,以此平衡各方利益。在门户开放政策中,对争议解决表示不满的员工唯一的求助途径就是通过律师去法庭寻求公正,这也是越来越多的员工正在采用的选择。而在工会的申诉程序中,因为法官通常不愿挑战仲裁结果,所以员工把案子带到法庭上的可能性很小。

当雇主出于纪律监管的缘故调查工会员工时,员工在接受质询期间有权要求工会代表在场。在纪律调查中让工会代表出席的这种权利被称 Weingarten 权利,源于 1975 年美国最高法院的一个案件判决结果。案件的当事双方分别是国家劳资关系委员会和 Weingarten。该判例依据《国家劳资关系法案》的解释确立了此项权利。[100] 调查事务中的工会代表可能是受过良好冲突解决技能培训的工会干事,因此他们了解员工在劳动合同中的诸项权益。2000 年,国家劳资关系委员会做出规定,非工会会员的员工也享有这项权益,允许他们在接受纪律检查时要求同事在场陪同。与受过训练的工会干事相比,非工会环境中被选作员工代表的同事在解决申诉时可能不够娴熟。[101]

本章小结

员工为什么加入工会

美国员工一般从工会寻求权益代言,主要是因为:(1) 对工作的某些方面不满意;(2) 意识到自己对管理层缺乏影响力,需要改变现状;(3) 认为自己的工资和福利不具有竞争力;(4) 把工会当作解决问题的渠道。

1935 年以前,工会基本上不受法律保护,大萧条时期的经济状况导致美国国会努力平衡雇主和雇员之间的力量。在获得数十年广泛的支持之后,今天的工会却被视为力量太过强大。

管理者对员工怎样看待工作环境具有显著影响,也波及他们自身对工会化的敏感度。管理者必须掌握足够的基本劳动法知识,以便:(1) 避免给公司带来法律责任;(2) 公正、公平地实施劳动合同条款;(3) 倾听和解决员工诉求。

劳资关系与法律环境

在美国,支配劳资关系最重要的法规就是《瓦格纳法案》(1935 年)、《塔夫特-哈特利法案》(1947 年)以及和《兰德拉姆-格里芬法案》(1959 年)。《瓦格纳法案》创立了全美劳资关系委员会,负责管理工会注册、选举、禁止和修复不公正的劳资实践。

美国的劳资关系

美国的劳资关系具有以下特征:(1) 经济工会主义;(2) 根据工作类型组织工会;(3) 聚焦于集体谈判;(4) 劳动合同;(5) 对抗性的劳资关系与工会会员数量的锐减;(6) 公共部门工会数量的增加。

其他国家的劳资关系

德国和日本是美国劳资关系体制的两个主要全球竞争者,相比美国,德国和日本的劳资关系体制在工会与资方之间达成了更好的合作。德国体制使用工作委员会及联合决策,让工人参与不同程度的组织决断；而在日本，工会为了双方的共同利益与公司联系紧密。然而一些人相信，时至今日，经济压力正在损害这些国家的劳资关系。

劳资关系战略

劳资关系战略是公司应对工会组织的总体规划。选择接受工会战略的公司视工会为雇员的法定代表，并接受集体谈判作为建立工作规则的恰当机制。而选择避免工会战略的公司或者采用工会替代，或者采用工会抑制，以排除工会对工作场所的影响。

劳资关系的管理过程

劳资关系流程由三个阶段构成：(1) 工会组织；(2) 集体谈判；(3) 合同管理。在组织工会的过程中，资方面临的问题包括工会征召、初选活动及资格选举。在集体谈判阶段，工会和资方代表协商工作规则，并最终体现在劳动合同中。合同管理阶段在合同确定之后启动，处理日常工作场所的管理。合同管理的重要特色是申诉程序，它是解决员工对合同解读及纪律监管争议的过程。

工会对人力资源管理的影响

工会对公司的人力资源管理影响显著。资方可以预期工会将实际影响人力资源管理的每个主要领域。在工会化的环境中，人事安排决策相比业绩受年资的影响更深。基于个人的绩效评价被忽略，培训项目则成为强调的重点。工会化公司的员工倾向于得到更多的薪酬和福利安排。最后，工会条款所定义的劳资关系流程被高度结构化了。

关键术语

仲裁（arbitration）
经济工会主义（business unionism）
共同决议（codetermination）
集体谈判（collective bargaining）
修正生活成本（cost-of-living adjustment，COLA）
分配型谈判（distributive bargaining）
经济式罢工（economic strike）
企业工会（enterprise union）
申诉程序（grievance procedure）
整合型谈判（integrative bargaining）
劳动合同（labor contract）
劳资关系专家（labor relations specialist）

劳资关系战略（labor relations strategy）
《兰德拉姆-格里芬法案》（Landrum-Griffin Act）
主动停工（Lockout）
国家劳资关系委员会（National Labor Relations Board）
《铁路劳动法》（Railway Labor Act）
工作权利法律（right-to-work law）
年资（seniority）
《塔夫特-哈特利法案》（Taft-Hartley Act）
工会（union）
接受工会战略（union acceptance strategy）
避免工会战略（union avoidance strategy）

工会条款(union shop clause)
工会干事(union steward)
工会替代/主动的人力资源管理(union substitution/proactive human resource management)
工会抑制(union suppression)

《瓦格纳法案》或《国家劳资关系法案》(Wagner Act/National Labor Relations Act)
自发式罢工(wildcat strike)
工作委员会(works councils)
工作规则(work rules)

✪ 视频案例

纽黑文教师联合会的集体谈判。 如果教师布置了这项作业,请访问 www.mymanagementlab.com 观看视频案例并回答问题。

问题与讨论

15-1 在美国劳资关系体系中,为什么劳资双方倾向于将彼此看作对手?

15-2 公司劳资关系策略如何影响管理层的集体谈判安排?举例说明。

15-3 人们常说"好的待遇和好的管理"是避免工会出现的要素。详细说明公司如果想阻止工人成立工会应该采用哪些管理实践。你提到的这些管理实践相比有工会的管理实践成本更低还是更高?

15-4 假设一个工会在你所在的大学或学院组织成立教师工会。你期望工会对教师有什么影响?哪些教师会支持工会?哪些教师不会支持工会?教师工会将如何影响学生的教育经历?请解释。

15-5 一些劳资关系领域的专家认为,在集体谈判过程中,当工会向管理层发出一个可信的罢工威胁时,劳资双方都有动机去努力达成一份劳资协议。他们还认为,如果没有可信的罢工威胁,双方就很少有可能达成协议。赋予工会发动罢工特权的依据是什么?你认同还是反对这种观点?请解释。

我的管理实验室

请根据教师要求,登录 www.mymanagementlab.com 完成写作题,系统将自动给出分数;也可以完成下列问题,分数由教师给出。

15-6 从管理层的角度看,罢工的两个优点和两个缺点分别是什么?从工会的角度呢?

15-7 假设管理层的目标是减少工会员工每年提出的申诉数量。请提出人力资源管理工作人员可以为实现这一目标做出贡献的三种方式。

15-8 在你看来，工会对人力资源管理最重要的三个影响是什么？请解释，并指出对每个人的影响是积极的还是消极的。

你来解决！新趋势　案例 15.1

自由职业者工会：是否新的工会组织形式

自由职业者工会是一个代表从事个体经营的自由职业者利益的组织，与传统工会组织最明显的不同之处是它不会罢工。此外，其会员不必支付工会会费。当自由职业者工会提出申诉时，它们不与雇主或雇主代表对劳动合同举行谈判。自由职业者工会通过被称为便携式福利网络（PBN）的方式提供医疗保险，其成本低于纽约个人平均健康医疗保险费用的一半以上。自由职业者工会一半以上的会员生活在纽约。该工会还以一定的折扣为会员提供生活和伤残保险、金融服务等资源，另一个正在计划中的好处是给工会会员提供 401(k) 退休计划。

自由职业者工会由劳工律师和工会组织者 Sara Horowitz 在 2001 年创立。Horowitz 认为，为蓝领工人开发的工会有必要针对 21 世纪的劳动力做出改变。虽然 21 世纪的劳动力中许多人员是自雇性质的，但仍需要一个组织代表他们的集体利益。

Horowitz 的结论是：工会本质上是工人联合起来解决问题的手段，必须遵循独立于政府、雇主和其他机构的商业模式以保证工会的有效性。她拒绝了传统的抗争模式、收取会费与所获福利无关的模式；相反，她采取了以客户为中心的方法，即自由职业者工会向会员提供他们可以选择支付的服务菜单，从而募集工会用于宣传有利于自由职业者劳动法规的资金。在美国，自由职业者通常不能享受失业保险，即使他们所从事的长达 18 个月的工作已经结束。

2013 年，自由职业者工会拥有超过 20 万名会员，23 000 人通过便携式福利网络获得了福利。Horowitz 希望自由职业者工会到 2016 年能够将会员人数扩充到 100 万。该工会满足了市场上未满足的需求——市场上出现了越来越多的自雇人员，但是他们不能享受依托于雇主才能享有的福利。最近，Horowitz 推出一个具有社交功能的网站，提供一份使潜在雇主更容易找到工会会员能提供的各种自由服务的目录，如计算机编程、活动策划、餐饮服务或者雇主可能寻求的任何其他类型的服务。该目录有助于一些自由职业者找到一份新的工作或服务。

关键思考题

15-9　自由职业者工会与本章所描述的工会有什么不同？

15-10　自由职业者工会为会员提供服务的资源是什么？

15-11　诸如与劳联—产联有联系的传统工会可以从自由职业者工会的成功中学到什么？

小组练习

15-12　四或五名学生为一个小组。假设你是一家公司的管理者，负责管理那些为公司提供技术支持的、从事自由职业的计算机技术顾问。公司刚刚发现，计算机技术顾问最近都加入了自由职业者工会。这些顾问的工会会员资格会影响管理层与顾问的关系吗？这种现象是好还是坏？公司应该针对加入工会的顾问和未加入工会的顾问制定相应的劳资关系政策吗？对于两类不同顾问制定的劳资关系政策应该有所区别吗？如果决定使用劳资关系政策，那么应该是什么？当教师提问时，准备好和班级同学分享你们的观点。

实践练习：个人

15-13 假设你是一位从事个体经营的管理咨询师，你从朋友那里知晓了自由职业者工会。你的朋友是会员并建议你也加入。你正在考虑加入该工会的优点和缺点。优缺点分别是什么？作为独立的管理咨询师，成为工会会员与你的核心价值观有冲突吗？如果有，是哪些？最后，你会加入自由职业者工会吗？影响你决定的因素是什么？

资料来源：Greenhouse, S. (2013, March 24). Going it alone, together: The Freelancers Union offers a collective voice-not to mention health insurance-to a growing multitude of independent workers. *New York Times*, Sunday Business 1, 4; Massey, D. (2008, November 21). Freelancers Union forms health insurance company. www.crainsnewyork.com; *The Economist*. (2006, November 11). Freelancers of the world, unite! 76; Freelancers Union. (2008). www.freelancersunion.org.

你来解决！伦理/社会责任 案例 15.2

一项弱化工会谈判权的新法律使威斯康星州公共部门工会遭遇重大挫折

2011 年，威斯康星州颁布了一项限制州内公共部门工会议价权和保障权的新法律，引发了巨大争议。该法律名为《威斯康星预算修复法案》或第 10 号法案，共和党市长斯科特·沃克(Scott Walker)领导的保守的州立法机构通过了这项法案。他指责过去公共部门工会谈判达成的有利劳动合同导致该州产生了 36 亿美元的预算赤字。该法案规定，公共部门员工必须投票表决是否每年重组工会，防止工会自动从会员中收取工会会费，并将集体谈判议题的范围大大缩至只有工资，而且有关工资增减额的谈判只限于通货膨胀范围以内。

在该法案通过后的两年内，威斯康星州公共部门工会失去了 1/3—2/3 的会员。例如，自第 10 号法案通过以来，美国最大的教师工会（威斯康星州教育协会理事会）失去了 98 000 名会员中的 1/2。但是，该法案不影响紧急应急人员（如地方警察、消防队员和警察）的谈判权，只影响所有其他职业，如教师、护士、市政人员、社会工作者和其他为市/县/州政府提供服务的工作者。威斯康星州在限制公共部门工会力量方面的成功，影响了俄亥俄州、密歇根州、田纳西州和爱达荷州的立法者，他们也分别在州立法机构提出法案，针对公共部门工会做出限制。

直到最近，在美国工会会员不断增多的背景下，公共部门工会被认为是一个成功的故事。自 20 世纪 60 年代以来，与私营部门企业工会会员减少相反，公共部门工会会员数量实现了增长。然而，威斯康星州公共部门工会（在 1959 年成为政府雇员集体谈判合法化的第一个州）经历了令人震惊的挫折，使得劳资关系观察家怀疑威斯康星州的法律是否是公共部门工会的转折点，使工会在未来几年对公共部门员工的影响力逐步减弱。

关键思考题

15-14 美国的公共部门工会是否过于强大？公共部门工会的权力来源是什么？威斯康星州州长沃克认为：(1) 公共部门工会应该削减权力，谈判议题只应限于工资；(2) 工会必须每年举行选举，确保大多数员工是真的希望工会持续存在，否则工会将不能继续代表公职人员。你同意他的看法吗？

15-15 如案例所述，许多公共部门员工决定退出威斯康星州的工会。如果一些公共部门员工（如护士或教师）需要改善福利、工作条件或薪资，却没有工会可以代表他们向市、县或州政府的管理层争取利益，那么有没有其他方案可以实现公共部门员工的需求。

小组练习

15-16 四或五名学生为一个小组。假设你是威斯康星州的高中教师，由于在今年的选举中没有得到多数票的支持，教师工会已经解散。工会解散后，学校董事会宣布，高中教师的薪酬将不再提高。而每位教师都认为他或她应该在下一年度加薪。你们希望向高中校长和家长—教师协会（PTA）提交一个议案，以其获得对提高教师薪酬的支持。教师需要向校长和家长—教师协会提供哪些令人信服的数据？例如，教师是否需要包含教师表现、学校表现、学生表现、学校预算、学区表现或全州学区表现的数据？教师如何获得所有这些数据，并基于这些数据撰写合理的提案？学校董事会是否会与教师合作并公布预算数据？如果没有时间或资源收集向校长或家长—教师协会提供的加薪证据，那么教师还有什么其他方法来提高工资？一个运作良好的工会可以为教师提供哪些类型的服务，以帮助他们从学校董事会获得加薪？准备好与班级同学分享你们的观点。

实践练习：个人

15-17 练习的目的是反思威斯康星州法律削弱公共部门工会的影响。你如何回答以下问题：公共部门员工是否需要工会来代表他们的利益？是成为弱小的公共部门工会会员好还是不成为工会会员好呢？由于在公共部门工作的大多数员工的工作安全受到专门的公务员制度的保护，公共部门工会是否真的有必要成为员工利益的代表者？威斯康星州州长沃克认为，公共部门工会在地方选举中的力量过于强大，它支持那些符合其经济利益的公职人员，并努力击败反对工会利益的公职人员。除非工会权力被抑制，否则反对工会利益的公职人员所获得的政府资源是不公平。你同意他的看法吗？准备好与班级同学分享你的观点。

资料来源：Gunn, S. (2013, July 22). Thousands of employees are quitting public sector unions in Wisconsin. *EAGnews*. www.eagnews.org；Frezza, B. (2012, June 5). Governor Walker's victory spells doom for public sector unions. *Forbes*. www.forbes.com；Meiskins, B. (2013, September 13). Convoluted finding in Wisconsin on public sector unions. *Nonprofit Quarterly*. www.nonprofitquarterly.org；Cersonsky, J. (2013, August 2). New labor movement emerges in Scott Walker's Wisconsin. *Salon*. www.salon.org；Greely, B. (2011, February 28). The union, jacked: Why stripping collective bargaining rights from public sector workers is worth debating. *Bloomberg Businessweek*, 8—9；*The Economist*. (2011, February 26). Wisconsin and wider: A dispute in one cold state is having nationwide repercussions, 31—32.

你来解决！客户导向的人力资源　案例15.3

小组什么时候是工会组织？

密歇根州汽车零部件制造商Amalgamated Tool是非工会化的。公司在2006年遭受了巨大的财务损失，它冻结了所有员工的薪酬以节省现金，还要求员工自行承担更大份额的医疗保险费用。员工对公司的这些行动极其不满，士气和生产率都下降了。为了提高士气，Amalgamated公司管理层决定成立几个员工小组以解决问题。在会议上讨论Amalgamated公司的问题后，小组向管理层提出如何公平、有效地为员工提供加薪和医疗保险的建议。每个问题解决小组都由一位经选举产生的领导者负责报告小组建议，但只有约20%的Amalgamated员工被要求加入问题解决小组。大部小组建议被管理层采纳，员工士气和效率在第二年明显上升。

代表那些不满意的Amalgamated员工，一家当地工会组织指控公司执行了不公平的劳动实践。他们认为，管理层非法使用问题解决小组事实上形成了由管理层主导的工会，违反了《瓦格纳法案》的规定，即"雇主主导或干预任何劳工组织的成立或向其提供财政支持，均是一种不公平的劳动实践"。

国家劳资关系委员会站在工会这一边，要求Amalgamated公司立即终止使用问题解决小组。

关键思考题

15-18 为什么地方工会反对Amalgamated公司管理层使用问题解决小组的做法？

15-19 小组和工会之间的区别是什么？

15-20 为了避免国家劳资关系委员会的禁令，Amalgamated公司管理人员在使用问题解决小组时应该做出什么改变？

小组练习

15-21 四或六名学生为一个小组，角色扮演国家劳资关系委员会的成员。每个小组讨论Amalgamated公司是否违反了《瓦格纳法案》关于"禁止雇主主导劳工组织或向其提供财政支持"的规定。比较各个小组的结论和论证过程。

实践练习：个人

15-22 在美国，雇主主导的工会被称为企业工会，这是被联邦劳动法规禁止的。20世纪30年代，企业成立企业工会，让员工找到企业归属感，以实现员工不再需要一个独立的工会代表其利益的想法，因为那些独立的工会往往会提出一些管理层不想实现的需求。如本章所述，企业工会是日本工会代表的主要形式，在日本经济体系的框架内有效地运作。企业工会能够采用与独立工会同样的方式代表你的利益吗？在企业工会和独立工会之间做选择对员工来说有意义吗？准备好和他人分享你对这些问题的看法。

你来解决！伦理/社会责任　案例15.4

工会会员抗议通用汽车工厂削减50%的工资

2010年10月，200名汽车工人在位于密歇根州底特律的工会总部紧锁的大门外发起集体，抗议一项允许通用汽车公司向新雇员工和被密歇根州Orion通用汽车装配厂裁员后重返岗位的员工支付现有在职员工一半工资的协议。对新雇员工和被裁复职员工减薪是汽车工人联合会与通用汽车公司之间协议的一部分，旨在帮助公司利用工会员工生产低价格的紧凑型轿车雪佛兰Sonic。过去，通用汽车和美国其他汽车制造商需要在墨西哥或韩国等劳动力成本较低的国家装配小型轿车，从而不雇用美国的工会员工。

该份协议是工会第一次同意对裁员后重返岗位的工人减薪。密歇根汽车厂在生产雪佛兰Sonic轿车以前已经关闭。为了在小型轿车上赚钱，美国汽车制造商多年来一直在努力奋斗。北美通用汽车公司总裁Mark Reuss说，公司预计在Sonic上实现盈利。他说，小型轿车盈利的原因之一是与汽车工人联合会签订的协议，其他原因还包括工厂运作高效、设备先进，以及能获得州和地方政府的帮助和支持。

那些被Orion汽车厂裁后重返工作岗位的员工感觉被工会背叛了。被裁员之前，工人每小时赚取28美元，重新上岗后做同样的工作却只有14美元。这就是为什么200名汽车工人抗议汽车工人联合会和通用汽车公司之间降低工人工资的协议。汽车工人联合会的助理总监Gary Bernath说，通用和克莱斯勒在2009年的破产，迫使工会做出非常困难的决定以保障工会的运转。通用公司与汽车工人联合会的最新协议于2011年确立，被Orion汽车厂裁后重返工作岗位的员工的工资增加到每小时16—19美元，仍然大大低于在其他通用汽车组装厂工作的经验丰富的汽车工人联合会会员每小时32美元的工资。

关键思考题

15-23 为什么汽车工人联合会同意裁员后重返工作岗位的员工只获得50%的工资？那些工资减半的当地工人有理由抗议应该代表他们利益的工会所签的协议吗？解释你的立场。

15-24 当员工对工会代表的方式不满意时，可以使用哪些策略来影响工会领导人以改变工会目标？

小组练习

15-25 通用汽车公司要生产雪佛兰Sonic轿车，管理者面临的一个重大挑战是保持积极的员工士气。他们将管理1 550名工人，其中60%的工人是从通用其他工厂转过来的，每小时工资28美元，40%的工人是裁员后重新上岗及新雇用的员工，从事类似的工作但每小时工资只有14美元。四至五名同学一组，利用你的人力资源实践知识，为管理者提供一些建议，使得在两个员工群体的薪酬差异巨大的情况下，这些建议仍然能够有效地实施以实现工厂的有效运行。准备好与班级同学分享你的观点。

实践练习:个人

15-26 假设你是一个处于类似情况下的员工。工会与管理层达成协议,你的工资减少了,你认为工会没有代表自己的利益。你不能随意辞职,因为你的社区失业率很高,找到另一份工作很困难。面对做同样的工作而报酬少得多,你能做些什么呢?你会表达对工会的不满吗?如果会,你将如何做?你会向管理层表达你的不满吗?如果会,又会如何做?通过向工会或管理层表达你的意见,你希望获得什么?向工会或管理层表达不满的风险是什么?保持沉默、安心做好你应该做的工作会更好吗?什么样的个人价值观会影响你是主动沟通不满还是保持沉默以避免纠纷?

资料来源:Kroh,E. (2014, June 19). A darker future for "tier 2" workers. *Remapping Debate*. www.remappingdebate.org/article/darkerfuture-tier-2-workers? page=0,1; Breslin, M. (2014, June 17). Two-tiered pay scale for autoworkers raises debate. *Workforce*. www.workforce.com/articles/two-tiered-pay-scale-for-autoworkers-raises-debate; Krisher, T. (2010, October 8) GM, UAW agree on wage deal. *Denver Post*, 7B; Vlasic, B., and Bunkley, N. (2010, October 7). G.M.'s wage-cutting deal clears way for a small car. *New York Times*. www.nytimes.com; Slaughter, J. (2011, October 21). UAW members protest 50% wage cut at GM plant, demand a vote. www.labornotes.org.

第15章注释内容
请扫码参阅

第 16 章　员工安全与健康管理

我的管理实验室®　⭐ 当你看到这个图标时，请访问 www.mymanagementlab.com 以获取配套练习题，并及时反馈练习结果。

▶▶▶ **挑战**

阅读本章之后，你能更有效地应对以下这些挑战：

1. 解释实施《职业安全和健康法案》的原因，并阐明雇主在设计员工赔偿制度和创建安全健康工作环境方面肩负的责任。
2. 明确《职业安全和健康法案》的基本规定。
3. 知晓当前涉及的主要的健康和安全问题，包括艾滋病、工作场所暴力、工作场所吸烟、累积创伤失调、胎儿保护、危险化学品和基因检测。
4. 描述安全政策的特点，理解旨在提高员工福利相关政策的原因和影响。

雇员为了工资而选择提供劳动，这是工作的实质内涵。安全和健康法规有助于确保提供不涉及非必要风险的劳动的选择。大多数人认为，多数雇主会关注工人的安全，并认真履行职责，提供安全和健康的工作环境。尽管我们的信念可能是正确的，但是仍有一些不安全工作场所的例子清楚地表明：工人的安全和健康是一个真正值得关注的领域。从职业安全与健康管理局收到巨额罚款的公司提供了一些显而易见的、明目张胆的工作场所安全问题的例子。最近收到职业安全与健康管理局罚款 10 万美元以上的公司的例子如下：

- 位于俄亥俄州富兰克林的 A&B 铸造和加工厂，总共从职业安全与健康管理局收到超过 17 万美元的罚款。导致罚款的安全和健康违规行为包括缺乏适当的个人防护设备以及对员工的培训。职业安全与健康管理局还指出该公司在吊车上的无效安全插销、缺乏对机械的保护，以及其他违反安全规定的事项。职业安全与健康管理局之前的检查还指出，该公司重复违规,包括未能提供灭火器、不提供噪声和化学品危害方面的培训等问题。
- Environmental 公司总部位于俄亥俄州的辛辛那提,在其他州也拥有工厂。这是一家环境管理和处理公司,专门从事危险废物管理和实验室化学品包装等相关领域的业务。职业安全与健康管理局指出,该公司有 22 项安全和健康违规,罚款总计 325 710 美元。职业安全与健康管理局还指出,该公司缺乏关于材料和工具之间潜在危险相互作用的培训。这个引证来自公司的火灾和爆炸,该事故导致一名工人死亡、另一名工人严重烧伤。职业安全与健康管理局也发现,该公司故意忽视法律规定,不制定和实施危险废弃物处理程序,不为处理危险废弃物的员工提供培训等缺陷。有关 Environmental 公司的职业安全与健康管理局安全性引证和健康引证,请参见:www.osha.gov/ooc/citations/EEI_Safety_citations.pdf 和 www.osha.gov/ooc/citations/EEI_Health_citations.pdf。
- IVEX 包装公司,总部设在加拿大,在多个地点设有工厂。位于俄亥俄州西德尼的 IVEX 在制造聚乙烯泡沫的操作中,被发现有 21 次安全违规,受到职业安全与健康管理局的罚款总额为 128 700 美元。公司爆炸造成三名工人受伤,给工厂带来了重大损失。总的来说,职业安全与健康管理局的结论是,该公司忽视安全标准,没有对员工进行充分的培训。针对该公司的引证包括设备缺乏详细的操作程序、在设备操作和维护方面缺乏员工培训、没有为暴露于火灾危险的工人提供阻燃服装等安全缺陷。
- Brillo 运输公司由于解雇一名卡车司机而被罚款 131 000 美元。该司机已经超过美国联邦政府许可的持续驾驶时间。该司机拒绝违反法律,并且不接受相关运输任务,于是被公司解雇。职业安全与健康管理局认为,该公司的行为是在威胁工人,并可能将工人和公众置于危险之中。职业安全与健康管理局对该案件的处理结果包括让司机复职、支付拖欠司机的工资、支付补偿性赔偿和惩罚性的损失赔偿等。

管理者视角

本章开篇例子说明了对安全和社会责任的关注度不够的破坏性后果。确保一个安全的工作环境是法律所规定的。更重要的是,这是一项义务,任何对社会负责的管理者都必须将安全和健康摆在第一位。

组织文化如果将关注点更多地放在提高效率或节省成本上,而不是将工人的安全放在第一位,则很有可能导致工作场所事故的发生,还可能导致员工失去生命。对于组织而言,无视安全和健康问题可能会导致比法律困境更棘手的问题。它可能使管理者丧失员工的信任,降低员工对组织的承诺和绩效,并毁掉组织的声誉。所以,管理人员必须了解安全与健康问题,并在人力资源工作人员的帮助下,采取措施为员工创建安全的工作环境。

在本章中,我们探讨当今背景下的安全和健康问题,以及管理人员如何为员工建立并发展安全和健康的工作环境。首先,我们探索管理层在建立工人赔偿制度并为工人提供安全和健康的工作场所方面的法律义务,以便处理工作场所安全和健康的法律问题;其次,我们审视当今各种安全和健康问题,包括艾滋病、工作场所的暴力行为、累积创伤失调、胎儿保护、危险化学品、对雇员进行基因检测等;最后,我们描述并评价旨在维护员工的安全和健康的计划。

> **知识点学习**
>
> 如果教师布置该项作业，请登录 www.mymanagementlab.com 查阅你应该特别关注的知识点，并预习第 16 章。

16.1 工作场所安全和相关法律

劳工统计局（Bureau of Labor Statistics）的最新数据显示，2011 年约 300 万人受伤，2012 年约 4 400 名工人死亡。[1] 在美国，在职人员伤亡人数一直在下降。工作场所伤亡人数下降的部分原因要归于工作场所安全和健康状况的改善，部分原因可能是员工伤亡事故发生率较高行业（如建筑业）的工作时间减少了。

各级政府通过了许多法律来规范工作场所的安全。在这些法律中，对处理特定行业（如煤炭开采和铁路）的危害有很多详细的规定。两套基本的工作场所安全法规影响了大多数人员：各州的员工补偿法律和 1970 年联邦政府颁布的《职业安全和健康法案》（Occupational Safety and Health Act，OSHA）。两套法规的目标、政策和运作有很大的不同。

每个州都有自己的员工补偿法律，赔偿金的发放和法律的实施因地而异。正如我们在第 12 章讨论的，员工补偿系统的主要目标是为遭受与工作有关的伤害或疾病的员工提供赔偿。员工补偿法中没有安全条例也没有规定，但确实要求雇主为员工支付赔偿保险。对于雇主来说，工作场所事故和受伤的情况越多，雇主的保险费用就越高。基于成本的考虑，雇主有财务激励为员工创造和保持一个安全的工作环境。

与此相反，《职业安全和健康法案》是一部旨在确保工作环境远离危害，从而使工作场所更加安全的联邦法律。该法案规定了众多的安全标准，并通过一套检查、引证及罚款制度执行这些标准。与员工补偿法规不同的是，《职业安全和健康法案》没有针对工伤事故做出赔偿的相关规定。[2]

工伤赔偿

19 世纪初期，人们受工伤后，除非自己能够负担医药费，否则将得不到任何医疗护理；他们只有到能够重返工作岗位时，才会有工资收入。以疏忽为由起诉雇主的员工几乎没有获胜的希望，因为在美国习惯法下，法院习惯性地规定员工承担工作的一般风险以换取报酬。此外，根据共同过失理论（doctrine of contributory negligence），当过失是员工自行造成时，雇主对员工的工伤不负任何法律责任。同时，根据同事伤害规则（fellow-servant rule），当员工因自身疏忽而促成或造成伤害时，雇主不承担员工受伤的责任。

在 20 世纪初期，在许多工伤事故（包括 1911 年纽约市服装厂发生的火灾，造成 100 多名妇女死亡）发生后，基于公众舆论的压力，一些州的立法机构颁布了工人赔偿法律。工人赔偿的概念基于这样的理论：工伤事故和疾病是企业的成本，雇主应支付并转移给消费者。[3] 自 1948 年以来，所有州均推行了对工人的赔偿方案，但只有 47 个州是强制性的。这些州级的、雇主资助的计划旨在为工伤人员提供财务和医疗援助。

工人赔偿法的既定目标是[4]:
- 向受害者提供及时、可靠和合理的医疗照顾,并向受害者及其家属提供收入。
- 提供一种"无过失"制度,让受伤的工人在不承担高昂诉讼费、不遭受法庭拖延的情况下迅速得到救济。
- 鼓励雇主在工作安全方面进行投资。
- 促进工作场所安全方面的研究。

在工人赔偿制度下,工人要获得赔偿,必须是在工作的过程中受伤。有时在工作场所出现严重事故,甚至发生人员伤亡,但事故可能不是由工作引起的,那么雇主是否仍然要承担这个不幸结果的责任呢?现在,很多公司的职务说明比以往更含糊、更不具体,往往不明确什么是员工分内或分外的工作职责。工作职责的宽泛性和模糊性可以鼓励员工灵活、高效地工作,但也有可能增大雇主承担工伤事故责任的风险。

工人赔偿福利

因工受伤或生病的雇员受益于工人赔偿福利。这些福利包括[5]:
- **完全伤残福利**。对与工作有关的残疾所带来的收入损失给予部分补偿。
- **部分伤残福利**。工伤者根据受伤程度和持续时间长短,可以获得来自雇主暂时的或永久性的补偿。工伤可以分为永久性工伤和非永久性工伤。永久性受伤是工人因工伤事故丧失了身体的某一部分(如眼睛或手指),对于该类工伤,雇主会定期向工人支付一定补偿。而非永久性工伤是所有其他伤害(如背部受伤),这些以个案的方式处理。
- **家属福利**。如果工人在工伤事故中不幸死亡,其家属可获得一定的安葬补贴和工资补偿。
- **医疗费福利**。工人赔偿提供医疗保险,通常没有金额和时间限制。
- **康复保障福利**。所有州均为受伤工人提供医疗康复服务,而且许多州还为因工伤而不能在先前岗位上继续工作的工人提供职业培训,让受伤工人在康复后能够继续正常工作。

工伤赔偿成本

雇主的工伤赔偿保险成本直接受到事故的影响,可能仅仅因为一次工伤事故,保费就会大幅提升且常年保持高水平。[6]工伤赔偿保险是基于工资的,但保费的支付则是由各组织的安全记录所决定的。工人赔偿保费平均为每100美元工资的2%—4%以上,一些行业会更高,如建筑业。[7]

不幸的是,工伤赔偿制度受到雇主和员工的欺诈。在雇主方面,一些公司试图避免支付工人赔偿保费的成本,只是简单地违法,不给员工投保。例如,在佛罗里达州的一项审计发现,13%的雇主没有工伤赔偿保险。因为保费是基于工资的,一些雇主少报了员工的工资。[8]

也可能发生各种形式的员工欺诈。一个显然的工人欺诈工伤索赔案例涉及新泽西州塔吉特商店的一名工人。该工人声称自己头部和颈部受伤,并被发现是从货架上掉下来的,盒子散布在周围。然而,商店的安全摄像机显示,该工人早已故意放置好盒子,然后用一盒电池击打自己头部,吃了饼干、喝了饮料并呕吐出来。[9]索赔人现在面临欺诈的刑事指控,可能会被判处多年监禁。

许多保险公司使用数据分析软件检测可能的欺诈。[10]然而,管理者也有责任确认工人的工伤索赔以减少欺诈。管理者笔记"保持员工诚信:防范工伤赔偿欺诈",进一步考虑了欺诈的可能性,并提供了预防性管理措施。

 管理者笔记:伦理/社会责任

保持员工诚信:防范工伤赔偿欺诈

工伤赔偿申诉的数量一直在下降,但被认为有问题申诉的占比却上升了。有问题申诉是指那些因存在欺诈的可能性而进行仔细审核和调查的索赔案件。如果欺诈性的工人赔偿申诉被合法化,雇员就可以不工作而收取赔偿;或者,雇员可以从事另一份工作,从而获得两份收入。无论动机如何,欺诈性的工人索赔是非法的和不道德的。当然,合理的工伤赔偿申诉应该得到支持。然而,如果支持欺诈性索赔,索赔的增加就会提升雇主所需支付的保费,也可能对其他工人的士气和工作道德产生负面影响。这样,其他工人会怀疑或获知发生了欺诈性索赔,其同事可以不工作而拿到工资。

作为管理者,你有责任采取措施以限制欺诈性的工伤赔偿申诉。从管理的角度来看,认识到工伤赔偿欺诈可能会有多种形式是有用的,涉及夸大或没有发生的伤害的索赔可能是最明显的工人赔偿欺诈。欺诈性的工伤赔偿申诉也可能在以下情况中出现:工人并非在工作时间内受伤,但声称伤害是在工作时发生的。此外,欺诈也可能以诈病的形式出现,即工人可能遭受了合理的伤害,但其持续显示受伤症状,以延长利益所得。

经理可以采取的、以减少欺诈索赔的一些行动包括:

- **保持工作场所安全**。安全的工作环境降低了事故发生的概率。安全的工作场所也可以使人更难以伪造事故。
- **对员工进行工伤赔偿制度的教育**。工人应该了解该制度的目的及其如何支持合法的工伤赔偿申诉。然而,他们也应该明白,对制度的滥用不是一种免费的福利而是企业的实际成本。员工应该明白欺诈的后果,知道如何举报欺诈。
- **与申诉人和熟悉此事件的其他人沟通**。分享对员工福利的真正关注是一项重要的管理行动。因此,与受伤工人和其他人的沟通有助于确认索赔是否有效。
- **与处于工伤赔偿休假期的员工保持联系**。让受伤的员工知道,你期待他们重返工作岗位。积极鼓励和帮助员工重返工作岗位,可以促进并维持与提出正当工伤索赔的工人的良好关系。联系休假员工的失败尝试可能暗示着潜在的问题,应该记录在案。与休假员工保持沟通也可能会给那些诈病者施加一些压力。

资料来源:*Safety Compliance Letter*. (2008,August). Eight tips for managing fraud, 12;Ceniceros, R. (2010). Comp fraudsters working while collecting benefits. *Business Insurance*, 44, 1; Abriola, J. J. (2013,July 1). 4 steps to limiting workers' comp fraud. *Property Casualty 360—National Underwriters*;PR Newswire. (2013,September 24). NICB: Questionable workers' compensation claims increase.

尽管应尽可能地减少欺诈索赔的发生,但合法工伤赔偿是责任管理的核心。如果受伤的原因可以被确定并减少,受伤和工伤赔偿的成本也将减少。例如,过度劳累是工作场所受伤

的主要原因[11],常见的例子包括重举、推或拉。鉴于过度劳累致伤的发生率及工人的索赔要求,使得解决那些可以降低损伤率和成本的问题(如正确的起吊技术)具有商业意义。过度劳累是各公司和行业常见的导致损伤的原因,但各公司最常见的致伤原因是不同的。为了有效地管理和控制伤害及其成本,管理者需要了解在公司中引起受伤的原因是什么,然后解决这些问题。

偶发型的伤害有时比常见的伤害更重要。例如,重复性运动损伤(如腕管综合征)可以导致工作中代价高昂和漫长的离岗。[12]因此,对于管理者来说,当决定将注意力和资源集中到何处时,同时考虑发生频率和成本是非常重要的。

16.2 《职业安全和健康法案》

20世纪60年代,政治和社会价值观念发生极大变化,使得主张维护工作场所安全的运动大量增加。1969年,在一次煤矿爆炸事故中共有78名矿工死亡,引起了广大群众的强烈反响。在公众舆论的推动下,政府通过了《煤矿健康和安全法案》(Coal Mine Health and Safety Act),以规范煤矿工作场所的健康和安全。[13] 1970年通过的《**职业安全和健康法案**》(Occupational Safety and Health Act, OSHA),虽然不是因某一单一事件而引起,但是20世纪60年代关于工伤事故发生率及由此造成的工人死亡率报告的急剧增加(这主要反映了工伤赔偿法迫使雇主维持一个安全的工作环境的严重后果),可能是该法案推行的主要动力。[14]在20世纪60年代的最后几年,联邦政府的报告显示,每年工伤事故造成的工人死亡人数超过14 000,致残将近250万人。此外,每年大约还有30万人患上职业病。《职业安全和健康法案》用于处理工伤事故和健康危害造成的重大经济损失与人力成本。[15]

16.2.1 《职业安全和健康法案》的相关规定

《职业安全和健康法案》简单易懂,规定了雇主的三种主要义务:
- **提供一个安全和健康的工作环境**。每个雇主都有责任提供一个免于受到会造成较大人身伤害甚至死亡威胁的安全的工作环境。并非所有工作场所的危险均可以被一套具体的标准覆盖。在所涉及的一系列具体标准中,雇主有义务面对并处理条例中未出现的威胁员工安全和健康的情况,确保工作场所的安全。[16]
- **遵守具体的职业安全和卫生标准**。每个雇主必须熟悉并遵守特定的职业标准,同时必须确保员工遵守相关的规定。
- **记录工人工伤数和职业病数**。《职业安全和健康法案》规定,雇主必须记录并报告工伤事故数和人员伤亡数。企业应成立专门的部门,对工伤事故数、工伤或职业病的死亡率、医疗费用等相关资料进行记录,并将这些记录保留5年。这些工伤事故数和职业病死亡率必须以《职业安全和健康法案》规定的格式进行记录,并以公告的形式刊登出来,让每个员工都能看到。这些记录还必须提供给执行《职业安全和健康法案》的政府官员,年度报告必须以文档的形式存档。[17]由于一些问题的存档要求还不是很清楚,职业安全与健康管理局印发了新颁布的存档要求和标准,所有的记录和存档必须以更灵活、更容易查阅为宗旨。[18]读者可以访问职业安全与健康管理局的网站 www.osha.gov,查阅英语和西班牙语版的在线材料。

根据新的标准,雇主若未能保留工人的工伤事故文档或电子记录,则可能会遭到罚款和制裁。伪造记录同样会遭受罚款或 6 个月服刑。修订后的标准清楚地表明,可能造成伤害的事故——而不仅仅是确实造成伤害的事故——都应予以记录;否则,根据《职业安全和健康法案》中的相关条例,雇主将会收到法院的传票。

此外,该标准在《职业安全和健康法案》下明确了雇员的标准。例如,来自一家职业介绍所为组织做文书工作的临时工被确认为该组织的雇员。然而,一个独立的承包商,只有当企业雇用并且监督其个人时才算是该企业的雇员。因此,Perfect Lawn Landscaping 公司的员工不可能被视为一家法律事务所的雇员,但该公司从职业介绍所雇用的软件专业人员应该是。这个区别很重要,因为雇主在雇佣关系期间应保留雇员的相关记录。

根据《职业安全和健康法案》,雇员也要履行相应的责任,遵守有关的安全和健康条例。他们应该向雇主报告工作环境中存在的所有危险条件、伤害及与工作相关的疾病。根据《职业安全和健康法案》,雇员权利包括有权将工作环境安全或健康状况等相关文件和抱怨投诉到政府部门,参加《职业安全和健康法案》审查,并要求提供有关危害安全和健康的信息,而不受来自雇主的歧视或报复。[19]

根据《职业安全和健康法案》和国家知情权条例,雇主必须为雇员提供工作场所中所有有害物质的信息。[20]《职业安全和健康法案》的有害物质条例,大家最为熟悉的是危害告知标准(Hazard Communication Standard),这个标准有专门的小册子加以解释,如图表 16.1 中的网页所示。

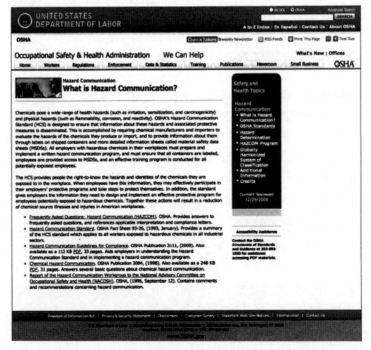

图表 16.1　职业安全与健康管理局的危害告知标准

此外,美国最高法院支持雇员的另一项权利,即雇员有权拒绝在那些自认为有发生事故或致命风险的工作环境中工作。[21] 若是危险化学品则由另一个联邦机构处理。美国国会于1997年成立了化学安全与灾害调查局,负责促进安全和防止有害化学物质任意排放事件的发生。[22] 调查局与职业安全与健康管理局及环境保护机构密切合作,对有害化学物质泄漏导致的事故进行调查研究。它的核心职责是向企业和政府有关机构在进行某些程序或设备更换的决策时提供建议,以防止类似事故的发生。

《职业安全和健康法案》由以下三个机构负责管理和执行:职业安全与健康管理局(OSHA)、职业安全和健康审查委员会(OSHRC)、国家职业安全和健康委员会(NIOSH)。联邦政府批准的国家安全计划有自己的监管机构。

16.2.2 职业安全与健康管理局

职业安全与健康管理局的主要责任是执行和落实《职业安全和健康法案》。它制定职业标准,确认雇主差异性,检查工作场所,并签发引证和处罚。

- **职业标准**。职业标准范围涉及从工具和机械安全到微粒子等对象,是非常复杂且很详细的。虽然许多标准显然是合理和适当的,但职业安全与健康管理局经常被大众批评采取不可行的标准或执行标准的成本远远超过其所带来的利益。然而,法院在进行各项判决时,一般不要求职业安全与健康管理局针对特定标准平衡成本和利益,只关心其可行性。[23] 一些人批评职业安全与健康管理局没有标准。例如,该机构因可燃性粉尘(combustible dust)缺乏具体标准而受到批评。[24] 关于可燃性粉尘及其法规的信息,请参阅管理者笔记"危险的粉尘"。

 管理者笔记:新趋势

危险的粉尘

粉尘似乎无害,它或许是收拾家务的人的烦恼,但肯定不是一个安全隐患。不幸的是,情况并非如此。现实是,如果有火源或者足够的摩擦,来自糖、煤、木材和面粉生产等源头的粉尘就可能是可燃的。炼糖厂的悲剧性爆炸说明了粉尘是如何致命的。2008年2月,位于佐治亚州温特沃斯港的帝国糖果公司遭受了可怕的致命爆炸。由糖粉引发的爆炸造成14名工人死亡,另有数十人受伤。2010年,帝国糖果公司宣布与职业安全与健康管理局达成和解协议,并支付605万美元的罚金。

帝国糖果公司的粉尘爆炸不是一个孤立的事件。2013年4月,北卡罗来纳州一家面粉厂的可燃谷物粉尘爆炸事故造成了几面砖墙坍塌,并且重伤了一名工人。在过去25年里,与粉尘相关的爆炸或火灾发生了超过280起,共造成119人死亡、700多人受伤。当可燃粉尘以足够的浓度存在于空气中时,一团火焰、火花或静电都可能引发爆炸。

目前,职业安全与健康管理局正在制定有关粉尘燃烧的标准,并指出雇主有责任为雇员提供安全的工作场所。相关组织已经应用这些通用标准对可燃粉尘的累积和通风设备进行规范。职业安全与健康管理局在解决可燃粉尘的危害方面表现出积极主动的态度,您可以在职业安全与健康管理局网站上找到有关可燃粉尘的信息：www.osha.gov/Publications/combustibledustposter.pdf。

资料来源：Rubinger, J. (2013). Fight back! Combustible dust. *FeedandGrain.com*, accessed August 2, 2013; *Occupational Hazards*. (2008). Should OSHA adopt a combustible dust standard? 70, 15—16; O'Rourke, M. (2008). Ashes to ashes, dust to dust. *Risk Management*, 55, 20; *Professional Safety*. (2008). OSHA activity on combustible dust standards. 53, 22; *Business Wire* (2020, July 7). Imperial Sugar settles OSHA citations. New York; Maxell, M. A. (2010, February). Combustible dust: What you need to know. *Material Handling Management*, 25.

职业标准的发展始于职业安全与健康管理局、国家职业安全和健康委员会、联邦政府和各地方政府，或其他各种组织，包括工业团体和劳工组织。拟议中的新标准公布在《联邦登记册》(*Federal Register*)上，它是美国政府官方的法律新闻出版物。政府会征求有关团体对新标准的意见并召开听证会，通过的任何标准及实施日期在《联邦登记册》中公布。[25]

- **差异性(延期执行)**。当雇主不能在新标准的生效日期内执行新标准时，可以向职业安全与健康管理局申请延期(差异性)执行，时间最长不超过一年。当雇主证明已经具有另一种条例足以有效保护员工利益时，职业安全与健康管理局在执行特定标准时，可以给予雇主永久延期执行的权利。[26]

- **检查工作场所**。职业安全与健康管理局有权检查工作场所，以确保该组织遵守了职业安全与健康管理局的标准。由于不可能每年都对每个工作场所进行检查，职业安全与健康管理局设立了优先权制度，应遵循以下顺序开展检查工作[27]：(1) 紧急危险的工作场所；(2) 发生工伤事故，并造成5名以上员工死亡或住院治疗；(3) 接连不断有员工投诉工作条件不安全或不卫生；(4) "高危险"行业和职业(例如采矿业、农业、建筑业、运输业)。2005年，职业安全与健康管理局的目标是进行37 700次工作场所检查。

职业安全与健康管理局的监察员有权对工作场所环境、材料和设备进行突击检查，以及就相关问题询问雇主和雇员。但是，这一权利与雇主受宪法保护的不接受无证搜查这一条例有冲突。1978年的一起案件就是公司拒绝检查，直到职业安全与健康管理局拿到搜查令。因为最高法院规定，雇主有权要求职业安全与健康管理局进行检查时出示搜查证。虽然职业安全与健康管理局可以基于雇员申诉或检查优先权制度获得搜查证，但有些人认为，如果不能进行突击检查就会降低检查的有效性，因为它使雇主有机会修改不安全的条件或做法(例如，不定期地使用安全设备)。待检查之后仍使用不太安全的设备。[28]

- **签发引证和处罚**。职业安全与健康管理局可对任何侵犯《职业安全和健康法案》标准的组织和个人发出引证与实施惩罚。处罚的程度和形式由许多因素而定，如雇主遵守《职业安全和健康法案》规定的程度、历史上违规行为产生后果的严重程度、工伤事故的破坏力和企业的规模等。处罚可包括刑事处罚及巨额罚款。事实上，那些不重视工人安全的公司主管越来越多地受到了法律的制裁，其中很多人被关进了监狱。[29]例如，芝加哥电磁线公司五名高层管理人员因要求工人使用有害化学品致危害工人健康而被起诉，密歇根州杰克逊公司的一名主管因工伤事故造成一名工人死亡而被判过失杀人罪。[30]

《职业安全和健康法案》的罚款标准从轻微违规的无罚款到公司大量、重复、故意违规的数百万美元罚款。当然,公司可以反对职业安全与健康管理局提出的处罚或相互谈判以求减少罚款额。例如,在佐治亚州的英国石油公司的工厂,三名工人因熔化的塑料意外爆炸而死亡。职业安全与健康管理局指控 BP 公司肆意违反安全规则,并处罚款 141 000 美元。BP 公司通过谈判只赔偿了 119 000 美元。[31] 批评者认为,谈判能够减少罚款额,但对企业的激励却不足以改善其安全级别。职业安全与健康管理局认为,主要的关注点应该是改善工作场所以保护工人而不是惩罚公司。

这些罚款是否对组织产生了有意义的影响呢?有一个办法可以回答这个问题,看看职业安全与健康管理局宣布罚款对该公司的股票是否有影响。如果没有影响,高层管理人员就不会改善安全和健康条件,以避免今后再发生类似的事情。研究表明,职业安全与健康管理局公布的处罚明显地降低了相应公司的股票价格。[32] 但是,股票价格下降是一个短期的影响,只发生在处罚宣布一两天后。而且,这看来只是因为违规情况被公示,而不是罚款金额影响了公司股票价格。

职业安全与健康管理局为企业提供免费咨询服务,帮助它们找出潜在的危害和改善工作场所的安全管理系统。这项服务对小企业特别有用。它提供了一项保密的检查,完全独立于职业安全与健康管理局的常规检查,因而不会导致处罚或罚款。同时,雇主有义务通过检查纠正严重影响安全和健康的做法。

有关咨询服务的更多信息,请访问 www.osha.gov/Publications/3357consultation-sm.pdf,但基本程序运作如下[33]:

- 雇主必须向职业安全与健康管理局顾问咨询才能开展工作。
- 将启动会议定在工作场所,讨论在咨询服务方面顾问的作用和雇主的义务。
- 雇主和顾问一起研究工作条件。顾问与员工讨论职业安全与健康管理局的标准,并指出安全问题。
- 在结题会上,顾问和雇主一起回顾检查的结果,并详细介绍雇主做的正确事情和需要改进的地方。
- 会议结束后,顾问向公司提供一份书面报告,解释检查结果,并确定提议时间(这个阶段被称为整改期)。在整改时间内,雇主将按计划纠正检查中发现的危害。

职业安全和健康审查委员会

职业安全和健康审查委员会独立于运作,并审查职业安全与健康管理局的引证。雇主可以向职业安全和健康审查委员会上诉职业安全与健康管理局的制裁、整改期及罚款。该委员会做出的裁决只能向联邦法院系统上诉。[34]

国家职业安全和健康委员会

国家职业安全和健康委员会存在的目的主要是研究安全和健康问题,并协助职业安全与健康管理局建立新的安全和健康标准。与职业安全与健康管理局一样,国家职业安全和健康委员会可以检查工作场所和收集资料,比如对雇主和雇员有害的物质。此外,国家职业安全和健康委员会对职业安全与健康管理局的监察员和其他相关部门进行培训。[35]

州计划

职业安全与健康管理局允许各州建立自己的职业安全和健康计划,而且许多州已经选择这样做。如果一个州展示出有能力制定和执行标准、提供和培训有胜任力的执法人员、为企业提供教育和技术支持,职业安全与健康管理局就会批准该州的计划。州计划经批准后,职业安全与健康管理局将提供50%的资金作为计划的运行成本,并赋予该州一定的责任和权限。职业安全与健康管理局不断监测和评价州计划,如果确定州计划无法继续维持,职业安全与健康管理局就可能撤销对它的批准。[36]

《职业安全和健康法案》的有效性

《职业安全和健康法案》是否是一个有效的工具并有助于创建更安全、更健康的工作场所?《职业安全和健康法案》的批评者指出,执行该法规程序的成本超过收益。然而,很多人认为,雇主承担的《职业安全和健康法案》的相关费用是直接的和容易衡量的,无事故工作场所的获益却并非如此。他们指出,意外所产生的费用应由受害人(雇员)而不是雇主承担。

事实上,事故和疾病的成本是巨大的。好消息是,有证据表明罚款和职业安全与健康管理局大力倡导的安全意识大大地推动了工作场所安全的发展。劳工统计局的数据显示,工作场所的伤亡致死率在2012年降至最低水平。[37]同样,受伤和疾病的比率也下降了,处于历史最低水平。但是,一些行业仍然是危险的。图表16.2显示了在美国死亡率最高的行业和领域。

图表16.2　死亡率最高的行业

行业	死亡率
伐木搬运业	127.8
渔业	117.0
冶炼业	37.0
环保服务业	27.1
农林畜牧业	21.3
建筑业	17.4

注:表中数值为每年每100 000人的工人死亡数。
资料来源:Bureau of Labor Statistics. (2012). Occupations with high fatal work injury rates, preliminary 2012 data. www.bls.gov/iif/oshwc/cfoi/cfch0011.pdf.

16.3　管理当今的安全、健康和行为问题

有效地管理工作场所的安全和健康,远比减少与工作有关的事故及伤害的数目要困难和复杂得多。在实践中,管理人员必须处理各种实践、法律和伦理问题,其中许多涉及如何权衡

个人权利(特别是隐私权)与组织的需要(参阅第 14 章)。因为这些议题往往会引起法律问题,人力资源专业人员经常呼吁制定和执行各项政策以处理这些议题。当今面临的问题包括工作场所的艾滋病、工作场所暴力、吸烟、累积创伤失调、听力损伤、胎儿保护、危险化学品和基因检测。

除了这些直接的挑战,对员工许下有关安全和健康的承诺也是很重要的。许多组织面临的问题是员工忽视安全问题,甚至对有助于加强安全防范的措施采取敌意的态度。其原因是:员工往往认为安全和健康措施会妨碍自己的工作,而且没有什么作用。

高层管理人员应致力于向安全和健康部门及相关人员解释。举例来说,每个人都明白事故的费用也是很重要的。此外,对违反安全和健康标准所付出的费用(如罚款)应对各层级的员工给出清晰的解释。一旦人们了解安全管理措施和企业的底线,对安全计划的抵制在很大程度上就会缓解。当然,消除人们的抵制是一个困难和微妙的过程,需要时间。

16.3.1 艾滋病

在有效处理工作场所安全的问题中,免疫缺陷综合征(艾滋病,AIDS)已成为职业安全和健康的一个重要挑战。20 世纪 80 年代初,艾滋病几乎不为人所知;但到了 1996 年,疾病控制与预防中心的报告显示,拥有 2 500 名以上员工的组织中,2/3 曾发现员工患有艾滋病或者感染艾滋病病毒 HIV(人体免疫缺陷病毒)。[38]

在中国,大多数艾滋病病毒感染者失去了工作,并且因身体状况而找不到工作。[39]中国现在正在遏制艾滋病问题,而且保护、反对歧视艾滋病工作者的立法压力正在加大。2012 年,中国法院关于一位有抱负的教师的判决表现出反艾滋病歧视可能发生改变的迹象。法院认为,该教师由于艾滋病病毒呈阳性而被非法地拒绝就业。法院判决该教师应获得赔偿金,使他成为中国第一个因艾滋病就业歧视而获得相关赔偿的人。[40]

美国联邦政府有关艾滋病的指导准则要求各个组织遵守,主要出现在《职业安全和健康法案》和《美国残疾人法案》中。

职业安全与健康管理局

1992 年,职业安全与健康管理局颁布了血源性病原体标准,这是一套旨在降低发生血液感染(如艾滋病和肝炎)意外的标准。这些标准在 2001 年进行了修订,在员工能接触到血液或其他体液的工作场所必须遵循该标准给出的步骤。例如,环境健康、安全行业的雇员,归属于这一标准的范围之内。职业安全与健康管理局要求所有可能接触传染性体液的员工应该通过教育和培训了解病原体的相关知识,以及如何才能降低感染病毒的风险。这也有助于工作人员减少被感染的风险,同时降低雇主的卫生保健费用。图表 16.3 总结了职业安全与健康管理局标准的关键要点。

图表16.3 职业安全与健康管理局标准的关键要点

- **暴露控制计划**。对于涉及潜在暴露于血液和体液的所有工作,必须每年编写和更新暴露控制计划。该计划应确定风险和预防技术。
- **提供培训**。在执行工作时可能受到感染的员工必须完成关于血源性感染的年度培训。除非在不到4分钟内保证能够得到医疗回应(在大多数情况下难以做到),培训还应包括急救和心肺复苏。
- **提供适当的个人防护装备**。如果发生涉及血液或体液的事故,就必须配备手套、面罩和其他防护装备。
- **安装血源性病原体保护套装**。保护套装通常包括防护物品,如手套、鞋套和面罩,以及清洁物品,如毛巾、粉末吸收剂、消毒剂和生物危险品袋。

资料来源:*Business Wire*. (2013, March 28). Six essential steps to reducing the impact of a bloodborne-pathogen incident; Howe, M. A., Brewer, J. D., and Shane, S. D. (2013). If not you, who? Responding to emergencies in physical education and physical activity settings. *Journal of Physical Education, Recreation, and Dance*, 84, 47—52; McLaughlin, S. B. (2012). Top 10 troubles. *Health Facilities Management*, 25, 39—41; Mitchell, B. (2013). Protecting your people, property and posterior: The top 11 errors in emergency planning. *Security*, 50, 38—39.

《美国残疾人法案》和管理者角色

根据《美国残疾人法案》指南,艾滋病病毒或艾滋病在一定程度上使工人丧失了部分工作能力。[41]因此,组织必须向感染员工给予一定的合理赔偿,包括工作时间的合理调整或工作地点的变动。例如,一家公司为一位患有艾滋病的经理提供椅子,能摊开成睡椅,并允许他在下午休息90分钟。[42]椅子让经理在下午体力下降时也能正常处理各种工作。该经理的会议都安排在上午,需要的话,加班则在晚上或周末进行。这种安排是合理的,它以最小的代价为该经理的工作做了适当的调整。

《美国残疾人法案》的相关条例对招聘过程也产生影响。雇主不能要求应聘者提供艾滋病病毒检测或艾滋病情况的相关资料,或者在上岗之前要求应聘者进行艾滋病病毒检测。在应聘者上岗之后,雇主可以向雇员索取相关资料或进行相关检测;但必须对测试结果保密。雇主不能开除在艾滋病病毒检测中呈阳性的雇员,除非雇主能够证明此人对同事或客户安全构成直接的威胁,而且这种威胁不能通过适当的工作调节来消除。这样的证明在大多数工作中是不可能做到的。

除了要遵守美国联邦机构所颁布的条例,组织还应制订艾滋病政策和教育计划,积极主动地解决艾滋病问题。教育计划可以提供关于疾病及其传播方式的准确信息。管理者笔记"南非主动应对艾滋病的方法"提供了一些例子,这些公司对工作场所的艾滋病问题的努力远远超出指南的要求。

管理者笔记:全球化

南非主动应对艾滋病的方法

南非是非洲大陆南端的一个美丽国度,正处于艾滋病病毒/艾滋病的流行期。在艾滋病病毒感染地区,成年患者占比超过17%,是世界上感染率最高的地区之一。虽然该地区人口占世界人口约10%,但据估计,超过60%由艾滋病导致的死亡发生在南非。这种流行病具有许多负面影响,包括减少寿命期和降低生产力。

商业已成为扭转这一流行病并努力改善该地区局势的一部分。以喜力、大众和宝马等在南非开展业务的公司为例,它们已经开发出效果显著的方法来应对艾滋病。

鉴于南非的公共卫生保健能力有限,喜力为当地员工提供公司医疗保健。在20世纪90年代,喜力公司成立了内部诊所网络,包括医生、护士、实验室技术员和药剂师,组成喜力工作人员的一部分。喜力公司初始的内部焦点扩大到包括当地社区。2008年,喜力公司成立了一个基金会,致力于改善公司在南非有业务地区的居民的健康。

大众(南非)公司因努力减少地区艾滋病病毒/艾滋病的传播而获得奖励。该公司的艾滋病病毒/艾滋病计划的重点是预防、治疗和护理,包括一个强调准确信息和支持的持续性的认知活动。每季度的员工通讯提供有关艾滋病病毒/艾滋病的最新信息。该计划还使用自愿的同伴教育者协助提高员工的认识和理解。大众(南非)公司为员工提供全面的医疗检查,并帮助那些提供支持和咨询的现场医疗从业人员。专家估计,南非11%的人口(约550万人)感染了艾滋病病毒。这种流行病使得南非人民的预期寿命缩短到51岁。社会责任要求南非的公司主动关注这一流行病并加入解决这一问题的队伍中。以大众和宝马这两家在南非开展业务的公司为例,它们开发出了效果显著的方法来应对艾滋病病毒/艾滋病。

大众公司在南非雇用了6 000多名员工,公司艾滋病防治计划的年度预算为167 000美元,包括以下内容:

- 员工及其家庭成员的医疗服务;
- 员工及其家庭成员的抗逆转录病毒治疗;
- 员工免费避孕套。

宝马(南非)公司雇用了约3 000名员工,公司的艾滋病病毒/艾滋病计划包括以下组成部分:

- 同伴教育者;
- 培训和研讨会;
- 免费避孕套;
- 自愿的艾滋病病毒/艾滋病咨询和检测;
- 抗逆转录病毒治疗。

资料来源:Anyanwu, J. C., Siliadin, Y. G., and Okonkwo, E. (2013). Role of fiscal policy in tackling the HIV/AIDS epidemic in Southern Africa. *African Development Review*, 25, 256—275; Chicoine, L. (2012). Aids mortality and its effect on the labor market: Evidence from South Africa. *Journal of Development Economics*, 98, 256—269; Van Cranenburgh, K. C., and Arenas, D. (2013, June 17). Strategic and moral dilemmas of corporate philanthropy in developing countries: Heineken in sub-Saharan Africa. *Journal of Business Ethics*, published online; Commended: Volkswagen South Africa, case study available at www.gbchealth.org/commended-company-2012-volkswagen-southafrica, accessed on October 2, 2013; Bolton, P. L. (2008). Corporate responses to HIV/AIDS: Experience and leadership from South Africa. *Business and Society Review*, 113, 277—300.

如管理者笔记所示，提高认识和教育工人是公司可以采取的积极态度与措施。然而，作为将来的管理者，您应该意识到，艾滋病相关问题的讨论存在界限。具体来说，《美国残疾人法案》关于职工医疗信息做出了严格的保密规定。保密的医疗信息只有在以下情况下才可以透露：一是管理人员或主管需要相关信息为艾滋病患者提供必要的工作调节措施；二是保健人员需要医疗信息为艾滋病患者提供紧急医疗服务。[43] 如果雇主披露雇员的健康状况（如艾滋病），就侵犯了员工的隐私权和仅工作歧视权。在工作场所公开讨论艾滋病问题，可以营造一个积极的工作环境，但披露员工的艾滋病状况是法律所禁止的。

16.3.2　工作场所暴力

媒体经常报道发生在工作场所的凶杀案件，相当常见的是由心怀不满的在职员工或前雇员所实施的。劳工统计局的数据显示，2012年在工作场所发生了463起凶杀案，近年来，凶杀案数量一直处于较低的水平，而且凶杀事件发生的频率也有所下降。例如，1994年的工作场所凶杀事件为1 080起。

暴力行为是比凶杀更常见的工作场所威胁。据司法局统计，1993—2000年，在工作时遭受暴力袭击的受害者的年均人数为170万。[44] 工作场所暴力有可能是致命的，也有可能是非致命的，包括攻击、威胁和破坏等各种形式。无论严重性或类型，意识到暴力的威胁仍然是一个重要的工作场所问题。[45]

减少袭击和威胁

员工人数在1 000或以上的美国组织中，大约一半曾发生工作场所暴力事件。然而，约70%的美国企业没有制定关于管理工作场所暴力的政策。[46] 组织应该评估风险和制定政策进行主动管理，以防止工作场所暴力事件的发生。虽然试图抢劫企业或对企业不满的前雇员的犯罪似乎是一个应该予以解决的明显风险，另一个风险的来源则是家庭暴力。

家庭暴力可能被许多人视为私人问题，但它可能影响工作场所。一项研究估计，1/3的家庭暴力事件发生在工作场所，甚至发生在停车场和办公室。[47] 家庭暴力问题有多普遍呢？约26%的妇女在工作场所承认自己是家庭暴力的受害者或幸存者。[48] 家庭暴力影响员工的福利和公司业绩，表现为缺勤、迟到、表现不佳和工作失误等，对员工绩效产生不利影响。

一些州和公司正在积极主动地处理家庭暴力问题，14个州和许多市政府制定了在工作场所保护家庭暴力受害者的法律。例如，伊利诺伊州的法律为家庭暴力受害者提供了广泛的保护。在伊利诺伊州，禁止拥有15名或以上员工的雇主歧视或报复家庭暴力受害者，并有责任为受害者提供合理的便利，例如调配人员、更换电话号码和工作时间表。[49] 服装零售商梅西西部公司为管理人员和销售人员提供培训，以了解如何识别家庭暴力的警告标志以及如何应对家庭暴力。[50] Liz Claiborne是另一家运用预防性管理来减少家庭暴力的公司。该公司培训管理人员如何识别和应对家庭暴力，还设立一个家庭暴力小组，为家庭暴力受害者提供各种建议。在两年的时间里，该公司处理了40多起家庭暴力案，并在处理过程中采取了积极的行动措施，而不仅仅是所谓的建议。

实施应对工作场所暴力的政策和采取有效的预防办法,按理来说应该能够减小工作场所发生暴力行为的概率。然而,这种暴力行为依然在不断增多。管理者笔记"家庭暴力的管理建议",可以帮助管理者更加有效地管理因家庭暴力而引起的工作场所暴力事件。

 管理者笔记:伦理/社会责任

家庭暴力的管理建议

家庭暴力蔓延到工作场所,影响了受害者及其同事。以下是应对家庭暴力的一些管理建议:

- 请求当地执法人员加强对工作环境的巡逻工作,特别是在家庭暴力受害者的周围。
- 为家庭暴力受害者提供更加方便的停车场,使他或她能够更快地进入办公大楼。
- 如果为雇员前往停车场和从停车场出来提供看护人员是一个好主意,那么看护人员应该是训练有素的,不应该仅仅是在办公室表现不错的,除非他或她受过相关的安全培训。
- 使用监测和检测设备(如监视设备),它们可在事件发生时发出警报。
- 为受害员工提供临时的工作地点。
- 如果事件较严重,则可以通过行政许可或病假让员工暂时离开工作岗位。

有关制定防范家庭暴力造成工作场所悲剧的政策的更多信息和帮助,请访问:www.workplacesrespond.org。

资料来源:Gurchiek, K. (2005). Study: Domestic violence spills over into the workplace. *HRMagazine*, 50, 32, 38; Savard, D., and Kennedy, D. B. (2013). Responding to intimate partner violence in the workplace. *Security Journal*, 26, 249—263; Twigg, T., and Crane, R. (2009). Ending the silence on domestic violence in the workplace. *Dental Economics*, 99, 33—34.

降低蓄意破坏带来的威胁

工作场所暴力的另一种形式就是蓄意破坏。破坏不是物理暴力,但同样是一种暴力行为。破坏行为可以是针对一个人,如企图毁坏他人的职业生涯,也可以是针对一个组织,如企图破坏设备或组织声誉。很多破坏行为是出于报复的动机。愤怒和痛苦的员工的报复行为是多种多样的,从把老鼠放到食品中到把针头放在婴儿食品里,再到纵火和毁坏电脑里的数据资料。[51]

破坏行为的发生频率和覆盖面是很难评估的。然而专家认为,破坏行为越来越成为组织急需解决的一大问题。许多破坏者是心怀不满的前雇员,他们是裁员或组织精简的受害者,认为自己受到前雇主的不公平对待。所以,这些心怀不满的员工就对组织进行报复,如损坏计算机系统,给组织制造难题。

当然,累积创伤失调并不能消除组织中来自日常生活的所有压力,但应该能够确保员工得到公平对待,这虽然会增加组织的成本但不会影响组织的承诺。因此,员工虽有不满,但不足以引发暴力行为。对于员工的绩效表现,管理人员应将重点集中在员工绩效的改进和未来的发展上,而不是一味地批评员工过去存在的绩效问题(参阅第 7 章)。累积创伤失调永远不要在同事面前惩罚或批评员工,因为这样做是对员工的不尊重甚至是人格的侮辱,有可能引发员工日后的暴力行为。[52]

管理人员还应当采取措施,尽可能不雇用容易产生暴力行为的工人。例如,面试时可以让应聘者描述当不同意上司的决策意见时,他们原来是如何回应的,为什么会有这种反应?[53]应聘者对该问题及其他问题的回答可以反映其暴力倾向。此外,面试有助于寻找关于应聘者是否滥用药物或有情绪问题的证据,这些在驾驶记录里可能会有所显示,如应聘者是否有酒后驾车的记录。如果应聘者的个人职业生涯始终有无法解释的空白点,组织应该予以仔细审查,以避免发生**疏忽雇用**(negligent hiring)。[54]

16.3.3 累积创伤失调

累积创伤失调(cumulative trauma disorder,CTD)也称重复性压力损害(疾病或症状)。累积创伤失调指的不是一种疾病,而是一系列的症状,从腕管综合征——这往往影响经常使用计算机键盘的用户的手腕——到网球肘及前臂和肩膀疼痛。[55]据估计,累积创伤失调导致美国每年损失超过 1 600 万个工作日,成本超过 400 亿美元。[56]

管理人员应采取措施,通过教育并在必要时改变工作场所的实际安排来减少累积创伤失调。图表 16.4 给出了可以降低累积创伤失调可能性的生产车间布局的建议,其中很多也适用于非生产工人。

图表 16.4 降低累积创伤失调发病率的建议

- 使工作台面的高度舒适,可以适应椅子高度、人体尺寸和必要的移动。
- 将用品和工具放置在方便的地方。
- 保持工作强度低于心脏水平,以减轻肌肉疲劳。
- 使光线强度与任务相匹配,以减少错误、缓解紧张和疲劳。
- 针对工人和任务调整工作设备。

资料来源:*Material Handling Management*. (2008). Seven ways to fit the task to the worker, 63, 34—35.

16.3.4 听力损伤

人们普遍认识到,噪声可导致失聪。然而,最近的发现认为,一直在 95 分贝的噪声下工作,会使血压升高并导致各种消化道、呼吸道及肌肉骨骼疾病。长期在高分贝噪声下生活会使视力下降,这可能导致交通事故和伤害的增加。[57]鉴于噪声对健康潜在的负面影响,职业安全制定了职业噪声标准。这个标准要求组织为长期在 85 分贝噪声或者更高的环境下工作的员工提供免费的听力保护。然而事实上,很多组织无视该标准,一项研究结果表明,平均而言,只有不到 50%的员工得到应有的听力保护。[58]此外,许多员工在佩戴听力保护器时,戴法并不正确。还有一个问题是,如何让员工认识到并认真对待噪声对听力造成的威胁。

防止听力下降的努力不应该局限于让员工保护自己的听力,降低员工工作环境的噪声是预防听力下降的直接和主要的途径。虽然降噪并非总是可行的,但许多组织发现,使用新机器往往具有提供更安静的工作环境的优点。[59]预防听力损伤的努力必须具备广泛的基础,还要考虑系统(机械)和人(员工)的因素。管理者笔记"预防听力损伤的管理措施",确定了在工作场所预防听力损伤的基本步骤。

管理者笔记:客户导向的人力资源

预防听力损伤的管理措施

听力下降是不可见的,受害者可能需要几年才会察觉到。当工人长时间处于工作场所噪声环境下时,听力损伤可能会随时间而变得更糟,但通常只是小幅加重,可能不被我们每天注意到。由于它的潜在性,管理层采取积极主动的方法限制听力损伤是非常重要的。以下是制订预防听力损伤计划的基本步骤:

- **环境有多嘈杂?** 第一步是确定工作场所的噪声水平。要求人们提高对话的声音以确定噪声水平,从而表明噪声的问题级别。然而,你不能依靠主观判断,而应该使用声级计以确定工人所处环境的噪声级别。
- **降低噪声水平!** 如果存在过多的噪声,逻辑上,下一个步骤就是尝试减少噪声,可行方法包括用显然更安静或屏蔽现有噪声源的新机器更换旧机器。
- **保护每个工人的听力。** 听力保护设备只能保护佩戴者,而降低总体噪声水平则有助于每个人避免听力损伤。但是,在无法充分降低噪声水平的情况下,下一个选择就是为工人提供听力保护设备。
- **训练工人正确佩戴听力保护设备。** 如果工人没有正确地佩戴听力保护设备,它就不可能充分地保护听力。确保工人知道如何正确佩戴。
- **激励工人佩戴听力保护设备。** 一些工人可能不想佩戴听力保护设备。作为管理者,你必须清楚地知道,避免听力损伤是一个组织所要承诺的重要内容。你可以使用宣传册、海报和其他信息来证明这一承诺,你还可以向所有成员均佩戴听力保护设备的工作团队提供认可、金钱或奖品。

资料来源:Vallee, L., Ruddy, M., and Bota, K. (2020). Can you hear me now? *Professional Safety*, 55, 26—32. Selwyn, B. (2020). Noise measurement and control. *Professional Safety*, 55, 16—18; Safety Director's Report (2002); Hearing protection strategies for any safety department budget. May newsletter of the Institute of Management and Administration.

16.3.5 胎儿保护、危险化学品与基因检测

20世纪70年代和80年代,少数几家美国大公司制定了旨在防止怀孕员工接触到可能对胎儿不利的有害化学品的工作场所政策。这些政策引起了一些争议,因为它们往往会限制女性在一些行业获得报酬更好的就业机会。例如,1978年,几名在美国Cyanamid公司工作的女性为了得到高薪就业机会而接受绝育手术。

关于胎儿保护的争议在 1982 年引起了联邦政府的注意。电池制造商 Johnson 公司不允许育龄妇女从事要接触铅的工作。工会起诉 Johnson 公司有性别歧视,因为该政策只限于女性雇员。最高法院的判决不支持公司的做法,认为性别歧视行为是非法的。[60]

这一判决引起许多公司的极大关注,如通用汽车、杜邦、孟山等有胎儿保护政策的公司。这些公司认为,唯一的选择是极力减少使用某些物质,但是声称减少使用这些化合物很困难且成本很高昂。批评者认为,这些公司应该采取更多的措施保护所有工人,而不是简单地在工作场所取消某些东西。[61]

生殖健康也是工作场所面临的一个重要问题,对数以千计的雇主及工人有着潜在的重要影响。例如,一项针对 1 600 名孕妇的研究表明,那些经常使用视频显示终端的孕妇的流产率是没有使用该仪器的孕妇的两倍。在休斯敦数字设备公司的工厂对孕妇的研究得出了类似结果。虽然旧式视频显示终端在今天已经不太常见,但问题仍然存在于还在使用这种旧技术的领域。[62] 相比而言,胎儿健康问题更为复杂,现在只有少数公司有较全面的关注胎儿健康的政策,而且许多关于工业化合物对生殖健康的影响的研究结果是不确定的或不完整的。尽管研究表明,一些化学物质(例如铅)严重威胁胎儿健康,但接触许多其他化合物可能不会有问题,但尚没有研究加以证明。有些化合物甚至会对男性的生殖健康产生危害,而不仅仅只是影响女性。

危险化学物质

每年发生的工作场所的事故及其造成的伤害,很多是因为接触了有毒化学品。在过去,工作人员常常需要处理化学品,但通常并没有充分地了解所接触的化学物质的危害。然而,在 1983 年,职业安全健康管理局颁布的危害告知标准授予员工了解工作场所危险化学品的权利(见图表 16.1)。最新的标准要求制造商和用户将危险化学品与普通化学品区分开,并且向员工提供危险化学品的相关信息,培训员工了解这些危险,并就危险化学品的处理方式开展培训。[63]

确定物质是否具有危险性影响和毒性水平是一个需要对各种来源进行分类的艰巨任务。为了简化这一过程,美国劳工和卫生专业人员开发了在线决策支持系统,被称为 **Haz-Map**,旨在帮助用户识别和预防工作场所的化学与生物制剂引发的疾病。[64] Haz-Map 是防范中毒和识别职业病的有用工具,可从 http://hazmap.nlm.nih.gov/index.html 上获取,网站内容可以通过危险物质和工作进行分类搜索。

基因检测

基因检测(genetic testing)作为新出现的有争议的工具,可用于识别在基因层面易患疾病或残疾的雇员。2008 年,保护与遗传检测相关的员工的联邦立法获得通过。《遗传信息禁歧视法案》(GINA)禁止雇主根据遗传信息歧视雇员,雇主不得询问、要求或购买遗传信息。该法案还禁止医疗保险公司根据遗传信息确定受保资格或保费。[65]

16.4 安全和健康方案

我们在前面深入讨论了工作场所的物理伤害及其对工作者和组织的影响。但是,压力、不安全的行为和不良的健康习惯对员工也有较大的影响。为了应对物理伤害和其他类型的伤害,公司必须实施深入的安全和健康方案。

16.4.1 安全方案

一个安全的工作环境不是偶然出现的,而是被创造出来的。在安全方面声誉最佳的组织已经形成了筹划良好的、周密的安全方案。组织高层应该关注安全问题,管理人员和各级主管人员均应当具有安全意识,负责安全培训,并为安全的工作行为提供奖励。虽然高层支持安全方案,但是没有人比员工更了解一项工作的风险及其需要改善的地方。一线员工的参与和投入对安全方案的有效性是至关重要的。[66]

拥有全面安全方案的公司可能会因发生更少的事故、更少的工伤赔偿申诉和诉讼、更少的与事故有关的成本费用而得到奖励。请牢记,《职业安全和健康法案》认为员工参与是成功的安全方案的关键特征。组织应该成立有员工参与的安全委员会,虽然具体的细节可能会有所不同,但安全委员会的宗旨是促进员工和管理人员合作以改善工作场所的安全与健康。[67]安全委员会通常负责评估安全程序是否充分;监测调查结果和趋势;审查事故、疾病和安全建议,并建议和评估危害的解决办法。专家建议安全委员会不应负责执行政策,否则就有可能被视为"安全警察";相反,应由安全委员会提出建议,管理部门负责落实和执行。

Alberto Culver公司成立安全行动小组的做法,显示了员工加入安全改善过程的潜在价值。[68]该公司过去有安全委员会,但很少征求铲车司机、装卸工和包装工等最接近工作现场的工人的建议。1999年,该公司成立了第一个安全行动小组,之后,一切都变了。该小组与一线工人合作,利用他们的知识增强工作场所的安全性。在小组运作的第一家工厂,一年内有记录的工伤率下降了44%,损失的时间减少了70%。成效是不可否认的。Alberto Culver公司(现为联合利华公司)的安全行动小组已扩展为46个全球改进小组,包括425名员工。

16.4.2 员工援助计划

我们在第13章看到,**员工援助计划**(EAP)旨在帮助员工处理因身体、心理或情绪而导致的绩效低下问题。员工援助计划处理各种问题,从员工滥用毒品到婚姻问题。最近的调查表明,大多数公司提供员工援助计划,但许多工人(约20%)不知道公司为他们提供员工援助计划。[69]员工援助计划有可能提供有效的援助,但前提是雇主让员工了解该计划。

许多组织建立员工援助计划,因为认识到组织的道德和法律责任不仅保护员工的身体健康,还保护员工的精神健康。道德责任基于这样一个事实:氛围、变革、制度、工作节奏、管理风格、工作群体特征等因素会对组织造成压力,也会给员工带来行为上的、心理上的和生理上的问题。[70]当员工因压力相关的疾病而起诉公司并要求赔偿时,道德责任就变成了法律责任。

事实上，之所以高度关注压力问题，是因为日益增长的员工索赔以及相应的成本支出。[71]

压力往往导致**倦怠**（burnout），这是一种综合征，特点是情绪耗竭、人格解体和个人成就感降低。[72]有倦怠感的员工可能害怕开始新的一天，面对同事和客户的无情，选择退出组织并认为不太胜任工作。一些因素可能会导致倦怠，包括在处理各种与工作有关的问题和困难时的歧义与冲突。[73]缺乏社会支持可能加剧这些影响。

倦怠会对个人和组织产生严重的消极后果，并对身心健康造成负面影响。[74]因倦怠而导致的精神健康问题包括抑郁、烦躁、自尊心受损和焦虑不安，产生的生理问题包括疲劳、头痛、失眠、肠胃不适和胸口疼痛。倦怠对组织输出也会产生影响，如营业额降低、员工缺勤率上升、组织绩效不高。[75]另外，工作倦怠可能导致员工酗酒和吸毒。[76]

抑郁症是员工援助计划值得考虑的另一个问题。临床抑郁症是一种严重的精神病，也是工作场所存在的一个更严重的问题。罗纳德·特凯斯勒博士是哈佛医学院保健政策方面的专家，他认为抑郁症患者"在工作时间和行程安排方面会遇到困扰，而且容易发生工伤事故"。[77]其他的一些调查研究与这一观点相符，认为抑郁症患者由于注意力不集中、疲劳、记忆力衰退、反应迟钝，从而比较容易发生意外。除了发生工伤事故，抑郁症患者也会导致组织的生产率下降。抑郁症的治疗可以通过咨询和药物，但你应该寻求员工援助计划或其他来源的帮助，将这种治疗留给专业人士。

管理者是否将员工送交员工援助计划，应该仅仅根据绩效问题而不是其他原因。Lucky商店经理的案例，说明了这一点。[78]该经理一直是明星员工，但员工慢慢开始抱怨他的独裁和不友好的态度。公司代表询问他工作中是否有"问题"，并提供给他相关方面的援助。但他否认问题的存在。公司将他调至另一商店，但情况依然没有得到改善。如果他愿意接受公司员工援助计划的帮助，就可以申请一段假期。公司 EAPs 工作人员认为他的工作压力太大，被诊断出患了一种心理疾病。在6个月的假期后，他被公司解雇。

该经理向公司提起诉讼。法院认定，虽然他不是残疾人，但公司可能把他当作残疾人看待。因此，该经理可根据《美国残疾人法案》起诉公司。最后，公司和该经理达成一项庭外和解。这个故事和一些类似的案例说明，员工援助计划应该建立在与工作有关的行为和绩效的基础上，而不应该基于员工的精神或情感健康的推论或结论。

16.4.3 健身计划

鉴于员工援助计划的工作重点是治疗陷入困境的员工，**健身计划**（wellness programs）侧重于做好预防工作以促进员工的健康。健身计划在美国已经成为广受欢迎的员工福利，一项调查发现，64%的雇主为员工提供健身计划。[79]健身计划在美国以外的地域也越来越受欢迎，欧洲、亚洲和非洲约40%的雇主提供这种福利。[80]

一个完整的健身计划有三个组成部分：
- 通过筛选和测试帮助员工识别潜在的健康风险。
- 就有关健康风险问题对员工进行培训，如高血压、吸烟、不良饮食习惯和压力。
- 鼓励员工改变生活方式，如加强锻炼、养成良好的饮食习惯、经常进行健康检查。

健身计划可以很简单,成本也不高,例如为员工提供如何戒烟和减肥的方法与信息;但如果为员工提供专业的健康检查和价值数百万美元的健身设施,健身计划就显得比较复杂,成本也很高。企业发现,社交媒体是成本效益显著的实施健身计划的手段。管理者笔记"基于社交媒体的健身方法",描述了应用社交媒体的健身计划。

  管理者笔记:科技/社交媒体

基于社交媒体的健身方法

从作为营销工具到提供计划平台的社交媒体正在被整合到健身计划中。

- **社交媒体作为营销工具。** 弗吉尼亚州里士满的 VCU 医疗中心使用 Facebook 活动来帮助女性员工推广乳腺 X 光检查。医疗中心发现这种方法是非常有成本效益的,非常高兴地看到实施该程序后,乳腺 X 光检查人数增长了 40%。
- **社交媒体作为交付平台。** 加利福尼亚州的 Sprint 和 Blue Shield 提供了利用社交网络平台的健身计划的示例。对于在全美范围内的第一个健身计划,Sprint 与健身软件公司 ShapeUp 联合动作该计划。Sprint 开发了一个让员工参加一个为期 12 周的"健身"计划的挑战,员工可以组成团队,在线记录健身进展、相互挑战。该公司近 40 000 名员工中约 16 000 名注册参加了该挑战,只有约 45% 的注册员工坚持了整整 12 周,但 Sprint 对这一结果是积极肯定的。在这 12 周内,Sprint 员工减少了 40 000 多磅的重量,步行了超过 40 亿步。

  与 Sprint 的方法类似,加利福尼亚州的 Blue Shield 通过社交媒体向员工提供了一个为期 8 周的健身挑战,大约 1 300 名员工走过了超过 4 亿步(相当于 20 万英里)。
- **基于社交媒体的其他健身工具。** 越来越多的基于社交媒体的健身工具不断涌现。除了 ShapeUp,提供健身软件的公司还包括 Keas 和 Limeade。并非所有的社交媒体平台提供相同的功能或价格,所以值得好好挑选。

资料来源:Davis, A. (2012). Sprint expands wellness through social media. *Employee Benefit News*, 26, 45; Marshall, L. (2011, October). Gain insight into member needs with social media tools. *Managed Healthcare Executive*, 45—46; Rafter, M. V. (2012). Starting a social wellness program. *Workforce Management*, 91, 38.

对良好健康习惯的奖励

健身计划如果得到有效执行,就能够给组织带来很多财务利益。虽然在推行和维护健身计划时要花费成本,但健身计划能大大降低组织的医疗保险费用和旷工率,从而大大抵消组织的初始投资。最近的一项研究追踪调查了中西部公用事业公司健身计划的投资回报。[81]虽然该研究仅关注一个拥有超过 2 000 名员工的组织九年间健身计划的有效性,但是这些发现证明了健身计划是一项好的投资。该健身计划的总体投资回报率为 157%,医疗保健成本降低所节省的经济成本和所减少的工作时间,远远超过健身计划的成本。

这些结果表明,对健身计划的投资回报可以以各种方式实现。此外,人们声称,在参加健身计划后,他们的工作变得更好,工作效率也更高。但是,我们难以评估和衡量这些可能。

本章小结

工作场所安全和相关法律

工作场所安全的法律有两套:(1)工伤赔偿,是在国家层面上运作的雇主资助的保险系统;(2)《职业安全和健康法案》,是规定工作场所安全标准的联邦法律。

工伤赔偿,包括完全伤残福利、部分伤残福利、家属福利、医疗费福利和康复保障福利,是指为了确保受伤员工得到及时和合理的医疗服务,向员工或其家属支付一定的收入。它还鼓励雇主在工伤事故和伤害方面为员工投以较高的保费以加强工作场所安全。

《职业安全和健康法案》

《职业安全和健康法案》要求雇主遵守特定职业的安全和健康标准,为员工提供一个安全及健康的工作环境,并随时记录员工的职业伤害和病痛。该安全标准通过一系列的检查、罚款、刑事处罚来强制执行。

管理当今的安全、健康和行为问题

当今最突出的安全、健康和行为问题是艾滋病、工作场所暴力、累积创伤失调、胎儿保护、听力损伤、危险化学品及基因检测。在这些领域中,各级管理人员必须面对各种现实,处理法律和伦理问题。这些问题往往要求认真权衡个人权利(特别是隐私权)和组织需要。

安全和健康方案

全面安全计划是指管理有关员工事务的周密计划的努力。员工援助计划旨在帮助员工有效处理来自生理、心理或情绪方面的问题(包括压力),这些问题给他们的工作带来了很多负面影响。健身计划旨在帮助员工识别潜在的健康风险,并在健康问题出现之前就采取很好的预防措施。

关键术语

倦怠(burnout)
累积创伤失调(cumulative trauma disorder,CTD)
基因检测(genetic testing)
危害告知标准(Hazard Communication Standard)
用于识别和预防工作场所的化学与生物制剂引发的疾病的在线决策支持系统(Haz-Map)
可燃性粉尘(combustible dust)
疏忽雇用(negligent hiring)
《职业安全和健康法案》(Occupational Safety and Health Act,OSHA)
健身计划(wellness program)

视频案例

Herman Miller：公司的员工安全管理。 如果教师布置了这项作业，请访问 www.mymanagementlab.com 观看视频案例并回答问题。

问题与讨论

16-1 工伤赔偿与职业安全与健康管理局的目标之间有什么区别？

16-2 什么样的政策最能预防工作场所暴力行为？

16-3 职业安全与健康管理局的标准在改善粉尘方面所采取的措施是否有效？为什么？

16-4 如果一项工作对胎儿和孕妇存在潜在危险，那么该项工作对男士也采取限制是否合法？

16-5 基因检测如何被用于识别？

16-6 管理者如何运用组织的奖励制度来促进和维护工作场所安全？

16-7 对于一家公司来说，投入成本开展健身计划是否物有所值？请解释。

16-8 有人认为采取强制措施改善安全状况可能是一个不错的选择，包括员工在内的安全咨询小组就是一个例子。然而，鼓励众多员工参与就意味着员工要暂时离开工作岗位，生产率可能会因此而降低。通过这种方式促进工作场所的安全值得吗？为什么？

16-9 你的一个同事认为，企业不应该关注家庭暴力。你同意吗？请解释。

16-10 社交媒体是提供健身计划的有效方式吗？为什么？基于社交媒体的健身计划的主要特点是什么？

我的管理实验室

请根据教师要求，登录 www.mymanagementlab.com 完成写作题，系统将自动给出分数；也可以完成下列问题，分数由教师给出。

16-11 有些岗位涉及危害。一些雇主为这些岗位支付更高的工资，但安全和健康立法表明这可能不够。雇主应采取哪些基本措施以确保员工的安全？

16-12 描述如何在员工健身计划中使用社交媒体。

16-13 描述为什么管理层应该解决工作场所的暴力问题。为了减少工作场所暴力的威胁，管理者可以采取哪些措施？

你来解决！伦理/社会责任　案例 16.1

职场欺凌

如本章所述，工作场所暴力可以有多种形式。欺凌是其中一种形式，它相对微妙但会对工作场所造成破坏。什么是欺凌？一般来说，职场欺凌被描述为损耗或恐吓员工的行为。职场欺凌和创伤学会将欺凌定义为反复的、损害健康的虐待，包括言语侮辱、威胁、羞辱或攻击性行为以及工作干扰。

如果只对来自受保护阶层中的某位员工进行欺凌，欺凌就可能是非法歧视。然而，如果受害者不是来自受保护阶层，反歧视法将不提供任何保护，至少在美国是这样的。加拿大、澳大利亚和欧洲已经通过反欺凌的法律。美国至少有16个州已经在进行有关工作场所反欺凌的立法工作，但尚未通过一部法律。联邦反欺凌法的初衷是保护每个人，而不仅仅是某些特定群体。批评者担心，反欺凌法可能将责任推给雇主，从而引起大量诉讼。他们还认为，由于不能够精确地定义欺凌，导致它很难被禁止。

虽然可能很难定义，但最近的一项调查发现，37%的员工认为在工作中受到欺凌。研究还发现，被欺凌的员工往往对自己的工作不太满意、有更大程度的焦虑、更有可能辞职。在最近的一次小范围调查中，一些会计师反映当受到欺凌的压力时，他们更可能会改变财务报告中的数字。

虽然欺凌行为可能不违反联邦或州法律，但希望成为受欢迎的雇主并且拥有有效工作团队和高水平生产率的组织来说，欺凌不应该被容忍。加利福尼亚州南部的 Goodwill 提供了一个组织可以做些什么来预防或阻止职场欺凌的例子。它制定了管理不端行为的制度，作为实现"尊重、诚信、服务和卓越"战略宗旨的手段。Goodwill 规定，人际不端行为是指对他人（且他人也能感觉到）进行欺负、贬低、恐吓、嘲笑、侮辱、吓唬、迫害、攻击、剥削或威胁。在判断员工有无人际不端行为时，Goodwill 针对该员工是否持续具有这种行为模式，而不是根据某一孤立事件给出结论。该组织解雇了一些违反该政策的员工。

关键思考题

16-14　职场欺凌与歧视相同吗？请解释。

16-15　职场欺凌与性骚扰相同吗？请解释。

16-16　立法是管理职场欺凌的有效工具吗？为什么？

16-17　如何形成不容忍欺凌的职场文化？

16-18　如何估计职场欺凌的成本？

小组练习

16-19　一个古老的商业格言说，"你无法管理你不能衡量的东西"。这一简单但很有哲理的逻辑运用到职场欺凌管理中表明，只有很好地衡量职场欺凌行为，才能进行有效的管理。但到底怎样衡量呢？解决这个问题的最好方法是参照以往职场欺凌的例子，下面列举几个加以说明。想找到更多的例子,请前往网站 www.bullyonline.org 查阅。
- 总是因为小事而受到批评。
- 常常在有他人在场的情况下受到侮辱、威胁或辱骂。
- 发现自己的工作及成果被盗。
- 自己的言行被误解或扭曲。

作为一个小组,对职场欺凌行为的衡量展开研究需要用到哪些衡量工具?应该确立怎样的标准?请解决这些关键问题并设计衡量方案。如果可能的话,找一个相关的例子看看衡量的措施和标准到底是怎样的?是否分等级?能否在清单上确认?还是有其他方式?由谁来衡量?最后,根据所得到的数据确定方案。也就是说,面对这些数据,你将采取怎样的措施?你会将这些数据用于员工个人考核吗?你会试图界定到底什么是欺凌行为吗?衡量方法应当具备哪些实用性?

与班级其他同学分享你们的衡量方法,同时描述你将如何使用相关数据的管理计划。在教师的指导下,全班一起选择一个最佳的衡量方法,并制订最佳的管理计划。

实践练习:小组

16-20 职场欺凌行为形式多样,如小组练习里列举的例子。与你的组员确定一个职场欺凌行为的典型例子,并进行角色扮演。每个小组在班上介绍自己扮演的角色。如果需要,该小组应解释这些角色扮演者是如何应对欺凌行为的。

班级同学认真分析各个小组角色扮演的例子。在每个角色扮演中,考虑应该采取什么措施来预防或消除这种欺凌行为。教师可以让学生在每个角色扮演后进行一系列的讨论。如何将课堂上的角色扮演方法运用到组织的反职场欺凌行为的管理政策上呢?

实践练习:个人

16-21 我们需要在行为术语中对欺凌进行定义,以便职场欺凌政策可以从概念转移到现实操作中。如果欺凌行为可以被定义,那么这种行为对于衡量职场欺凌的发生以及培训员工应对不可接受的多种工作场所行为的态度是有用的。

基于你的判断,列举一些职场欺凌行为案例。换句话说,具体的职场欺凌行为有哪些呢?这些行为在组织中是如何体现的?与同学分享你的案例。

资料来源:*HR Focus*. (2008). Workplace violence update: What you should know now. 85, 7—11; Saul, K. (2008). No bullies allowed. *Credit Union Magazine*, 74, 58; Zeidner, R. (2008). Bullying worse than sexual harassment? *HRMagazine*, 53, 28; Greer, O. L., and Schmelzle, G. D. (2009). Are you being bullied? You're not alone. *Strategic Finance*, 91, 41—45.

你来解决!新趋势 案例 16.2

对金属"铍"的了解只是冰山一角

职业安全与健康管理局是公司和员工都能指望得上的机构,该组织努力实现工作场所尽可能是安全的。职业安全与健康管理局确保工作场所安全的一个主要手段是确立工作安全标准,以及工作场所可以接受的化学物质含量等。然而,安全不只是一个标准问题,管理人员和员工必须共同行动,在组织中形成重视安全的氛围,使安全成为一种指导性价值观,而不是仅仅作为必须遵守的事项。如果安全标准不足以保护员工的安全,那么会发生什么呢?这种情况看起来就像是以一种什么样的标准接触铍的问题,包括职业安全与健康管理局自己的雇员也会受到影响。

铍是一种很重要的金属,比铝更轻,但比钢还硬。它是制造原子弹的重要材料,常用于牙科、电信和航空航天业。它会出现在手机、计算机、汽车和高尔夫球俱乐部中,也会出现在物品回收行业。

铍的主要问题是其粉尘具有毒性。只要几百万分之一克的铍就可以对肺部或其他器官造成致命伤害。接触少量的铍会严重损害免疫系统,并患上一种慢性铍病。铍在工作场所越来越多地被使用,但现在看来,这可能给员工的健康带来很大的风险。位于丹佛的美国犹太医学研究中心正在就慢性铍病开展积极研究。研究中心的高级专家李·纽曼博士认为,慢性铍病现在还是一种无法识别的流行病,我们还没有开始了解。

铍的接触标准早已存在,但它尚不足以确保人们的生命安全。这是职业安全与健康管理局的雇员亚当·芬克尔最关心的问题,他告诉记者,职业安全与健康管理局甚至还没有使本组织的雇员摆脱铍的危险。芬克尔督促职业安全与健康管理局的检查员都进行铍含量的检测。芬克尔认为,职业安全与健康管理局对此举的反应就是不断地攻击他并将他降级。职业安全与健康管理局不同意芬克尔的说法,芬克尔就此事提起投诉,但处理情况仍然不详。也许最重要的是,职业安全与健康管理局正在对检查员进行铍检测。在被检测的 271 名检查员中,10 人被发现体内有金属铍,并且有可能发展成潜在的致命性肺部疾病。然而,多达 1 000 名现员工和前员工之前可能接触过铍。最大的铍制品生产商 Brush-Wellman 公司认为,职业安全与健康管理局的现行标准是不够的。该公司制定了自己的标准,规定空气中允许的铍含量是职业安全与健康管理局标准的 1/10。

关键思考题

16-22　职业安全与健康管理局官员对铍的宣传,使得那些在工作中经常接触铍的成千上万的工人加强了对铍的关注。职业安全与健康管理局官员检查工作场所只是偶尔的行为,而工人则是长期在那里工作。这些工人应该做铍含量的检测吗?检测费用应该由谁承担?

16-23　职业安全与健康管理局受到批评,因其所制定的铍标准不足以保证安全。该机构在 20 世纪 70 年代尝试推行更低的接触限值,但很多公司声称无法达到新的标准,新的标准由此没有通过。基于这一历史,公司或职业安全与健康管理局对现行的不合理标准要承担一定的责任吗?

16-24　由于铍标准的不合理,职业安全与健康管理局可能会失去公司在其他安全问题上对它的信任。如果你被聘为职业安全与健康管理局的顾问,你会提出怎样的建议以减少铍标准对机构声誉和效益造成的损害。

小组练习

16-25 组成一个小组。假设你是一家铍含量检测公司的管理者,你将建议采用什么标准。当知道职业安全与健康管理局的一些官员已经制定了新的铍标准,你会推迟采用它的标准吗?或者,你会建议更低铍含量的标准吗?这个新标准是如何确定的?该公司应该如何选择一个安全的标准?

公司里许多工人因为长期接触铍,所以对自己的安全状况很担心,甚至有点恐惧。你如何处理工人的这种担忧?

在小组成员面前,陈述你建议的标准以更好地关注那些担心的员工。在教师的指导下,从小组成员的建议中挑选最佳方案。

实践练习:小组

16-26 具有讽刺意义的是,职业安全与健康管理局自己员工的安全状况都没能得到保证。更好笑的是,人们质疑的不仅是标准问题,对职业安全与健康管理局的安全文化也表示怀疑。

从同学中选取几个代表扮演职业安全与健康管理局董事成员的角色。这些成员负责为职业安全与健康管理局重新建立一个强有力的安全文化流程提供积极建议。他们将讨论,不完善职业安全与健康管理局安全文化会有哪些弊端。

资料来源:Carey, J. (2005, May). The "unrecognized epidemic": Beryllium can be toxic to the workers who handle it. Where has OSHA been? *Business Week*, 40—42; Minter, S. G. (2005). Erring on the side of disaster. *Occupational Hazards*, 67, 6.

你来解决!全球化 案例16.3

心理健康:一个全球关注的问题

工作场所中的危害,在危及工人身体健康的同时也可能会使工人发生患心理疾病的风险。不幸的是,不良的心理健康状态有时会产生消极的影响,而且时常得不到解决。值得庆幸的是,工作场所的心理健康问题在许多国家受到积极重视。

心理健康问题会影响人们的日常生活(包括工作)、努力方向以及工作效率。据估计,每年有1/4的人会产生心理健康问题,其中抑郁和焦虑是最常见的。[a]此外,人们日益认识到,恶劣的工作条件可能引起或加剧心理健康问题。近期的调查发现,2/3的受访者认为,工作负荷过大、不现实的工作目标及加班都会引发或加重心理健康问题。

据统计,在欧洲,压力综合征导致的休假总计多达9 100万个工作日,这对于欧洲的商业活动是一个巨大的损失。欧洲人正在主动采取措施应对该问题。2005年,52个国家共同推出欧洲心理健康计划,使人们更加意识到在工作场所改善员工心理健康的重要性。该计划指出,雇主必须认识并接受心理健康的作用重大这一观点,且雇主有责任尽量减少工作场所出现的心理健康问题。该计划倡导雇主进行员工调查,以便发现工作场所中存在哪些影响员工心理健康的因素。该计划还鼓励欧洲的公司制定心理健康管理政策,采取措施以提高对心理健康的正确认识,并针对心理健康问题开发预防性或矫正性方案。

在加拿大,工作场所心理健康的重要性已被广泛认可。最近,针对加拿大的100家组织的调查发现,超过3/4的组织认为心理健康问题是短期和长期伤残索赔的主要原因。[b]不幸的是,虽然已经意识到心理健康的重要性,但很少有公司采取相应的措施。并非公司不愿做,而是不知道应该采取怎样的措施来改善员工的心理健康。2009年,加拿大心理健康委员会发布了关于心理健康和工作的报告,即"工作压力、心理伤害与法律:加拿大心理健康委员会讨论集"(*Stress at Work, Mental Injury and the Law in Canada: A Discussion Paper for the Mental Health Commission of Canada*,详见 https://www.mentalhealthcommission.ca/English/node/488)。该讨论集有助于加拿大的雇主们认识员工心理健康的重要性,并且意识到他们有义务为员工提供有心理安全感的工作场所。

中国也意识到员工心理健康的重要性。中国工人所面临的工作负担和压力正与日俱增,沮丧和忧虑的情绪在蔓延。[c]最近,中国宣布引入一项计划,以帮助员工改善心理健康。该计划将以其他国家行之有效的方案(例如员工援助计划)为模板在中国推广实施,以此改善中国工人的心理健康。然而,苹果手机制造商富士康公司近期有13名员工试图自杀,其中10名已逝,而糟糕的工作环境被认为是引发这些自杀事件的元凶。[d]

关键思考题

16-27 心理健康问题经常带来消极影响。公司应该采取什么办法来缓解这些消极的影响?

16-28 意识到职场心理健康问题的重要性似乎只是道义上的事情。然而,在有效处理这些问题上,雇主还是面临诸多困难。例如,心理健康问题不像身体问题那样容易被发现。雇主怎样才能发现那些有心理健康问题的员工呢?

16-29 许多工作场所以外的因素也可能导致员工的心理健康问题。例如,家庭生活可能诱发或直接导致心理障碍,而这些障碍会在工作场所表现出来。雇主有责任去处理这一类的心理健康问题吗?提出你的观点并说明原因。

小组练习

16-30 欧洲人处理心理健康问题的方法包括事前调查和采取实际行动。假设你是公司心理健康行动组的成员,与小组成员一起制订一份包含具体步骤的计划,用于检测职场心理健康问题。具体来说,行动组如何进行事前调查?应该检测什么指标?怎样检测?应该采取怎样的措施以减少员工心理健康问题所产生的消极影响?明确指出公司用来改善员工心理健康状况的具体措施。

和小组其他成员分享你的建议。在教师的指导下,分组上台汇报,全班挑选出最佳建议并形成一个完整的计划。

实践练习:小组

16-31 日益增多的心理健康问题来自现代工作的特性。技术提高了效率,但也带来了更快的变化和压力,因为工作必须经常在偏远场所以更快的方式完成。此外,集约化和外部采购的生产模式也大大增加了员工的压力与不确定性。这些现代工作的特性正逐渐对员工的心理状况产生影响。

有些专家提出质疑，工作场所是否确实更容易使人产生压力？工作并不一定要求提供对身心有益的环境。此外，当今社会的工作压力相对于过去而言实在不值一提，你家族的先辈可能在一个收入很低、没有退休金、没有医保、条件相当恶劣的环境里工作。声称"我快要被压垮了"可能只是员工逃避工作的借口而已。

选择持相反观点的两个小组展开辩论。一个小组持"雇主必须重视员工的心理健康问题并为此主动采取措施"的观点；另一个小组持"心理问题并非雇主的问题，雇主不需要采取特别措施"的观点。每个小组阐明各自的观点和依据。

最后，班级选出辩论的获胜方。全班同学在职场心理健康问题上能否得出一致的结论？

资料来源：[a] St. John, T. (2005, May). Mental health at work: The hard facts. *Training Journal*, 44—47; [b] Brown, D. (2005). Mental illness a top concern, but only gets band-aid treatment. *Canadian HR Reporter*, 18, 1—3; [c] Xinhua General News Service (2005, June 3). China to introduce special news program for employees' mental health; [d] Furedi, F. (2005, April 11). Have we become too feeble to cope with life? The Express (U.K.), 18.

你来解决！客户导向的人力资源　案例 16.4

保持工作场所安全

每 100 名全职工人中，工作场所平均发生 1.8 起袭击事件。当然，一些行业的工作场所暴力会更多。社会服务工作者和卫生服务工作者发生工作场所暴力事件的概率最大。例如，医疗行业的平均工作场所暴力情况为每 100 名员工会发生 9 起袭击事件。当考虑到一线医疗工作者经常近距离接触那些有压力的、在药物或酒精的影响下、因等待而沮丧的人时，该行业的暴力事件发生率上升可能就不是那么令人惊讶了。虽然各行业暴力事件的发生率不同，但暴力行为可能发生在任何工作场所，对工作造成严重干扰，并对原以为工作场所是安全环境的员工产生持久的影响。作为管理者，你对工人的安全负有责任，应该认识到暴力事件发生的可能性，并且尽可能地减少暴力事件。

工作场所的暴力行为可以表现为各种形式，例如攻击、抢劫和骚扰。作为管理者，了解各种可能的暴力行为类型可以帮助你更有效地采取措施以减少暴力行为。美国劳工部根据暴力的根源对工作场所暴力行为进行了分类。如图表 16.5 所示，工作场所暴力事件的肇事者可能是局外人、客户、同事或与同事有关的人。为了防止暴力事件的发生，你可能会根据暴力行为类型的不同采取不同的措施。例如，为了减少局外人的暴力威胁可能采取的措施，与防止同事暴力行为的措施是截然不同的。

图表 16.5　工作场所暴力的来源

来源	示例
局外人	犯人
客户/委托人	骂人的客户
现员工/前员工	心怀不满的前员工
与员工有关的人	家庭暴力者

关键思考题

16-32　工作场所暴力会产生哪些后果？例如，经历多虐待和被骚扰的工人可能会对雇主提起诉讼。还有哪些成本可能与工作场所暴力有关？

16-33　如何形成一种减少工作场所暴力发生机会的职场文化？

16-34　冲突可能是工作场所暴力的先兆。然而，主管可能不愿意提前对彼此的冲突进行处理，而选择看看他们是否可以自行解决。为什么主管不愿意提前处理冲突？有什么建议可以消除主管这种不情愿的想法吗？

小组练习

16-35　思考工作场所暴力的四类来源，以小组方式另外找出每类来源所引发的暴力的例子。每个来源的可能性有多大？与每类来源相关的工作场所暴力的情况有多严重？作为管理者，你重点关注哪类来源？

与小组成员一起，确定你们将采取的步骤，以便管理与每类来源相关的可能的工作场所暴力行为。不同来源的暴力行为是否不同？从管理的角度来看，按来源对工作场所暴力分类有用吗？为什么？如果没有用，你们会推荐另一种分类方案吗？

分享你们对这四类来源的工作场所暴力频率和严重程度的评估。在教师的指导下，把各小组展示中最好的建议整合到一起。工作场所暴力来源分类方案是有用的管理工具吗？你们能否对此达成共识？

实践练习：小组

16-36　保护工人免遭暴力伤害需要积极主动的管理。管理工作场所暴力的第一步通常是风险评估。例如，工人在工作中是否经历过暴力行为？有些工人是否更容易受到暴力行为的伤害？

除风险评估外，你们还应该制定关于工作场所暴力的准则。例如，工人需要知道，谁应该报告暴力事件？工作场所可接受的行为的界限是什么？

你们认为暴力风险评估应该包括哪些内容？如何收集相关信息？你们能找到一个进行风险评估的现实例子吗？该评估与你们小组推荐的评估方式有区别吗？

以小组为单位，为组织制定一份减少工作场所暴力发生率的基本指南。制定指南的步骤和内容框架可以在以下网址找到：http://www.theiacp.org/Portals/0/pdfs/Publications/combatingworkplaceviolence.pdf。

与班级同学分享你们的评估方法和指南。你们制定的指南是否可行？相应的实施成本是否合理？

实践练习：个人

16-37 客户骂人似乎是经常发生的。客户骂人有各种形式，包括言语辱骂、暴力威胁、性骚扰和身体攻击。这种辱骂可能影响工作绩效，并成为员工离职的原因。

向在零售业工作的家庭成员或朋友询问他们见过的或经历过的客户骂人案例。他们认为客户骂人是所在行业的一个问题吗？为什么？其所在的公司是否制定了相关政策？或针对客户骂人采取了一些行动？

根据收集的信息，客户骂人是管理层应该解决的问题吗？你对于客户骂人的建议是什么？

资料来源：Harris, L. D., and Daunt, K. (2013). Managing customer misbehavior: Challenges and strategies. *The Journal of Services Marketing*, 27, 281—293; Nierle, B. (2013). What can managers do to mitigate violent employee behaviors? *Public Manager*, 42, 61—64; *Safety Compliance Letter* (2013, January). Workplace violence: Assessing and responding to risks, Issue 2545; Scott, L. (2012). Workplace violence: A scource across diverse industries. *Security*, 49, 22, 26, 28.

第 16 章注释内容
请扫码参阅

第17章 国际人力资源管理面临的挑战

| 我的管理实验室® | ★ 当你看到这个图标时，请访问 www.mymanagementlab.com 以获取配套练习题，并及时反馈练习结果。 |

> ▶▶▶ **挑战**
>
> 阅读本章之后，你能更有效地应对以下这些挑战：
>
> 1. **描述**在国际化的舞台上，最适合本公司的人力资源管理政策。
> 2. **确定**在给定的环境下，适合东道国和外籍雇员的最佳人力资源管理方式。
> 3. **解释**为什么外派任务常常会失败，并找出公司在这一领域取得成功应采取的措施。
> 4. **掌握**如何有效管理外派任职，尽量减少任职失败。
> 5. **制定**满足不同的价值观和企业文化的人力资源管理政策与程序。
> 6. **考虑**基于全球化视角的人力资源管理政策和程序的伦理问题。

2010年年初，丰田公司被认为是汽车行业的赢家，它在美国及海外市场上的产量和销售远超通用汽车、克莱斯勒和福特等公司。丰田的利润为其他汽车制造商所羡慕，现有情况也表明丰田的成功将一直持续。这对于一代人以前还毫不知名的公司来说是一个不可思议的成就。丰田公司因创新和质量改进、效率、员工参与而赢得了一流的名声，这些优秀做法被称为"丰田之道"。[1]

灾难在2010年的春天突然降临。当时，丰田被指控在刹车系统和其他零部件上有瑕疵，导致几起交通事故以及几百万美元的诉讼。"超级汽车"的形象瞬间受损，彼时，丰田公司面临大量的安全投诉，媒体也广泛报道各种负面新闻。

近距离地审视丰田公司的问题，可以发现公司的人力资源管理实践负有责任。在问题出现之前,丰田总裁给总工程师Shusas施加压力,要求大幅削减成本。降低成本是考核和回报Shusas的依据。公司客户和Shusas远在几千英里之外,丰田只能外派骨干成员。关于汽车问题的信息不能直接流向公司总部(日本)。这些工程师在丰田市,与市场信息脱节。当丰田的海外顾客开始提出产品质量问题时,要么是因为不安全驾驶,要么是因为贪便宜,丰田对投诉置之不理,拖延解决。美国的业务运营由日本丰田市的一家行事官僚的机构管控,几乎没有丰田代表对美国当地的条件保持警惕。对国际部门经理授权的缺乏,妨碍了良好的沟通和快速解决问题。事实上,在2010年"发现"的一些问题(例如不适当的脚垫),早在五年前的美国就已经出现。然而,位于丰田市的总部忽视了这些指控;相反,对于所谓的问题,丰田反而指责过分抱怨的美国文化。

忽略这些本可以很容易解决的问题,在现今处理的代价非常高。[2] 2010—2012年,丰田不得不召回约500万辆汽车。例如,公司引以为傲的133 469辆普锐斯轿车被召回,由于防抱死制动系统在使用中过于敏感,需重新编程,还召回53 281辆备用轮胎电线生锈导致轮胎脱落的锡耶纳商务用车。消费者报告发现雷克萨斯运动型多用途车软件的主要缺陷,该缺陷会导致汽车在某些情况下翻滚,从而引发9 411辆车被召回。[3]丰田车几乎每周会有新的缺陷出现,这对一家基于卓越质量声誉的公司来说是不可思议的。[4]目前,丰田公司正努力重塑作为非常高品质的汽车制造商的形象,修补导致这些问题的人力资源管理漏洞。

管理者视角

随着丰田等公司的全球化,许多关键决策不必再经由公司总部就可以有效制定。因此,全球化的公司必须找到合适的人力资源管理实践(例如,适当的绩效评估和激励制度、招聘外籍人员)以管理组织的复杂性。丰田在公司总部进行集中控制,对成本削减的奖励优于一切,导致后来出现了大量问题。目前,至少有5 800多家跨国公司的50 000多个分支机构遍布世界。[5]管理层必须选择、保留、晋升、奖励并培训员工,帮助他们迎接这一全球性挑战。即使是试图通过互联网出口产品或服务的小企业,也面临国际化市场的挑战。随着跨国公司数量的增加,人力资源管理体系及实践必须调整以顺利适应不同的文化、社会、经济和法律环境。

事实上,几乎每家美国企业现在均面临来自海外的竞争。美国企业,不论大小,其命运都与全球经济息息相关。[6]在本章中,我们讨论如何更好地实施人力资源管理实践,以加强企业面对全球化机会与挑战的竞争力。首先,我们研究国际参与的步骤、外派工作面临的挑战,以及如何更有效地处理外派工作;其次,我们讨论在全球环境下,人力资源管理政策的发展,以及在出口型企业里人力资源管理的特殊性。

★ 知识点学习

如果教师布置该项作业,请登录www.mymanagementlab.com查阅你应该特别关注的知识点,并预习第17章。

17.1 国际化的各个阶段

如图表 17.1 所示，公司通过五个阶段达到国际化。[7] 阶段越高，对公司的要求就越高。公司的人力资源管理必须适应不同的文化、经济、政治和法律环境。

图表 17.1　国际化阶段

- **第一阶段**。公司的市场完全是国内的。Boulder 啤酒公司目前就处于第一阶段，它在科罗拉多州生产并销售产品，很少销售到其他地区。美国很多公司目前也处于这个阶段，但数量在减少，特别是机械制造业。在第一阶段，人员配置、培训和薪酬基本上由当地或国内的劳动力状况决定。公司可以考虑的工厂地点是在美国境内，也只能在国内或区域市场范围内考虑生产或销售的战略性业务决策。
- **第二阶段**。公司扩大了市场并延伸至国外，但生产设施仍在国内。这个阶段的人力资源管理实践应该通过激励机制、适当的培训和侧重于国际客户需求的人员配置来促进产品出口。[8]

处于第二阶段的例子有 Turbo-Tek 公司。该公司位于洛杉矶，年收入约 6 000 万美元，38% 来自海外销售。公司唯一的产品是涡轮清洗器，是一种家庭常用的水喷洒器的配件。汽轮发电机组技术的整个生产、包装和分销系统的设计考虑到了国际市场的需要，而公司的人力资源管理实践对于这个系统起到了重要的作用。例如，管理人员的奖金大部分建立在国外销售额上，而涡轮技术奖主要用于奖励那些有利于增加出口的创新想法。

贸易壁垒的降低极大地增加了进入第二阶段的美国企业的数量。[9] 世界贸易中心联盟 (WTCA) 拥有约 287 家持牌的世界贸易子公司，分布在 88 个国家，总共有超过 75 万名员工。世界贸易中心联盟的数据显示，目前大概有 45%、员工不足 500 人的公司出口产品和服务，是 1990 年的三倍。例如，1993 年《北美自由贸易协定》生效后，Treatment 公司与墨西哥的主要零售商签订合约，出口额大约是 300 000 美元，占公司出口总额的 20% 左右。[10] 出口对当地社区的影响是巨大的。例如,2008—2012年经济衰退期间,近4万人口的印第安纳州哥伦布成为失业率非常低的出口大市,这主要是由于柴油发动机制造商 Cummins 公司在这一困难时期增加了数千个就业机会。[11]

- **第三阶段**。公司开始将一些生产设备迁出母国,这些设备主要用于零件组装,尽管有时会出现一些简单的制造类设备。例如,很多美国服装公司在加勒比地区建立工厂,组织各种服装的生产。在这个阶段,一般外国分支机构或者子公司是在母公司的严密控制之下。高层管理团队也大部分是外派人员(expatriate,母公司派出的母国国籍人员)。人力资源管理实践侧重于对外派人员的选择、培训、薪酬管理,以及针对子公司所在国的员工制定人力资源管理政策。

数量不断增加的、由当地管理者或业主经营的、符合母公司办公严格标准的特许经营企业,可能也被认为处于第三阶段。例如,星巴克将其拿铁咖啡卖给在奥地利维也纳的咖啡鉴赏家;肯德基和必胜客在110个国家拥有12 500多家餐厅;Taco Bell 已成为墨西哥塔克斯的第一卖家;Chocolate Bar(纽约的一家餐厅和糖果店)在迪拜、卡塔尔、埃及和中东其他地方都开设了分店。[12] 这些公司的人力资源政策应侧重于培训,确保质量标准的一致性,以维护公司在全球的声誉。

- **第四阶段**。公司变成完全意义上的多国公司(multinational corporation,MNC),在世界多个国家和地区进行生产和组装。本国公司与外国公司之间的战略联盟变得非常普遍。例如,通用汽车公司和上海汽车工业公司(一家中国公司)合作,使用日本生产的传动装置制造中国产发动机。[13] 在第四阶段,虽然有些公司会将权力下放到子公司,但很多公司的人事决策权仍然在公司总部,而海外业务一般由外籍员工掌管。处于第四阶段的公司包括 Amoco(现为英国石油公司的一部分)、IBM、Rockwell、通用汽车、通用电气和施乐等。在过去二十多年中,中国无疑是制造业的主要受益者,这在很大程度上归功于低成本的劳动力;接下来的几年,墨西哥预计将超越中国,对迁移制造设施的美国公司更具有吸引力,参考管理者笔记"墨西哥会超越中国吗"。

 管理者笔记:全球化

墨西哥会超越中国吗

多年来,低成本劳动力让许多工作机会(尤其是在制造业)从美国和墨西哥流向了中国。例如,在过去的二十多年里,成千上万的低技能工作从墨西哥北部的 maquilas(大多数是美国公司拥有的装配厂)转移到中国。然而,对于墨西哥而言,情况在不久的将来可能会有所改善。美洲银行的数据显示,墨西哥的平均工资现在比中国低19.6%,但在2003年墨西哥的平均工资比中国高188%。结合年轻一代的人口红利(从现在到2020年,墨西哥人口预计增长20%,而中国为2.9%)和更低的运输成本,许多制造企业可能南下墨西哥而不是去中国。

资料来源:Reuters (2013). Mexico hourly wages now lower than China. www.reuters.com; Miroff, N. (2013). Mexico and China look to trade away old rivalry. http://washingtonpost.com; Society for Human Resource Management. (2012). Wage raises in emerging markets outpace developed economies. www.shrm.org.

- **第五阶段**：处于国际化最高阶段的是跨国公司（transnational corporations）。这些公司很少会效忠于原籍国，与其他特定国家的联系也并不紧密。公司运作是高度分散的，每个业务单元都可以自由做出人事决策，很少受母公司的制约。董事会成员通常由不同国籍的人组成，公司也努力寻找那些具有世界公民意识的人士作为管理者。

第五阶段的人力资源管理实践通常会结合员工个人的不同背景，创造一种共享的企业特征和共同愿景。例如，吉列公司（2005 年成为宝洁公司的业务部门）开展了广泛的管理培训计划，当地的人事部门在 48 个国家寻找单身且能说一口流利英语的大学毕业生。吉列公司的国际人事经理说："我们想寻找的人是这样的：他今天在马尼拉，明天在美国，四年后在秘鲁或巴基斯坦……我们真的在非常努力地寻找没有民族狭隘情结的、愿意从事国际化事业的人。"[14]

17.1.1 外包业务的发展

公司发展到第三至第五阶段的时候，一般会在劳动力成本较低的国家找到竞争优势，然后将产品或服务外包出去。除非采用某种形式的外包，否则基本上没有公司能够发展甚至生存下去。全球化外包现在被运用在几乎所有类型的工作和大多数的行业。例如，IBM 公司在巴西、中国和印度等劳动力成本低的国家雇用了超过 100 000 名员工。这些员工在所谓的全球服务交付中心工作，为 IBM 客户提供广泛的服务，包括软件编程、服务呼叫中心、财务会计和福利管理。许多全球化服务员工向数千英里外的地方主管和 IBM 管理者报告。不同行业的另一个例子是蓝十字与蓝盾协会，它与土耳其、哥斯达黎加、新加坡和印度等国家的七家海外医院签订合约，并期望更多海外医院的加入。这些海外医院被纳入公司 150 万名会员的医疗保险服务机构中。在美国，随着医疗保健成本的持续上升，"医疗旅行将成为解决方案的一种"，一名蓝十字高管说道。

虽然有些人认为，向欠发达国家出口工作机会会使得国内的工资和福利水平保持在较低水平，但大多数国际商务专家认为，在公司可以自由定位于任何地点时，回到过去是不现实的。[15]此外，消费者受益于外包所实现的较低价格，作为外包接受者的国家也增加了收入，可以从美国购买商品和服务。政治领导人不太可能在可预见的未来推动限制性立法来限制外包。

外包的增长在很大程度上归因于互联网。然而，由于网络安全问题，互联网对外包提出了严重挑战，普通员工越来越多地被要求在打击基于互联网的威胁中发挥作用。例如，印度的大量外包在很大程度上是通过互联网获取的，人们普遍担心众所周知的网络安全威胁会对经济造成严重破坏。因此，印度公司正努力挑选值得信赖的员工并进行培训，以防范任何可疑活动。

例如，为 Mphasis BFL 公司（花旗银行分包商）工作的两名印度员工登录花旗银行的在线系统，将美国客户的 426 000 美元转到自己的账户。由于印度花旗银行分包商的计算机系统允许本地员工查看美国客户的敏感信息（例如社会安全号码、信用历史记录和储蓄账号），这导致系统存在被滥用的可能。这种安全风险由于仓促选择和培训而变得更加复杂，因为该行业的员工流失率约为 60%。[16]但是大多数印度公司（包括 Mphasis）正在投入更多的资源，以此改善员工筛选、减少员工流失、培训员工去发现和报告潜在的安全问题。花旗银行并不打算减少印度的外包业务。"如果这个行业能不断提高安全性,长期来看,这几乎没有什么可担忧的。"[17]

过去有两个关于外包的问题。一个问题是安全性差。最近的一个例子是药品公司转包给中国制造商生产血液稀释剂肝素,其生产的受污染的产品在世界各地造成若干例死亡。菲利普斯、通用电气、美敦力、西门子等公司在中国制造精密的医疗设备(如 MRI、CT 扫描仪、超声波和 x 射线设备),但是最近出现的中国大陆有不安全玩具、食品和毒品的丑闻,使得许多人认为这种趋势是很危险的。[18] 全球化外包的另一个问题是客户被迫与外国公司的客户代表打交道,从而导致大量的客户投诉。在所谓的"呼叫中心"工作的员工通常缺乏足够的信息,他们可能缺乏训练、具有语言障碍,并且没有权力做出决定以当场解决客户投诉。这些问题意味着公司必须考虑一些隐性因素,而不要被分包节约的劳动力成本所蒙蔽。建立良好的声誉需要多年,但是类似问题可能会迅速地损害公司的形象及其未来的盈利能力。人力资源外包可以通过决定选择什么样的员工、提供给员工的培训类型、奖励员工的标准(例如数量和质量)、新员工如何通过入职程序被社会化、有效的监控系统等来有效地减少这些问题。

17.1.2　减少的障碍

虽然世界经济总是存在一定程度的相互依存关系,但是,在十多年前结束时的经济崩溃表明,在贸易、生产、服务和财务状况方面,各国之间的障碍在很大程度上已经消失了。例如,大多数欧洲国家在美国最初的 7 000 亿美元经济"刺激"之后,制订了类似的经济一揽子计划。中国也被迫宣布类似的经济一揽子计划,即 5 860 亿美元,占国民生产总值的百分比远高于美国。[19] 截至 2014 年,大多数欧洲国家,特别是西班牙、葡萄牙、意大利、希腊和爱尔兰,仍然遭受着 2008 年美国经济不景气的影响。

在公司层面,跨国公司在一个国家发生的任何情况会同时影响许多其他国家。例如,波音 787 梦幻客机 70% 的部件来自 40 个不同国家的供应商。[20] 因此,当波音公司面临美国近期的经济低迷时,其他 40 个国家的员工也遭受到痛苦。

除政治修辞外,政府在制定和实施国内劳动立法(如社会保障法和最低工资法)方面面临更大的限制,因为公司会将业务转移到其他地方。公司现在享有很大的自由裁决权,自行决定在哪里开店。对于个别员工来说,成为一个强有力的贡献者是他们所拥有的最好的工作保险,因为政府和工会的保护作用在未来可能会继续减弱。

17.1.3　中小企业将走向全球

传统上,只有较大、历史较久的公司开展离岸生产和服务,但中小企业将很快进入这场比赛。这些中小企业面临一些特殊的人力资源挑战。第一,许多中小企业是家族所有或由创始人领导的,这些人通常几乎没有国际化视野;第二,中小企业可能难以将控制权委托给外国人或外国人的代表,甚至可能不知道如何开始;第三,在国外寻找新客户或合作伙伴的中小企业可能会被相关外国法律、税收和法规的复杂性困扰;第四,大多数中小企业应对来自其他文化的人员的经验有限,这也许是最难克服的,而文化差异可能会阻碍国外扩张的成功。

位于宾夕法尼亚州约克的一家小型供应链咨询公司 St. Onge 的欧洲业务总监 Tom Bonkenburg 来到莫斯科,与一家大公司建立合作伙伴关系。他会见了本公司的俄罗斯分支机构总监。Bonkenburg 说:"对方摆出一副沉闷和不快乐的样子,而我展示出最好的微笑,热情地握手和友好地谈话。"后来,Bonkenburg 收到俄罗斯分支机构对他的会面表示感谢的电子邮件,他才得知,俄罗斯文化提倡微笑适用于私人环境,而在商业环境里需要严肃一些。Bonkenburg 说:"他正在努力打动我,正如我要打动他一样。"[21]

进入全球市场的中小企业需要实行招聘和选拔计划,雇用具备国际背景的员工,任命合适的人员到海外代表公司,向管理人员提供足够的诱因,鼓励他们参与国际活动并发展必要的跨文化技能以应对多元化的文化环境。据马萨诸塞州 Culture Coach 国际公司首席执行官 Kari Herstad 说,"记住,最重要的是你不知道自己不知道什么。即便是细微的文化不敏感都可能产生深远的影响"。[22]

17.1.4 全球管理者

科技和通信技术的进步以及少量的短期跨境流动的官僚障碍意味着公司无须过多依赖传统的海外长期任务(下文讨论的外派任务)。在至少已有 10 万年的人类历史之后,真正令人惊异的是,在不到一代人的时间里国际联系的变化之大。例如,今天几乎免费的国际电话在二十多年前的成本竟高达每分钟 100 美元,同一通电话需要双方运营商的帮助,一个呼叫过程可能花费 8 小时或更长的时间。直到 20 世纪 80 年代后期,传真机才被广泛使用。在十五年前,大多数国家并不具备以电子邮件附件的形式向海外发送文件的能力。直到 20 世纪 90 年代末,高质量虚拟会议的连接才得以实现。到西欧大部分地区旅行,曾经需要多个签证、通过多个海关边境口岸;直到 1989 年,东欧人尚不能进入所谓的"铁幕"。英语已经成为通用语言或者被选择用来联系那些可能以法语、德语、西班牙语或汉语为母语的人,使用一种语言(比如英语)极大地促进了 200 多个国家的国际通信。大多数领先的 MBA 课程现在采用英语教学,因此语言不会成为中层和上层管理人员跨国交流的严重的沟通障碍。这些变化是真正革命性的,尽管本书的大多数读者现在认为它们是理所当然的。科技进步开辟了一种新的工作方式,员工可以在全球各地根据情境需要进行选择,例如电话通信、互联网链接或短期停留。员工可以任职于地区办公室或总部,但通过短期访问或几乎一个手指的触摸就能保持与国际运营业务的联系。与离开祖国在另一个国家长期任职的传统外派人员不同,这些全球性管理者可能期望与许多来自不同文化的人互动,并能够瞬间从一种文化转换到另一种文化。

正如我们将看到的,外派人员虽然面临文化问题,但有更多的时间来适应当地环境。全球管理者没有机会以零碎的方式了解外国文化,他们应该作为跨国和职能边界的集成者与协调员,并在时间压力下这样做。最近的一项研究表明,"全球管理者需要与许多来自不同文化的人同时工作,应该对文化拥有多元的理解,而不是简单地独立、有序地处理每个国家的问题。在跨文化技能方面,全球管理者在日常生活中应该能够顺利、专业地处理文化和国家的内部/之间的事务。他们应该了解多种外国文化的观点和方法以开展业务,对多种文化持有灵活和开放的态度,并具有广泛的文化视角和欣赏文化的多样性。"[23]

从人力资源的角度来看,上述情境增加了吸引、保留和激励员工的需要,这些员工运用计算机技术,每天8个小时或者更久地运作多文化环境的管理实践。员工家庭的多元化对这一过程有所帮助,因为它使管理者在与不同背景的人们合作时非常敏感(参阅第4章)。公司在招聘、选择、评估、薪酬等方面还要考虑到不同员工的能力有别。与早期的一些预测相反,全球管理者并没有取代外派人员,而是在补充他们的工作。事实上,近年来外派人员数量急剧上升,同时全球化也在深化。虽然外派人员的成本较高,但许多跨国公司认识到,需要忠诚的员工在当地驻扎以帮助持续地管理运营、招聘具有该领域深厚知识的人、预测和处理政治风险并保护公司的利益(例如,确保子公司及其供应商遵守公司的质量标准)。我们现在把注意力转向外派人员。

17.2 确定东道国人员与外派人员的组合

一旦从出口阶段(第二阶段)进入开辟国外分支机构阶段(第三阶段),不论是全资子公司(wholly owned subsidiary,国外分支机构全部由母公司控制)还是合资企业(joint venture,国外分支机构部分由母公司控制,另一部分由联营企业、个人或政府控制),都必须确定谁负责管理这个分支机构。针对138家大型企业的151名高层代表的调查发现,确定海外分支机构的管理层是他们重要的商业决策之一。[24]

管理国际子公司的三种方式是民族中心主义、多中心、以地域为中心。[25]

• **民族中心主义的方式**(ethnocentric approach)。高层管理人员及其他关键职位是由母公司的人员来填充的。例如,Fluor Daniel公司在任何时间都有50多名工程人员和销售人员分布于五大洲80多个国家的建设项目中。该公司使用一个外派管理团队,包括500名国际人力资源管理专业人士,他们参与全球的员工招聘、员工发展、薪酬福利,并向公司副总裁直接汇报工作。

• **多中心的方式**(polycentric approach)。国际分公司由来自东道国的员工管理。例如,通用电气的子公司在匈牙利有八家工厂和8 000多名员工,大部分工人是匈牙利人。[26]

• **以地域为中心的方式**(geocentric approach)。公司故意淡化国籍的概念,并积极在全球或区域内寻找合适的人才填充关键的职位。[27] 跨国公司(处于第五阶段)倾向于采取这种方式。例如,伊莱克斯公司多年来一直试图招聘来自不同国家的国际型人才,并将其发展成优秀的经理人。不论在什么地方,与其说他们代表一个国家,还不如说代表这个组织。伊莱克斯公司最重要的工作是,建立一种共享的文化和国际性的视野并扩大国际网络。[28]

如图表17.2所示,在国外子公司使用当地人员或者外派人员有利也有弊。大多数国家只是在一些关键职位使用外派人员,例如高级管理人员、高层次人才及专业技术人才。外派人员的费用是非常高昂的,2014年的数据显示,由于地点不同,每人每年为15万—100万美元。有些职位,明明可以使用当地人员却招聘外派人员,显得财务意识淡薄。在许多地方,2014年的外派人员比当地人员的成本高出3 000—5 000美元。[29] 此外,许多国家要求跨国公司里一定比例的劳动力是当地民众,除了一些高层管理人员。

图表 17.2　使用当地人员和外派人员的优点与缺点

当地人员	
优点： • 降低劳动力成本 • 展示对当地民众的信任 • 提高当地对公司的接受能力 • 在当地环境最大化可获得选择的数目 • 引导民众,意识到公司作为一个合法组织参与当地经济建设 • 在决策过程中,有效地代表当地民众的顾虑 • 更加了解当地的条件	缺点： • 难以平衡当地需求和全球战略 • 导致某些困难决策的推迟实施(如裁员),直到不可避免。如果能提前就可以减轻痛苦及减少成本 • 可能难以招募人才 • 可能会减弱总部的控制程度
外派人员	
优点： • 与母公司保持文化一致性,确保战略的实施 • 对国际子公司实施更好的控制与协调 • 在国外子公司的工作经验可以给员工跨国指导 • 建立一批具备国际经验的高管 • 外派人员可以提供本地人才难以提供的价值 • 提供更广泛的全球视野	缺点： • 在适应国外环境和文化方面可能存在问题 • 提高了子公司的外来性 • 可能涉及较高的工资、福利、安置等费用 • 可能导致个人和家庭问题 • 可能影响当地员工的士气和工作动机 • 可能受到当地政府的限制

资料来源：Society for Human Resource Management (2014). Make global assignments a win/win for company, employee, www.shrm.org; Amobs, B., and Schlegelamilch, B. (2010). *The New Regional Manager*. New York: Palgrave-McMillan; Deresky, H. (2013). *International Management*. Upper Saddle River, NJ: Prentice Hall; Hamil, J. (1989). Expatriate policies in British MNNs. *Journal of General Management*, 14(4), 20; Sheridan, W. R., and Hansen, P. T. (1996, Spring). Linking international business and expatriate compensation strategies. *ACA Journal*, 66—78; Hill, C. W. (2012). *International Business*. Chicago: Irwin McGraw-Hill; Bozionelos, N. (2009, January/February). Expatriation outside the boundaries of the multinational corporation: A study of expatriate nurses in Saudi Arabia. *Human Resource Management*, 48(1), 11—134.

通常,出现以下情况会依赖于增加外派人员[30]：

- **当地虽然有充足的人才,但并不适用。** 这种情况一般出现在发展中国家。例如,Falconbridge 和 Alcoa(在拉丁美洲和非洲采矿的公司)的高层管理人员几乎都是外派人员。
- **公司全球商业战略的重要部分建立在全球化的视角上。** 例如,Whirlpool公司已经在40多个国家致力于灌输"全球性公司,全球性视野"的观念。公司有一个全球领导力计划,涉及使用大量的外派人员,召集来自全世界不同子公司的高层管理人员的会议,由全球项目团队共同解决面临的问题,促进国际一体化的程序。[31]
- **国内业务与国际业务的高度相关性。** 例如,IBM、惠普和施乐等公司在美国及世界各地有专门的生产设施,生产不同的产品(计算机芯片、软件等)。这些产品要求密切的监测和跟踪,以便组装成尖端产品,如计算机、医疗设备、复印设施等。将生产流程组合在一起,依赖于外籍管理人员和专家,因为他们能缩小差距并加强各个组织之间的联系。

- 科技的发展大大降低了由外派人员联结国外子公司与母公司的需要。例如,沃尔玛在美国境外每周都会开设新的门店,而这些门店主要是由当地雇员管理。沃尔玛主要依靠当地雇员,因为它有1 000个24小时监控的信息技术开发系统,能密切监控各个门店并将信息传送到位于美国阿肯色州的公司总部。
- 政治局势的不稳定。当该国政府加强干涉商业运作,或者该国的实际或潜在的金融风险比较严重,或存在恐怖主义的威胁,或近代历史上出现较大的社会动荡时,企业一般会倾向于依靠外派人员担任子公司的关键职位。尽管外派高层管理人员可能会加剧民族主义和外国公司的紧张关系,但他们可以向母公司保证,他们能很好地代表当地的利益。外派人员也不太会满足地方势力的要求。对许多外派人员来说,当政治和种族发生冲突时,他们会成为替罪羊这个事实是国际派遣中最严峻的一个方面,也是应对恐怖主义的特征。
- 东道国与母国存在明显的文化差异。文化差异越大,则派遣外派人员担任翻译或中间人显得越重要。因为这个跨界者需要具备较高的跨文化敏感性,跨国公司必须精心挑选和培训员工去适应这个职位,这可能要求专业的职业生涯规划。[32]

17.3 外派任务的挑战

尽管最近几年,外派的管理人员和专家在跨国公司劳动力中的占比在下降,但整体而言,绝对数量是呈上升趋势的。[33]针对24个主要行业的874家跨国公司的调查发现,将近一半的公司在最近几年增加了外派人员的数量。然而,管理外派人员仍然是一个挑战!

美国外派人员的失败——没有完成任务,过早归国——为20%—40%,是欧洲和亚洲企业失败率的3—4倍。这也许解释了为什么越来越多的美国企业优先外派欧洲人和亚洲人出去,外派期一般为1—3年。[34]美国高失败率的一个原因是:两代人的经济主导权和强大的国内市场导致了美国企业产生了极强的殖民主义心理。[35]

失败的代价是非常高昂的。2014年,提前返回的成本大概是25万—70万美元,转换成美国企业的直接成本大概是每年61亿美元。还有无形的成本,包括业务中断、机会错失、公司声誉和领导力的负面影响,这些都可能使成本增加到有形成本的很多倍。此外,职业和家庭的困难也会增大,包括影响自我形象、婚姻纠纷、无人照顾孩子、收入减少以及职业形象受损。[36]

17.3.1 为什么国际性任务会以失败告终

六个因素可以解释大多数的失败,尽管它们的影响程度因公司而异。[37]这些因素分别是职业瓶颈、文化冲突、缺少跨文化培训、过于强调技术资格、摆脱麻烦雇员和家庭问题。

职业瓶颈

最初,许多员工对于去国外工作和旅游机会而感到异常兴奋。但是,当这种兴奋的感觉慢慢消退时,外派人员慢慢感觉到母公司好像遗忘了他们,自己的职业生涯被丢弃在一边,而在母公司的同事正沿着公司的上升通道晋升。虽然美国公司为外派人员设计了较好的职业生涯规划，但 1990 年人力资源管理协会的调查显示，大部分外派人员没有明确的职业生涯规划。填完问卷调查的 209 名外派人员中，只有 14% 的员工认为，公司为他们做了充足的职业生涯规划。[38] 幸运的是，尽管道路漫长，但这种情况可能正在好转。人力资源管理协会比较外派人员与那些没有国外工作经验的员工的近期调查显示：41% 的被调查者认为，外派人员更容易在公司中获得新的职位；39% 的被调查者认为，外派人员更容易晋升；27% 的被调查者认为，国外工作经验能有助于在其他公司获得一个更好的工作。[39] 由 Korn Ferry 国际公司组织的针对 2 700 名经理人的调查显示，超过 1/3 的海外工作对他们的职业生涯起着积极的作用，他们也会考虑接受海外工作。[40] 然而，咨询业巨头麦肯锡对跨国公司 450 名经理人的调查显示，大多数管理人员不愿意成为外派人员，担心职位调动会损害职业前景。[41]

文化冲突

很多员工接受海外工作后，难以适应不同的文化环境，我们称这种现象为文化冲突（culture shock）。与在新的文化环境下学习如何工作不同，外派人员试图将母国的企业文化和价值观强加到东道国的员工身上。这种做法可能会引发文化冲突和误解，导致外派人员决定逃离东道国而回到原来熟悉的环境中，身后却留下一个烂摊子。

缺乏"文化意识"或无法将来自不同文化背景的人统一到一起[42]，或者语言障碍等都经常被认为是外派失败的原因。[43] 公司可以挑选具有较强文化适应性和会说当地语言的员工，以避免这种文化冲突。Korn Ferry 国际公司发现，90% 的猎头公司正在寻找至少懂一门外语的外派人员。这些猎头公司在运用各种方法（如结构化面试、角色扮演、评估中心等）方面变得越来越熟练，试图找到那些"准备弥合文化差异，处理事务很有技巧，并且能避免粗心的人"。[44]

缺少跨文化培训

令人惊讶的是，只有约 1/3 的多国公司对外派人员提供跨文化培训，而且倾向于提供比较粗糙的培训项目。[45] 通常，外派人员在整理行李准备出发到目的地时，只是随身带着护照证件，或者从报纸杂志、旅游手册、图书馆里摘抄的相关资料。正如下面的例子所说的，他们面临一系列的麻烦：

> 我曾经与一名美国高管在东京参加商务会议。日本人交换名片的仪式感很强，而美国人却毫无反应，只是隔着桌子递出她的名片，这种行为震惊了日本的高层管理者。一名日本高管转身就离开了会议室，毫无疑问，这单生意泡汤了。[46]

过于强调技术资格

被挑选去国外工作的人，一般是在母公司里拥有良好的声誉、令人印象深刻的资格证书、能将事情处理得很好的人。但不幸的是，在母国能获得成功的特征在另一个国家却可能是致命的，让我们来看看美国一家电子公司高层主管的经历。他原计划在墨西哥工作两年，实际上只工作了三个月就回来了。

我无法接受这样的事实,员工开会至少迟到半个小时,而这样的事却被认为是灵活的准则。除我之外,无人在意这一点。同样,我也无法理解一线的监督员常常是员工的朋友或亲戚,而不论其是否胜任。这是我看到的最糟糕的任人唯亲的实例。甚至包括那些领养的、没有血缘关系的亲人或朋友,而他们却以家人、朋友尽职尽责而引以为豪。[47]

最近的一项调查显示,96%的公司将技术资格作为去海外工作的重要选择标准,而忽略文化适应性。[48]在一些比较开明的公司里,如Prudential Relocation(保诚保险下属的子公司)有35%的经理认为"文化适应性"是海外工作取得成效的最重要的品质。[49]

摆脱麻烦雇员

海外工作被认为是处理那些在母公司遇到麻烦的管理人员的好方法。通过将他们送到海外,组织可以很好地处理尖锐的私人问题或者办公室政治。但对海外业务来说,这将是一项极大的成本。下面的故事是一名亲历者说的:

> Joe和Paul在竞争分部经理,公司副总裁负责处理这件事情,他认为Joe应该得到晋升,还认为Paul无法接受这个决定并会做出一些有损Joe的权威的事情。同时,Paul的一些同事积极支持他,所以解决这个问题的方法就是找到一个新的职位,让Paul无法制造各种麻烦。副总裁最后决定Joe晋升为分部经理,而派Paul到委内瑞拉的一家子公司担任高级管理人员。Paul(他从来没有出过国门,只是在20年前的高中学过西班牙语)接受了这份工作。很快,这个任命就被证明是极端错误的。在Paul任职的两个月里,一群工人因为他对待工会的强硬作风而罢工,于是他被撤职了。

家庭问题

超过一半的提前回国的原因在于家庭问题。[50]奇怪的是,大多数企业没有提前预测到这种情况并采取措施避免其发生。事实上,很少有公司会考虑外派人员家庭的感受。[51]一位外派人员的妻子说:

> 妻子跟着受连累,一直在半个地球上跑。也许是因为妻子没有在海外找到合适的工作而心烦意乱,丈夫对此感到内疚,他不是一个快乐的、高效的员工……大多数女性在出发前都是兴奋的,但对于一个出行在外的人而言,这种兴奋感很快就会消失。当她的丈夫取消目的地的旅游计划、只留下她一个人拖着行李箱并负责联系学校时,或者当她雇用了一个保姆却无法与之交流时……(通常)她们被劝说放弃自己的职业生涯、放弃医疗保险……这些挫折使她们没有了自信心。[52]

双职工家庭的期望是外派任务提前结束的另一个原因。多国公司面临夫妇期待到同一个地点工作的冲突,他们谁也不想牺牲自己的事业,当一方做出牺牲时,通常会感到异常失望。当在AT&T公司工作近十年的Eric Phillips被安排到布鲁塞尔工作时,妻子Angelina不得不放弃作为市场调研员的高薪工作。尽管这种调动对Eric Phillips来说是一个极好的机遇,但他的妻子却很难适应。[53]

17.3.2 归国后的困境

外派人员归国后仍面临很多困难。20%—40%的外派人员在归来后很快就离开了原来的组织。[54]有些雇主承认,超过一半的雇员在两年内会离开原来的公司。[55]这些归国后的外派人员面临的四个常见问题是:公司对外派人员在国外获得的技能缺乏尊重、失去地位、归国计划安排不周、逆向文化冲突。[56]图表17.3总结了公司处理这些问题的一些实际方法。

图表17.3 与外派人员沟通

那些拥有相对较低的遣返失败率的公司,成功的原因归结于:在外派之前及归国后,公司与个人及其家庭之间良好的互动。以下是在外派人员中提高组织承诺的一些具体做法:

- 建立职业生涯规划,帮助外派人员,让他们知道回国后将受到怎样的待遇。在外派人员出国前,管理层需要与人力资源专家和外派人员一起,共同建立一个职业生涯通道。
- 让外派人员知道他们对组织而言是非常重要的。高级管理人员和副总裁经常与外派人员保持联系,并定期在总部办公室或当地进行沟通。
- 开放式的沟通渠道,确保外派人员及时了解组织的发展情况。简报、短信当然还有电信设备可以确保外派人员与公司总部保持及时的联系。
- 认可外派人员对海外子公司做出的贡献。成功完成工作任务的外派人员应该得到认可,这更有助于他们留在本公司。

资料来源:Society for Human Resource Management (2014). Make global assignments a win/win for company, employee. www.shrm.org; Deresky, H. (2013). *International management*. Upper Saddle River, NJ: Prentice Hall; Hill, C. W. (2012). *International business*. Chicago: Irwin-McGraw Hill; Shilling, M. (1993, September). How to win at repatriation. *Personnel Journal*, 40. See also Kraimer, M. L., Shaffer, M. A., and Bolino, M. C. (2009, January/February). The influence of expatriate and repatriate experiences on career advancement and repatriate retention. *Human Resource Management*, 48(1), 27—48.

对获得的技能缺乏尊重

美国大多数企业仍侧重于国内市场,尽管它们开展国际经营已经有很长的一段历史了。那些在国外收集了大量信息并学到了高价值技能的外派人员,归国后对于母公司中同龄人及上级的不尊重可能会感到异常沮丧。2001年的调查显示,12%的外派人员认为海外经历有助于职业发展,2/3的外派人员认为企业并没有充分发挥他们在海外学到的东西。[57]

然而,伴随着最近几年不断增长的外包业务的发展,尤其是在大公司里,这种情况正在发生改变。例如,目前IBM公司收入中只有39%是从美国获得的,甲骨文大部分工作在海外开展。类似这种情况的公司还包括英特尔、惠普、甲骨文、太阳微系统和通用电气。[58]公司正在寻找经验丰富且有国际工作经验的管理人员,将其派遣到海外公司运营业务。一位分析家说:"公司进入海外市场后,如果你想在一家大型公司一展拳脚,你就不能无视全球新秩序。"[59]21世纪初期发生的金融危机,推动了这样一种趋势:企业试图在如中国、印度和巴西这样的新兴市场开展业务、积累优势,以此防范在工业化国家可能遇到的危机。

失去地位

归来的外派人员通常不得不面对威望、权力、独立等的巨大损失。这种地位的逆转影响了 3/4 的外派人员。[60] 研究显示，沮丧的情绪对外派人员的影响如此之大，以至于 77% 的归国人员宁愿选择另择新主并接受新的海外任务，而不愿回母公司从事本国的工作。[61] 下面的例子描述了这一事实：

> 当我在智利的时候，经常会见政府部门的各级部长和排名靠前的行业高级官员。基本上，我是最后发言。我有很大的自由空间，因为母国总部好像并不情愿了解在智利发生的事情，所以很少关注这边的情况。我负责在智利做决策，公司 CEO 只需负责运营国内业务。当归国的时候，我觉得在智利所接受的培训及经历基本上是无用的。现在的职位看起来我好像降了六个等级。我必须得到批准才能招聘员工。在智利，我可以自主购买很多设备；可现在，我只能购买相当于在智利所购设备价值 1/10 的物品，而且需要老板的签字。说实话，我明显感觉到职业地位的下降！[62]

归国计划安排不周

新的职业安排的不确定性让归国人员感觉异常焦虑。一份调查显示，超过半数的外派人员并不知道归国后将从事什么工作。[63] 以下就是一个典型的例子：

> 在匈牙利（在匈牙利，我负责一支为四家合资企业开发计算机系统的工程团队）工作期满前的三个月里，我收到一封来自母国总部的信函。我被告知将就任公司总部的技术服务总监，听起来很不错。然而归国后，我感到很震惊，因为虽然我被授予了总监的荣誉称号，但没有一个下属。听起来真糟，很快我就跳槽了！[64]

逆向文化冲突

在一种文化里生活、工作久了，人都会改变，特别是当他/她在心理上形成了国外的风俗习惯。外派人员很难意识到，归国后将经历多大的心理变化。差不多 80% 的外派人员归国后将经历逆向文化冲突，有时会产生疏远、背井离乡的感觉，甚至纪律问题。[65] 一位在西班牙工作过的外派人员在日记中写道：

> 我将在紧张的工作之后与几个男同事一起放松视为理所当然。回到美国后，在我的生活当中，第一次意识到与美国男性保持一段距离的必要。他们习惯于在一个竞争的环境中工作，我友好的姿态常常被误认为是为了获得个人利益而进行的秘密试探。[66]

尽管仍存在不少困难，但目前很多管理者将海外工作与公司战略相联系，并将具有海外工作经验的人员视为公司的资本。[67] 格柏公司已经宣布，从现在开始，海外任务将被视为公司高管正常职业生涯发展的一部分。结果，格柏公司在波兰的经理感觉到自己在同事中有着很大的优势。他说："我的海外工作经验让我区别于 MBA 毕业人员，我并不是成千上万普通人中的一个。"[68]

17.4 通过人力资源管理政策和实践有效管理外派任务

公司应该建立合理的、基于我们所讨论问题的人力资源管理政策和实践，以降低公司失败的概率。接下来,我们讨论如何通过选拔、培训、职业发展、薪酬等帮助公司解决这些问题。

17.4.1 选拔

选拔什么样的员工完成海外任务是一个关键的决策。因为外派工作通常处于远距离、弱监督之下,错误的选择可能会被忽略,发现时已太晚。为了选拔合适的员工从事海外工作,管理者应该关注以下几方面:

- **文化敏感性应被视为选拔的准则。**在评估候选人的能力时,应涉及他们的不同背景。例如,一家大型电子产品制造公司,与候选人的上司、同级、下属进行深入的谈话,特别是那些与候选人性别、种族、宗教信仰不同的人。与候选人进行面谈和书面测试,以考察候选人的社会适应性和灵活性,这是选拔过程的重要环节。

- **成立选拔委员会。**一些人力资源管理专家强烈建议,挑选出来的外派人员必须得到选拔委员会的同意。[69]选拔委员会的成员应该是在海外工作过3—5年的归国人员,能够很好地预测没有海外工作背景的经理人将面临的潜在困难。

- **要求具有海外工作背景。**尽管不一定可行,但如果能挑选到在不同国家工作过一段时间的候选人将是非常可喜的。美国犹他州能成为国际业务的重镇,主要原因在于那里摩门教徒很多,教会要求他们至少花两年的时间在其他国家传教。有些学校(亚利桑那州凤凰城的美国国际管理研究生院)和一些多国公司经常与海外保持良好的合作,包括加利福尼亚大学洛杉矶分校和南加利福尼亚大学在内的越来越多的商学院,正在扩大与国外大学和企业的合作。通过这种方式,使得候选人在从事海外工作之前就了解了该国民俗习惯的知识。

- **雇用海外出生的人员,他们将来可能是外派人员的最佳候选人。**日本公司已成功地雇用了一些国外出生(非日本本土出生)的员工,他们大学毕业就直接进入日本的总公司。这些新人进来时没有什么工作经验,也没有接触过母国的任何工作,因此是一张白纸。日本的多国公司可以向他们输送自己的哲学和价值观。[70]一些美国公司,例如可口可乐,最近也在效仿这种做法。

- **在选拔过程仔细考虑外派人员的道德价值观。**不容置疑,道德对所有员工来说都很重要;但对于外派人员来说,由于他们在海外享有更多的裁决自由和自主权,因此道德显得更加重要。大多数外派人员会遇到的一个问题是:通过贿赂的方式确保他们获得当地的合同(参阅管理者笔记"行贿的诱惑")。即使贿赂对美国公司来说是非法的,他们也可以用"这种情况在这里是正常的"以及"否则,我们无从选择"之类的借口实施贿赂。培训还有且于减少伦理问题,但如果他们不认为这是错误的(例如,他们认为为了达到目的可以不择手段),培训也克服不了一个人采取不道德行为的意愿。

- **考察候选人的妻子和家庭。**家庭成员的不开心是外派工作失败的重要原因,因此有些公司开始考察候选人的妻子。例如,福特公司已开始评估候选人妻子的综合素质,例如灵活性、耐心和应变能力等;并且向她们提出问题,例如"关于这项工作,你是怎么看的?你认为自己能适应吗?"埃克森-美孚公司在选拔的过程中,也尽量地考察候选人的妻子、儿女。[71]

- **不仅为外派人员建立有效的选拔程序,还为帮助外派人员完成工作任务的本地员工**

建立选拔程序。跨国公司应该在当地建立一个人才库以协助达成目标。如果将某些任务委托给当地的员工,外派人员就可以关注更广泛的问题,工作也将变得更容易。

 管理者笔记:伦理/社会责任

行贿的诱惑

自1977年《反海外贿赂法案》(FCPA)通过以来,美国认定向国外官员行贿以获得合同是非法的,许多欧洲国家也禁止这种做法。三十多年过去了,但当涉及国际管理时,贿赂却仍然存在。思考以下在过去十多年公开的案例:

- 惠普公司被指控为了能在俄罗斯交付和安装信息技术网络而行贿数百万美元。
- 西门子公司支付了数百万美元,获得了在莫斯科安装交通控制系统的合同。过去十多年,由于在俄罗斯、阿根廷、中国和以色列等国家通过贿赂获得合同,西门子公司在美国和德国缴纳了超过10亿美元的罚款。
- 戴姆勒公司因在南美洲、非洲、亚洲和东欧行贿而被罚款1亿多美元。
- 哈利佰顿公司是一家美国工程承包商,前美国副总统迪克·切尼曾是该公司负责人。由于公司的分支机构向尼日利亚官员支付了回扣,哈利佰顿公司付出近5.6亿美元偿还美国证券交易委员会和司法部的索赔。

关于知名公司和大量金钱的案例,在这里列出的很可能只是冰山一角。许多小企业可能会相当普遍地进行海外行贿。在其他国家,贿赂可能会隐身于合法的商业条款(如"佣金""交易费用""特殊费用")中。

17.4.2 培训

假定世界各地的人们以同样的方式对同样的图像、符号和口号做出反应,这让为国际市场提供产品的美国公司吃尽了苦头。参阅管理者笔记"克服文化障碍的挑战。"

 管理者笔记:客户导向的人力资源

克服文化障碍的挑战

Texan公司最近外派到英国的一位名叫David Rosenberg的项目经理,反复用错误的方式与英国同事沟通。"你以为你会说这种语言,但最后发现自己不会。"这是他的反馈。例如,"计划"(scheme)一词在英国被解释为"服务"(service),而在美国,它具有欺骗的内涵。

跨文化交际可能给无准备的人带来许多困扰。例如,在海外工作的美国市场营销副总裁说,他有时很难识别"不"这个词,因为在日本,它的含义是"这很有趣,我们一定会认真考虑"。

Alert Driving是一家提供在线培训课程的公司。公司惊讶地发现,在线培训课程中使用的一些语言对许多亚洲方言的发言者来说是攻击性的,经常被学员理解为不尊重。该公司花费大约100万美元练习方言的使用，以避免不同地方市场的文化误解。

非语言沟通也存在一定的潜在危险。中国哲学对和谐与平衡的强调意味着在中国送礼最好是成对送。此外，对于商业礼品应予以回礼，而提供现金则被认为是粗鲁的。成对的礼物在日本也很受欢迎，礼物应用双手奉上，但是一次送四个或九个东西作为礼物被认为是不吉利的。在沙特阿拉伯，只有亲密的朋友之间才会用右手交换礼物。

培训是让人们体验世界各地文化的最佳方式之一。例如，为了准备麦克斯韦-戈特空军基地(Maxwell-Gunter Air Force Base)军事人员的作战和人道主义任务，位于当地的空军大学开设了关于跨文化能力的新课程。该课程计划在未来五年进行内容延伸，重点关注亲属关系、语言、宗教、体育和冲突解决。该计划的负责人说："这是一次实实在在的练习。"强调亲属关系的一个原因在于母系和父系社会中的权力结构是不同的，这在解决国外冲突方面的谈判中很重要。

在家里的准备工作同样很重要。随着越来越多来自发展中国家的工人加入美国劳动力市场，与来自其他文化的同事有效地开展工作变得尤为重要。一个误解了路易斯安那州客户的消息而造成代价高昂的错误的纽约本地人和家族企业的所有者说："面对这些问题，你没必要离开美国。""我们这里的差异足够大。"最近一项调查中90%的受访者希望他们的组织在未来3—5年内成长得更具文化多样性。

资料来源：Maltby, E. (2010, January 19). Expanding abroad? Avoid cultural gaffes. *Wall Street Journal*, B-5; Payne, N. Cross-cultural gift giving etiquette. *Business Know-How*, www.businessknowhow.com. Accessed April 12, 2009; Rowell, J. (2009, April 3). Military to lessen culture shock via classroom lessons. *Montgomery Advertiser*, www.montgomeryadvertiser.com; Paton, N. (2009, April 1). How to bestride continents with confidence. *Management Issues*, www.management-issues.com; Sandberg, J. (2008, January 29). Global-market woes are more personality than nationality. *Wall Street Journal*, C-1. For related stories see Kraimer, M. L., Shaffer, M. A., and Bolino, M. C. (2009, January/February). The influence of expatriate and repatriate experiences on career advancement and repatriate retention. *Human Resource Management*, 48(1), 27—48; Benson, G. S., and Pattie, M. (2009, January/February). The comparative role of home and host supervisors in the expatriate experience. *Human Resource Management*, 48(1), 49—68; Herman, J. L., and Tetrick, L. E. (2009, January/February). Problem-focused versus emotion-focused coping strategies and repatriation adjustments. *Human Resource Management*, 48(1), 69—88.

对候选人进行跨文化敏感性培训，应当包括当地文化、习俗、语言、税法和政府政策。[72]事实上，培训过程应提前9—12个月举办。[73]

据估计，2009年的培训费用大概是每个经理人1 600美元或更多。尽管如此，很多公司仍然认为与高额的外派任务失败的成本相比，这笔费用是微不足道的。例如，尽管通用汽车公司正在举行大规模的成本削减活动，这个汽车巨头仍然每年花近50万美元向外派人员及其家庭成员提供跨文化培训。通用汽车国际人事总监将外派人员的提前回国率降低（不足1%）归因于跨文化敏感性培训起到了效果。有了国外经历后，在俄亥俄州，通过通用汽车公司全家移民到肯尼亚是非常普遍的。这些家庭成员参与为期三天的跨文化培训速成班，了解非洲的政治历史、商业惯例、社会习俗、非语言姿势。家中的两个少年对移民到非洲并不乐观，但也尝试着习惯印度风味食品，学习如何在内罗毕乘坐公共巴士，说几句斯瓦希里语，甚至学着如何变戏法。74

调查显示,57%的公司为外派人员提供为期一天的跨文化培训,32%的公司为外派人员及其家人提供培训,22%的公司只是为外派人员及其配偶提供跨文化培训。奇怪的是,只有41%的公司准许候选人为国外任务做准备。75 作为最便宜的跨文化培训类型,信息提供方法持续不到一周,且只提供必不可少的简报和简化的语言训练。情感方法(1—4周)着重于为外派人员提供心理和管理技能,这些是完成中期的外派人员成功完成海外任务所必须掌握的。最昂贵的也是使用最广泛的培训方法是印象法(1—2个月),这是给长期驻外的、拥有极大权力和责任的经理人员准备的,例如实地培训和语言拓展培训。事实上,至少有部分的培训项目应该针对外派人员的家庭成员。对于归国的外派人员,使用同样的"减压培训项目"帮助其应对逆向文化冲突也是可行的,实际上也是可取的。

也许对外派人员最重要的培训是发生在任职时或者刚到当地不久。当地经理应当做好准备以确保平稳交接工作,并警告外派人员他们将面临的各种可能的文化陷阱。例如,Dennis Ross 是 Convergys 公司的离岸业务总经理,这家呼叫中心的公司总部设在辛辛那提,Ross 的主要工作是密切配合 Jaswinder Ghumman,后者是 Convergys 公司在印度的副总裁。当 Convergys 公司准备在新德里郊区古尔冈建设员工食堂时,Ghumman 有责任告知 Ross:印度食物必须是辣的,食堂必须为员工提供辣味食品。另外,美国经理必须了解印度人的饮食偏好,并知道冷的三明治不能出现在食物列表里。正如 Ross 所言:"我们与当地员工通过'没有什么是理所当然的'项目,成功地建立了一条开放的沟通渠道。"76

跨国公司选拔和培训员工的一个关键目标是让处于世界各地的员工与管理者了解当地社区的规范、价值观及期望,以及如何将这些与公司文化和战略相结合。例如,迪士尼公司面临的第一个重大问题是吸引游客到 2005 年在中国台湾开业的迪士尼乐园。但到 2012 年,情况发生了改变,游客发现自己处在一个彻底中国化的迪士尼乐园中。吸引人的是一名在中国被称为财神爷的员工,以及为庆祝新年而给米奇和米妮专门设计的红色新年服装服饰,公园用"老鼠年"代替了"鼠年"。颠倒的汉字"福"是新年的一个传统,上面甚至有一双老鼠耳朵。在"美国大街"的传统游行队伍中还包括由中国传统音乐、花鸟木偶和打扮成代表长寿与幸福的神仙的舞龙。

除了学习如何处理文化差异,培训计划的另一个重大挑战是帮助潜在的外派人员应对国际环境中可能干扰公司运营的政治风险。外派人员应该谨记,主权国家的政府有权促进、妨碍甚至阻止公司在其境内的经营。在美国通常被认为正常的商业做法,在其他国家可能被认为违法或被禁止,参阅管理者笔记"学习如何应对政治风险"。

 管理者笔记:新趋势

学习如何应对政治风险

对于外派人员和管理人员来说,预测和应对政治风险是处理全球化问题的两项最具挑战性的任务。在该领域的错误可能要付出非常高昂的代价,因为公司可能错过重要的商业机会、被罚款及遭受法律诉讼,并在极端的不受欢迎的政府干预下开展业务。过去五年发生的几个例子如下：

- 宜家试图在印度开设零售商店，但所有商店由公司全资拥有的商业模式使得这一点不可能实现。印度的法规要求宜家有当地商业伙伴，其在合资企业的股份上限为51%。不幸的是，根据宜家CEO的说法，公司的商业模式"不适合合资企业"，这意味着失去世界上最大的估计达3 800亿美元的家具市场之一。印度95%左右的家具通过小型的夫妻经营商店销售。

- 中国最近威胁要对联合技术公司、波音公司、雷神公司和洛克希德·马丁公司进行报复，尽管这些公司与中国产生愤怒的原因不相干。中国领导人对美国向中国台湾地区出售直升机和反导系统的计划感到愤怒。

- 在另一个关于中国的案例中，中国政府正在试图迫使想在中国生产电动汽车的外国汽车制造商分享关键技术，要求它们进入仅限于少数股权的合资企业。一家外国汽车制造商的高级主管表示不喜欢该项方案，因为这等同于外国汽车制造商放弃电池、电动机和控制技术，以此换取中国市场准入。

- 无论规模大小，美国公司都引入了热线电话，以便任何员工都可以匿名向公司管理者报告他们认为的道德问题，例如管理人员伪造账目、欺骗客户、安全要求不达标、实施或忽视性骚扰、对政府收费过高等。许多公司试图不但在美国而且在国际业务上都使用这些热线电话，但正遭遇一些意想不到的反对。例如，法国阻止麦当劳公司和埃克塞德技术公司使用热线电话，声称匿名性质违反了法国的隐私法。匿名是美国热线电话的关键特征，在欧洲却引起人们的热议。总部位于伦敦的律师事务所 Faegre & Benson LLP 认为，大部分欧盟地区"对鼓励个人告发他人的概念存有深深的忧虑"。Proskauer Rose LLP 律师事务所表示，"对欧洲人来说，特别是德国人和法国人，匿名报告和第二次世界大战时期的权威主义及邻里间的互相监视差不多"。

资料来源：Global Political Risks (2013). www.riskwatchdog.com; www.thinkingethics.typepad.com. (2013). Thinking ethics; *Wall Street Journal* (2010，September 21). IKEA Cozies Up to India, B-10; *BusinessWeek* (2010，February 15), Thunder from China, 8; Gomez-Mejia, L., and Balkin, D. B. (2012). *Management*. Englewood Cliffs, NJ: Prentice Hall; Shirouzu, N. (2010，September 17). China spooks automakers. *Wall Street Journal*, A-1.

17.4.3 职业发展

为了让外派人员成功完成海外任务、在任期内不离职而逃，并在归国后保持较高的工作绩效，雇主必须为其提供良好的职业发展机会。成功的职业规划要做到以下三点：

- **将海外任务作为在公司内晋升的一步**。公司需要明确地界定海外工作，并规定任期及外派人员归国后的职位、等级和职业路径。有些公司缩短了外派人员的工作期限。一项调查显示，3/4的公司典型的外派任务不长于12个月。[77]原因之一是确保外派人员不会远离公司的主流。原因之二是79%的案例显示，家庭仍是拖后腿的因素。该政策最明显的缺点在于，外派人员可能至少要花3—6个月的时间来适应当地生活。良好的绩效通常依赖于内外部人际关系网络的建立,而这是需要时间的。

- **为外派人员提供支持。**与外派人员保持联络的方式很多。[78] 常见的方法是好友系统,即母公司的一名经理或导师被指派与外派人员保持联系,并在需要时提供帮助。另外一种方法是外派人员偶尔或定时返回母公司,以强化归属感并缓解归国后的逆文化冲突。有些公司支付外派家庭成员在任期内的归国费用。虽然科技不能替代上述任何做法,但现在的科技的确使得外派人员能够每天与母公司保持联系,参阅管理者笔记"远离家乡反而联系更密切"。

管理者笔记:科技/社交媒体

远离家乡反而联系更密切

外派人员的主要抱怨之一是他们被遗忘在外国的土地上。不久前,外派人员的任命意味着几乎脱离公司的主流,调查显示外派人员经常感到"看不见,不在乎"。然后,这转化为一种观念——国际派遣并不是一条好的晋升途径。目前,公司正在寻找使得总部高管与外派人员保持密切联系的创新性途径。例如,最近的一项研究报告称:"一家企业创建了门户网站,允许员工查看外派政策声明,并与聊天室中来自世界各地的高管、同事和其他外派人员沟通。另一种方式是使用先进的视频会议技术。"只需较少投入的低成本项目(如Skype),只要点击几个键就可以实现与世界上几乎任何国家的即时的、面对面的通信,而在20世纪90年代这只能出现在科幻电影《星际迷航》中。

资料来源:McEvoy, G. M., and Buller, P. F. (2013). Research for practice: The management of expatriates. *Thunderbird International Business Review*, 55(2), 213—226; Ananthran, S., and Chan, C. (2013). Challenges and strategies for global human resource executives: Perspectives from Canada and the United States. *European Management Journal*, 31, 223—233; Zhuang, W. L., Wu, M., and Wen, S. C. (2013). Relationship of mentoring functions to expatriate adjustments: Comparing home country mentorship and host country mentorship. *International Journal of Human Resources*, 24(5), 905—921; Shaffer, M., Singh, B., and Chen, Y. (2013). Expatriate satisfaction: The role of organizational inequities, assignment stressors and perceived assignment value. *International Journal of Human Resource Management*, www.tandonline.com.

- **向外派人员的配偶提供职业支持。**如果外派人员的配偶放弃国内的工作而出国,那么他们的家庭将平均减少28%的收入。[79] 美林证券公司的调查发现,大多数外派人员希望公司能为配偶提供职业支持。[80]

17.4.4 薪酬

公司可以使用薪酬方案提高外派工作的有效性。然而,薪酬方案可能会导致本地人员和外派人员的薪酬方案发生冲突,并产生不公平感。制订外派人员的薪酬方案,管理者应遵守以下三个原则:

- **向外派人员提供可支配性收入,平衡其在母国的收入。**通常需要为外派人员提供有关房价、食物和其他消费品的津贴,为孩子提供教育津贴,家庭成员的医疗费用补贴也是必需的。资源集团是一家总部设在日内瓦的咨询公司,它构建了世界各地的生活费用指数,每年针对全球 97 个城市的生活费用开展两次调查。

美国国务院也为世界各地主要城市制定了即时的生活费用指数。生活费用比较高昂的城市有东京、大阪、伦敦和大多数北欧城市,这些城市的生活费用比纽约至少高 50%。对于短期停留者,《伦茨海默价格指南》为短期出差者提供 1 000 个国际性大都市的生活费用指南,并已被数百家公司当作确定差旅费的基准。[81]

与母公司收入保持相等并不是非常科学的。例如,比较在日本找房与在美国找房,这基本上是不可能的。但作为一个基本的准则,宁愿按较高标准支付。图表 17.4 是关于世界上不同城市生活费用的比较。

图表 17.4　不同城市生活费用的比较

首尔	155	东京	140
莫斯科	125	伦敦	130
新加坡	98	纽约	100
北京	90	墨西哥城	75
巴黎	85	里约热内卢	70
罗马	85	悉尼	66
孟买	65	多伦多	70

资料来源:作者自行估计。

- **提供明确的额外激励方案,鼓励员工接受外派任务。** 公司可以在员工出国前提供签约奖金;或者在员工原薪资的基础上增加工资,标准的增长幅度是 15%[82];或者在成功完成海外任务后提供一次性的奖资。有些公司提供综合性的激励方案。一般而言,最优厚的激励方案是提供给最不理想的工作地点的。例如,跨国公司希望吸引西欧的经理人到东欧工作,东欧的空气质量差、政治不稳定、住房困难使它对外派人员毫无吸引力。于是,跨国公司会提供薪酬组合,包括公司提供的住房、运送稀缺消费品的补贴、多达四次的往返费用、周末回西欧度假的费用等。[83]哥伦比亚的石油企业因国内战争而面临不定时的恐怖威胁,其外派人员常被绑架并遇害。石油公司的管道每年被叛军轰炸就达 170 多次。[84]在这种情况下,外派人员获得了相当于母国 3—5 倍的工资。

- **避免外派人员填补本地人员可胜任的或者低级别的工作。** 本地人员喜欢与外派人员比较自己的薪酬和生活标准,当发现从事一样的甚至更低层次工作的外派人员的薪酬比他们还高时,不公平感就会油然而生。不幸的是,公司无法消除这种不公平感。例如,当美国公司派一名高管去海外时,与当地西欧国家相比,美国高管获得的薪资可能是当地高管的 20 倍,尽管他们从事同一级别的工作。

在一些当地(如印度)的劳动力市场,为了争夺某些行业(如服装外包行业)的人才,工资水平不断上涨。例如,除去通货膨胀,在印度,一个项目经理 2014 年的收入是 2000 年的 3 倍,营业额以年均 25%—35%的速度在增长。结果,随着当地熟练劳动力工资水平不断上涨,公司在印度和其他地方开始雇用美国人才以填补基层的人才空缺。[85]讽刺的是,每年有许多技能熟练的印度工人离开当地,前往工资更高的波斯湾地区或新加坡。[86]

为外派人员计算薪酬方案是跨国公司面临的一项比较困难的任务。[87]薪酬曾经是一个比较简单的问题:低层次的当地雇员以当地货币支付,外派人员以美元支付。然而,随着公司为了降低成本而进行重组的时代的来临,以美元付酬的外派人员的工资变得异常昂贵。随着公司进入国际化的后期阶段,与其说是与外派人员一起,还不如说是与国际性员工小组一起运营公司业务,而这些国际性员工也都是远离母国的。

仍有一些公司为外派人员支付高薪。为了避免外派人员从一个国家转换到另一个国家时产生的潜在薪酬不公平感,3M 公司对比前后两个国家的薪酬,并提供两者中较高的薪酬。[88]施格兰酒业公司想出一个"国际干部政策",提供给那些永久性驻外的员工(对应的是未来将回到美国的外派人员)。该公司采用标准化的生活费用调整,以及与当地员工一致的全球标准化住房补贴。对于派往美国的临时性外派人员,施格兰称之为"完全外派"薪酬,能让员工达到美国薪酬的标准水平。[89]

目前能让薪酬支付变得容易的一个办法是:从网络上获得国际薪酬和福利调查数据。例如,人事系统协会提供了 1 500 份目录,涵盖上百种职业。[90]

较好的全球薪酬数据来源有雷德福国际调查(www.radford.com)、卡皮普全球薪酬调查(www.culpepper.com)和 ERI 经济研究所调查(www.erieri.com)。

使外派人员薪酬设计变得复杂的一个因素是汇率变动。例如,2000 年 1 美元兑换约 1.22 欧元,2005 年 1 美元兑换约 0.7 欧元,2008 年夏季 1 美元兑换约 0.54 欧元,2014 年 1 美元兑换约 0.66 欧元。本地人(以当地货币支付)和外派人员(以美元支付)之间的等值工资比率的变化是非常快的。公司通常通过调整"损失"员工(那些货币是贬值的)的薪酬来解决这个问题。但这项工作必须非常仔细,因为货币价值可能会变动。[91]对所有员工(本地人和外派人员)支付美元将使公平问题进一步复杂化。正如一位分析师所说的:"这将导致某些薪酬市场出现失真的状况,在货币相对较弱的国家(例如非洲、亚太地区的国家),用美元支付相当于得到比当地标准高 200%—300%的补偿。"[92]

17.4.5 人力资源部门的角色

最近,人们针对外派人员做了题为"在管理外派人员方面,你对人力资源部门有什么建议"的调查。调查负责人 Joyce Osland 教授说:"他们最期待人力资源部门做的事情是消除各种不必要的疑虑。在海外,有相当多的不确定性因素,他们不需要人力资源部门帮他们做更多的事情,只希望能消除障碍就行了。"据一位被调查者反映:"人力资源部门首先要做的事情是确保知道如何处理好后勤事务,例如家具的搬迁,因为你会有很多这样的小问题,而这会花费你大量的时间,而当时你正在处理其他事务。"[93]

PoLak 是一家国际人力资源咨询公司,它的调查证实,大多数外派人员对人力资源部门提供的服务感到不满。被调查者认为,面对国际化工作场所的要求,人力资源部门没有做好相应的准备。这就意味着,在未来期望成为跨国公司的企业,要提前让人力资源部门意识并感受到国际化的工作场所。[94]为了达到这个要求,人力资源部门不只是为外派人员提供更好的服务，还要跟踪国外的人力资源发展趋势。

17.4.6 女性与海外工作

尽管在 2014 年，美国的管理人员有一半是女性，但被派到海外工作的美国管理人员中只有 13% 是女性。国际咨询公司 Catalyst 的研究发现，关于女性从事海外工作的能力和意愿，存在以下三个误解：(1) 公司认为，女性不像男性一样流动方便；然而，80% 的女性从来没有拒绝过提供给她们的外派工作，而男性在这方面的比例仅为 71%。(2) 公司认为，女性会遇到更多的工作与生活方面的冲突；然而报告显示，将近一半的女性和男性同样面临工作与生活之间平衡的困难。(3) 很多公司认为，美国以外的客户与女性谈生意不如与男性谈生意感觉舒服；事实上，76% 的外派女性自认为在提高海外工作有效性方面起着积极或中性的作用。[95]

17.5 在全球情境下开发人力资源管理政策

在多个国家开展业务经营的公司，考虑的事情不仅是满足外派人员的特殊需要，还包括在跨文化情境下人力资源管理政策的设计与实施。可口可乐公司在完成全球人力资源管理项目方面被广泛认为是特例，尽管该公司有 2/3 的员工在海外工作。

很多国家依赖于美国或者西方，管理实践可能会与根深蒂固的规则和价值观产生冲突。[96] 例如，开放式管理在一种接受权威质疑的文化下运作得非常良好，但在某些国家，挑战权威的行为很难被接受，开放式管理就难以运作了。[97] 管理者并不是将依据本国的社会和文化标准而建立的人力资源管理实践简单地转移到国外，而是依据当地特殊的情境开发具体的人力资源管理实践。[98]

17.5.1 国家文化、组织特征和人力资源管理实践

"文化对于人力资源管理实践来说是非常重要的"。这句话似乎显而易见，但在像美国这样的国家里可能会毫无现实意义。在美国，很多的管理理论根源于西方文化。吉尔特·霍夫斯泰德是一位荷兰的教授，他将毕生精力投入研究文化之间的异同上。他认为，文化有以下五个维度：

- **权力距离**。涉及个体期望的等级结构，强调上下级之间的地位差异的程度。
- **个人主义**。个人的目标、自主权、隐私权超过对集体的忠诚、对组织的承诺、参与集体活动、社会合作等的程度，即将个人利益置于集体利益之上的程度。
- **不确定性规避**。一个社会偏向于降低风险和不稳定性的程度。
- **男性/女性主义**。社会认为自信或男性化的行为与传统的女性形象对成功所起作用的评价程度。
- **长期/短期导向**。价值观是面向未来（经济的、持续的）而不是过去或现在（尊重传统、履行社会责任）的程度。[99]

霍夫斯泰德的研究受到不少人的批评。有人认为其依据的只是在一家公司（如 IBM 公司）工作过的员工的经历，并淡化了国家内部之间的文化冲突。尽管如此，其他人仍然认为，相对来说，将文化差异分为五个维度是比较公平的。[100] 他们提供了关于一般人力资源管理战略构思的证据，这些战略构思与特定的文化价值相联系。图表 17.5 概述了霍夫斯泰德五个维度（从高到低）的文化特征，列出了分属两端的典型国家，并总结了每个维度里表现较好的组织特征和人力资源管理实践。

图表 17.5　文化特征和主导价值观

主导价值观	典型国家	组织特征	奖励措施	员工/评价实践
权力距离：组织特征和人力资源实践				
权力距离				
高				
• 自上而下 • 按部就班 • 独断专行	• 马来西亚 • 菲律宾 • 墨西哥	• 集权的组织结构 • 传统的指挥系统	• 分级补偿制度 • 反映工作和地位差异的不同薪资与福利；岗位间的差异很大 • 实物奖励，如安排大办公室或配专车	• 招聘渠道有限，重点在于人际关系和人脉 • 少数正规机制的选拔 • 从他或她的势力范围精挑细选
低				
• 平等主义 • 地位基于业绩 • 民主决策	• 荷兰 • 澳大利亚 • 瑞士	• 合理的组织结构 • 分散化控制 • 全民参与	• 以平等为基础的补偿制度 • 岗位间的差异较小 • 共同分享的策略（如利润分享）更为普遍	• 招聘方法多样，使用太量的广告 • 正式的选择方法可以让每个人拥有公平的机会 • 选择权受限制 • 择优选择；忠于上级不再重要
个人主义：组织特征和人力资源实践				
个人主义				
高				
• 个人成就感 • 信任个人控制和责任 • 相信自己能够改变命运	• 美国 • 英国 • 加拿大	• 组织不强制照顾全体员工 • 员工照顾自己的个人利益 • 清楚的控制系统，以确保遵守和防止偏离组织规范	• 以业绩为基础的薪酬 • 个人成就奖励 • 强调客观公平 • 个人成功是外在奖励的重要指标，清晰的个人贡献（谁做了什么贡献） • 强调短期目标	• 强调短期目标 • 强调证据，强调个人对绩效的贡献 • 流失率高，员工出于职业考虑而忠于组织 • 以绩效，而非资历作为晋升依据
低				
• 团队业绩 • 为他人付出 • 信任团队控制和责任 • 相信命运	• 新加坡 • 韩国 • 印度尼西亚	• 组织承诺员工高质量的个人生活 • 忠诚很关键 • 明确的控制系统，以确保遵守并防止与组织规范出现大幅偏离	• 以团队为基础的业绩是非常重要的奖励标准 • 基于资历的薪酬 • 内在奖励至关重要 • 薪酬强调内部公平 • 个人需求（如孩子数量）影响薪酬水平	• 基于团队的绩效评价 • 流失率低，将公司看作"家" • 年资在人事决定上发挥着重要作用 • 人际关系是重要的绩效维度

(续表)

主导价值观	典型国家	组织特征	奖励措施	员工/评价实践
不确定性规避：组织特征和人力资源实践				
高 • 害怕随机事件及不确定性 • 看重常规和稳定性 • 对模糊的容忍度低	• 希腊 • 意大利 • 葡萄牙	• 机制化的结构 • 书面制度和政策 • 组织试图预测未来	• 官僚式的付薪政策 • 薪酬集权管理 • 固定工资比变动工资更重要	• 招聘和选拔有明文规定的规则与程序 • 年资是招聘和晋升的重要因素 • 政府/工会限定雇主在招聘、晋升和解雇上的自由裁量权
低 • 突发事件被认为是挑战，感到很兴奋 • 稳定和常规被看作无聊的事 • 模糊意味着机会	• 新加坡 • 丹麦 • 瑞典	• 非结构化的活动 • 很少有书面的制度以应对外部环境的变化 • 管理者更灵活，倾向于做出冒险的决策	• 可变工资占比大 • 强调外在公平 • 分权的薪酬管理模式	• 在企业招聘和晋升方面很少有明确的规则与程序 • 年资不是人事决策的重要依据 • 雇主在招聘、晋升、解雇方面拥有较大的权力
男性/女性主义：组织特征和人力资源实践				
高 • 注重物质财富 • 男性比女性拥有更高的权力与地位 • 严格的性别观念	• 墨西哥 • 德国 • 美国	• 有些职位贴上了"男性""女性"的标签 • 很少有女性处于高职位	• 对不同的性别给予不同的工资水平 • 付薪方式以传统、可接受为基础 • 男性特征更有利于晋升或者其他人事决策	• 在招聘、选拔人员到高职位时，对男性具有独特的偏好（即使这样做违法） • 女性有职业"天花板" • 职业隔离
低 • 更看重生活质量而不是物质财富 • 男性并不被认为是天生的领导者 • 鲜有性别刻板印象	• 荷兰 • 挪威 • 芬兰 • 瑞典	• 男性和女性有更灵活的职业选择 • 更多的女性位于高职位	• 不考虑职业者性别的绩效评估 • 侧重于工作内容而不是传统的不同工作之间的价值 • 为薪酬决策设计良好的"平等目标"	• 在招聘或选拔方面，性别因素不是考虑的重点 • 更多的女性位于高职位 • 在性别之间的职业整合
长期/短期导向：组织特征和人力资源实践				
高 • 未来导向 • 延迟奖励 • 长期目标	• 日本 • 中国	稳定的组织 低员工流失率 较强的组织文化	• 长期的薪酬激励 • 以年资为基础的奖励 • 管理者多年工作出色会受到奖励 • 不期待经常性的工资调整	• 缓慢晋升 • 内部晋升 • 较高的就业保障 • 侧重于员工的面子 • 侧重于教练而不是评价 • 对员工培训和发展高投入

(续表)

主导价值观	典型国家	组织特征	奖励措施	员工/评价实践
低 • 过去或现在导向 • 及时奖励 • 短期目标	• 美国 • 印度尼西亚	• 变动的组织 • 高员工流失率 • 较弱的组织文化	• 短期奖励 • 最近绩效是付薪的依据 • 管理者按年业绩付薪 • 期待高频率的工资调整	• 快速晋升 • 内外部招聘 • 较低的就业保障 • 很少顾及员工的面子 • 侧重于员工评价而不是教练 • 对员工的培训和发展低投入

资料来源：Gómez-Mejía, L. R., and Welbourne, T. (1991). Compensation strategies in a global context. *Human Resource Planning*, 14(1), 38.

图表17.5给予跨国公司极大的启示。根据一般原则，人力资源管理实践越违背普遍的社会规范，就越有可能失败。[101]例如，霍夫斯泰德将目标管理理论描述为"可能是美国制造的唯一比较流行的管理技术"。[102]他假定：(1)老板与员工之间或者权力距离不是很远的双方之间的协商；(2)双方均有意愿共同承担风险，避免或减弱不确定性；(3)上级与下级同样注重绩效，以及与此相关的报酬。因为假设都具有典型的美国文化特征，所以目标管理理论适合美国。但在其他国家，例如法国，目标管理理论在实施过程因文化的不相容而遇到麻烦。

> 法国人从小就习惯的高权力距离，会限制真正体现参与过程的目标管理的成功运用，问题不一定是出在目标管理理论的实施者而是法国经理上……他们没有意识到自己试图通过目标管理的实施来控制整个过程。[103]

17.5.2 全球情境下的平等就业问题

产业全球化引发大量的平等就业机会问题，其中一些只有美国的法院解决了，但这并不是发达地区的雇佣法则。[104]以下原则看起来是很清晰的：
- 美国公司禁止根据员工的个人特征（例如种族、性别和年龄）做出雇用决策。这种禁令适用于国外子公司，但不能违背所在国的法律。因此，如果一个国家禁止女性从事某项特定的工作，那么在这个国家的美国子公司按照当地法律只安排男性从事这一特定工作就是合法的。大多数国家对本地女性存在职业歧视，但在处理美国公司的女员工方面则显得非常灵活。因此，公司不应该主动排除这种情况。
- 美国公司的外籍人员在所属国或第三国工作并不受美国法律的制约。例如，美国最高法院规定，为沙特阿拉伯的美国公司工作的沙特阿拉伯公民不能根据美国的法律起诉雇主。[105]
- 根据1986年的《移民改革与管制法案》，非美籍人员但在美国生活或在美国拥有一份合法工作的人不应遭到歧视。

17.5.3 重要的警告

人力资源管理实践的有效性依赖于它与文化价值体系的吻合情况。即便吻合得很好，管理者也要将以下警言铭记于心：
- **"国家文化"是一个难以回避的概念**。管理者必须谨慎对待刻板印象。它可能包含一些真理，但并不适合同一种文化下的所有人群。刻板印象在一定程度上具有极大的危害，特别像美国这样文化差异很大的多样化的国家。然而，对于同质性极高的国家，刻板印象也有可能产生大量的麻烦。例如，德国西部企业雇用德国东部员工很快就会发现，德国东部员工对于在西部应用非常有效的激励机制出现抵触情绪。尽管东西部群体拥有共同的语言、种族、文化背景，但德国东部员工不信任这种激励机制，认为受到管理者的操纵，而忽略那些高绩效的员工。[106] 最近一项检验霍夫斯泰德的文化维度的研究表明，有些国家的文化比其他国家的文化更加严格，这意味着企业对员工施加更大的压力，使其遵守文化规则。因此，相比在文化规范下的个体，在文化更紧密社会中的个体的灵活性更少。[107]
- **文化随时间而变化**。虽然文化通常不轻易改变，但有时变化的速度会加快。因此，员工的价值观和态度可能因时间的不同而不同，尤其是在经济快速发展时期及易受外国影响的国家。
- **有时，公司总部没有仔细调研就将国际人事问题归咎于文化因素**。通常，人事问题与文化价值关系不大，更多是因为低效的管理。例如，一家美国公司在英国子公司为研发人员设计了个人激励方案，而这种策略可能导致紧张的冲突、缺少合作并降低绩效。高层管理者指责英国工会对子公司产生的强大作用导致令人失望的结果。但事实上，大量的证据证明，基于个人的激励方案面临需要团队合作的任务（如上例的情况）时，激励效果会适得其反。[108]
- **完全根据国家文化差异精确计算人力资源管理实践成功或失败的可能性在现实中是不存在的**。这意味着在国际人力资源管理中具有文化敏感性和思维开放性的直觉和判断很有必要。
- **不同的文化对错误与正确的概念不同**。在很多案例中，公司总部可能不得不将价值体系横跨于相互矛盾的多国的价值结构上。例如，童工在很多亚洲和非洲国家是常见的事情。公司可以以道德的名义选择避免这种做法，但必须意识到，这样将使其处于竞争劣势，因为当地企业使用童工将降低劳动力成本。

尽管世界贸易组织和联合国出台了一系列的"核心劳动力标准"，如禁止就业歧视、剥削各种形式的童工、使用强迫性劳工（如监狱劳工）等，但很多国家仍存在违反标准的现象，其中至少有1 300万童工在出口行业工作，如纺织业。[109]
- **有些国家的商业法律通常会迫使公司改变策略**。在某些案例中，如果企业打算在其他国家开展商业贸易，就必须接受当地的规则和习俗，即使与母国的做法完全不同。[110]
- **跨国公司必须在针对特定文化而量身定做的人力资源政策和与当地灵活性保持全球一致方面找到适当的平衡**。目前，建立国际化的人力资源管理政策倾向于一体化而非互相割裂。最近的调查显示，趋向于一体化的原因在于，85％的跨国公司试图建立一种在各个地区与组织目标及愿景保持一致的公司文化。然而，88％的报告声称，当地的文化与习俗对公司在当地开展业务具有"中等偏上"的积极影响。[111]这就要求公司采取人力资源管理措施，平衡当地灵活性与全球一致性的要求。

尽管本章的讨论主要集中在不同国家之间不同人力资源管理实践的差异，但在全球性力量的影响下，它们正在具有更多的相似性。金融投资者和股票市场似乎倾向于一些特定的组织实践（如按业绩付薪、以品德为依据晋升、重组），不论国籍，全世界的公司似乎也趋向于对此做出反应，正如我们在示例所看到的一样。

示例　世界各国的人力资源管理实践越来越相似

为了从股票市场和投资基金中获得更高的回报率，全球各地的企业纷纷采取人力资源管理措施。直到最近，这些措施与美国的做法越来越相似，包括低的工作保障、基于绩效的薪酬方式、扁平化的组织结构、高频率的绩效评估、基于个人特征的晋升、全球招聘、科学的选拔程序、与跨国界的企业合作，并有机会获得国外的员工及专家。以下为一些例子：

- 当索尼公司宣布在一项大规模重组计划中裁减17 000多个职位、裁员约10%时，长期投资者感到非常高兴。索尼公司的美国存托凭证迅速攀升超过1/3，达到104美元。
- 像东芝和NEC这类公司会定期考核员工的绩效，如果员工没有满足一定的目标就会被予以察看或者终止合同。传统上，这类公司会为低绩效者更换岗位并保留工资。
- 墨西哥的两家大型企业采取了人力资源管理措施，管理变得更加有效了。例如，世界上最大的西班牙语媒体公司 Grupo Televisa 与墨西哥最大的施工装备公司 Empresas ICA，共同合作使用选拔设备雇用员工，避免了许多拉丁美洲国家使用的"裙带关系"（雇用你的朋友）措施。
- 从德国的维巴到法国的拉加代尔集团，欧洲巨头都在大力招募来自世界各地的人才，这是欧洲公司的一个激进做法。
- 2006年之后，美国的股票期权被列为成本支出（参阅第11章），从会计的角度削弱了它们的吸引力，全世界以股票期权为形式的薪酬占比将相差无几（大多数国家已经要求将股票期权纳入总运营成本。）

17.6　人力资源管理与出口型企业

目前，我们的讨论侧重于拥有国际性运营设备的大型企业（处于国际化的第三至第五阶段）。然而，我们所讨论的这些做法与那些仅仅出口产品的小企业也是紧密相关的。据估计，拥有少于500名员工的美国公司中只有20%曾经从事出口产品业务，远远低于那些工业化国家。在美国，至少30 000家小企业拥有出口产品的潜在竞争力，但并没有这样做。[112]一些研究表明，出口的主要障碍是：(1) 缺乏对国际市场、商业惯例、竞争状况的了解；(2) 缺少对国际化销售的管理投入。[113]这些障碍在很大程度上是因为美国企业对人力资源的低效使用，而不是外部因素。一些证据表明，在人力资源管理方面加强国际活动的公司，更有可能减少出口相关费用。[114]加强人力资源管理实践的国际性活动，要求公司做到：

- 在做出晋升或招聘决策时,明确考虑国际经验,尤其是对高级管理人员队伍。
- 提供开发培训活动,旨在使员工在国际化背景下掌握所需的知识和技能,以便更好地完成工作。在全球范围内提高公司竞争力的开发性活动包括:(1) 设计程序,提供国际商业活动所需的具体工作技能和能力;(2) 在国际领域发展与成长的机遇;(3) 使用评估程序,明确国际性活动作为绩效评估的一部分。
- 搭建职业阶梯,并考虑短期或长期的国际战略。
- 设立报酬结构,激励关键员工充分发挥公司的出口潜力。强化与出口相关的行为,增加对海外销售的投入,例如管理者更加重视技能开发、信息收集并寻找国际机遇。

出口决策会迫使 CEO 和高级营销人员花费大量的时间走出办公室并参加贸易展览会,与经销商及海外公司建立关系。特别是在小企业,这意味着员工归国后应该被赋予权力以做出关于公司运营方面的决策,并时刻与 CEO 及高层通过电话、传真、邮箱保持联系。

建立正确的出口通道并与客户建立关系,其过程是缓慢且艰苦的,但互联网将改变这一切,并对任何规模的企业开放出口。举例来说,截至 2020 年美国公司通过网络,其海外的服装和配件净销售额达到 700 亿美元。再如,总部设在纽约的 Girlshop 公司,运营第一年就出口了价值 200 万美元的前卫商品,获得了 25 万美元的利润。[115] 然而,为了在网络上取得国际性成功,企业必须提供选拔或培训项目等人力资源管理实践,这些活动可以帮助企业克服语言障碍,使用尖端技术去混合搭配产品,以满足客户多样化的需求;适应产品不同的文化品位和偏好,获得客户的信任。尽管很多问题在美国国内市场上也很常见,但在国外市场上变得更具挑战性,因为国外市场更加异质且孤立。[116]

17.6.1 伦理与社会责任

全球化导致管理者面临伦理困境,特别是那些派往与母国差异很大的地区的员工。前文提及的,在美国被视为行贿的行为,在很多国家可能会被认为是礼品赠送,是商业活动中不可避免的。由于竞争是全球性的,外派人员可能会感到,如果他们采用比其他公司更严格的伦理标准,他们就可能处于劣势,从而在绩效方面表现不佳。

由于 United Brand 公司以 250 万美元贿赂洪都拉斯政府官员以减少香蕉税额,美国国会在 1977 年通过了《海外反贿赂法案》,明文禁止美国公司向外国官员支付巨额款项影响其决策。该法案似乎对在海外的美国公司没有不利的影响,甚至可能提高了美国公司守法的形象,制约了各种损失。[117] 尽管存在该法案,但美国外派人员仍可能受到更多商业机会的诱惑而采取行贿这种铤而走险的方式。什么是道德与什么是法律可能有所区别,这种区别在全球范围内实施人力资源管理时可能更明显。例如,在很多国家,童工并不被认为是非法的,女性在就业中遭受歧视也被认为是正常的。因此,对于跨国公司尤其是处于海外顶端管理职位的外派人员而言,即使合法性不成问题也面临艰难的道德选择。例如,考虑发生在 20 世纪 90 年代的故事,吉福德在脱口秀节目中含泪坦白,她不知道她的装备是由洪都拉斯女孩制造的,后者的小时工资仅为 31 美分。美国的游说集团告知消费者,迈克尔·乔丹代言耐克运动鞋每年赚得 2000 万美元,远远超过制造耐克运动鞋成千上万的印度员工的年工资总额。

关于吉福德和乔丹这样的名人传闻很容易错过问题的关键,据一位道德观察家所说:

> 多年来,儿童被作为奴隶出售,因为哭泣而失明,因为反抗而被打残;他们试图回家,他们饱受病痛,瘦得只剩骨头,很年轻就死亡。他们在工厂打磨刀片、制造烟花所用的火药、织地毯、用长度比他们手指还长的针缝足球。人权协会估计,全世界有200万儿童全职工作,他们没有玩耍,不能上学,将来也没有发展机会。所有这些现象指向一个核心问题,我们到底要牺牲多少其他国家的孩子来满足自己孩子的需要?美国人热衷于寻找特价商品,例如只要7 000美元的手工地毯,但人们很难找到不存在任何(伦理方面的)瑕疵的商品。贸易专家说,如果真正执行童工和安全法律,很多国家的产业体系将会崩溃,发展中国家和发达国家都将付出极大的代价。[118]

这些问题仍然存在,尽管国际化公司越来越重视自我调整,以防止产生最坏的结果。例如,耐克公司做了大量的工作,改变它在印度尼西亚使用童工(通常10岁以下)并且只支付每小时1角钱的消极形象(尽管耐克公司时不时会发生类似的问题)。据称,很多童工在耐克公司工作后患上了永久性的疾病。很多公司和产业集团已经或者正在建立海外志愿行动准则。例如,美国服装制造商协会(AAMA),成员包括 Sara Lee、Jockey International 和 VF 等,要求成员公司支付最低工资,保证特定的最低安全标准,避免使用童工。相关讨论请参阅管理者笔记"有毒工厂掌控中国劳动力"。

 管理者笔记:伦理/社会责任

有毒工厂掌控中国劳动力

因为廉价、持久、可充电和安全使用等特点,镍镉电池迅速成为在中国制造、出口到美国的许多玩具的支柱。但是,很多美国公司已经开始淘汰这些电池,因为其制造过程对工人来说是非常危险的。镉是一种致癌的有毒金属,在欧洲和日本是被禁止使用的,而美国也多年没有生产镉电池。

近期,美国发生了一系列针对中国生产的、含有对消费者有害的铅及其他物质的产品召回事件,引起了人们的恐慌。美国的孩宝、美泰、沃尔玛和玩具反斗城等公司在认识到含镍镉部件对生产全球绝大多数玩具的中国工人的危险后,进一步抵制镍镉电池。

这些反响是由一名中国工程师的轰动性新闻故事激起的。这名中国工程师的博客以中文撰写并由《华尔街日报》翻译,记录了她在电池厂工作九年因镉中毒而引发衰弱症状并据此提出诉讼的经验。GP电池国际公司大约有400名工人,也被发现体内镉含量升高易导致工人肾衰竭、肺癌和骨病。因此,好几百名员工辞职。

当最后一家美国镉电池厂在1979年关闭时,清理现场就花费了1.3亿美元,并引发了当地居民提起的数百万美元的集体诉讼。但是,不断寻求更低成本的生产方式往往导致向发展中国家转移危险的制造过程,而且这些地区为工人提供的保护较少。GP电池公司为工人支付了超过100万美元的赔偿费和医疗费,但现在将镉电池的生产外包给中国其他地方的独立工厂。

资料来源：Stelmach，M.（2013）. Sweatshops in China. www. youtube. com；www. waronwant. org. （2013）. Sweat-shops in China；http：//toxictort. lawyercentral. com. Factory toxic gas leak in China. Accessed 2011；Cain Miller，C.（2008，December 18）. Green battery start-up begins with drills. *New York Times*，http：//bits. blogs. nytimes. com；Spencer，J.（2008，February 19）. Toys 'R' Us，Mattel phase out cadmium batteries. *Wall Street Journal*，A-1.

17.6.2　应对政治风险

如前所述，公司扩张到越多的国家，越容易遭遇政治风险。政治风险是指国外的社会压力（通常是政府压力）对公司经营产生负面影响的可能性。例如，在法国经营的美国公司面临避免裁员的大压力，即便人员过多。在美国，诸如谷歌和雅虎等互联网供应商被广泛批评与一些国家的政府合作，屏蔽政府认为"颠覆"的内容，并告知权力部门在互联网上发表异议的人士。在俄罗斯，当地公司经常贿赂公职人员，让其突袭商业竞争对手的办公室并进行刑事调查，外国公司易成为这种目标。[119]在西欧大多数地区，"丑陋的美国人"形象近年来开始复苏，使得那里的外派人员的工作复杂化。正如《商业周刊》2008年的一篇文章所指出："信贷危机危及世界经济，给了欧洲人另一个理由反对美国的影响力。因为伊拉克战争、不喜欢布什总统以及对不可一世收购公司的不信任，反美国主义正在发酵。"[120]美国外派人员可能会感受到欧洲正在煽动的反美国主义的热潮，即便次贷危机和华尔街崩溃不是他或她的错。

总之，外派人员越来越多地陷入政治风暴，他们必须能够适当地应对潜在的破坏性局势。这意味着，除了了解外国文化，外派人员还要准备好应对可能面对的政治力量。虽然这本身不是什么新鲜事，但毫无疑问，大多数公司所处的政治局势比不久前要复杂得多。

本章小结

国际化的各个阶段

公司通过五个阶段实现国际化：（1）国内业务；（2）出口业务；（3）海外子公司或合资企业；（4）多国业务；（5）跨国公司。阶段越高，人力资源管理实践越需要适应不同的文化、经济、政治和法律环境。

确定东道国人员与外派人员的组合

管理海外子公司时，公司可以选择民族中心主义的方式、多中心的方式或以地域为中心的方式。当本地人才不够时，公司倾向于使用外派人员。当国内母公司与国外子公司相互高度依赖、政治局势不稳定、东道国和母国存在明显的文化差异时，公司应努力建立全球视野的公司文化。

外派任务的挑战

国际人力资源管理最重要的部分是对外派人员的管理,包括在海外任职和归国后的管理。海外任务失败的原因有职业瓶颈、文化冲突、缺少跨文化培训、过于强调技术资格,摆脱麻烦雇员和家庭问题。归国后,外派人员会遇到对获得的技能缺乏尊重、失去地位、归国计划安排不周和逆向文化冲突。

通过人力资源管理政策和实践有效管理外派任务

选择外派人员,雇主应该强调文化敏感性;成立选拔外派人员的委员会,可能的情况下选择有海外工作经验的人员担任选拔委员会成员;雇用海外出生的人员并培养成为外派人员的候选人,并考虑候选人的家庭及配偶情况;为外派人员提供不同期限及程度的跨文化培训。在外派人员的职业发展方面,公司应该将外派任务当作晋升为高层的阶梯,并为外派人员提供支持。为了避免薪酬方面的问题,公司应该为外派人员提供足够的可支配收入和激励奖金,并避免在国际化的过程中,外派人员处于与当地人同等或更低级别的职位。

在全球情境下开发人力资源管理政策

管理者不能简单地将基于母国社会和文化标准下的人力资源管理实践移植到国外;相反,它们应该将这种实践置于当地特定的文化环境之下。一般而言,人力资源管理实践与一般社会规范之间的矛盾越多,其失败的可能性越大。

人力资源管理与出口型企业

很多企业有可能通过出口获取利润,那些加强国际性活动的公司在出口方面可能会有优势。(1)在做出雇用决策时,明确考虑是否具有国际经验;(2)为员工的国际化技能提供发展性的培训项目;(3)为拥有国际经验的员工搭建职业阶梯;(4)设立奖励机制,激励员工参与产品出口型活动。

关键术语

文化冲突(culture shock)
民族中心主义的方式(ethnocentric approach)
外派人员(expatriate)
以地域为中心的方式(geocentric approach)
合资公司(joint venture)

多国公司(multinational corporation,MNC)
多中心的方式(polycentric approach)
跨国公司(transnational corporation)
全资子公司(wholly owned subsidiary)

> **视频案例**
>
> **Joby：全球人力资源管理。** 如果教师布置了这项作业，请访问 www.mymanagementlab.com 观看视频案例并回答问题。

问题与讨论

17-1 正如在开篇案例中所指出的，丰田公司遇到麻烦有两个原因：第一，公司的大部分决策集中在总部；第二，CEO对高级工程师施压以降低成本，提高盈利能力。国际公司应该怎样做才能避免这些弊端？你对潜在的弊端还有哪些建议？[121]

17-2 一家国际化企业为适应当地文化而采取的人力资源管理实践产生了比直接移植母国的人力资源管理实践更糟糕的结果，这是什么原因造成的呢？

17-3 假设你是一家拥有35名员工、为国内市场生产鞋子的小企业老板，你会考虑在海外经营以降低劳动力成本和扩大市场吗？如果你决定这样做，可能会遇到哪些特殊的人力资源问题？请说明理由。

17-4 美国跨国公司的外派人员的提前返回比率高于欧洲和日本的跨国公司，你怎样解释这种现象？哪些人力资源管理实践和流程可以减少这个问题？

17-5 阅读管理者笔记"有毒工厂掌控中国劳动力"。你认为企业在其他国家利用宽松的环境标准是否公平？跨国公司是否应该特别注意投资设备（即使成本更高）以保护员工的健康？如果员工及其家人知道他们在特定工厂工作所面临的风险，公司是否通过允许个人在不安全的条件下工作而道德行事？请说明理由。

17-6 有些人认为，美国应该像汽车变革一样进行文化变革，在发展中国家引入人力资源管理实践和输入工业化所需的价值观（如准时及效率），你赞同这个观点吗？请解释你的立场。

17-7 有些人认为，跨文化培训通过讨论文化的各个方面（如"守时对于意大利南部不那么重要，可以接受迟到半小时的预约"）来强化陈规定型的观念，因为这些文化可能只适用于这种文化的部分而非所有成员。你同意这个观点吗？如何进行跨文化培训以避免这个问题？请说明理由。

17-8 阅读管理者笔记"学习如何应对政治风险"，你认为公司应如何更好地利用人力资源实践以避免其中所描述的误区？请说明理由。

17-9 美国法律不禁止基于婚姻状况的选择决定，只要它们同等适用于男性和女性。为什么公司有这样的政策？这是合乎伦理的吗？它是否符合公司的最佳长期利益？

我的管理实验室

请根据教师要求，登录 www.mymanagementlab.com 完成写作题，系统将自动给出分数；

也可以完成下列问题,分数由教师给出。

17-10 如果你被要求为外派人员设计一个选拔和培训计划,请概述各部分的功能。根据本章所学,解释你提出每项具体功能的理由。

17-11 近年来,许多公司以短期(几个星期或更短时间)而非长期的方式派遣管理人员到海外。这种趋势的原因是什么?依赖短期和长期外派人员的优点与缺点分别是什么?请解释。

17-12 一些专家认为,跨国公司避免外国政治风险的一个办法是任命当地管理人员担任关键职位。他们为什么会得出这个结论?你同意吗?请说明理由。

你来解决!全球化 案例 17.1

向海外发展的美国大学

《高等教育年鉴》最近的一项报告显示:"今天,几乎每一所可以签发官方认可文凭的美国大学似乎都有一个国际战略,虽然学校战略存在很大不同,但共同点是有意向在世界的另一个地区建分校。"数百所美国大学的分支机构在海外运行,而商学院一般处于最前沿。这里有几个当前的例子:

- 斯坦福大学、麻省理工学院和内华达大学在新加坡(一个已宣布打算在不久的将来吸引 150 000 名国际学生的国家)设立了分校。
- 约翰·霍普金斯大学的预算中有一项 2 000 万美元的,涉及占地数十万平方英尺校园的、与中国南京大学的合作办学计划。
- 纽约大学校长 John Sexton 和 Bill Moyers、Richard Heffner 出现在一个电视访谈节目中,宣传建立通过全球技术联系起来、由全球教授实施教学的全球大学的愿景。作为该愿景的一部分,纽约大学已经在布宜诺斯艾利斯、上海、新加坡和特拉维夫设立了分校,更多的分校也即将建立起来。
- 许多传统的美国公立大学也进入开设外国分校的比赛。例如,密歇根州计划前往迪拜,而佛罗里达州计划前往巴拿马。

除了在海外建立分校,美国国内的大学也正在迅速地全球化。例如,爱荷华大学 10% 的新生来自外国的高中。根据国际教育研究所最近的数据,每年都有超过 20 万的新生独自一人从中国和印度来到美国。在最近的一次统计中,超过一半的数学、科学、工程博士学位获得者及越来越多的商学博士学位获得者是非美国国籍的外国人。

关键思考题

17-13 从人力资源的角度来看,本案例所讨论的美国大学追求的全球化战略有什么优点和缺点?请解释。

17-14 案例所讨论的趋势有助于公司聘请更多的熟练管理者和员工去负责运营海外业务吗?请解释。

17-15　一些公司认为美国大学走向国际化主要反映了赚取更多利润的意图,因为外国买家愿意支付高成本从美国机构获得学位。你同意吗？请解释。

17-16　假设目前一个基层岗位有两个候选人,一人毕业于美国大学的海外分校,另一人毕业于同一学校的美国本部。你更喜欢哪个候选人？请解释。

小组练习

17-17　四或五人为一个小组。每个小组提出案例所讨论的趋势的五个优点和五个缺点。在全球化基础上,该趋势对人力资源实践有哪些启示？

实践练习：小组

17-18　四或五人为一个小组。其中,双方均在同一所大学工作,方为赞同小组,另一方为反对小组。赞同小组支持设立分校的观点,反对小组则持相反的态度。各小组在课堂上展开辩论,教师担任主持人。

实践练习：个人

17-19　研究一些最近发表的与美国大学开始培养海外留学生相关的文章,基于你所阅读的材料,从启动这些海外项目的优缺点角度,你将得出什么结论？如果你是跨国公司的人力资源经理,你认为这是一个积极的、消极的还是中性的趋势？请解释。

资料来源：Hacker, A., and Dreifus, C. (2010, September 20). The trouble with going global, *Newsweek*, 54–59; U. S. branch campuses abroad: Results of a targeted survey. http://globalhighered.wordpress.com. Accessed 2011; McBurnie, G., and Ziguras, C. (2011). The international branch campus, www.iienetwork.org; Coclanis, P. A., and Strauss, R. P. (2011). Partnerships: An alternative to branch campuses overseas. http://chronicle.com.

你来解决！新趋势　案例 17.2

应对恐怖主义

与国际事务相随的事情之一是外派人员及其家人将会成为恐怖主义的袭击目标。外派人员可能会被一些政治团体和激进的宗教极端分子视为外国敌人的代表,或者被当地匪徒视为行动的有钱对象。这种恐惧给外派人员施加了很多压力,特别是在世界上的部分地区(如中东和南亚一些地区)。不幸的是,这些地区正是跨国公司最需要依靠外派人员的,因为当地人才匮缺或不能完全信任当地人员。

虽然有些恐惧可能被夸大,但危险往往是非常真实的。美国国家反恐中心的世界性事件跟踪系统报告,每年大约有12 000名恐怖分子发动袭击,造成超过13 000人死亡,还不包括劫机、抢劫、入室盗窃等,这显然增加了焦虑。许多跨国公司以"筑有围墙的院子"作为外派人员及其家人的生活区,但这些"增加的安全措施并没有传递安全感,反而代表潜在的危险"。

关键思考题

17-20　跨国公司能做些什么以减少外派人员因真实的或者感知到的恐怖威胁而产生的压

力？请解释。

17-21 恐怖主义相关压力往往会激化对当地人的负面态度，从而加剧外派人员及其家人的适应问题。跨国公司如何才能帮助解决这个问题？请解释。

17-22 如果你被要求设计一套激励机制，鼓励外派人员接受在危险地区的任务安排，你将如何设计？一旦外派人员接受任务，你会如何努力以减小外派人员早于预计日期回来的可能性？请解释。

小组练习

17-23 五人为一个小组。每个小组分析外派人员遭受恐怖袭击的最新案例，并将调查结果展示给全班同学约10分钟，由教师主持讨论。

实践练习：小组

17-24 五人为一个小组。每个小组代表在高风险地区经营的一家大型石油公司人力资源经理。一些学生被指定为CEO，小组成员在全班面前与CEO进行角色扮演，解释公司如何评估风险，以及计划如何减少部分外派人员对恐怖袭击的恐惧。CEO向小组提出尖锐的问题，例如针对所提议的风险评估方法和应对风险计划的合理性。

实践练习：个人

17-25 开展一些研究，了解为什么一些跨国公司偏向于指派外派人员到海外，而不是在危险地区雇用当地人员。基于你的研究，使用当地人员与指派外派人员的优点和缺点分别是什么？

资料来源：Bader, B. and Berg, N. (2013). An empirical investigation of terrorism-induced stress on expatriate attitudes and performance. *Journal of International Management*, http://dx.doi.gov; National Counterterrorism Center (2014). Worldwide incidents tracking system. http://wits.nctc.gov; Reade, C., and Lee, H. J. (2012). Organizational commitment in time of war. *Journal of International Management*, 18(1), 85—101; Berger, R. (2011) The golden cage: Western women in the compound in a Muslim country. *Journal of International Women's Studies*, 12(5), 37—49; Chen, Y., and Bolino, M. C. (2012). Choices, challenges and career consequences of global work experiences: A review and future agenda. *Journal of Management*, 38(2), 1282—1327.

你来解决！全球化 案例 17.3

有得必有失

四年前，一家总部位于美国的Pressman公司与一家波兰公司建立合资企业，制造各种管道设备，产品既供应波兰国内市场，又出口周边国家。上周，Pressman公司收到Jonathan Smith的辞职信，他是一位来自总公司行政部门的外派人员，九个月前被任命为波兰子公司总经理，任期四年。在过去的39个月里，另外两名外派人员（总经理）也决定在国外任期到期前终止工作；此外，28名被派到波兰工厂的美国技术人员中的13名也提前回国。公司总部的高级副总裁 George Stevens 估计，这些外籍员工的辞职和提前回国花费至少 400 万美元的直接费用，并且生产和计划延迟的损失更达直接费用的 3 倍。

当他听到有谣言说，劳动力中存在广泛不满且有罢工的威胁，Stevens 决定前往波兰的工厂以了解正在发生什么事情。在一位翻译的帮助下，Stevens 与 5 名当地主管和 10 名工人面谈。在面谈的过程中，他多次听到三个投诉：第一，美国的管理人员和技术人员认为他们"知道一切"，并蔑视波兰同行；第二，美国的员工有不切实际的期望，可以在公司总部规定的最后期限内完成任务；第三，美国的员工赚取的工资是波兰同行的三倍以上并且瞧不起当地人，他们驾驶豪华轿车，居住在昂贵的住所里，并雇用大量佣人和助手。

回到美国后，Stevens 也约谈了提前回国的 Jonathan Smith 和五名技术人员。他们辞职的常见原因从这次面谈中体现出来了。首先，他们把波兰同事描述为"懒人"，"只是做了最低限度的工作，却非常在意休息、午餐和回家的时间"，要求他们更加努力工作只会激起愤怒；其次，他们表示，波兰工人和管理者存在一种权利感，没有什么内在动机和主动性；再次，他们抱怨很孤独且在波兰无法交流；最后，大多数人报告说，配偶和孩子想家，在第一个月左右后就渴望回到美国。

坐在办公室内，George Stevens 茫然地望着窗外，努力思考着该怎么办。

关键思考题

17-26　根据本章所学的知识，Pressman 波兰子公司的潜在问题是什么？

17-27　如何解释波兰当地人和美国外派人员对彼此的尖锐评价？

17-28　如果被聘为 Pressman 公司的咨询顾问，你建议 Stevens 采取什么措施？

小组练习

17-29　学生两人一组。一人扮演 Stevens，另一人扮演人力资源管理咨询顾问。角色扮演两人之间的首次会面，Stevens 解释波兰工厂遇到的问题，顾问试图获得必要的、有利于挖掘困难根源的额外信息，以及如何收集这些信息。

学生四至五人为一个小组。每个小组的任务是针对下一批被派到 Pressman 波兰工厂的员工培训计划内容提出建议。除了本章的内容，运用你在第 4 章"管理多元性"和第 8 章"员工培训"中学到的原则，开发这些培训项目。当任务完成后（约 20 分钟），每个小组派出组员向全班展示建议。和小组建议的相似或不同之处是什么？为什么？哪些建议可能是最有效的？

实践练习：小组

17-30　一名学生扮演波兰的员工，另一名学生扮演来自美国的外派人员。每个人表达她/他对 Pressman 公司试图理解和弥合两者间差异的人力资源总监（由另一名学生扮演）的观点。角色扮演持续 10—15 分钟，教师主持全班的开放式讨论。

实践练习：个人

17-31　你已经被聘为管理顾问，需要就如何处理案例所反映的问题提供建议。首先根据你在本章所学到的知识诊断问题的原因，然后拟定一份解决方案。

你来解决！伦理/社会责任　案例17.4

入乡随俗？国外贿赂案件

根据反腐败监督机构"透明国际"的资料，世界各地的企业高管认为，俄罗斯是企业最有可能行贿的国家，其次是中国和墨西哥；最不可能行贿的国家名单以比利时、加拿大和荷兰开始，美国排在最不可能行贿国家名单上的第九位。

举一个例子。总部设在加利福尼亚州圣地亚哥的Titan公司拥有约12 000名员工，分布在60多个国家。该公司因向贝宁总统行贿而被判处有罪。在《海外反贿赂法案》的历史上，对一家公司最高的联合处罚是2 850万美元。Titan公司年销售额约20亿美元，从事军事、情报、与美国政府国土安全相关的业务，在圣地亚哥的一位联邦法官面前承认犯有三项重罪。根据美国证券交易委员会的调查，Titan公司的不当行为是全球性的。尽管在60多个国家做生意，但该公司没有关于海外行贿的政策，也没有监控它的120个国际代理商的业务。美国证券交易委员会提出，Titan公司少报了在法国、日本、尼泊尔、孟加拉国和斯里兰卡的佣金支付。

美国证券交易委员会执行部门副主任Paul R. Berger说道，案件证据显示Titan公司"几乎完全缺乏内部控制"。由于缺乏相关的管理政策和程序，公司出现行贿这样的问题几乎是无可避免的。

关键思考题

17-32　Titan公司只是个例，还是许多公司在海外都会做出的类似行为只是从未被抓住而已？如果一家公司认为被抓住的概率很小，甚至在最坏的情况下，罚款也只是总运营成本的微不足道的部分，那么公司承担风险去行贿是可行的吗？请解释。

17-33　被判有罪后不久，Titan公司雇用Daniel W. Danjczek担任公司的伦理副总裁。Danjczek的工作是"在公司浇灌伦理行为"。这是一个能够纠正公司伦理问题的明智务实之举吗？这只是获取名声的噱头而已？你会怎样做以确保员工不会怀疑该任命只是用来提高公司道德声誉的救火行为？请解释。

17-34　当公司在许多国家以广泛不同的法律体系和道德标准经营时，它该如何针对什么是对与错而开发和执行全球性的标准？请解释。

小组练习

17-35　全班同学五人为一个小组。每个小组为Danjczek提供一份关于在新工作中该怎么做以改善Titan公司伦理氛围的建议。根据不同的班级规模，每个小组与全班同学分享建议，时间控制在10分钟以内。教师主持公开讨论。

实践练习：小组

17-36　一名学生扮演Danjczek，五名学生分别扮演来自五个不同地区（巴西、百慕大群岛、沙特阿拉伯、尼日利亚和罗马尼亚）的Titan公司国际代理商。Danjczek试图传递的信息是：公司对转变伦理标准是非常严肃认真的，过去宽松的道德标准时代已经结束。这些代理商认为，从公共关系的角度来看，这是一件美好的事情，但是与可以毫无顾忌地任意作为的外国同行相比，Titan 公司是无法竞争的。角色扮演持续 15—20 分钟，教师主持公开讨论。

实践练习：个人

17-37 制定一套政策以防止组织（如 Titan 公司）中的腐败行为。实施该政策的主要挑战是什么？为了有效实施该政策，你建议采取哪些步骤？

你来解决！全球化 案例 17.5

基于特定文化的人力资源政策是一个好主意吗？

在过去的十多年中，East 计算机公司已经从位于波士顿地区的芯片生产商成长为在四个国外地区设有装配工厂的跨国公司。公司的人力资源政策是在五年前由人力资源副总裁领导的一个专门小组负责开发制定的，那时 East 计算机公司还未进行国际化扩张。公司首席执行官刚刚任命了一个新的专门小组，研究目前国内人员的政策在多大程度上可以"出口"到 East 跨国分公司。这些政策的基本要素如下：

- 所有的职位空缺被张贴出来，允许任何员工申请。
- 基于绩效进行选拔。使用适当的选拔手段（例如，测试、结构化面试及类似的方法），为政策的正确实施提供保障。
- 任人唯亲行为是明确禁止的。
- 只要可行，内部晋升就是正常的。
- 无论性别、种族、民族起源或宗教，为所有员工提供平等的就业机会。
- 通过工作评估和市场调查数据，建立各种职位的薪酬水平。
- 无论性别、种族、民族起源或宗教，所有员工同工同酬。
- 绩效目标在年度的正式评估会议上由主管和下属共同制定，双方都有机会讨论目标成就的进展情况。绩效评估结果应反馈给员工，并作为决定绩效工资的基础。

作为评估这项政策可行性的第一步，人力资源副总裁依据霍夫斯泰德文化维度，对 East 计算机公司已开展业务的国家进行分类，构建的矩阵为：

公司地点	文化维度				
	权力距离	个人主义	不确定性规避	男性主义	长期导向
澳大利亚	低	高	中	中	低
墨西哥	高	低	高	高	中
英国	低	高	低	高	低
挪威	低	中	中	低	高

你已经被 East 计算机公司聘请,负责管理开发四个国际工厂的人力资源政策。理想的情况下,管理层宁愿采用公司在美国的相同政策,以保持一致性并减少管理问题。然而,人力资源副总裁坚决主张每个工厂应该考虑以文化背景而"量身定制"的人力资源政策。

关键思考题

17-38 鉴于 East 计算机公司目前的人事政策,如果在海外直接采用国内政策可能会面临哪些问题?

17-39 你如何调整公司现行的人事政策,以更好地适应每个国际工厂的文化环境?

17-40 你会为保持、改变或调整 East 公司在美国、澳大利亚、墨西哥、英国和挪威的人力资源政策提出什么管理建议?在你的建议中,务必分析建议实施过程中的相关风险。

小组练习

17-41 全班四或五人为一个小组。每个小组由一名学生角色扮演顾问,向大家展示公司现行政策在统一应用中可能存在的问题;其他四名学生分别角色扮演公司位于四个国家或地区工厂的代表,并针对顾问的展示内容提出同意或反对意见。

四名学生为一个小组,每个小组分别代表公司位于四个国家或地区工厂的负责人。在决定要保留哪些政策及改变哪些政策后,每个小组选出一名组员向全班展示本组的建议。教师组织全班学生讨论基于特定文化的人力资源政策的成本和效益。

实践练习:小组

17-42 五名学生为一个小组。使用互联网或任何其他资源,并根据本章所学的知识,每个小组开发一份每家分公司最有可能成功的人力资源实践大纲。

实践练习:个人

17-43 找到一些在国外长大或对国外熟悉的个人(其他学生、朋友或亲戚),展开访谈并且从霍夫斯泰德五个文化维度询问他们对该国文化的感知。在这些维度上,该国在哪个维度上高?在哪个维度上低?基于受访者的评价,分析该国文化在人力资源实践(如雇佣程序、薪酬、绩效考核)上是否有所体现?选取几名学生在课堂上进行展示(每人5—10分钟),教师组织全班学生讨论。

第 17 章注释内容
请扫码参阅

附 录

综合管理类和人力资源管理类期刊

我们列出一些综合管理类期刊和人力资源管理类期刊。这些资源对你人力资源管理研究及日后的职业发展都会有所帮助。正如书中所指出的,越来越多的公司将职业生涯发展的责任转移到员工身上,并为他们提供职业规划工具,下面这些资源是你人力资源职业规划工具包中的第一个。

综合管理类期刊

Across the Board	《世界大型企业联合会会刊》
Black Enterprise	《黑人企业》
Business Week	《商业周刊》
Fast Company	《快公司》
Forbes	《福布斯》
Fortune	《财富》
Harvard Business Review	《哈佛商业评论》
Hispanic Business	《西班牙商业》
Inc.	《公司》
Journal of Business Ethics	《商业伦理》
Management Review	《管理评论》
Nation's Business	《全国商业杂志》
Small Business Reports	《小企业报告》
The Wall Street Journal	《华尔街日报》
Working Woman	《职业女性》

人力资源管理类期刊

Academy of Management Perspectives	《管理学学会展望》
Compensation & Benefits Review	《薪酬和福利评论》
CompFlash	《薪酬快览》
Employee Relations Law Journal	《雇员关系法杂志》
Employee Relations Weekly	《雇佣关系周刊》
HRMagazine	《人力资源管理杂志》
Human Resource Management	《人力资源管理》
International Journal of Human Resource Management	《国际人力资源管理》
Labor Notes	《劳工笔记》
Monthly Labor Review	《劳工评论月刊》
Organizational Dynamics	《组织动力学》
Personnel Journal	《人事学报》
Public Personnel Management	《公共人事管理》
Supervisory Management	《基层管理》
Training & Development	《培训与开发》
Workspan	《工作领域》
WorldatWork Journal	《世界薪酬协会会刊》

期刊详细信息
请扫码参阅

尊敬的老师:

您好!

为了确保您及时有效地申请培生整体教学资源,请您务必完整填写如下表格,加盖学院的公章后传真给我们,我们将会在 2-3 个工作日内为您处理。

请填写所需教辅的开课信息:

采用教材			□中文版 □英文版 □双语版
作 者		出版社	
版 次		**ISBN**	
课程时间	始于 年 月 日	学生人数	
	止于 年 月 日	学生年级	□专科 □本科 1/2 年级 □研究生 □本科 3/4 年级

请填写您的个人信息:

学 校			
院系/专业			
姓 名		职 称	□助教 □讲师 □副教授 □教授
通信地址/邮编			
手 机		电 话	
传 真			
official email(必填) (eg:XXX@ruc.edu.cn)		email (eg:XXX@163.com)	
是否愿意接受我们定期的新书讯息通知: □是 □否			

系 / 院主任:_____ (签字)

(系 / 院办公室章)

___年___月___日

资源介绍:

--教材、常规教辅(PPT、教师手册、题库等)资源:请访问

www.pearsonhighered.com/educator; (免费)

--MyLabs/Mastering 系列在线平台:适合老师和学生共同使用;访问需要 Access Code;

(付费)

培生北京代表处
100013　北京市东城区北三环东路 36 号
环球贸易中心 D 座 1208 室
电话: (8610)57355003
传真: (8610)58257961

北京大学出版社
经济与管理图书事业部
100871　北京市海淀区成府路 205 号
电话: (8610)62767312
Q Q: 552063295

Please send this form to: